Zeitgeschichte

DAS BUCH:

Wir haben allen Grund, uns ins Gedächtnis zurückzurufen, daß Europa nicht am Eisernen Vorhang endet, daß jenseits von Stacheldraht und Minenfeldern Menschen leben, die dem gleichen Kulturkreis angehören wie wir. Sie haben einen Anspruch auf unsere Solidarität, einen Anspruch genannt zu werden, wann immer von Europa und den Europäern die Rede ist.
Als Herausgeber der Frankfurter Allgemeinen Zeitung hat Johann Georg Reißmüller das Geschehen jenseits des Eisernen Vorhangs über Jahrzehnte verfolgt. Analytisch brillant und einfühlsam geschrieben kommentieren seine Leitartikel das Zeitgeschehen mit hervorragender Sachkenntnis. Sie bieten gleichzeitig einen Überblick über die Entwicklung des Kommunismus und der Ostpolitik, öffnen den Blick für Zusammenhänge zwischen Geschichte und Tagesgeschehen und mahnen uns, stets der »vergessenen Hälfte« Europas zu gedenken.

DER AUTOR:

Johann Georg Reißmüller, geboren in Leitmeritz/Böhmen, 1946 nach Vorpommern ausgewiesen, 1959 Flucht nach Westberlin. Studium der Rechtswissenschaften, Promotion. Referendar und Chefredakteur der *Juristenzeitung,* seit 1961 Redaktionsmitglied der *Frankfurter Allgemeinen Zeitung,* 1967-71 deren Korrespondent in Belgrad, seit dem 1. April 1974 Mitherausgeber der *FAZ*.

Johann Georg Reißmüller

Die vergessene Hälfte

Osteuropa und wir

Mit einem Vorwort von Otto B. Roegele

Zeitgeschichte

Zeitgeschichte
Ullstein Buch Nr. 33093
im Verlag Ullstein GmbH,
Frankfurt/M - Berlin

Ungekürzte Ausgabe

Umschlagentwurf:
Hansbernd Lindemann

Mit freundlicher Genehmigung des
Langen Müller Verlags, München, Wien

Printed in Germany 1988
Druck und Verarbeitung:
Elsnerdruck, Berlin
ISBN 3 548 33093 2

April 1988

CIP-Titelaufnahme
der Deutschen Bibliothek

Reissmüller, Johann Georg:
Die vergessene Hälfte: Osteuropa u. wir/
Johann Georg Reissmüller. Mit e. Vorw.
von Otto B. Roegele.
- Ungekürzte Ausg. - Frankfurt/M ;
Berlin : Ullstein, 1988,
(Ullstein-Buch ; Nr. 33093) :
Zeitgeschichte)
ISBN 3-548-33093-2
NE: GT

Inhalt

Vorwort 7

I. Das rote Imperium. Die Sowjetunion und ihre Verbündeten 11

Nationale Fragen ohne Antwort 13 · Wie sich Osteuropa bewegt 16 · Gibt es den Ostblock? 19 · Osteuropa – national unbefriedet 22 · Wie Rumänien heute aussieht 26 · Was der Sozialismus geleistet hat 29 · Explosives Gemisch 32 · Vorher war nur Lenin 35 · Eine kleine Entente kehrt nicht wieder 38 · Ceausescus Verdienste und Verirrungen 42 · Unruhe im Vorhof 45 · Gorbatschows Domestiken sind sie nicht 48 · Ein Pakt, der Sorgen macht 51

II. Halbvergessene Nachbarn. Der Westen und seine Verantwortung 55

Auf den Osteuropäern herumgetrampelt 57 · Die Dissidenten und wir 60 · Eindämmung statt Entspannung 63 · Vom Einmarschieren abschrecken 66 · Der Westen lernt nichts dazu 69 · Wer spricht noch von »Entspannung«? 72

III. Von Stalin zu Gorbatschow. Das Sowjetreich und seine Führer 77

Wenn der Kreml feiert 79 · Unter Breschnew und danach 82 · Ein schöner Partner 85 · Was wird anders bei Andropow? 88 · Und nach Andropow? 91 · Beim alten geblieben 95 · Beharrung und Wandel in Moskau 98 · Das Zwischenspiel ist zu Ende 101 · Der neue Mann wird sich vorsehen 104 · Wieviel wird Gorbatschow gleichschalten? 108

IV. Deutsche drüben 113

Deutsche in Osteuropa 115 · Eine Brücke versinkt 118 · Sprachlose Deutsche 121 · Eine Festung auf Treibsand 124 · Zwischen Deutschen und Polen 127

V. Polen. Zwischen Kirche und Kreml 131

Wieder ist ein Gott gefallen 133 · Wissen wir es besser als die Polen? 136 · Kommt Polen durch? 139 · Abdichtungs-Arbeiten in Osteuropa 143 · Der Kriegsherr und der Primas 146 · Was Jaruzelski zustatten kommt 149 · Polen in der »Normalisierung« 152 · Die Botschaften des Papstes 156

VI. Jugoslawien. Im Banne Lenins 161

Folgen der westlichen Schwäche 163 · Der Leninist von eigenen Gnaden 166 · Jugoslawische Sorgen 169 · Die jugoslawischen Lasten 172 · Was könnte sich in Jugoslawien ändern ? 175 · Anstöße von Ohnmächtigen 179 · Was für ein Modell? 182 · In Belgrad und in Zagreb 185

Auch drüben ist Europa. Menschen und Obrigkeiten im östlichen Europa 189

Was tun für die Menschenrechte? 191 · Die Spur darf sich nicht verlieren 194 · Was denken die Osteuropäer? 197 · Wenig Ansehen und viel Macht 200 · Nicht nur zu Geburtstagen 204 · Was wünschen sich die Osteuropäer? 207 · Wer hilft den Osteuropäern? 210 · Der Papst – nach Osten schauend 213 · Der Kommunismus schrumpft 216 · Ein Volk, das Würde hat 220

Vorwort

»Der Journalist schreibt, das ist eine einfache Übersetzung, ›für den Tag‹«, meinte der passionierte Journalist Theodor Heuss (in einem 1912 veröffentlichten Aufsatz im »Protestantenblatt«). Er hielt dies nicht für eine minder wertvolle Art des Schreibens, im Gegenteil: die Arbeit »für den Tag« gelinge nur bei besonderer geistiger Konzentration, Spannkraft, Wachheit und »geschichtlicher Entschlossenheit«. Wie ist es aber, wenn der Journalist aus dem, was er »für den Tag« geschrieben hat, ein Buch macht, das dauern soll, das – wenn schon nicht gerade für die Ewigkeit, so doch wenigstens für eine Reihe von Jahren – dem Leser gültiges Wissen bereithalten muß? Geht dann der von Theodor Heuss so geschätzte Vorzug des Journalistischen verloren an die befristete Ewigkeit des zwischen Buchdeckeln Aufgehobenen?

Wo es sich um die Schilderung aktueller Geschehnisse handelt, um die farbenprächtige Reportage eines Fußballspiels oder den doppelbödig-ironischen Bericht über den Staatsbesuch eines eher unerwünschten Gastes, mag es so sein. Was nur für den Augenblick wahrgenommen wurde, vergeht auch mit ihm. Anders verhält es sich mit dem analytischen Kommentar, mit der Ausfaltung von Zusammenhängen, mit der Komposition des Geschehens vor dem Hintergrund der Geschichte. Hier wirkt Bleibendes, wenn auch herausgehoben durch die Beziehung zur Aktualität, die es erlaubt, ja rechtfertigt, daß die Tageszeitung sich damit beschäftigt.

Von solcher Art sind die Aufsätze, die in diesem Band vereinigt sind. Ihr Verfasser, Johann Georg Reißmüller, kam auf Umwegen und verhältnismäßig spät zum Schreiben »für den Tag«. 1932 in Leitmeritz (Böhmen) geboren, wurde er im Alter von vierzehn Jahren mit seiner Familie in die damals so genannte »Sowjetische

Besatzungszone« ausgewiesen. Als Oberschüler bekam er Streit mit den Kommunisten, er floh über Berlin in die Bundesrepublik. Nach Abitur, Jura-Studium und Staatsexamen (1955) in Tübingen trat er in die Redaktion der »Juristenzeitung« ein. Bei Günter Dürig wurde er mit einer Arbeit über die Schranken des allgemeinen Freiheitsrechts im Grundgesetz promoviert. Dann zog es ihn von der rechtswissenschaftlichen Zeitschrift zum politischen Journalismus: Seit 1961 dient er der »Frankfurter Allgemeinen Zeitung« als Redakteur, als Korrespondent in Belgrad (1967 bis 1971), als Interviewer und Reiseberichterstatter, seit 1974 als Mitherausgeber.

Nicht ohne Grund wendet er den Ländern Ost- und Südost-Europas seine besondere Aufmerksamkeit zu. Als Sohn eines k.u.k.-Offiziers, der in den geographischen und historischen Dimensionen des Habsburger-Reiches lebte und zu denken gewohnt war, hat er keine Mühe, über die Beherrschung der sprachlichen Mittel hinaus auch die Verständigung über das Gemeinte (das zuweilen nicht ausgesprochen werden kann) zu erreichen. Und wie könnten die vielschichtigen Zustände, die subtilen Unterschiede, die feinen Nuancierungen in der Politik und Mentalität dieser Länder erfaßt werden ohne eine solche Gabe der Einfühlung, ohne solches Wissen von der fortwirkenden Vergangenheit? Sein 1971 veröffentlichtes Buch über »Jugoslawien – Vielvölkerstaat zwischen Ost und West« legt davon Zeugnis ab.

Gerade für den Journalisten gilt die Erfahrungsregel, daß Menge und Qualität dessen, was man zu erfahren vermag, von Menge und Qualität des mitgebrachten Wissens abhängen. Nur wer es fertig bringt, den Gesprächspartner in einen Gedankenaustausch zu verwickeln, der auch diesem interessant, ja informativ erscheint, kann die Grenzen überwinden, innerhalb deren nur vorgestanzte »statements« abgegeben werden.

Johann Georg Reißmüller kennt sich in der Region, die er zu seinem Spezialgebiet erwählt hat, vorzüglich aus. Durch regelmäßig wiederholte Besuche hält er seine Kontakte und seine Kenntnisse frisch. Er begnügt sich nicht mit der Beobachtung des Spiels im Vordergrund der Bühne. Er hat sich Themenbereiche erarbeitet, die ihm als Gesprächspartner wie als Berichterstatter Seltenheitswert verschaffen: Ideologie und Herrschaftspraxis des Kommunismus in ihren nationalen Varianten, das (auch im Kommunismus nur theoretisch-prinzipiell, nicht realpolitisch gelöste) Problem der Nationalitäten im Einheitsstaat, die politische Rolle des Papsttums und der katholischen Kirche, die inneren Auseinandersetzungen des nachkonziliaren Katholizismus, das mühsame, oft heroische Ringen von vielen einzelnen Intellektuellen, Künstlern, Geistlichen um ein Minimum persönlichen Freiheitsraumes, der das Leben erträglich, vielleicht sogar lebenswert macht.

Der Reiz vieler Berichte Reißmüllers besteht darin, daß der Leser sofort spürt: Der Autor weiß weit mehr, als er schreiben kann. Oft ist nicht alles ans Licht zu bringen, weil Gefahr für den Informanten droht. Aber alles, was zu erfahren war, ist in das Gesamtbild eingegangen, bestimmt das Urteil, findet sich zwischen den Zeilen, teilt sich dem aufmerksamen Leser mit. Diese Art des Journalismus ist heute ganz unentbehrlich, sie muß mit Umsicht und Sorgfalt gepflegt werden. Früher mögen die Unterdrückungsmittel der Obrigkeit gröber gewesen sein, sie waren aber auch leichter zu überlisten. Der Journalist, der aus der freien Welt kommt und in diese zurückkehrt, muß die Last dessen, der in der Unfreiheit verbleiben muß, in stellvertretender Verantwortung mittragen. Dazu bedarf es eines hohen Maßes an Sachkunde, Urteilsvermögen und Diskretion.

Über System und Realität der kommunistischen Welt macht sich Johann Georg Reißmüller keine Illusionen; aber er wirbt zuweilen um Verständnis für die Zwangslagen, in denen sich die Völker und ihre Politiker befinden. Er sagt ohne Umschweife, wo Menschenrechte verletzt, wo Freiheit unterdrückt und Minderheiten diskriminiert werden. Aber er tut es mit Gelassenheit und ohne anklägerische Gebärde. Für ihn ist der Totalitarismus nicht weniger schlimm geworden, weil er schon lange besteht. Er tritt für die Lebensrechte auch der deutschen Volksgruppe ein, selbst wenn es die offizielle Politik für opportun hält, von diesem Problem möglichst zu schweigen. Die Schwankungen des außenpolitischen Klimas registriert er, sie können sein Urteil aber nicht beeinflussen.

Deshalb ist auch alles, was Johann Georg Reißmüller dem Leser vorsetzt, durch und durch verständlich, einfühlbar und anschaulich. Er schreibt ohne den Anspruch, »Literatur« zu produzieren, und gerade deshalb musterhaft, ja meisterlich. Die Unbestechlichkeit des Beobachters findet ihre Entsprechung in der Sensibilität der Sprache, in der Klarheit des Satzbaus, im Verzicht auf Schnörkel und bloße Dekoration.

Es ist freilich wahr: Journalismus von dieser Art kann man weder lehren noch lernen. Die lernende Bemühung eines ganzen Lebens gehört dazu. Der Jurist, der Historiker, der homo politicus, der Kenner von Land und Leuten – diese einmalige, in dieser einen Persönlichkeit gegebene Mischung ist kein Muster, das sich wiederholen ließe. Weil sie, zuweilen überraschend, unmittelbar aus der Aktualität weg- und in die geistig-kulturellen Voraussetzungen führen, die jene erklären und erhellen können, aber auch für sich von Bedeutung sind und bestehen bleiben, lohnt es sich, das »für den Tag« Geschriebene auch nach Jahr und Tag zu lesen, wiederzulesen. Das macht den unverwechselbaren Duktus dieser Beiträge aus, daß in ihnen eine ständige Pendelbewegung zwischen dem Ereignishaften und dem Bleibenden, dem Aktuellen und dem Historischen, dem Faktischen und dem Ideellen stattfindet. Und da alles vom Konkreten seinen Ausgang nimmt, fehlt ihm auch nicht die Spannung und die Lebensmächtigkeit des Konkreten.

Otto B. Roegele

I.
Das rote Imperium
Die Sowjetunion und ihre Verbündeten

Bald nach dem Zweiten Weltkrieg war der Sowjetunion ein Traum erfüllt: nicht länger fing die feindliche kapitalistische Welt schon an ihrer Westgrenze an; vielmehr besaß sie nun einen breiten westlichen Vorhof, in dem ihr Wille galt. Mehrere angenehme Seiten hatte der Zugewinn. Die beherrschten Länder dienten als Schutzstreifen, als politische und militärische Hilfsverbände, sie ließen sich auch wirtschaftlich ausbeuten. Erst die sowjetischen Führer nach Stalin merkten, daß der Zuwachs zugleich Last war. Mit Ungarn, der Tschechoslowakei und Polen, dem Deutschland zwischen Oder und Elbe war ein Stück Mitteleuropa ins sowjetische Imperium gekommen, ein dem russisch-sowjetischen fremder Geist, der nun wie ein sperriger Gegenstand störte. Die Nationen Ostmittel- und Südosteuropas ließen sich nicht einschmelzen, sondern beharrten jede auf ihrer Persönlichkeit. Diesen Willen zur Selbstbehauptung nahmen ihre Parteiführer auf – wenn auch langsam und bruchstückhaft. Noch mehr: die Sowjetunion hatte mit der Staatenwelt Zwischeneuropas zugleich deren ungelöste nationale Fragen übernommen, sowohl in den einzelnen Ländern als auch zwischen ihnen. Gorbatschow wird mit dem Vorhof noch mehr Sorgen haben als Chruschtschow und Breschnew.

Nationale Fragen ohne Antwort
22. Oktober 1980

Zwischen den Völkern Osteuropas, nicht nur denen des sowjetischen Lagers, stehen Trennwände: zählebige Erscheinungsformen des alten Nationalismus. »Nationale Fragen«, die es im östlichen Teil unseres Kontinents in Fülle gibt, spannen das Verhältnis nicht nur zwischen Nachbarstaaten an, sondern auch zwischen Nationalitäten in einem Staat. Nur notdürftig kann die kommunistische Herrschaft, die auf Osteuropa liegt, diese vielfältigen Gegensätze zudecken. Wenn sie aufbrechen, wird manchem biederen Westeuropäer so sehr Angst, daß er sich im Ernst fragt, ob denn nicht gegenüber einem – denkbaren – freien Osteuropa, das sich vielleicht ungehemmt seinen Nationalismen hingeben würde, die Einbindung unserer östlichen Nachbarn in den disziplinierenden Leninismus das kleinere Übel sei.

Es macht den osteuropäischen Nationalismus nicht beruhigender, doch verstehbarer, daß er tiefe historische Wurzeln hat. Die Habsburger Monarchie, auf deren Boden der größere Teil der nationalen Auseinandersetzung sich abspielte, ist an ihm zerbrochen. Aufgestört von den nationalen Stürmen in der ersten Hälfte des vorigen Jahrhunderts, hatte sie in der zweiten Hälfte versucht, die vulkanischen Energien, die da tobten, mit einer Umgliederung des Reiches in geordnete Bahnen zu leiten. Aber das Konzept, dem sie dabei folgte, war verkehrt; und am Ende war es für ein richtiges Konzept zu spät.

Im Rückblick zeigt sich heute, daß in der nach dem Ersten Weltkrieg auf den Trümmern Österreich-Ungarns errichteten neuen Ordnung eine Auflösung der nationalen Gegensätze vollends unmöglich war. Zwei Klassen von Staaten gab es nun: mit reichem Territorialgewinn bedachte, wie die Tschechoslowakei oder Rumänien; daneben solche, die nichts bekommen hatten wie Bulgarien, oder sich amputiert fanden, wie Ungarn (und übrigens auch Deutsch-Österreich). Minderheiten lebten nun in Nationalstaaten, deren Mehrheitsnationen in ihrem nationalen Selbstgefühl sogar noch einen bescheidenen Föderalismus als Schmach empfunden hätten. Souveränitäts-Überschwang der neuen Staaten schnitt die Minderheiten von ihren Mutternationen jenseits der Staatsgrenzen ab. Und über alledem gab es nun nicht mehr eine übergreifende Institution, die Milderung und Ausgleich bringen konnte.

Friedlich sollten die Völker Osteuropas nach 1918 zusammenleben – doch in den zwanziger und dreißiger Jahren sammelte sich in Osteuropa nationaler Sprengstoff an wie lange nicht zuvor. Hitler, Stalin und Mussolini haben sich das zunutze gemacht. Nach dem Zweiten Weltkrieg wollten dann überkommener Nationalismus und stalinistischer Kommunismus, in einer Allianz verbunden, das Problem gewaltsam aus der Welt schaffen: mit Deportationen und Massenverfolgungen, mit nationaler Diskriminierung und Zwangsassimilierung; an manchen Stellen hatte das Züge von Völkermord. Grenzänderungen gab es dort, wo der sowjetrussische National-Imperialismus ein Interesse daran hatte.

Die grausame Generallösung hat nichts gelöst; nur das hat sie erreicht, daß die Deutschen aus Osteuropa verschwanden. Die nationalen Gegensätze auf dem östlichen Halbkontinent, zwischen Staaten und innerhalb einzelner Staaten, sind geblieben. In der verordneten leninistischen Scheinrealität kommen sie nicht vor; aber im wirklichen Leben der Völker kann man sie um so kräftiger spüren. Der osteuropäische Nationalismus überdauert, weil sich

Völker und abgetrennte Teile von Völkern in ihrer Existenz geschmälert fühlen.
Manchmal begegnet man in Osteuropa Leuten, die sich von den drückenden Sorgen ihrer Gegenwart den suchenden Blick in die Zukunft nicht verstellen lassen und dabei über die Zeit der Sowjetherrschaft hinwegdenken. Daß Grenzänderungen das Knäuel nationaler Fragen auflösen könnten, glauben sie meist nicht. Und in der Tat: Neue Grenzen brächten angesichts der Mischlage, in der in Osteuropa Nationen leben, nur neuen Streit. Deportationen und gewaltsame Entnationalisierung betrachtet heutzutage in Osteuropa keine Nation mehr als mögliche Mittel zur Lösung nationaler Konflikte. Das unausgesprochene Kalkül einiger Staatsführungen, die Industriegesellschaft werde nationale Minderheiten geräuschlos einschmelzen, hat sich in den meisten Fällen als Fehlrechnung erwiesen. Freiwillige Kollektivauswanderung von Volksgruppen kann nur die Folge unerträglicher Lebensverhältnisse sein. Wahrscheinlich wären die Nationen (und die nationalen Minderheiten) Südosteuropas in einer Donau-Konföderation am besten aufgehoben. Doch wenn die osteuropäischen Staaten eines Tages ihre Souveränität wiedererlangen, werden sie lange Zeit eifersüchtig darüber wachen.
So bleibt nur, daß die gemischtnationalen unter den osteuropäischen Ländern ihren ethnischen Gruppen weite und feste Garantien geben. Dieser Weg läßt sich schon jetzt beschreiten. Der Vielvölkerstaat Jugoslawien ist auf ihm bisher am weitesten vorangekommen, wenngleich auch er noch ungelöste nationale Fragen mit sich herumträgt. Die Tschechoslowakei hat sich 1968 föderalisiert; doch für die eingeengte ungarische Minderheit in der Südslowakei ist dabei nichts abgefallen.
Rumänien verliert mit seiner Minderheitenpolitik der

großherzigen Halbheiten in diesen Jahren seine Deutschen; aber seine zwei Millionen Ungarn könnte es noch zu gewinnen versuchen. Und was tut Ungarn für seine 200 000 Deutschen? Die Sowjetunion, als Föderation angelegt, betreibt die Russifizierung ihrer kleineren Völker. Heutzutage gilt in der Nationalitätenpolitik in Osteuropa, aufs ganze gesehen, von allen Rechten am meisten das Recht des Stärkeren.

Wie sich Osteuropa bewegt
4. November 1981

Als sich die Sowjetunion nach dem Zweiten Weltkrieg in Südost- und in Ostmitteleuropa festsetzte, wußte sie, daß sie die unter ihre Herrschaft gekommenen Völker gegen sich hatte; sie mißtraute aber auch von vornherein den von ihr eingesetzten Führern. Das hing mit den paranoiden Zügen Stalins in seinen letzten Lebensjahren zusammen, beruhte aber auch auf der richtigen Erkenntnis, daß Statthalter zur Eigenmächtigkeit neigen. Die Welle von Scheinprozessen gegen hohe Parteifunktionäre, die in der Endzeit Stalins durch die Satellitenländer ging, war die Folgerung. Das waren indes Schwierigkeiten, auf welche sich die Sowjetunion vorbereitet fühlte, mit denen sie nach alten Rezepten zurechtzukommen glaubte. Doch 1953 begann eine neue Art von Anfechtung ihrer Herrschaft im Vorhof – mit dem Aufstand in der DDR. In Moskau mochte man damals denken, es handle sich um eine deutsche Spezialität. Aber dann erhoben sich 1956 die Polen und die Ungarn; fast wäre der Funke auf Rumänien übergesprungen.

Für zwölf Jahre sank danach das sowjetisch beherrschte Osteuropa in den Zustand scheinbarer Unterordnung zurück – bis 1967/68 die Tschechen die Reihe der Revolten fortsetzten. Die Manifestationen der Unzufriedenheit, mit denen die Polen in den siebziger Jahren den Faden von 1956 mehrfach wiederaufnahmen, mündeten im Sommer 1980 mit dem Streik von Danzig in die größte Machtverschiebung, die es im Sowjetblock bisher gab.
Der 17. Juni 1953 hat sich für die Ostdeutschen gelohnt – ihre Obrigkeit überlegt seither sorgfältiger, was sie ihren Untertanen zumuten kann. Polen und Ungarn erstritten sich 1956 die Loslösung vom Spät-Stalinismus. Doch ließe sich nur mit einigem Zynismus sagen, auch die tschechische Reformbewegung von 1967 und 1968 sei erfolgreich gewesen. Die Tschechen und die Slowaken wurden für eine Reihe von Jahren von der Sowjetunion mit wirtschaftlichen Zugeständnissen beruhigt; politisch aber fielen sie weit hinter die Auflockerung der Jahre vor dem »Prager Frühling« zurück. Indes, die Tschechoslowakei ist ein Sonderfall. Die polnische Nation wird von ihrem Aufbegehren seit dem Sommer 1980 Früchte ernten. Denn wie immer es im einzelnen in Polen und mit Polen im Warschauer Pakt weitergehen mag – was sich in dem Land in den letzten fünfzehn Monaten gewandelt hat, läßt sich nicht mehr ganz zurückdrehen.
So ist denn der osteuropäische Vorhof für die Sowjetunion in schwer erträglichem Maße vielfältig und wird es immer mehr. Der Moskauer Einfluß darauf, wer die osteuropäischen Parteien führt, nimmt ab. In Polen verdankt schon seit 1956 kein einziger Parteichef mehr sein Amt einem sowjetischen Machtwort; und nie hätten die Sowjets Ceausescu an die Spitze Rumäniens gestellt. Die osteuropäischen Parteiführer werden eigenwilliger. Damit ist verknüpft, daß die Völker größere Ansprüche stellen. Sie ver-

langen mehr persönliche Bewegungsfreiheit, und dabei berühren sie die kritische Grenze, an der persönliche zu politischer Freiheit wird. Die osteuropäischen Nationen stellen der Sowjetunion aber auch wirtschaftliche Forderungen, und das in einer Zeit, da die Sowjetunion selber erschrocken die sich verengenden Grenzen ihrer ökonomischen Möglichkeiten wahrnimmt.

In solcher Lage müßte es in Moskau naheliegen, darüber nachzudenken, ob nicht der osteuropäische Vorhof immer mehr zur Belastung wird, ob sich nicht die ganze Errungenschaft des »Lagers« in seinem europäischen Teil immer mehr als Fehlkonstruktion erweist. Dabei kämen mehrere Gedankenlinien in Betracht. Eine zum Beispiel führte dahin, zunächst Polen und dann andere Blockländer in eine innere Autonomie und begrenzte außenpolitische Souveränität zu entlassen. Das liefe auf eine Art finnischen Status' hinaus. Er könnte der Sowjetunion jedenfalls unter der Bedingung vorteilhaft erscheinen, daß auf der anderen Seite die Vereinigten Staaten sich militärisch aus Europa zurückziehen.

Wir wissen nicht, ob in den Moskauer Kanzleien solche Gedanken gedacht, ob sie gar erörtert werden. Viele Gründe sprechen dafür, daß Moskau eine wirkliche Auflösung seines Lagers in Osteuropa für undenkbar hält. Für die Sowjetführer ist es das höchste Gebot, die »sozialistische Welt« ungeschmälert zu erhalten. Andere Gründe kommen hinzu. In den fünfunddreißig Jahren seit dem Kriegsende haben die Sowjets es schätzengelernt, daß zwischen ihrem Staat und dem Westen ein ihnen gehörender Sicherheitsstreifen liegt, der ihre Bevölkerung von westlichen Einflüssen abschirmt. Und sie erwarten auch sicher nicht, daß die Nationen in diesem Streifen, einmal aus dem Block entlassen, den Finnen von heute nacheifern würden. Über kurz oder lang – so dürften die Sowjets kalkulie-

ren – würden die vom Block losgebundenen Staaten sich politisch zum Westen schlagen.
So wird die Sowjetunion ihr Lager behalten und in Kauf nehmen, daß es immer schwieriger wird, es zu beherrschen. Die nach dem Krieg unterworfenen Nationen zu gewinnen, sie auch innerlich an sich zu binden – diese Möglichkeit hat die Sowjetunion längst verspielt. Physische Macht, erzwungene wirtschaftliche Verflechtung und weitgehende, wenn auch nicht vollständige Übereinstimmung der Interessen zwischen den Führungsschichten einerseits in Moskau, andererseits im Vorhof – das sind die Mittel, mit denen die Sowjetunion das Lager zusammenhält. Eines Tages werden sie nicht mehr wirksam sein. Aber bis dahin können noch viele Jahrzehnte vergehen.

Gibt es den Ostblock?
4. Dezember 1981

Manche Kenner des kommunistischen Osteuropa vermeiden das Wort Ostblock nicht nur, sie warnen auch vor seinem Gebrauch: »Ostblock« zu sagen, das sei für die osteuropäischen Nationen herabwürdigend; es lasse sie als ununterscheidbaren Bestandteil eines Klumpens erscheinen, leugne damit ihre Individualität, treffe sie im Selbstbewußtsein.
Der Gedanke läßt sich hören, aber die Einwände liegen nahe. Die psychische Fortexistenz der europäischen Völker im Osten wird nicht davon betroffen, daß der Westen das sowjetische Imperium, zu dem sie seit Jahrzehnten gehören, mit einem handlichen Wort bezeichnet. Für den

Westen andererseits kann es gefährlich sein, wenn er, der sich schon für seine eigenen Zustände bedenklich viele Benennungsverbote auferlegt hat, nun auch noch gefährliche Realitäten der Außenwelt sprachlich umginge. Das wäre ein Selbstbetrug, der vom Sprechen rasch ins Denken durchschlüge.

Wenn es also den Ostblock gibt, dann müssen wir ihn auch so heißen. Aber gibt es ihn wirklich? Wer heute Osteuropa abfühlt, der könnte daran zweifeln. Der Vorhof der Sowjetunion bietet sich als eine zerklüftete Landschaft dar. In Polen ist seit über fünfzehn Monaten die Herrschaft der Partei über das Land so geschwächt, der Leninismus als Herrschaftsordnung so verdünnt, daß die Führer in Moskau sich wahrscheinlich überwinden müssen, wenn sie dem Nachbarstaat noch das Prädikat »kommunistisch« oder auch nur »sozialistisch« (in ihrem Sprachgebrauch) zugestehen. Neben der Partei stehen zwei andere, an tatsächlicher Macht ihr gleichrangige Kräfte. Die eine ist eine unabhängige Gewerkschaft mit Massenanhang. Es macht die Sache für die Sowjetunion nicht besser, daß die dritte Macht, die katholische Kirche, sich um Frieden im Land und um Ausgleich zwischen Partei und Gewerkschaft bemüht; damit wird sie noch mehr zum eigentlichen Repräsentanten der Nation.

Die Sowjetunion hätte dem, was sie als grausigen Spuk betrachten mag, längst mit Gewalt ein Ende setzen können; und sie kann es weiterhin. Aber sie scheute bisher davor zurück, weil sie nicht weiß, wie sie in einem besetzten Polen das, was für sie die höchste Unordnung ist, durch eine leninistische Ordnung ersetzen könnte, die nicht nur proklamiert wäre, sondern auch wirksam. Es ist nichts Geringeres als die Machtfrage – nicht etwa die in der Welt, im Ost-West-Verhältnis, sondern allein die in Polen –, die Moskau bisher vom Einmarschieren absehen ließ. Und es mag sein, daß es bei dieser Lage und ihrer – realistischen – Einschätzung in Moskau bleiben wird. Bedenkt man das alles, dann mag man nur mit Zögern sagen, Polen sei ein Land des »Sowjetblocks«.

Dies ist freilich ein herausragender Fall, der seinesgleichen noch nicht hatte. Denn als die Sowjets im Jahre 1968 monatelang zuwarteten, ehe sie die Tschechoslowakei besetzten, da war es nicht aus Ratlosigkeit darüber, wie es später in einer besetzten Tschechoslowakei weitergehen solle – das wußten sie in groben Zügen, und so haben sie es dann auch durchgesetzt. Vielmehr scheuten die Sowjets damals zunächst vor den schädlichen Folgen zurück, die ein Gewaltstreich gegen Prag für die von ihnen so eifrig betriebene »Entspannung«, für das Verhältnis zu Amerika und auch im internationalen Kommunismus hätte haben können. Eines Tages aber erschienen ihnen diese möglichen Schäden gering gegenüber denen, die sie von einem Weiterbrennen des Prager reformkommunistischen Feuers erwarteten. Da schlugen sie zu, und sie haben es sicher bis heute nicht bereut.

Aber so ruhig auch heute die Tschechoslowakei an der Oberfläche wirkt – das Moskauer Politbüro kann sich nicht darüber täuschen, wieviel Unwille sich in den Tschechen und Slowaken seit 1968 anhäuft. So fest heute der Staat Tschechoslowakei in den Warschauer Pakt eingefügt ist – seine Bevölkerung steht dem Block innerlich fern.

Im östlichen Deutschland wiederum ist es das Gemisch aus nationaler Frage und Freiheitswunsch, die nicht ständig aktiv gehegte, aber bei der Bevölkerungsmehrheit auf dem Grund des politischen Bewußtseins liegende nationale und Freiheitserwartung, die es der leninistischen Herrschaft unmöglich macht, sich dauerhaft zu befestigen. So hat denn die Sowjetunion auch in der DDR, ihrem wichtigsten Trabanten, keinen zuverlässigen Untergebenen.

Um die Mitte der sechziger Jahre und dann wieder in den siebziger Jahren gab es in Osteuropa das Wort vom eisernen Dreieck: Ost-Berlin, Warschau, Prag. Was ist von dem Dreieck, was von dem Eisen übriggeblieben?
Im südlichen Teil des Imperiums sucht sich Rumänien der Blockordnung seit etwa zwanzig Jahren zu entziehen. Wäre zur Distanzierung von Moskau eine die Bevölkerung gewinnende Innenpolitik gekommen, müßte sich die Sowjetunion heute über Rumänien nicht viel weniger Sorgen machen als über Polen. Eine weitsichtige Innenpolitik betreibt hingegen der Ungar Kadar. Aber sie hindert nicht, daß die Ungarn sich der westlichen Welt immer mehr verbunden fühlen und der sowjetischen immer fremder werden.
Von einer geschlossen um die Sowjetmacht gescharten Gemeinschaft kann also keine Rede sein. Das vorgelagerte Osteuropa ist für Moskau schwer beherrschbar, unberechenbar. Was es zu einem Block macht, ist die präsente oder drohende militärische Macht der Sowjetunion. Den Ostblock gibt es – in diesem Sinne. Er hält nicht von innen zusammen, sondern wird von einem eisernen Ring zusammengehalten.

Osteuropa – national unbefriedet
18. Juni 1982

Als die Sowjetunion nach dem Zweiten Weltkrieg ihre Hand auf Osteuropa gelegt hatte, versprach sie den Völkern dort Freiheit, Demokratie, materiellen Wohlstand, dazu nationale Erfüllung und zugleich nationale Befriedung in der ganzen Region. Die ersten drei Versprechen hielt sie nicht. Doch mancher sah es damals für möglich an, daß die Sowjetmacht den nationalen Konflikten in Osteuropa immer mehr die Grundlage entziehen würde. Die einen vertrauten dabei auf die alten leninistischen Grundsätze der Nationalitätenpolitik, die in der Sowjetunion der zwanziger Jahre auch weithin angewandt wurden – zum Beispiel im sowjetischen Zentralasien. Andere bauten darauf, daß die nationalen Reibungen im Aufbau des Sozialismus rasch verschwinden würden. Und mancher Zyniker dünkte sich realistisch mit der Voraussage, die eiserne Faust des Stalinschen Regimes werde den Nationen und Minderheiten im Sowjetimperium die Lust zu nationalen Streitigkeiten austreiben.

Alle miteinander haben sich getäuscht. Osteuropa ist national unbefriedet geblieben. Viele nationale Auseinandersetzungen werden sichtbar geführt, andere schwelen dahin. Die von den kommunistischen Herrschern beschworene Brüderlichkeit – über die Staatsgrenzen hinweg wie innerhalb ihrer – ist nicht die beherrschende Wirklichkeit geworden. Die Gründe dafür sind vielfältig. Die osteuropäischen Nationen traten in die Epoche nach dem Zweiten Weltkrieg ein, beladen mit dem Nationalismus aus dem vorigen Jahrhundert, der das Habsburger Reich und das Osmanische Reich ausgehöhlt und ihre Trümmer an Nationalstaaten, neue wie alte, verteilt hatte. Doch bei dieser Verteilung gab es Privilegierte (zum Beispiel Jugoslawien und die Tschechoslowakei) und Zurückgesetzte (zum Beispiel Ungarn und Bulgarien); die letzteren suchten sich dann mit Hilfe der Achsenmächte zu holen, worauf sie einen Anspruch zu haben glaubten, und das drückte ihnen für die Zeit nach dem Zweiten Weltkrieg ein Brandmal auf. Wiederum gab es in Osteuropa zwei Klassen von Staaten.

So knüpfte nach 1945 die vielgestaltige Welt der osteuropäischen Nationen und Minderheiten an Verhaltensweisen von gestern und vorgestern an – nur daß jetzt Moskau als übermächtiger Herr sich die Entscheidungen vorbehielt und außerdem sich von vornherein aneignete, was es wollte. Das Ergebnis konnte nur äußerliche Ruhe sein; zu einem Interessenausgleich, einer von den Völkern angenommenen neuen Ordnung konnte es dabei nicht kommen.
Viel Schaden hat der Panslawinismus angerichtet, der nach dem Krieg, von Moskau gefördert, in einigen Ländern Osteuropas eine Spätblüte erlebte. Er verwies die nichtslawischen Völker zunächst in die zweite Reihe und begründete damit neue Ungleichheit. Doch am verheerendsten wirkte das zentralistische Unterdrückungssystem Stalins. Er hatte schon seit den dreißiger Jahren viele der kleineren Völker in der Sowjetunion zu Objekten despotischer Willkür erniedrigt. Nun wurde es auch in den Staaten des westlichen Vorhofs der Sowjetmacht Methode, mit Nationalitäten so umzugehen. (Zwischen den einzelnen Staaten hingegen hatte es nach dem Willen Stalins keine Dispute zu geben.)
Aber auch nach der Stalin-Zeit belastete die Sowjetunion die Nationalitätenverhältnisse in Osteuropa. Die Politik der unauffälligen, aber zielstrebigen Russifizierung, der sich Chruschtschow schon nach wenigen Jahren nationalitätenpolitischen Tauwetters zuwandte, galt den Führern der Satellitenstaaten als Vorbild.
Es ist der Sowjetunion nicht gelungen, ganz Osteuropa fest im Griff zu behalten. Doch hat dies den Nationalismus dort nicht vermindert. Sich von der Sowjetmacht ein Stück zu entfernen oder gar zu trennen, das bedeutete zugleich nationales Wiedererwachen. Daraus entstanden leicht zum einen Animositäten gegen benachbarte Staatsnationen, zum anderen Verschärfungen der Politik gegenüber nationalen Minderheiten im eigenen Land.

Solche Verhärtungen hatten auch sicherheitspolitische Motive, wie der Fall Rumänien zeigt. Die Bukarester Unabhängigkeitspolitik machte es den Sowjets verlockend, Ungarn gegen Rumänien auszuspielen, wobei auch der starken ungarischen Minderheit in Rumänien ein Part zugedacht war. Bukarest schnürte darauf seine ungarische Volksgruppe noch mehr ein. Andererseits hielt die Sowjetunion die Rumänen in dem von ihr am Kriegsende annektierten Bessarabien unter besonders strenger Aufsicht, seit Bukarest mit einem gestärkten Nationalgefühl eine eigenwillige Außenpolitik betrieb. Hier wie in allen anderen Fällen, in denen nach dem Krieg Grenzen verändert wurden und infolgedessen nationale Minderheiten entstanden, geht die Angst vor Irredentismus um.
Unter der sowjetischen Oberherrschaft sind die nationalen Gegensätze von Staat zu Staat in Osteuropa eher noch gewachsen, weil Moskau diese Differenzen immer wieder als Beherrschungsmittel benutzt und weil zu dem überkommenen nationalpolitischen Streitstoff neuer hinzutrat, der sich aus dem Leben in der Zwangsgemeinschaft Ostblock ergab: wirtschaftliche Interessengegensätze stehen dabei in vorderster Reihe.
Aber auch in den einzelnen Staaten sind die jeweiligen nationalen Fragen nicht gelöst worden; das Vertrauen auf die national-einschmelzende Kraft sozialistischer Erziehung und Industrialisierung hat sich als Irrtum erwiesen. Was in den einzelnen Staaten an Substanz ethnischer Minderheiten noch da ist, soll nun jeweils mit einer Politik des langen Atems assimiliert werden.

Wie Rumänien heute aussieht
1. September 1982

Über Rumänien hört man neuerdings nur noch Negatives: hohe Verschuldung im Westen, Fehlschläge der Industrialisierungspolitik, Misere der Landwirtschaft, Mangel selbst an den einfachsten Versorgungsgütern im Land, eine sich immer noch mehr verhärtende Innenpolitik, Unruhe unter den nationalen Minderheiten, größere Abhängigkeit von der Sowjetunion. Die schlechten Nachrichten und schlimmen Deutungen überschlagen sich.
Das war nicht immer so. In den sechziger und siebziger Jahren erschien Rumänien dem Westen als das einzige ihm ein wenig zugewandte Land des Ostblocks. Dabei stand im Vordergrund die Außenpolitik. Bukarest hatte sich von der sowjetischen Vormundschaft gelöst und war ein begehrter Gesprächspartner der westlichen Welt geworden. Erinnern wir uns daran, daß Rumänien gegen den Willen Moskaus als erster kleinerer Staat im Warschauer Pakt mit der Bundesrepublik diplomatische Beziehungen anknüpfte und als einziges Ostblockland seine Beziehungen zu Israel nicht abbrach. Das machte Rumänien dem Westen sympathisch. Ihre freundlichen Gefühle für Rumänien behielten die westlichen Politiker nicht für sich. Sie machten ihren rumänischen Gästen oder Gastgebern oftmals Komplimente, die den Adressaten Verlegenheit bereiteten.
Komplimente gab es weniger für die Bukarester Innenpolitik, die den Wandel der Außenpolitik nicht begleitet hatte, vielmehr auf altem leninistisch-stalinistischem Gelände zu verweilen schien. Man hielt im Westen den rumänischen Führern zugute, daß sie im Angesicht der mißtrauischen Sowjetunion nicht zuviel Veränderung riskieren durften. Man erwog auch, daß in einem innenpolitisch auf-

gelockerten Rumänien die Sowjets es leichter hätten, Unruhe zu stiften. Schließlich verbarg man nicht die Hoffnung, die Kontakte Rumäniens zum Westen würden das Land allmählich auch zu freieren inneren Verhältnissen führen. Die forcierte Industrialisierungspolitik Ceausescus betrachtete der Westen mit Vorbehalten, aber nicht ohne Respekt für die erreichten ansehnlichen Wachstumsraten.

An alledem hat sich so viel nicht geändert. Die Bukarester Außenpolitik ist auf ihrem Kurs geblieben; sie bringt nur den Unabhängigkeitsanspruch leiser vor, die großen, auffälligen Selbständigkeitsgesten bleiben aus. Warum? Weil Rumänien sich von der östlichen Wirtschaftsgroßmacht abhängiger fühlt. Dies aber kommt von der schlechten Wirtschaftslage des Landes: Rumänien ist im Westen überschuldet und sogar zahlungsunfähig. Der Export lahmt. Die aus dem Boden gestampften Industrien, besonders der Petrochemie, erweisen sich als unrentabel, weil Rumänien nicht genügend Rohstoffe dafür hat und wenig Geld, draußen welche zu kaufen. Die rumänische Landwirtschaft, auf deren Kosten die eilige Industrialisierung ging, ist ausgelaugt. Deshalb steckt das Land in einer Versorgungskrise, aus der es Planerfüllungs-Kampagnen und Rationierungsmaßnahmen schwerlich herausreißen werden. Das tägliche Leben in Rumänien ist schwieriger geworden, und das läßt die Führung Ausbrüche von Unzufriedenheit befürchten. Die Folge ist eine nochmals verschärfte Innenpolitik, die nicht nur die Intellektuellen zu spüren bekommen.

Jede innenpolitische Verhärtung in Rumänien trifft besonders die nationalen Minderheiten. Sie sind es gewohnt, daß die Politik der Obrigkeit ihnen gegenüber von zwei widerstreitenden Tendenzen bestimmt wird, von Toleranz und einem engherzigen, großrumänischen Nationalismus.

In den letzten Jahren hat die nationalistische Tendenz wieder die Oberhand. Das trifft vor allem die Ungarn in Siebenbürgen. Sie sind von Bukarest immer mit Mißtrauen betrachtet worden – wegen ihrer Stärke (um die zwei Millionen) und wegen der Nähe ihres Siedlungsgebietes zum Mutterland Ungarn. Die Deutschen Rumäniens, Siebenbürger Sachsen und Banater Schwaben, an Zahl viel schwächer (heute noch knapp 350 000) und von den Staaten deutscher Sprache weit entfernt, konnten sich wegen ihrer geringeren Bedeutung im Windschatten mancher Sturmbö entziehen. Vielleicht hätten sie durch die Maschen selbst einer betont rumänisch-nationalistischen Politik schlüpfen können. Doch die Abwanderung Zehntausender von ihnen hat in der deutschen Volksgruppe zu einer Katastrophenstimmung geführt, zu einem »Rette sich, wer kann, in die Bundesrepublik!«. Den Abwanderungsdrang steigert nun noch die materielle Misere im Land.

So ist das Bild Rumäniens heute düster. Doch das gibt im Westen niemandem Anlaß zum Triumphieren. Wir haben nichts davon, daß es um Rumänien schlecht bestellt ist. Den Nutzen von einem auf seine Unabhängigkeit gegenüber Moskau pochenden, selbstbewußten, wirtschaftlich voranstrebenden Rumänien, in dem es sich leben ließ, weil manches langsam besser wurde, hatte der Westen. Den Nutzen von einem in seiner Unabhängigkeitspolitik gehemmten, wirtschaftlich dem Zusammenbruch nahen, sich nach Westen wieder verschließenden Rumänien hat die Sowjetunion. Seit langem wartet sie darauf, daß Rumänien als eigenständiger Faktor der internationalen Politik, als für die anderen Nationen im Ostblock verlockendes Beispiel verschwindet, daß das Land wieder ganz in den Block zurückfällt. Die sowjetischen Führer haben immer gehofft, das eigenwillige Rumänien werde sich eines

Tages in seinen von innen her rührenden Problemen verfangen. Sollte es so kommen, hätte auch der Westen einen Schlag erlitten.

Was der Sozialismus geleistet hat
22. Dezember 1982

Die Völker Ostmitteleuropas haben sich Sowjetherrschaft und Sowjetsozialismus nicht gewünscht; beides wurde ihnen nach dem Zweiten Weltkrieg aufgezwungen. Wenn sie heute eine Bilanz aufmachen, so ergibt sich, daß die neue Ordnung ihnen nichts gebracht, sie aber viel gekostet hat. Die Verlustliste beginnt mit der Rubrik »Staatsgebiet«. Mehrere Länder Zwischeneuropas (wie man das Gebiet zwischen der Sowjetunion und den westlich verfaßten Ländern des Kontinents nennen kann) verloren Territorium an die Sowjetunion, gleich, ob sie zu den Siegern oder zu den Besiegten zählten.
Die betroffenen Völker hätten diese Verluste vielleicht hinnehmen können, wenn sie sich als Preis für eine neue, bessere Ordnung des Zusammenlebens der Nationen und nationalen Minderheiten erwiesen hätten. Doch in Ostmitteleuropa ist eine Friedensordnung, die Ausgleich zwischen den Völkern und, als wesentlichen Bestandteil davon, angemessenen Schutz für nationale Minderheiten gebracht hätte, nicht entstanden.
Eine »Pax Sovietica«, die wahre Befriedung bedeutete, hat Moskau nicht geschaffen. Vielmehr herrschen in Zwischeneuropa Streit, Rivalität, Irredentismus, Unterdrükkung ethnischer Minoritäten. Das geht freilich zum Teil

noch zurück auf die Grenzregelungen, welche die Siegermächte des Ersten Weltkrieges einst trafen. Aber hätte dieser alte Konfliktstoff nicht in bald vierzig Jahren sowjetischer Oberhoheit abnehmen können – hatte die Sowjetunion nicht versprochen, ihr Sozialismus werde es dahin bringen?

Sie konnte ihr Versprechen nicht einlösen, weil sie selber kein Modell für ersprießliches Zusammenleben von Nationen in Gleichberechtigung zu bieten hat, weder in einem Staat noch im Verhältnis zwischen Staaten. Das Beispiel, das sie vorführt, bedeutet vielmehr, daß die größte Nation, zur Haupt- und Staatsnation erklärt, die kleineren zu assimilieren und entnationalisieren sucht, und daß der stärkere Staat dem schwächeren seinen Willen aufnötigt.

Doch es gibt noch einen anderen Grund dafür, daß die Staaten Ostmitteleuropas einander nicht nähergekommen sind. Die Sowjetunion, die das Wort »Bruderländer« eingeführt hat, ist darauf bedacht, daß die Brüder einander nicht wirklich nahekommen, um jeden einzelnen besser beherrschen zu können. Sie geht sogar so weit, die Brüder gegeneinander auszuspielen.

So finden sich die Satelliten-Staaten einerseits voneinander getrennt, andererseits zusammengebunden in einen Block, in dem die übermächtige Sowjetunion alles Wichtige bestimmt. Die kleineren Blockländer können in dieser auf Moskau ausgerichteten Zwangsgemeinschaft nicht einmal ihre wirtschaftlichen Bedürfnisse befriedigen; weder Arbeitsteilung, noch Warenaustausch, noch Rohstoffversorgung, noch Währungsverhältnisse sind für die Staaten Ostmitteleuropas im Block annehmbar geregelt.

Aber lassen wir einmal die Nationen und Staaten beiseite und betrachten wir die Einzelnen, die Bürger der kleineren sozialistischen Länder in ihrem täglichen Leben. Da müßte der wirtschaftliche Fortschritt sichtbar werden.

Doch es zeigt sich eine ganz andere Realität: Niedrige Einkommen, Warenmangel, schlechte Versorgung mit Dienstleistungen, Wohnungsmisere, ein mangelhaftes Gesundheitswesen. Freilich gibt es da ein Gefälle zwischen den einzelnen Blockländern, wobei Ungarn auf den meisten Vergleichsfeldern oben, Polen zusammen mit Rumänien unten steht.

Der Mensch lebt nicht vom Brot allein. Wie steht es mit den immateriellen Gütern? Für die Kultur geben die Staaten Ostmitteleuropas viel Geld aus; aber ein großer Teil des Ertrages ist Propaganda. Das eigentliche kulturelle Leben bringt großartige Leistungen hervor, in der Musik etwa; doch der Kreis der Kulturwerke, die den Leuten zugänglich sind, bleibt begrenzt. Gefährliche westliche Literatur wird ausgesperrt, und die Schriftsteller im Land arbeiten unter der Herrschaft zahlloser Tabus. In Osteuropa werden viele Bücher gelesen, mehr als bei uns; aber das erklärt sich auch daraus, daß in den Zeitungen wenig steht.

Vielleicht läßt sich davon sprechen, daß im östlichen Europa die Beziehungen zwischen den Menschen dichter, herzlicher sind als im Westen. Doch mit dem Sowjetsozialismus hat das nichts zu tun. Es ist der Ausdruck einer mehr zu Gemeinschaft und Gemeinsamkeit neigenden Mentalität. Die hat sich möglicherweise wegen des ökonomischen Rückstandes erhalten, aber auch deswegen, weil die Menschen im Angesicht der kommunistischen Obrigkeit, die sie als kalt und bedrückend empfinden, zusammenrücken und einander emotionale Wärme geben, wie wir sie im Westen nicht mehr gewohnt sind.

Schließlich wollte der Sowjetsozialismus die Ostmitteleuropäer von der Religion befreien (wonach die Völker allerdings nicht verlangt hatten). Die Aufklärung, die dafür einziehen sollte, ist ausgeblieben. Der Marxismus-Leninismus, den die Obrigkeit an die Stelle der Religion setzen wollte, hat sich als menschenfernes Gebilde erwiesen. Von der Obrigkeit als Herrschaftsinstrument verwendet, besitzt er keine geistige Anziehungskraft; die Bevölkerung begegnet ihm mit Gleichgültigkeit und Ungläubigkeit. Das ist ein Mißerfolg, der die sowjetkommunistischen Parteiherren in Zwischeneuropa besonders treffen muß. Die Untertanen schmerzt er nicht; sie klagen über anderes.

Explosives Gemisch
28. Februar 1983

Im kommunistischen Osteuropa werden in diesen Monaten die Schrauben fester angezogen. Das bekommen vor allem die Dissidenten zu spüren. In der Sowjetunion wie in der Tschechoslowakei sind die Gruppen politisch Opponierender zerschlagen. In der DDR ist der Staat dabei, den »Jenaer Friedenskreis« mit Verhaftungen zu lähmen.

Freilich kann im östlichen deutschen Staat die »Säuberung« nicht so vollständig gedeihen wie etwa in der Tschechoslowakei, wo Andersdenkende an keiner Institution auch nur den geringsten Halt finden. In der DDR legt immerhin die evangelische Kirche ein Wort ein für junge Leute, die über den Frieden andere Vorstellungen haben als die Obrigkeit. Solange die Obrigkeit aus innen- und außenpolitischen Gründen der Kirche einen Grundbestand selbständiger Existenz zugestehen will, ist solche Fürsprache nicht ganz in den Wind gesprochen.

Politische Verschärfung ist auch in Rumänien zu beobachten, wo die kritisch gesonnenen Intellektuellen und Künstler den Kopf jetzt noch mehr einziehen. Die polnische Obrigkeit hat auch nach der Teilsuspendierung des Kriegsrechts genug Unterdrückungsmittel in der Hand, und sie macht davon Gebrauch. Selbst Ungarn verliert nun die Geduld mit seinen gewissermaßen staatlich zugelassenen Dissidenten.

Den neuen Kurs bekommen besonders nationale Minderheiten zu spüren. Einer seiner Schwerpunkte ist die Kirchenpolitik. Die hat in den einzelnen Ländern für die Staatsmacht unterschiedlichen Rang, entsprechend dem unterschiedlichen Gewicht der Kirche (meist geht es um die katholische). Kirchenpolitik in Polen gehört für das Regime dort zum Wichtigsten; Kirchenpolitik in der Tschechoslowakei stellt für die Prager Staatsmacht eine Aufgabe zweiter Ordnung dar.

Alle Bürger der Ostblockstaaten könnten unter der neuen Politik zu leiden haben, wenn die Kampagne gegen Faulenzerei, Materialverschwendung, Korruption, die der neue sowjetische Parteichef Andropow gleich nach seiner Wahl in der Sowjetunion eingeleitet hat, dort weitergeführt werden und auf die Bruderländer übergreifen sollte.

Aber der straffere Kurs hat noch andere Wirkungen. Die Auswanderung – etwa von Deutschen, Juden und Armeniern aus der Sowjetunion oder von Deutschen aus Rumänien –, die den Obrigkeiten schon immer als Unordnung galt, wird eingeschränkt. Der Kontakt zwischen der osteuropäischen Bevölkerung und dem Westen trifft auf höhere Hindernisse.

Die neue, verschärfende Politik erklärt sich zu einem Teil aus den wirtschaftlichen Schwierigkeiten, die alle osteuropäischen Länder erfaßt haben. Diese Staaten leiden an Rohstoff- und Energiemangel. Der Mangel wiederum geht einmal darauf zurück, daß die Sowjetunion die Lieferungen eingeschränkt und verteuert hat, zum anderen auf Devisenarmut, die zusätzliche Käufe im Westen unmöglich macht. Die Bevölkerungen spüren Versorgungsmängel, die das Leben noch mühseliger machen. Die Leute fühlen sich von der Parteimacht um den Lohn ihrer Arbeit betrogen. Das ist für die Obrigkeiten eine Alarmsituation. Sie haben damit ihre bösen Erfahrungen gemacht. Die Unruhen 1953 in der DDR, zuletzt 1970 und 1980 in Polen entsprangen stichflammenhaft auflodernder Unzufriedenheit über schlechte Versorgung oder zu hohe Arbeitsnormen. Aus gleichartigen Gründen haben auch schon Arbeiter in sowjetischen Großbetrieben oder rumänischen Bergwerken gestreikt. Wenn die Partei solche Aufwallungen nahen sieht oder wenn sie davon überrascht wird, sucht sie hastig, die materiellen Lebensbedingungen zu verbessern. Doch nachhaltige Abhilfe scheitert an der wirtschaftlichen Gesamtlage der einzelnen Staaten.

Ökonomisch begründete Unruhe in der Bevölkerung reichert sich leicht mit politischen Elementen an. Das fürchtet die Obrigkeit, und sie hat dafür Gründe. Unzufriedenheit mit den politischen Verhältnissen liegt in den kommunistischen Ländern Osteuropas ständig in der Luft. Sie bedarf nur des Funkens, der sie entzündet. Da ist vor allem die nationale Frage, die in vielerlei Gestalt auftritt. Nationale Minderheiten fühlen sich unterdrückt – etwa die Ungarn in Rumänien und der Tschechoslowakei, oder die baltischen Völker. Dazu gibt es ein Spiegelbild: die nationale Frage kann auch darin zum Ausdruck kommen, daß sich eine Nation der Abtrennung eines Teils ihrer historischen Lande schmerzhaft bewußt wird – so die Ungarn des Verlustes von Siebenbürgen oder die Rumänen des Verlustes von Bessarabien. Eine nationale Frage eigener Art lastet auf der DDR; deren Bewohner lehnen in ihrer großen Mehrheit die von der SED gezogene Trennlinie durch Deutschland ab.

Schließlich kann die nationale Frage darin bestehen, daß

sich ein Volk von der Sowjetunion beherrscht, überfremdet fühlt. Dabei geht es weniger um eine Russifizierung im handgreiflichen Sinn als vielmehr darum, daß die Sowjetunion einem europäischen Volk ihre Herrschaftsordnung – die einer orientalischen Despotie – aufzwingt. Damit aber geht die nationale Frage über in die allgemeinere: wie die Völker des kommunistischen Osteuropa zur politischen Ordnung in ihren Ländern stehen.
Unzufriedenheit mit den wirtschaftlichen Lebensverhältnissen und Abneigung gegen das politische System, das ergibt ein explosives Gemisch. Neue Explosionen (nach der jüngsten in Polen) zu verhindern, ist die schwierige Aufgabe, der sich die Obrigkeiten in Osteuropa gegenübersehen.

Vorher war nur Lenin
7. April 1983

Betrachtet man die Nachkriegsgeschichte der westlichen Völker, so stößt man überall auf Staatsmänner, in denen sich schon zu ihrer Regierungszeit die Nation oder doch deren Mehrheit wiedererkannte; Männer, die von vornherein als nationale Persönlichkeiten anerkannt waren oder als solche später, nach ihrem Ausscheiden aus dem Amt oder nach ihrem Tod, allmählich angenommen wurden. Für die westdeutsche Teilnation ist Adenauer eine solche Gestalt, für die Italiener De Gasperi, für die Franzosen de Gaulle.
Solche Namen, mit denen sich auch die Völker genannt fühlen, gibt es in der kommunistischen Welt nur als Raritä-

ten. Das sei selbstverständlich, ließe sich einwenden, denn die kommunistisch regierten Völker lehnten die kommunistische Herrschaft und also auch die Herrscher ab. Indessen, die Ablehnung trifft nicht alle unterschiedslos; die Osteuropäer wissen zu unterscheiden zwischen üblen und erträglichen Herren. Und vor allem könnte, wenn schon ein Volk nichts von seinen früheren Oberen hält, die kommunistische Partei einen von ihnen hervorheben, mit dem Anspruch, daß auch das Volk ihn als einen Großen zumindest gelten lasse. Aber auch daran fehlt es.

Ein Beispiel dafür ist die DDR. Die hat Ulbricht im Auftrag der Sowjetunion bis ins kleinste geprägt. Die Bevölkerung hat ihn als Vollstrecker der Sowjetisierung und der deutschen Teilung im Gedächtnis. Doch sagt wenigstens die Partei dem Volk, es habe in Ulbricht den Mann zu sehen, der das »sozialistische Deutschland« zur Blüte brachte? Keineswegs. Ulbricht wird von der SED dem Vergessen überantwortet.

In Polen steht es ähnlich. Den einstigen Parteichef Bierut kann die Partei nicht rühmen, weil sie selbst ihn als Stalinisten angeprangert hat. Gomulka ebensowenig, weil er dafür verantwortlich war, daß 1970 auf rebellierende Arbeiter geschossen wurde, und darüber stürzte. In der Tschechoslowakei klafft die gleiche Persönlichkeits-Lücke. Der erste Parteichef, Gottwald, ist von der Obrigkeit mit dem Makel des Stalinismus belegt. Dem Nachfolger Novotny legt die Partei zur Last, »Fehler« seiner Politik hätten den Prager Frühling von 1968 ermöglicht.

Wen könnten die ungarischen Kommunisten der Bevölkerung als verehrungswürdige Gestalt aus den letzten drei bis vier Jahrzehnten anbieten? Etwa den Stalinisten Rakosi, der dem heutigen Parteichef Kadar im Gefängnis die Fingernägel herausreißen ließ? Inzwischen führt Kadar sechsundzwanzig Jahre lang Ungarn. Doch niemand weiß, ob

er dereinst der Partei als der große Mann gelten und ob die Bevölkerung, die in ihm das kleinstmögliche Übel sieht, ihm wahre Größe zuerkennen wird.
Das Muster für die kleineren kommunistischen Länder scheint die Sowjetunion zu sein. Dort wird zwar Lenin wie ein Heiliger verehrt. Doch Lenin starb 1924, und seither hat die sowjetische Partei keinem ihrer gewesenen Parteichefs mehr hohe Ehre zugemessen. Der tote Stalin wurde furchtbarer Verirrungen bezichtigt. Jeder Parteichef wird davor zurückscheuen, den Tyrannen als Lichtgestalt auf den Sockel zu heben. Chruschtschow wurde aus dem Amt des Parteichefs gestoßen, sein Name taucht in der Sowjetunion nirgends mehr auf. Nichts weist darauf hin, daß eine sowjetische Parteiführung einst das Volk zur Verehrung Breschnews aufrufen werde.
In Rumänien läßt Ceausescu seinen Vorgänger Gheorghiu-Dej in Vergessenheit versinken. Vom Ruhme Maos haben seine Nachfolger so viel weggeschnitten, daß für die Chinesen eine zweifelhafte Figur übrigbleibt.
Die Ausnahmen sind gering an Zahl. Die bulgarische Partei verehrt – mit Maßen – Dimitrow; in Vietnam gilt Ho Tschi Minh als Nationalheld, und in Jugoslawien berufen sich die heutigen Parteiführer auf Tito. In allen drei Fällen kann sich die Obrigkeit auf eine Stimmung jedenfalls in Teilen des Volkes stützen.
Woher kommt es, daß die kommunistischen Obrigkeiten ihren Völkern sowenig Leit-Persönlichkeiten aus der Zeitgeschichte vorgeben? An der Ideologie kann es nicht liegen. Denn zwar erklärt der sogenannte historische Materialismus die Rolle der Persönlichkeit in der Geschichte für untergeordnet; doch dessenungeachtet sind in den kommunistischen Ländern die herrschenden Parteiführer auch nach Stalin Gegenstand eines Personenkults, wenn auch in unterschiedlichem Maß. Niemand darf dem Partei-

chef widersprechen, erst recht darf ihn niemand kritisieren. Niemand darf sagen, der Parteichef interessiere ihn nicht. Andererseits darf sich für den Parteichef niemand auffällig interessieren: Was die Partei über ihn mitteilt, hat jedem zu genügen.
Weil die Möglichkeit eines Amtswechsels an der Spitze sozusagen nicht vorgesehen ist, muß das Politbüro einen Parteichef, den es loswerden will, zum Übeltäter stempeln, zu einem, den die »Geschichte« verurteilt hat, also fast zu einem Kriminellen. Einen solchen aber kann man nicht nachher dem Volk als verehrungswürdigen großen Sohn des Landes hinstellen; er muß vielmehr Unperson werden.
Andere Motive kommen hinzu. Der neue Parteichef will den Personenkult nicht mit einem Vorgänger teilen. Und er will verhindern, daß nach einiger Zeit das Volk ihn mit dem früheren – sei dieser nun gestürzt worden oder gestorben – vergleicht und dabei zu dem Schluß gelangt, der Parteichef von einst sei besser gewesen.
Die Untertanen der meisten kommunistischen Länder sollen allein den gerade herrschenden Führer verehren. Vor diesem gibt es für sie nur den entlegenen Lenin.

Eine kleine Entente kehrt nicht wieder
27. August 1985

Als der Erste Weltkrieg zu Ende war, ging in den Siegerländern, vor allem in Frankreich, eine geopolitische Idee um: ein Cordon sanitaire, ein Schutzstreifen aus mehreren Staaten, sollte entstehen zwischen Deutschland und Sowjetrußland, die zwar beide erschöpft am Boden lagen, aber eines Tages wieder gefährlich werden könnten. So würde in Zukunft Deutschland nicht nach Osten, Sowjetrußland nicht nach Westen ausgreifen können; beide wären in Schach gehalten und zudem voneinander getrennt. Der Entwurf hätte in seiner weitestmöglichen Ausprägung eine Staatenkette von Finnland bis hinunter nach Bulgarien vorsehen können.

In dieser Richtung hatte der tschechische Politiker Masaryk schon während des Krieges im amerikanischen Exil nachgedacht. Doch in Paris faßte man eine geringere Reichweite ins Auge: der Cordon sanitaire sollte reichen von Polen bis Jugoslawien (das damals noch »Königreich der Serben, Kroaten und Slowenen« hieß). So blieb übrig ein Bogen von Polen über die Tschechoslowakei, Ungarn und Rumänien bis zum Südslawischen Königreich. Diese Staaten sollten wirtschaftlich zusammenarbeiten und darüber zu einem politischen Bündnis gelangen, dessen Schutzmacht Frankreich sein würde.

Aus dieser Vorstellung, die in mehreren Varianten auftauchte, ist nicht viel geworden. Die Staaten, die es anging, konnten sich zu einem Konzept nicht finden. Am weitesten kamen den französischen die polnischen Ansichten entgegen. Der polnische Staat, nach über einem Jahrhundert russischer und deutscher (preußischer und österreichischer) Herrschaft wiedererstanden, hielt es für das Wichtigste, daß Rußland und Deutschland niedergehalten würden. Die neuentstandene Tschechoslowakei hingegen hatte wenig gegen das Weimarer Deutschland. Sie fürchtete aber Revisionismus des auch von ihr selber zusammengestutzten Ungarn, dem wiederum Polen sich in seiner Gesellschaftsordnung und der politisch-geistigen Orientierung nahe fühlte. Polen war heftig antirussisch und antisowjetisch; die Tschechoslowakei hingegen war russophil und gegenüber dem Sowjetregime nicht feindselig, sondern vorsichtig aufgeschlossen.

Warschau verstrickte sich in alle möglichen Konflikte – Prag aber betrieb mit meisterhaftem Geschick Diplomatie und brachte 1920/1921 »Die Kleine Entente« zusammen, ein Bündnis mit dem Südslawischen Königreich und Rumänien, das gegen Ungarn und ein wenig auch gegen Österreich und Bulgarien gerichtet war. Die Kleine Entente florierte eine Zeitlang. Aber sie zerfiel, als sich in den dreißiger Jahren Rumänien und Jugoslawien den Achsenmächten näherten, die Tschechoslowakei sich hingegen an die Sowjetunion anlehnte. Der Plan eines institutionalisierten Miteinander der Staaten Ostmittel- und Südosteuropas war selbst im kleinen Maßstab gescheitert.
Dazu trug nationaler Streit viel bei. Die Siegermächte des Ersten Weltkriegs hatten das Recht auf Zusammenleben in einem Nationalstaat einigen Nationen zuerkannt, anderen verweigert; sie hatten Staatsgrenzen von zweifelhafter Berechtigung gezogen. Streit um Territorien und nationale Minderheiten erfüllte deshalb in Zwischeneuropa die zwei Jahrzehnte vom Ende des Ersten bis zum Beginn des Zweiten Weltkrieges. Viel von der Kraft der Region wurde dabei verbraucht. Am Ende teilten Hitler und Stalin das Stück Europa zwischen ihren Reichen unter sich auf; und nach 1945 nahm sich Stalin alles.
Aus dem so entstandenen sowjetischen Lager in Europa konnten bisher nur Jugoslawien und Albanien entkommen. Sie liegen am Rande, sind auch verfeindet und kommen als Kern eines Staatensystems nicht in Betracht. Die anderen Länder aber: werden sie einmal zu einem engeren Verhältnis nach ihren eigenen Vorstellungen finden?
Sie haben, auch in ihrer heutigen kommunistischen Daseinsform, manches gemeinsam: den Wunsch nach mehr Selbständigkeit zunächst, so sehr sie ihn vor der Sowjetunion verbergen müssen. Sie könnten sich auch wirtschaftlich gut ergänzen. Aber freilich sind sie die erzwungene

Kooperation im östlichen Wirtschaftsblock so gründlich leid, streben sie jeder für sich so sehr nach Zugang zu westlichen Märkten und westlicher Technik, daß ihnen der Gedanke einer festeren ökonomischen Verbindung untereinander lange fernliegen wird.

Und dann gibt es zwischen ihnen noch nationalen Konfliktstoff – mindestens Streit um nationale Minderheiten, der auch den nicht von Moskau beherrschten Teil des Balkans erfaßt. Denn die Nationalitätenpolitik im Zwischeneuropa nach 1945 hat die Reibungsflächen aus der Zwischenkriegszeit zu einem Teil mit Brachialgewalt beseitigt, zum anderen aber restauriert.

Vor allem aber wird die Sowjetunion eine nähere Beziehung ihrer europäischen Zwangsverbündeten untereinander verhindern, solange sie die Macht dazu hat. Weil er einen – kommunistischen und sogar sowjetfreundlichen – Staatenverband auf dem Balkan bilden wollte, wurde Tito 1948 von Stalin verdammt. Und als im vorigen Jahr Ungarn, die DDR und Rumänien zur gleichen Zeit der sowjetischen Strategie zuwider ihre Verbindungen zum Westen vor Vereisung zu bewahren suchten, fiel die sowjetische Führung in eine Nervosität, die noch nicht abgeklungen ist.

Auf absehbare Zeit wird es in Zwischeneuropa also nur Zugeständnisse an einzelne Länder wegen ihrer »besonderen Bedingungen beim Aufbau des Sozialismus« geben. Unterbündnisse in ihrem Lager wird die Sowjetunion nicht zulassen. An eine kommunistische »Kleine Entente«, und wäre sie noch so klein, ist nicht zu denken.

Ceausescus Verdienste und Verirrungen
19. Dezember 1985

Über Nicolae Ceausescu, den Herrscher Rumäniens, ist im Westen seit Jahren kaum noch ein gutes Wort zu lesen. Sogar der polnische Parteigeneral Jaruzelski kommt im Urteil der meisten westlichen Osteuropa-Fachleute besser weg. Ihm wird zugute gehalten, daß sein Streich gegen das Volk noch schmerzhafter hätte ausfallen können, und ihm wird zugetraut, daß unter ihm die Zustände im Land mit der Zeit erträglicher werden könnten. Ceausescu hingegen hält man nichts zugute, ihm traut man nichts zu. Ist das nicht ungerecht? Hat der Westen vergessen, wieviel Grund er zwei Jahrzehnte lang sah, Ceausescu zu loben, ja zu rühmen?
1965 starb der rumänische Parteichef Gheorghiu-Dej, der die rumänische Autonomie im Sowjetblock begründet hatte. Würde der viel jüngere und weniger erfahrene Nachfolger Ceausescu diese Politik fortführen, und würde er dabei nicht scheitern? – fragten damals viele in Rumänien und draußen in der Welt. Die Sorgen waren bald verflogen: Ceausescu übertraf seinen Vorgänger noch an Festigkeit gegenüber Moskau. Gegen den Willen des gesamten übrigen Lagers nahm Rumänien 1967 mit dem westlichen Deutschland diplomatische Beziehungen auf. Als einziges Land im Warschauer Pakt brach es im selben Jahr nicht mit Israel. Den sowjetischen Einmarsch in die Tschechoslowakei verurteilte Ceausescu härter und lauter als Tito. Seit achtzehn Jahren läßt er auf seinem Territorium keine Truppenmanöver des Paktes mehr zu, beteiligen sich rumänische Einheiten auch nicht mehr an solchen Manövern in anderen Pakt-Ländern. Es war das von Ceausescu geführte Rumänien, das 1969 Nixon als erstem ameri-

kanischen Präsidenten die Gelegenheit gab, sich im Vorhof der Sowjetunion bejubeln zu lassen. Als vor anderthalb Jahren das Moskauer Politbüro die Parole ausgab, die Olympischen Spiele in Amerika seien zu meiden, hielt sich einer im Verband nicht daran: Ceausescu. Der Mann hat nach draußen viel Mut bewiesen.

Doch die Unabhängigkeit, die er seinem Lande ertrotzte, hat er drinnen schlecht genutzt. Unter seiner Herrschaft ist Rumänien in den letzten zehn Jahren ärmer, düsterer, verschlossener und unfreier geworden. Kein Volk Europas ist von Hunger und Kälte so bedrängt wie die Rumänen. Kann es uns im Westen gleichgültig lassen, daß jeder Winter aufs neue für die Bewohner Rumäniens zur Katastrophe wird, weil wegen Energiemangels die Wohnungen kalt bleiben und selbst die einfachsten Nahrungsmittel nur dem erreichbar sind, der sich stundenlang in Schlangen stellt? Gheorghiu-Dej hatte die Industrialisierung Rumäniens betrieben, mit Nachdruck, aber doch auch mit Maß. Ceausescu aber übertrieb sie so, daß er das Land mit Investitionsruinen übersäte, die Energiereserven vergeudete und dann noch die Landwirtschaft vollends ruinierte. Nun hat Rumänien nicht die Fabriken, die es braucht, und nicht einmal genug Brot.

Gheorghiu-Dej hatte der rumänischen Nation das in der Stalin-Zeit zerbrochene Selbstbewußtsein zurückgegeben; Ceausescu hat es zum Nationalstolz erhöht. Das war ein großes Werk. Aber statt es damit genug sein zu lassen, zwang er den Rumänen einen Nationalismus auf, der draußen mit seinen Phantastereien und Skurrilitäten Spott hervorruft und drinnen, wegen der nationalen Intoleranz, zu der er führt, ein gedeihliches Zusammenleben der Staatsnation mit den nationalen Minderheiten unmöglich macht. Die ungarische Volksgruppe, gegen zwei Millionen stark, sieht sich einem Entnationalisierungs-Druck ausgesetzt,

der brachial werden könnte, wenn es so weitergeht. Die Deutschen im Land, viel schwächer an Zahl, fürchten, im nationalen Absolutismus der Obrigkeit nebenbei mitrumänisiert zu werden.
Eine innere Angelegenheit Rumäniens? Die Deutschen drängen sich zur Auswanderung ins westliche Deutschland, das so zum Mitbetroffenen wird. Der ungarische Staat hält mit Mühe seinen Unmut über die Behandlung der Madjaren in Siebenbürgen zurück. Andererseits fühlte sich offenbar Bulgarien von der rumänischen Minderheitenpolitik ermutigt, seine türkische Volksgruppe mit Brutalität zu assimilieren, was die Türkei auf den Plan rief. Der Nationalismus, den Ceausescu immer noch weiter zu erhitzen suchte, stiftet also Unruhe in Europa.
Aber der Staat bedrängt nicht nur die nationalen Minderheiten; er hält auch die Staatsnation nieder. An Willkür läßt sich die rumänische Geheimpolizei nicht übertreffen. Wo gibt es das sonst noch in Ostmittel- und Südosteuropa, daß der Besitzer einer Schreibmaschine an jedem Jahresbeginn eine Schriftprobe bei der Polizei abgeben muß?
Die Rumänen werden von der Obrigkeit nicht nur wie auf Bewährung Freigelassene gehalten, sondern auch zu einer Devotion vor dem Herrscher gezwungen, wie sie uns aus Despotien bekannt ist. Der befohlene Personenkult um Ceausescu nimmt Züge von Götzendienst an. Hymnische Texte, Prosa und Verse rühmen alle nur erdenklichen hervorragenden Eigenschaften am Conducator (Führer) und an seiner Gemahlin. Solcher Führungs-Byzantinismus überschreitet weit die Grenzen dessen, was das byzantinische Kulturerbe der Nation als natürlich erscheinen läßt. Da kann nun sogar Gorbatschow die Nase rümpfen. Er kann aber auch triumphieren. Ceausescu hat mit seiner unheilvollen Wirtschaftspolitik Rumänien ein Stück in die Abhängigkeit von der Sowjetunion zurückgestoßen.

Ceausescu hat Rumänien schwere Lasten aufgebürdet. Sie verstellen immer mehr den Blick auf die früheren großen Verdienste, die niemand ihm absprechen kann.

Unruhe im Vorhof
18. September 1984

Im Spätsommer 1984 möchten Honecker und Schiwkow, die Führer der DDR und Bulgariens, die Bundesrepublik Deutschland besuchen; aber Moskau wünscht es nicht.

Es kann nun eine ganze Weile dauern, bis Honecker und der Bulgare Schiwkow nach Bonn fahren dürfen. Auf absehbare Zeit passen Reisen von Ostblock-Parteichefs in die Bundesrepublik Deutschland nicht ins Moskauer Konzept. Die sowjetische Führung will den Besuchsverkehr zwischen Ost und West einstweilen im Rang reduziert halten. Ein Abbruch des Gesprächs, beiderseitige Sprachlosigkeit ist nicht ihr Ziel; doch den frostigen Dialog will, auf seiner Seite, Moskau selber führen.
Aber mehr als dem Westen galten die Moskauer Einsprüche gegen Honeckers und Schiwkows Reisepläne dem eigenen Lager, dem Vorhof. Dort beobachtet die sowjetische Führung Regungen nationaler Interessen in einem Maß, das sie besorgt macht. Freilich, sie wird nicht so unrealistisch sein, die Herausbildung eines Oppositionsblocks in ihrem europäischen Lager zu befürchten. Sie kennt, was zwischen den Bruderländern steht, die ihr in letzter Zeit außenpolitische Sorgen machten. Die DDR, Ungarn, Rumänien und Bulgarien sind weder willens noch imstande, sich als Gruppe der Block-Vormacht entgegenzustellen. Dazu fehlt es an mehreren Voraussetzungen.

Honecker, Kadar und Schiwkow haben nicht die mindeste Lust, sich in einen Dauerstreit mit der Sowjetunion zu stürzen, wie ihn Ceausescu seit bald zwanzig Jahren führt; er würde ihnen schlecht bekommen. Zwischen den vier Ländern stehen mancherlei Animositäten. Rumänien und Ungarn sind zerstritten wegen der ungarischen Minderheit im rumänischen Siebenbürgen. Alte Unlustgefühle belasten das Verhältnis zwischen Bulgarien und Rumänien. Diesem trägt auch die DDR aus den vergangenen Jahrzehnten manches nach. Eine Verschwörung oder auch nur die Bildung einer festen Fraktion im eigenen Lager hat Moskau also nicht zu befürchten.
Was das sowjetische Politbüro unruhig macht, ist von kleinerem Zuschnitt. Honecker, Kadar und Schiwkow finden, in unterschiedlichem Ausmaß, die momentane sowjetische Westpolitik des Abstands ihren Interessen schädlich und möchten sich ihr in Europa entwinden. Sie tasten sich damit auf einem Pfad vor, auf dem Rumänien mit seiner Politik der begrenzten Unabhängigkeit schon weit vorgedrungen ist – so weit, wie die anderen drei nicht kommen werden und auf überschaubare Zeit gewiß auch nicht kommen wollen. Die Bundesrepublik, die Honecker und Schiwkow besuchen wollten und die Ceausescu wahrscheinlich besuchen wird, ist allen vier kommunistischen Ländern ein wichtiger Wirtschaftspartner, den sie nicht, zu ihrem Schaden, von sich stoßen wollen.
Aber das darf nicht zu dem Schluß verleiten, den vier kommunistischen Staaten gehe es allein um Materielles. Ihre Führungen finden, wiederum in verschiedenem Maß, die sowjetische Rüstung seit einigen Jahren übertrieben. Sie fühlen sich dabei gestützt von ihren Völkern, die im Angesicht der Moskauer Hochrüstungspolitik ein wachsendes Ruhebedürfnis zeigen. Kadar und vielleicht auch Honekker und Schiwkow (was Ceausescu denkt, weiß man nicht)

mißbilligen Reagans Politik der militärischen Stärke; aber sie meinen auch, daß die Sowjetunion vorher dazu mindestens Vorwände gab und dann übertrieben darauf reagierte. Die Moskauer Darstellung, an den neuen Spannungen zwischen Ost und West sei allein der Westen schuld, versehen sie mit – kleineren oder größeren – Korrekturen.

Im Fall Ungarn ist noch mehr im Spiel. Budapester Parteitexte legen den Schluß nahe, daß die ungarische Führung begonnen hat, das Dogma von der führenden Rolle der Sowjetunion in der Gemeinschaft der sozialistischen Länder offen zu bestreiten. Damit wäre Ungarn auf einem Weg, der nicht vom Kommunismus weg –, aber aus der Unterordnung unter die sowjetische Vorherrschaft herausführt. Es ist der Weg der nationalen Souveränität, auf dem Jugoslawien und Albanien bis zum Ende gegangen sind und auf dem Rumänien ein ansehnliches Stück zurückgelegt hat. Es gibt kein Anzeichen dafür, daß Honekker und Schiwkow hier Kadar folgen wollen; aber die Sowjetunion fürchtet, daß da etwas kommen könnte.

Nur zwei von ihren osteuropäischen Verbündeten stören den Sowjets jetzt nicht die außenpolitischen Kreise: die Tschechoslowakei und Polen. Aber auf Prager Gefügigkeit kann Moskau nicht langfristig bauen; und das Regime in Warschau ist schwach.

So bietet der osteuropäische Vorhof dem sowjetischen Politbüro zwar kein beängstigendes, doch immerhin ein beunruhigendes Bild. Viel spricht dafür, daß Moskau die Verbündeten enger an sich binden möchte. Aber wie? Sie wirtschaftlich kürzer zu halten, das würde noch mehr Unruhe schaffen. Es müßte auch am Ende der sowjetischen Ökonomie schaden, die mit den Produktionsapparaten der kleineren Bruderländer verflochten ist. Oder könnte die Sowjetunion den Verbündeten wirtschaftlich entgegenkommen? Dazu ist sie anscheinend außerstande.

Könnte Moskau gar demonstrativ seine militärische Präsenz in den verbündeten Staaten (außer Rumänien) verstärken? Könnte es die Politbüros dort umbesetzen lassen?

Das wären Abenteuer; nichts weist im Augenblick darauf hin, daß die sowjetische Führung vorhätte, sich in derartiges zu verstricken. Wahrscheinlich ist sie jetzt so sehr in Anspruch genommen von Positionskämpfen – Generalsekretär Tschernenko ist alt und krank –, daß sie an eine systematische Änderung ihrer Politik im Vorhof nicht gehen kann. Aber das schließt einzelne, entschiedene Züge nicht aus – Honecker und Schiwkow haben es erfahren.

Gorbatschows Domestiken sind sie nicht
15. Januar 1986

Die Führer der kleineren Länder im Warschauer Pakt beobachten sicherlich mit gespanntem Interesse, welche Innen- und Außenpolitik sich der sowjetische Generalsekretär Gorbatschow zurechtlegt. Immer ist der Wechsel des Ersten Mannes in Moskau für die Ersten Männer weiter westwärts, von Warschau bis Sofia, ein einschneidender Vorgang; einst war er sogar schicksalsbestimmend. Als Stalin gestorben war und an seine Stelle zunächst eine Erbengemeinschaft trat, wich die Angst von den Parteichefs in Ostmittel- und Südosteuropa, ein plötzliches Mißtrauen des fernen Despoten könnte sie an den Galgen bringen. Dafür lastete auf ihnen nun die, erträglichere, Ungewißheit darüber, was die neuen Oberherren in Moskau mit jedem einzelnen von ihnen politisch vorhätten.

Als elfeinhalb Jahre später Chruschtschow stürzte, waren die Parteichefs in Zwischeneuropa nicht länger Statthalter, sondern Vizekönige. Sie hatten ein großes Stück Autonomie und damit so viel Selbstbewußtsein gewonnen, daß sie Breschnew sogar Unmut spüren ließen, weil sie den Wechsel aus dem Rundfunk erfahren hatten. Einige fürchteten um die Entstalinisierung, der Ungar Kadar um den Spielraum für eine Reformpolitik, die er vorbereitete. Andere wiederum, so der Tscheche Novotny, fühlten sich trotz allem erleichtert, weil sie glaubten, Breschnew werde ihnen nicht wie Chruschtschow ihren Rückstand bei der Entstalinisierung zur Last schreiben.
Der Tod Breschnews traf die Führer der kleineren Staaten im Warschauer Pakt aufs neue: sie hatten die Unbeweglichkeit dieses Oberherren genutzt, sich selbständiger zu machen. Andropow erweckte bei manchem von ihnen den Eindruck, er wolle den Block disziplinieren. Der Ungar Kadar freilich versprach sich etwas davon, daß Andropow nicht nur ihn persönlich schätzte, sondern sich auch für die ungarische Wirtschaftsreform interessierte. Weder Hoffnungen noch Befürchtungen konnten sich erhärten, weil Andropow keine fünfzehn Monate regierte.
Die Bestellung Tschernenkos zum Nachfolger kam den verbündeten Führern gelegen – die späte Ära Breschnew lebte wieder auf. In der sowjetischen »Nomenklatura« wuchs der Unmut über die sich hinziehende Herrschaft alter und kranker Männer. Den Führungen in den verbündeten Ländern hingegen war dieser Zustand gewiß recht. So klang auch ihr Jubel über die Berufung des jüngeren, energischen Gorbatschow gedämpft. Was sie von ihm zu erwarten haben, wissen sie bis heute nur in Bruchstücken. Der neue Generalsekretär hat das Gespräch mit Amerika wiederaufgenommen – das verheißt Entspannung und leichteren Wirtschaftskontakt mit dem Westen, vielleicht

sogar geringere Militärausgaben. Aber wieviel außenpolitische Eigenwilligkeit der anderen nimmt er hin? Und was hält er von den inneren Zuständen in den verbündeten Ländern?
Von Jaruzelski scheint Gorbatschow ein rascheres Einebnen gewisser polnischer Besonderheiten zu erwarten. Aber mit der starken Kirche und der vorwiegend privaten Landwirtschaft in Polen muß sich der neue sowjetische Generalsekretär abfinden wie seine Vorgänger auch. Der ungarischen Wirtschaftspolitik hat Gorbatschow bisher keine Steine in den Weg gelegt. Doch er betrachtet sie offenbar nur als tolerablen Sonderfall. Ein ökonomisches Vorbild sieht er hingegen in der DDR. Honecker mag sich heute ähnlich fühlen wie sein Vorgänger Ulbricht am Ende der sechziger Jahre: als Zweiter im Lager, als Herr des wirtschaftlich-technisch modernsten Landes im Bündnis.
Für die kleineren Parteichefs im sowjetischen Lager hängt also von dem großen Herrn in Moskau viel ab – doch längst nicht alles. Ihre politische Existenz ruht nicht ausschließlich auf der sowjetischen Gnade. Sie kommen nicht notwendigerweise durch Moskaus Befehl in ihr Amt. Als im Jahr 1956 die polnischen Kommunisten, ohne die sowjetischen Machthaber zu fragen, Gomulka zum Parteichef erhoben, war das einst von Stalin begründete Moskauer Vorrecht erschüttert, die Führer der »Bruderparteien« zu berufen. Seither bestimmt nur in besonderen Situationen die Sowjetunion Parteiführer in Zwischeneuropa. Im Gefolge des Aufstands in Ungarn stellte sie Kadar an die Spitze. Aber gerade er wurde zum Prototyp des autonomen Landesherrn im östlichen Lager. Andererseits kann die Sowjetmacht heutzutage einen ihr mißliebigen Parteichef nicht einfach absetzen. Ceausescu hat sich ihr zwei Jahrzehnte lang widersetzt. Moskau hat Ulbricht aus dem Amt

gestoßen; doch brauchte es dazu immerhin Gefolgsleute im Ost-Berliner Politbüro – Honecker vor allem.
Für die kleineren Parteichefs ist in der Regel die Machtbasis daheim mindestens ebenso wichtig wie das Vertrauen Moskaus. Da steht an vorderster Stelle das Politbüro: gegen eine stabile Mehrheit im höchsten Gremium kann sich ein Parteichef nicht halten. Auf die Willensbildung im Politbüro wirken wiederum Ansichten aus der privilegierten Schicht der höheren Funktionäre. Auch Stimmungen im Volk werden von den meisten der Parteichefs im Lager bei den Entscheidungen miterwogen.
Ohnehin haben die kommunistischen Führer alle ein heimliches Verlangen, von den Völkern geliebt zu werden, über die sie mit Hilfe von Polizei und Militär herrschen. Und sucht nicht sogar mancher von ihnen eine Legitimation seiner Herrschaft auch im Westen? Warum sonst wären sie so begierig auf Fotografien, auf denen man sie sieht, zusammen mit dem französischen oder dem amerikanischen Präsidenten oder gar mit dem Papst?

Ein Pakt, der Sorgen macht
22. April 1985

Der Warschauer Pakt macht dem Moskauer Politbüro Sorgen. Dabei ist noch am wenigsten wichtig, daß die Konferenz der Ostblock-Parteiführer, auf der die fällige Verlängerung des am 3. Juni auslaufenden Vertrages formell beschlossen werden sollte, wegen des Siechtums von Tschernenko ausfiel; sie wird nun mit Gorbatschow nachgeholt. Aber die Sowjetunion hat bei den Vorgesprächen

zu spüren bekommen, wie unwohl ihren europäischen Verbündeten im Pakt ist.
Mehrere, vor allem Rumänien und Ungarn, wollten das Bündnis nur um eine möglichst kurze Zeitspanne verlängert sehen. Über die finanziellen Belastungen im Pakt murren die kleineren Länder immer lauter. Das sowjetische Willensübergewicht im Pakt ist ihnen allen unrecht. Einige wünschen eine Revision, die es ausschließt, daß Moskau den Warschauer Pakt zu gewaltsamen Eingriffen in ihre Innenpolitik benutzt. Solche Ansinnen kann die Sowjetunion heute noch zum größten Teil abwehren. Aber wie wird es in einem Jahrzehnt sein?
Paradoxerweise ist die Sowjetmacht mit dem Warschauer Pakt selber nicht recht zufrieden. Auch sie wünscht sich das Bündnis anders. Schon am Vertragstext mißfällt ihr vieles. Der Pakt gilt nur für Europa: bei einem Krieg zum Beispiel in Asien werden die Verbündeten der Sowjetunion nicht beistandspflichtig. Wie sie der Sowjetunion in einem europäischen Konflikt Hilfe leisten, das können die verbündeten Länder selber bestimmen. Entscheidungen im Pakt bedürfen der Zustimmung aller; davon hat Rumänien Dutzende Male Gebrauch gemacht. Die Mitglieder des Warschauer Paktes müssen sich informieren und zu Rate ziehen, nicht aber sind sie zu gleichförmiger Außenpolitik verpflichtet. Kein Paktland muß alle seine Streitkräfte dem Vereinten Oberkommando unterstellen. Die Breschnew-Doktrin von der beschränkten Souveränität der sozialistischen Länder hat im Vertragstext keine Verankerung. Vieles hätten die sowjetischen Führer also gern anders, am Wortlaut und an der Wirklichkeit des Gruppenbündnisses. Aber sie wissen, daß mindestens einige ihrer Verbündeten Verhandlungen darüber als Gelegenheit nehmen würden, ihre eigenen, in die entgegengesetzte Richtung gehenden Änderungswünsche geltend zu

machen. So nehmen die Sowjets die Mängel des Paktes hin.
Sie hätten einst nicht gedacht, daß der Warschauer Pakt ihnen so viel Verdruß bringen würde. 1955 schufen sie ihn, um die sowjetische Militärpräsenz in Ostmitteleuropa politisch und rechtlich zu stützen. Für Chruschtschow erschöpfte sich darin fast der Zweck des Paktes. Das Zusammenwachsen des »sozialistischen Lagers« wollte er mehr mit Hilfe des Rates für gegenseitige Wirtschaftshilfe erreichen. Unter seinem Nachfolger Breschnew wurde der Pakt dann aber immer mehr ein Instrument zur Aufsicht über die Außenpolitik, in der die Verbündeten Regungen von Selbständigkeit zeigten. Zugleich wollte Breschnew über den Warschauer Pakt die Innenpolitik im Lager lenken und so die sowjet-leninistische Herrschaftsordnung im ganzen Lager sichern.
Das erwies sich als dringlich nach der tschechoslowakischen Affäre von 1968. Damals wurde in Moskau die Breschnew-Doktrin formuliert, und zwar als eine Interpretation des Vertrages über den Warschauer Pakt: der diene auch dem Schutz der Errungenschaften des Sozialismus in den Mitgliedsstaaten.
Es wäre ein Irrtum, zu glauben, daß heute die Paktstaaten aus dem Moskauer Lager ausbrechen möchten; da verwechselt mancher im Westen die osteuropäischen Obrigkeiten mit ihren Völkern. Für alle Parteiführungen in Ostmittel- und Osteuropa ist Moskau die Garantiemacht, von der sich zu trennen den Fall ins Nichts bedeutete. Die osteuropäischen Führungen drängen nicht aus dem Pakt, aber mehr Bewegungsfreiheit im Pakt möchten sie alle. Das gilt für die Beziehungen zum Westen, vor allem die wirtschaftlichen, ebenso wie für die inneren Verhältnisse. Manche westlichen Beobachter sagen, die kleineren Mitgliedsländer wünschten sich den Warschauer Pakt weniger

militärisch und dafür mehr politisch. Das ist zweifelhaft. Neue politische Einschränkungen aus einem politisch aktivierten Pakt könnten ihnen drückender sein als militärische Verpflichtungen.
Die Pakt-Gesinnung ist also nicht erloschen, aber die Pakt-Müdigkeit wächst. Damit wird die Sowjetunion immer mehr Mühe haben – gleich, ob sie die Zügel in Osteuropa lockerer läßt oder anzieht. Doch braucht sie nicht verzweifelt um den Pakt als politisches und rechtliches Instrument zu bangen. Sie hat längst vorgesorgt für den Fall einer inneren Auszehrung des Paktes: durch ein Netz zweiseitiger Bündnisverträge. Diese Verträge, von der Sowjetunion durch die Jahrzehnte mit System vervollkommnet, gleichen viele Mängel des Warschauer Paktes aus. Sie beschränken die Beistandspflicht nicht auf Europa; sie überlassen es nicht dem Vertragspartner der Sowjetunion, wie er ihr Beistand leistet; sie verpflichten zur Koordination in der Außenpolitik (nur Rumänien hat diese Vertragsdaumenschraube vermeiden können). Einige der Verträge geben sogar der Breschnew-Doktrin eine Stütze. Aber auch die zweiseitigen Verträge sind der politischen Erosion ausgesetzt, dem zunehmenden Überdruß an der Sowjetvormacht. Am Ende ist das System der bilateralen Verträge nicht viel mehr wert als der Warschauer Pakt. Die Satellitenstaaten werden auf absehbare Zeit im – kollektiven wie zweiseitigen – Bündnis mit der Sowjetunion bleiben. Aber ihre Eigenwilligkeit wird zunehmen – gleich, was alle die Verträge besagen und für wie lange sie gelten.

II.
Halbvergessene Nachbarn
Der Westen und seine Verantwortung

Ohne viel Gewissensbisse überantwortete der Westen – und das waren damals Amerika und Großbritannien – am Ende des Zweiten Weltkrieges die Nationen Ostmittel- und Südosteuropas der Herrschaft Stalins. Ihr übles Schicksal wurde beklagt; aber es zu mildern, dafür wollten die westlichen Staaten nichts einsetzen. Den sowjetischen Einmarsch in Ungarn suchten sie nicht ernsthaft zu verhindern. Zum Überfall auf die Tschechoslowakei, zwölf Jahre später, luden sie mit Versicherungen ihres Desinteresses die Moskauer Führung geradezu ein. Westliche Sanktionen jeweils nach sowjetischen oder sowjetisch inspirierten Gewaltstreichen fielen lahm aus. Aber noch schlimmer. Unbedachte Politiker-Worte, aus Unkenntnis der Wirklichkeit und der Möglichkeiten im östlichen Teil Europas gesprochen, haben den unter sowjetischer Herrschaft lebenden Nationen geschadet. In Amerika wie im westlichen Europa gibt es immer wieder Versuchungen, Politik mit der Sowjetunion auf Kosten der Kleineren dazwischen zu betreiben. »Entspannung« war dafür ein symbolisches Wort. Für einzelne Verfolgte in Ländern des sowjetischen Lagers haben sich Staatsmänner und Bürger bei uns schon eher eingesetzt. Aber auch da fehlte es an Ausdauer und manchmal an Klugheit. Seiner Verantwortung für die Völker drüben kann der Westen nicht mit folgenlosen Worten gerecht werden, sondern nur mit einer bedachten Politik, die Festigkeit ebenso zur Verfügung hat wie Phantasie.

II

[illegible]

Der [illegible] und seine Verantwortung

[illegible] den Weste-
und das [illegible] damals Amerika und Großbritannien [illegible]
[illegible] Welt [illegible]
und [illegible] Status. [illegible]
[illegible] wurde [illegible] daß [illegible]
die westlichen [illegible]
[illegible]
[illegible]
[illegible] Verteidigung [illegible]
[illegible] westliche [illegible]
[illegible]
[illegible]
[illegible] des Mil-
[illegible] Europa
[illegible]
[illegible]
[illegible] Europa gibt [illegible]
[illegible]
[illegible]
[illegible]
[illegible]
[illegible]
[illegible]
[illegible]
[illegible]
[illegible]

Auf den Osteuropäern herumgetrampelt

6. Mai 1976

Ein amerikanischer Diplomat bringt die Völker und einige Regierungen im kommunistischen Teil Europas auf.

Kissinger sollte sich nicht täuschen: Die Gedanken über Osteuropa, die sein Berater Sonnenfeldt im letzten Dezember vor einer Runde amerikanischer Botschafter ausbreitete, die dann im April bekannt wurden und viel Erregung hervorriefen, werden in den kleineren kommunistischen Staaten Osteuropas schwere Flurschäden hinterlassen. Das hätten die führenden Männer der amerikanischen Außenpolitik vorhersehen können. Die Sonnenfeldt-Doktrin (in der Fassung, die ihr das State Department gab) trampelt elefantenhaft auf den Interessen und den Nerven der unter sowjetischer Herrschaft oder auch nur Bedrohung lebenden Völker herum, sie stößt sogar die kommunistischen Führungen mehrerer dieser Völker vor den Kopf. Da wird vor allem Ostmitteleuropa ganz undifferenziert eine natürliche Interessensphäre der Sowjetunion genannt. Gewiß, die Sowjets haben an diesem Stück Europas ein starkes Interesse, das sie schon im Zweiten Weltkrieg, im Zusammenwirken mit Hitler, und dann vollends nach dem Weltkrieg befriedigten – durch gewaltsame Unterwerfung. Aber ist dieses Interesse natürlich?

In den Augen vieler Millionen Osteuropäer und selbst mancher osteuropäischer Regierungen sieht das anders aus. Die meisten Tschechen und Slowaken, Polen und Ungarn, Rumänen und übrigens auch Ostdeutschen finden es aus ihrem Lebensgefühl, ihrer Geschichte und Kultur gar nicht natürlich, daß sie Objekt eines Interesses der russisch-sowjetischen Imperialmacht sein sollen. Sie können an der Sowjetherrschaft, die sich ihnen aufgezwungen hat,

nichts ändern, nehmen sie (nach erfolglosen Befreiungsversuchen) hin, versuchen sogar das Beste daraus zu machen. Aber da kommt nun ein maßgeblicher Mann der amerikanischen Diplomatie und schreibt ihnen das Unvermeidliche als Natürliches vor. Sonnenfeldt wünscht zwar, Moskau möge sein Verhältnis zu den kleineren osteuropäischen Nationen nicht ausschließlich auf Gewalt stützen, möge dieses Verhältnis »organischer« machen (Kissinger hat, Sonnenfeldt korrigierend, »historischer« gesagt). Aber ein solcher Wunsch bewirkt in Osteuropa nichts; die Anerkennung der sowjetischen Vormachtposition dort hingegen stärkt Moskaus Herrschaft und entmutigt die Beherrschten, bringt sie dazu gegen den Westen auf.
Mit Befremden auch müssen es Millionen Polen und Ungarn aufgenommen haben, wie Sonnenfeldt ihre heutige Lage beschönigt, als annehmbar hinstellt. Welche Verzerrung der Proportionen! Die Polen fühlen sich unter Gierek, die Ungarn jetzt unter Kadar weniger verfremdet als davor. Aber woher hat der Mann in Washington die Vorstellung, sie fühlten sich schon recht wohl in der sowjetischen Kunststoffhaut, die ihrer nationalen Existenz übergezogen ist? Sicher nimmt sich der Zustand in den Augen der meisten osteuropäischen Parteiführer anders aus als für die Völker. Gierek und Kadar zum Beispiel wünschen sich, daß die Sowjetunion ihre Länder möglichst in Ruhe läßt; doch brauchen sie Moskau, das allein ihre Macht garantieren kann. Die Parteioberen in Prag wiederum fühlen sich auch in ihrem politischen Alltag auf die Sowjetunion angewiesen. Sonnenfeldt aber setzt die Völker mit ihren kommunistischen Obrigkeiten gleich, die sie nicht gewählt haben.
Am schlimmsten spielen die Sonnenfeldt-Thesen Rumänien mit. Der amerikanische Diplomat kritisiert das Bukarester Regime, und seine Kritik hat Hand und Fuß. Tatsächlich ist die Innenpolitik Ceausescus selbst für Ost-

block-Verhältnisse auffällig hart. Ob der Führer Rumäniens mit solcher Härte am Schluß die wirtschaftliche Unabhängigkeit von Moskau und die politische Geschlossenheit der Nation erreichen wird, ist zweifelhaft. Aber Ceausescu kam zu seinem Kurs nicht aus bloßer Willkür. Er steht mit seinem Willen zur Selbstbestimmung Rumäniens immer zwischen zwei sowjetischen Feuern. Auf der einen Seite muß er vor sowjetischer Subversion auf der Hut sein, vor dem Entstehen von Gruppen, die eines Tages gepanzerte »brüderliche Hilfe« über die Grenzen herbeirufen könnten. Auf der anderen Seite muß er den sowjetischen Vorwurf (der Konsequenzen hätte) vermeiden, seine Herrschaft sei nicht mehr leninistisch, sondern bürgerlich-westlich aufgeweicht. Beides treibt ihn, seine Bevölkerung rigoros zu behandeln. Die öffentlich gewordene Schelte Washingtons, die seine Position gegenüber Moskau schwächt, kann daran nur etwas verschlimmern.
Ganz unnötigerweise hat Sonnenfeldt im Zusammenhang mit den Mitgliedsstaaten des Ostblocks Jugoslawien abgehandelt, das doch dem Warschauer Pakt nie angehörte. Auch dieses Land findet sich von Kissingers Berater kritisiert, und auch hier ist der Tadel nicht aus der Luft gegriffen. Sonnenfeldt wirft der Belgrader Führung die Rücksichtslosigkeit vor, mit der sie – im Vertrauen darauf, daß Amerika ein unabhängiges Jugoslawien brauche – immer wieder antiamerikanische, antiwestliche Politik treibt. Dieser Vorwurf konnte nicht ausbleiben. Allmählich mutete es ja grotesk an, wie Washington Jugoslawien immer neue Hilfe gab und von dort immer neue Hiebe einsteckte. Aber nun steht der Vorwurf da im Zusammenhang mit gefährlichen Auffassungen von einer natürlichen Sphäre in Osteuropa. Sonnenfeldts Versicherung, Amerika wolle Jugoslawiens relative Unabhängigkeit auch in Zukunft stützen, verliert damit an Gewicht.

Die Dissidenten und wir
8. März 1977

Manchmal könnte man meinen, die osteuropäischen Dissidenten, die emigrierten wie die daheim gebliebenen, bereiteten den westlichen Regierungen nicht viel weniger Verlegenheit als den östlichen. Ford hatte seine liebe Not mit Solschenizyn, Carter mit Bukowski, Giscard und Schmidt mit Amalrik. Ob man alles richtig gemacht habe, außenpolitisch und innenpolitisch, wird seither in den drei Hauptstädten überlegt, bald vielleicht auch in anderen. Und keine Regierung kann sicher sein, sie habe es nun für immer hinter sich.

Seltsam, wie wenig die Politiker alle miteinander vorbereitet waren. Die Irrtümer häufen sich, nicht nur in den Staatskanzleien, sondern auch in der Öffentlichkeit. Da war von unzulässiger Einmischung in die inneren Angelegenheiten der Sowjetunion die Rede. Ein westlicher Regierungschef darf natürlich empfangen, wen er will, auch Emigranten aus der Sowjetunion; die Ostblock-Führer selber sind da umgekehrt ganz ungeniert. Allenfalls Carters Brief an Sacharow läßt sich als Hinübergreifen einer Staatsgewalt in das Territorium einer anderen hinstellen. Aber die Idee, dem amerikanischen Präsidenten deswegen ein schlechtes völkerrechtliches Gewissen aufzureden, ist absurd. Mit gänzlich ungetrübtem Gewissen steuert und bezahlt die Sowjetmacht seit Jahrzehnten den Monsterapparat des internationalen Kommunismus; es ist nicht ihr Wille, daß neuerdings der eine oder andere von den Gesteuerten nicht mehr ganz pariert.

Moskau möchte einwenden, die kommunistischen Parteien seien im Westen erlaubt, Beziehungen zu ihnen könnten deshalb nichts von Subversion haben. Aber von Sacharow sagen die Sowjets selber, er sei ein freier Mann; Beschwerden aus dem Westen, der Nobelpreisträger werde vom Regime als eine Art Luxusgefangener zum Vorzeigen gehalten, weisen sie entrüstet zurück. Und selbst wenn es sich anders verhielte: Das sowjetische Lager hat sich im Lauf der Jahrzehnte einen Einmischungsvorsprung verschafft, den die westlichen Staaten gar nicht mehr aufholen können. Kein Grund also zur Zurückhaltung aus Rechtsgefühl.

Andere empfehlen Vorsicht aus Angst vor sowjetischem Unwillen. Indessen, der Westen ist seit vielen Jahren sanft genug gegenüber der Sowjetunion. Das westliche Europa gar hat sich Bravheit gegenüber Moskau als Dauerpflicht selber auferlegt. Noch weiter braucht man die Vorsicht wohl nicht zu treiben.

Es gibt aber einen Grund, der westlichen Staatsmännern zu genauer, vorsichtiger Kalkulation beim Umgang mit Dissidenten rät: Rücksicht auf das Schicksal der im sowjetischen Lager freiwillig gebliebenen oder zurückgehaltenen Opponenten. Wem es nicht allein darum geht, die Unruhe im Ostblock zu steigern, der muß bei jedem zum Publikum gesprochenen Wort über Dissidenten im Auge haben, daß westliche Interventionen nur bis zu der kritischen Grenze nützlich sind, an der Moskau festes Draufschlagen auf seine inneren Gegner mit allen schädlichen Folgen als das kleinere Übel erscheint gegenüber dem Hinnehmen immer stärkeren Drucks von außen, der sich in inneren umsetzt. Wo die Grenze genau verläuft, muß in jedem einzelnen Fall ertastet werden.

Aber verkehrt ist sicher die Ansicht, in das osteuropäische Oppositions-Feuer lasse sich beliebig viel Öl gießen, ohne daß die Dissidenten dort davon Brandwunden bekommen könnten. Von der alten Erfahrungsregel, daß Bedrängten im Sowjetreich Hilfeschreie im Westen helfen, ist nichts abzustreichen; aber auch nichts davon, daß Einsatz und Lautstärke jeweils mit politischem Verstand abzumessen sind. Und wem es gar nicht um die Dissidenten geht, sondern um die politische Sprengwirkung, der müßte immerhin bedenken, daß auch die jüngste Welle politischen Widerspruchs im östlichen Lager, so sehr sie dem Westen Entlastung bringt, sich in westlichen Händen nicht in die Wunderwaffe verwandeln kann, mit der sich der Sowjetkommunismus auf die Knie zwingen ließe.

Das schon deshalb nicht, weil die Dissidenten nicht ihre Nationen in einem greifbaren politischen Sinn repräsentieren. Sie nehmen vieles auf, was das Volk denkt oder doch empfindet. Aber sie gehen mit ihren Forderungen weit über das hinaus, was die Bevölkerungsmehrheit und auch noch die Mehrheit der Intelligenz zu denken wagt. Gewöhnung, Abgeschlossensein von Informationen über den Westen, die nicht nur gehört, sondern auch existentiell erfahren werden; der Opportunismus, mit dem man sich durch das von der Partei beherrschte tägliche Leben bringt und mit dem man auch seinen Kindern Hindernisse ersparen will; erzwungene Komplizenschaft mit dem Regime und daraus folgendes Sichverbeißen ins Gegebene bei Millionen; Enttäuschung über eine freie Welt, der es genügte, daß sie selber frei war, und die jetzt auch noch ihre Freiheit weniger zu schätzen scheint – das alles liegt nicht nur als dünner Firnis auf Osteuropa. Und in der Sowjetunion gar, im russischen Teil vor allem, ruht die Sowjetmacht auf einem nicht gerade dünnen Polster aus patriotischem Konsens.

1953, 1956 und 1968 haben wir erlebt, wie rasch im Vorhof der Sowjetunion die kommunistische Decke zerreißen kann. Aber jedesmal sahen wir auch, wie rasch die Risse geflickt waren. Die Dissidenten ragen aus dieser gespenstischen politischen Landschaft wie einsame Felsen hervor. Wir müssen ihnen zu helfen versuchen. Aber wir dürfen sie nicht rücksichtslos für unsere Interessen einspannen.

Eindämmung statt Entspannung
24. Juni 1980

Als die Sowjetunion 1947 daranging, den Westmächten mit Taten das Kriegsbündnis aufzukündigen, in dem von ihr besetzten Teil Europas die letzten demokratischen Inseln zu vernichten und im Westen die Subversion generalstabsartig zu organisieren, wurde zwischen West und Ost aus einem ungeklärten Nebeneinander ein klares Gegeneinander: der Ost-West-Konflikt begann. Seither hat er nicht mehr aufgehört. Zwar wechselten seine Erscheinungsformen, die Mittel, die Nahziele Moskaus; doch der Konflikt blieb. Es blieb der sowjetische Wille, ihn zu führen bis zum Ziel: der ungefährdeten Alleinherrschaft über die ganze Welt, und es blieb auch der erklärte Wille der westlichen Welt, sich dagegen zu behaupten.
Beständig ist der Konflikt; weniger beständig die Kraft der westlichen Völker und ihrer Führungen, ihn durchzuhalten. So wie die Menschen im Kleinen können auch die Nationen im Großen Streit nur schwer über lange Zeit ertragen. Das ihnen eingeborene Bedürfnis nach Harmonie mit der Umwelt läßt sie das Arrangement, den Frieden suchen. Im Ost-West-Konflikt zeigten die westlichen Nationen das erste Ermüden um die Mitte der fünfziger Jahre. Stalin war tot; sein Nachfolger Chruschtschow hatte es leicht, in Millionen westlicher Bürger und in vielen westli-

chen Politikern den Wunsch, eine andere Sowjetunion zu sehen, in Gewißheit zu verwandeln. Bereitwillig, begierig fast nahmen sie ihm das Wort »friedliche Koexistenz« zur Beschreibung des Verhältnisses zwischen den beiden Welten ab. Die Bezeichnung »kalter Krieg« wurde verbrannt wie altes Laub.

»Kalter Krieg« – das war ein Name, der die Sache nur unvollkommen charakterisierte. Denn zum einen war die meiste Zeit und im größten Teil der Welt nichts geschehen, was zur herkömmlichen Vorstellung von Krieg gepaßt hätte; zum anderen waren Ost und West in Korea drei Jahre lang in einen regelrechten heißen Krieg verwickelt. Doch dem Begriff machte den Garaus nicht, daß er unpräzise, sondern daß er unbequem, bedrückend war. Er forderte viel Anstrengung von den Staaten und ihren Bürgern, materielle und psychische Anspannung. »Friedliche Koexistenz« verlangte viel weniger, eigentlich nichts.

In den sechziger Jahren kam ein anderes Wort in Schwang: »Entspannung«. Es war einfacher, klang noch angenehmer und kam einem Lebensgefühl entgegen, das dann vor allem in den siebziger Jahren mächtig auf die Politik einwirkte. Ideologen redeten dem Volk vor, am menschenwürdigsten und angenehmsten dazu sei ein Leben ohne Anstrengung, ohne Zwang und Selbstzwang: nicht schwimmen, sondern sich tragen lassen. Nicht nur unter den Jüngeren fand das Widerhall. Wenn aber der einzelne Bürger so leben sollte (und offenbar im Wohlstands-Staat auch gut so leben konnte), warum nicht auch die ganze Nation? So hat sich der Begriff »Entspannung« und sein Gefühlsgehalt bei Millionen im Unterbewußtsein festgesetzt.

Doch das Bedürfnis nach Befreiung von einer als drückend empfundenen Realität schuf sich nicht nur handliche Worte, sondern auch rational klingende Begründungen. Zum Beispiel: Die sowjetischen Führer seien ganz damit beschäftigt, sich eine leistungsfähigere Wirtschaft aufzubauen. Oder, etwas modifiziert: Die sowjetischen Führer würden schon gern den Westen aufs Kreuz legen. Doch sie fühlen sich daran gehindert, solange sie dem Westen wissenschaftlich-technisch so sehr unterlegen sind. Oder: Der Sowjetunion geht es nur darum, ihre Macht im eigenen Lager zu sichern. Oder: Die Sowjetunion fühlt sich an Abenteuern in Europa von den unterworfenen Völkern behindert. Sie fürchtet, die Polen, Tschechen, Ungarn und andere würden ihr in den Rücken fallen. Das sind Varianten der These von der »defensiven Sowjetunion«. Es gibt derer noch mehr.

Alles Blüten des Wunschdenkens; nichts davon hält einer Nachprüfung stand. Die Sowjetunion hat seit ihrem Beginn eine miserabel funktionierende Wirtschaft. Damit lebt sie und breitet sich aus. Ihre Führer kennen es nicht anders – warum sollte ihnen auf einmal gerade das unerträglich sein? Explosive Unzufriedenheit im Sowjetvolk ist ihnen bis jetzt noch keine existentielle Erfahrung. Mit Ausbrüchen wie auch mit stiller Sabotage im Satellitengürtel wurden sie bisher immer fertig. Warum sollten sie ernsthaft befürchten, das werde sich ändern? Rückstand in der Technologie hindert die Sowjetunion nicht, die stärkste Armee der Welt zu haben, ein gewaltiges Instrument, mit dem sich, wie man gesehen hat, erobern und erpressen und der osteuropäische Vorhof niederhalten läßt.

Die Begründungen sind also leicht zu entkräften. Doch damit ist noch nicht viel gewonnen. Der Drang zum Ignorieren des Ost-West-Konflikts kommt nicht aus der Vernunft, sondern aus einer Stimmung. Sie schafft sich ihre Worte und nährt sich dann aus ihnen. Richtige Worte können der Stimmung entgegenwirken. »Entspannung« ist in zweifachem Sinne ein gefährlicher Begriff: er stellt den Zustand falsch dar, und er suggeriert eine falsche Aufgabe. Viel zu früh, grundlos hat der Westen einst das Wort »Eindämmung« preisgegeben. Es enthält eine richtige Beschreibung der Weltlage und verlangt von den westlichen Nationen, was heute so nötig ist wie in den vierziger und fünfziger Jahren: den sowjetischen Imperialismus anzuhalten.

Vom Einmarschieren abschrecken
27. Dezember 1980

Ende 1980: Wird Polen Opfer einer Invasion? Und was wird der Westen dann tun?

Mit auffällig energischen Worten warnen die westlichen Regierungen die Sowjetunion davor, in Polen einzumarschieren. Inhalt und Schärfe des Tons entsprechen dem Grad der von Moskau drohenden Gefahr; aber sie haben auch einen Grund, der im Westen liegt. Die Länder des atlantischen Bündnisses spüren endlich die Notwendigkeit, ein klaffendes Loch in ihrer Glaubwürdigkeit zu schließen, das aus der letzten sowjetischen Einmarsch-Affäre herrührt.

Als die Rote Armee Afghanistan überfallen hatte, raffte sich der Westen nicht zu ernsthaften Sanktionen auf. Es kam nur zu Halbheiten, die mehr Verlegenheit als Entschlossenheit verrieten.

Das Ausbleiben von Sanktionen nach Afghanistan war eine Praxis, der eine Theorie zugrunde lag. Der SPD-Vorsitzende Brandt zum Beispiel sprach das fatale Wort, eine Weltmacht könne man nicht bestrafen, und er meinte dabei offensichtlich »können« im Sinne von »dürfen«. Bundeskanzler Schmidt und der französische Präsident

Giscard beschworen die Welt, jetzt komme es vor allem darauf an, die beiden Supermächte wieder ins Gespräch miteinander zu bringen. Damit begründeten sie es auch, daß sie nacheinander zu Breschnew fuhren. Es gab in den letzten Jahren nicht viele europäische Versuche, Weltpolitik zu machen, die im Ansatz so verfehlt waren. Breschnew fand sich aus der weltpolitischen Isolierung befreit, die, vom Westen eine Weile aufrechterhalten, eine Sanktion hätte sein können.

Vor dem sowjetischen Einmarsch nach Afghanistan hatte Carter Breschnew zur Zurückhaltung gemahnt, doch hatte er beim sowjetischen Parteichef kein Gehör gefunden – als hätte dieser die westliche Reaktionsunfähigkeit nach dem Gewaltstreich vorausgesehen. In solcher Voraussicht mußte ihn wiederum die Erinnerung an die Tage nach dem sowjetischen Überfall auf die Tschechoslowakei bestärken. Damals hatte der Westen die Sowjetunion sogar noch von den kleinen Unbequemlichkeiten verschont, die er ihr dann nach Afghanistan immerhin zudachte.

Man muß sich ins Gedächtnis zurückrufen, daß im Angesicht der soeben besetzten Tschechoslowakei der französische Außenminister Debré davon sprach, auf der Straße der Entspannung habe es einen »Verkehrsunfall« gegeben, um dessentwillen man nicht den Verkehr einstellen dürfe. Dieses Bild mußte die Interventionisten im Moskauer Politbüro ermutigen. So wollte Frankreich es halten, und nicht nur Frankreich, sondern der ganze Westen. Wie auch anders – der Westen, an der Spitze die Vereinigten Staaten, hatte ja der Sowjetunion vor dem 21. August 1968 zugesagt, er werde sie beim Marsch auf Prag nicht stören. In Ungarn, zwölf Jahre davor, hatte er sich ebenso verhalten.

So ist denn die Geschichte der sowjetischen Einmarsch-Politik zugleich eine Geschichte westlicher Abschrekkungs- und Reaktionsschwäche, wobei der eine westliche Mangel den anderen bedingt: weil man einmal nicht reagiert hat, kann man das nächstemal nicht abschrecken; und weil man vorher nichts Ernsthaftes zur Abschreckung tat, fällt einem nachher das Reagieren um so schwerer. Aus dieser Kalamität sucht sich der Westen in der polnischen Affäre nun zum erstenmal zu lösen. Das Ziel müßte ein System bereitliegender Sanktionen sein, deren bloße Existenz der Sowjetunion die Entschlußschwelle erhöht – vor einem Gewaltstreich und auch schon vor der Drohung damit.

Doch davon ist die Nato noch weit entfernt. Auf ihrer letzten Ratstagung in Brüssel gab es unterschiedliche Ansichten über Prozedur und Taktik. Die Amerikaner hätten gern gesehen, daß das Bündnis eine Liste von Sanktionen für den Fall eines sowjetischen Einmarsches in Polen beschlossen hätte. Die Europäer hingegen hielten es für unzweckmäßig, die Sowjetunion schon jetzt im einzelnen wissen zu lassen, was sie bei einem Einmarsch von der Nato erwarten müßte; offenbar erschien ihnen unsicher, ob eine beschlossene Sanktionen-Liste wirklich geheim bleiben würde.

So wurden denn die Ministerialbürokratien der Mitgliedsstaaten damit beauftragt, eine Art Maßnahmenkatalog auszuarbeiten. Damit hat die Nato diese wichtige Entscheidung auf eine Bank geschoben, die jedenfalls für den immer noch akuten Gefahrenfall Polen zu lang ist. Die Sowjetunion darf sich nicht vorher auf die westlichen Konsequenzen aus einer Vergewaltigung Polens einrichten können; aber sie muß wissen, daß solche Konsequenzen wenigstens in großen Zügen festgelegt sind, daß der Westen sich nicht erst noch darüber schlüssig und einig zu werden braucht.

Den Differenzen in der Nato liegt zugrunde, daß die Bereitschaft zu Sanktionen heute bei den Amerikanern stärker ist als bei den Europäern, von denen sich viele, allen Versicherungen des Gegenteils zum Trotz, der Wunschidee nicht ganz entziehen mögen, sie könnten eines Tages eine bequeme und dazu noch sichere Existenz zwischen dem Sowjetblock und Amerika führen. Vielleicht wäre es für die Europäer leichter, sich hier Amerika einen Schritt anzunähern, wenn sich die Washingtoner Sanktionspolitik präziser durchdacht, nüchterner kalkuliert zeigte. Zauberstäbe, mit denen Rußland von Einmärschen abzuhalten wäre, hat der Westen nicht. Aber nach einem Vierteljahrhundert Erfahrung mit einer Sowjetunion, die vor Okkupation und Drohung damit nicht zurückscheut, ist es an der Zeit, daß der Westen seine bemessenen Mittel der Sanktion und damit der Abschreckung bereitstellt.

Der Westen lernt nichts dazu
28. Dezember 1981

Jedesmal, wenn die Sowjetunion eine Nation mit einem Gewaltstreich niederwirft, versagt der Westen. Als 1956 die Rote Armee den ungarischen Aufstand zusammenschoß, rief der Westen Durchhalteparolen hinüber und tat nichts; er war ganz mit seinen Angelegenheiten beschäftigt, vor allem mit dem Suez-Abenteuer und dessen Folgen. Zwölf Jahre später gab Amerika Breschnew zu verstehen, es werde stillhalten, wenn er nach der Tschechoslowakei greife. Breschnew hätte das auch so vermutet; aber nun mußte er sich zum Einmarsch geradezu ermuntert fühlen. Wiederum elf Jahre danach beantwortet der

Westen den sowjetischen Überfall auf Afghanistan mit der kabarettistisch anmutenden Ankündigung, man werde sich ernsthaft überlegen müssen, ob die »Entspannung« noch einen solchen Schlag aushalte. Und zwei Jahre darauf, da auf sowjetischen Befehl der Parteigeneral Jaruzelski sein Volk niederwirft, reagiert der Westen damit, daß er einen vorzüglich organisierten bürokratischen Leerlauf in Gang setzt.

Starke Worte nützten den Polen nichts, gibt die Führung in Bonn dem Volk zu verstehen. Das ist ein Ablenkungsmanöver. Es soll die Leute vergessen lassen, daß vor allem Taten verlangt sind. Zu denen aber kommt es nicht. Die Nato tagt und tagt und tagt, und das Ergebnis ist: sie kann sich nicht darüber einigen, ob sie für diesen Fall – die polnische Armee wird von Moskau gezwungen, die Sowjet-Ordnung in Polen selber wiederherzustellen – überhaupt etwas beschlossen hatte. Pläne sind zwar beredet worden, aber nun erweist sich, daß die ganze Zeit vor unverschlossenen Hintertüren palavert wurde. Anderthalb Jahre fast hatte die Nato Zeit fürs Planen; nun ist es dafür ziemlich spät. Die Nato wird sich auch nicht darüber schlüssig, was jetzt – Plan hin, Plan her – zu tun sei. Amerika ist zwar bereit, Moskau einen Preis für die in mittelbarer Täterschaft begangene Invasion Polens abzuverlangen. Aber die Europäer tun nichts, und unter ihnen versagen sich am kräftigsten die Deutschen. Was die Amerikaner vorschlagen, lehnt Bonn ab. Die Deutschen machen auch keine ernsthaften Gegenvorschläge. Von Bonn – wo die Regierung besorgt ist, die Lage aufmerksam beobachtet, abwarten will, ob ... oder ob nicht ... und wie ... – breitet sich Lähmung über Europa aus, und noch weiter. Für die Sozialistische Internationale nimmt deren deutscher Vorsitzender, Willy Brandt, in einer Erklärung davon Kenntnis, daß Jaruzelski die Fortsetzung des Reformkurses versprochen habe, und er findet es offenbar gar nicht grotesk, daß der Kriegsherr von Reformkurs zur gleichen Zeit sprach, da seine Miliz-Truppen ausschwärmten, Tausende zu verhaften und in Lager zu schaffen. Die Sowjetunion kommt in Brandts Text nicht vor, als habe sie mit der Affäre nichts zu tun.

Das atlantische Bündnis kann sich auf nichts verständigen, und die Verbündeten ziehen daraus hurtig den Schluß, auch als einzelne in wortreicher Untätigkeit zu verharren. Große Worte fallen also doch, zum Beispiel in Parlamentsresolutionen – und tatsächlich, sie nützen den Polen nichts, weil sie erkennbar den Willen vertuschen (oder vielleicht sogar auf schlaue Weise offenbaren?) sollen, nicht zu handeln. So wiederholt sich das beklemmende Schauspiel, das die westlichen Länder nach der Besetzung Afghanistans boten. Damals fand der Bonner Außenminister Genscher, der Westen solle auf die Dritte Welt hoffen. Wir wissen, wieviel dabei für Afghanistan herausgekommen ist. Jetzt sagt er, eine wichtige Gelegenheit, dem sowjetischen Lager mit Nachdruck Forderungen für Polen zu stellen, sei das Gespräch gewesen, das er nach Jaruzelskis Schlag mit dem tschechoslowakischen Außenminister Chnoupek führte. Das ist die Bonner Vorstellung von »Nachdruck« gegenüber Moskau.

Nach dreieinhalb Jahrzehnten voller bitterer Erfahrungen weiß der Westen immer noch nicht, worauf es im Umgang mit der Sowjetmacht ankommt: auf Festigkeit, Wachheit und äußerste Nüchternheit. Die Reaktion auf vorhersehbare sowjetische Züge muß der Westen rechtzeitig vorbereiten. Er darf sich nicht dilettantenhaft der Eingebung des Augenblicks überlassen (die übrigens dann gewöhnlich ausbleibt), wie bei Afghanistan und Polen. Der Westen muß auch lernen, der Sowjetunion mit unbeirrbarer Hartnäckigkeit zuzusetzen, wenn es nötig ist; daran fehlt

es im Fall Afghanistan. Der Westen muß endlich sein heimliches Verlangen loswerden, sich von der Sowjetunion täuschen zu lassen.
Jede Unaufmerksamkeit, jedes Schleifenlassen, jede Fehlreaktion und jedes noch so gut gemeinte Abrutschen in Gefühlsseligkeit im Verkehr mit der Sowjetmacht kann teuer zu stehen kommen. Nicht erst im Rückblick erscheint es als Fehler, daß Bundeskanzler Schmidt dem Drängen Honeckers zu einem Treffen noch vor Mitte Dezember nachgab – zu einer Zeit, da sich in Polen Dramatisches ankündigte. Wird es ihm, wird es uns nützen, daß er sich im Güstrower Dom zu dem Wort verlocken ließ, der Marxist Honecker und der Christ Schmidt seien gar nicht so weit auseinander? Und was sollte der unglaubliche Bericht, Honecker sei über die Jaruzelski-Nachricht aus Polen genauso bestürzt gewesen wie er, Schmidt? Das sind Fehler im kleinen. Aber einer kommt zum anderen, und wenn genug beisammen sind, gibt es eine falsche Politik. Wird der Westen nie lernen, was der Sowjet-Leninismus ist?

Wer spricht noch von »Entspannung«?
19. März 1982

Die »Entspannungspolitik« müsse fortgesetzt werden, sagte neulich der Vorsitzende der saarländischen SPD, Lafontaine, in einem Vortrag in Ost-Berlin. Mit so einem Ausspruch kann einer heute beinah so auffallen wie ein weißer Rabe, denn das Wort »Entspannung« ist immer mehr außer Gebrauch gekommen – selbst in der Bonner

Koalition, wo es über ein Jahrzehnt lang zum Lieblingsvokabular gehört hatte. Der Kanzler und der Außenminister verwenden es immer weniger; und wenn, dann oft mit einschränkenden Zusätzen wie »realistisch«. Am liebsten sagen sie statt »Entspannungspolitik« heute »Politik des Gleichgewichts«. Dieser Begriff kommt nun zu Ehren in einer Zeit, da die Sowjetunion das militärisch-strategische Gleichgewicht von einst längst in Übermacht verwandelt hat. Früher, als es Gleichgewicht zwischen Ost und West gab, war das Wort offenbar weniger anziehend. Damals kam »Entspannung« in Schwang. Es sollte ausdrücken, daß der Ost-West-Konflikt an Schärfe, an Gefährlichkeit verloren habe.
Diese Vorstellung war freilich schon dann falsch, wenn sie sich auf Kriegsgefahr bezog. Denn gerade in der Zeit der Entspannung geriet die Welt an den Abgrund einer Katastrophe: im Herbst 1962, mit der Kuba-Krise, als Chruschtschow Raketen vor der amerikanischen Haustür aufstellen wollte. In der Periode davor hingegen, im sogenannten »kalten Krieg«, war es so weit nie gekommen, auch nicht beim blutigen Konflikt in Korea. Als gänzlich unhaltbar aber erwies sich die Vorstellung, sofern sie auf das politisch-strategische Ringen der beiden Blöcke gemünzt war: denn gerade in den siebziger Jahren, einer Hoch-Zeit der »Entspannung«, überschlug sich die Sowjetunion in ihrem Bemühen, den Westen erpreßbar zu machen, von seinen Rohstoffquellen abzuschneiden, ihr Imperium auszudehnen.
Nicht einmal von Entspannung in Europa ließ sich mit Realismus reden. Denn zwar verzichtete Moskau auf Expansion im mittleren Teil des Kontinents; doch das war nichts Neues; hier wurde die Demarkationslinie zwischen Ost und West spätestens seit 1949 respektiert. 1955 gab die Sowjetunion ihre eingeschränkte Herrschaft über das öst-

liche Österreich auf; dafür erlangte sie jedoch, daß sich das ganze Österreich als neutraler Staat wie ein langer, sperriger Keil zwischen das mitteleuropäische und das südeuropäische Gebiet der Nato schob. An einer Flanke, in Portugal, suchte sie sich zwei Jahrzehnte später festzusetzen. Und ihre bereits in der ersten Hälfte der siebziger Jahre eingeleitete Aufrüstung mit Mittelstreckenraketen, die militärische Machtentfaltung im Nordmeer und die etwas vorsichtiger betriebene im Mittelmeer erhöhten den Druck auf den ganzen westlichen Teil des Kontinents.

Wenn die »Entspannung« aber nicht Minderung des Machtkampfes zwischen Ost und West war, was bedeutete sie dann? Es kam zu einigen Abreden über Rüstungsbegrenzung – Salt I ist davon die wichtigste. Für die neuralgischste Stelle in Europa, Deutschland und darin besonders Berlin, erreichte man einige begrenzte, provisorische Regelungen; der Personenverkehr und der Handel zwischen Ost und West nahmen zu; für einen Teil der Osteuropäer wurde die Ostblockgrenze durchlässiger. Von alledem hatten die westlichen Völker einigen Nutzen und etwas mehr die östlichen. Doch es ist eine Legende, daß den mit der Sowjetunion zwangsverbündeten Nationen Osteuropas die »Entspannung« Möglichkeiten und Mut gegeben habe, gegen ihre ungeliebten Herren aufzubegehren. Voraussetzung für Erhebungen im sowjetischen Lager war die Aufweichung der eisernen stalinistischen Herrschaftsstruktur. Danach rebellierten die Osteuropäer, wie die Lage ihres Landes und in ihrem Land es ihnen jeweils geboten oder ratsam erscheinen ließ. Der ungarische Aufstand fiel in die Vorbereitungsperiode dessen, was »Entspannung« genannt wurde; der Prager Frühling in deren mittlere Phase; aber die unabhängige Gewerkschaft in Polen entstand, als von der »Entspannung« nicht einmal mehr der Schein übrig war: die Rote Armee hatte Afghanistan

besetzt, Amerika sich geweigert, das Salt-II-Abkommen zu ratifizieren.
Von der Politik der begrenzten Vereinbarungen zwischen Ost und West hatte auch die Sowjetmacht Vorteile; schließlich hat sie für jede Leistung eine gleichwertige und einige Male sogar eine höhere Gegenleistung bekommen. Dennoch gibt es keinen grundsätzlichen Einwand dagegen, diese Politik weiterzuführen – freilich mit größerer Aufmerksamkeit dafür, wie hoch der im Einzelfall zu zahlende Preis sein solle. Nur darf der Westen, dürfen westliche Regierungen nicht, um die sowjetische Bereitschaft zum Mittun auf einem Feld zu erlangen, der Sowjetunion lebenswichtige westliche Interessen auf anderen Feldern opfern. Und von Vereinbarungen der Sowjetunion mit Europa gar, die Moskau das Ausgreifen in anderen Weltregionen erleichtern, müssen sie sich zurückhalten.
»Entspannung« war ein schlechtes Wort: es beschrieb die Lage falsch; es schläferte mit seinem suggestiven Bedeutungsklang den Sinn dafür ein, daß der Ost-West-Konflikt nie aufgehört, daß er auch nie an Erbarmungslosigkeit und Bedrohlichkeit eingebüßt hat; und es minderte die Fähigkeit und Bereitschaft der westlichen Völker wie ihrer Regierungen, diesen Konflikt durchzustehen: mit Wachheit, Anspannung und Opfern. Ein Wort, das richtig und einprägsam das Verhältnis zwischen Ost und West beschreibt und auch, was dieses Verhältnis von den westlichen Völkern fordert, wäre noch zu finden.

III.
Von Stalin zu Gorbatschow
Das Sowjetreich und seine Führer

Ganz unterschiedliche Charaktere waren die Männer, welche die Sowjetunion seit der Gründung führten, und ganz unterschiedliche Spuren haben sie in der Geschichte hinterlassen. Lenin begründete den kommunistischen totalitären Staat und führte ihn mit Brutalität, aber auch mit listiger Geschmeidigkeit durch die schwierigen ersten Jahre. Stalin richtete den Terror als permanentes Herrschaftsmittel ein und verschob die Westgrenze des Reiches bis zur Elbe. Chruschtschow verdammte Stalin, milderte die Unterdrückung und setzte die obrigkeitlichen Apparaturen in eine zuweilen chaotische Bewegung. Unter Breschnew erstarrte die Sowjetunion innen und überholte Amerika im Rüstungswettlauf. Andropow und Tschernenko waren nur Zwischenspiele. Gorbatschow treibt ein brennender Ehrgeiz, seinem Land eine moderne Ökonomie zu schaffen. Unterschiede genug also. Doch in sechs Jahrzehnten sind die Grundtatsachen des Sowjetstaates gleichgeblieben: Machtmonopol der Parteiführung (meist des Politbüros), Staatsideologie, Unterdrückung jeden Widerspruchs, geschlossene Grenze, Welteroberungs-Streben, dürftige materielle Lebensverhältnisse. Wird Gorbatschow daran viel ändern – oder wird die Sowjetunion im Jahr Zweitausend im wesentlichen so sein wie heute?

Wenn der Kreml feiert
23.12.1972

Kann den sowjetischen Führern, die soeben das fünfzigjährige Bestehen ihres Staates gefeiert haben, so recht zum Feiern zumute sein – angesichts der vielen ernsten Schwierigkeiten, mit denen sie gerade in diesen Monaten zu kämpfen haben? Wer die Frage stellt, muß sich hüten, über kurzatmiger Tagesaktualität ein entscheidendes Stück der Wirklichkeit unseres Jahrhunderts aus dem Auge zu verlieren. Breschnew und Kossygin, Podgorny und Suslow haben schon Grund, stolz und festlich gestimmt zu sein. Ihr Staat ist unter den beiden Weltmächten von Jahr zu Jahr immer weniger zweiter. Er hat sein Territorium arrondiert und in Europa eine breite Schutzzone davorgelegt. In keiner Armee der Welt potenzieren sich so sehr wie in der sowjetischen große Menschenzahl, Disziplin und technische Kraft. In allen Kontinenten besitzt die Sowjetunion Verbündete, kein Land verweigert ihr den Respekt, und mehrere zittern vor ihr. Im Weltraum war sie vor Amerika.

Und dieser Staat liegt heute in den Händen einer Führung, in der es keine Debatten darüber gibt, wer der erste Mann ist und was der zweite und dritte dürfen. Die Obrigkeit, unterteilt in Partei und Staat, läßt kein Machtvakuum.

Das alles ist nicht Fassade, sondern Wirklichkeit. Freilich nur die erste Schicht. Dahinter kann jeder die schwachen Stellen sehen. Die im System begründeten und darum beständigen wirtschaftlichen Nöte der Sowjetunion liegen der ganzen Welt offen vor Augen. Am deutlichsten tritt die chronische Unzulänglichkeit der Landwirtschaft zutage. Von diesem Thema lenkt der Getreidemangel in diesem Jahr, dessen Folgen die Moskauer Führung zu dramatischen Schritten zwingen, eher ab: er wird einer Mißernte zugeschrieben, und die kann jedem Land passieren. Aber auch in Jahren, die eine nach dem eigenen Urteil der sowjetischen Führung normale Ernte bringen, bleibt die sowjetische Landwirtschaft weit unter den Ergebnissen, die in Westeuropa oder Amerika als selbstverständlich gelten. Es ist, als wollten sich die Bauern dafür rächen, daß der Sowjetstaat jahrzehntelang das Kapital aus ihnen herauspreßte, mit dem er die Industrie aufbaute.

Eine Industrie allerdings, die ihrerseits weit hinter der vergleichbarer westlicher Länder herhinkt, die es der Sowjetunion bis heute verwehrt, sich mehr als in symbolischem Ausmaß am Welthandel zu beteiligen, und die es nicht fertigbringt, die Sowjetbürger mit den notwendigen Konsumgütern zu versorgen. Deren Quantität reicht nicht aus, und noch weniger die Qualität. Ein archaisch anmutender Binnenhandel schließlich leitet die Warenströme an den Bürgern vorbei.

Indessen, auch mit einer solchen Ökonomie kann der Sowjetstaat, sofern er sich nur halbwegs nach außen abschließt, lange ungefährdet leben – die Masse seiner Bevölkerung weiß kaum, daß es in der Welt Besseres gibt. Viel größere Sorgen machen Breschnew die beginnenden Frostaufbrüche in der Zementdecke der sowjetischen Herrschaftsordnung. Sie sind nicht von außen bewirkt, sind vielmehr so sehr authentisches Produkt sowjetischer Verhältnisse, daß nicht einmal die – übrigens gar nicht mehr mögliche – hermetische Abschnürung des Landes vom Westen ihnen ein Ende setzen könnte. Die protestierenden Moskauer Intellektuellen setzen eine Tradition aus der Zarenzeit fort. Mit ihren Vorgängern haben sie einen uns Westeuropäern kaum noch begreiflichen Mut zur Selbstaufopferung gemein. Das vor allem ist es, was den sowjetischen Führern Solschenizyn so lästig macht.

Gefahr aber droht ihnen eher von einer anderen Seite: von den zusehends unruhiger werdenden Nationalitäten. Das Nationalitätenproblem sei in der Sowjetunion endgültig gelöst, hat der sowjetische Parteichef bei der Staatsfeier im Kreml gesagt. Er erlag damit der psychologisch leicht erklärbaren Versuchung, die größte Schwäche als größte Stärke auszugeben. Die kleineren Völker der Sowjetunion, von den europäischen Litauern, Esten und Ukrainern bis zu den asiatischen Usbeken und Tadschiken werden sich zunehmend ihrer nationalen Persönlichkeit und damit auch dessen bewußt, daß die Sowjetunion weniger eine Föderation gleichberechtigter Völker als ein zentralistisch geführtes Reich mit großrussischem Überhang ist.

Gewiß, die Sowjetmacht hat auch ihren asiatischen Völkern Fabriken, Schulen und Buchverlage gegeben. Aber gerade das spornt diese Völker nun an, gegen die politische Vorherrschaft der größten Nation, der russischen, anzugehen. Es könnte sein, daß von diesen Bruchstellen eines fernen Tages die Veränderung der Sowjetunion ausgeht – daß die nationalen Ansprüche liberalen und demokratischen Forderungen ihre Vitalität leihen, sich mit ihnen verbinden und so die Kruste aufsprengen, unter der die Obrigkeit heute noch ihre Machtidylle lebt.

Diese innere Perspektive hat ihr Muster im osteuropäischen Vorfeld der Sowjetunion. Außer Bulgarien gibt es dort kein Land, das nicht schon einmal versucht hätte, sich dem sowjetischen Griff zu entziehen. Zur Stunde ist im »Lager« alles ruhig – wie lange? Der Entwurf einer sozialistischen Völkerfamilie, schon im eigenen sowjetischen Hof nur vordergründig gelungen – im Vorhof konnte er Leben nicht gewinnen. Moskaus Konflikt mit Peking aber, den Breschnew auf jener Feier im Kreml als seine schwerste Sorge bekannte, drückt dem Konzept den Stempel »gescheitert« auf.

Unter Breschnew und danach
25. Januar 1978

Breschnew scheint wieder ernstlich krank zu sein. Sollte er sich diesmal nicht erholen, würde wahrscheinlich auch seine erstaunliche Willenskraft den Einundsiebzigjährigen nicht mehr lange in seinen Ämtern halten können. Was käme dann?

Die Frage wird im Westen oft zugespitzt auf die Alternative: kollektive Führung oder Ein-Mann-Herrschaft. Aber da sind falsche Vorstellungen im Spiel. Eine kollektive Führung in dem Sinn, daß mehrere als ein Kollegium von wahrhaft Gleichberechtigten führen, hat es in der Sowjetunion nie gegeben. Lenin übte, getrieben von Sendungsbewußtsein und Ehrgeiz, die höchste Macht aus eigenem Willen aus. Dem kränkelnden Lenin entwand der raffinierte Stalin die Macht. Über seinen orientalischen Despotismus braucht man kein Wort zu verlieren.

Nach dem Tode des Despoten, 1953, schien die Zeit einer an der Spitze geteilten Sowjetmacht anzubrechen: Parteichef Chruschtschow, Regierungschef Malenkow und Geheimpolizeichef Berija erschienen wie ein Triumvirat. Doch schon im Juni 1953 wurde Berija verhaftet. Malenkow stürzte 1955. Nun trat der Ministerpräsident Bulganin als Chruschtschows Teilhaber auf. Aber dieses Zwischenspiel endete 1958. Fortan hatte Chruschtschow keinen Konkurrenten mehr.

Aus denen, die ihn 1964 stürzten, schälte sich eine neue Dreierführung heraus; Breschnew, Parteichef; Kossygin, Haupt der Regierung; Podgorny, der später den Posten des Staatsoberhauptes übernahm. Doch wiederum wurde es nichts mit der Gleichheit. Breschnew beanspruchte rasch den ersten Platz. Kossygin mußte sich allmählich mit dem zweiten abfinden, den er inzwischen wohl auch nicht mehr hat; Podgorny verschwand im letzten Sommer aus der Politik. Eine kollektive Führung gedieh bisher nicht, und sie wird wohl auch nach der Ära Breschnew nicht gedeihen. Die Erklärung liegt im Allgemein-Menschlichen wie auch im Speziell-Kommunistischen. Niemand auf der Welt teilt die Macht, wenn nicht eine Institutionenordnung ihn dazu zwingt. Der Sowjetstaat aber beruht im Gegenteil auf dem Prinzip des Machtmonopols. Der Monopolist, das ist die Partei. Damit ist der Vorrang des Parteichefs festgelegt; Regierungschef, Staatsoberhaupt, Armee-Oberbefehlshaber oder wer immer – sie kommen danach. Jeder Versuch, Kollegial-Führung einzusetzen, würde voraussetzen, daß das Amt des Generalsekretärs abgeschafft und durch eine kollegiale Parteispitze ersetzt wird. Das aber riecht der sowjetischen Partei schon nach Revisionismus.

Erster Mann – das heißt nicht absoluter Alleinherrscher. Schon Chruschtschow mußte sich immer aufs neue mit allen möglichen Mächtigen arrangieren, bis er fest im Sattel saß. 1957 überspielte er nur mit der Hilfe des Militärs den Sturz im Politbüro. Dessen Gewicht hat in der Ära Breschnew noch zugenommen. Der heutige sowjetische Parteichef braucht für alle wichtigen Entscheidungen die Mehrheit des aus vierzehn Vollmitgliedern bestehenden höchsten Führungsgremiums; jedenfalls muß er dort eine Mehrheit gegen sich verhindern. Kein Gedanke daran, daß Breschnews Nachfolger diese Bedingtheit seiner Macht abschütteln könnte. Auch er wird der Erste sein, aber auf die Zweiten achten müssen.

Vielleicht gibt es, wenn Breschnew die Politik verläßt, sogar eine Serie von Personalveränderungen in der Führung. Aber jähe Kurswechsel darf man nicht erwarten, allenfalls Schwerpunktverlagerungen. Der Bauernsohn Chruschtschow hatte eine – ziemlich unglückliche – Liebe zur Landwirtschaft. Breschnew hat den überlieferten Vorrang der Industrie wieder festgezurrt. Mag sein, daß der Nachfolger hier die Rangordnung etwas verändert. Es kann auch sein, daß die Polizei in Zukunft Sacharow härter anfaßt oder ausweist, daß die Industrie etwas mehr Konsumgüter und etwas weniger Maschinen herstellt, daß Husak und Honecker mehr Tadel bekommen, daß Moskau deutlichere Worte zur Politik von Berlinguer und Marchais findet. Alles das – wie auch das Umgekehrte – ist möglich, und jedes davon wäre beachtenswert.

Aber keine von den Grundmauern der sowjetischen Politik wird stürzen: nicht die erzwungene Sprachlosigkeit des Volkes, nicht die unkontrollierte Herrschaft der Bürokratien, nicht das System der politischen Desinformation, auch nicht das argwöhnische Regiment über den osteuropäischen Vorhof, wahrscheinlich auch nicht das kalkulierte imperialistische Abenteuer in Afrika und nicht einmal die hektische Aufrüstung. Bleiben wird das Bekenntnis zu einer »Entspannungspolitik«, die seltsamerweise alles das voraussetzt.

Anzeichen für einen nahen Personenwechsel im Kreml beflügeln bei uns das vergleichende Denken und Wünschen. Wer war besser, Breschnew oder Chruschtschow? Wer mag besser sein als Breschnew? Das gibt eine vertrackte Rechnerei. Chruschtschow ist nach Ungarn, Breschnew in die Tschechoslowakei einmarschiert. Chruschtschow trieb sein Kuba-Abenteuer bis an den Rand des Weltkrieges. Breschnew bereitet vielleicht die Raketenüberraschung für Amerika lieber auf heimischem Boden vor. Chruschtschow entstalinisierte und hörte dann damit auf. Breschnew schien zu restalinisieren, aber das waren mehr Worte als Taten. Breschnew sperrt Dissidenten ein, mehr, als Chruschtschow es tat; doch andere läßt er ausreisen, und in seiner Zeit durften auch Zehntausende Juden das Land verlassen. Da kommt kein klares Ergebnis heraus. Die Sowjetunion bewegt sich, aber langsam und in wechselnder Richtung. Ersparen wir uns darum heftige Hoffnungen und Befürchtungen im Blick auf den Mann nach Breschnew – wer immer das sein mag.

Ein schöner Partner
2. Januar 1980

Mit unseren Feiertagen Weihnachten und Neujahr ist zugleich ein Jubiläum aus einer anderen Welt vorübergegangen: der hundertste Geburtstag Stalins am 21. Dezember. Für uns wahrlich kein Anlaß zum Feiern, höchstens einer zum Nachdenken. Und selbst da läßt sich noch einwenden, daß es uns gleichgültig sein kann, wie viele Dezennien seit der Geburt des Sowjetherrschers verstrichen sind, daß mehr interessiere, wie viele Jahre seit seinem Tod ins Land gingen: bald 27 – und noch immer ist der Sowjetkommunismus tief in die Erbschaft dieser Person verstrickt. Nicht einmal den historischen Tatsachen mag die Sowjetmacht ins Auge sehen: im Angesicht der breiten Blutspur, die Stalin durch unser Jahrhundert gezogen hat, schreibt die Moskauer »Prawda«, Stalin habe an seine Unfehlbarkeit geglaubt und ernste Verletzungen der sowjetischen Gesetze begangen. Im Ergebnis hätten viele hervorragende Staatsmänner, Feldherren, ehrliche Kommunisten und parteilose Sowjetmenschen gelitten.
Ein Mensch vom Mars, der das liest, könnte denken, da sei ein großer Staatsmann unbescheiden geworden und habe

dann verdienten Leuten ihre hohen Posten, anderen ihre Jagdschlösser und manchen sogar die Orden genommen, worunter die Betroffenen begreiflicherweise gelitten hätten. Nicht einmal eine Andeutung auch nur von der Möglichkeit tödlichen Ausgangs. Statt dessen reibt sich die »Prawda« an Feinden des Sozialismus im Westen, welche die Kritik an Stalin »für die übelste Hetze« mißbraucht hätten. Hetze? Sind nicht unter Stalin viele Millionen grausam umgebracht worden?

Der Sowjetkommunismus kommt nicht los von der Rechtfertigung und Verharmlosung Stalins, und das ist ganz natürlich. Nicht so sehr, weil viele seiner heutigen Repräsentanten dem Despoten gefügig oder sogar begeistert dienten – darüber ließe sich mit einem Umschreiben der Lebensläufe hinwegkommen. Der Moskauer Kommunismus fühlt sich vielmehr deshalb zur Verteidigung Stalins verpflichtet, weil dessen Sturz vom historischen Podest Lenin mit in den Abgrund reißen würde. Der Stalinismus war die natürliche Steigerung des Leninismus, und von dessen Bewahrung wiederum hängt alle kommunistische Macht ab.

Dieser untrennbare Zusammenhang prägt das tägliche Leben der Osteuropäer mit. Zwar ist die Stalinsche Schreckensherrschaft vorbei, und kaum jemand in Osteuropa traut den gegenwärtigen Moskauer Führern auch nur den Wunsch zu, sie wieder einzuführen. Aber deren innere und äußere Unfähigkeit, sich vom Stalinismus loszusagen – was voraussetzte, über seine Massenverbrechen offen zu reden –, versperrt den Untertanen des heutigen Sowjetregimes alle Wege zu mehr Freiheit und Recht. Nicht einmal der vom Politbüro wie eine Erlösung herbeigesehnte ökonomische Erfolg läßt sich so erreichen.

Hat die fortdauernde Verkettung des Sowjetismus mit dem Stalinismus auch für uns etwas zu bedeuten? Die sowjetische Innen- und die Außenpolitik – das sei zweierlei, sagen viele westliche Politiker; gerade eine auf Ideologie gegründete Diktatur könne sich Ruhe an der Außenfront wünschen. Habe denn nicht auch Stalin militärische Abenteuer gescheut? Seltsames Wunschdenken: die Geschichte spricht ebenso dagegen wie die betrübliche Erfahrung dieser Monate.

Staaten haben eine Neigung, sich zu anderen Staaten vergleichbar zu verhalten wie gegenüber ihren Bürgern. Eine totalitäre Diktatur ist ihrer demokratischen Nachbarschaft schon deshalb permanent gefährlich, weil sie ohne Rücksicht auf den Willen ihrer Untertanen und heimlich zum Schlag nach draußen ausholen kann; bei ihr entfallen zwei gewalthemmende Bremsen: Demokratie und Öffentlichkeit. Stalin hielt seine imperialistische Hand nur zurück, wenn er keine Erfolgschance sah. Fühlte er sich überlegen, griff er zu, zum Beispiel auf Finnland und Polen.

Auf der von ihm skizzierten Linie dringt die heutige Moskauer Führung weiter vor: militärische Interventionen der Sowjetunion oder ihrer Hilfskräfte in Angola und Moçambique, in Kambodscha und Laos, in Äthiopien und Afghanistan; wie wird es weitergehen? Die Version, das Sowjetimperium sei heute ganz mit sich selber beschäftigt, vor allem mit seinem wirtschaftlichen Rückstand, gehört zu dem unerschöpflichen Vorrat an chamberlainhaftem Selbstbetrug.

Von solchen Illusionen muß sich der Westen rasch befreien, wenn er nicht zum Objekt sowjetischer machtpolitischer Erpressung herunterkommen will. So etwa von der kirchturmspolitischen Weisheit, der selbst ansonsten realistische deutsche Politiker bisher anhingen, die »Entspannung« sei geographisch teilbar, das heißt: Bonn könne sich weiter behaglich auf dem mit Moskau verabredeten Status quo räkeln, während dieses die Welt drumherum Stück für

Stück seinem Imperium einverleibt. Ein neues, der Wirklichkeit näheres Denken ist gefordert; die notwendigen Entschlüsse werden sich daraus von selber ergeben. Aufgeregtheit und Kraftausdrücke braucht man dazu nicht. Die Bundesregierung tut recht daran, gegenüber Moskau bei einer ruhigen Sprache zu bleiben. Doch es wäre sicher nützlich für sie selber, wenn sie für die Sowjetunion angemessenere Bezeichnungen fände als etwa »Partner im Sicherheitsdialog«. Verkehrte Worte behindern richtiges Denken.

Was wird anders bei Andropow?
2. Dezember 1982

Nach dem Tode Breschnews bestimmt das sowjetische Zentralkomitee am 12. November 1982 Andropow zum Generalsekretär.

Manches an Jurij Wladimirowitsch Andropow könnte denken lassen, der neue sowjetische Parteichef werde Bewegung in die sowjetische Politik bringen. Ist er nicht sprachenkundig, belesen, gebildet; gilt er nicht als Intellektueller, und sieht er nicht auch so aus? Die anderthalb Jahrzehnte an der Spitze des sowjetischen Geheimdienstes KGB – hat nicht die umfassende Kenntnis, die er sich dort erwarb, ihn geradezu darauf gestoßen, daß im Sowjetreich vieles verändert werden müsse?
Wer der Version anhängt, in der Ära Andropow werde der Wind der Veränderung wehen, der kann sich auf den alten Erfahrungssatz berufen, daß ein neuer Mann an der Spitze der Sowjetunion stets auch eine neue Politik bedeutet. Der Einschnitt von Lenin zu Stalin, auch der von Stalin zu

Chruschtschow war tief. Keinen grundlegenden Wandel, aber vielfache Änderung der Methoden brachte der Wechsel von Chruschtschow zu Breschnew. Indessen, der Sturz Chruschtschows und die Berufung Breschnews im Herbst 1964 markieren auch eine Veränderung, welche die Schwingungsbreite des politischen Wandels beim Wechsel von einem Parteichef zum nächsten eng hält. Chruschtschow stürzte vor allem deshalb, weil das Politbüro es nicht länger hinnehmen wollte, daß er mit dem Inhalt vieler Entscheidungen und mit seinem Führungsstil sich außerhalb des Kollektivs stellte.

Viel ist darüber spekuliert worden, wie weit sich Breschnew dem Prinzip der kollektiven Führung unterworfen habe. Dabei hat man oft auf das Schicksal der Troika hingewiesen. Eine ganze Reihe von Jahren schien es, als sei Breschnew an Kossygin und Podgorny gebunden, als könne er wichtige Entscheidungen nur im Einvernehmen mit diesen beiden treffen. Wenn das je stimmte, dann hat es nicht lange gehalten. Doch mit dem Zerfall der Troika wurde Breschnew nicht zum Alleinherrscher. Er fand sich nun, wohl mehr als in seiner ersten Zeit, eingebunden ins ganze Kollektiv. Das Politbüro hatte seinen Willen schließlich doch durchgesetzt. Dieser Zustand verfestigte sich dann mit dem Fortschreiten von Alter und Krankheit Breschnews.

Nichts spricht dafür, daß das Politbüro seinen Erfolg beim Übergang von Breschnew zu Andropow wieder hätte weggeben wollen. Man muß vielmehr annehmen, daß der neue Parteichef zwar mehr ist als ein Erster unter Gleichen, daß er aber die Richtlinien seiner Innen- wie Außenpolitik nicht gegen den Willen des Politbüros bestimmen kann. Wenn aber Andropow solchermaßen ins oberste Entscheidungskollektiv eingefügt ist, dann weist wenig darauf hin, daß es zu ruckartigen Änderungen der sowjetischen Politik komme. Denn das Politbüro sieht auf Kontinuität, weil sie sein Bedürfnis nach Selbstrechtfertigung erfüllen kann.

Doch nicht nur das Prinzip der kollektiven Führung würde Andropow beim Verändern Schranken setzen – sofern man ihn überhaupt als Neuerer sehen will, wogegen sich aus seiner Biographie Gründe herleiten lassen. Der erste Mann der Sowjetunion ist nicht nur ins Politbüro eingebunden, sondern auch, zusammen mit diesem, an die Gegebenheiten des Sowjetsystems, an dessen vielfältige Zwänge und Unfähigkeiten festgebunden. Hier kommt die Starrheit der sowjetleninistischen Machtordnung zum hinderlichen Ausdruck. Sie verwehrt es den sowjetischen Führern, von ihrer eigentlich unbegrenzten Macht über das Volk frei Gebrauch zu machen. Sie möchten mancherlei tun; aber vieles müssen sie unterlassen, weil das System an unzähligen Punkten daran hängt, daß sich nichts ändert.

Darum ist der Bewegungsraum für Andropow in der Wirtschaftspolitik, zum Beispiel, eng. Er ist sich über den schlechten Zustand der Sowjetökonomie im klaren. Das Heilmittel hieße: Dezentralisierung plus Leistungsprinzip. Beides zusammen aber bedeutet in erster Konsequenz, daß die Moskauer Zentrale Macht einbüßte, und in letzter Konsequenz, daß den Bürgern der Sowjetunion Freiheit zuwüchse, zuerst ökonomische, dann auch politische.

Da das Politbüro diese Folgen nicht in Kauf nehmen will, bleiben ihm nur größere zentralgelenkte Investitionen an besonders heiklen Stellen des Wirtschaftsorganismus, also etwa in der Landwirtschaft. Aber woher das Geld nehmen – da doch die Sowjetunion sich für eine Politik der raschen Hochrüstung entschieden hat, die sich nicht in kurzer Frist umkehren läßt, schon weil das Militär, dessen Interessen im Politbüro repräsentiert sind, dagegen wäre.

Spätestens am Militär mag auch ein beweglicherer Kurs gegenüber den Verbündeten im Ostblock scheitern, sofern Andropow überhaupt an dergleichen denken sollte. Die Armeeführung betrachtet Ost- Mitteleuropa als strategisches Vorfeld, auf dem schon Unsicherheit und Unruhe genug herrsche. Am ehesten könnte man sich noch vorstellen, daß Andropow die Sowjetunion aus dem verlustreichen afghanischen Abenteuer herauszöge. Aber da stünde wiederum ein Hindernis im Weg. Die Sowjetunion müßte zum ersten Mal eine Okkupation als mißlungen abbrechen. Das wäre nicht nur für die Militärs eine Demütigung, und es könnte politische Folgen im sowjetischen Lager haben.
Nicht alles wird unter Andropow so bleiben oder so weitergehen wie unter Breschnew. Doch Wandel, wo er kommt, wird langsam vonstatten gehen, und er wird dann weniger aus Entschlüssen Andropows herrühren als aus der Willensbildung im Politbüro. Andropow ist nicht ein neuer Chruschtschow, und auch die Zeiten in Moskau sind nicht so.

Und nach Andropow?
12. Juli 1983

Als Anfang Juni der finnische Staatspräsident Koivisto in Moskau war, mußte der sowjetische Parteichef Andropow beim Gehen gestützt werden wie einst Breschnew. Bundeskanzler Kohl konnte einen Monat später den höchsten Politiker der Sowjetunion erst am zweiten Tag seines Moskauer Aufenthalts sehen – Andropow war krank. Das läßt

Voraussagen über Veränderungen an der Spitze der Sowjetunion sprießen. Sowjetforscher prophezeiten, die Amtszeit Andropows werde spätestens im nächsten Jahr zu Ende gehen.
Wenig spricht dafür, daß der Nachfolger aus dem engsten Kreis um Andropow kommen werde, der aus Politikern über siebzig besteht. Zweimal in kurzem Abstand hat das Moskauer Politbüro die Erfahrung mit einem alten, kränkelnden Parteichef gemacht; vor dem dritten Mal müßte es zurückscheuen. So wendet sich der suchende Blick auf jüngere Parteiführer – auf Romanow aus Leningrad, der seit kurzem nicht nur dem Politbüro angehört, sondern auch einer der Sekretäre des Zentralkomitees ist und die Oberaufsicht über die Industrie hat; auf Alijew aus Aserbeidschan, den Andropow vom Kandidaten zum Mitglied des Politbüros sowie zu einem der Ersten Stellvertreter des Ministerpräsidenten aufrücken ließ und der sich gleichfalls um die Ökonomie kümmert; auf Gorbatschow, der wie Romanow im Politbüro und im Sekretariat sitzt und dem die Landwirtschaft anvertraut ist.
Indessen, wer auf einen baldigen Wechsel auf dem Platz des sowjetischen Parteichefs wartet, der könnte viel Geduld nötig haben. Man erinnere sich nur, wie viele Jahre der kranke Breschnew an der Spitze blieb. Andropow mag geringere physische Reserven als Breschnew besitzen, doch zeigt er einen starken Willen und hohe Selbstdisziplin. Es ist also nicht ausgemacht, daß der heutige sowjetische Parteichef nicht mehr lange auf seinem Platz sein werde.
Doch selbst wenn er ihn wegen schwacher Gesundheit bald verlassen müßte, wäre damit nicht ein jäher Umschwung in der sowjetischen Politik zu erwarten. In Moskau herrscht heutzutage der Generalsekretär der Partei nicht allein. Er spricht zwar das gewichtigste Wort, doch

kann er nicht am Politbüro vorbeiregieren. Für alle wichtigeren Entscheidungen braucht er den Konsens im engsten Führungskreis, zu dem heute gehören: Tschernenko, der inoffizielle zweite Mann und Beauftragte für die Ideologie; sodann Tichonow, der Ministerpräsident; Ustinow, der oberste Soldat; und Gromyko, der Chef der Diplomatie. Vor Schritten, die als ungewöhnlich riskant gelten, wird sogar im gesamten Politbüro (unter den Mitgliedern) abgestimmt – so war es vor dem Einmarsch in die Tschechoslowakei.

Diese Einbindung des Generalsekretärs in den Organismus des Politbüros verhindert, daß der Wechsel zu einem neuen Parteichef zugleich abrupten Wechsel der Politik bedeutet. Wenn Andropow ginge, bliebe das Politbüro. Dessen innerster Kreis besteht zwar aus alten Männern, die nicht mehr auf unabsehbare Zeit auf ihren Plätzen bleiben können – der Generationswechsel in dieser Gruppe ist unumgänglich. Aber das Politbüro wird ihn wahrscheinlich nicht zeitlich in eines fallen lassen mit dem Wechsel auf dem Platz des Parteichefs. Man wird in Moskau nicht zugleich einen neuen Generalsekretär, einen neuen Bewahrer der Ideologie, einen neuen Ministerpräsidenten (und Verantwortlichen für die gesamte Wirtschaftsadministration), einen neuen Verteidigungsminister und einen neuen Außenminister einsetzen wollen – das würde die Sowjetunion lähmen. Vielmehr wird das Politbüro versuchen, den Führungskreis langsam zu verjüngen, so, daß bis zum Ende des Prozesses jeder Neuberufene neben alten Lehrmeistern arbeitet. Das schließt ruckartige Wendungen der Politik aus.

Aber spricht denn überhaupt etwas dafür, daß neue, jüngere Parteiführer in Moskau viel verändern werden? Die sowjetische Außenpolitik ist auf Fortfahren, auf Wirkenlassen schon geschaffener Tatsachen, auf Abwarten angelegt, und daran werden neue Führer anknüpfen müssen. Zum Beispiel: In der Raketenrüstung ist Moskau weit vorausgeeilt. Auch wenn die westliche Nachrüstung zustande kommt, kann die Sowjetunion in Ruhe abwarten, ob ernsthafte Verhandlungen später für sie lohnender sein werden als heute. In Afghanistan sieht Moskau die Zeit für sich arbeiten. Den polnischen Brandherd vermag die Sowjetunion, wie sie weiß, vorerst nicht auszutreten; also läßt sie ihn glimmen in der Hoffnung, die Glut werde allmählich erlöschen.

Doch schreit nicht der Zustand der sowjetischen Wirtschaft nach tiefgreifenden Reformen? Es ist sicher, daß die ökonomische Rückständigkeit ihres Landes alle Sowjetführer seit Stalin bedrückt; indessen wollte noch keiner von ihnen einen zu produktiverer Wirtschaft führenden Weg gehen. Andropow, der unter der ökonomischen Ineffizienz noch mehr leidet als sein Vorgänger, hatte bisher zur Remedur nicht mehr aufzubieten als eine Kampagne gegen Disziplinlosigkeit und Verschwendung; sie wird ebenso versanden wie ihre zahllosen Vorläufer. Die Sowjetführer fürchten, eine ernsthafte Wirtschaftsreform würde eine breite Schicht von Managern entstehen lassen, die ihre Legitimation nicht mehr bei der Parteibürokratie, sondern auf dem Markt und vielleicht auch bei den Belegschaften suchen; und sie werde die Untertanen in Bürger verwandeln, die ihre Lebensentscheidungen selber treffen wollen. Das wäre der Anfang vom Ende des Machtmonopols der Führung – ein zu hoher Preis in den Augen von Andropow und Tichonow, von Ustinow und Gromyko. Warum sollten ihre Nachfolger darüber anders denken?

Beim alten geblieben
14. Februar 1984

In so weit vorgerücktem Alter wie Konstantin Tschernenko, mit 72 Jahren, ist noch niemand sowjetischer Parteichef geworden. Andropow war gewiß ein alter Mann, als ihn das Politbüro zum Nachfolger Breschnews wählte, doch immerhin ging er erst auf die Siebzig zu. Als die sowjetischen Führer berieten, wer von ihnen der neue Parteichef sein solle, stand ihnen die frische Erfahrung mit zwei alten und kranken Generalsekretären vor Augen: Zweimal in nur anderthalb Jahren war der Sowjetstaat an der Spitze gelähmt.

Aber das hat die sowjetischen Führer nicht zu einem Generationswechsel im ersten Amt bestimmt. Offenbar sahen die Alten, die im Politbüro die Mehrheit sind, das höchste Amt nur bei einem von ihnen in guten Händen, bei einem Mann, der nicht mehr gern neue Gesichter um sich hat und von dem sie deshalb nicht befürchten müssen, er werde sie von ihren Sesseln stoßen. Die Jüngeren im Politbüro aber mochten denken, die Amtszeit eines Zweiundsiebzigjährigen und damit ihre Wartezeit werde sicherlich bemessen sein.

Bei jedem Wechsel an der Spitze des Sowjetreichs fragt der Westen erwartungsvoll, ob es nun Aussicht auf Veränderung zum Besseren gebe: ob die Sowjetunion einem rationalen Ausgleich der Sicherheitsinteressen mit der nichtkommunistischen Welt geneigter sein, ob sie ihr imperialistisches Überengagement zurücknehmen und damit die Brandgefahr in der Welt vermindern werde; schließlich auch, ob sie die damit entbundenen Mittel und Energien an innere Reformen wenden werde, die dem Volk ein leichteres Leben gewährten. Es ist der Traum von einer besseren Sowjetunion, der da die Gedanken suchen läßt. Bisher ist die Hoffnung jedesmal enttäuscht worden. Chruschtschow begann die Entstalinisierung und verkündete die friedliche Koexistenz mit dem Westen. Aber die innere Reform drang nicht einmal in den Vorhof der Machtstruktur vor, die den Stalinismus erzeugt hatte, und der Kern der neuen Außenpolitik wurde sichtbar im kubanischen Raketen-Abenteuer.

Breschnew schob die ohnehin festgefahrene Entstalinisierung ein Stück zurück; er führte die Sowjetunion in eine fieberhafte Hochrüstung und annektierte Afghanistan. Nach den fünfzehn Monaten Andropows, in denen eine neue Politik nicht zum Vorschein kam, übernimmt das höchste Amt Tschernenko, der durch Jahrzehnte Breschnew als treuer, unauffälliger Gehilfe zur Seite stand. Wer möchte von ihm, der nun im vorgerückten Alter steht, eine neue Politik erwarten?

Doch nehmen wir einmal an, Tschernenko werde an seine neuen Aufgaben mit der Lust zum Verändern herangehen, die hin und wieder über alte Politiker kommt. Wieviel Bewegungsfreiheit fände er vor? Jeder sowjetische Parteichef ist eingefügt ins Politbüro, das ihm die Grenzen zieht. Im Politbüro jedoch überwiegen auch nach den Neuberufungen in der Zeit Andropows die beharrenden Kräfte.

Tschernenko wird wahrscheinlich nicht nur ins Gesamtkollektiv des Politbüros eingebunden sein, sondern außerdem in eine engere »kollektive Führung«. So hatte auch Chruschtschow einst als Parteichef angefangen, und dann Breschnew, der in der berühmten Troika mit Kossygin und Podgorny zusammengespannt war. Beide Male entledigte sich der Führer der Partei nach einiger Zeit seiner ungeliebten Teilhaber. Doch seither ist das Politbüro selbstbewußter geworden. Tschernenko kann nicht mit der Machtfülle Chruschtschows und Breschnews in ihren späteren

Jahren rechnen, und vielleicht hat er heute weniger Macht als vor ihm Andropow.

Aber nicht nur an der Spitze, sondern auch in den oberen und mittleren Rängen der Sowjetgesellschaft stehen hohe Hindernisse jeglicher Reformpolitik im Wege. Wichtige Gruppen sind daran interessiert, daß im großen und ganzen alles beim alten bleibe: nicht nur die Wirtschaftsbürokratie in den Ministerien und in anderen Behörden, sondern auch die Betriebs-Aristokratie. Beiden bringt das heutige Wirtschaftsregime Vorteile: Sie haben wenig Vollmachten, wenig Verantwortung, ein geringes Berufsrisiko, aber hohe Einkommen und viele Privilegien. Sollen sie sich ins kalte Wasser einer Wettbewerbswirtschaft wünschen? Auch der Großteil der weniger qualifizierten Arbeiter fühlt sich wahrscheinlich in seinem wenig angespannten Berufsdasein nicht schlecht aufgehoben.

Die Sicherheitsorgane, ein gewaltiges Heer, befürchten von Wirtschaftsmobilität Unruhe, das Selbstbewußtsein einer neuen Schicht, die sie sich nicht vorstellen können. Dem Militär werden die sozialen und politischen Folgen einer ernsthaften Wirtschaftsreform nicht annehmbarer erscheinen als den Kommandeuren des KGB. Und immerhin hat die Armee bisher im wesentlichen bekommen, was sie verlangte. Klein und schwach sind die Gruppen, die mehr Bürgerfreiheit wollen. Das Dissidententum ist eine Randerscheinung geblieben.

Und wer im Sowjetreich drängt das Politbüro zu einer anderen Außenpolitik? Die heutige, imperialistische ist nicht unpopulär. Die meisten Sowjetbürger wünschen offenbar den militärischen Sieg in Afghanistan, hätten einen Einmarsch in Polen richtig gefunden und billigen die Aufrüstung. Immer noch kann sich die Führung auf einen naiven Sowjetpatriotismus stützen.

Gewiß ist die Sowjetwirklichkeit dem Wandel nicht entzogen. Aber der geht langsam und nimmt viele Umwege. Nichts spricht im Augenblick dafür, daß sich zu Zeiten des neuen Generalsekretärs in der Sowjetunion viel ändern wird. Tschernenko verkörpert die Sowjetmacht, wie wir sie kennen.

Beharrung und Wandel in Moskau
4. Juli 1984

Konstantin Tschernenko regiert unauffällig. Selten tritt er in der Öffentlichkeit auf, selten läßt er sich auf Bildern sehen. Dafür hat er Gründe. Der erste ist schwache Gesundheit. Tschernenko wirkt heute so hinfällig wie sein Vorgänger Andropow. Da kann er nichts Besseres tun, als sich wenig zu zeigen.

Aber noch anderes rät ihm Zurückhaltung an. Seine Kenntnisse der Ökonomie, des Militärischen und der Außenpolitik sind schmal; gut bewandert ist er wahrscheinlich nur auf den Feldern der Personalpolitik, der Parteiorganisation und der inneren Sicherheit. Er muß sich noch in vieles hineinarbeiten; da ist Vorsicht im Reden geboten.

Nimmt man alles zusammen, fühlt sich der sowjetische Parteichef in der Innenpolitik noch sicherer als in der äußeren. Hier wird er sich am meisten engagieren. Aber noch sind nicht die Linien zu erkennen, denen er folgt. Von wirklicher Wirtschaftsreform wird in der Sowjetunion heute wenig gesprochen. Vielleicht führt man die unter Andropow begonnenen eng begrenzten Reformexperimente fort – aber dann wäre immer noch ungewiß, ob man sie zum Gelingen oder zum Scheitern führen will. Andererseits ist die Kampagne gegen Schlamperei, Faulenzerei, Korruption, mit der Andropow ein Stück Erfolg hatte, offenbar abgeflaut. Zwar prangert auch Tschernenko Disziplinlosigkeit und Fehlleistungen am Arbeitsplatz an; aber das scheint nur ein Zurückfallen ins überlieferte Ritual zu sein. Mit dem Parteiapparat geht Tschernenko so pfleglich um wie einst sein Lehrmeister Breschnew; der eiserne Parteibesen Andropows steht in der Ecke.

Was Tschernenko in der Nationalitätenpolitik vorhat, zeichnet sich noch nicht ab; dafür ist die Zeit seit Februar zu kurz. Doch alles spricht dafür, daß er in der Tradition des großrussischen Nationalismus und Beherrschungswillens steht, zusammen mit der großen Mehrheit des Politbüros. Die Kirchen in der Sowjetunion spüren nichts von Veränderung, weder zum Besseren noch zum Schlimmeren. Mit den alten Methoden werden die Dissidenten verfolgt. Kein Wandel also. Innenpolitik – das bedeutet für Tschernenko bisher vor allem Stabilisierung seiner Macht, die von einer Praxis der kollektiven Führung enger umgrenzt ist als einst die Macht Breschnews, jedenfalls in der zweiten Hälfte seiner Amtszeit, und Andropows.

In der Außenpolitik erweckt Tschernenko die meiste Zeit den Eindruck, als führten ihm Außenminister Gromyko und Verteidigungsminister Ustinow die Hand. Kaum je spricht der Generalsekretär allein mit ausländischen Staatsmännern. Gromykos vorgezeigtes Selbstbewußtsein bordet neuerdings über. Gorbatschow, der zweite Mann in der sowjetischen Führung, drängt zu den weltpolitischen Geschäften. Indessen, wenig spricht dafür, daß Tschernenko in der Außenpolitik einen eigenen Weg gehen wolle und daran von Gromyko und Ustinow gehindert werde. Mehr weist darauf hin, daß eine sichere Mehrheit im Politbüro, zu der auch der Generalsekretär gehört, sich über die Generallinie einig ist: die Sowjetunion soll ihren Geg-

nern mit Härte, Verschlossenheit begegnen, ohne Kompromißbereitschaft.
Einer solchen Politik erscheint eigene unbehinderte Aufrüstung vorteilhafter als zweiseitige kontrollierte Rüstungsbegrenzung und Abrüstung, demonstratives Fernbleiben von Verhandlungen nützlicher als Verhandeln, das Vorzeigen von Selbstbewußtsein besser als Werbung um begrenztes Vertrauen auf der anderen Seite. Diese Politik hat sich in einer Reihe von Zügen manifestiert. Die Sowjetunion bleibt den beiden Genfer Raketen-Verhandlungen fern und, mit den Staaten ihres engeren Lagers, den Olympischen Spielen in Los Angeles; sie steigert den Eroberungskrieg in Afghanistan zur Ausrottungsaktion, sie hat eine vereinbarte Reise ihres Ersten Stellvertretenden Ministerpräsidenten Archipow nach Peking brüsk abgesagt; sie behandelt westliche Emissäre abschreckend.
Warum das alles? Wahrscheinlich ist das Moskauer Politbüro zu dem Ergebnis gekommen, daß sich eine Entspannungspolitik nicht mehr lohne, da der Westen nicht mehr bereit sei, um einer Entspannung an der Oberfläche willen seine Sicherheitsinteressen zu vernachlässigen, und da China, während es mit der Sowjetunion Entspannung suche, einerseits die Zusammenarbeit mit Amerika verdichte, andererseits sich alle Handlungsfreiheit gegenüber dem mit der Sowjetunion verbündeten Vietnam bewahre. Dazu mag kommen, daß Moskau seinen europäischen Vorhof in gefährlichem Maß von einer West-Neigung erfaßt sieht, die bis in die »Neue Klasse« hineinreicht. In solcher Lage liegt es nicht fern, daß die sowjetischen Führer einem Hang nachgeben, der in der russischen Geschichte immer wieder wirksam geworden ist: sich nach draußen abzuschließen, fremdem Einfluß zu entziehen, auf sich selbst zurückzuziehen. Solche Abkehr und Insichkehr fällt den in Moskau bestimmenden Männern um so leichter, als

ihnen unterdrückte Zweifel an der eigenen Legitimität und ein bohrendes Gefühl der Unterlegenheit ihres Regimes den Umgang mit dem Westen ohnehin zur Seelenlast machen.
Niemand kann vorhersagen, wie weit die sowjetischen Herrscher ihre Politik der Verweigerung und des Auftrumpfens treiben werden. Und noch läßt sich nichts Zuverlässiges darüber sagen, ob etwa Gorbatschow, der ein Mann von weiterem Horizont zu sein scheint, die neue Moskauer weltpolitische Strategie in ihren Wirkungen eindämmen will und ob er sich bemüht, sie jederzeit umkehrbar zu halten.

Das Zwischenspiel ist zu Ende
12. März 1985

Am 10. März 1985 stirbt der sowjetische Parteichef Tschernenko.

Konstantin Tschernenko hinterläßt im Bilde der Sowjetunion wenig Spuren, weniger noch als sein Vorgänger Andropow. Wir werden es wahrscheinlich nie genau wissen, wie es zuging, daß das Politbüro vor gut einem Jahr einen alten, kranken Mann zum Generalsekretär wählte.
Einige Gründe freilich liegen nahe. Nach dem Tode Breschnews Ende 1982 war die Gruppe im obersten Gremium der Sowjetunion unterlegen, die dem Verstorbenen nahegestanden hatte und nun seine Politik eines hoheitsvoll-landesväterlichen Liegenlassens der Führungsaufgaben fortgeführt sehen wollte. Nicht ihr Kandidat Tschernenko, Breschnews Vertrauter durch Jahrzehnte, wurde der erste

Mann, sondern Andropow, der das Unbehagen am Stillstand der letzten Breschnew-Jahre am sichtbarsten personifizierte und am klarsten zu artikulieren verstand.
Als dann Andropow schon nach wenig mehr als einem Jahr starb, suchte der Breschnew-Traditionsverband wiederum Tschernenko auf den Platz des Generalsekretärs zu schieben. Da mag auch Persönliches im Spiel gewesen sein: Man wollte vielleicht dem unermüdlichen Diener der Partei, der aus der letzten Nachfolgerwahl zurückgesetzt hervorgegangen war, Genugtuung geben. Sage niemand, solches Rücksichtnehmen, Dankabstatten sei den Mitgliedern des sowjetischen Politbüros fremd. Wir dürfen die Psyche der sowjetischen Führer nicht allein danach einschätzen, wie sie mit ihren Untertanen und gar mit Dissidenten umgehen. Untereinander folgen sie Zuneigungen und Abneigungen, freundlichen und abwehrenden Gefühlen gewiß nicht weniger, als Politiker innerhalb von Machtgruppen im Westen das tun.
Aber die Tschernenkos Wahl betrieben, waren zu wenige; sie mußten weitere Anhänger im Politbüro gewinnen, um die Mehrheit zu haben. Das gelang ihnen, weil die Zeit noch nicht reif war für einen Generationswechsel im Amt des Parteichefs. So manche der älteren Politbüromitglieder dürfte der Gedanke an einen viel jüngeren Generalsekretär noch zu sehr befremdet haben; und keiner der jüngeren war hinreichend eingeübt in den innen- wie den weltpolitischen Führungsgeschäften. War da nicht ein Mann des voraussichtlich kurzen Übergangs am besten?
Und tatsächlich, Tschernenkos Amtszeit ist nur ein Zwischenspiel geworden, in dem sich der von Andropow angefachte sachte Wind der Veränderung (den manche westliche Beobachter zu einem Sturm dramatisierten) wieder legte. Die Reform-Experimente in der Ökonomie gingen weiter, aber keine motorische Energie drängte sie mehr

voran. In der Landwirtschaft gar fiel Tschernenko zurück auf die Methode agrotechnischer Mammutprojekte, die Milliarden verschlingen und weder die Produktivität noch auch nur die Produktion erhöhen.

Andropow hatte die Funktionäre in den Ämtern und Fabriken mit dem Ruf nach Fleiß und Disziplin etwas in Bewegung gesetzt; Tschernenko ließ die Kampagne verebben. Er hatte von Breschnew gelernt, daß man die »Neue Klasse« pfleglich zu behandeln habe, und das entsprach auch seinem Naturell. Tschernenko wollte sogar dem Volk als äußerlich etwas bärbeißiger, doch im Herzen freundlicher Herrscher erscheinen. Doch die Volkswohltaten, die er gern verspendet hätte, ließen sich bei seiner Politik aus der Wirtschaft nicht schöpfen.

Indessen, nicht alles ist unbeweglich geblieben in der Sowjetunion Konstantin Tschernenkos. Die auffälligste Veränderung war ein Zurückdrängen der politisch ambitionierten Militärs. Generalstabschef Ogarkow, der ehrgeizigste unter den Marschällen, verlor sein Amt an einen Mann, der sich offensichtlich mehr in den Grenzen seiner Befugnisse hält. Als der Verteidigungsminister Ustinow gestorben war, kam an seine Stelle der Marschall Sokolow, ein Soldat, der für politische Ämter offensichtlich nicht geschaffen ist und sich auch nicht dazu für geschaffen hält. Seither sitzt im Politbüro nicht mehr ein einziger Militär.

Mit dieser Verschiebung hängt es wahrscheinlich zusammen, daß die Sowjetunion den fallengelassenen Faden des Rüstungsgesprächs mit den Vereinigten Staaten vorsichtig wiederaufnahm. Konnte es Außenminister Gromyko recht sein, daß er, der Abbruchspezialist, mit einem Besuch bei Präsident Reagan den ersten Schritt dazu tun mußte? Die Länder des Warschauer Pakts werden das Jahr Tschernenkos nicht in angenehmer Erinnerung be-

halten. Mehrere von ihnen, in erster Reihe die DDR und Ungarn, fanden sich brüsk zurückbeordert, sobald sie sich mit dem westlichen Deutschland enger einlassen wollten, als das in Moskaus westpolitisches Konzept paßte. Aber die Führungen im osteuropäischen Vorhof der Sowjetunion haben darüber ihr Selbstbewußtsein nicht verloren. Gerade Honecker und Kadar haben es erst dieser Tage gezeigt. Tschernenko hinterläßt seinem Nachfolger den Warschauer Pakt in einem Zustand leichten Gärens an mehreren Stellen.
Wie wird es weitergehen im Sowjetstaat? Abwarten, die Dinge lassen, wie sie sind – das kann nicht gut die Maxime des Politbüros für die Zeit nach Tschernenko sein. In der führenden Schicht wächst der Unwille über Entscheidungsmangel und Stagnation. Viele hohe Funktionäre finden, die Sowjetunion werde seit langem schwächlich, eigentlich gar nicht geführt. Vieles spricht also dafür, daß mit der Berufung des jungen Gorbatschow Moskau neue Regierungsenergien gewinnt. Was für eine Politik mag daraus hervorgehen?

Der neue Mann wird sich vorsehen
18. März 1985

Nach dem Tode Tschernenkos wird am 11. März 1985 Gorbatschow Generalsekretär der sowjetischen Partei.

Gorbatschow wird sich hüten, seine Amtszeit mit einem Feuerwerk von Veränderungsprojekten zu beginnen. Das würde ihm nicht liegen – er ist kein Brausekopf. Außerdem hat er viel Zeit; wenn ihm nicht ein Malheur dazwischenkommt, kann er zwei Jahrzehnte regieren, länger als alle sowjetischen Parteichefs seit Stalin.

Das Wichtigste ist für ihn jetzt, sich eine feste Machtbasis zu schaffen. Gorbatschow wird ins Politbüro eingebunden sein wie seine Vorgänger. Aber er kann dort vielleicht eine Mehrheit um sich scharen, auf die jedenfalls bei Entscheidungen von höchster Wichtigkeit Verlaß ist. Er kann auch dafür sorgen, daß die Schaltstellen im Zentralkomitee und die Kommandoposten in den verschiedenen bewaffneten Organen des Sowjetstaates mit Leuten seines Vertrauens besetzt sind. Wird er es dabei belassen, daß von allen Mitgliedern des Politbüros sein Rivale Romanow, als Beauftragter für die Industrie und damit auch für die Rüstungswirtschaft, das engste Verhältnis zur Armee besitzt? Bald wird sich Gorbatschow einen neuen Ministerpräsidenten suchen müssen – Tichonow ist alt und wird müde.

Im Westen nehmen viele an, der neue Generalsekretär werde nun mit Elan an eine tiefgreifende Wirtschaftsreform gehen. Sie können gar nicht verstehen, daß die Sowjetunion nicht schon längst die Gelegenheit ergriff, ihre Wirtschaftsmisere mit einem solchen Reformwerk zu überwinden. Manches spricht dafür, daß Gorbatschow ernsthaft vorhat, die sowjetische Ökonomie leistungsfähiger zu machen. In seiner Antrittsrede hat er eine »entscheidende Wende« in der Wirtschaftspolitik gefordert. Aber er wird die Hindernisse kennen. Der staatliche Wirtschaftsverwaltungsapparat, der mit dem Parteiapparat verquickt ist, lehnt Reformen ab, sofern sie ihm Befugnisse nehmen. Von den Direktoren der sowjetischen Industriebetriebe wird manchmal gesagt, sie brennten darauf, unter Marktbedingungen zu wirtschaften. Da ist Aberglaube im Spiel. Die wenigsten werden sich ins kalte Wasser des Wettbewerbs wünschen; in der planwirtschaftlichen Sicherheit ist es ihnen wohlig warm.

Der größte Teil der Industriearbeiter wiederum möchte zwar gewiß mehr Lohn, aber nicht um den Preis, daß er den überlieferten Schlendrian aufgeben müßte. In der Landwirtschaft ist die Leistungsbereitschaft größer. Die Kolchosarbeiter, die am meisten ausgebeutete Schicht im Sowjetstaat, müssen sich mehr plagen als die Industriearbeiter und hätten also nur zu gewinnen von einer Reform, die Leistung honorierte. Seit den letzten Jahren Breschnews betrachtet die Armeeführung den Zustand der Sowjet-Ökonomie mit Sorge. Sie fürchtet, von einer stagnierenden Wirtschaft werde sie eines Tages nicht mehr genug Geld für ihre ehrgeizigen Rüstungsprogramme bekommen. Aber manche vorhersehbaren Folgen einer marktwirtschaftliche Elemente enthaltenden Ordnung müssen den Marschällen ein Greuel sein: Mobilität der Arbeiter, mehr Konsumdenken und Wohlstandsaufsässigkeit, dazu sinkendes Sozialprestige des Militärs.

Für eine Veränderung fehlt auch das Modell. Kann sich die Sowjetunion an der Wirtschaftspolitik Kadars orientieren? Ungarn ist ein kleines Land am Rande des Imperiums; seine Bevölkerung hat sich einst gegen die Moskauer Herrschaft erhoben, empfindet den Sowjetkommunismus als fremdes Regime und wird von der Budapester Führung mit einer geschickten Innenpolitik ruhig gehalten. Das kann nicht gut ein Vorbild für die Sowjetunion hergeben, für die Vormacht, die das Lager inspirieren will. Gorbatschow muß also ebenso vorsichtig wie energisch zu Werke gehen, wenn er die Sowjetwirtschaft einem »tiefgreifenden Wandel« unterziehen will. Wie tief er sich den Wandel vorstellt, weiß niemand; und noch weniger, was die Schwierigkeiten der Praxis von den Vorstellungen übriglassen werden.

Behutsamkeit muß der neue Generalsekretär auch in der Außenpolitik üben. Nichts Schlimmeres könnte ihm am

Beginn seiner Amtsperiode passieren als der Vorwurf von Gegnern, er wolle bisher zäh behauptete sowjetische Positionen im Ost-West-Konflikt aufgeben, oder er vernachlässige den Zusammenhalt im sozialistischen Lager. Deshalb wird er sicherlich nicht für ein rasches Abgehen von der unter Breschnew begonnenen Über-Rüstungspolitik eintreten, wofür er im Politbüro auch keine Mehrheit zusammenbekäme. Noch weniger wird er die Sowjetunion aus dem Krieg in Afghanistan zu lösen suchen, den sie mit Gründen schließlich zu gewinnen hofft. Vielleicht bekommen die osteuropäischen Verbündeten allmählich wieder etwas mehr Bewegungsfreiheit für ihre Westpolitik; aber eine Auflockerung des Warschauer Paktes wird der Generalsekretär zusammen mit dem ganzen Politbüro zu verhindern trachten. Für Andropow und Tschernenko hatte das »Lager«, von der Elbe bis zur chinesischen Grenze, immer den Vorrang. Das wird unter Gorbatschow wohl so bleiben.

Auch an der Nationalitätenpolitik im Sowjetstaat wird sich voraussichtlich nichts ändern. Da auch Gorbatschow den darniederliegenden Marxismus-Leninismus nicht beleben kann, wird er, wie schon Breschnew, den »Sowjetpatriotismus« genannten russischen Nationalismus und Imperialismus als zusammenbindende und mobilisierende Ideologie benutzen. Das aber bedeutet: die Russifizierung wird fortgesetzt. Am wenigsten Sorgen macht dem neuen Parteichef gewiß die politische Opposition im Land. Breschnew schon hat die Dissidenten-Bewegung zerschlagen; etwas Ähnliches wird es so bald nicht wieder geben.

Wieviel wird Gorbatschow gleichschalten?
7. November 1985

In der Amtszeit Breschnews, besonders in seinen letzten Jahren, haben sich im europäischen Vorhof der Sowjetunion innen- und außenpolitische Eigenwilligkeiten ausgebreitet, die, gemessen an unseren westlichen Maßstäben, bescheiden sein mögen, die sich aber aus Moskauer Sicht beunruhigend groß ausnehmen. Der neue sowjetische Generalsekretär Gorbatschow ist voller Tatendrang. Muß es ihn nicht drängen, so wie in der sowjetischen Wirtschaft auch hier Remedur zu schaffen? Vielleicht hat er das vor; doch bisher hat er nichts getan, was dramatische Schritte auf dem ostmitteleuropäischen Feld erwarten ließe.

Gelegenheit war da. Als Ende April die Ostblockführer in Warschau feierlich ihr förmliches Gruppenbündnis verlängerten, hätte Gorbatschow ihnen ein dringliches Moskauer Verlangen nach einer Wende, wenn es denn bestand, kundtun können. Noch mehr hätte sich dazu die Führungskonferenz des Warschauer Paktes neulich in Sofia geeignet.

Doch auf keinem der beiden Treffen scheint der sowjetische Parteichef von den Verbündeten, die es anginge, streng Einkehr und Umkehr gefordert zu haben; offenbar gab es nur verhaltene Mahnungen. In der Zeit zwischen den beiden Paktkonferenzen war der ungarische Parteichef Kadar, dessen Politik die tiefste eigene Prägung aufweist, zu Besuch bei Gorbatschow. Doch nichts weist bisher darauf hin, daß dieser seinen Gast mit peitschenden Vorhaltungen bedrängt hätte. Allerdings warnten im Sommer Moskauer Obrigkeits-Publikationen alarmierend vor Abweichungen – in der Westpolitik wie in der Wirtschaftsordnung – und vor »Nationalismus«. Doch nach diesen offensichtlich in den Kanzleien des Zentralkomitees geschriebenen Artikeln erschienen andere von nicht geringerer Herkunft, die nicht in solche Richtung wiesen. Aus derartigen Dissonanzen läßt sich nicht leicht ein Signal heraushören.

Gorbatschow scheint sich also bisher mit strikten Befehlen zur Umkehr zurückzuhalten. Dafür hat er gute Gründe. Gewiß sind die kleineren Staaten des Warschauer Paktes von der Führungsmacht in ihrer Regime-Sicherheit, aber auch sonst politisch und überdies wirtschaftlich abhängig. Aber andererseits braucht die Sowjetunion auch ihre Verbündeten. Das fängt bei der Ökonomie an. Gerade Gorbatschow, der – mit welchen Methoden auch immer – aus der Sowjetwirtschaft mehr Leistung herausholen will, ist auf Beiträge der ostmitteleuropäischen Industrien, vor allem der ostdeutschen und der ungarischen, zur Modernisierung seiner eigenen angewiesen. Und solange seine Wirtschaft daheim das Volk so mangelhaft mit Nahrungsmitteln und Gebrauchsgütern versorgt, muß er erleichtert darüber sein, daß Landwirtschaft und Industrie der verbündeten Länder immerhin einige Lücken füllen.

Doch die Sowjetunion braucht die Länder ihres westlichen Vorfeldes auch militärisch-strategisch. Für das Moskauer Sicherheitsdenken, das die Sowjetunion am liebsten mit zehn Sicherheitsringen umgeben sähe, ist das Stück Europa vom Bug bis zur Elbe von unschätzbarem Wert. Es war für die Sowjets wie eine Erlösung, als 1945 die fremde, feindliche, kapitalistische Welt nicht mehr gleich hinter Minsk begann, sondern erst kurz vor Frankfurt am Main und Hamburg.

Aber Ostmitteleuropa ist für die Moskauer Militärstrategie nicht nur ein lebenswichtiger Schutzstreifen. Als die Sowjetunion der westlichen Nachrüstung mit dem Aufstel-

len neuer, weiterer Raketen (zu den SS 20 auf sowjetischem Boden) politisch dazwischenfahren wollte, brauchte sie Stationierungsplätze in einigen verbündeten Ländern. In Moskau wird man lange nicht vergessen, daß sich der bulgarische Parteichef Schiwkow damals auf ein Versprechen Breschnews berief, in sein Land keine Atomwaffen zu bringen. Und ebenso wird man in Moskau im Gedächtnis behalten, wie verhalten das Ja zur Stationierung aus Ost-Berlin und sogar aus Prag klang.
Freilich, die Sowjets hätten ihre Raketen einfach aufstellen können, ohne sich um Gedanken und Gefühle ihrer Verbündeten zu kümmern. Überhaupt kann die Sowjetunion wegen ihrer physischen Allmacht im östlichen Lager dort alles gleichschalten, was sie unbedingt gleichschalten will. Doch solches Durchsetzen kostet einen hohen Preis. Wenn heute das sowjetische Politbüro eine verbündete Parteiführung auf einem wichtigen Felde brüsk zu einer anderen, der sowjetischen Linie näheren Politik zwingt, stärkt sie in der betroffenen Nation – bis weit in die Reihen der Partei – die antirussischen und antisowjetischen Stimmungen, von deren Umsichgreifen in Ostmitteleuropa die »Prawda« im Juni so auffällig offen sprach. Damit aber wird ein Stück ihres Vorfeldes, des kostbarsten Besitzes, den sie in der Welt hat, politisch und sogar militärisch weniger sicher. Dazu können unliebsame ökonomische Folgen treten. Ein Zurückdrehen der Kadarschen Wirtschaftsreformen würde Ungarn als Handelspartner der Sowjetunion weithin entwerten, eine härtere Innenpolitik in Polen die wirtschaftliche Misere dort vertiefen und am Ende die sowjetische Subsidienlast erhöhen.
Dies alles heißt nicht, daß Gorbatschow in den verbündeten Ländern alles so lassen wolle, wie es ist, oder daß er gar alles so weitergehen lassen möchte, wie es heute geht. Doch wird er bei seinen Veränderungsplänen wahrschein-

lich mit Vorsicht zu Werke gehen, mit sorgfältig abgemessenen Schritten, und immer mit dem Blick darauf, ob nicht der Nachteil einer Gleichschaltungs-Aktion deren Nutzen überwiegt.

IV.
Deutsche drüben

Einst waren die Deutschen in der östlichen Hälfte Europas daheim. Noch zwischen den beiden Weltkriegen lebten starke deutsche Minderheiten in der Tschechoslowakei und in Polen, in Ungarn und Rumänien, im südslawischen Königreich, in den baltischen Ländern und im Sowjetstaat. Sie hatten einst viel zur Zivilisation und Kultur ihrer Heimat beigetragen. Das nationale Erwachen der Mehrheitsvölker, mit denen sie zusammenwohnten im 19. Jahrhundert, hatte ihre Lage verschlechtert. Die Gründung neuer Staaten und die Grenzverschiebungen nach dem Ersten Weltkrieg verwandelten die deutschen Bewohner ganzer Regionen in neue Minderheiten. Ein mit Abneigungen aufgeladener Nationalismus auf allen Seiten machte das Miteinander noch schwieriger. Im Zweiten Weltkrieg und in den Jahren danach ging ein Teil der deutschen Volksgruppen in Ostmittel- und Südosteuropa in einem Inferno unter. Die überlebten lösen sich durch Abwanderung und Assimilation allmählich auf; vielleicht bleiben einige Inseln. Die Staaten ermessen allmählich den Verlust. Heute sind die Deutschen im kommunistisch beherrschten Teil Europas vor allem in Gestalt der DDR-Bevölkerung präsent. Aber die Bewohner des östlichen deutschen Staates fühlen sich zusammengehörig mit denen des westlichen, sie wollen nicht eine getrennte Nation sein. Mit diesem Nationalbewußtsein stellen sie Tag für Tag die Teilung Deutschlands und damit Europas in Frage.

Deutsche in Osteuropa
19. Juli 1979

Die regelmäßig wiederkehrende Nachricht, im vergangenen Monat seien soundso viele deutsche Umsiedler aus Osteuropa im Aufnahmelager Friedland eingetroffen – worauf stößt sie im Volk? Die meisten unserer Mitbürger nehmen sie mit fatalistischem Wohlwollen auf. Mit Wohlwollen, weil es ihnen richtig vorkommt, daß Leute dort ankommen, wohin sie strebten, und speziell Deutsche in unserem Land, das ihre Sprache spricht. Mit Fatalismus, weil sie glauben, anders könne es gar nicht sein: die Deutschen in Osteuropa hätten dort keine Heimstatt mehr, keine Zukunft; und so bleibe nur, daß sie allesamt zu uns kämen, je rascher, desto besser.
Solch resignierter Schluß ist verständlich nach allem, was die deutschen Volksgruppen Osteuropas in vierzig Jahren durchgemacht haben. Aber richtig ist er nur zum Teil. Die Deutschen in Polen und der Tschechoslowakei haben dort in der Tat nichts zu erwarten als ihre endgültige Entnationalisierung, ihre Einschmelzung in die Staatsnation (das sind im letzteren Fall die Tschechen). Wer von ihnen mit seiner Muttersprache leben und sie den Kindern weitergeben möchte, dem bleibt nur die Auswanderung, um die er oftmals jahrelang kämpfen muß. Den einst von Stalin in die asiatischen Regionen deportierten Rußland-Deutschen geht es nicht viel besser. Was der Staat für ihr eigenes sprachlich-kulturelles Leben tut, ist mehr Flitter und Fassade als ernsthafte Förderung.
Ein anderes Bild bietet sich in Südosteuropa. Jugoslawien zwar hat sich seiner deutschen Minderheit entledigt. Ungarn wies etwa die Hälfte seiner Deutschen aus. Von der anderen Hälfte hat ein großer Teil seine Sprache – die

Mundart zumindest – und das Bewußtsein seiner Herkunft und Tradition bewahrt. Der ungarische Staat erkennt der deutschen Volksgruppe ein Existenzrecht zu und versucht heute sogar, ihr im Schulwesen und im Kulturleben eine Grundlage fürs Überleben zu geben. Doch ist ungewiß, ob er damit nicht zu spät kommt, ob die Folgen hundertjähriger Madjarisierungspolitik sich noch weit genug zurückdrehen lassen, ob die Zahl der Deutschen, die nicht in der ungarischen Nation aufgehen wollen, ausreicht für das Fortbestehen einer nationalen Minderheit im Zeitalter der Migration und Mobilität. Die nächsten zehn Jahre werden es zeigen.

Die beiden deutschen Volksgruppen in Rumänien hingegen, die Siebenbürger Sachsen und die Banater Schwaben, wären an Zahl und an sprachlich-kulturellem Lebenswillen sicher stark genug, um fortzubestehen. Der Staat hat ihnen bald nach dem Krieg wieder Schulen und andere kulturelle Institutionen zugestanden, in denen sie sich, nicht nur zur Traditionspflege, zusammenfinden, an denen sie einen Halt finden können. Eine Lehrerausbildung, Bühnen und Chöre, Zeitungen und Bücher – das alles besitzen sie, und niemand macht es ihnen streitig.

Doch in dem Bau, der auf den ersten Blick so solide aussieht, zeigen sich bei näherem Hinsehen gefährliche Risse. Das Vertrauen der deutschen Minderheit in die Zukunft zerbröckelt. Mehrerlei hat dazu beigetragen. Die Siebenbürger Sachsen und die Banater Schwaben haben nach dem Krieg viel erduldet – Enteignung, mörderische Zwangsarbeit in Rußland, Deportationen im Land. Die Sachsen vor allem waren wohlhabende Bürger und Bauern; so traf sie der Sozialismus, der über alle Bewohner Rumäniens kam, besonders hart. Die schwerste Zeit stand die deutsche Minderheit zäh durch. Erst als dann das Leben leichter wurde, in den sechziger Jahren, fielen die Deutschen in eine seelische Erschöpfung. Sie hätten nun

einer besonders pfleglichen Behandlung bedurft, und einiges geschah auch. Ein Jahrzehnt ist es her, daß Parteichef Ceausescu zum ersten Mal von dem Unrecht sprach, das den Deutschen Rumäniens nach dem Krieg widerfahren sei. Das hätte die Initialzündung für eine Reihe notwendiger Änderungen von Vorschriften und Praxis zugunsten der Deutschen sein können. Doch daraus wurde nichts. Ceausescu wollte sich bei seiner Politik der nationalen Souveränität auf ein neues Nationalgefühl der Rumänen stützen. In dieser Atmosphäre fielen dem Staat Konzessionen an die Minderheiten schwer. Vielleicht hätte er der deutschen noch einiges gegeben. Aber hätte dann die viel stärkere und selbstbewußtere ungarische, die ihr Mutterland nahe weiß, nicht Gleiches verlangt?
So besserte sich wenig. Im Gegenteil – einige siebenbürgische Städte müssen seit Beginn der siebziger Jahre auch in den deutschsprachigen Zeitungen rumänisch genannt werden. An deutsche Ortstafeln ist nicht einmal in Dörfern zu denken. Nun bedroht eine Fach-Zersiedlung der höheren Schulen den deutschen Gymnasialunterricht. Die Befürchtung, ihre Volksgruppe und auch sie selbst als Deutsche hätten im Lande keine Zukunft mehr, weckte in vielen Rumänien-Deutschen den Wunsch zur Auswanderung. Rufe aus der Bundesrepublik zur kollektiven Heimkehr der Rumänien-Deutschen und die Attraktion des westdeutschen Lebensstandards trugen dazu bei, daß aus einer Tendenz zur Abwanderung eine Woge wurde. Zwölftausend Rumänien-Deutsche verlassen jährlich ihre Heimat. Das ist ein Aderlaß, den die Minderheit nicht lange ertragen wird. Doch wer möchte auch nur erwägen, Rumänien solle seine auswanderungswilligen Deutschen festhalten? Nicht bei den Folgen, sondern bei den Ursachen des Auswanderungswillens müßte Bukarest ansetzen. Noch lohnt der Versuch.

Eine Brücke versinkt
16. Mai 1983

»Wir werden darauf drängen, daß wieder mehr Deutsche aus der Sowjetunion ausreisen können« – dieser Satz in der Regierungserklärung Bundeskanzler Kohls vom 4. Mai verdient aus mehreren Gründen Aufmerksamkeit. An ihm fällt zunächst auf, daß der Kanzler von »Deutschen« spricht und damit einer Sprachmode widersagt, welche die Deutschen Osteuropas »Deutschstämmige« nennt – als ob es sich um assimilierte Abkömmlinge deutscher Urahnen handelte, während sie doch in Wahrheit in Sprache und Lebensart deutsch sind wie wir. Jener verkehrte Sprachgebrauch wird noch übertroffen von der vordringenden Gewohnheit, den Deutschen in Osteuropa einen Namen zu versagen. »Die Zahl der Aussiedler aus den Ländern des Ostblocks in die Bundesrepublik hat sich merklich verringert«, hieß unlängst der erste Satz einer Agentur-Nachricht, die auch in ihrem weiteren Text keinen Hinweis auf die Volkszugehörigkeit enthielt. Da könnte man denken, es gehe um Polen oder Tschechen, die zu uns übersiedelten, während doch Deutsche aus Osteuropa gemeint sind.

Doch wichtiger als der richtige Ausdruck ist der richtige politische Schritt. Der Kanzler hat mit seiner Ankündigung ein Zeichen dafür gegeben, daß die Bundesregierung die Deutschen im östlichen Teil des Kontinents, die in die Bundesrepublik streben, bei ihrem oft verzweiflungsvollen Kampf um die Ausreiseerlaubnis unterstützen will. Kohl sprach unmittelbar nur von den Deutschen in der Sowjetunion; aber sicherlich dürfen sich die auswanderungswilligen Deutschen in anderen osteuropäischen Ländern mitgemeint fühlen. Allen zusammen wird das Wort des

Kanzlers eine Ermutigung sein – soweit sie davon erfahren.

Indessen, Kohls Absichtserklärung lenkt die Gedanken noch auf eine andere Wirklichkeit: Die deutschen Minderheiten in Osteuropa haben dort keine Zukunft mehr; ihre Rückkehr in die alte Heimat, aus der die meisten von ihnen vor Jahrhunderten aufgebrochen waren, ist das einzige, was sie vor sich sehen. Ihre Gastgeber-Länder wollen sie seit langem nicht mehr als Volksgruppen mit eigener Sprache und Kultur, als eigene ethnische Persönlichkeiten.

Und sie selber, die Deutschen im Osten, sehen auch keine Möglichkeit mehr, als solche Individualitäten weiterzubestehen. Ihre Funktion als Mittler zwischen Deutschland und Osteuropa ist nicht mehr erwünscht, und sie fühlen sich nicht länger imstande, eine solche Aufgabe zu erfüllen. Ihre politische und soziale Deklassierung, die Bedrängnis, in der sie tagtäglich leben, der Assimilierungsdruck, der Widerspruch zwischen ihrem dringlichen Wunsch auszuwandern und dem Willen ihrer Obrigkeiten, möglichst viele von ihnen festzuhalten – das alles führt, im Gegenteil, zu immer neuen Reibereien zwischen dem westlichen Deutschland und osteuropäischen Staaten, so daß sie sich in all ihren Schwierigkeiten auch noch als Zankapfel vorkommen müssen. Das Zusammenleben von Osteuropäern und Deutschen in Osteuropa ist ein Kapitel der Geschichte, das bald abgeschlossen sein wird.

Dieser Befund gilt – mit Unterschieden – für alle osteuropäischen Länder, auf deren Territorien einst deutsche Minderheiten lebten. Polen, das vor dem Krieg eine deutsche Volksgruppe hatte und nachher durch seine Ausweitung nach Westen noch mehr Deutsche unter seine Herrschaft bekam, ist an erster Stelle zu nennen. Mit der inneren Verhärtung in Polen unter Jaruzelski ist auch die Zahl

der Deutschen zurückgegangen, die Warschau ausreisen läßt. Die Bundesregierung bemüht sich um Abhilfe, und die deutsche Öffentlichkeit sollte sie dabei unterstützen.
Auch in der Tschechoslowakei ist das Schicksal der deutschen Minderheit – etwa 80 000 – besiegelt. Bei ihr ist der Auswanderungswille schwächer als bei den Polen-Deutschen. Das rührt von der Überalterung der Minderheit her und vom hohen Grad ihrer Assimilierung. Doch ist die Prager Behauptung anzuzweifeln, nur noch vereinzelt wollten Deutsche in die Bundesrepublik.
Um so stärker drängen die Deutschen in der Sowjetunion zu uns, die seit ihrer Deportation verstreut in den asiatischen und nordeuropäischen Regionen des Sowjetreiches leben und sich dort rigoroser Russifizierung ausgesetzt finden. Von den an die zwei Millionen Rußlanddeutschen möchten Hunderttausende auswandern. Aber die Zahl der Übersiedler geht seit einigen Jahren dramatisch zurück. Das will die Bonner Regierung nicht untätig hinnehmen, wie Kohls Hinweis in der Regierungserklärung zeigt.
Bei den Deutschen in Ungarn schreitet die Madjarisierung rapide voran. In Rumänien hingegen sah es noch vor einigen Jahren so aus, als könnten sich die Deutschen dort, Siebenbürger Sachsen und Banater Schwaben, als ethnisch-kulturelle Einheit halten. Ihre Zahl – damals 360 000 – schien dafür noch genügend groß; sie wohnen in ihren alten Siedlungsgebieten, und die Bukarester Führung gewährt ihnen manches, was zur Bewahrung von Sprache und ethnischem Selbstbewußtsein nötig ist.
Doch die wachsenden Schwierigkeiten des täglichen Lebens in Rumänien haben unter den Sachsen und Schwaben, von denen viele die unsäglichen Leiden in den ersten Nachkriegsjahren nie überwanden, den Auswanderungsdruck verstärkt, unter dem sich die Minderheit nun all-

zu erleichtern. Eines Tages wird die deutsche Minderheit in Rumänien auf einen Überrest geschrumpft sein. Eine Brücke zwischen der deutschen Nation und den osteuropäischen Völkern wird dann vollends versinken.

Sprach-lose Deutsche
28. August 1984

Allmählich legt sich im westlichen Deutschland die Erregung über die Worte, mit denen der Primas von Polen, Kardinal Glemp, am 15. August in Tschenstochau zu den Fragen Stellung nahm, ob es in seinem Land ein Bedürfnis nach Seelsorge in deutscher Sprache, ob es dort überhaupt noch Deutsche gebe. Von Anfang an hatte bei uns Besonnenheit das Feld beherrscht. Die Zurückhaltung war richtig. Nichts käme den kommunistischen Führern Polens und der Sowjetunion jetzt gelegener als heftiger Streit zwischen den polnischen und den westdeutschen Katholiken und überhaupt zwischen den Polen und den Westdeutschen. Alle bisherigen Führungsgarnituren in Warschau haben gelegentlich antideutsche Gefühle im Volk als Instrument zur Befestigung ihrer Herrschaft zu verwenden gesucht – in dieser Tradition bleibt auch das Regime Jaruzelski; es fände vielleicht auch das Gegenstück, Antipolonismus in der Bundesrepublik Deutschland, zur Beschwichtigung der mißtrauischen Oberherren für eine Weile nützlich. Dem dürfen wir nicht zuarbeiten.
Aber noch mehr: Für die Bundesrepublik sind die Nationen Ostmitteleuropas besonders wichtige Nachbarn. Der kulturelle und wirtschaftliche Austausch mit ihnen wird,

bei vorhersehbaren Rückschlägen, beiden Seiten immer mehr geben, und in dem langwierigen Prozeß ihres Souveränwerdens können sie für uns auch auf dem Felde der Politik immer mehr zu Gefährten werden. Jedes Zeichen guten Willens, das wir ihnen erweisen, ist darum eine Zukunftsinvestition. Das größte dieser Völker aber sind die Polen. Eine deutsche Osteuropa-Politik, die an ihnen vorbeiginge, müßte Stückwerk bleiben.

Gewiß, wir Deutsche hören aus Polen auch heute noch viel Unfreundliches. Aber von allen Kräften dort bemüht sich die katholische Kirche am ernsthaftesten um Verständigung mit den Deutschen. Erinnern wir uns nur an das Versöhnungswort der polnischen Bischöfe im Jahr 1965, das ihnen die politische Gewalt so übelnahm. Das war zu Zeiten des Kardinals Wyszynski. Sein Nachfolger Glemp folgt ihm darin. Erst neulich ließ er ein Treffen mit dem General Jaruzelski daran scheitern, daß er nicht, wie ihm im voraus angesonnen, einen Text unterschreiben wollte, der angeblichen deutschen Revanchismus angriff. Mit seinen Worten über die Deutschen im heutigen Polen suchte Glemp offensichtlich das immer prekäre Verhältnis der Kirche zur kommunistischen Obrigkeit etwas zu entlasten. Übersehen wir auch nicht, daß Glemp auf die – diskret vorgebrachten – Bedenken der deutschen Bischöfe gegen seine Tschenstochauer Predigt ein Stück einlenkte.

Das alles war und ist zu bedenken. Und doch bleiben viele Deutsche von jenen Worten des polnischen Primas in Tschenstochau verletzt, weil der Kardinal Ungerechtes sagte. Niemand wird leugnen, daß es Bewohner Oberschlesiens gibt, die sich nur deshalb als Deutsche ausgeben, weil sie die polnische Wirtschaftsmisere mit westdeutschem Wohlstand vertauschen möchten. Aber viele Oberschlesier wollen nach Deutschland, weil sie sich als Deutsche fühlen; und manche von ihnen wünschen sich für

die Zeit, da sie noch in Polen leben, deutschen Gottesdienst.
Ihnen allen hat der Primas vorgehalten, sie könnten nicht Deutsch. Daran ist in vielen Fällen etwas richtig. Viele Bewohner Oberschlesiens, die sich heute als Deutsche erklären, sprechen das Deutsche nur gebrochen. Aber wie kam es dazu? Dem deutschen Bevölkerungsrest, der nach der Vertreibung in Polen festgehalten wurde, war bis 1956 das Deutsch-Sprechen bei hoher Strafe verboten, und später blieb es gefährlich. Wer deutsch sprach, riskierte seinen Arbeitsplatz. So verloren viele Deutsche ihre Sprache, und die Kinder konnten sie erst gar nicht lernen, denn an den Grundschulen wurde sie nicht einmal als Fremdsprache gelehrt. Will der Primas die Folgen solcher Zwangspolonisierung zur Grundlage moralischer und nationalpolitischer Urteile erheben?
Indessen, niemand sollte Kardinal Glemp Zynismus vorwerfen. Wo der Ursprung seines Räsonierens über wirkliche oder angebliche Deutsche in Polen liegt, darauf weist das wiederholte Vorkommen des Wortes »Ausländer« in seiner Predigt hin. So sagte er, Ausländer müßten in ihrer Sprache beten können. Der Primas setzt die Begriffe »polnischer Staatsbürger« und »Angehöriger der polnischen Sprach- und Kulturnation« gleich. Danach kann es in Polen ethnische Sprach-Minderheiten nicht geben. Das ist der Standpunkt auch des polnischen Staates, und die Nation teilt ihn offenbar. Er ist der Realität nahe: Anders als der polnische Staat der Zwischenkriegszeit ist der heutige ethnisch-sprachlich fast einfarbig. Von den einstigen Minderheiten – den Deutschen, Ukrainern, Weißrussen vor allem – sind nur Splitter übriggeblieben. Ihnen könnte die polnische Nation eigentlich Großzügigkeit angedeihen lassen.
Doch daran fehlt es. Das bekommen nicht nur die letzten

Deutschen in Oberschlesien zu spüren. Unlängst bat in Wien eine Gruppe polnischer Staatsbürger um Asyl. Aber nach ihrer Volkszugehörigkeit waren es nicht Polen, sondern Ukrainer; sie wollten ihre Heimat verlassen, weil sie dort wegen ihrer Nationalität, ihrer Sprache und ihrer Zugehörigkeit zur katholischen Kirche des östlichen Ritus schlecht behandelt wurden.
Das polnische Volk behauptet sich durch sein starkes Nationalbewußtsein, dessen Verwalter die katholische Kirche ist. Das verdient unseren Respekt. Der Kirche fällt damit aber die Aufgabe zu, Auswüchsen des Nationalgefühls entgegenzutreten, die Wehrlosen Ungerechtigkeiten zufügen.

Eine Festung auf Treibsand
4. Dezember 1984

Anfang dieses Jahres entließ die DDR in einem überraschenden Zug 20 000 ihrer Bewohner in die Bundesrepublik. Wollte sie das wiederholen – 20 000 Ausreisewillige bekäme sie jederzeit leicht zusammen, und das mehrmals. Ein ansehnlicher Teil ihrer Bevölkerung will zu uns abwandern. Wie viele, darüber gibt es nur Vermutungen. Wir kennen nicht einmal die Zahl der DDR-Deutschen, die bei der Behörde den Antrag auf eine Ausreise-Erlaubnis gestellt haben; sie wird in Ost-Berlin als Staatsgeheimnis gehütet. Die Schätzungen bewegen sich zwischen einer Viertel- und einer halben Million.
Aber wenn sich eine davon bestätigte, wüßten wir immer noch wenig. Wer drüben dem Staat mitteilt, daß er ihn ver-

lassen wolle, beschädigt die Wurzeln seiner staatsbürgerlichen und wirtschaftlichen Existenz. Das nimmt nur auf sich, wer nichts zu verlieren hat. Alles spricht dafür, daß die meisten abwanderungswilligen DDR-Deutschen ihren Wunsch verschweigen. Will man also den wahren Umfang des Abwanderungsdranges ermessen, muß man die Zahl der Antragsteller vervielfachen – aber um wieviel?
Doch die Vorstellung wäre falsch, eigentlich wollten alle Bewohner der DDR fort. Ihre große Mehrheit hängt an der Heimat, an den Verwandten und Freunden, am Beruf, an dem bescheidenen Wohlstand, den sie sich mühselig geschaffen hat. Diese Mehrheit will bleiben; und da sie dem Regime mit Distanz gegenübersteht, zieht sie sich ins Private zurück.
Dieser Staat, an dem sie vorbeilebt, hat immerhin einiges vorzuweisen. Eine ähnlich geregelte Versorgung wie die DDR hat im sowjetischen Lager nur noch Ungarn zustande gebracht. Die östlichen Deutschen gelten im Block als wohlhabend. Den Kirchen ist Autonomie zugestanden; für Schriftsteller und Künstler gibt es manchmal überraschende Freiheiten.
Freilich bleiben die schweren Lasten: die Parteiherrschaft mit dem dazugehörigen Parteibuch-Unwesen, der ständige Ideologie-Druck, die Allmacht des Staatssicherheitsdienstes, die vom Wirtschaftssystem auferlegte Kräftevergeudung am Arbeitsplatz, die tägliche Einkaufsmühsal, die Reisesperren.
Müßte nicht den Bewohnern der DDR ihre vielfältige Westberührung dies alles ein Stück leichter machen? Der Strom von Besuchern aus dem westlichen Deutschland wird immer noch stärker; und es sind nicht Fremde, die da kommen, wie in den anderen Ländern des Blocks, sondern Verwandte, Bekannte, mindestens Leute, die dieselbe Sprache sprechen. Nach Westen und zurück sind ständig

Zehntausende Rentner unterwegs; auch sie suchen Leute auf, die ihnen nahestehen, und daheim erzählen sie dann. Längst hat das westdeutsche Fernsehen die DDR mit Ausnahme von Zipfeln überdeckt und das östliche verdrängt. Was in der Welt vorgeht, erfahren die Deutschen drüben sofort und in Einzelheiten. Aber nicht nur, daß vielerlei Fäden die östlichen Deutschen mit den westlichen verbinden; die Bewohner der DDR wissen auch, daß der westliche deutsche Staat, wer immer ihn regiere, ihnen Erleichterung schaffen will.

Das alles sind Folgen der »deutschen Frage«, die so eine Frage der DDR wird. Wie sehr sich die Führung dessen bewußt ist, das zeigt ihre hohe Empfindlichkeit für jedes Wort, das in der Bundesrepublik mit dem Blick auf die DDR und ihre Bevölkerung gesprochen wird. Für Obrigkeit wie Untertanen drüben ist das westliche Deutschland die zweite Wirklichkeit.

Berührung mit dem Westen und Abstützung auf ihn erleichtern den östlichen Deutschen das Leben, lassen sie aber paradoxerweise die Lasten auf diesem Leben als noch drückender empfinden. Was kann die SED tun, dieses Druckgefühl zu vermindern und der Bevölkerung näherzukommen? Die materiellen Lebensverhältnisse kann sie in absehbarer Zeit nicht entscheidend verbessern, denn die Volkswirtschaft der DDR hat die Grenzen ihrer Leistungsfähigkeit – im geltenden System – erreicht. Sie braucht eine längere Periode der Konsolidierung; erst dann kann die Führung ihr neue, ehrgeizige Ziele setzen. Politische Auflockerungen in der DDR würde die Sowjetunion, die ohnehin Ost-Berlin wegen seiner Deutschland-Politik mißtrauisch beobachtet, kaum zulassen. Aber auch die SED fühlt sich für politische Reformen nicht sicher genug.

Indessen, vielleicht könnte die SED mit mehr Beweglich-

keit im Westreise-Reglement für die Bürger – das auch Teil der politischen Ordnung ist – wenigstens an einer Stelle eine Behelfsbrücke zur Bevölkerung schlagen, ihrem Staat, der manchmal wie eine Festung auf Treibsand aussieht, ein stabileres Fundament geben. Wer einmal im Jahr in die Bundesrepublik fahren darf, der wird, selbst wenn er davon nicht Gebrauch macht, das Gefühl des Eingesperrtseins verlieren, das so viel zum Abwanderungsdruck und zum Unmut über den Staat beiträgt. Er wird, wenn er die neue Freizügigkeit nutzt, realistischere Vorstellungen vom Leben im Westen bekommen und davon, was er hier auf sich zu nehmen hätte, wenn er bliebe.
Aber das Vertrauen in die Beständigkeit einer solchen neuen Ausreise-Politik würde nur langsam wachsen; eine lange Weile würden deshalb viele West-Fahrer nicht wiederkommen. Könnte die SED das hinnehmen? Und was würde das Moskauer Politbüro dazu sagen, daß es dann in Deutschland noch mehr (statt weniger) Bewegung gäbe?

Zwischen Deutschen und Polen
3. Dezember 1985

In diesen Monaten sprechen Westdeutsche und Polen mehr als sonst darüber, wie es zwischen ihnen steht. Im September trafen sich deutsche Polen-Kenner und polnische Deutschland-Fachleute in der Evangelischen Akademie Loccum; im November trat das »Forum Bundesrepublik Deutschland – Volksrepublik Polen« nach fünfjährigem Stillstand wieder zusammen, diesmal in Krakau. In Loccum wie in Krakau zeigte sich, wie schwierig der Dialog noch sein kann mit Leuten, die zur polnischen Obrigkeit gehören oder in ihrem Bannkreis stehen: da werden immerzu die Untaten des Hitler-Regimes gegen Polen heraufbeschworen; »Revisionismus in der Bundesrepublik« wird angeprangert. Der Bonner Regierung hält man vor, sie lasse Unklarheit über ihren Standpunkt zur polnischen Westgrenze. Gegenstand von Angriffen ist auch die Bonner Deutschland-Politik, weil sie die deutsche Frage offenhalten will. Sogar die westlichen Wirtschaftssanktionen gegen Polen nach der Verhängung des Kriegsrechts tauchen als Beschwerdegrund auf. Vorwürfe über Vorwürfe, Forderungen über Forderungen. Das sind Geduldsproben für westdeutsche Zuhörer.

Polen, die nicht zum Parteilager gehören – seien es Katholiken, seien es laizistisch Orientierte –, reden aufgeschlossener, verständnisvoller, kehren Gemeinsames hervor, wenngleich auch sie manchmal mißtrauische Fragen zum Grenzthema stellen.

Aber der Trennungsstrich zwischen beiden Gruppen auf der polnischen Seite läßt sich nicht schnurgerade ziehen. Denn auch unter den Parteileuten gibt es ein Gefälle von Ansichten und Stimmungen, wenn es ums westliche Deutschland geht. Hat einer scharf, angriffig gesprochen, kann es leicht vorkommen, daß darauf ein anderer zum selben Thema sich konzilianter einläßt oder daß er beinahe demonstrativ das Thema wechselt. Dabei verändert sich noch nicht die Richtung, aber die Atmosphäre entspannt sich. Solches Nuancieren läßt sich bis in die Reihen der Führung beobachten.

Wann immer Polen im Gespräch die düstere Vergangenheit hervorheben, gebietet es sich für Deutsche, ihnen zu sagen, daß wir dieses Kapitel der Zeitgeschichte nicht vergessen werden und daß wir es beklagen; daß wir Respekt haben vor allen im polnischen Volk, die ihre Bitterkeit nicht überwinden können. Aber wir müssen auch daran erinnern, daß es eine Kollektivschuld der Deutschen nicht gibt und daß es zu nichts Gutem führen kann, den Deutschen noch vier Jahrzehnte nach dem Ende des Nationalsozialismus die Verbrechen der Nationalsozialisten immer aufs neue anklagend vorzuhalten; daß ein Übermaß an Demutsbezeigungen den Charakter eines Volkes so wie den eines Menschen beschädigt. Wir müssen schließlich um der Wahrheit willen – die sich nicht teilen läßt – daran erinnern, daß viele Deutsche Opfer polnischer Sieger-Rache wurden.

Auf drängende polnische Fragen, wie wir es mit der Grenze hielten, können wir ohne Verlegenheit antworten: Am Vertrag von 1970 wird nicht gerüttelt; die polnische Westgrenze wird von Bonn nicht in Frage gestellt; der Friedensvertragsvorbehalt soll den Weg zu einer friedlichen, einvernehmlichen Wiedervereinigung der Deutschen in den heutigen zwei deutschen Staaten offenhalten. Daß es zwei deutsche Nationen gebe, glaubt in Polen ohnehin niemand.

Doch mehr als über Vergangenes und Festgelegtes sollten Westdeutsche und Polen darüber reden, was sie heute miteinander und füreinander tun können. Da kommt rasch zum Vorschein, wie nahe sie sich auf einigen Feldern schon gekommen sind. Der Reiseverkehr floriert. Von allen westlichen Ländern ist die Bundesrepublik für die Polen am leichtesten zugänglich. Deutsche Besucher in Polen finden sich von der Bevölkerung freundlich aufgenommen.

Der wissenschaftliche Austausch zwischen beiden Ländern sucht im Ausmaß wie in der Intensität seinesgleichen. Nirgends in Europa sind die Universitäten zweier Staaten zu beiden Seiten der Block-Grenze mit einem ähnlich dichten Netz von Fäden verbunden. Die katholische Kirche in Polen und im westlichen Deutschland hat zu einer Brüderlichkeit gefunden, die gelegentliche Meinungsverschiedenheiten nicht zerstören, nicht einmal stören können. Der Wirtschaftsverkehr ist rege; in Polen hoffen Regierung und Volk in ihren wirtschaftlichen Schwierigkeiten, daß die Bundesrepublik Möglichkeiten findet, ihn zu verstärken. Das ist eine polnische Sorge.

Eine deutsche Sorge knüpft sich daran, daß besonders in Oberschlesien Menschen, die sich als Deutsche fühlen, seit vielen Jahren erfolglos die Erlaubnis zur Ausreise in die Bundesrepublik erbitten. Bedrückende Schicksale sind darunter; den Betroffenen muß das abwertende Wort »Wohlstandsauswanderer« wie Hohn zum Unglück vorkommen. Wer seit dem Beginn der siebziger Jahre – noch als Berufstätiger – zwanzig, dreißig Ausreiseanträge gestellt hat und nun als Rentner aller Hoffnungslosigkeit zum Trotz damit fortfährt, der braucht sich nicht sagen zu lassen, ihn ziehe nach Deutschland allein oder vor allem die Aussicht auf Wohlstand.

Zusammenarbeit und Einvernehmen zwischen den beiden Staaten finden Grenzen an der verschiedenen Bündnis-Zugehörigkeit und an der Verschiedenheit der inneren Ordnungen. Doch in der polnischen Obrigkeit gibt es nicht nur solche, die das Hindernis am liebsten höher bauen möchten; andere suchen davon vorsichtig etwas abzutragen. Das Gespräch mit ihnen kann helfen, Deutsche und Polen einander näherzubringen.

V.
Polen
Zwischen Kirche und Kreml

Das bekannte Wort, die Sowjetunion habe sich nach dem Zweiten Weltkrieg im östlichen Teil Europas überessen, läßt vor allem an Polen denken. Diese selbstbewußte katholische Nation hat sich den Moskauer Herren von Anfang an nur an der Oberfläche gefügt. Darunter behielt sie ihren eigenen Willen, und der brach immer aufs neue durch. In Polen wütete der Terror gegen die »Klassenfeinde« etwas gehemmter als in der Nachbarschaft; in Polen erwies es sich als untunlich, das Oberhaupt der katholischen Kirche im Land abzuurteilen; und auch von der Welle der Prozesse gegen Parteiführer kamen dorthin nur Ausläufer. Die Polen erkämpften sich 1956 ihre private Landwirtschaft zurück. Die polnische kommunistische Partei war die erste, die ihren Führer selber bestimmte: Gomulka. Diesen Parteichef stürzte die Nation später, weil er ihr zu leninistisch verknöchert war; seinen Nachfolger Gierek vertrieb sie, weil er die Wirtschaft ruinierte. Mit der Gewerkschaft »Solidarität« drängten die Polen die kommunistische Partei zurück. Ihre Zuversicht, die Obrigkeit werde für immer auf die Hälfte der Macht verzichten müssen, war unrealistisch. Aber der Parteigeneral Jaruzelski konnte weder mit seinem Kriegsrechtsschlag noch danach mit einer Politik des vorsichtigen Einschnürens alles rückgängig machen, was die Nation im Aufbruch von 1980 und 1981 erworben hatte. In keinem Lande des sowjetischen Lagers gibt es heute so viel Freiheiten wie in Polen.

Wieder ist ein Gott gefallen
8. September 1980

Am 7. September 1980 stürzt in Polen der Parteichef Gierek unter dem Druck der Gewerkschaft »Solidarität«.

Betrachtet man den Sturz des Parteichefs Gierek nur im Zusammenhang mit der jüngsten polnischen Krise, so nimmt er sich aus wie der formale vorläufige Schlußstrich: Etwas ist passiert, das es in einem kommunistischen Land eigentlich nicht geben darf. Die Industriearbeiter, gestützt auf das ganze Volk, haben sich nicht nur mit einem Streik gegen die Obrigkeit erhoben, sie haben dieser am Ende brisante Zugeständnisse, wirtschaftliche und sogar politische, abgezwungen. Daß es dahin kam, dafür trägt der Parteichef die »Verantwortung« (was immer genau unter diesem Wort hier zu verstehen sei), und die Konsequenz kann nur sein, daß er sein Amt verliert.
Doch der Sturz des Parteichefs in einem kommunistischen Land ist, für sich genommen – gleich, welche Vorgeschichte er hat und in welchen Formen er sich vollzieht –, ein umwälzendes Ereignis. Im Parteichef verkörpert sich an höchster Stelle die Macht und zugleich ihr Mangel an Legitimität. Für einen kommunistischen Regierungschef werden noch, in Gestalt von Scheinwahlen und Scheinparlamenten, demokratische Attrappen aufgestellt. In ihnen sieht zwar das Volk nichts anderes als das, was sie sind; doch darauf kommt es nicht an in dem grotesken Als-Ob, mit dem kommunistische Herrschaft sich den Beherrschten präsentiert. Der Parteichef hingegen, der mächtigste aller Machthaber, wird vom Politbüro eingesetzt, und da gibt es keinen pseudodemokratischen Firlefanz mehr: Niemandem im Land soll ein Vorwand geboten sein für die Behauptung, die Macht des Parteichefs gehe aufs Volk zu-

rück und bedürfe deshalb zum Fortdauern auch der Zustimmung des Volkes.

Das nationale Politbüro bestimmt den Parteichef. Aber es braucht dafür die Zustimmung des Moskauer Politbüros. Parteichef soll nur werden, wem die Sowjetführung vertraut. Es scheint, daß der Rumäne Ceausescu ohne dieses krönende Vertrauen an die Spitze seiner Partei kam. Der alte Gheorghiu-Dej hatte, als er ihn zu seinem Nachfolger bestimmte, sich der Moskauer Befehlsgewalt schon ein Stück entzogen. Die Bestellung von Dubček in Prag andererseits war für die sowjetische Führung, darin fühlte sie sich nachher bestätigt, schon ein Stück Vorbereitung der »Konterrevolution«.

Wem Moskau sein Ja gegeben hat, der ist dann für seine Partei, für sein Land der Statthalter der Mutterpartei und des Mutterlandes. Er wird von Moskau ins Vertrauen gezogen, und sein Wort gilt dort etwas. Von seinem Politbüro und von Moskau erhoben: so ist denn der Parteichef eines kommunistischen Staates ein leninistischer Gott; sein Fall ist eine Götterdämmerung.

Es versteht sich von selbst, daß ein Parteichef möglichst lange an seinem Platz bleiben will. Die ihn dorthingestellt haben, teilen mit ihm dieses Interesse. Jeder Wechsel im höchsten Amt eines kommunistischen Landes schwächt im Volk das Bewußtsein der Dauerhaftigkeit kommunistischer Herrschaft, setzt Hoffnungen auf politische Veränderung frei und Energien, die zu betreiben. Noch mehr als die nationalen Politbüros ist die Moskauer Zentrale darauf bedacht, daß Parteichefs nur wechseln, wenn sich das als unumgänglich erweist. Solange es irgend geht, nimmt sie auch für ihre Zwecke unfähige oder sogar lästige Männer an der Spitze einer Partei hin. So erklärt es sich, daß im sowjetischen Lager Parteichefs in aller Regel nur im Zusammenhang mit krachenden Erschütterungen des Machtge-

füges stürzen. Die Ausnahme war Ulbricht, mit dessen Altersstarrsinn Breschnew schließlich auch bei großer Nachsicht nicht mehr zurechtkam.
Der Pole Gierek war nicht mehr zu halten – so sah es das Warschauer Politbüro, und das in Moskau erst recht. Das kommunistische Machtmonopol, das zu bewahren einem Ostblock-Parteichef als oberste Pflicht aufgegeben ist, begann zu zerbröckeln. Wer es dahin kommen läßt, dessen bloßes Verbleiben auf dem ersten Platz, und wäre es nur ein Verbleiben ohne wirkliche Macht, wird für die Obrigkeit im Lande und in Moskau zur Gefahr. Dabei ist freilich bis jetzt unklar, was Gierek mehr zur Last gelegt wurde: daß er mit einer falschen Wirtschaftspolitik oder mit nachlässigem Ausführen einer richtigen die Arbeiter zum Zorn und dann zum Streik geradezu getrieben habe oder daß er den streikenden Arbeitern nicht gleich zu Beginn härter entgegengetreten sei (im späteren Verlauf der Auseinandersetzung hatte Gierek offensichtlich seine Macht schon verloren). Das Warschauer Politbüro sucht den Blick auf die erstere Variante zu lenken, nicht zuletzt mit Korruptionsvorwürfen gegen einen Mann aus Giereks nächster Umgebung. Aber das mag zur Täuschung der Arbeiter bestimmt sein, die es schlecht aufnehmen würden, wenn die Obrigkeit die Zugeständnisse, die sie ihnen soeben gab, als Ergebnisse eines Mangels an leninistischer Wachsamkeit hinstellte.
Moskau möchte Polen jetzt mit fester, aber zugleich mit geschickter Hand regiert sehen. Lebens- und Parteiweg des neuen Parteichefs Kania, auch seine Rolle in den Streikwochen, weisen darauf hin. Giereks Nachfolger versteht sich auf das Hantieren mit dem Sicherheitsapparat; aber er scheint auch einen entwickelten Sinn dafür zu haben, wie man die polnische Nation an ihren neuralgischen Stellen heutzutage nicht anfassen darf. Daß er ein farblo-

ser Mann ist, kann Moskau nur für ihn einnehmen: Mit Parteiführern, die sich zu Beginn ihrer Zeit ein wenig wie Volkstribunen gaben, hat es in Polen nun zweimal ein schlimmes Ende genommen. Die Sowjetunion hätte dort gern mehr Ruhe, mehr Kontinuität, weniger Wechsel an der Spitze.

Wissen wir es besser als die Polen?
12. Januar 1981

Dramatischer Winter 1980/1981 in Polen: Verfall der kommunistischen Macht, Hunger, Kälte.

In Polen fehlt es an Kohle und Nahrungsmitteln, an Geld in der Staatskasse und an Devisen; eigentlich fehlt es an allem. Wie paßt es dazu, daß die Arbeiter immer aufs neue mit Streik drohen und die Drohung manchmal auch wahrmachen? Der jüngste Streitgegenstand ist der freie Samstag. Kann sich das wirtschaftlich darniederliegende Land eine Auseinandersetzung darüber leisten, die Folgen für Arbeit und Produktion auch an den übrigen Wochentagen hätte? Viele besorgte Fragen hören die Polen in diesen Wochen aus der westlichen Welt, und oft ist die Besorgnis mehr eine Umhüllung für Kritik, für Vorwürfe. Gut, daß wir nicht wissen, wie viele wichtige Männer der Wirtschaft in der Bundesrepublik, in Frankreich oder England am liebsten in die drohenden Alarmrufe aus Moskau oder Prag einstimmen möchten, so könne es in Polen nicht mehr lange weitergehen.
Auf solche Abwege kann kommen, wer den polnischen Aufbruch des Jahres 1980 nur aus dem Blickwinkel des

Ökonomischen betrachtet. Gewiß, die Streikbewegung in Danzig, von der alles seinen Ausgang nahm, erschien zunächst als Protest gegen schlechte wirtschaftliche Lebensbedingungen; aber von Beginn war sie auch politische Aktion. Walesa und seine Leute verlangten nicht nur eine bessere Versorgung mit Lebensmitteln, höhere Löhne, ein ordentlicheres staatliches Gesundheitswesen, sondern auch das Ende der Willkürherrschaft von Zensurbehörde, Geheimpolizei und politischer Strafjustiz, staatsbürgerliche Gleichheit für Anhänger des marxistischen wie des christlichen Glaubens, Fernsehsendungen der katholischen Kirche neben denen der Kommunistischen Partei. Die Parteiführung in Warschau hat solche Forderungen erst ignorieren wollen; doch als das nichts fruchtete, ging sie darauf ein. In dem berühmten schriftlichen Abkommen von Danzig, dem die Vereinbarungen von Stettin und Kattowitz nachgebildet sind, sicherte sie den Arbeitern auch innenpolitische Veränderungen zu. Wer diese Zugeständnisse als etwas Zweifelhaftes hinstellen will, weil sich ein kommunistisches Politbüro eigentlich gar nicht auf sie einlassen könne, der muß das ganze Danziger Abkommen für ein Stück wertlosen Papiers erklären – wovor sich nicht nur das Warschauer, sondern sogar das Moskauer Politbüro bisher hütet.
Aber freilich zögert die polnische Obrigkeit die Einlösung ihrer politischen Versprechen mit allerlei Vorwänden und Umständlichkeiten hinaus. Auch von den wirtschaftlichen Zusagen möchte sie manches abstreichen. In dieser Lage sucht die polnische Bevölkerung, die mit der Arbeiterklasse eins geworden ist, den Schwung der Bewegung vom Sommer und Herbst zu nutzen, ehe er im Zeitablauf und den materiellen Schwierigkeiten der Nation ganz verebbt ist. Was sie diesmal verfehlt, wird sie wohl lange entbehren müssen, denn entgegen böswilligem Gerede im Osten und

leichtfertigem im Westen stürzt die polnische Nation nicht wie trunken von einer Erhebung zur nächsten.
In ihrem Bestreben, den Erfolg von Danzig vor dem Versanden zu bewahren, mögen die Polen gelegentlich Realismus mit Unrealismus vermischen, mögen sie wirtschaftliche Forderungen stellen, denen nachzugeben die Kräfte des Landes überbeanspruchen würde. Aber wen überrascht das? Wir im Westen müssen achtgeben, daß wir die unter kommunistischer Zwangsherrschaft lebenden Völker nicht mit Maßstäben messen, welche zu unserer satten, bequemen Überflußwelt passen – Regeln, an die wir uns doch selber nicht halten. Welches Tun oder Unterlassen für einen Menschen sinnvoll ist, das hängt auch ab von seinen äußeren Möglichkeiten, so zu existieren, daß sich ihm der Sinn seines Lebens erfüllt. Die überwältigende Mehrheit der Russen, der Tschechen und Slowaken oder der Ostdeutschen arrangiert sich mit der Macht: Ist das einfach als Feigheit abzutun? Aber Sacharow, die Leute von der Charta-Bewegung in Prag, vereinzelte tapfere Männer und Frauen in anderen Ostblockstaaten widersprechen dem Unrecht der Mächtigen, offenbar ohne die Chance eines Erfolges: Sind sie darum Verrückte? Und war es Wahnsinn, daß sich die ungarische Nation 1956 erhob, daß die tschechische Intelligenz 1968 das spätstalinistische Regime stürzte, daß die Polen bisher dreimal revoltierten? Für den einzelnen endet das Unterfangen meist mit der Katastrophe; aber kann nicht dieser Ausgang für ihn menschenwürdiger sein? Was der ungarischen Nation heute als Erleichterungen zugestanden wird, das hat sie sich mit fürchterlichen Opfern 1956 erkämpft. Niemand weiß, ob nicht aus dem »Prager Frühling« den Tschechen und Slowaken eines Tages späte Früchte zufallen werden. Den Polen wird niemand ausreden, daß sie alles, was ihnen das Dasein erträglich macht, ihrem tätigen Mut verdanken.

So haben wir im Westen allen Grund, uns zurückzuhalten mit Urteilen darüber, ob vernünftig, realistisch, verantwortbar ist, was die polnischen Arbeiter, die Polen überhaupt jetzt tun. Hat nicht der Westen schon dem Kampf Walesas in Danzig wie dem zum Scheitern verurteilten Abenteuer eines Träumers zugesehen? Wenn der Westen es als seine Pflicht erkennt, den polnischen Arbeitern Rat zu geben, soll er es tun. Aber er muß sich davor hüten, den Polen Ordnungsrufe zu erteilen, die zuwenig bedacht sind oder, schlimmer, nur dem westlichen Bequemlichkeits-Bedürfnis entspringen oder, am schlimmsten, der Furcht, die Bewegung in Polen könnte den westlichen Völkern bestätigen, wie verkehrt ihre Regierungen sie bisher durch den Ost-West-Konflikt geführt haben.

Kommt Polen durch?
11. Juni 1981

Polen im Frühsommer 1981: marschiert die Sowjetunion ein?

In diesen Tagen schaut die Welt mit angehaltenem Atem auf Polen und befürchtet für das Land Schlimmes von der Sowjetunion. Da ist es nützlich, sich zu vergegenwärtigen, wie weit die heutigen polnischen Verhältnisse in der Sicht des Moskauer Politbüros vom Leninismus entfernt sind. Auf der ersten Stufe der Abweichung sahen die sowjetischen Führer Polen, als dort im vorigen Sommer die Partei das (ihr bis dahin nur von der Kirche für bestimmte Gegenstände und Situationen geschmälerte) Machtmonopol verlor, als in Gestalt der unabhängigen Gewerkschaft eine

neue Macht entstand und in den leeren Räumen, welche die alte Macht nicht mehr und die neue noch nicht ausfüllte, vielerlei spontane Kräfte auftraten.
Schon das war für die Sowjetführer ein schwer erträglicher Zustand; erträglicher hätte ihn nur die sichere Aussicht machen können, daß er nicht lange dauern werde. Es ist ungewiß, ob Moskau damals mit einem raschen Ende dessen rechnete, was es wohl als »polnischen Wirrwarr« empfand. Wahrscheinlich rechneten Breschnew, Suslow und Gromyko mit einer längeren Dauer. Doch hielten sie immerhin die polnische Partei für fähig, nach einer Zeit des Atemholens und Kräftesammelns eine Ordnung zu schaffen, die der unter Gierek oder Gomulka ähneln würde.
Die unabhängige Gewerkschaft wuchs und gab sich allmählich ein Gerüst an Organisation; bald trieb sie die Partei in die Enge. Die mußte nun froh sein, daß die von ihr beargwöhnte Kirche sich als dritter Machtfaktor hinzugesellte, zwar auf der einen Seite die neue Gewerkschaft stützte, von dieser aber andererseits auch Machtverzichte, Verzichte auf Machtproben verlangte. Doch das Entscheidende war nun in den Augen der Moskauer Führer nicht mehr das Ringen zwischen der Partei und den beiden nichtleninistischen Machtzentren, sondern der rapide Verfall des organisierten Leninismus. Das Parteivolk lief den Führern buchstäblich davon. Auch die oberen Ränge wurden ausgedünnt: der Hofstaat um den gestürzten Partei-Monarchen Gierek verschwand; und die neuartige Freiheit im Lande, hohen Partei-Leuten Korruption öffentlich vorzuwerfen, riß weitere Lücken. Nach einer Weile fanden die Nachfolger des Gierek-Regimes es ratsam, wenigstens einige der Führer zu entfernen, die Reformpolitik als ein Zurückgehen hinter Gierek betreiben wollten.
Die zerbröckelnde Partei – das war für die Sowjets die zweite Stufe der polnischen Abweichung. Sicher haben sie

die Möglichkeit erwogen, daß die polnische Partei sich selbst wieder aufrichte. Indessen muß es sie gedrängt haben einzumarschieren, den nichtkommunistischen Faktoren die Macht zu nehmen und die Partei selbst neu aufzubauen. Doch freilich kannten sie auch die Gefahren eines Einmarsches, die polnischen wie die weltpolitischen. Die Abwägung in Moskau fiel zugunsten von Einwirkungen unterhalb der Schwelle nackter militärischer Gewalt aus: politischer Druck auf die Führung, Drohungen gegen die ganze Nation, Unterstützung der sogenannten gesunden Kräfte.

Aber diese Mittel haben nicht einmal den Zustand festzuhalten vermocht, daß in Polen ein gespaltenes Politbüro ohne intakten Partei-Unterbau das Land in einem Ketten-Kompromiß mit anders als leninistisch inspirierten Kräften über die tiefsten Abgründe der Wirtschaftsmisere hinwegzubringen versucht. Die Krise der Partei ging nicht nur weiter, sondern auch tiefer und hat nun den sich auflösenden Organismus an einen Punkt geführt, an dem er nicht mehr weiter zerfällt, sondern sich neue Gestalt und vor allem neuen Inhalt geben will. Das Ereignis, das in diese Richtung drängt, liegt in der Zukunft: es ist der außerordentliche Parteikongreß, den die Führung Kania-Jaruzelski für Mitte Juli einberufen ließ. Bei den Vorbereitungen für diesen Kongreß geht es nicht leninistisch zu. Die Betriebsgruppen der Partei wählen Delegierte, die ihnen passen; das sind ganz überwiegend reformerisch gesinnte Leute.

Aus dem ganzen Land kommt fast einhellig das Verlangen, der Parteitag solle in aller Form Schluß machen mit der alten, gegenüber dem Volk verschlossenen Macht- und Privilegienpartei und eine neue Partei schaffen, die Polen aus Polizeiwillkür und Mißwirtschaft herausführt. Die Führung Kania-Jaruzelski nimmt den Ruf auf. Nun ist es nicht länger Zerfall, Auflösung, Unordnung, was das Moskauer Politbüro befürchtet, sondern das Gegenteil: die Neubegründung des polnischen Kommunismus auf dem Boden des Einvernehmens mit der Nation. Wenn der außerordentliche Parteitag diesen Weg weist, wenn die Gruppe um Kania und Jaruzelski ihn mitgeht, dann hätte in den Augen der Sowjets Polen die dritte Stufe der Abweichung hinter sich.

Werden die Sowjets darum diesen Parteikongreß erst gar nicht zulassen? Werden sie sogar zur Gewalt greifen? Die Gefahr ist groß wie nie seit dem Beginn der polnischen Reformbewegung. Manchen hier im Westen wundert es, daß Walesa gerade jetzt Zeit hat für Auslandsreisen. Doch vielleicht ist das sorgfältig bedacht. Die polnischen Risiken, die Moskau bei einem Gewaltstreich einzugehen hätte, sind heute nicht geringer als vor einem halben Jahr. Die internationalen Risiken aber lassen sich sogar noch vergrößern. Daran freilich kann die polnische Nation nur erinnern; zu warnen, abzuschrecken ist Sache des Westens. Und die Sache hat noch Sinn. Der Einmarsch ist nicht ein über Polen verhängtes Schicksal.

Abdichtungs-Arbeiten in Osteuropa
3. August 1981

Im Sommer 1981 werden die Führer der Nachbarländer wegen der unleninistischen Entwicklung in Polen nervöser.

Noch weiß niemand, wie es in Polen und mit Polen weitergehen wird; doch im ganzen Sowjetblock sind schon längst Eindämmungsarbeiten im Gang. Sie sollen zum einen die Veränderungen, die Abweichungen vom sowjetkommunistischen Modell, begrenzt halten, zum anderen deren Übergreifen auf weitere osteuropäische Länder verhindern. Solches Abdichten betreibt nicht nur Moskau, das sein Lager nicht dem Zerfall preisgeben möchte; auch die Parteiführungen in den anderen Block-Staaten beteiligen sich daran, die bei sich alles andere wollen als polnische Verhältnisse.

Dabei verblassen die komplizierten innen- und außenpolitischen Unterschiede im Block: Gegen das Einsickern polnischer Ideen oder gar Praktiken in ihre Länder baut nicht nur Honecker in Ost-Berlin vor oder Husak in Prag, sondern auch der Ungar Kadar, der sich, wenn man von Polen absieht, in seiner Innenpolitik am weitesten vom sowjetischen Vorbild entfernt, der am meisten dafür getan hat, explosive Unzufriedenheit der Bevölkerung erst gar nicht entstehen zu lassen. Ebenso der Rumäne Ceausescu, der im Ostblock am offensten einer militärischen Intervention in Polen warnend widersprochen hat. Sogar der Bulgare Schiwkow, der, wann immer in Osteuropa es in einem Lande gärt, für seine Bevölkerung am wenigsten Ansteckungsgefahr sieht.

Die Vorkehrungen sind vielgestaltig, sie reichen vom Materiellen bis in die Ideologie. Auffällig bemühen sich seit dem vorigen Sommer alle osteuropäischen Führungen, die

Versorgung mit Nahrungsmitteln und mit den Waren des täglichen Gebrauchs zu verbessern, wenigstens aber nicht noch schlechter werden zu lassen. Das ist keine leichte Aufgabe zu einer Zeit, da die Ostblockstaaten von ökonomischen Sorgen bedrängt sind. Die Sowjetunion erhöht ihnen die Rohstoffpreise; im Westen bekommen sie wegen Überschuldung nur noch schwer Kredite; die Staatshaushalte sind überbelastet vom Subventionieren des Grundkonsums der Bevölkerung; und die Arbeitsproduktivität bleibt gering. Doch die Führer Osteuropas wissen, welche Rolle Versorgungsmängel bei der polnischen Unruhe spielen.
Sicherlich hätte das sowjetische Politbüro es den Polen gegönnt, daß sie unter der von ihm mit Mißtrauen betrachteten Führung Kania/Jaruzelski wenig zu beißen hätten. Doch Breschnew, Gromyko und Suslow erkannten auch, daß in einer Hungerkatastrophe Polen ganz aus den Block-Fugen geraten könnte. So erklären sich die Hilfelieferungen und Hilfezahlungen der sogenannten Bruderländer an Polen. Wie man sieht, bleiben sie weit hinter dem, was Polen braucht. Aber vielleicht wären die Brüder, die selber allesamt immer mehr aus dem Leeren schöpfen, zu mehr gar nicht imstande.
Ein Zweites haben die Politbüros in Osteuropa begriffen: Der polnische Umschwung begann damit, daß Millionen Arbeiter sich eine neue, eigene Gewerkschaft schufen und die vom Regime beherrschte alte verließen. Indessen, die Folgerungen, die sie daraus ziehen, sind schmal. Überall im Ostblock, von Rumänien bis nach Litauen und in die Ukraine, wird jetzt davon gesprochen, welch wichtige Funktion die Gewerkschaft habe, daß sie die berechtigten Interessen der Arbeiter wahrnehmen müsse. Aber da die Partei-Oligarchie allein entscheidet, welche Interessen der Arbeiter berechtigt sind, und da außerdem die Gewerk-

schaften erklärtermaßen vor allem dem Staat zu dienen haben, werden die Proklamationen in der Bevölkerung wenig Widerhall finden. Hier steht sich die leninistische Obrigkeit mit ihren Dogmen selber zu sehr im Weg, als daß sie etwas verbessern könnte.

Mehr Bewegungsraum besitzt sie an einer anderen empfindlichen Stelle. Der polnische Aufbruch ist schwer denkbar ohne die Kirche, die ihn stützte, sicherte, zeitweise ihm auch die Orientierung gab. Spätestens seit 1956 wissen die Sowjets, welche Macht die katholische Kirche in Polen bedeutet; heute ist es ihnen noch deutlicher. In keinem anderen kommunistischen Land hat eine Kirche vergleichbares Gewicht. Aber der Fall Polen müßte den kommunistischen Obrigkeiten auch anderswo in Osteuropa Anlaß sein, über ihre Kirchenpolitik nachzudenken. Soweit man es bisher übersehen kann, sind die Ergebnisse des Nachdenkens unterschiedlich. In der Tschechoslowakei nimmt der Druck auf die katholische Kirche eher noch zu. In Ungarn hingegen will offenbar Parteichef Kadar von einer sich abzeichnenden härteren Politik gegenüber Abweichungen vom Marxismus-Leninismus die Kirche ausnehmen – die, genau besehen, ja die größte Versammlung von ideologischen Abweichlern darstellt.

Doch nicht nur gegen heimische, sondern auch gegen äußere Kräfte suchen die kommunistischen Regime ihre Länder jetzt zu sichern. Die politische Polizei hat überall ein schärferes Auge auf Westkontakte. Und noch mehr als gegen den Westen schirmen sich die Staaten des sowjetischen Lagers gegen das ihnen fremd und unheimlich gewordene Polen ab.

Das alles sind Flickarbeiten fürs allernächste. Sie liegen im Interesse der sowjetischen Partei wie auch der kleineren im Lager. Über ein langfristiges Konzept für die »sozialistische Gemeinschaft« könnten die Ansichten schon eher auseinandergehen. Aber ein solches Konzept haben die Moskauer Herrscher nicht. Sie scheinen ziemlich ratlos zu sein. Die Erinnerung an die letzten drei Jahrzehnte in Osteuropa muß sie beklommen machen: eine Eruption nach der anderen; kein Land, das nicht versucht hätte, zu sich selbst zu kommen; keine Nation, auf die Verlaß wäre.

Der Kriegsherr und der Primas
16. Dezember 1981

Am 13. Dezember 1981 verhängt der polnische Staatsrat das Kriegsrecht und verbietet die Gewerkschaft »Solidarität«.

Die unabhängige Gewerkschaft »Solidarität« ist verboten. Damit reduziert sich das polnische Machtdreieck einstweilen auf ein einfacheres System, Pol und Gegenpol: hier die kommunistische Obrigkeit mit dem Instrument der Armee, dort die katholische Kirche.
Auf den ersten Blick scheint es im einfacheren System für beide Teile leichter zu sein. Auch früher, vor dem August 1980, standen sie sich, mit großer Distanz, allein gegenüber. Die Interessensphären waren abgegrenzt. Die Kirche verlangte, daß ihr das zur gesicherten Existenz Notwendige gelassen werde, und sie bestand auch darauf, daß sie mit dem Volk leben dürfe und nicht in einem Käfig fern vom Volk verdorren müsse. Das gestand ihr das Regime zu, wenn auch mit Schwankungen. Die politische Ordnung im Land mit ihren Institutionen und Mechanismen aber und die Wirtschaft waren Monopol des Staates. Da redete die Kirche, von einigen Grenzfällen abgesehen, nicht hin-

ein. Sie hielt sich schon deshalb zurück, weil sie für eine solche Ordnung und eine solche Politik nicht mitverantwortlich sein wollte.
Dem Staat wäre es ohne Kirche wohler gewesen. Aber da sie nun einmal da war, nahm er die für ihn erträgliche Macht-Teilung hin. Glaubt er nun, dieser Zustand von vorgestern lasse sich wiederherstellen, träumt er von den letzten fünfziger, den sechziger und siebziger Jahren? Die Kirche wiederum hat seit dem Sommer 1980 gesehen, wie schwierig es sein kann, zu dritt die Macht zu besitzen. Sie hat auch erfahren, wie kompliziert es war, mit der Gewerkschaft »Solidarität« umzugehen, deren Führung doch zum größten Teil aus treuen Katholiken besteht. Ob also etwa auch die Kirche sich im stillen die einfacheren Verhältnisse von früher zurückwünscht?
Beidem steht eine Wirklichkeit entgegen: Es kann zwischen Staat und Kirche in Polen nicht mehr so werden, wie es vor dem August 1980 war. Mit dem Verbot von »Solidarität« ist die weltliche Repräsentation der überwältigenden Volksmehrheit ausgeschaltet. Die Kirche kann gar nicht anders, als in die Lücke zu treten und für die Nation zu sprechen. Die Kirche wird freilich »Solidarität« längst nicht in allem ersetzen. Sie wird mit der Regierung nicht über das Wirtschaftssystem, über Preise und Löhne, über die Versorgung, über Personalpolitik im Staatsapparat verhandeln. Dazu fühlt sie sich nicht berufen. Aber einige Grundforderungen der Nation wird sie vertreten.
Der Primas, Erzbischof Glemp, hat damit schon vor dem Verbot der unabhängigen Gewerkschaft begonnen, als er das Parlament davor warnte, die vom Zentralkomitee der Partei verlangten Ausnahmegesetze zu beschließen. Er ist damit gescheitert – nun hat die Parteiführung, als Generalität verkleidet, ein viel tiefer einschneidendes Ausnahmerecht verhängt. Seine erste Predigt nach dem Gewalt-

streich des Kriegsherren Jaruzelski läßt Unsicherheit darüber erkennen, was die Kirche jetzt tun solle. Der Primas prangert das Unrecht an, unter dem die Nation seit dem letzten Sonntag leben muß. Aber er beschwört die Polen, sich nicht der physischen Übermacht der Herrscher entgegenzuwerfen. Das wäre nur der dringliche Rat, einen aussichtslosen Kampf zu lassen. Aber Glemp weiß, daß für viele Polen Aussichtslosigkeit kein genügender Grund ist, auf den Kampf zu verzichten. So fügt er einen Ausblick in eine bessere Zukunft an: Dereinst, wenn das Kriegsrecht vorbei sei, werde jeder Pole zum Wiederaufbau gebraucht. Wiederaufbau – damit kann der Primas nicht die Wiederherstellung der Zustände unter Gierek gemeint haben und auch nicht eine Wiederholung der quälenden Reformperiode ohne wirkliche Reformen.

So weit schauen wohl nur wenige Polen in die Zukunft. Das Volk erwartet von der Kirche, daß sie sein Los heute wenn nicht wende, so doch erleichtere. Aber welche Wege stehen der Kirche dazu offen? Gewalt hat die Kirche verworfen. Passiven Widerstand will die Staatsmacht mit Gewalt brechen. Appellen der Kirche wird sich eine Obrigkeit, die das Land in das Abenteuer des Kriegsrechts gestoßen hat, wahrscheinlich selbst dann verschließen, wenn sie selber nicht mehr weiter weiß. Und was sollte die Kirche dem Staat anderes sagen, als daß er den Krieg mit dem Volk abbrechen möge. Das aber will Jaruzelski nicht.

In ihrer Ratlosigkeit mag die Kirche in Polen auf den polnischen Papst hoffen. Der hatte die Sowjetführer wissen lassen, bei einem Einmarsch werde er in seine Heimat zurückkehren. Und im nächsten August wollte er wieder nach Tschenstochau zur Wallfahrt kommen. Der sowjetische Einmarsch ist ausgeblieben; und nach Tschenstochau wird die Warschauer Obrigkeit den Papst so rasch nicht lassen – sie liefe dann Gefahr, daß ihre nun verhaßte

Macht in einer Prozession von Millionen unterginge. Für das aber, was nun in Polen ist, hat auch der Papst kein Mittel – außer dem Gebet. Er überläßt offenbar dem Primas die Entscheidung. Der lebt im Lande und weiß noch am ehesten, was möglich ist.
Wahrscheinlich wird die Kirche sich zunächst um die Verhafteten bemühen. Im übrigen wird sie abwarten, was der Kriegszustand dem Volke auflädt und wieviel das Volk zu tragen bereit ist. Aus diesen beiden Faktoren kann sich bald ergeben, was die Kirche zu tun hat. Denn das Volk in drängender Not allein lassen, das wird sie nicht.

Was Jaruzelski zustatten kommt
4. Februar 1982

Schwierig ist, was sich der Parteigeneral Jaruzelski im Auftrag des Moskauer Politbüros vorgenommen hat; doch mehrerlei kommt ihm dabei zustatten. Da ist zunächst der strenge Winter, der in einem bis zum äußersten verarmten Land die Energie der Bevölkerung auf das zum Durchkommen Nötigste hin-, damit aber von den öffentlichen Angelegenheiten ablenkt. Und da ist vor allem der psychische Bruch, den das polnische Volk erfuhr, weil es sich über die Armee getäuscht hatte. Denn dies gehörte vor dem 13. Dezember 1981 in Polen zu den wenigen unumstößlichen Gewißheiten: Die polnischen Streitkräfte seien für eine Niederwerfung des Volkes nicht verfügbar; die Führung könne sich bei einem Gewaltakt nur auf die diversen Spezialtruppen des Staatssicherheitsdienstes, des Grenzschutzes, der Polizei stützen.

Es ist schade, daß die Kriegsrechtsverhältnisse in Polen es unmöglich machen, den Wurzeln dieses Irrtums genauer nachzugehen, jetzt, da sich Bewußtsein und Stimmungen in der Zeit vor dem Schlag noch halbwegs zuverlässig festhalten ließen. So ist man aufs Nachdenken angewiesen. Es führt zuallererst zum Begriff des Nationalstolzes. Die polnische Nation, vom Moskauer Leninismus überfremdet, konnte sich zwar auch nach 1945 immer in ihrer Kirche wiedererkennen. Doch die Polen wollten, daß auch von ihrem Staat etwas zu ihnen gehöre, also polnisch sei. Das konnte nur die Armee sein. Sie besitzt eine ruhmreiche Tradition. Gewiß, sie ist nun in die sowjetische Militärmaschine eingefügt, und an ihrer Spitze stehen Parteileute. Aber haben die sich nicht schon mehrmals seit 1945 als gute Polen zu erkennen gegeben? Und besteht nicht die Armee vor allem aus den Rekruten, aus der polnischen Jugend also – die weder für die Sowjetunion noch für den Kommunismus etwas übrig hat und zur Kirche hält?
So etwa müssen die Polen gedacht haben, wenn sie vor dem Gewaltstreich Jaruzelskis überlegten, was sie von wem zu befürchten hätten. Der eine Fehler war, daß sie übersahen (vielleicht übersehen wollten), wie tief das polnische Offizierskorps nicht nur in die Disziplin, sondern durch lange Ausbildung an sowjetischen und auch ostdeutschen Militärakademien in die Solidarität und die Kameraderie der Ostblock-Streitkräfte eingefügt ist. Der zweite Fehler hat mit dem ersten zu tun: Die Gefühlswelt der Wehrpflichtigen wurde in ihrer Bedeutung überschätzt. Sicherlich sind die Polen inzwischen dabei, ihr Bild von der Armee der Wirklichkeit anzupassen; das mag ein schmerzhafter Prozeß sein. Aber die Verzweiflung, die Millionen überkommen sein muß, als die Armee dem Unterdrücker Jaruzelski gehorchte, wird das polnische Volk noch eine Zeitlang lähmen.

Das ist ein innenpolitischer Faktor, der Jaruzelski einstweilen hilft. Von draußen kommt dazu die geringe Bereitschaft, für Polen etwas zu tun. Was eine Politik bedachter Sanktionen gegen die Sowjetunion hätte sein müssen, ist zu einem Zankapfel des westlichen Bündnisses geworden. Die Völker sind nicht anders als ihre Regierungen: Sie lassen sich für Polen nicht in Bewegung bringen. Fast alle öffentlichen Kundgebungen gegen die Kriegsherrschaft Jaruzelskis sind wegen kläglich geringer Beteiligung Mißerfolge geworden – denn was sonst ist es, wenn in München, Rom oder Paris fünfhundert oder tausend Leute mit einem Umzug Freiheit für die Polen verlangen, wo sonst leicht Zehntausende wegen der Türkei oder Nicaragua, Zehntausende wegen eines Flughafenausbaus zusammenzubringen sind und Hunderttausende für eine der Sowjetunion nützliche Vorstellung von Frieden und Verteidigung.

Wie erklärt sich solche Verweigerung? Bürgerliche demonstrieren nicht. Aber auch die Arbeiter wollen sich für Polen nicht engagieren. »Unsere Protestdemonstrationen für Polen waren ein Reinfall«, kann man von Funktionären der Kommunistischen Partei Italiens hören. Es zeigt sich, wie fern Osteuropa heute dem Westen ist.

Mit diesem Vorteil hatte Jaruzelski kaum gerechnet. Einen anderen hat er sich selbst beschafft: Er hat die polnische Nation so weit ins Bodenlose gestoßen, daß er nun viel Spielraum hat für Erleichterungen, die er gewähren kann wie Geschenke. Wenn die Freiheit auf den Punkt Null gesunken ist, nehmen sich selbst kleine Lockerungen riesig aus. Aber da liegt auch die Gefahr für Jaruzelski, daß mit der Wiederherstellung einiger Freiheiten die gelähmte Gegenkraft, das Volk, wieder zum Mut und zum Handeln findet. Immer kam im kommunistischen Osteuropa das Aufbegehren, wenn das Leben etwas leichter

wurde. Das müßte Jaruzelski raten, die Schraube nur langsam und nur um wenige Umdrehungen zu lockern.
Doch wenn der Druck fortdauert, sammelt sich im Volk der Haß, der eines späteren Tages ausbrechen wird. Auch läßt sich im halben Kriegszustand nicht, wozu die Sowjetunion heftig drängt, die Wirtschaft aktivieren. Sie aber ist für das niedergeworfene polnische Volk das Feld, auf dem es Jaruzelski seinen Gewaltstreich am leichtesten vergelten kann. Die Sabotage in vielerlei Formen wird wahrscheinlich erst nachlassen, wenn die Zustände in Polen normaler sind. Aber wenn die Wirtschaft produktiver wird, wächst das Selbstbewußtsein der Arbeiter. Kommt Jaruzelski eines Tages dorthin, wo Gierek im Sommer 1980 stand? Es ist ein Teufelskreis, den eine Diktatur schwer wird durchbrechen können.

Polen in der »Normalisierung«
4. Mai 1983

Im Dezember 1982 hatte die polnische Obrigkeit das Kriegsrecht ausgesetzt.

Wenn in einem Staat des sowjetischen Reiches eine Erhebung niedergeschlagen ist, beginnt das, was die sowjetkommunistischen Herrscher »Normalisierung« nennen. Das ist immer ein langwieriges Verfahren, und es fängt jedesmal mit dem wichtigsten Teil an: Die Partei, die sich vor oder inmitten der Eruption verändert hat, wird wieder in die leninistische Ordnung gebracht. So war es einst in Ungarn, später in der Tschechoslowakei, und so ist es heute in Polen. Diesmal freilich erscheint es am Ende nicht notwendig, der Partei ein neues, nach leninistischen Grundsätzen legitimes Haupt zu geben. Das Haupt ist da: Jaruzelski.

Daß dieser auch der oberste Soldat des Landes ist, hat zu der Deutung verleitet, der polnischen Partei fehle seit seiner Berufung die Spitze, seit dem Oktober 1981 leite der Herr über die Armee auch die Partei, stehe also Polen unter der Herrschaft nicht der (zivilen) Parteigewalt, sondern des Militärs. Aber das ist ein Irrtum. Jaruzelski führt als Parteichef die Armee und nicht als Armeechef die Partei. Die Legitimation seiner umfassenden Gewalt über das kommunistische Polen bezieht er daraus, daß er in langsam wachsendem Maße – zusammen mit dem sich regenerierenden und reaktivierenden Warschauer Politbüro – das Haupt der Partei ist. Er wirkt im Sinne der Moskauer Zentrale. So ist nun, in der »Normalisierung«, an seinem Platz kein Wechsel fällig.

Die Partei hat also eine Spitze, und das genügte, ihre Existenz aufrechtzuerhalten. Manchesmal schon haben in besonderen Situationen sowjetkommunistische Parteien nur aus einer Führung bestanden. Doch freilich, eine Partei, die ihr Land »normalisieren« will, muß auch darauf sehen, daß sie wieder in genügender Zahl einen Unterbau bekommt. Den braucht sie zur Besetzung aller auch nur halbwegs wichtigen Positionen im Staatsapparat (wozu der gesamte Wirtschaftsapparat gehört), zur Unterstützung der »Sicherheitsorgane«, vor allem der Geheimpolizei, und schließlich zum Erzeugen und Aufrechterhalten einer kommunistischen Atmosphäre im Land: Die Bevölkerung soll beständig spüren, daß sie in einem leninistischen Staat lebt.

Der polnischen Partei fällt es sichtlich schwer, ihre darniederliegende Basis-Organisation wiederzubeleben. Doch der Auftrag ist zu bewältigen. Es geht nicht darum, daß die

Partei Hunderttausende oder gar Millionen Polen finden müßte, die aus kommunistischer Überzeugung bereit sind, als Mitglieder und kleine Funktionäre zu wirken. Einer regierenden kommunistischen Partei genügt es schon, wenn sie ein Parteivolk hat aus Leuten, welche die Politbüroherrschaft, das Machtmonopol der Parteiführung wollen, weil sie daran teilzuhaben glauben, welche außerdem für das Privilegienwesen des kommunistischen Staates sind, weil sie daran tatsächlich teilhaben, und welche schließlich die Oberherrschaft der Sowjetunion über ihr Land billigen, die Machtmonopol und Privilegien garantiert. Ein solches Fußvolk bekommt die polnische Parteiführung mit der Zeit sicherlich wieder in genügender Zahl zusammen. Zur Normalisierung gehört auch, daß die Parteiführung sich jetzt wieder der üblichen Vollzugsorgane bedienen kann: der Polizei in ihren verschiedenen Formationen. Ein Jahr lang, von der Ausrufung des Kriegszustandes bis zu seiner Suspendierung, hat das Militär bei der Unterdrükkung des Volkes aktiv mitgeholfen. Bei längerem Einsatz hätte die Zuverlässigkeit der Rekruten ungewiß werden können. Nun wird die Armee als Reserve im Hintergrund gehalten.

Der in ihren wichtigsten Elementen vorhandenen und auch aktionsfähigen Partei steht keine politische und physische Gegenmacht mehr gegenüber. Die unabhängige Gewerkschaft »Solidarität« ist zerschlagen; Bruchstücke von ihr, die im Untergrund weiterarbeiten, bringen hier und da kleine oder größere Volksmengen zu Demonstrationen auf die Beine. Doch auf die Dauer können sie ebensowenig bewirken wie der wieder auf seinen Arbeitsplatz in der Danziger Lenin-Werft verwiesene Gewerkschaftsführer Walesa. An ein Wiedererstehen der »Solidarität« ist auf lange Zeit nicht zu denken. »Es gibt kein Zurück in die Vergangenheit«, hat Jaruzelski dazu gesagt.

So bleibt neben der Partei nur die Kirche. Doch sie versteht sich nicht als politische, sondern als religiöse und geistig-moralische Institution. Ihr liegt es fern, um politische Macht zu kämpfen. Die Kirche vermag sich und ihren Einfluß im Volk zu behaupten. Aber die Gewerkschaft »Solidarität«, die einst mit ihrem Zuspruch entstanden war, könnte sie auch dann nicht ins Leben zurückführen, wenn sie das wollte. Die katholische Kirche bleibt der große, übermächtige Gegner der Partei im Ringen um die Seele der Nation; auf dem Felde der politischen Macht setzt sie der Partei nur äußerste Schranken: Durch ihre bloße Existenz hindert sie die kommunistische Obrigkeit daran, Polen ganz so einzurichten, wie die sowjetleninistischen Prinzipien es eigentlich verlangten. Aber die Kirche tritt nicht als Faktor mit eigenen politischen Ansprüchen auf. Die Partei, so geschwächt sie sein mag, hat das Monopol der politischen Macht.
In solcher Lage ist keine Aussöhnung zwischen Partei und Nation möglich, keine Befriedung. Unerreichbar ist unter diesen Umständen auch eine wirtschaftliche Besserung, die das Land aus der drückenden Armut herausführte. Aber ein kommunistisches Regime kann für lange Zeit auch ohne das auskommen. In Polen freilich – das ist dessen Besonderheit – braut sich schon in der »Normalisierung« der nächste Aufbruch zusammen.

Die Botschaften des Papstes
24. Juni 1983

Im Juni 1983 besucht der polnische Papst zum zweitenmal seine Heimat.

Dies war die wichtigste von allen Reisen, die Johannes Paul II. bisher unternommen hat. Die polnische Nation, im Dezember 1981 niedergeschlagen, seither niedergehalten und gedemütigt, hat sich im Angesicht des Papstes und in Gemeinschaft mit ihm moralisch wieder aufgerichtet. Bei den Feiern in Tschenstochau, Breslau oder Krakau, als Hunderttausende sich zusammenfanden, erlebten sich die Polen wieder als Volk – und für jeweils einige Stunden fühlten sie sich sogar der Fesseln ledig, in die sie seit zweieinhalb Jahren eingebunden sind.

Das Freiheitsgefühl konnte den Aufenthalt des Papstes in Polen nicht überdauern, vom Selbstgefühl hingegen wird die Nation lange zehren können. Aber Johannes Paul II., der es belebt hat, wollte die Polen auch davor bewahren, daß sie, damit gestärkt, auf Wege aufbrechen, die nur noch weiter abwärts führten. Bis an die Grenze der Selbstverleugnung hat er zu verhindern versucht, daß die Volksmenge um ihn in einem trügerischen Kraftgefühl ihren Wünschen, gar ihren Abneigungen freien, hörbaren Lauf lasse. Und er hat seinen Polen den inständigen Rat für die kommenden Jahre mitgegeben, sie sollten sich nicht in einen sinnlosen Widerstand stürzen. Er kennt die polnische Neigung, sich zur Rettung der Ehre aufzuopfern, und will sein Volk davor bewahren, sich in einem aussichtslosen Dauerkampf mit der übermächtigen Obrigkeit zu verschleißen.

Aber nicht nur der Nation, auch ihren Beherrschern hatte er etwas zu sagen. Das Warschauer und das darüberstehende Moskauer Politbüro hat er vor dem Irrtum gewarnt, sie könnten auf dem Wege, der für sie den Namen »Normalisierung« trägt, Schritt für Schritt weitergehen. Dazu bedurfte es nicht vieler Worte. Der Papst brauchte fast nur auf die unabsehbare Menge von Gläubigen zu weisen, die jedesmal um ihn zusammenströmte, um die Herrscher über sein Land daran zu erinnern, daß Polen, wo einst sogar der Stalinismus sich widerwillig mit einem eingeschränkten Programm begnügen mußte, kein Ostblock-Land ist wie andere. »Wenn Ihr diesem Volk zu viel zumutet, wird es ein Unglück geben, auch für Euch« – das schien der Papst den Gebietern über sein Land signalisieren zu wollen.

Den Parteigeneral Jaruzelski im besonderen mahnte Johannes Paul II., er möge es sich nicht als Errungenschaft zugute schreiben, wenn er hier und da ein Stückchen von dem gewalttätigen Zwang wegnehme, den er selbst über das Land gelegt hat. Im Verständnis des Papstes erfüllt Jaruzelski seine Pflicht nur dann, wenn er sich wieder den Vereinbarungen zuwendet, die im Sommer 1980 Staatsmacht und Arbeiterschaft zunächst in Danzig und dann an anderen Orten geschlossen haben.

Hier liegt der Kern dessen, was der Papst der Warschauer Obrigkeit sagen wollte. Er ist davon überzeugt, daß die Staatsmacht Polen so lange nicht aus dem Abgrund herausführen kann, wie sie ausschließlich als Obrigkeit handelt. Ein Einvernehmen zwischen Volk und Staatsgewalt ist notwendig, und damit es dazu komme, muß es zwischen beiden wieder einen Dialog geben. »Dialog« – dieses Wort kehrte in jeder Rede, in jeder Predigt des Papstes mehrfach wieder; es ist der Schlüsselbegriff des Entwurfes für eine Besserung in seinem Land, den er den weltlichen Herrschern darbot.

Wer sich am Dialog beteiligen soll, der muß eine Stimme

haben; andernfalls spricht von den zweien nur der eine. Wer soll aber nun die Stimme des polnischen Volkes sein? Der Papst sprach von »Strukturen der Teilnahme« – eine etwas blasse Formel, die manche Deutung zuläßt. Aber sein wiederholter Hinweis auf die Vereinbarungen von 1980 und seine Erinnerung an das Wort des verstorbenen Kardinals Wyszynski vom unentziehbaren Recht der Arbeiter, sich zu organisieren, machten klar, daß er nicht an freie politische Parteien (neben der kommunistischen) denkt oder an Bürgerversammlungen mit plebiszitären Funktionen, sondern an Arbeiter-Vertretungen, an Gewerkschaften. Welche Form und welches Programm sie haben sollen, darauf ging der Papst nicht ein, das will er den polnischen Arbeitern überlassen. Die verbotene Gewerkschaft »Solidarität« hat er mit Bedachtsamkeit genannt, und er hat auch durchgesetzt, daß Walesa, der einst die »Solidarität« führte, zu ihm kommen durfte.
Doch hat sich der Papst nicht darauf festgelegt, daß diese verbotene unabhängige Gewerkschaft und keine andere das Volk im Dialog zu vertreten habe. Er will der kommunistischen Staatsmacht seinen Rat zum Gespräch mit der Nation so eingängig und so annehmbar wie möglich machen. Dazu sollte auch die neue Deutung der Souveränität dienen: Souverän ist ein Staat dann, wenn er es der Nation möglich macht, ihre Kultur und Wirtschaft auf die ihr gemäße Art zu entwickeln, so zu leben, daß sie ihre Identität findet. Mit diesem ins Innenpolitische gewendeten Souveränitätsbegriff deutete Johannes Paul II. an, daß er den Gedanken einer Trennung Polens vom Sowjetblock nicht für realistisch hält. Zugleich aber bestritt er damit Jaruzelski das Recht, den Kriegsrechts-Streich als Akt polnischer Souveränität auszugeben.
Der Papst konnte inmitten seines von Machtpolitik bedrängten Volkes nicht an der Politik vorbeisprechen. Den-

noch – auch diese Reise sollte vor allem ein kirchliches Ereignis sein. Johannes Paul II. ist dessen sicher, daß das Schicksal der Polen an der Lebenskraft ihrer Kirche hänge. Und hat er nicht recht? Ohne starke Kirche gäbe es in Polen keinen starken Glauben. Und ohne starken Glauben hätte die polnische Nation nicht fast vier Jahrzehnte unter dem Staatsmarxismus ihre Seele bewahrt.

VI.
Jugoslawien
Im Banne Lenins

Als im Jahr 1948 Tito und Stalin auseinandergingen, erwarteten viele im Westen, nun werde Jugoslawien den Weg zu Freiheit und Demokratie einschlagen. Es war die erste in einer langen Reihe von Illusionen über den kommunistischen Balkanstaat. Tito und die meisten seiner Unterführer dachten nach dem Bruch nicht daran, den Leninismus aufzugeben; sie hingen sogar am Stalinismus. Nicht Tito hatte sich von Stalin, sondern dieser hatte sich von Tito getrennt. Es waren andere Kräfte, die dann den jugoslawischen Kommunismus in Bewegung brachten. Einige Männer in der Führung erkannten, daß die jugoslawische Partei den Konflikt mit der sowjetischen nur durchstehen könne, wenn sie der Bevölkerung eine erträglichere Ordnung als die sowjetische biete; so entstand die Idee des Selbstverwaltungs-Sozialismus. Tito ließ sich widerstrebend darauf ein, immer bedacht, die leninistischen Machtverhältnisse zu bewahren. Dennoch nahm die Idee schattenhaft Gestalt an. Der pluralistisch wirkende Föderalismus, ein Zugeständnis der Partei an den Vielvölkercharakter des Staates, kam der Idee entgegen. Was daraus bis heute an Realität geworden ist, rechtfertigt den Befund »demokratischer Sozialismus« nicht entfernt. Jugoslawien ist nach wie vor eine Politbüro-Herrschaft, freilich eine bundesstaatlich aufgelockerte. Die Selbstverwaltung blieb in die Betriebe eingesperrt. Selbst dort wird sie, seit die Wirtschaftskrise umgeht, von der Obrigkeit auf Reste zurückgeschnitten. Die Justiz ist der Partei untertan. Gegenüber der Geheimpolizei hat der Bürger kein Recht. Aber die Bewohner Jugoslawiens wissen so manche Freiheit zu schätzen, die ihnen ihr Staat zugesteht – die Ausreisefreiheit zum Beispiel. Allmählich wächst in der Partei das Verlangen nach Veränderung des Systems. Aber der Leninismus sitzt noch tief im jugoslawischen Kommunismus.

Folgen der westlichen Schwäche
9. Juli 1975

Unter all den weltpolitischen Bestandsaufnahmen, die in diesen Monaten allenthalben angefertigt werden, darf eine Bilanz aus dem kommunistischen Südosteuropa nicht fehlen. Nimmt man als Maßstab das Interesse an möglichst viel Unabhängigkeit der Staaten dieser Region und an möglichst viel Freiheit ihrer Bevölkerungen, dann fällt das Ergebnis wenig erfreulich aus. Unabhängigkeit und Freiheit – beide haben sich vermindert.

Das beruht freilich auf verschiedenartigen Gründen. Der eigene Machtbewahrungswille der jeweiligen Landesherren, der Parteichefs, spielt dabei in mehreren Fällen eine wichtige Rolle. Als Tito Anfang Dezember 1971 die Releninisierung seines Landes einleitete, ging es ihm darum, demokratische und freiheitliche Ansätze in seiner Partei abzuschneiden, die er jahrelang mit Mißbehagen hatte wachsen sehen und deren Weiterentwicklung er am Ende in völlige Auflösung der Diktatur übers Volk münden sah. Zwar sprach Tito damals den Satz, wenn die jugoslawische Partei nicht selber »Ordnung« im Lande schaffe, würden das an ihrer Stelle andere, von draußen Kommende tun. Aber das war offensichtlich nur ein Versuch, der Bevölkerung etwas als unvermeidlich hinzustellen, was sie – wie Tito wußte – erbittert ablehnte. Wenig spricht dafür, daß Jugoslawien damals nur oder doch vorwiegend unter sowjetischem Druck eine Phase der inneren Resowjetisierung begonnen habe. Darüber darf es auch nicht hinwegtäuschen, daß alsbald eine außenpolitische Annäherung an die Sowjetunion sich dazugesellte. Des Rückhalts in der eigenen Bevölkerung beraubt, mußte sich Tito nun wieder an die Vormacht des »Sozialismus« anlehnen.

Der rumänische Parteichef Ceausescu mag bei seinem Kurs der kulturpolitischen Verhärtung, zu dem er Anfang der siebziger Jahre überging, ähnliche Motive gehabt haben wie Tito, wenn sich auch freilich das Ausmaß des Rückschrittes wegen der unterschiedlichen Ausgangspositionen hier und dort nicht vergleichen läßt; Rumänien war dem Beispiel des jugoslawischen Reformkommunismus nie gefolgt.
Aber die jeweils aus dem Lande und seiner Machtstruktur stammenden Gründe machen längst nicht alles plausibel. Beginnen wir wiederum mit Jugoslawien. Dort hat die Führung bald die verheerenden Folgen der Verhärtungspolitik für politische Atmosphäre, Wirtschaft und sogar Verteidigungsbereitschaft erkannt. Es gab Leute um Tito, die zu vorsichtiger Umkehr rieten. Dann brachte die neue »Freundschaft« mit der Sowjetunion Enttäuschungen.
Warum ist Jugoslawien dennoch im großen und ganzen bei seiner Innenpolitik der leninistischen Härte geblieben? Seine Partei- und Staatsbeziehungen zu Moskau hat Belgrad zwar im letzten Jahr abkühlen lassen; doch fürs Publikum jedenfalls wird das Freundschaftslied weitergespielt. Welches Motiv steckt dahinter? Rumänien beharrt auf seiner Souveränität, doch zeigt es sich die meiste Zeit auffällig besorgt, die Sowjets nicht aufzubringen. Wenn es brenzlig wird, nimmt Bukarest Positionen zurück. So war das früher nicht.
Man bleibt im Vordergründigen, wenn man alles mit erhöhtem sowjetischen Druck zu erklären sucht. Sicher, die Macht der Sowjetunion in Südosteuropa hat zugenommen und damit auch die Pression. Aber der Machtzuwachs ist den Sowjets nicht vom Himmel zugefallen. Er ist nur die Kehrseite westlicher Schwäche. Woher rührt sie? Die Selbstzerfleischung Amerikas um Watergate, das amerikanische Debakel in Indochina, die weniger vom Wähler

als durch Volksfrontexperimente der Sozialisten bewirkte Stärkung des Kommunismus in Frankreich, das Abgleiten Portugals in einen Linksradikalismus, der Niedergang der italienischen Demokratie, der Zerfall der Nato-Südostflanke durch den Streit um Zypern – die Liste der Faktoren ist lang. Dazu kommen wirtschaftliche Schwierigkeiten in den westlichen Industriestaaten, die politische Manövrierunfähigkeit bewirken. Dies alles macht sich die Sowjetunion zunutze – auch so, daß sie auf dem Balkan kräftiger auftritt.
Dabei kommt ihr zustatten die Enttäuschung der Völker dort über den Westen. Sie alle sind in verschiedenem Maße ökonomische Beengtheit gewohnt. In das helle Bild, das ihnen der Westen bisher bot, passen schlecht Rezession, Arbeitslosigkeit, drohender Zusammenbruch der Staatsfinanzen.
Und noch eines: Die Völker Osteuropas haben uns im Westen stets um unsere Freiheit beneidet. Aber deren Perversion zum Freisein von jeglicher Bürgerpflicht und das Eingehen des Staates darauf machen Millionen in Osteuropa nachdenklich. Die kommunistischen Obrigkeiten bedrükken ihre Völker ja nicht immerzu mit verordnetem Puritanismus. Im Gegenteil, sie haben vor allem den jungen Leuten immer wieder private Spielwiesen eröffnet, um sie von der politischen Unfreiheit abzulenken. Wer könnte im Ernst glauben, die Osteuropäer fänden im Westen vor allem die zunehmende Permissivität anziehend.
Die Sowjetmacht hat ihre eigenen Entwicklungsgesetze. Aber so autonom ist sie nicht, daß dem Westen jeglicher Einfluß verwehrt wäre. Das gilt schon für den Sowjetblock selbst, wieviel mehr erst für das ihm nicht zugehörende Jugoslawien. Einfluß aber setzt Kraft voraus.

Der Leninist von eigenen Gnaden
6. Mai 1980

Am 4. Mai 1980 stirbt Tito.

Er hat sein Leben lang die Erwartungen enttäuscht, die andere in ihn setzten; er hat ihre Voraussagen über sich so gründlich widerlegt, daß die Propheten sich nachher genieren mußten. Josip Broz, der sich später Tito nannte, wurde am Vorabend des Zweiten Weltkrieges in Moskau zum Statthalter über die jugoslawischen Kommunisten eingesetzt – Stalin hielt ihn für rechtgläubig und gehorsam. Die marxistisch-leninistische Rechtgläubigkeit Titos hatte er richtig erkannt, aber dessen Gehorsam war eine Illusion. Der Bevollmächtigte verwandelte, kaum in die Heimat zurückgekehrt, die Vollmacht in eigene Macht. Mit seinem Partisanenkrieg wollte er die von Hitler bedrängte Sowjetunion entlasten; und das war Stalin recht. Aber mehr noch wollte er mit einer Kombination von Aufstand gegen die deutsche Besatzung und Bürgerkrieg Jugoslawien in ein kommunistisches Land verwandeln. Solche Eile widersprach Stalins Plänen, aber darum kümmerte sich Tito nicht.

Als er 1945 am Ziel war, griff sein Ehrgeiz weiter aus: Jugoslawien sollte sowjetischer werden als die Sowjetunion und zugleich das Führungszentrum eines kommunistischen Südosteuropa. Stalin verdammte den, der sein wollte wie Gott, wie er. Es stimmt, daß nicht Tito sich von Stalin, sondern dieser sich von Tito trennte; aber der Verstoßene bereute nicht. Nie zuvor hatte sich der Moskauer Großtyrann so in einem Diener getäuscht.

Nun stand es schlecht um Jugoslawien. Das Land war ausgeblutet nach dem Krieg und dem mörderischen Kampf der neuen Macht gegen »Feinde« aller Art, dazu mußte es

einen Überfall von Osten befürchten. Die Staatsmänner des Westens sahen das schon lecke Schiff mit letzter Kraft ihrem westlich-demokratischen Hafen zustreben. Nichts hatte Tito weniger im Sinn. Jetzt wollte er Jugoslawien erst recht mit Kommunismus durchdringen, mit Stalinismus sogar – aber gegen Stalin. Parlamentarische Demokratie, Liberalismus hat er bis zum Tode verabscheut und sogar verachtet. Die Westmächte mochte er nicht. Doch er brachte es fertig, daß sie ihm in seiner Not mit Weizen und Waffen halfen und dabei gebückt kamen, als seien sie die Bittsteller. Das hat sich dann oft wiederholt.
Freilich, wenn schon ein großer Teil der Welt sich Tito beugte – einige politische und ökonomische Notwendigkeiten taten es nicht. Das kommunistische Jugoslawien konnte sich zwischen Ost und West nur halten, wenn es seiner Bevölkerung etwas Besseres bot als den Sowjet-Sozialismus. Nicht Tito, sondern einige seiner engsten Gefährten erfanden 1950 die »Arbeiterselbstverwaltung«. Da begannen Millionen Jugoslawen zu hoffen, die Herrschaft eines engen Kreises über das Volk werde sich allmählich in einer Demokratie auflösen. Vielleicht in einer Demokratie ohne Parteien und Privatwirtschaft – aber konnte man sich denn nicht auch eine andere Demokratie als die westliche vorstellen?
Manche Träumer im Westen erwarten es immer noch. Tito hat nichts getan, sie darin zu bestärken. Er hat die Selbstverwaltung immer höchstens als ein Stück Betriebsverfassung gelten lassen, nie wirklich als politisches System. Wuchs sie sich dahin aus, schnitt er sie brüsk ab. Als größte Gefahr erschien ihm ein Kurzschluß zwischen politisch verstandener Selbstverwaltung und ernstgemeinter Autonomie der Nationen seines Vielvölkerstaates. Sein Herrschaftsprinzip war eine Mischung aus persönlichem Regiment und Politbüro-Macht.

In diesem eisernen Rahmen gab es Platz für mancherlei jugoslawische Eigenheiten, wenn die praktische Politik nach ihnen rief. Tito hat nicht nur die Arbeiterselbstverwaltung hingenommen, sondern auch die private Landwirtschaft wieder zugelassen. Er hat später seinen Untertanen die Grenzen geöffnet, hat eine (sozialistische) Marktwirtschaft eingeführt, sich mit dem Papst arrangiert. Aber daß in seinem Staat die arbeitenden Menschen – und das sind ja alle – in Wahlen entscheiden sollten, das hielt er immer für absurd.
Tito hat viele Erwartungen verwelken lassen, auch das Vertrauen so mancher, die ihm nahestanden. Mit der Eiseskälte, die Großen dieser Welt eigen ist, ließ er jeden fallen, der seiner Macht hinderlich wurde: Mitstreiter, Schüler, sogar Ehefrauen. Familienherrschaft lehnte er ab, er wollte beim Regieren nicht von Verwandten beengt sein. Vielleicht kommt auch nach seinem Tod alles anders, als die Umwelt vermutet. Jugoslawien ohne Tito werde, so glauben viele, rasch in nationalen Auseinandersetzungen und persönlichen Machtkämpfen versinken. Doch Tito hat vor seinem Tod eine kleine Gruppe von Parteiführern auf das Erbe vorbereitet. Ihr gemeinsames Interesse an der Erhaltung des festen leninistischen Rahmens mit dem Mittel einer kollektiven Führung könnte gut stärker sein als ihre Rivalitäten. Und sollte aus ihren Reihen einer der Erste werden, hätte sich noch weniger geändert. Jugoslawien muß nicht für alle Zeiten so bleiben, wie es ist; aber rasch wird es sich nicht wandeln.
Noch wackeliger steht die Voraussage eines sowjetischen Überfalls nach Titos Tod. Die Völker, die Bewohner Jugoslawiens, sind darin einig, daß sich sich gegen eine sowjetische Besetzung wehren würden – heftig, jahrelang, und das Moskauer Poilitbüro weiß das. Sie wollten den Sowjetismus nicht. Nicht einmal der Leninismus

ist nach ihrem Geschmack – und darin hatte sich Tito getäuscht.

Jugoslawische Sorgen
18. Mai 1981

Aus Jugoslawien häufen sich Nachrichten, die Besorgnis erwecken: Unruhen unter der albanischen Minderheit im Süden, Prozesse gegen kroatische Intellektuelle, ein erbitterter Streit zwischen der Obrigkeit und der katholischen Kirche in Kroatien und zu alledem eine wirtschaftliche Krise. Schon machen an den politischen Stammtischen bei uns zünftig klingende Deutungen die Runde: Jugoslawien zerfällt, nur Tito konnte es zusammenhalten.

Ziemlich leicht läßt sich widerlegen, daß Jugoslawiens Existenz an Tito gehangen habe. Alles, was heute den Staat erschüttert, gab es schon zu Lebzeiten des Marschalls. Im Kosovo, auf dem mehrheitlich von Albanern bewohnten südserbischen Amselfeld, brodelte es mehrfach. Kroatische Intellektuelle rührten sich oft mit Widerspruch. Die katholische Kirche in Kroatien ist manches Mal Ansprüchen von Partei und Staat an die Vergangenheit oder die Gegenwart des kroatischen Volkes entgegengetreten. Und die wirtschaftlichen Schwierigkeiten, mit denen Jugoslawien heute kämpft, sind alle in der Zeit Titos vorgeformt worden. Damals deckte man vieles zu, schob man die Folgerungen vor sich her. Nun aber läßt sich nichts mehr zudecken, nichts mehr aufschieben.

Kein Grund also für einen nachgeholten Tito-Mythos bei uns im Westen. Könnte es indessen sein, daß Jugoslawien unaufhaltsam dem Zerfall entgegeneilt? Da ist Vorsicht geboten. Der Belgrader Staat hat schon viele Erschütterungen überstanden. Die Mitglieder der heutigen kollektiven Führung sind sich darüber einig, daß sie miteinander die Macht behalten wollen. Die Machtmittel, die ihnen zu Gebote stehen, sind intakt: Parteiapparat, Polizei, Armee. Und die Mehrheit der Bevölkerung bejaht offenbar den jugoslawischen Staat – sei es als erwünschte Wirklichkeit, sei es als kleineres Übel –, wenn auch viele Bewohner sich ihn anders eingerichtet wünschen. Jugoslawien ist heute nicht von so tiefen Bruchlinien durchzogen wie in den dreißiger Jahren.

Darauf halten sich die Führer in Belgrad viel zugute. Doch wie ihr in seiner Existenz ziemlich gesicherter Staat heute aussieht, darüber können sie schwerlich befriedigt sein. Das Bild zeigt viele Mißstände. Es ist leicht, der Führung alle unterschiedslos in gleichem Maße zur Last zu legen; ein gerechtes Urteil wird differenzierter ausfallen. Mit den Albanern auf dem Amselfeld, in Westmazedonien und im südlichen Montenegro könnte es heute keine Belgrader Staatsführung leicht haben. Diese nichtslawische nationale Minderheit, die ihr Mutterland gleich jenseits der Grenze weiß und die aus ihrem raschen Wachstum (sie hat die höchste Natalität in Europa) ein besonderes Selbstbewußtsein entwickelt, ist in einem slawischen Staat schwer zufriedenzustellen.

Belgrad hat viel für sie getan – zum Beispiel ihr die autonome Provinz Kosovo eingeräumt, in der die meisten hohen Ämter in der Hand von Albanern sind, eine Industrie aufgebaut, eine Universität errichtet, an der eine Intelligenz herangebildet wird, die sich nun zu einem großen Teil gegen Belgrad wendet. Wenige der Albaner im südlichen Jugoslawien möchten im Ernst so leben wie heute die Albaner im Lande Enver Hodschas.

Daß sie dennoch so heftig gegen Jugoslawien aufbegehren, hat aber auch Ursachen, für welche Belgrad verantwortlich ist. Bis 1966 führte im Kosovo die Geheimpolizei des großserbisch orientierten Parteiführers Ranković ein schlimmes Regiment. Nach seinem Sturz schien Belgrad zu einer Politik der besonderen Rücksichtnahme und Schonung bereit. Doch jede neue Unruhe der unruhigen Albaner ließ es von serbischer Polizei niederwerfen.
So entstand ein Teufelskreis. Wie die Belgrader Führung ihn durchbrechen könnte, ist heute schwer zu sagen. Sie will den Albanern eine eigene Teilrepublik in der jugoslawischen Föderation aus Furcht vor Separatismus nicht zugestehen. Aber das Verweigern des Republik-Status für das Kosovo mag Separatismus gerade erzeugen. Viel wäre schon gewonnen, wenn die Parteiführung jetzt nicht Polizei und Strafjustiz als wichtigsten Befriedungsfaktor auf dem Amselfeld betrachtete. Dauerhaften Frieden wird es dort schwerlich ohne eine weitschauende Politik der Versöhnung geben.
Dies gilt auch für Kroatien, wo indessen keine Separatisten am Werk sind, sondern einige national und reformerisch gesinnte Intellektuelle, die finden, die »kroatische Frage« in Jugoslawien sei noch nicht gelöst. Wenn die Führung schon dies nicht zugeben will, warum führt sie dann nicht wenigstens mit den Opponierenden offene Gespräche? Wenn sie auch das nicht möchte, warum toleriert sie nicht eine Anzahl von Dissidenten am Rande der doch gänzlich von ihr beherrschten Gesellschaft? Das würde zwar nichts lösen, aber der Bevölkerung wenigstens das permanente Erlebnis eines Polizeistaates ersparen. Unverständlich ist auch, daß die Partei der katholischen Kirche in Kroatien Demütigungen aus den schlimmen Nachkriegsjahren eingebrannt zu halten sucht.
In Jugoslawien müßte die Führung die drängendsten

Schwierigkeiten anpacken mit neuen Methoden, mit Offenheit und mit dem Vertrauen, daß die Bevölkerung – die es schließlich zu schätzen weiß, daß sie nicht in den Ostblock eingebunden ist – sich gewinnen läßt. Dabei brauchten sich die Führer keine neuen Prinzipien auszudenken, sie brauchten nur die längst verkündeten der Realität näherzubringen. Jugoslawien hat nichts von einer Umwälzung zu erwarten. Aber viel könnte es gewinnen von einer mutigen Politik maßvoller Reformen.

Die jugoslawischen Lasten
22. Februar 1982

Das Bild Jugoslawiens ist in der letzten Zeit undeutlicher geworden. Das liegt an der kollektiven Führung, die 1980 an Titos Stelle trat. Aber der Eindruck wäre falsch, auch die Politik Jugoslawiens habe seit dem Ausscheiden Titos an Klarheit verloren. Unklar ist gewiß vieles an ihr, doch das war auch zu Titos Zeiten so. Damals näherte sich das Land einmal dem einen, dann dem anderen Block. Immer wieder war es jahrelang der Sowjetmacht näher als dem Westen, bewegte es sich auf die Mitte zu; selten überschritt es sie nach der anderen Seite. Auch die jugoslawische Innenpolitik war voller Wechsel und Wendungen.
In Wahrheit ist der Weg der jugoslawischen Politik nicht weniger gut erkennbar, sondern steiniger geworden. Die Schwierigkeiten haben zugenommen: wirtschaftliche, nationalitätenpolitische und andere von innenpolitischer Art. Die meisten waren auch in der Ära Tito schon da, zu einigen, vor allem den ökonomischen, wurde damals der

Grund gelegt. Doch darüber lag die Verherrlichung des Marschalls, dazu viel außenpolitischer Schein und Flitter. Das ist nun nacheinander weggefallen, und so liegen die Lasten Jugoslawiens für jedermann sichtbar da. Sie sind von unterschiedlicher Art.

Ihr wichtigster Grund liegt darin, daß sich Jugoslawien nie entschieden hat, ob es beim Leninismus des sowjetischen Typus bleiben oder ob es zu einem demokratischen und freiheitlichen Sozialismus finden will. Das politische System, dessen Fundament die Monopolherrschaft der Partei ist, hält sich näher am leninistischen Modell: entscheidungsleere Wahlen, eine mächtige Geheimpolizei und eine weisungsgebundene Justiz sind die auffälligsten Kennzeichen. Doch so manche politische Realität – zum Beispiel die offenen Grenzen, gewisse Inseln der Äußerungsfreiheit, eine im Vergleich mit Ostblockverhältnissen reichhaltige Information – weist in die entgegengesetzte Richtung.

Es ist die, in welche die Wünsche der Bevölkerungsmehrheit gehen, und diese sah sich darin von vielen Parteiführern immer wieder bestärkt. Ideologen der Partei begannen ein eigenes jugoslawisches Konzept des Sozialismus in der Demokratie und Freiheit auszuarbeiten; dabei wirkte als Voraussetzung die Erkenntnis, daß der Sowjetismus kein Sozialismus sei. Doch solche Vorstöße wurden immer wieder brüsk abgebrochen, und damit schrumpfte der jugoslawische Sozialismus als politische Ordnung immer wieder zusammen auf eine besondere Verfassung der Betriebe.

Dieser politische Schwebezustand dauert fort. Ihm entspricht die Mischung des politischen Führungspersonals. Es bestand immer einerseits aus starren Leninisten, andererseits aus Politikern, die, in unterschiedlichem Maß, demokratischen und freiheitlichen Öffnungen zuneigten.

Die erste Gruppe hatte das Übergewicht, doch die zweite konnte manchmal Entwicklungen anstoßen, die dann angehalten und meist zurückgedreht wurden. In diesem Hin und Her verbraucht Jugoslawien bis heute seine Steuerungsenergien.
Weil sich die jugoslawische Partei nicht zwischen Leninismus und demokratischem Sozialismus entschied, fand sie auch nicht zu einer Nationalitätenpolitik wahrer Gleichheit und Freiheit für alle, so sehr sie auch immer wieder dahin strebte. Der stark ausgebildete Föderalismus sollte die Form sein für eine gesicherte Gleichwertigkeit der nationalen Gemeinschaften im Vielvölkerstaat. Doch dieser Inhalt blieb unvollständig, weil die jugoslawische Partei nicht loskam von einer ihrer Theorie widerstreitenden Praxis aus der letzten Kriegs- und Nachkriegszeit: einige ethnisch-kulturelle Gruppen so zu behandeln, als seien sie vom Bazillus der Unzuverlässigkeit befallen, vor allem die Kroaten und die Albaner. Diese Gefahrenvorstellung verlangte geradezu, eine Nation als Wächter der Einheit zu bestellen, und das konnte nur die größte sein, die serbische. Damit war das Großserbentum aus dem Königreich, zu dessen Zerfall es so viel beigetragen hatte, in die kommunistische Republik übernommen. Bis heute ist es nicht gelungen, diese Erbschaft abzuwerfen. Nationale Unruhe und sogar Unruhen in ständiger Wiederkehr sind die Folgen.
Nicht weniger Schaden hat es angerichtet, daß die jugoslawische Partei nicht die Energie zu einer Wirtschaftsreform fand, welche die schon vor dreißig Jahren mit dem Übergang zur Arbeiterselbstverwaltung im Grundmuster entworfene und anderthalb Jahrzehnte darauf ausdrücklich proklamierte sozialistische Marktwirtschaft ganz hätte Wirklichkeit werden lassen. Die diversen Einzelreformen verfingen sich immer aufs neue in direkter oder indirekter

staatlicher Reglementierung der Preise, der Löhne, der Investitionen; nie zog die Partei ihre Hand von der höheren Personalpolitik in der Wirtschaft zurück. Die private Landwirtschaft blieb von der Zehn-Hektar-Grenze eingeschnürt. Das private Kleingewerbe, das noch Hunderttausenden Arbeit geben könnte, wurde alle paar Jahre mit Kampagnen gegen »Bereicherung« überzogen. Schließlich hatte das Widerstreben der jugoslawischen Partei, ihrem Programm zu folgen und sich vom Leninismus zu trennen, die kaum vermeidliche Nebenwirkung, daß das Land in der Versuchung blieb, in schwierigen Zeiten handelspolitisch am Sowjetblock Rückhalt zu suchen, worunter die Wettbewerbsfähigkeit auf dem Weltmarkt leiden mußte.
Die Führung der jugoslawischen Partei täuscht sich nicht über das Ausmaß der Probleme, die das Land belasten. Aber noch gibt es keine Anzeichen dafür, daß sie in naher Zeit die Ursachen angehen werde.

Was könnte sich in Jugoslawien ändern?
20. Juni 1983

Wenigen Ländern galten in der Nachkriegszeit so viele sehnsüchtige Träume wie Jugoslawien. Linkssozialisten im Westen sahen dort einen demokratischen Sozialismus heranwachsen. Bürgerlichen bei uns wiederum kam es so vor, als nähere sich Jugoslawien immer mehr westlichen Verhältnissen. Beide Erwartungen haben sich nicht erfüllt. Ein demokratischer Sozialismus ist in Jugoslawien nicht entstanden. Denn demokratisch läßt sich das jugoslawische System nicht nennen, das zwar eine Arbeiterselbstverwaltung eingeführt hat, das aber geprägt ist vom Macht- und Ideologiemonopol der kommunistischen Parteiführung. Erst recht nicht wird Jugoslawien allmählich zu einem westlichen Land. Solche Träume haben sich als Illusionen erwiesen.

Aber auch wer an die inneren jugoslawischen Verhältnisse nie Hoffnungen geknüpft hat, dem legen heute die Nachrichten aus diesem Land Besorgnis nahe. Eine Wirtschaftskrise erschüttert Jugoslawien. Arbeitslosigkeit, Inflationsrate und Verschuldung im Westen sind gefährlich hoch. An einigen wichtigen Versorgungsgütern herrscht permanenter Mangel. Zum Schutz der Währung ist das Ausreisen aus dem Land mit einer hohen Abgabe belegt. Die Realeinkommen sinken. Dazu schwären in dem Vielvölkerstaat nationale Wunden: Die unruhige albanische Volksgruppe im Süden des Landes, vor allem im Kosovo (auf dem Amselfeld), wird von der Obrigkeit in einer erzwungenen Ruhe gehalten; die Kroaten, zweitstärkste Nation Jugoslawiens, fühlen sich zurückgesetzt und jeder Möglichkeit beraubt, Klagen darüber hörbar zu machen. Die Obrigkeit entdeckt einen »Herd des Nationalismus« nach dem anderen, vermag aber die Ursachen weder zu erklären noch zu beseitigen. Mit dem Kampf gegen wirklichen oder angeblichen Nationalismus ist stellenweise verwoben eine Dauerkampagne gegen unbotmäßige Intellektuelle, bei der sich Partei, Massenmedien, Polizei und Strafjustiz die Arbeit teilen.

Manche Beobachter im Westen sagen voraus, Jugoslawien werde deshalb bald explodieren. Doch im Lande finden sich dafür keine Anzeichen. Proteststreiks gegen das Ausbleiben von Lohnerhöhungen sind gewöhnlich von kurzer Dauer und beschränken sich auf einzelne Betriebe. Nichts scheint den Bewohnern des Landes ferner zu liegen als der

Gedanke an Aufruhr. Das hat mehrere Gründe. Die Jugoslawen haben anderthalb Jahrzehnte in einem relativen Wohlstand gelebt. Von den Reserven, die sich dabei in privater Hand bildeten, zehrt die Bevölkerung nun in der Wirtschaftskrise. Der Geldzufluß von den in Westeuropa, vor allem in Deutschland, arbeitenden Jugoslawen hält an. Individuelle Findigkeit verhilft vielen Beschäftigten zu einem zweiten – legalen oder illegalen – Arbeitsplatz.

Vor allem aber kommt der politischen Führung nun zugute, daß die Bevölkerung, weil sie außerhalb der Betriebe nichts zu sagen hat, im Laufe der Jahrzehnte unpolitisch geworden ist. So fallen in die Unzufriedenheit über Materielles nicht leicht politische Funken. Bei der (nicht im Parteisinn) politisch denkenden Minderheit aber gibt es die Befürchtung, Unruhen im Land könnten zu noch mehr materiellem Mangel, zu Verhärtung an der Spitze und sogar zu einer Anlehnung Jugoslawiens an die Sowjetunion führen.

Doch aus alledem kann die jugoslawische Führung nicht eine Garantie unbehelligter Machtausübung für unabsehbare Zeit herleiten. Noch weniger kann sie annehmen, bei langem Fortdauern des heutigen Zustandes werde der jugoslawische Sozialismus der eigenen Bevölkerung noch schätzenswert und den anderen Nationen Osteuropas erstrebenswert vorkommen – an beidem aber ist der Führung gelegen. Sie steht also unter Handlungsdruck.

Wozu wird sie sich bereit finden? Sicherlich nicht zu Schritten, die ihre politische Alleinherrschaft gefährden müßten. Doch selbst im festen Rahmen dieser Machtordnung könnte sich die Parteispitze zu einigen überfälligen Reformen entschließen. An erster Stelle braucht Jugoslawien eine Korrektur des Wirtschaftssystems, welche die Betriebe wirklich und nicht nur auf dem Papier den Marktgesetzen unterwirft und den, zum Beispiel personalpolitischen, Eingriffen der staatlichen Wirtschaftsverwaltung wie auch der Partei entzieht. Der Mechanismus der Arbeiter-Selbstverwaltung müßte nicht abgeschafft, aber mehr den Erfordernissen rationeller Unternehmensführung angepaßt werden. Weder in Jugoslawien noch draußen versteht man, warum die Obrigkeit nicht endlich aus der ideologisch bedingten Behinderung der privaten Bauern und Handwerker herausfindet, deren Förderung einen Teil der Arbeitslosigkeit aufsaugen würde.

Die nationalen Spannungen ließen sich mit einigen klugen Zügen so weit mildern, daß sie erträglich wären. Gegenüber den Kroaten würden schon einige Gesten aufhellend wirken. Dazu gehörte, daß in führende Positionen des Partei- und Staatsapparates in Zagreb auch Leute kämen, von denen sich das kroatische Volk – bei allen Vorbehalten gegen die Parteiherrschaft – immerhin halbwegs repräsentiert fühlte. Schwieriger ist mit den Albanern im Süden Jugoslawiens zurechtzukommen. Doch die heute im Kosovo betriebene Politik der angezogenen Schrauben kann schwerlich eine Lösung bringen.

Solche Reformen machten aus Jugoslawien noch keinen Staat des demokratischen Sozialismus und noch viel weniger eine freiheitliche Demokratie. Aber das Land lebte dann wenigstens nicht mehr unterhalb seiner kommunistischen Möglichkeiten.

Anstöße von Ohnmächtigen
25. November 1983

Waghalsig nimmt sich auf den ersten Blick aus, was unlängst in Jugoslawien der Professor Marjanović getan hat, Strafrechtler an der Universität Skopje. Auf einer Tagung jugoslawischer Kriminologen verlangte er die Abschaffung der zahlreichen Vorschriften des jugoslawischen Strafrechts, die als Instrument dazu dienen, daß Leute bestraft werden, weil sie der Obrigkeit unliebsame Ansichten oder Tatsachen-Beschreibungen von sich geben. Marjanović hatte dabei vor allem den Artikel 133 des Bundesstrafgesetzes im Auge (die Strafnorm gegen sogenannte »feindliche Propaganda«), der unter anderem jeden mit Strafe bedroht, der »die gesellschaftlich-politischen Verhältnisse im Lande böswillig und unwahr darstellt«. Weit ist der Straftatbestand, drakonisch die angedrohte Strafe: Gefängnis von einem Jahr bis zu zehn Jahren.

Diese Strafnorm gibt der jugoslawischen Obrigkeit die Handhabe, jeden ins Gefängnis zu schicken, der etwas geschrieben oder der etwas gesagt hat (und sei es in privatem Kreis), was ihr mißfällt – wenn nur die Geheimpolizei davon erfährt. Unter die Strafbestimmung über »feindliche Propaganda« fällt man in Jugoslawien, wenn man einen politischen Witz erzählt; wenn man die Führung unfähig nennt; wenn man sagt, im Lande bestimme allein die Partei, oder eine der Nationen des Vielvölkerstaates werde von einer anderen oder von der Belgrader Zentralgewalt unterdrückt oder benachteiligt, oder in Jugoslawien dürfe man seine Meinung nicht sagen. »Feindliche Propaganda« kann es sein, wenn man von politischen Gefangenen in Jugoslawien spricht, gar wenn man dabei eine Zahl nennt – denn das können Staatsanwaltschaft und Gericht als »unwahr« qualifizieren, und allein sie bestimmen, was die Wahrheit, was die Wirklichkeit ist in Jugoslawien. Die vom Gesetz für eine Bestrafung verlangte Böswilligkeit wird in der Regel einfach unterstellt.

Ähnliche Strafnormen kommen hinzu. Das Ganze ergibt ein dichtes Netz, in dem jeder hängenbleiben kann, der seinen Mund unbotmäßig aufmacht. Von der Justiz ist eine einschränkende Anwendung dieser voller Gummibegriffe steckenden Gesetze nicht zu erwarten, denn die Gerichte sind in Jugoslawien, wenn es um Politisches im weiten Sinne geht, den Weisungen der Parteiobrigkeit unterworfen. Ein ungehorsamer Richter wäre nicht mehr lange an seinem Platz.

So sind im Lauf der Jahrzehnte zahllose Bewohner Jugoslawiens wegen bloßer mißliebiger Äußerungen zu oft hohen Freiheitsstrafen verurteilt worden. Sechs Jahre Gefängnis bekam ein Arzt, weil er Abfälliges über die politische Ordnung des Landes gesagt hatte, zweieinhalb Jahre ein Anwalt, weil er in einem – nicht abgeschickten – Brief seine Ansichten darüber niedergeschrieben hatte, wie heute eine kommunistische Ordnung auszusehen habe.

Wenn man das alles bedenkt, muß einem der Vorstoß des Professors Marjanović mutig vorkommen. Hat sich der Gelehrte damit nicht selber in Gefahr gebracht, wegen »feindlicher Propaganda« belangt zu werden? Paradoxerweise wahrscheinlich nicht. Die jugoslawische Obrigkeit läßt es öfter zu, daß im Kreise von Fachleuten, in Zeitschriften und sogar in Zeitungen einzelne ihrer Machtinstrumente kritisiert werden (außer der Geheimpolizei). Sie erreicht damit, daß in der Intelligenz ein wenig Unzufriedenheitsdampf abgelassen wird, daß mancher den Eindruck bekommt, die Tabuisierung sogenannter heikler Themen sei doch nicht ganz so streng. An der Sache ändert sich nichts. Der schmale Streifen jugoslawischer Äußerungsfreiheit läßt sich nicht damit verbreitern, daß einzelne Fachleute oder Publizisten hier oder da eine Gesetzesvorschrift bemängeln. Daß die Bürger Jugoslawiens ihre nicht parteikonformen Ansichten für sich behalten müssen, ist eine direkte Folge des Machtmonopols der Partei. Nur dessen Auflockerung könnte das Wort freier werden lassen.

Eher als die Forderungen des Strafrechtlers Marjanović, die nur ein einzelnes Symptom aufgreifen, zielt deshalb aufs Wesentliche, was neulich einige von der Partei mit Mißtrauen beobachtete Philosophen und Soziologen der »Praxis«-Gruppe vorbrachten; es läuft auf die Einführung von Demokratie in der heute leninistisch verfaßten Partei hinaus, auf ihren Abschied von der Politbüro-Herrschaft, die entgegen aller offiziellen Selbstverwaltungs-Darstellung das Wesensmerkmal der politischen Ordnung in Jugoslawien geblieben ist.

Die »Praxis-Professoren« stehen der Partei seit langem fern. Ähnliche Gedanken wie sie hat in diesem Herbst ein alter Parteimann vorgebracht: Mijalko Todorović, der in der zweiten Hälfte der sechziger Jahre, einer Zeit nicht nur wirtschaftlicher, sondern auch vorsichtiger politischer Reformen, als Exekutivsekretär der Partei unter Tito viel Einfluß hatte, in der Re-Leninisierung Jugoslawiens Anfang der siebziger Jahre aber aufs Altenteil geschoben wurde. Auch Todorović will in den jugoslawischen Sozialismus Demokratie eingeführt sehen; doch soll das nach seinen Vorstellungen in der – als Funktionärsapparat, sonst nur auf dem Papier existierenden – allumfassenden Massenorganisation »Sozialistischer Bund« und in den Gewerkschaften beginnen. Von der Partei spricht er nicht – er muß wissen, wie gefährlich das für einen Parteimann wäre, selbst für einen pensionierten.

Anstöße zur Auflösung der kommunistischen Herrschaft

kommen heute in Jugoslawien von Leuten, die keine Macht haben. Bisher gibt es keine Anzeichen dafür, daß die Parteiführung solche Impulse aufnähme. Aber nur von dort, von oben, kann sich Jugoslawien verändern.

Was für ein Modell?
24. Juli 1984

Als hohe Parteiführer in der jugoslawischen Teilrepublik Kroatien im Frühjahr ein Verzeichnis angeblich antisozialistischer Publikationen zusammenstellten, die in den vergangenen Jahren in Jugoslawien erschienen sind, gehörte zu ihren Urteilsmaßstäben auch schierer Sowjetismus. Sie setzten auf die Liste unter anderen die Werke sowjetischer Dissidenten oder des Exil-Tschechen Milan Kundera, die nur für Sowjetkommunisten ein Ärgernis sein können. Ihr Verdikt gegen ein Theaterstück begründeten sie auch damit, daß der Belgrader Korrespondent der sowjetischen Agentur »Tass« es »schamlos« genannt habe.

Die Sowjetophilie, die in dem Schriftstück zum Vorschein kommt, mag ein spezifisches Produkt der heutigen Machtverhältnisse und Machtkämpfe in der kroatischen Parteiorganisation sein; insoweit ließe sich von einer kuriosen regionalen Eigentümlichkeit reden. Aber Sowjetismus, verstanden als ein inneres Herrschaftssystem, das dem sowjetischen im Typus ähnelt, ist ein gesamtjugoslawisches Phänomen.

Die jugoslawische Partei stellt es ganz anders dar. Glaubt man ihr, dann gibt es Sowjetismus in Jugoslawien nur als Relikt aus der Zeit vor dem Bruch zwischen Stalin und Tito im Juni 1948. Von damals, so lautet die offizielle Version, seien noch einige vom Sowjetkommunismus inspirierte Leute übriggeblieben, eine Randgruppe, die fernab stehe vom Strom der sozialistischen Entwicklung Jugoslawiens. Wer diese Leute sind, darüber wird Genaueres nie gesagt. Sowjetismus gibt es also im jugoslawischen Sozialismus nach der Selbstdarstellung seiner Verwalter nicht. Die Partei habe sich 1948 ein für allemal von ihm getrennt, sie habe damals ihren eigenen, nichtsowjetischen Weg eingeschlagen, und auf dem schreite sie seither fort.

Doch in der jugoslawischen Wirklichkeit sieht es nicht ganz so aus. Manches in dem südosteuropäischen Staat erinnert ans sowjet-leninistische Muster. Ein Führungsbyzantinismus macht selbst vorsichtige Kritik an den höchsten Parteifunktionären unmöglich, entzieht ihr Leben weit über die intime Sphäre hinaus dem Einblick der Öffentlichkeit. Die Geschichte des kommunistischen Jugoslawien ist Monopolbesitz der Partei; nur deren Darstellung darf öffentlich kundgegeben werden. Im Lande ist nur eine politische Lehre zugelassen – die Ideologie der Partei. Abweichende Ansichten zu brisanten politischen Fragen darf man nicht äußern, und es ist schon riskant, sie daheim für sich schriftlich niederzulegen. Strafgesetze mit grenzenlosen Begriffen (»feindselige Propaganda« zum Beispiel) machen jeden zum Straftäter, der Unliebsames äußert. Die Urteile gegen Dissidenten sind drakonisch. Die Unabhängigkeit der Richter endet dort, wo das Interesse der Sicherheitsbehörden und der Partei an einem Fall beginnt. Schutz vor der Geheimpolizei gibt es nicht. Die Zeitungen stehen unter Parteiaufsicht. Bei Wahlen hat das Volk nur der Partei genehme Leute zu wählen.

Das alles sind sowjetkommunistische Merkmale. Neben ihnen darf man freilich die starken eigenen Züge des jugoslawischen Kommunismus nicht übersehen. Ein weit entwickelter Föderalismus fügt sich zwar ins Machtmonopol der Partei; aber er gliedert es nach den Gegebenheiten des Vielvölkerstaates auf und bringt so ein kräftiges pluralistisches Element ins politische Leben. Die Kirche genießt in Jugoslawien größere Freiheit als in den meisten Ländern des Sowjetblocks. Die jugoslawische Ausreisefreiheit ist im sowjetischen Lager unerreicht. Die Wirtschaftsordnung weicht ab vom staatswirtschaftlichen Muster. Drei Viertel des Ackerlandes gehören privaten Bauern.

Solche Besonderheiten bedeuten für das Leben der Menschen viel. Aber tragen sie den Befund, der jugoslawische Sozialismus unterscheide sich im System prinzipiell vom sowjetischen? Weite Kirchenfreiheit und private Landwirtschaft gibt es auch in Polen; ein Ungar darf alle paar Jahre in den Westen reisen. Manche Beobachter Osteuropas halten es für möglich, daß Ungarn in einigen Jahrzehnten eine weniger sowjetische innere Ordnung haben werde als Jugoslawien.

Nicht angebliche persönlich-politische Neigungen und Nostalgien einzelner Parteiführer halten den jugoslawischen Sozialismus im Umkreis des sowjetischen Modells; vielmehr ist es der Leninismus als Grundnorm, der beide verbindet. Die große Mehrheit der jugoslawischen Bevölkerung hat sich den Sozialismus in ihrem Land – der ihr nun einmal übergestülpt war – immer entleninisiert gewünscht, und in der führenden Parteischicht gab es mehrere Anläufe zu diesem Ziel. Manche Parteiführer wollten, anders als Tito, die 1950 eingeführte Arbeiterselbstverwaltung zu einer neuen demokratisch-sozialistischen Ordnung entwickeln. Sie erreichten nichts. Von 1966 bis 1971 wehte in Jugoslawien der Wind politischer Reform – am Ende unterlagen die Reformer, Parteiführer aus allen Teilrepubliken, der von Tito geführten leninistischen Übermacht.

Deren Sieg in den Jahren 1971 und 1972 bestimmt noch heute die politische Wirklichkeit.
So bleibt für Jugoslawien der wichtigste Ertrag des Bruches mit der Sowjetunion vor sechsunddreißig Jahren die unabhängige Außenpolitik. Doch selbst ihr fehlt die letzte Sicherheit, solange die jugoslawischen Führer die Sowjetmacht, der sie gewiß mißtrauen, als Garantie für den Bestand ihres Sozialismus betrachten. Es gibt in der Partei Kräfte, die den jugoslawischen Sozialismus ganz vom sowjet-leninistischen Ursprung lösen und ihm eine eigene, unverwechselbare Gestalt geben wollen. Aber noch scheint ihre Zeit nicht gekommen.

In Belgrad und in Zagreb
20. November 1984

In Belgrad veranstaltet die Strafjustiz in diesen Wochen ein Verfahren gegen sechs Intellektuelle, das im Westen viel Aufmerksamkeit findet. Die sechs Angeklagten hatten sich mit anderen Dissidenten – zusammen waren es an die dreißig – immer wieder in einer Belgrader Wohnung getroffen und dort fernab von den Sprachregelungen der Obrigkeit zum Beispiel über die Nationalitätenfrage in Jugoslawien debattiert. Beim letzten Mal, im April 1984, war auch Milovan Djilas dabei, der Häretiker des jugoslawischen Kommunismus. Die Zusammenkünfte, denen die Teilnehmer unter sich den Namen »Freie Universität« gaben, waren nicht geheim und, nach der Aussage eines von ihnen jetzt im Prozeß, sogar bei der Behörde angemeldet. Westliche Menschenrechtsorganisationen, Schriftsteller,

Professoren, Politiker protestieren gegen das Verfahren, nennen es undemokratisch, unliberal, womit sie recht haben. Sie sind darüber enttäuscht, daß solche Unterdrükkung in Serbien stattfindet, das sich in den letzten Jahren den Ruf erworben hatte, dort sei das Wort etwas weniger unfrei als in den meisten anderen jugoslawischen Teilrepubliken und vor allem als in Kroatien. In der Tat, der Belgrader Dissidenten-Prozeß wirft ein trübes Licht auf die Innenpolitik der serbischen Führung. Der serbische Vorsprung an Bürgerfreiheit ist klein, wenn man an ihn die westliche Elle anlegt, und nun schrumpft er noch.

Aber für jugoslawische Verhältnisse ist er beachtlich. Es wäre undenkbar, daß sich in der nördlicheren Teilrepublik Kroatien oder in Bosnien-Hercegovina oder auch in Mazedonien (gar nicht zu reden vom vorwiegend albanisch bevölkerten Kosovo, dem Amselfeld) jahrelang Dutzende Intellektuelle zu offenem nichtkonformistischem Gedankenaustausch über der Obrigkeit unangenehme Kapitel der Zeitgeschichte und sogar der gegenwärtigen Politik versammelten. Niemand würde sich das getrauen, und wenn sich doch einmal Verwegene fänden, wäre die Geheimpolizei gleich das nächste Mal zur Stelle. Schon die Dissidenten-Existenz von Milovan Djilas, die von der Obrigkeit sicherlich auch wegen ihrer Schaufenster-Wirkung auf den Westen geduldet wird, könnte in der kroatischen Hauptstadt Zagreb kein Gegenstück haben.

Dort dürfen allein die höchsten Repräsentanten der katholischen Kirche, der Kardinal-Erzbischof Kuharić vor allem, die Grenzen, welche die geltende Rede- und Schweigeordnung allen Bürgern zieht, an einigen, wenigen Punkten überschreiten. Aber die Kirche ist ohnehin ein Sonderfall. Sie stellt in den Augen der kommunistischen Obrigkeit die einzige von ihr zugelassene organisierte ideologische Abweichung dar. Für sie bestehen beson-

dere staatliche Normen. Das hängt damit zusammen, daß die Kirche einerseits im Volk verwurzelt ist, andererseits ihre Aufgabe nicht auf dem Felde der Politik sieht, dieses Feld bei ihrem geistlichen Wirken allenfalls berührt – was dann immer wieder zu drohenden Ausfällen der Obrigkeit führt. Der geistig eigenständige Teil der Belgrader Intelligenz mag sich über den Intellektuellen-Prozeß in der Stadt empören – die Zagreber parteifremde Intelligenz kann von Treffen, wie sie in Belgrad zu jenem Prozeß geführt haben, höchstens träumen.
Nur in der kleinen Republik Slowenien, der nördlichsten, läßt sich ein solcher nichtkonformistischer Gedankenaustausch – in einer überschaubaren Gruppe und ohne Öffentlichkeit – noch vorstellen. (Ob es in Slowenien etwas Derartiges gibt, ist unbekannt.) Aus der slowenischen Hauptstadt Laibach sollen denn auch, wie aus Serbien, besonders viele Bedenken und sogar Proteste gegen das Belgrader Strafverfahren gekommen sein.
Diese regionalen Unterschiede im Umgang der Partei-Staatsmacht mit unabhängigen Intellektuellen sind ein Resultat des jugoslawischen Föderalismus. Dieser bringt gar nicht immer unterschiedliche historische Erfahrungen zum Ausdruck – sonst müßte es eigentlich in Zagreb, das nicht wie Belgrad drei Jahrhunderte unter türkischer Herrschaft den Schlaf eines Gefangenen schlief, pluralistischer, freier zugehen als in Belgrad –, sondern manchmal nur unterschiedliche Machtsituationen und Machtkalküle der einzelnen Republik-Parteiführungen. Die heutige serbische Führung hat zwar, wie alles, was in Jugoslawien Obrigkeit ist, keinerlei demokratische Legitimation. Aber ihr wird von der Bevölkerung zugute gehalten, daß sie sich immerhin gewisser Interessen der serbischen Nation im Vielvölkerstaat Jugoslawien annehme. Die kroatische Führung hingegen hat sich eine solche Mindestverankerung im

Volk bisher nicht schaffen können; manchmal erweckt sie den Eindruck, sie wolle es nicht einmal versuchen.
Wiederum, wie schon mehrmals in den letzten zwei Jahrzehnten, erweist sich also der – zwar in die Bedingungen der Parteiherrschaft fest eingefügte, aber dennoch weitreichende und kräftige – Föderalismus als Faktor, der die leninistische Herrschaft in Jugoslawien stellenweise etwas aufzulockern hilft. Die »Selbstverwaltung« hingegen, von der jugoslawischen Partei als ihre große Errungenschaft hingestellt, die den jugoslawischen Sozialismus grundlegend vom sowjetischen, überhaupt vom Ostblock-Sozialismus unterscheide, hat mit den regionalen Verschiedenheiten der Herrschaftsausübung und überhaupt mit den politischen Zuständen im ganzen Land nichts zu tun. Sie ist eine Erscheinung jenseits der Politik geblieben. So hat es die Mehrzahl der jugoslawischen Parteiführer, Tito an erster Stelle, auch von Anfang an gewollt.

VII.
Auch drüben ist Europa
Menschen und Obrigkeiten im östlichen Europa

Die Völker Ostmittel- und Südosteuropas führen ein eigenes Leben, von dem der Westen nur summarische Vorstellungen hat. Sie mußten sich mit der Moskauer Oberherrschaft einrichten und mit den jeweiligen Unterherren im Land. Am Ende der vierziger und am Anfang der fünfziger Jahre sah es so aus, als hätten sich besonders die jüngeren Generationen der neuen Ordnung und auch dem neuen Glauben aufgeschlossen, ja angeschlossen. Doch das erwies sich als Irrtum. In dem Aufbegehren, das nach Stalins Tod immer wieder an anderer Stelle im sowjetischen Lager aufflammte, wurde offenbar, daß die Völker sich nicht preisgegeben hatten, daß sie nur, um zu überleben, dem ärgsten Druck ausgewichen waren. Nun sahen sich die Parteiführer, auch die in Moskau, der Rebellion gegenüber, und da erkannten sie, daß sie, was sie den »Sozialismus« nannten, viel langsamer vorantreiben müßten. So milderte sich der Kommunismus. Die Menschen, die natürlichen Gemeinschaften und darunter auch die Nationen kamen wieder mehr zu ihrem Recht. Die Führer nahmen die Forderungen der Untertanen auf, machten sich manches davon zu eigen, und veränderten sich damit selber. Aus Kommissaren Moskaus wurden landesstämmige Vizekönige, in einigen Fällen sogar Nationalkönige. Die Völker wissen, daß ihre Landesherren, aus dem Moskauer Palast mit Mißtrauen beobachtet, ihnen Freiheiten nur in kleinen Mengen zugestehen möchten. Sie drängen die Obrigkeiten zu mehr. Aber sie haben auch erfahren, daß selten Bestand hat, was sie gegen den strikten Willen der Führer durchsetzten. Gleiches hat der Westen zu bedenken, wenn er für die Völker und die Dissidenten drüben etwas erreichen will.

Was tun für die Menschenrechte?
15. Juni 1977

Auf der Belgrader Nachkonferenz zu Helsinki, deren Vorbereitung in diesen Tagen mit Referentengesprächen beginnt, wollen die Vereinigten Staaten dem Sowjetblock beharrlich seine Mißachtung der Menschenrechte vorhalten. Die amerikanische Regierung wird die Debatte um den Korb 3 von Helsinki, der auch eine sowjetische Festlegung auf Menschenrechte enthält, mit Energie führen und sich nicht mit leeren Moskauer Formeln zufriedengeben.
Anders klingt, was Bonn über seine Absichten in Belgrad laut werden läßt. Keine Konfrontation wegen Korb 3, kein heftiger Streit über Menschenrechte, der Ton soll auf der Zukunft liegen und nicht auf der Vergangenheit (die hier offenbar die Gegenwart einschließt), auf Zusammenarbeit und nicht auf Auseinandersetzung. Zurückhaltung scheint die Devise zu heißen.
Das Motiv kann sicherlich nicht sein, daß man sich moralisch zu wenig berechtigt fühlte, zu politischen Lasten der Sowjetunion in den Korb 3 zu langen, der Sowjetunion nach Helsinki Rechnungen zu präsentieren. Erinnern wir uns, wie die »Konferenz über Sicherheit und Zusammenarbeit in Europa« zustande kam. Die Sowjetunion hatte sich in den sechziger Jahren eine solche Veranstaltung in den Kopf gesetzt. Sie erhoffte davon die Anerkennung ihrer Kriegsbeute in Europa, die Festigung ihrer Herrschaft über das »Lager« und zugleich ein Auffasern des Westens. Ihr beharrlicher Wunsch, Helsinki solle der Konferenzort sein, ließ ahnen, daß sie ein Stück Finnlandisierung Westeuropas mit solch einer Veranstaltung zu erreichen hoffte. Der Westen fand wenig Gefallen an der ganzen Idee, gab aber schließlich dem sowjetischen Drängen nach.

Die Konferenz brachte ihrem Urheber dann nicht, was er sich von ihr versprochen hatte. Dem Westen aber gab sie einige Instrumente in die Hand, von der Sowjetunion etwas zu verlangen. Das Wichtigste ist der Korb 3. Wie kann es da unmoralisch oder auch nur unschicklich sein, die Instrumente zu gebrauchen? Wäre es umgekehrt ausgegangen, Moskau würde jetzt nicht zimperlich sein beim Ausnutzen seiner Gelegenheiten.

Eher schon ließe sich argumentieren, die Bundesrepublik habe mit der Sowjetunion und anderen Blockstaaten Verträge geschlossen, die humanitäre Regelungen für Deutsche in Osteuropa entweder enthielten oder jedenfalls erleichterten; damit fehle Bonn die Legitimation, kräftig im Korb 3 herumzurühren. Rechtlich gesehen hat auch das keine Basis. Für die Ostverträge hat Bonn dem jeweiligen Partner hohe Preise gezahlt. Mit dem Verzicht auf Positionen von Helsinki nochmals zu bezahlen, hat die Bundesrepublik keinen Anlaß. Die Ostverträge und Helsinki stehen auf verschiedenen Konten. Nur kein Durcheinander.

Gut wär's, wenn sich solche klare Trennung auch politisch durchhalten ließe. Aber die von der Regierung Brandt/Scheel zu vertretende Fehlerhaftigkeit der Ostverträge verwehrt es der Bundesrepublik, den Ertrag von Helsinki so zu verwerten, wie es andere westliche Länder ungeniert können – wenn sie wollen. Der deutsch-sowjetische Vertrag enthält nichts über die Umsiedlung deutscher Bewohner der Sowjetunion in die Bundesrepublik. Die Freigabe der in der Tschechoslowakei zurückgehaltenen Deutschen hat sich Bonn seinerzeit von Prag nur vage zusichern lassen. Mit Polen gab es eine Nachbesserung in einem neuen Vertrag, der endlich Zahlen enthält. Wenn die versprochenen 125 000 Deutschen aus Polen eines Tages da sind, wird die Ausreise eines jeden weiteren im Belieben der Warschauer Regierung stehen. Polen scheint seiner Verpflichtung bis jetzt nachzukommen, die Sowjetunion läßt immerhin 10 000 Deutsche im Jahr ausreisen. Ost-Berlin öffnet seine Grenze wenigstens hin und wieder in sogenannten Härtefällen, nennt das aber die reine Gnade. Auf die von Prag einst angekündigte Großzügigkeit wartet man noch. Kann in solcher Lage die Bundesrepublik sich gänzlich frei fühlen, die Erklärungen von Helsinki laut einzuklagen?

Sicher nicht. Bonn muß in Belgrad beim Hantieren mit dem Korb 3 seiner Erpreßbarkeit Rechnung tragen. Das kann allerdings nicht auf einen Verzicht hinauslaufen. Der würde die Bundesrepublik nur noch erpreßbarer machen und an anderen Stellen schweren Schaden anrichten.

Zum einen würde eine deutsche Abstinenz von der Auseinandersetzung über die Menschenrechte die Lage der Oppositionellen, ja aller Bedrängten im Ostblock verschlechtern. Sie alle haben inzwischen gelernt, sich gegenüber ihrer Obrigkeit auf Helsinki zu berufen. Eigentlich haben erst die Dissidenten aus dem Korb 3 ein verwendbares Gerät gemacht. Es muß aber in ihrer Hand unbrauchbar werden, wenn der Westen sich seiner nicht mehr bedient. Wollte die Bundesrepublik aus der Reihe der Länder ausscheren, die auf die Erfüllung der Menschenrechtsdeklaration von Helsinki pochen, gäbe sie ein schlechtes Beispiel. Bei der in Westeuropa sich ausbreitenden opportunistischen Schlaumeierei der Sowjetunion gegenüber könnte dies leicht Nachahmer finden. Am Ende wäre der Korb 3 für die Dissidenten leer.

Hinzu kommt die Gefahr eines deutsch-amerikanischen Auseinanderdriftens. Bonn und Washington können es sich nicht leisten, in der Auseinandersetzung um die Menschenrechte in verschiedenen Richtungen zu marschieren. Das heißt, Carter kann Schmidt nicht auf seine Lautstärke in dieser Sache verpflichten. Aber es kann auch nicht

Schmidt die Bundesrepublik in Belgrad so operieren lassen, als hätte sie mit der amerikanischen Menschenrechts-Politik nichts zu tun.

Die Spur darf sich nicht verlieren
24. Januar 1980

Der Nobelpreisträger Sacharow wird am 22. Januar 1980 aus Moskau deportiert.

Schon lange, jahrelang, muß es den Mitgliedern des Obersten Wohlfahrtsausschusses der Sowjetunion, des Politbüros, in den Fingern gejuckt haben, wenn sie an den Nobelpreisträger Sacharow dachten: da lebte er in ihrem Moskau, in einem Haus, das ihnen gehört (denn was gehörte im Sowjetreich nicht ihnen), von ihrem Geld – und rief die westliche Welt auf, es der Sowjetunion nicht zu leicht zu machen, sich von ihr nicht alles bieten zu lassen, was sie drinnen und draußen vorhatte, mit eigenen Untertanen und fremden Ländern. Lange hat der Wohlfahrtsausschuß dem zugesehen. Er fand es wohl nützlich, nach dem Abtransport des einen ungebärdigen Nobelpreisträgers, des Dichters Solschenizyn, noch einen anderen im Lande und sogar in der Hauptstadt zu haben, den Physiker Sacharow, auf den man unmutige Anfrager verweisen konnte in der Flut von Repressionen gegen politische Opponenten: Seht her, da prangert uns einer an, und wir lassen ihn gewähren, lassen ihm sogar Gehalt, Titel und Orden.
Freilich, in der letzten Zeit schien sich die Großmut des Obersten Wohlfahrtsausschusses zu erschöpfen. Immer häufiger war Sacharows Telefon taub und stumm. Am

Dienstag dieser Woche war es dann soweit. Die Sicherheitsorgane haben Andrej Sacharow und seine Frau Jelena fortgeschafft. Wo sie die beiden festhalten, wie sie mit ihnen verfahren, was sie mit ihnen vorhaben, wissen wir nicht.
Es ist nicht erstaunlich, daß sich die sowjetische Obrigkeit Sacharow jetzt gegriffen hat; wahrscheinlich hatte sie dafür schon lange den Jahresanfang ins Auge gefaßt. Im Sommer sollen in Moskau Olympische Spiele sein, da wollte die Sowjetmacht rechtzeitig ihre Hauptstadt von Dissidenten säubern. Die meisten von ihnen sind der Weltöffentlichkeit unbekannt, die Namen besagen ihr nichts, und die Nachricht, sie seien aus Moskau entfernt, entzündet im Westen Unbehagen, aber keinen Flächenbrand der Empörung. Es ist darum für die Sicherheitsorgane der Sowjetmacht ziemlich einerlei, wie lange vor den Olympischen Spielen sie solche Opponenten aus Moskau entfernen; selbst wenn sie das vierzehn Tage vor Olympia-Beginn täten, wäre es nicht sehr riskant.
Bei Sacharow ist das anders. Ihn kennt alle Welt. Ihn erst wenige Wochen oder selbst Monate vor den Spielen wegzubringen, hieße eine häßliche Decke des Protestes über die Schmuck-Veranstaltung zu breiten. So mußten die Sowjetführer im vorigen Herbst kalkulieren. Ihr afghanisches Abenteuer ändert am Ergebnis wenig. Denn zwar werden die Olympischen Spiele jetzt in jedem Fall sichtbar, greifbar lädiert sein, was immer die einzelnen westlichen Regierungen ihren Sportlern anraten sollten; mit der Olympia-Pracht in Moskau ist es nun vorbei. Aber Spiele werden dort stattfinden, und wäre es nur eine erweiterte Sowjet-Spartakiade. Sportler aus dem Westen werden daran teilnehmen, westliches Publikum wird mitkommen. Das werden nicht alles Sowjetfreunde sein; mancher könnte laut nach Sacharow fragen. Je länger vor den Spie-

len er aus Moskau verschwindet, desto mehr hat sich die Welt im Sommer daran gewöhnt, daß er fort ist, desto weniger lästige Fragen gibt es.
Der Einmarsch in Afghanistan hat dem Politbüro aber einen neuen Anlaß geschaffen, sich mit der Deportation Sacharows zu beeilen. In der ganzen Welt erschallen nun die Proteste gegen die sowjetische Aggression, sagen Leute des öffentlichen Lebens Begegnungen mit Sowjet-Funktionären ab, gibt es öffentliche Demonstrationen gegen den sowjetischen Imperialismus. So häßlich hat der Sowjetstaat seit 1968, als er die Tschechoslowakei besetzte, nicht mehr ausgesehen. Da mag es den Sowjetführern schon nicht mehr darauf ankommen, daß es außerdem wegen Sacharow Lärm gibt. Mehr noch: sie werden auf eine Zersplitterung der westlichen Protest-Energien hoffen. Vielleicht, so könnten sie rechnen, gerät jetzt manchem Westler über seinem Zorn wegen der Deportation Sacharows der sowjetische Krieg gegen Afghanistan aus dem Blick, und das brächte Erleichterung an einer Stelle, wo der Druck der Weltmeinung Moskau unangenehm ist. Die westlichen Regierungen andererseits, so könnte das Kalkül des weiteren sein, sind jetzt beschäftigt mit ihrer Reaktion (oder deren Verweigerung) auf Afghanistan, und deshalb haben westliche Staatsmänner kaum Zeit, auch noch in Moskau für Sacharow zu intervenieren. Hat Carter jetzt nichts anderes zu tun, als Sacharow noch einmal einen Brief zu schreiben (sofern er herausbekommt, wie der Brief heute zu adressieren wäre)?
Wir im Westen können nur registrieren, können nur das wenige, was wir vom Schicksal Sacharows wissen, in einen Zusammenhang bringen. Die Sowjetmacht wird uns nicht auf dem laufenden halten. Sie wird uns aber laufend täuschen wollen – um die Beweise für ihr Umspringen mit Sacharow zu verwischen; um in der Welt ein Mißtrauen zu er-

zeugen, das sich bald immer mehr gegen die notgedrungen unsicheren, lückenhaften westlichen Berichte über Sacharow richtet als gegen die Moskauer Desinformation; um sich Schein-Gelegenheiten zu verschaffen, westliche »Antisowjet-Hetzer« und »Störer der Entspannung« zu entlarven.

Das darf uns nicht ablenken. Mag die Sowjetmacht Andrej Sacharow noch so tief in den Tiefen ihres Reiches verstekken wollen – wir müssen dem tapferen Mann und seiner beherzten Frau mit unseren suchenden Augen folgen, damit sich ihre Spur nicht verliert.

Was denken die Osteuropäer?
26. März 1980

Was ist in der Weltkrise nach Afghanistan der Wille, was das Interesse der Osteuropäer im Vorfeld der Sowjetunion? Das läßt sich schwer in eine Formel fassen. Da gibt es Nuancen schon zwischen den einzelnen Nationen, greifbare Unterschiede erst recht in jedem einzelnen Land. Fangen wir bei der Bevölkerung an. Sie wäre die Moskauer Oberhoheit gern los, so rasch wie möglich. Doch dieser Wunsch stößt sich an der Realität, der Macht der Sowjetunion. So möchte sie dieser Macht wenigstens Grenzen gezogen sehen – in der Überzeugung, daß der Druck auf Osteuropa nur zunehmen könne, wenn Moskau sich stärker fühlt. Dahinter steht die Hoffnung, eines Tages werde ein kontinuierlicher Niedergang der Sowjetmacht beginnen, in dessen Verlauf die ins »Lager« eingesperrten Völker ihre Selbstbestimmung wiedererlangten. Dies ist die Motiv-

Kette, welche den Großteil der Osteuropäer wünschen läßt, daß Afghanistan für Moskau zu einem Debakel werde, daß der Westen der Sowjetunion mit Sanktionen zusetze und sich zugleich politisch wie militärisch kräftige. Aus den gleichen Gründen hat die Bevölkerung Osteuropas seinerzeit die sowjetisch-chinesische Spaltung erwartungsvoll begrüßt.
Andererseits aber gibt es unter der Bevölkerung Osteuropas Ängste, eine Verschärfung im Ost-West-Konflikt könnte auch ihre Lage, jedenfalls für eine Weile, verschlechtern, könnte für Moskau der Anlaß sein, seine Hand noch schwerer auf solche Völker in seinem Imperium zu legen, denen es ohnehin nicht traut. Solche Befürchtungen sind bei den Völkern am stärksten, denen es gelungen ist, den Sowjets die Duldung etwas erträglicherer innerer Verhältnisse abzutrotzen oder abzulisten, also bei den Polen und den Ungarn, sodann bei den Ost-Deutschen, denen die deutschlandpolitischen Besonderheiten einige Erleichterungen bringen; weniger bei den Tschechen und Slowaken, die sich unvermindert fest im sowjetischen Griff fühlen.
Die Rumänen wiederum, die in den letzten Jahrzehnten wenig an innerer Reform, dafür aber ein Stück nationale Souveränität gewonnen haben, bangen darum: Könnte es nicht sein, daß die Sowjetunion Bukarest in die Block-Disziplin zurückzwingt, wenn der weltpolitische Wind eisig weht?
Ähnlich gespalten wie die Untertanen sind offensichtlich die unteren Funktionäre. Zwar trennt ihre Kasten-Zugehörigkeit sie von den »Werktätigen«. Doch sie leben unter den Leuten, hören oder spüren, was die denken, und können oft gar nicht anders, als etwas davon aufzunehmen. Selbst wenn das nur zum Schein geschieht – auf die Dauer entsteht ein doppelspuriges Bewußtsein und manchmal

auch ein ebensolches Verhalten. So erklärt sich das Phänomen, daß kleine Parteifunktionäre nicht viel anders gestimmt sind als das Volk, aber eben dieser Stimmung entgegentreten sollen. Das Heer der kleinen Funktionäre im Ostblock, so muß man annehmen, wünscht der Sowjetunion im Afghanistan-Abenteuer eigentlich keinen Erfolg, fürchtet jedoch für das eigene Land mögliche Konsequenzen eines Moskau vom Westen bereiteten Mißerfolgs.
Anders ist die Interessenlage des hohen Parteiadels. Der fühlt sich (mit Ausnahme des rumänischen) in seiner Existenz und Macht von der Sowjetunion garantiert, also abhängig; die Parteichefs und die Leute in ihrem Umfeld hängen wie mit einer Nabelschnur am Moskauer Politbüro. Diese Schicht ist mit der Sowjetunion auch in der Afghanistan-Affäre solidarisch – freilich nicht soweit, daß sie das Unternehmen mit Freude betrachtete; sie sieht davon neue wirtschaftliche Lasten auf den ganzen Block zukommen. Der Pole Gierek und der Ungar Kadar bangen außerdem wohl um ihren politischen Spielraum, Honecker um den wirtschaftlichen Nutzen sowie um den politisch-psychologischen Entlastungseffekt des besonderen deutsch-deutschen Verhältnisses. Aber keiner der Parteiführer im Lager (außer Ceausescu) kann sich ernsthaft wünschen, daß der Westen den Sowjets ihre Landnahme in Afghanistan in eine weltpolitische Niederlage verwandle, die ein Signal dafür sein könnte, daß der sowjetische Imperialismus den Zenit überschritten hätte.
Der Westen kann sich nicht am Machtbewahrungsinteresse der osteuropäischen Parteiführungen orientieren. Für ihn kommt auch nach der Afghanistan-Krise das, was die Politbüros der kleineren Länder im sowjetischen Lager wünschen, nur insoweit als mögliches Motiv zum Handeln oder Unterlassen in Betracht, als sich darin Wünsche der Völker spiegeln. Der Westen muß auf die Völker Osteuro-

pas schauen. Die scheinen hin- und hergerissen zwischen zwei Interessen: dem einen, den ungeliebten Despoten Sowjetunion aufgehalten, gezügelt, geschwächt zu sehen – und dem anderen, das Stück innenpolitische Erleichterung und Öffnung zum Westen zu verlieren, das Moskau ihnen in den sechziger und siebziger Jahren ungern zugestand.
Das eine rät dem Westen Härte gegenüber Moskau an, das andere eine Politik sorgsam abgemessener Reaktionen auf Afghanistan. Aber die zwischen der Bundesrepublik und der Sowjetunion lebenden Völker haben noch ein wichtigeres Interesse: daß der Westen sich von Moskau nicht an die Wand drängen, sich nicht erpreßbar machen lasse. Denn wenn das weltpolitische Gleichgewicht zugunsten der Sowjets zerstört ist, haben in Osteuropa alle Besonderheiten, alle Erleichterungen rasch ein Ende.

Wenig Ansehen und viel Macht
17. Februar 1981

Am Beginn der achtziger Jahre ist das Ansehen des Sowjetkommunismus auf einem Tiefpunkt. Den Sinngehalt des Begriffs bestimmen Kennworte wie Afghanistan, Polen, politische Gefangene, Wirtschaftsmisere. Gewisse technische und zivilisatorische Leistungen der Sowjetunion können das nicht aufwiegen.
Der Reputationsverfall des Sowjetreiches ist in der westlichen Welt allgegenwärtig. Früher besaß der Prosowjetismus und Proleninismus im westlichen Sozialismus starke Bastionen. Der Ablösungsprozeß war in mehreren sozialistischen Parteien langwierig und wechselvoll. Er hat aber

allmählich zur Selbstbefreiung aus der babylonischen Gefangenschaft der Volksfront-Besessenheit geführt. Ist es nicht symptomatisch, daß ein tschechischer Emigrant von 1968 mit Hilfe der italienischen Sozialisten ins Europäische Parlament einzog?
Aber im Westen haben nicht nur die Sozialisten, sondern sogar die Kommunisten vom Sowjetkommunismus Abstand genommen. Freilich, da muß man sich vor Illusionen hüten. Keineswegs ist der ganze west-europäische Kommunismus diesen Weg gegangen. Den »Eurokommunismus« als Gemeinschaft der sich allesamt entsowjetisierenden, entleninisierenden kommunistischen Parteien Westeuropas gibt es nicht. Verschieden fest sind die Bindungen der einzelnen westlichen K-Parteien an die sowjetische, und unterschiedlich entwickelt ist das Bestreben, sie zu lockern. Die portugiesischen Kommunisten wollen nichts von ihrer leninistisch-stalinistischen Tradition aufgeben. Der französische Kommunistenführer Marchais hat mit seinen demokratischen, freiheitlichen und national-autonomistischen Eskapaden nur eine Weile das Volk täuschen wollen; immerhin gärt es in seiner Partei unter den Intellektuellen und den Jungen.
Die italienischen Kommunisten treiben mitten im Strom zwischen dem sowjet-leninistischen und dem demokratisch-sozialistischen Ufer und scheinen unschlüssig, wohin sie sich wenden wollen. Doch die neuen Wähler, die ihnen seit der Mitte der siebziger Jahre zuströmten, wollten nicht einen Ableger des Ostblock-Kommunismus stärker machen, sondern eine Oppositionspartei, welche die italienische Demokratie besser zu verwalten versprochen hatte. Am weitesten hat sich die spanische Kommunistische Partei von Lenin und Breschnew entfernt, unter der Führung Carrillos. Die Gegenkräfte rühren sich; doch ihre Kämpfe sehen nach Rückzugsgefechten aus. Demokratie und Frei-

heit können auf den westeuropäischen Kommunismus nicht zählen; aber Moskau entfremdet er sich mehr und mehr.
Das scheint anders zu sein in manchen Regionen der Dritten Welt, in Mittelamerika vor allem, wo Kuba, der lateinamerikanische Außenposten des sowjetischen Lagers, revolutionäre Bewegungen inspiriert und dirigiert. Doch die unruhigen Bevölkerungen dort wünschen sich nicht ein Leben wie in Kuba und nicht eine Politbüroherrschaft. Castros Popularität in einigen Ländern Lateinamerikas beruht auf alten Irrtümern, die, abgedeckt vom Streben nach sozialer Befreiung und von einem nationalistisch-antiamerikanischen Rausch, überleben können.
Am wenigsten halten vom Sowjetkommunismus die kleineren Nationen des europäischen Sowjetblocks. Es ist nützlich, sich daran zu erinnern, daß Moskau dort 1945 an mehreren Stellen mit Chancen anfangen konnte. In Polen war nun zu der traditionellen Russenfeindschaft die neue Erfahrung gekommen, daß immerhin die Rote Armee die Deutschen aus dem Lande vertrieben hatte. In der Tschechoslowakei erreichte die panslawistische Gefühlswoge ihren Höhepunkt. Panslawistische Sympathie kam den Sowjets auch in Jugoslawien entgegen. Ein Teil der Rumänen schien bereit, sich mit der Sowjetunion als neuer Schutzmacht innerlich abzufinden.
Von alledem ist nichts geblieben. In dreieinhalb Jahrzehnten hat die Sowjetunion ihr osteuropäisches Vorgelände in eine Sympathie-Wüste verwandelt. Niemand mag dort die östliche Vormacht und ihre innere Ordnung. So weit geht die Abneigung, daß sie sich selbst gegen die russische Sprache richtet. So fühlt denn das Moskauer Politbüro nur im eigenen Sowjetland noch festen Boden unter den Füßen. Aber selbst da schwankt es an den Rändern.
Und doch, dieser in der Welt ungeliebte Sowjetkommu-

nismus ist heute auf der Höhe seiner äußeren Macht. Längst sind die Zeiten vorbei, da sich Amerika als die erste Weltmacht betrachten konnte; sogar ein amerikanischer Anspruch, der Sowjetunion ebenbürtig zu sein, müßte hohl klingen. Die neue amerikanische Regierung gibt nur der Realität die Ehre, wenn sie es zu ihrem Ziel erklärt, das Machtgleichgewicht wiederherzustellen.

Im ökonomistisch orientierten Westen ist die Versuchung groß, dem militärischen Vorsprung der Sowjets ihren wirtschaftlichen Rückstand gegenüberzustellen, ihre Kriegsmacht entwertet zu sehen von ihrer Wirtschaftsohnmacht. Dabei wird etwas übersehen: In Rußland bricht sozialer Protest allenfalls dann aus, wenn es nicht einmal mehr Brot gibt. Brot aber gibt es meistens, und immer ist eine starke, wachsame Polizei da, vor der sich das Volk fürchtet.

Ein seltsamer Widerspruch: der Sowjetkommunismus auf der Höhe seiner Macht und auf dem Tiefpunkt seines Ansehens. Wie mag sich das einst auflösen? Wird das Ansehen der Macht nach oben folgen – oder die Macht dem Ansehen nach unten? Manches spricht für die zweite Variante. Aber wenn es so kommt – die Zeit bis dahin wird für den Westen voller Gefahren sein.

Nicht nur zu Geburtstagen
30. Mai 1981

Neulich war im Westen viel von dem sowjetischen Dissidenten Sacharow die Rede. Berichte in den Zeitungen und im Rundfunk beschrieben, wie der Gelehrte und Nobelpreisträger in der Stadt Gorki in der Verbannung lebt; wie die Geheimpolizei ihn unausgesetzt bespitzelt, bestiehlt, bedrängt; daß er manchmal dem Verzweifeln nahe ist. Westliche Organisationen, die sich um Opfer politischer Verfolgung kümmern, appellierten an die Moskauer Obrigkeit, Sacharow menschenwürdig zu behandeln. Was war für all das der Anlaß? Sacharow wurde am 21. Mai sechzig Jahre alt. Vor diesem Geburtstag hatte man im Westen lange nicht mehr von ihm gesprochen, und danach fällt er bei uns, so scheint es, wieder der Vergessenheit, der Vergeßlichkeit anheim.

Doch eine Pflicht, die wir nicht abstreifen können, gebietet uns anderes, und nicht nur gegenüber Sacharow. In Osteuropa Verfolgte sind auf unsere Interventionen angewiesen. Und solche Interventionen von Politikern, von anderen Persönlichkeiten des öffentlichen Lebens, von Vereinigungen setzen voraus, daß sich die Öffentlichkeit hier für die dort Bedrängten interessiert, daß sie sich mit ihnen beschäftigt. Sie signalisieren es uns aus den Gefängnissen und Verbannungsorten: Vergeßt uns nicht, redet laut von uns, protestiert gegen die Mißhandlungen, denen wir ausgesetzt sind, interveniert bei unserer Regierung; nur ihr im Westen könnt uns helfen. Und alle politischen Häftlinge, Dissidenten, die in den Westen freigelassen werden, bestätigen es hier.

Es gibt in den westlichen Ländern genug Leute, die sich dieser Verantwortung bewußt sind. Doch sie stoßen an

Grenzen ihrer Möglichkeiten: es ist schwer in unserer Öffentlichkeit, das Interesse am Schicksal osteuropäischer Dissidenten beständig wachzuhalten, am Schicksal von Leuten, die hier niemand recht kennt und deren schweres Leben sich hier in der Freiheit und im Wohlstand niemand so recht vorzustellen vermag. Und dann: es sind so viele – in der Sowjetunion und in anderen osteuropäischen Staaten. Ist es da eigentlich gerecht, sich um einige wenige, zum Beispiel um Sacharow, zu bemühen, wenn Hunderte andere niemanden haben, der sich für sie einsetzt? Aber wäre es gerechter, sich um keinen zu kümmern?

Wer den in Osteuropa Verfolgten helfen will, der darf sich nicht vom Zweifel an der Gerechtigkeit des Eintretens nur für einzelne überwältigen lassen. Er muß tun, was er kann – wie wenig das ihm erscheinen, wie wenig es sein mag. Er braucht dabei nicht nur Mut, sondern auch Ausdauer. Der frühere amerikanische Präsident Carter schrieb einmal Sacharow einen persönlichen Brief; aber bald darauf ließ er seinen Kampf für die Menschenrechte in Osteuropa versacken. Indessen, dieser guten Sache schadet nichts so sehr wie Sprunghaftigkeit und Wankelmütigkeit. Nur wer mit der Beständigkeit eines Drillbohrers arbeitet, erreicht etwas. Mancher westliche Politiker, der seine osteuropäischen Gesprächspartner durch Jahre immer wieder nach einem politischen Gefangenen fragte, hat schon dessen Freilassung erreicht. Und nicht nur Politiker können solche beharrlichen Fragen stellen, sondern auch Gelehrte, Künstler, Sportler, in manchen Situationen sogar Männer der Wirtschaft.

Das Risiko ist zu bedenken. Aber manchmal besteht es nur darin, daß ein Bankett sich etwas frostiger anläßt – der Preis ist sicher nicht zu hoch. Und man darf auch nicht vergessen, daß mächtige Partei- und Staatsführer in Osteuropa heimlichen Respekt haben vor Repräsentanten der westlichen Welt, die ihnen mit Charakter und Mut gegenübertreten. Freilich, zur Courage muß Augenmaß, der Sinn fürs Erreichbare kommen. Wer nur Gesinnungsproben ablegen will, wird nichts bewirken und kann zerstören, was andere mit Klugheit vorbereitet haben.

Dies ist auch nicht ein möglicher Nebenschauplatz im Ost-West-Konflikt. Gewiß, die Menschenrechte sind die Idee, die der Westen der sowjetischen Ideologie entgegensetzt. Doch wer das Bemühen um einzelne Verfolgte stets in diese prinzipielle Auseinandersetzung hineinwebt, der wird mehr dem Prinzip nützen, als dem einzelnen helfen.

Es gibt keine feststehenden Regeln für den mühseligen Kampf um die Rettung Verfolgter in der kommunistischen Welt, um Erleichterung für sie. Das ist eine Arbeit, bei der wechselnde Situationen wechselnde Methoden verlangen. In manchen Fällen läßt sich schon damit etwas erreichen, daß westliche Nachrichtenmedien Kenntnisse vom Schicksal eines Verfolgten in dessen Heimatstaat verbreiten. Manchen kommunistischen Obrigkeiten in Osteuropa scheint es geraten, sich bei der Unterdrückung einzelner unliebsamer Untertanen zurückzuhalten – die eigene Bevölkerung könnte unruhig werden, und ein kommunistisches Regime hat am liebsten die Ruhe im Land, die es nicht erst herstellen muß. Doch in einigen kommunistischen Ländern ist der Druck auf die Bevölkerung so stark, daß selbst vorsichtiges Bekunden von Anteilnahme am Schicksal eines Bedrängten außerhalb dessen liegt, was sich die Untertanen zutrauen. Da ist Sympathiedruck aus dem Lande nicht zu erwarten; nur die Intervention aus der nichtkommunistischen Welt kann helfen.

Die Mittel sind vielfältig – die Arbeit darf nie ruhen, wir dürfen sie nie aus der Hand legen. Sacharow und seine vielen Leidensgefährten in Osteuropa, für das wir Westeuropäer eine besondere Verantwortung tragen, dürfen uns nicht nur an ihren Geburtstagen interessieren. Wir müssen immer für sie dasein, denn sie haben niemanden als uns.

Was wünschen sich die Osteuropäer?
4. September 1981

Ungleich sind die Sehnsüchte in den beiden Hälften unseres Kontinents. Wie viele Westeuropäer möchten schon in Osteuropa leben – die meisten haben noch nicht einmal Lust, für ein paar Wochen hinzufahren. Westdeutsche und Holländer, Schweden und Franzosen fühlen sich in Osteuropa fremd. Und selbst wenn sie die Sprache eines osteuropäischen Volkes sprechen und seine Sitten schätzen, sie wollten in dem Lande darum nicht wohnen, weil es kommunistisch ist.

Von Ost nach West hingegen zieht es Ungezählte. Millionen Bewohner des Sowjetimperiums lockt die Vorstellung wie ein Märchenbild, sie könnten auf einmal für immer im Westen sein. Viele Osteuropäer brechen eines Tages in den Westen auf, überqueren die Grenze – manchmal mit Gefahr für ihr Leben – und begrüßen dann das Ziel ihrer Reise wie ein gelobtes Land. Manche von ihnen wollen ungerechter Verfolgung entgehen; doch die meisten treibt eine existentielle Gewißheit, daß es hier ganz anders und unvergleichlich besser sei.

Was suchen sie bei uns? Sicherlich zumeist mehreres; aber alle das gleiche, nur in unterschiedlichem Mischungsverhältnis. Wer der leninistischen Unterdrückung entgehen und im Westen in Freiheit leben möchte, der erwartet sich dort auch ein materiell leichteres Leben – daß er mehr ver-

dient, daß er für sein Geld auch etwas Ordentliches erhält, daß er nicht mehr Schlange stehen, nicht mehr Abenteuer bestehen muß, ehe er an ein Ersatzteil kommt. Und wer, umgekehrt, um solcher Vorteile willen herstrebt, dem gibt es einen weiteren Ansporn, daß er sicher ist, er könnte im Westen auch frei reden, alles lesen, ohne Nachteil in die Kirche gehen, und er müßte nicht den Marxismus und die Partei grüßen wie einen Gessler-Hut. Wen es aus dem Osten in den Westen zieht, der möchte hier so leben wie wir. Aber freilich, die Fortstrebenden sind eine Minderheit. Fragte man die Osteuropäer, die ans Fortgehen nicht denken, weil die Aussicht fortzukommen viel zu gering ist, als daß das Darandenken einen Sinn hätte, oder weil sie mit ihrer ganzen Existenz an ihrer Heimat hängen oder weil es ihnen, und dies sind viele Millionen, daheim immerhin leidlich geht – fragte man die alle, dann käme sicher heraus, daß auch sie sich ein Leben wünschen, wie sie gehört haben, daß wir es führten.
Da gehen die Vorstellungen freilich über die Wirklichkeit hinaus. Die Quellen der Erkenntnis sind nicht alle rein. Viele Osteuropäer machen sich ihr Bild vom Westen nach ihren Erfahrungen mit westlichen Ferienreisenden. Aber wer in den Ferien ist, schaut nicht auf den Pfennig; und manchem dienen die Ferien auch als Gelegenheit zu zeigen, was er hat – gar in Osteuropa, wo es viel leichter ist, wegen materieller Güter bestaunt zu werden.
Aus dem Westen kommen auch Verwandte und Freunde und bringen herrliche Sachen mit. Die Überlegung, ob wohl der Gast sich daheim derartiges oft leistet, leisten kann, liegt dann ziemlich fern. Kataloge westdeutscher Versandhäuser gehen in Osteuropa von Hand zu Hand wie Reiseberichte aus dem Paradies – und daß die Herrlichkeiten, die da in so wunderbaren Farben leuchten, drüben ihr Geld kosten, daß niemand im Westen sich alles auf einmal

kommen lassen kann, was das Zauberbuch herzeigt –, wer mag sich das schon eindringlich vorstellen? Die Mär vom goldenen Westen gilt im Osten als die reinste Wahrheit.

Aber wollen die Bewohner der Länder östlich von Deutschland wirklich, daß bei ihnen alles so werde, wie es bei uns ist? Das Leben im westlichen Teil Europas hat Seiten, die schon heute manchen im östlichen bedenklich stimmen, die dort noch viel mehr abschreckten, wenn genaue Kenntnis darüber verbreitet wäre: die Massenarbeitslosigkeit in Italien etwa oder der Terrorismus; die Streikwillkür in manchen westlichen Ländern, die nicht einmal vor den Krankenhäusern haltmacht; die Massengewalttätigkeit auf den Straßen, die man bei uns hinter dem Namen »Demonstrationen« zu verbergen sucht; oder der Rauschgiftwahnsinn, der auch über die Grenzen Osteuropas hinüberschwappt. Und es ist ja auch eine krause Idee, daß die Osteuropäer sich wünschten, für sexuelle Perversionen solle bei ihnen ebenso eifrig geworben werden wie bei uns.

Osteuropäer, die den Westen näher kennen, befremdet hier die zu hohen Graden getriebene Rücksichtslosigkeit, eine Gesinnung und Praxis der Ellenbogen, ein Mangel an Mitmenschlichkeit. Die Beobachtung, daß sich bei uns immer mehr junge Paare zusammenfinden mit dem erklärten Ziel, keine Kinder zu bekommen, läßt sie zweifeln, ob uns etwa der Sinn fürs Natürliche abhanden komme. Und die Erfahrung, daß hier Hunderttausende junger Leute in den Schulen an der Literatur und der Geschichte vorbeigeleitet werden, läßt sie fragen, ob die Kultur im westlichen Deutschland zugunsten eines Kulturbetriebs für wenige abdanke.

Vielleicht, sagt mancher hier mit wissendem Lächeln, fielen sie drüben alledem auch anheim, wenn sie erst unseren materiellen Wohlstand besäßen, nach dem es sie doch so verlangt. Wer weiß? Aber wenn das stimmte – was besagte es eigentlich? Daß wir im Westen den materiellen Überfluß nicht richtig genutzt, daß wir ihn geistig nicht beherrscht haben, sondern uns von ihm treiben ließen. Und daß wir damit nun auch noch den Osteuropäern ein schlechtes Beispiel geben.

Wer hilft den Osteuropäern?
10. November 1982

Die von der Sowjetunion unterworfenen Völker Osteuropas sind nach ihrer ethnischen Herkunft, nach Geschichte, Kultur, Sprache und Lebensart ganz verschieden. Auch ihre heutige Lage ist nicht gleich; es gibt im Sowjetblock durchaus Abstufungen der Unfreiheit. Aber in einem stimmen diese Völker alle überein: Sie wünschen sich, daß ihr Dasein, wie es heute ist, sich grundlegend verändere, daß sie ein eigenes Leben, ein Leben ohne Fremdherrschaft führen können. Doch wenn sie mit solchem Begehren in die Zukunft schauen, welcher Ausblick eröffnet sich ihnen da?

Die Erfahrungen, die sie in bald vier Jahrzehnten sammeln konnten, versprechen ihnen nicht viel. Am sichersten wissen sie, daß sie vom Westen wenig zu erwarten haben. Denn welche Politik immer der Westen gegenüber der Sowjetunion betrieben hat – für die im sowjetischen Lager gefangenen Osteuropäer waren die Unterschiede gering. Erinnern wir uns an die – für den Westen unvermeidliche – Politik der Konfrontation im sogenannten kalten Krieg in den endvierziger und den fünfziger Jahren: die osteuropäischen Völker durchlitten damals ihre schlimmste Zeit, und es besserte an ihrem Schicksal nichts, daß die westliche Welt den Sowjets entschlossen entgegentrat, um eine weitere Ausdehnung ihres Imperiums zu verhindern. Dies ergab nur eine vage Verheißung – daß der Westen sich nicht überrollen lasse, daß er bestehenbleibe und später einmal, wenn sich etwas wenden sollte, als Faktor dasein werde. Die sechziger und siebziger Jahre brachten dann, nach einer ungewissen, wechselhaften Zwischenphase, die »Entspannung«. Inzwischen hatte sich das Los der Osteuropäer erleichtert. Doch das war nicht auf das Ende des kalten Krieges zurückzuführen, sondern auf innere Veränderungen im sowjetischen Machtgefüge und auf eigene Leistungen der Völker Osteuropas. Die Entspannung hat dem wenig hinzugefügt.

Aber auch die Ende der siebziger Jahre angebrochene Periode einer mehr auf Eindämmung des Sowjetkommunismus und auf Gleichgewicht bedachten Ostpolitik des Westens hat den Osteuropäern bisher nicht viel Nutzen gebracht. Der neue Ostkurs, dessen Protagonisten der amerikanische Präsident Reagan und die britische Premierministerin Thatcher sind, hat den Osteuropäern keine Hoffnung eröffnet; freilich hat er ihnen auch keine genommen.

Wenn der Westen Osteuropa offensichtlich nicht gegen die Sowjetunion helfen kann – gibt es für die Osteuropäer etwa eine Aussicht, daß günstige Veränderung für sie aus der Sowjetunion selber komme? Das heißt: Könnte sich der Sowjetkommunismus so lockern, daß den Völkern im Vorhof der Sowjetunion Erleichterung zukäme? Das läßt sich nicht für alle Zukunft ausschließen, denn noch jede Herrschaftsordnung in der Welt hat sich gewandelt. Doch um den Zeitraum richtig abzuschätzen, um den es dabei gehen könnte, muß man sich vor Augen halten, wie viele Jahrhunderte schon in Rußland Despotismus herrscht.

Eine Öffnung zu Freiheit und Demokratie, die auch die Herrschaft über andere Völker diesen erträglicher machen könnte, zeichnet sich in der Sowjetunion nicht ab. Eitel sind dabei die Hoffnungen auf die neue technokratische Schicht. Die hält nicht, was sich mancher im Westen von ihr versprochen hat. Sie ist nur an Privilegien unpolitischer Art, nicht aber an politischen Reformen interessiert.

Wenn also die Osteuropäer weder aus dem Westen noch aus dem Osten Erleichterung zu erwarten haben – können sie sich dann selber helfen? Sie haben es in den vergangenen Jahrzehnten mit mancherlei Aufbrüchen versucht. Die einzelnen Ergebnisse waren unterschiedlich, die Gesamtbilanz fällt zwiespältig aus. Der Volksaufstand in der DDR von 1953 hat kaum bleibende Errungenschaften hinterlassen. Fortschritte, die es für die Bevölkerung in der DDR später gab – in der Kirchenpolitik oder im Materiellen –, hatten andere Ursachen. Anders die polnische und die ungarische Erhebung von 1956: beide haben sich ausgezahlt, wobei die Ungarn auf den Lohn freilich lange Jahre warten mußten. Der Prager Frühling von 1968 hat den Tschechen und Slowaken nichts hinterlassen als bittere Enttäuschung. Das polnische Aufbegehren von 1970 brachte nur einen Personenwechsel an der Spitze des Regimes. Die Bewegung von 1980, die in die Gründung der Gewerkschaft »Solidarität« mündete, ist einstweilen von der bewaffneten Militärmacht erstickt; ob sie dennoch wohltätige Spuren im Land hinterlassen wird, kann heute niemand sagen.

Mögen die Auflehnungs-Bilanzen der einzelnen Nationen im Vorhof der Sowjetunion unterschiedlich ausfallen – im ganzen hat sich das Aufbegehren doch gelohnt. Osteuropa sähe heute anders aus, wenn die Völker dort sich seit 1945 nie gerührt hätten. Doch daraus ist schwer eine Anleitung zum Handeln zu gewinnen. Nur ein einzelnes osteuropäisches Volk kann sich für ein Aufbegehren entscheiden. Das ist indessen oftmals keine freie Entscheidung in dem Sinn, daß das Volk auch anders könnte, sondern innere, existentielle Notwendigkeit. Und darum ist auch an die Folgen nicht die Elle des äußeren, sichtbaren Erfolgs anzulegen. Erfolgloses Aufbäumen kann einer Nation zuträglicher sein als das Sichweiterfügen in einen unerträglichen Zustand. Vielleicht kommen die Völker Osteuropas nur so – mit erfolgreichem und erfolglosem Aufbegehren – beschädigt, aber ungebrochen durch die Zeit der Sowjetherrschaft. Bis dann eines Tages die Sowjetmacht vielleicht doch nicht mehr die Kraft hat, Osteuropa niederzuhalten.

Der Papst – nach Osten schauend
24. Januar 1984

Unbeirrt führt der Vatikan seine Ostpolitik weiter – geräuschlos, zäh, mit langem Atem. Das Räderwerk der päpstlichen Ost-Diplomatie arbeitet. Ihre Methoden sind unterschiedlich, berücksichtigen die Politik der einzelnen kommunistischen Länder. Manche leninistische Obrigkeit strebt nach der sichtbaren, ja sogar der formalisierten Verbindung mit dem Vatikan; da kann es diesem zuweilen sogar geboten erscheinen, etwas zu bremsen. Die polnische Regierung zum Beispiel wünscht seit langem diplomatische Beziehungen (anstelle der inoffiziellen, wenn auch lebhaften) zum Heiligen Stuhl. Bedenken dagegen kamen aus der Polnischen Bischofskonferenz und aus dem polnischen Klerus und Kirchenvolk. Sie scheinen jetzt so gut wie überwunden zu sein. Vor einigen Tagen sagte der pol-

nische Primas, Kardinal Glemp, die diplomatische Anknüpfung sei noch in diesem Jahr möglich.
Um den Vatikan bemüht sich auch die DDR. Mit ihr ließen sich, wenn der Papst es wollte, rasch Botschafter austauschen. Aber die Fährnisse der »deutschen Frage« lassen den Papst zurückhaltend sein. Die SED will mit diplomatischer Anknüpfung zum Vatikan die deutsche Spaltung vertiefen, während die Katholiken in der DDR möglichst viel deutschen Zusammenhalt bewahren möchten. Doch sieht der Vatikan darauf, daß das Gespräch mit Ost-Berlin nicht abbricht und daß es seinen leicht freundlichen Ton behält. Sollte der Papst im Herbst die Katholiken in Jugoslawien besuchen, würde er auch mit der Staatsführung zusammentreffen, der diese Begegnung überaus erwünscht wäre.
Andere osteuropäische Staaten, wie Rumänien oder die Tschechoslowakei, wehren vatikanische Bemühungen um Kontakt eher ab. Doch läßt sich Rom nicht entmutigen. Der Papst empfing Ende des letzten Jahres den tschechoslowakischen Außenminister in der Hoffnung, er könne so das Gespräch über Erleichterungen für die Kirche in Böhmen, Mähren und der Slowakei wiederbeleben, das Prag veröden läßt. Auch mit Rumänien, das vor allem aus Rücksicht auf seine orthodoxe Kirche zur Zeit offizielle Begegnungen mit dem Vatikan vermeidet, sucht Rom den Kontakt nicht zu verlieren.
Aber der Papst hat offenbar noch mehr vor. Kardinal Glemp wartet auf eine Einladung des russischen Patriarchen Pimen nach Moskau. Wenn es zu dieser Reise käme, führte sie zu mehr als nur zu einer Begegnung zwischen dem polnischen Katholizismus und der russischen Orthodoxie. Für die Russen waren in der Geschichte die Begriffe katholisch und polnisch fast gleichbedeutend; und andererseits ist nach dem Willen der sowjetischen Führung das

Moskauer Patriarchat das Eingangstor, durch das alle westlichen Kirchen gehen müssen, wenn sie mit der Sowjetmacht reden wollen. Niemand weiß, wie lange Glemp auf ein Zeichen von Moskau wird warten müssen; aber sicherlich hat ihn der Papst darin bestärkt, die Geduld nicht zu verlieren.

Johannes Paul II. sucht das Gespräch mit den kommunistischen Regierungen Osteuropas wie vor ihm Paul VI. Die Maxime der vatikanischen Ostpolitik bleibt: so viele Erleichterungen, so viele Sicherheiten wie möglich für die Kirche in den kommunistischen Ländern schaffen. Unter Paul VI. setzte Rom an die erste Stelle das Ziel, den Kirchen in Osteuropa Bischöfe zu geben. Der Grund gilt auch heute noch: Eine hierarchisch verfaßte Kirche braucht eine möglichst vollständige Hierarchie. Neben dem Papst geben in der katholischen Kirche die Bischöfe den Priestern wie den Laien Orientierung und Halt.

Aber daraus ergibt sich auch, daß die Ergänzung eines Landes-Episkopats für die Kirche nicht unter allen Umständen ein Gewinn sein muß. Bischöfe, die ganz ans kommunistische Regime angebunden sind, können der Kirche mehr schaden als nützen, weil sie die Priester desorientieren und die Gläubigen der Kirche entfremden. Solche Erfahrungen mit neuen Bischöfen, welche die kommunistische Obrigkeit Rom in einem Tausch von Zugeständnissen einst aufdrängte, hat es vor allem in der Tschechoslowakei gegeben. Johannes Paul II. scheint daraus die Folgerung zu ziehen, es könne in manchem Fall das kleinere Übel sein, in einer osteuropäischen Diözese einstweilen keinen Bischof zu haben. Auch steht dem polnischen Papst vor Augen, daß ein vollständiger Episkopat einer Kirche wenig hilft, wenn der Staat nicht zuläßt, daß sie genügend neue Priester bekommt, wenn er den Pfarrern mit Schikanen die Seelsorge unmöglich macht.

Die Ziele des Vatikans in Verhandlungen mit kommunistischen Staaten sind jetzt etwas anders gewichtet; ein umstürzendes Ändern der Rangordnung würde schon am Willen der kommunistischen Verhandlungspartner scheitern, den Faktor »Religion« in ihrem Land so eng wie möglich einzugrenzen.

Immer werden Verhandlungen zwischen Rom und kommunistischen Staaten ein zäher Kampf sein. Die leninistische Obrigkeit ist dabei der Stärkere. Sie besitzt die Macht, Gläubige und Priester zu unterdrücken. Doch hat auch der Vatikan etwas aufzubieten: das gestiegene Ansehen des Papsttums, das Interesse eines zunehmenden Teils der Weltöffentlichkeit für das Schicksal der Kirche in Osteuropa und vor allem das wachsende religiöse Bedürfnis der Osteuropäer, ihr Streben zur Kirche. Die osteuropäischen Politbüros haben Grund, darauf zu achten, daß sie nicht auf zu vielen Feldern mit dem Volk zusammenstoßen.

Der Kommunismus schrumpft
7. Dezember 1983

Überall auf der Welt läßt die Anziehungskraft des Kommunismus nach – seiner Lehre wie seiner politischen und sozialen Ordnung. Am auffälligsten ist der Rückgang in den kommunistischen Ländern Europas zwischen der Sowjetunion und dem Westen, im oft so genannten »Zwischeneuropa«. Freilich, hatte sich der Kommunismus dort je in den Köpfen und Herzen der Völker festgesetzt? Am Ende der vierziger Jahre sah das westliche Publikum mit einer Mischung aus Grausen und Verwunderung den Aufmärschen zu, den »freiwilligen« Arbeitseinsätzen, dem Massenbeitritt zur Partei und ihren Hilfsorganisationen hinter dem Eisernen Vorhang. Aber schon 1953, stärker dann 1956 offenbarte sich, wie künstlich das alles gewesen war. Heute ist der Kommunismus als Theorie und Praxis in Zwischeneuropa ein verdorrter Baum.

Nach dem Krieg erlebte in einigen osteuropäischen Ländern der überlieferte Nationalismus eine Blüte. Wo er sich zusätzlich aus dem Panslawismus nähren konnte, verband er sich um so leichter mit dem von der Sowjetunion eingeführten Kommunismus. So erklärt sich zum Beispiel, daß der Großteil der tschechischen Industriearbeiterschaft im Februar 1948 dem Kommunistenführer Gottwald half, die – freilich schon eingeschränkte und unterminierte – Demokratie zu zerschlagen. Doch längst hat sich in Zwischeneuropa der Nationalismus vom Kommunismus gelöst. Das Nationalbewußtsein hat sich selbständig gemacht und füllt die Leere, die das Schrumpfen des Kommunismus hinterläßt. Es greift vom Volk auf die Partei über und dringt sogar in deren Führungskörper ein. Das Ergebnis ist ein sich ausbreitender Nationalkommunismus.

Selbst in der Sowjetunion erreicht heute die Führung das Volk weniger mit Hilfe der marxistisch-leninistischen Ideologie und ihrer Praxis als mit einem großrussischen Imperialismus. Ihm steht allerdings im Wege, daß in der Sowjetunion die Nicht-Russen schon die Mehrheit sind. Russifizierung der nichtrussischen Völker und, für die Zwischenzeit, Verbreitung eines »Sowjetpatriotismus« heißen die Gegenmittel.

Am leichtesten läßt sich der Rückgang des Kommunismus in der westlichen und der Dritten Welt verfolgen, jedenfalls dort, wo es freie Wahlen gibt. Die italienische kommunistische Partei, die stärkste im Westen, stagniert; die französische schrumpft; die spanische versinkt in Bedeutungslosigkeit; die übrigen im Westen braucht man erst gar nicht zu erwähnen. Nur dort, wo sich der Kommunismus mit Hilfe der Gewehrläufe des Staates bemächtigt hat, sitzt er fest, so in Indochina, Kuba oder Angola. Aber von dort wirkt er längst abschreckend, abstoßend auf die Umgebung. Die Erleichterung, mit der man in der Region die amerikanische Landung auf Grenada beobachtete, ist lehrreich.

Der Sowjet-Kommunismus habe seine vorwärtstreibende Kraft verloren, sagt der italienische Kommunistenführer Berlinguer, und er hat recht. Heute halten sich die »werktätigen Massen« entweder zu bürgerlich-christlich-sozialen Parteien, oder sie streben einem vieldeutigen populistischen Sozialismus zu, wie er sich am auffälligsten in den europäischen Mittelmeerländern herausbildet. Ihn betrachtet die Sowjetmacht mit gemischten Gefühlen. Einerseits gibt es am äußersten linken Rand eines jeden Sozialismus Sehnsucht zum Brückenschlag hinüber in den »realen Sozialismus«, andererseits kann der westliche Sozialismus ansteckend in ihr Imperium hineinwirken. Sicheren Nutzen hat die Sowjetunion von ihm erst, wenn er sich mit Verteidigungsmüdigkeit, Neutralismus, Antiamerikanismus verbindet. Davon kann sie sich westliche Verteidigungsschwäche, Erpreßbarkeit erhoffen.

Dem entspricht ihre Innen- und Außenpolitik. Das Moskauer Politbüro versucht nicht ernsthaft, die kommunistische politische Ordnung den Untertanen anziehender zu machen. Arbeiterselbstverwaltung, Belebung des Rätesystems, Öffnung der Partei zum Volk, Bürgerfreiheiten – nichts von alledem wird betrieben. An eine Weiterentwicklung der Ideologie, die dem Marxismus-Leninismus wieder etwas Erregendes geben könnte (und sei es auch nur für Intellektuelle), ist unter Andropow und Tschernenko so wenig zu denken wie vorher unter Breschnew und Suslow. Nicht einmal für ein besseres materielles Leben tut die Führung viel. Zwar verlangt sie beständig Remedur auf allen Feldern der Wirtschaft; doch ist sie bisher nicht bereit, dafür den unvermeidlichen politischen Preis zu zahlen. Die Disziplinierungskampagnen Andropows können nur zu Augenblickserfolgen führen. Die von ihm angestoßenen Vereinfachungen im Leitungsmechanismus der Sowjetwirtschaft scheinen vor allem dazu bestimmt, das Gestrüpp von Kompetenzen zu lichten, damit die Ökonomie leichter von ganz oben kommandierbar werde. So sähe auch das Reformprogramm eines Politbüro-Marschalls aus.

Und tatsächlich – das Militärische hat sich in der Politik der Sowjetunion mächtig nach vorn geschoben. Hier schließt sich der Kreis. Die sowjetischen Führer erkennen, daß der Kommunismus drinnen wie draußen daniederliegt, und sie sehen keine Möglichkeit, ihn wiederzubeleben. So wenden sie alles daran, ihren Machtkreis mit physischen Mitteln zu erweitern. Mit militärischer Übermacht wollen sie zum einen ungeschützte Länder in ihr Imperium zwingen (Afghanistan zum Beispiel), zum anderen Weltregionen, die einem Einmarsch nicht offenstehen, unter willensschwächenden Anpassungsdruck setzen (vor allem Westeuropa). In der Begründung solcher Politik taucht der Kommunismus, die »Ideologie«, kaum noch auf – das Politbüro begnügt sich immer mehr mit dem Hinweis auf die Interessen des Moskauer Imperiums.

Ein Volk, das Würde hat
7. Juni 1985

Seltsame Wendungen macht die Geschichte. Dreimal in diesem Jahrhundert wurde Ungarn zu Boden geworfen und gedemütigt. Nach dem Ersten Weltkrieg reduzierten die Siegermächte im Friedensvertrag von Trianon das Land auf ein Drittel seines Territoriums, und ein Drittel aller Ungarn wurde Nachbarstaaten überantwortet. Nach dem Zweiten Weltkrieg bleuten wiederum die Siegermächte, zu denen nun auch die Sowjetunion gehörte, den Ungarn das gehorsame Hinnehmen des Spruchs von Trianon ein. 1956 schoß die sowjetische Armee den ungarischen Volksaufstand zusammen.

Aber heute finden sich die Ungarn von allen Völkern im sowjetischen Lager beneidet. Besucher aus der Tschechoslowakei und dem östlichen deutschen Staat staunen. So vieles, was sie hier beobachten, möchten sie daheim auch haben: volle Läden, anziehende Restaurants, Eleganz auf der Straße, leichtes Reisen in den Westen. Und mancher von den Fremden, der neugieriger ist, erfährt auch, daß man in Ungarn freier redet als fast überall sonst im Block, daß der Führungs-Byzantinismus auf vergleichsweise geringer Höhe gehalten wird.

Den Ungarn ist das alles nicht zugefallen; sie mußten dafür hart arbeiten und tun es immer noch mehr. Freilich weniger in den staatlichen Betrieben – dort ist die Arbeitsmoral schlecht. Aber in der freien Zeit plagen sie sich: auf dem Stück privaten Ackerlandes, beim Bau des eigenen oder eines fremden Hauses, in der privaten Werkstatt eines Bekannten und neuerdings sogar, paradoxerweise, am Arbeitsplatz. Denn der Staat erlaubt den Arbeitern und Ingenieuren, weil er an den Früchten ihres privaten Fleißes wenigstens teilhaben möchte, daß sie sich nach dem Ende des regulären Arbeitstages in einer Art privater Arbeitsbrigaden (»Arbeitsgemeinschaften« genannt) im Betrieb zusammenfinden und nach eigenem Programm und auf eigenes Risiko produzieren oder reparieren, wobei in der Regel der Stundenverdienst für den einzelnen doppelt so hoch ausfällt wie sein staatlicher Stundenlohn davor.

Den Fleiß der Ungarn darf man nicht nur ökonomisch deuten; er ist auch eine Ausprägung ihres Sinnes für Würde. Dieses Volk hat einen Stolz, der es ihm verwehrt, sich fallenzulassen. Das aus dem Stolz fließende Selbstbewußtsein hat die Ungarn davor bewahrt, in dem anbrandenden Meer der slawischen Völker und der Deutschen zu versinken, von zwei anderen Kulturen überwältigt zu werden, wie sie es sich in einer tausendjährigen Angst ausmalten. Das Selbstbewußtsein ließ sie zu gestrengen Herren über Slawen, Rumänen und Deutsche werden, als sie es in der zweiten Hälfte des vorigen Jahrhunderts erreicht hatten, Herren in ihrem großen Hause zu sein, im Reich der Stephanskrone. In dem halben Jahrhundert bis zum Ersten Weltkrieg unterzogen sie die nichtungarischen Nationalitäten einer rücksichtslosen Assimilation.

Dieses Selbstbewußtsein aber hielt die Ungarn nach der Katastrophe von 1918 aufrecht. Denn es war weniger Begeisterung für den Leninismus als Wille zur nationalen Selbstbehauptung, der die Ungarn 1919 unter die Fahnen des Kommunisten Bela Kun eilen, dann die tschechische Armee aus der Slowakei vertreiben und dazu noch die rumänische in Schach halten ließ. Ihre Selbstachtung hieß sie 1956, der übermächtigen Sowjetarmee entgegenzutreten. Das war, gewiß, nicht realistisch. Aber die Ungarn machten sich auch nicht vor, daß sie zum Beispiel mit dem Umdrehen von Wegweisern ihre Freiheit und Würde bewahren könnten.

Die Strafe war fürchterlich. Doch wenn die Nation nun auch nicht mehr reden konnte, so brachte sie es immerhin besser als andere im Sowjetblock fertig, zu schweigen. Die Ungarn wissen seit fast drei Jahrzehnten, daß es ihnen auf lange Zeit bestimmt ist, im Bannkreis der Sowjetmacht zu leben. Sie erfüllen pünktlich die ihnen auferlegten Bündnispflichten. Sie ergeben sich nicht einem lodernden Russenhaß. Aber sie biedern sich auch nicht liebedienerisch an.

Sich nicht sinken lassen – nicht in Verwahrlosung, klägliche Schwindeleien, nicht in plumpe Unterwürfigkeit –, dieser Imperativ ist den Ungarn eingeboren. Er bewahrt sie nicht vor schlechten Eigenschaften auf anderen Feldern, nicht vor Irrtümern, schon gar nicht vor Schaden. Er verhilft ihnen vor allem nicht zu einer Unbeschwertheit und Fröhlichkeit, die flüchtige Beobachter von draußen ihnen zuschreiben. Die Ungarn verschließen vielmehr in ihrem Inneren eine tiefe, vom Auf und Ab des Alltags unerreichbare Traurigkeit, die es vielen schwermacht, zu leben. In keinem Land der Welt gibt es so viele Selbstmorde, und in wenigen zerbrechen so viele Ehen wie in Ungarn. Ist die ungarische Nation wie politisch auch seelisch so sehr in Bedrängnis gekommen, weil sie vordem so hoch hatte hinaus wollen? Bezahlt sie in diesem Jahrhundert für das, was sie sich im vergangenen zuviel genommen hatte? Solche Urteile sind fragwürdig, da sie nur eine Nation ins Auge fassen und andere aus den Augen lassen, die für vergleichbaren verwirklichten Ehrgeiz und Machtanspruch nicht büßen mußten. Hat die Geschichte überhaupt eine Moral?

Das sind indessen nicht die Fragen der Ungarn von heute. Sie verdienen sich die ihnen unter Kadar zugestandenen Erleichterungen, die draußen oft zu Unrecht Privilegien genannt werden. Sie hoffen, daß in der Zukunft nach Kadar ihr Leben nicht wieder härter sein wird. Und sie werfen ihre Geschichte nicht weg; weil sie ahnen, daß Geschichtslosigkeit würdelos macht.

MIRA®

Der Preis dieses Bandes versteht sich einschließlich der gesetzlichen Mehrwertsteuer.

Umwelthinweis:
Dieses Buch wurde auf chlor- und säurefreiem Papier gedruckt.

Heather Graham

Das Geheimnis von Melody House

Roman

Aus dem Amerikanischen von
Christiane Meyer

MIRA®

MIRA® TASCHENBUCH
Band 25176
1. Auflage: Mai 2006

MIRA® TASCHENBÜCHER
erscheinen in der Cora Verlag GmbH & Co. KG,
Axel-Springer-Platz 1, 20350 Hamburg
Deutsche Taschenbucherstausgabe

Titel der nordamerikanischen Originalausgabe:
Haunted

erschienen bei: Mira Books, Toronto
Published by arrangement with
Harlequin Enterprises II B.V., Amsterdam

Konzeption/Reihengestaltung: fredeboldpartner.network, Köln
Umschlaggestaltung: pecher und soiron, Köln
Redaktion: Claudia Wuttke
Titelabbildung: Getty Images, München
Autorenfoto: © by Harlequin Enterprise S.A., Schweiz
Satz: Buch-Werkstatt GmbH, Bad Aibling
Druck und Bindearbeiten: Ebner & Spiegel, Ulm
Printed in Germany
ISBN 3-89941-234-6

www.mira-taschenbuch.de

PROLOG

Eine andere Zeit, ein anderer Ort

Darcy Tremayne hatte nie damit gerechnet, dass ihr Abschlussball ein unvergesslich schöner Abend werden würde. Einen lebenslangen Albtraum hatte sie allerdings auch nicht erwartet.

Es begann damit, dass sich Hunter wie der letzte Idiot aufführte.

Sie wusste nicht mehr, wie der Streit angefangen hatte, doch irgendwann war er eskaliert, und Hunter hatte angekündigt, erst wieder mit ihr zu sprechen, wenn sie sich entschuldigt hatte. Woraufhin sie erklärte, er solle sich vorsorglich schon mal darauf einstellen, nie wieder ein Wort mit ihr zu wechseln, weil sie gar nicht daran dächte, ihn um Verzeihung zu bitten. Sie war sich nämlich keiner Schuld bewusst. Schließlich hatte sie nur zart anklingen lassen, dass er seine Hauptdarstellerin nicht vor den Augen der ganzen Welt – in diesem Falle zumindest vor den Augen der ganzen High School – so lange und leidenschaftlich hätte zu küssen brauchen, auch wenn die Theatergruppe einen Preis bekommen hatte. Als Hunter an diesem Nachmittag ihr Haus verließ, war sie noch zuversichtlich, dass er derjenige sein würde, der anrief, um sich zu entschuldigen.

Doch der Anruf blieb aus. Und am nächsten Morgen erfuhr sie, dass er seine Hauptdarstellerin Cindy Lee zum Abschlussball eingeladen hatte.

Trübselig verkroch Darcy sich zu Hause und grübelte den ganzen Nachmittag vor sich hin. Hunter wollte gleich nach der Abschlussprüfung nach Kalifornien gehen, weil er hoffte, in

Hollywood Karriere zu machen. Und sie freute sich schon darauf, mit dem kleinen Stipendium, das sie bekommen hatte, auf die NYU zu gehen. Wahrscheinlich hätten sie es ohnehin nicht geschafft, ihre Beziehung über die Entfernung aufrechtzuerhalten. Außerdem hätte sie sich schon vor langer Zeit mit der Tatsache auseinander setzen müssen, dass Hunter eine Schwäche für andere Mädchen hatte. Er war jung. Genau wie sie. Sich so jung zu binden, hatte vermutlich ohnehin keine Perspektive.

In Wirklichkeit jedoch wollte sie sich trotzdem nicht von Hunter trennen. Sie war seit der neunten Klasse in ihn verliebt. Und seitdem waren sie zusammen. Viele gute Jahre, so erschien es ihr zumindest.

Einige Tage später rief Hunter dann doch noch an. Er habe alles ruiniert, sagte er, doch da er Cindy Lee nun schon mal gefragt habe, ob sie mit ihm zum Abschlussball gehen wolle, könne er jetzt unmöglich absagen.

Sie akzeptierte seine Entschuldigung mit einer inneren Größe, die für ein Mädchen ihres Alters beachtlich war, wie ihr ihre Mutter versicherte. Und es war ebenfalls ihre Mutter, die ihr vorschlug, ihren Freund Josh zu fragen, ob er sie zu dem Ball begleiten wolle.

„Aber ja, Josh, na klar!" hatte sie ausgerufen, überrascht darüber, dass sie nicht selbst darauf gekommen war.

Josh war ein Einzelgänger mit einer genialen Ader für alles, was mit Computern, Zahlen oder Naturwissenschaften zu tun hatte. Er war entsetzlich schüchtern, erklärte sich aber jederzeit gern bereit, sich von Darcy ein neues Lied vorsingen, einen Tanzschritt zeigen oder ihre jüngste Rolle vortragen zu lassen. Sie wohnten schon seit vielen Jahren in der ländlichen Gegend Tür an Tür, und beinahe ebenso lange waren sie befreundet. Obwohl sie unterschiedlichen Cliquen angehörten, war es Darcy immer wichtig gewesen, an ihrer Freundschaft mit Josh festzuhalten, egal was andere darüber dachten, und mit den Jahren akzeptierten die meisten ihrer Freunde sie schließlich auch.

Erstaunlicherweise war es Josh, der sie immer wieder auf Gefahren aufmerksam gemacht hatte, die sie andernfalls wahrscheinlich übersehen hätte. *Geh heute Abend mit Hunter ein Eis essen*, hatte er sie einmal gedrängt. *Lass ihn nicht allein gehen.* Sie hatte auf ihn gehört, und siehe da, plötzlich tauchte Cindy Lee vor ihnen auf und flirtete heftig mit Hunter, bis sie begriff, dass sie an Darcy nicht vorbeikam. Aber das war noch längst nicht alles. Irgendwann hatte Josh sie beschworen, ihren Vater davon abzuhalten, mit dem Auto zur Arbeit zu fahren, und anschließend hatte sich herausgestellt, dass die Bremsen nicht in Ordnung waren.

Anderen Leuten waren seine Prophezeiungen manchmal unheimlich. So hatte er zum Beispiel vorausgesagt, dass Mrs. Shumacher, die ein paar Häuser weiter wohnte, an Krebs sterben würde. Und er hatte vorher gewusst, dass sich Brad Taylor bei einem Footballspiel das Bein brechen würde. Viele an der Schule hielten ihn für einen komischen Kauz. Doch wenn sie mit Josh zum Abschlussball ging, würde man ihn akzeptieren, weil er mit ihr kam. Obwohl man sie natürlich hinter ihrem – und seinem – Rücken durch den Kakao ziehen würde, aber was machte das schon? Schlimmer als Hunter sie verletzt hatte, konnte sie niemand verletzen – was er getan hatte, traf sie mitten in ihr achtzehnjähriges Herz.

Und davon abgesehen lag die High School ja sowieso so gut wie hinter ihr. Schon sehr bald würde für sie ein vollkommen neues Leben anfangen.

Anfangs hielt sich Joshs Begeisterung über die Einladung in Grenzen. „Ehrlich, Darcy, ich sehe im Anzug bestimmt aus wie ein Clown."

Aber sie lachte und versicherte ihm: „Blödsinn, Josh, du siehst sicher umwerfend aus. Du bist groß und schlank und hast schöne Augen, und wenn du willst, gehen wir los und kaufen den Anzug zusammen. Aber wenn du partout keine Lust auf den Ball hast, lassen wir es einfach bleiben und gehen an diesem Abend ins Kino oder machen sonst was. Natürlich nur, wenn du Lust hast, mit mir zusammen zu sein."

Das entlockte ihm ein Grinsen. „Ich wüsste nicht, mit wem ich lieber zusammen wäre, so viel steht fest. Aber deshalb musst du noch lange nicht mit mir zu diesem Ball gehen. Die halbe High School würde sich die Finger danach lecken, dich zu begleiten."

„Das bezweifle ich, außerdem ist es eh egal. Wenn du nicht gehst, gehe ich auch nicht."

Auf Joshs Gesicht breitete sich ein seltsames Lächeln aus, dann zuckte er mit den Schultern. „Tja, wenn du dich unbedingt für den Klassentrottel entscheiden willst, bin ich der Letzte, der dich daran hindern wird, Lady."

Zu ihrer Überraschung machte das Einkaufen richtig Spaß. Obwohl Josh sich normalerweise überhaupt nicht für Klamotten interessierte, bewies er einen guten Geschmack. Hand in Hand bummelten sie durch die Shopping Mall, wo sie mehrfach Freunden von ihr über den Weg liefen. Darcy sah mit einer seltsamen Genugtuung, wie sie alle erst einmal erstaunt die Augen aufrissen, um sich dann intensiver mit Josh zu unterhalten. So stellte sich schließlich heraus, dass er Cissy Miller bei einem Matheproblem helfen konnte, mit dem sie sich schon seit Tagen herumschlug.

Und als sie später im Restaurantbereich Tacos aßen, plauderte er munter mit Brenda Greeley, die nicht nur hübsch, sondern auch die erste Cheerleaderin der Schule war.

Nachdem sie sich wieder auf den Weg gemacht hatten, überredete Josh Darcy, ein sündhaft teures Ballkleid anzuprobieren, das sie auf dem Bügel noch scheußlich fand, es jedoch gar nicht mehr ausziehen wollte, als sie sich vor dem Spiegel darin sah. Zufälligerweise arbeitete in dem Laden einer von Joshs Computerfreunden, der es deichseln konnte, dass sie Prozente bekam und das Kleid dadurch erschwinglich wurde. Erst an der Kasse erwähnte der Verkäufer, Riley O'Hare, dass er und Darcy sich kannten, weil sie einmal denselben Kurs besucht hatten. Darcy lief rot an und entschuldigte sich wortreich für ihre Ignoranz. Ihr war die Sache schrecklich peinlich, und das sagte sie hinterher auch Josh.

„Darcy!" erwiderte er entschieden. „Jetzt mach aber mal halblang. Man kann sich doch nicht jedes Gesicht merken!" Er holte tief Luft und fuhr dann fort: „Darcy, du weißt, dass ich dich liebe, und wenn ich sage, dass du etwas ganz Besonderes bist, klingt das vielleicht abgegriffen, aber es stimmt trotzdem." Kaum hatte Josh den Satz gesagt, wirkte er plötzlich verlegen. „He, komm, wir müssen für mich auch noch was finden. Mit meinen alten Klamotten kann ich doch kein so umwerfendes Mädchen wie dich ausführen."

Und so kam dann Josh an die Reihe, und als sie ihm zu einem Anzug und einem Hemd riet – beides irgendwie Funky- und Retroschick – war er ebenfalls sofort begeistert und fand, dass er ein bisschen wie ein New-Age-Mozart aussah.

An diesem Tag gab es nur eins, oder besser einen, der die Harmonie störte.

Mike Van Dam.

Er war mit Hunter befreundet und ging zur Zeit mit Brenda. Wahrscheinlich hatte er sie im Restaurantbereich gesehen und beobachtet, wie Brenda sich angeregt mit Josh unterhalten hatte. Beim Verlassen des Einkaufszentrums jedenfalls krachte Josh, der die Einkaufstüten trug, die Tür so hart in den Rücken, dass er hinfiel. Und eine Sekunde später stand Mike dann da, der Schultern von der Breite eines Rammbocks hatte, und schaute auf Josh hinunter. „He, was ist los, du Clown, hast du ein Problem, auf zwei Beinen zu stehen?"

„Mike, was ist los mit dir, spinnst du?" fauchte Darcy ihn an, während sie Josh eine Hand hinstreckte, um ihm beim Aufstehen zu helfen. Doch Mike packte sie grob an den Schultern und riss sie herum.

„Was zum Teufel ist los mit *dir,* Darcy? Willst du dich über uns lustig machen, indem du dich mit so einem Trottel abgibst, oder was?"

Energisch machte sie sich von ihm los. „Du bist wirklich ein Vollidiot, Mike. Hast du eigentlich vor, dein ganzes Leben in deinem Kleine-Jungs-Macho-Himmel zu leben? Oder wird dir bei dem Footballstarrummel langsam doch ein bisschen mulmig, weil du Angst hast, darüber das College nicht zu schaffen und in zehn Jahren womöglich zu Hause auf dem Sofa rumzusitzen, weil dich keiner haben will? Ein Quarterback im Ohrensessel, während Josh auf dem Weg in die oberste Etage einer namhaften Anwaltskanzlei ist?"

Der Satz traf ihn bis ins Mark, und das wusste Darcy auch. Mittlerweile war Josh wieder auf den Beinen. Wütend starrte Mike ihn an.

„Ich habe Tränengas dabei", warnte Darcy Mike sanft.

Mike machte einen Schritt auf Josh zu, und seine blauen Augen blitzten vor Zorn, als er mit gerecktem Daumen und ausgestrecktem Zeigefinger auf Josh zielte und sagte: „Peng! Du bist ein toter Mann."

Josh hielt dem Blick reglos stand, dann verzog er spöttisch einen Mundwinkel und gab leise zurück: „Kann sein. Du aber auch."

Bevor Mike doch noch handgreiflich wurde, raffte Darcy eilig die am Boden liegenden Einkaufstüten zusammen und zog Josh mit sich fort. Sie hörten gerade noch, wie Mike wütend hinter ihnen herrief: „Was soll das denn heißen, du blöder Spinner? Pass bloß auf, was du sagst, sonst wirst du …"

Das Ende des Satzes hörten sie nicht mehr.

Auf dem Weg zum Auto warf Darcy Josh einen verunsicherten Blick zu. „Was meintest du eigentlich damit? Das war doch nicht womöglich wieder eine deiner Prophezeiungen, oder?"

Josh lachte und schüttelte den Kopf. „Ach was, Blödsinn. Aber das weiß er ja nicht."

Darcy lachte ebenfalls. Vielleicht bereiteten Joshs Worte Mike ja ein paar schlaflose Nächte.

Und dann war der Abend des Abschlussballs auch schon da. Obwohl Darcy Josh so lange kannte, hatte sie seinen Vater bisher nur ein paar Mal gesehen. Joshs Mom war gestorben, als er noch ein Baby gewesen war, und sein Dad war meistens beruflich unterwegs. Josh hatte ihr nur erzählt, dass er der Chef einer Firma mit Sitz in Washington, D.C. war und deshalb nur so selten in die Kleinstadt in Südpennsylvania kam, in der sie lebten. Als Darcy ihn kennen lernte, fand sie ihn auf Anhieb sympathisch, obwohl er ihr schon ziemlich alt vorkam. Aber erst, als sie erfuhr, dass er Josh zum Abschluss einen funkelnagelneuen Volvo Sportwagen geschenkt hatte, wurde ihr klar, dass er zudem ziemlich gut verdienen musste.

Josh brachte ihr das schönste Ansteckbukett mit, das sie je gesehen hatte. Ihre Mutter veranstaltete einen mächtigen Wirbel um sie beide und schoss tausend Fotos, während ihr Vater aus allen Knopflöchern strahlte.

Eine weitere Überraschung an diesem Abend war Joshs ungeahntes tänzerisches Talent. Er verdankte es seinem Vater, der ihn bereits in der Junior High School in die Tanzstunde geschickt hatte, wie Josh ihr mit roten Ohren gestand.

Ihre Freundinnen verhielten sich an diesem Abend vorbildlich, insbesondere Brenda, und sogar die Jungs mussten zähneknirschend klein beigeben, weil ihre Begleiterinnen Josh zu akzeptieren schienen. Nur Hunter näherte sich ihnen kein einziges Mal. Darcy bemerkte, dass er und Mike sie aus der Ferne beobachteten. Und als sie und Josh beim „Wild and Wacky"-Tanzwettbewerb siegten, schien Mike jeden Moment explodieren zu wollen.

Hunter wirkte einfach nur bedrückt.

Darcy lächelte Josh an, und er hob fragend eine Augenbraue. „Danke", sagte sie nur.

„Ich habe dir zu danken. Ich bin heute Abend eine Art Mister Aschenputtel. Der unscheinbare Prinz, der sich plötzlich als der Beau des Balls entpuppt."

Darcy schüttelte den Kopf. „Nein, du musst nicht mir danken, sondern ich dir. Du hast mir gezeigt, dass es auch noch ein Leben nach Hunter gibt."

Er ergriff ihre Hände und drückte sie fest. „Vergiss das nie,

Darcy, hörst du? Die Welt da draußen gehört dir. Es ist eine schöne Welt, auch wenn sie gelegentlich nicht so aussieht." Er sprach eindringlich und schaute ihr dabei tief in die Augen. „Aber es gibt immer wieder Menschen, die diese unvollkommene Welt allein mit einem Lächeln oder einem freundlichen Wort zu einem besseren Ort machen. Du bist so ein Mensch, Darcy, vergiss das nie. Es gibt Zeiten im Leben, in denen man verzweifelt und unglücklich ist, doch du bist ein Mensch, der es versteht zu geben. Man darf sich von seiner Verzweiflung nie so weit beherrschen lassen, dass man das Gefühl hat, nicht mehr weitermachen zu können."

Ihr lief ein eisiger Schauer über den Rücken. „Du machst mir Angst, wenn du so redest, Josh."

„Tut mir Leid, Darcy, das wollte ich nicht." Dann horchte er kurz auf. „He, ich fasse es nicht. Sie spielen einen Charleston! Traust du dich?"

„Klar, warum nicht?"

Vergnügt gaben sie sich den Rhythmen hin, und nach einer Weile hatte Darcy seine Worte vergessen, wenngleich sie trotzdem dachte, dass sich ein kleines Wunder ereignet hatte: Hunter hatte ihr kurz vor dem Abschlussball einen schweren Schlag versetzt, aber sie war immer noch da und hatte mehr Spaß als je zuvor in ihrem Leben.

Irgendwann wurde es Zeit aufzubrechen, aber Darcy hatte noch keine Lust, ins Bett zu gehen. Josh ging es ähnlich, und so schlug er ihr vor, sich irgendwo noch einen oder zwei Filme anzusehen, um dann den Sonnenaufgang zu beobachten. Kurz nachdem sie sich in seinen funkelnagelneuen Volvo gesetzt hatten und vom Parkplatz fuhren, erreichte sie die erste Warnung.

Irgendetwas prallte hinten gegen Joshs Stoßstange. Es war nur ein leichter Stoß, aber dennoch …

Josh fluchte und drehte sich um. „Da ist jemand entweder sturzbetrunken, oder er kann nicht fahren."

Geblendet vom Scheinwerferlicht der anderen Autos um sie herum konnten sie jedoch nicht erkennen, was hinter ihnen passierte. Also fuhr Josh vom Parkplatz und bog auf die Straße ein.

Gerade, als Darcy sich begeistert über Joshs Beatles-CDs äußerte, prallte wieder etwas gegen die Stoßstange. Diesmal krachte es allerdings bedeutend heftiger.

„Verdammt!" fluchte Josh erneut.

„Was zum Teufel ist das denn?" fragte Darcy und wandte den Kopf.

Sie brauchte sich nicht ganz umzudrehen. Das Auto hinter ihnen hatte rechts zum Überholen angesetzt und fuhr gleich darauf neben ihnen her. Darcy erkannte Mikes alten Chevy, und Mike war es auch, der am Steuer saß. Er hatte sein Fenster heruntergekurbelt und hielt eine Bierdose in der Hand.

„Blödmann!" rief Darcy.

Josh schwieg und schaute geradeaus auf die Straße. Er schien keine Angst zu haben. Er wirkte nur … seltsam resigniert.

Mike signalisierte ihr, das Fenster ebenfalls herunterzulassen.

„Mach es ruhig", sagte Josh.

„Quatsch. Er ist ein Idiot. Fahr einfach weiter."

Sie schaute stur geradeaus, bis Mike den Volvo mit seinem Chevypanzer seitlich rammte.

Obwohl Darcy angeschnallt war, wurde sie gegen Josh geschleudert. Benommen richtete sie sich wieder auf, während Josh alle Mühe hatte, den Wagen unter Kontrolle zu halten.

„Josh, es tut mir so Leid“, keuchte sie panisch. Sie wusste, dass Mike manchmal brutal sein konnte. Aber dass er so verrückt war, hätte sie im Traum nicht gedacht. Ängstlich und wütend schaute sie zu dem Chevy rüber, der jetzt wieder auf dem Standstreifen neben ihnen herfuhr.

Das Problem an Pennsylvania waren die einsamen Straßen zwischen den weit verstreut liegenden kleinen Ortschaften. Man fuhr meilenweit durch die Dunkelheit, ohne dass einem jemand begegnete, der einem im Notfall helfen konnte.

Und Mike wusste das. Das wurde ihr in dem Moment klar, in dem sie dieses böse Grinsen über sein Gesicht huschen sah. Im selben Augenblick erkannte sie auch zu ihrer größten Bestürzung, wer neben Mike auf dem Beifahrersitz saß: Hunter.

Jetzt kurbelte Darcy ihr Fenster herunter. „Aufhören! Ihr Idioten!“ schrie sie.

„Ach, lässt du dich jetzt doch herab, mit den Blödmännern zu reden, ja?“ brüllte Mike zurück.

Zwischen den beiden Autos heulte der Fahrtwind. Darcy befürchtete, dass ihre Stimme nicht weit genug tragen könnte. „Hunter! Sag ihm, dass er aufhören soll! Sofort!“

Als Hunter sich vorbeugte, sah sie sein geisterhaft blasses Gesicht. „Was glaubst du, was ich schon die ganze Zeit mache?“

Mike lachte und rammte den Volvo ein zweites Mal. Darcy hörte das kreischende Geräusch von aneinander schrammendem Metall.

„Aufhören! Halt einfach an, Josh“, sagte sie, wobei ihr das Herz vor Angst bis zum Hals schlug. „Hunter wird es nicht zulassen, dass Mike dir etwas antut. Er ist nicht betrunken, das kann ich ihm ansehen.“

In dem Moment, in dem sie ihren Satz beendet hatte, geriet der Chevy ins Schleudern. Als der Volvo ebenfalls aus der Spur kam, klammerte sie sich verzweifelt an ihrem Sitz fest. Aus dem Augenwinkel sah sie, dass Hunter neben ihnen versuchte, sich des Steuers zu bemächtigen.

Gleich darauf geriet alles außer Kontrolle. Der Chevy beschleunigte rasant, kam von der Fahrbahn ab, raste kurz darauf wieder auf die Straße, drehte sich einmal um die eigene Achse, überschlug sich dann und blieb fünfzig Meter vor dem Volvo auf dem Dach liegen. Josh trat mehrmals hintereinander hart auf die Bremse, aber auch dadurch ließ sich nicht mehr verhindern, dass sie mit voller Wucht in den Unfallwagen fuhren.

Bevor sich der Airbag in ihr Gesicht drückte, fühlte sich Darcy für einen Moment schwerelos. Eine Sekunde später verspürte sie den härtesten Stoß ihres Lebens. Sterne tänzelten in einem Bett aus schwarzen Samt vor ihren Augen, die einer nach dem anderen erloschen. Was blieb, war rabenschwarze Finsternis.

Asche zu Asche.

Staub zu Staub.

Darcy nahm mit Blutergüssen und Schürfwunden an Joshs Beerdigung teil. Dass sie noch am Leben war, verdankte sie nach Meinung der Ärzte allein dem funktionierenden Sicherheitssystem des Volvo.

Mike sollte in zwei Tagen beerdigt werden, während Hunter wie durch ein Wunder ebenfalls überlebt hatte. Darcy, die von ihren Eltern gestützt neben Joshs Grab stand, fand es seltsam, Hunter unter diesen Umständen überhaupt ansehen zu können, aber vielleicht stand sie ja noch unter Schock und hatte noch nicht wirklich begriffen, was passiert war. Im Grunde fand Darcy es sogar ziemlich mutig von ihm, zu dem Begräbnis zu kommen und haltlos zu weinen.

Der Unfall hatte die ganze Schule in Aufruhr versetzt, besonders aber diejenigen, die Josh jahrelang gehänselt hatten. Wenn Josh das wüsste, würde er sich am Ende noch darüber amüsieren, überlegte sie. Auf den einst so gehässigen Gesichtern spiegelte sich jetzt nur Entsetzen und Trauer. Diejenigen, die sich für unverwundbar gehalten hatten, mussten erkennen, dass es auf nichts eine Gewähr gab im Leben und der Tod jederzeit zuschlagen konnte. Wer denkt auch schon an ein tragisches Ende, wenn man doch bloß einem Dummkopf einen Streich spielen will?

Joshs Vater, groß und ernst, beugte sich zu dem Sarg hinunter, um ihn zärtlich zu küssen und eine Blume darauf zu legen. Seine Trauer schien so allumfassend zu sein, dass er nicht einmal weinen konnte. Ungeachtet dessen kam er auf Darcy zu, nachdem die letzten Worte des Priesters verhallt waren. Er bemühte sich um ein tröstliches Lächeln, fast so, als ob ihr Schmerz ebenso tief wäre wie sein eigener, und ergriff ihre Hand. Sie ließ sich von ihm zu dem Sarg führen, wo er ihr eine Blume reichte, die sie behutsam auf den Deckel legte.

Es war ein seltsamer Moment. Die Trauergäste hatten sich bereits angeschickt, Joshs Vater ihr Beileid auszusprechen. Doch als sie sahen, wie die beiden in ihrer eigenen kleinen Welt verharrten, hielten auch sie inne und überließen das Mädchen und den Vater ihrer stummen Andacht.

Minutenlang standen die beiden reglos da. In der tiefen Stille hörte sich das fröhliche Zwitschern eines Vogels, der sich in einen fast unwirklich blauen Himmel emporschwang, regelrecht laut an.

Als Darcy schließlich das Wort ergriff, war ihre Stimme brüchig und zitterte, aber sie schaffte es, das zu sagen, was sie sagen wollte. „Es tut mir unendlich Leid. Ich … fühle mich für seinen Tod verantwortlich, obwohl ich weiß, dass Ihnen das nicht hilft. Er war mein bester und treuester Freund, er war immer für mich da und, oh Gott, ich weiß gar nicht, wie … ich …"

„Bitte, Darcy", sagte Joshs Vater leise. „Sie trifft keine Schuld. Sie waren ihm eine ebenso gute und treue Freundin und haben sich nichts vorzuwerfen. Ich weiß, dass er Sie geliebt hat, wenn auch nur platonisch, und er wusste, dass Sie diese Liebe auf dieselbe Art erwidern. Sie waren etwas Besonderes für ihn. Etwas ganz Besonderes."

Sie schaute zu dem alten Mann auf, der trotz seines Kummers so freundlich zu ihr war, und lächelte ihn mit tränenverschleiertem Blick an. „Bitte, versuchen Sie nicht, mich zu trösten. Sie haben gerade Ihr einziges Kind verloren."

Er sah ihr lange in die Augen. „Ich wusste immer, dass es früher oder später passieren würde", erwiderte er schließlich ruhig. „Und dennoch, was für ein sensibler, intelligenter Junge! Ich werde ihn immer lieben. Vergessen Sie nie, dass diejenigen, die wir lieben, für immer in unserem Herzen sind. Sie werden sich an seine Stimme erinnern. An Dinge, die er gesagt und getan hat und mit denen er Sie zum Lachen gebracht hat. Ich kann es nicht erklären, aber … Josh war nicht von dieser Welt."

„Er ist jetzt an einem viel besseren Ort", flüsterte sie und zuckte zusammen, weil die Worte so abgedroschen klangen, obwohl sie ganz und gar aufrichtig gemeint waren.

„Er war anders, Darcy. Das müssen Sie gewusst haben."

„Klug, intelligent, zartfühlend, großzügig", flüsterte sie.

Joshs Vater lächelte immer noch. Dann griff er nach seiner Brieftasche und holte eine Visitenkarte heraus. „Ich glaube nicht, dass ich jetzt noch oft hier bin. Bitte, nehmen Sie meine Karte. Sollten Sie jemals Hilfe brauchen oder auch einfach nur reden wollen, zögern Sie nicht, mich anzurufen. Kommen Sie einfach zu mir. Sie haben wundervolle Eltern, Darcy. Ich weiß, dass sie Ihnen in der jetzigen Situation eine große Hilfe sein werden. Aber falls Sie jemals nicht weiterwissen sollten oder sich … einsam und verloren fühlen, rufen Sie mich an. Erinnern Sie sich daran, dass ich sein Vater bin … war. Ich möchte für Sie da sein, weil Sie immer für meinen Jungen da waren." Er zögerte. „Und vielleicht brauchen Sie mich ja irgendwann. Vergessen Sie es nicht, bitte."

Nach diesen Worten berührte er sacht ihr Haar. Dann ging er weg und ließ sie am Sarg allein. Sie stand noch mehrere Sekunden lang unbeweglich da, spürte, wie der Wind ihr Gesicht streichelte und nahm ein weiteres Mal das unwirkliche Blau des Himmels wahr. Ein Stück weiter weg auf der Straße warteten ihre Eltern auf sie. Sie wusste, dass sie ihr alle Zeit lassen würden, die sie brauchte.

Auch Hunter wartete, auf seine Krücken aufgestützt, in einiger Entfernung.

Von plötzlicher Bitterkeit überwältigt, brach Darcy am Kopfende des Sargs in die Knie. „Oh, Josh, ich werde nie wieder auch nur ein einziges Wort mit ihm reden", flüsterte sie und fügte bekräftigend hinzu: „So wahr mir Gott helfe!"

Sie schloss die Augen. Und plötzlich war sie sich ganz sicher, Joshs ruhige Stimme zu hören: „He, Darcy, geh mit Hunter nicht allzu hart ins Gericht. Du weißt, dass er wirklich versucht hat, Mike aufzuhalten."

Die Stimme klang so real, dass Darcy erschrocken die Augen aufriss.

Aber um sie herum hatte sich nichts verändert. Der Himmel war immer noch genauso blau, der Wind immer noch genauso weich. Der Sarg ruhte weiter in der Vorrichtung, mit der man ihn bald in die Erde einlassen würde.

Darcy kamen wieder die Tränen. Sie schloss fest die Augen und betete. Danach stand sie auf, drückte ihre Lippen liebevoll auf den Sarg und flüsterte: „Josh, ich werde dich nie vergessen. Du wirst immer in meinem Herzen sein, genauso wie es dein Dad gesagt hat. Mein ganzes Leben lang. Selbst wenn ich hundert Jahre alt werde."

Endlich wandte sie sich ab und schritt den Weg hinab auf ihre Eltern und Hunter zu.

Für einen Moment hielt der Hass auf den ehemaligen Freund noch an. Nicht einmal ansehen konnte sie ihn. Doch dann erinnerte sie sich an die Worte, die sie so deutlich gehört hatte, als hätte wirklich Josh sie gesprochen. *Geh mit Hunter nicht allzu hart ins Gericht.*

Hunters Augen schimmerten feucht. Sie überwand sich, ging zu ihm und legte ihm eine Hand auf den Arm. „Du hast es versucht", sagte sie leise.

„Oh, Darcy", flüsterte er verzweifelt.

„Du hast es versucht", wiederholte sie. „Eines Tages … eines Tages werden wir wieder miteinander sprechen können. Die Zeit wird kommen."

Nach diesen Worten fühlte sich Darcy erstaunlicherweise besser. Sie wusste, dass Hunter es wirklich versucht hatte. Und sie wusste auch, dass sein Bein heilen würde. Anders als sein Herz. Er würde sein ganzes Leben lang mit dieser schrecklichen Nacht leben müssen, in der Josh und Mike gestorben waren. Und auch die Schuldgefühle würden ihn sein ganzes Leben lang begleiten.

Darauf wandte Darcy sich ab und ging mit schnellen Schritten auf ihre Eltern zu, die sie mit offenen Armen empfingen und sie trösteten, so gut es eben ging.

An diesem Abend nahm sie eine Tablette, weil sie seit dem Unfall nicht mehr richtig geschlafen hatte. Als sie am nächsten Morgen aufwachte, war sie fest davon überzeugt, dass das Medikament diesen seltsamen Traum verursacht hatte.

Sie war wieder auf dem Friedhof. Aber diesmal war es kein so strahlend schöner Tag. Grau war er allerdings auch nicht. Es schien, als ob über der Landschaft ein silberner Firnis läge, wie Nebel. Es war inzwischen einiges an Zeit verstrichen, und sie wanderte zwischen den knorrigen Bäumen und den alten und neuen Gräbern des Friedhofs umher. Joshs Ruhestätte lag unter einer großen alten Eiche. Sie ging darauf zu, ganz in Schwarz gekleidet und mit einem bunten Blumenstrauß in der Hand.

Und dann …

Beim Näherkommen sah sie einen extrem schlanken Mann unter dem Baum stehen. Als sie erstaunt auf ihn zuging, entdeckte sie, dass es Josh war.

Er sah sehr gut aus in seinem dunklen Anzug, dem weißen Hemd und dem dunkelroten Halstuch, die Sachen, in denen er beerdigt worden war. Sein dunkles Haar war frisch geschnitten und ordentlich gekämmt, so wie er es an dem letzten Abend getragen hatte. Er lehnte mit lässig verschränkten Armen am Baumstamm und lächelte sie an, während sie auf ihn zu lief.

Einen Moment lang fürchtete sie sich. Aber wirklich nur einen ganz kurzen Moment.

„Josh?“

„Darcy, arme Darcy“, sagte er leise. Sein bedauerndes Lächeln erinnerte sie an das Lächeln seines Vaters, als er am Sarg seines Sohnes mit ihr gesprochen hatte. „Darcy, ich wollte dir nur Bescheid sagen. Es ist okay. Glaub mir, wirklich, es ist absolut okay.“

„Es ist überhaupt nicht okay, dass du tot bist.“ Sie stutzte, weil sie zu ihrem Erstaunen feststellte, dass sie direkt ein bisschen böse auf ihn war. „Du wusstest es, Josh! Du wusstest, dass du sterben würdest. An dem Tag, an dem Mike dir drohte, sagtest du, dass du vielleicht sterben würdest, er gewiss aber auch. Und das ist er! Er ist auch gestorben!“

„Ich weiß, es tut mir Leid. Er war ein echter Dreckskerl, aber ich hasse ihn trotzdem nicht.“

„Josh …“

„Ich muss jetzt gehen, Darcy. Ich wollte dir nur sagen, dass es mir gut geht. Es geht mir wirklich gut. Und du musst dein Leben weiterleben.“

„Das werde ich, Josh, aber … ich hätte nie geglaubt, dass ich dich so sehr vermisse“, flüsterte sie.

Er berührte ihr Haar. So kam es Darcy jedenfalls vor. In Wirklichkeit war es natürlich nur der Wind, der mit den Strähnen spielte.

„Ich werde immer bei dir sein, Darcy. Denk einfach an mich, wenn du mich brauchst. Ganz tief da drin.“ Er legte sich die Hand aufs Herz.

„Oh, Josh.“

Er verblasste. Verschmolz einfach nach und nach mit dem silbernen Nebel. Natürlich. Es war ein Traum. Ein durch das Schlafmittel hervorgerufener Traum.

Er lächelte. „Du bist etwas ganz Besonderes, Darcy. Ich habe es dir schon immer gesagt. Und du wirst sehr stark sein müssen“, sagte er leise.

Dann war er fort.

Es begann am nächsten Tag.

Ihr Vater hatte beschlossen, nicht ins Büro zu gehen, und auch ihre Mutter war zu Hause geblieben. Ihre Eltern wollten den Tag mit ihr verbringen und in die nahe gelegenen Berge fahren. Diese herrliche Gegend von Pennsylvania schien ihnen genau das Richtige für ihre Tochter zu sein, um einfach ein wenig auszuspannen und die Natur zu genießen.

Und dann konnte ihr Vater seinen Palmtop nicht finden.

„Du hast ihn auf der Konsole in eurem Bad liegen gelassen“, sagte sie.

„Woher um alles in der Welt willst du das wissen, Liebling? Warst du in unserem Schlafzimmer?“ fragte ihr Dad.

„Nein“, sagte Darcy, selbst überrascht. „ Ich habe nur ... na ja, ich nehme an, es ist einfach ein Platz, wo du ihn liegen gelassen haben könntest.“

Er ging nach oben in das ans Schlafzimmer ihrer Eltern grenzende Bad, und als er mit seinem Palmtop zurückkehrte, schaute er sie merkwürdig an. „Danke. Ich nehme an, du kennst deinen alten Herrn ziemlich gut, was?“

Natürlich, das war es.

Aber dann ... Ab und zu blitzte vor ihrem geistigen Auge irgendetwas auf – Bruchstücke nur, entfernt bekannte Bilder, die Darcy dennoch nicht recht zuzuordnen vermochte. In diesem Sommer passierte ihr das nur gelegentlich, ein paar Mal auch während ihrer ersten Jahre auf dem College, später jedoch trat dieses Phänomen öfter auf.

Anfangs war es verstörend. Dann gewöhnte sie sich daran. Sie nahm es als etwas, das ihr Josh auf höchst seltsame Weise hinterlassen hatte.

Bis sie aber beschloss, Joshs Vater anzurufen, sollte noch eine Weile vergehen.

Das war erst, als die Geister kamen.

1. KAPITEL

Jeannie Mason Thomas lag im Lee-Zimmer von Melody House in dem breiten, weiß bezogenen Baldachinbett und schwelgte in reinster Glückseligkeit.

Roger neben ihr schnarchte leise vor sich hin. Männer, dachte sie zärtlich. Die haben es gut. Sie können in jeder Lebenslage schlafen, ganz egal, was passiert ist.

Sie konnte es nicht, sondern musste den hinter ihr liegenden Tag wieder und wieder Revue passieren lassen, jede einzelne Minute davon. Ihren Hochzeitstag.

Am Morgen hatte es das übliche Tamtam gegeben. Ihre Mom war vor Rührung alle paar Minuten in Tränen ausgebrochen und hatte ihr Vorträge über die Ehe und den Sex gehalten, die sie total überflüssig fand. Alice, ihre Brautjungfer, hatte sich beim Versuch, den Schleier zu befestigen, zwei ihrer neuen künstlichen Fingernägel abgebrochen, und Sandy, eine andere Brautjungfer, war von dem Champagner, den sie alle zusammen beim Ankleiden getrunken hatten, arg beschwipst gewesen. Die Limousine kam zu spät. Und dann war zu allem Überfluss auch noch die ursprünglich vorgesehene Sopranistin heiser gewesen, sodass sie gezwungen gewesen waren, in letzter Minute Ersatz zu suchen. Aber zum Glück hatten sie durch Father O'Hara ganz schnell diesen irischen Tenor gefunden, und als sie endlich die alte Kirche aus der Revolutionszeit am Stadtrand erreicht hatten, lief doch noch alles wie am Schnürchen.

Nach Aussage ihrer Gäste war es eine der schönsten Hochzeiten gewesen, an denen sie je teilgenommen hatten. Roger sah in seinem Smoking absolut umwerfend aus. Ihr Vater wirkte ausgesprochen stattlich, ihre Mutter schlicht schön. Ihr Bruder und ihre Schwester, beide Mitwirkende der Hochzeitszeremonie, hatten den Tag perfekt dirigiert. Der erste Tanz mit ihrem Bräutigam war magisch gewesen, aber erst als sie sich in den Armen ihres Vaters im Kreis drehte, war ihr bewusst geworden, wie überaus glücklich sie sich schätzen konnte, da sie jetzt nicht nur eine liebevolle Familie, sondern darüber hinaus auch noch einen unglaublichen Ehemann hatte.

Der Hochzeitsempfang würde in den nächsten Monaten Gesprächsthema im ganzen Landkreis sein. Der irische Tenor, der bereits in der Kirche gesungen hatte, hatte ebenfalls teilgenommen. Musikalisch war für jeden etwas dabei gewesen, angefangen von klassischer Musik über Rock und Pop bis hin zu Opernarien. Das Essen war köstlich, die Hochzeitstorte riesig.

Und schließlich waren sie nach der ausschweifenden Feier ins Melody House gefahren. Natürlich war es für sie und Roger nicht neu gewesen, miteinander Liebe zu machen, aber irgendwie war es trotzdem anders und sinnlicher, erotischer und befriedigender, als frisch gebackenes Brautpaar miteinander zu schlafen. Sie waren erhitzt und beschwipst gewesen, und beim Ausziehen lachten sie und alberten miteinander herum, bevor sie kurz unter die Dusche gingen, um sich schnell ins Bett zu kuscheln. Zwischen Küssen und Liebkosungen tranken sie auch noch den Champagner, der in einem eleganten silbernen Eiskübel auf dem antiken Tisch vor dem Kamin stand. Dazu genossen sie den köstlichen kleinen Imbiss, bestehend aus Kaviar, verschiedenen Quiches, Erdbeeren im Schokoladenmantel und vielem anderen mehr. Danach hatten sie sich noch einmal geliebt, mit träger Langsamkeit diesmal, und es war erneut unbeschreiblich schön gewesen. Im Melody House gab es alles, was das Herz begehrte. Morgen früh würde man ihnen in dem sonnigen Wintergarten das Frühstück servieren. Wenn sie Lust hatten, konnten sie den ganzen Tag an dem geheizten Swimmingpool verbringen, der eine relativ neue Errungenschaft des alten Kolonialhauses war. Und bei Sonnenuntergang würden sie vielleicht auf verschlungenen Wegen durch den Wald reiten. Hier konnten sie für sich sein und wurden dennoch nach Strich und Faden verwöhnt. Von daher hatte Jeannie allen Grund, sich rundum glücklich zu fühlen und großzügig darüber hinwegzusehen, dass sie sich schlaflos von einer Seite auf die andere wälzte, während ihr frisch gebackener Ehemann zufrieden vor sich hin schnarchte.

Sie stand leise auf, wobei sie sich so agil und wunderbar geschmeidig fühlte wie eine Katze. Während sie sich streckte, beglückwünschte sie sich wieder einmal dazu, dass sie ihr selbst auferlegtes, hartes Fitnessprogramm in den Monaten vor der Hochzeit regelmäßig abgeleistet hatte – im Moment hatte sie kaum ein Gramm Fett am Leib, eine Tatsache, die Roger auch heute wieder gebührend gewürdigt hatte. Außerdem erwärmte sie sich an dem Gedanken, dass es ihr gelungen war, Matt Stone zu überreden, ihnen dieses nur höchst selten vermietete Zimmer zu überlassen. Und Stone war bekanntermaßen eine harte Nuss.

Auf dem Weg zur Balkontür verzog sie den Mund zu einem halben Lächeln. Roger behauptete, Matt Stone habe sich nur erweichen lassen, weil er dringend das Geld zur Instandhaltung von Melody House brauche. Und vielleicht hatte Roger damit sogar Recht – so ein altes Haus verschlang bestimmt Unsummen an Instandhaltungskosten. Aber vielleicht war es ja auch eine Mischung aus den sich für Stone ergebenden Notwendigkeiten und ihren mit Charme gepaarten Überredungskünsten gewesen, wer konnte das schon so genau sagen? Und egal wie, auf jeden Fall hatte es geklappt, und jetzt passte alles wunderbar zusammen. Jeannie interessierte sich brennend für Geschichte, und dass sie ihre Hochzeitsnacht an einem so geschichtsträchtigen Ort verbringen durfte, war wie das kunstvollste Sahnehäubchen auf dem herrlichsten Kuchen der Welt. Sie schob die Vorhänge einen Spalt auseinander und kostete das sinnliche Gefühl aus, die leichte Brise auf ihrer nackten Haut zu spüren. Sie war jetzt eine verheiratete Frau. Mrs. Thomas. Wenn sie wollte, konnte sie sich sofort wieder ins Bett legen, ihren Ehemann wecken und mit ihm jede erotische Fantasie, die ihr in den Sinn kam, ausleben.

Nichtsdestotrotz …

Sie erschauderte. Mit einem Mal war es gar nicht mehr ganz so köstlich, die kühle Luft auf der Haut zu fühlen. Eine eisige Kälte umwehte sie, die ihr durch und durch ging. Sie wirbelte auf dem Absatz herum, aber in dem schwachen Lichtschein, der aus dem Bad fiel, konnte sie nichts entdecken.

Sie verspürte …

Angst. Eine tief sitzende, irrationale Angst.

Jeannie schluckte und beeilte sich, die Balkontür zu schließen und von innen zu verriegeln. Sie schaute zu Roger. Er schnarchte immer noch leise vor sich hin. Sie versuchte, sich zu beruhigen. Wenn sie Angst hatte, brauchte sie sich nur schnell wieder neben ihn ins Bett zu legen, dann würde er sie in den Arm nehmen und festhalten, und alles wäre gut.

Und genau das sollte sie jetzt tun.

Aber sie tat es nicht. Sie rührte sich nicht von der Stelle. Da war doch etwas …

Eine silbrige Bewegung in der Dunkelheit des Raumes.

Sie blinzelte, aber das, was sie sah, verschwand nicht. Und das lag nicht an der Dunkelheit oder an der Widerspiegelung der Lichter oder an einer Kombination aus beidem. Da war irgendetwas, vage im Umriss, silbrigweiß schimmernd, das sich bewegte und ständig seine Form veränderte. Es stieg aus ihrer Seite des Bettes empor und kam auf sie zu.

Panik schnürte ihr die Kehle zu. Sie öffnete den Mund zu einem Schrei, aber sie brachte keinen einzigen Ton heraus. Mit kalkweißem Gesicht starrte sie auf die Erscheinung und stieß erstickte leise Laute aus, während sie verzweifelt versuchte, ihre Stimme wieder zu finden. Es kam näher und näher und dann – ihr gefror das Blut in den Adern.

Jetzt berührte es sie. Sie spürte, dass sich ihr Haar bewegte ... Kälte schlug ihr ins Gesicht, und sie hätte schwören mögen, dass sie ein spöttisches, verächtliches Flüstern vernahm: „Du dummes, kleines Mädchen. Er wird dich töten!"

Und dann ... ihr Haar ... es hob sich erneut, während sie selbst wie gebannt auf diese silbrige Erscheinung starrte. Eine Erscheinung, die flüsterte und sich im Wind bewegte. Aber da war gar kein Wind. Sie hatte die Balkontüren geschlossen.

Endlich fand sie zu Stimme, Beweglichkeit und Energie zurück. Sie stieß einen gellenden Schrei aus und rannte los.

Allerdings nicht zum Bett und zu Roger, sondern geradewegs zur Tür, an der sie so heftig zog, dass sie fast den Knauf abriss. Gleich darauf flog die Tür auf und donnerte gegen die Wand, aber Jeannie achtete nicht mehr darauf. Sie schrie immer noch, während sie wie von wilden Furien gehetzt den breiten Treppenaufgang hinunterrannte.

Matt Stone war vor der Ankunft seiner Pensionsgäste vorübergehend in das kleine Wirtschaftsgebäude umgezogen, das ungefähr fünfzig Meter vom Haupthaus entfernt lag. Dort hatte er früher schon gewohnt, doch dann war sein Großvater gestorben und hatte ihm Melody House samt der damit verbundenen Verantwortung hinterlassen. Nachdem er sich anfangs gesträubt hatte, fühlte er sich inzwischen in dem alten Gemäuer recht wohl. Die Mastersuite, in der er sich eingerichtet hatte, war mit dem großen Schlafzimmer, dem Bad und Ankleidezimmer, einem Arbeitsbereich plus dem Salon ausgesprochen komfortabel.

Er war gerade fest eingeschlafen, als er von einem gellenden Schrei geweckt wurde. Aufgeschreckt fuhr Matt hoch und sah sich hektisch um.

Obwohl es in ihrem kleinen Städtchen normalerweise ruhig zuging, war er als Sheriff von Stoneyville daran gewöhnt, mitten in der Nacht geweckt zu werden. Deshalb hatte er jetzt innerhalb von Sekunden seine Jeans an und lief im Eilschritt über den breiten Rasen, der zwischen dem Wirtschaftsgebäude, einem jüngst komplett saniertem Cottage, und dem Haupthaus lag. Kaum zwei Minuten, nachdem der Schrei ertönt war, schloss er die Tür auf.

Im Foyer brannte wie immer eine kleine Lampe, genau wie auf der Veranda. Trotzdem war er auf alles vorbereitet, als er das Haus betrat.

Das glaubte er zumindest, bis er die Gestalt sah, die splitternackt und schreiend vor ihm stand. Jeannie war eine hübsche Frau, mit einem perfekten, wohl modellierten Körper. Matt zwang er sich, seinen Blick von ihr loszureißen und sich nach einer bislang verborgenen Gefahr umzuschauen. Da er jedoch nichts entdecken konnte, wandte er sich erneut der jungen Ehefrau zu.

„Jeannie?“ fragte er behutsam mit tiefer beruhigender Stimme. Unter normalen Umständen wäre er jetzt auf sie zu gegangen. Er hätte ihr einen Arm um die Schultern gelegt und geduldig herauszufinden versucht, was ihre Panik verursacht hatte. Aber unter diesen Umständen entschied er sich dagegen „Jeannie, bitte, sagen Sie doch etwas. Was ist denn …?“

In diesem Moment kam auch Roger verschlafen die Treppe hinuntergetappt. Als sein Blick auf seine Frau fiel, wurde er schlagartig hellwach.

„Jeannie!“ schrie Roger erschrocken.

Matt durchquerte mit langen Schritten das Foyer und betrat einen kleinen, durch eine Kordel abgetrennten Salon, wo er ein Plaid von einem zierlichen antiken Sofa riss. Damit kehrte er eilig zu Jeannie zurück und legte es ihr um die Schultern. Obwohl die junge Frau mittlerweile aufgehört hatte zu schreien, wirkte sie völlig verängstigt und zitterte am ganzen Körper.

Roger, der sich immer noch nicht gefasst hatte, bedankte sich flüchtig und schaute dann wieder auf seine Frau, die mit dem Rücken zu ihm stand.

„Du lieber Himmel, Jeannie, was ist denn passiert?“

Jetzt endlich drehte sie sich zu ihm um und blickte ihn erst verständnislos und dann angespannt an. „Hast du es nicht gesehen? Hast du nichts gespürt?“

„Jeannie, bitte, ich habe geschlafen. Wovon redest du?“

In diesem Moment betrat Penny Sawyer, das grauschwarze Haar vom Schlaf zerzaust und eingehüllt in einen Frotteebademantel, das Foyer.

„Was in aller Welt ist denn hier los?“ fragte sie perplex.

Penny war Haushälterin, Verwalterin und Buchhalterin in

einer Person. Außerdem führte sie die Besichtigungstouren durch. Sie hatte schon für Matts Großvater gearbeitet und hing wahrscheinlich noch mehr an dem Haus als Matt selbst. Für Matt war sie nicht nur unverzichtbar, sondern zudem so etwas wie die gute Seele des Anwesens.

Nur in einer einzigen Frage würden sie sich wahrscheinlich nie einigen. Missmutig knirschte Matt mit den Zähnen. Er wusste genau, was Penny über diesen Zwischenfall denken würde.

„Es spricht alles dafür, dass unsere Braut einen Albtraum hatte“, erklärte Matt ruhig.

„Albtraum!“ kreischte Jeannie, dann zwang sie sich jedoch, etwas ruhiger fortzufahren: „Ich *habe* nicht geschlafen.“

„Und was genau war das Problem?“ fragte Roger leicht gereizt.

„Ich glaube, ich hole besser erst mal eine kleine Stärkung“, schlug Penny vor.

„Aber vorher sollte sich Jeannie etwas anziehen“, warf Roger jetzt hörbar unwillig ein.

„Etwas anziehen?“ fragte Jeannie, wobei ihr offensichtlich erst in diesem Moment bewusst wurde, dass nur das Plaid ihren Körper bedeckte.

„Ich mache Tee mit einem kräftigen Schuss Whiskey“, erklärte Penny entschieden.

„Und inzwischen kannst du raufgehen und dir was überziehen, Jeannie. Und dann erzählst du uns, was in dich gefahren ist“, sagte Roger, immer noch mit einem Hauch Gereiztheit in der Stimme.

„Was in mich gefahren ist?“ wiederholte Jeannie mit vorwurfsvoll gerunzelter Stirn. „Hör zu, Roger Thomas, ich habe mich eben zu Tode erschreckt, begreifst du das nicht?“

„So sehr erschreckt, dass du mitten in der Nacht splitternackt durch die Gegend läufst?“

Matt musste sich ein lautes Aufstöhnen verkneifen. Er hätte sich nicht breitschlagen lassen sollen, das Lee-Zimmer zu vermieten. Er warf Penny einen finsteren Blick zu. Wenn sie ihn nicht ständig daran erinnern würde, dass sie jede Einnahmequelle für Melody House nutzen müssten, hätte er es sicher auch nicht getan.

Penny zuckte mit den Schultern, wobei sie Matt einen ihrer wissenden Blicke zuwarf.

Die Leute erzählten sich, dass es in Melody House spukte, aber solche Geschichten waren in Matts Augen ganz normal. Das Haupthaus war weit über zweihundert Jahre alt. Es hatte die amerikanische Revolution überlebt, den Bürgerkrieg und jede Menge Konflikte dazwischen. Natürlich wusste er, dass sich um alles, was so alt war, immer gewisse Legenden rankten. Und offensichtlich wollte fast die ganze Welt an Spukgeschichten glauben. Die Leute schafften es eben nicht, einfach nur traurig auf die Tragödien der Vergangenheit zurückzublicken, sondern mussten irgendetwas „hineingeheimnissen“.

Aber Matt glaubte nicht an Geister. Er hatte früher im Großraum Washington, D.C. gearbeitet und wusste, dass sich schon in der Welt der Lebenden so grausame, barbarische Dinge abspielten, dass es schlicht sinnlos war, sich auch noch über die Welt der Toten den Kopf zu zerbrechen.

„Geh schon endlich und zieh dir was an“, befahl Roger in barschem Ton.

Aus ihren immer noch weit aufgerissenen blauen Augen starrte Jeannie ihn rebellisch an.

„Ich werde nicht – und zwar *nie* mehr, hast du mich verstanden? – in dieses Zimmer hinaufgehen! Da spukt nämlich ein Gespenst herum und ... bedroht mich."

Matt schüttelte den Kopf und betete um Geduld, dann schaute er erst Braut, dann Bräutigam an. Wahnsinn! Wie schnell doch im Paradies der Segen schief hängen konnte.

„Hören Sie zu, Jeannie", sagte er geduldig, „hier gibt es keine Gespenster. Ich habe immerhin den größten Teil meines Lebens in diesem Haus verbracht, und irgendwann gab es sogar mal einen Stromausfall. Da war es stockdunkel, und spätestens in diesem Moment hätte sich mir der Geist doch gezeigt, meinen Sie nicht? Sie können es mir wirklich glauben, es gibt hier keine Gespenster."

Obwohl er sich um einen beiläufigen Ton bemüht hatte, hörte er, dass zumindest in seinem letzten Satz eine gewisse Schärfe mitgeschwungen hatte. Diese idiotischen Gespenstergeschichten hingen ihm wirklich langsam zum Hals heraus.

„Da siehst du, was du angerichtet hast", sagte Roger vorwurfsvoll zu Jeannie. „Großartig. Wir werden hier traumhafte Flitterwochen verleben, nachdem du den Hauseigentümer so vor den Kopf gestoßen hast."

„Entschuldigen Sie, aber ich bin nicht verärgert, auch wenn es sich vielleicht so anhört", beeilte sich Matt zu versichern. „Ich glaube nur einfach nicht an Geister. Hören Sie, Jeannie, heute war ein großer, anstrengender Tag für Sie, und ich bin mir sicher, dass Sie beide ... bitte verstehen Sie mich nicht falsch, aber Sie haben bestimmt auch etwas getrunken. Sie sind ganz einfach immer noch aufgeregt, Jeannie. Natürlich müssen Sie nicht in das Zimmer zurück. Wir holen Ihre Sachen, und dann können Sie und Roger für den Rest Ihrer Flitterwochen im Cottage wohnen; wie finden

Sie das? Und jetzt macht Penny uns allen erst mal einen Tee, und ich räume drüben das Feld. Es dauert nur ein paar Minuten."

Abrupt drehte sich Jeannie zu ihm um. Es sah fast so aus, als wollte sie sich in seine Arme zu werfen.

Tu das nicht, Jeannie, bitte! flehte Matt in Gedanken.

„Und warum schlägt niemand vor raufzugehen, um nachzusehen, ob da irgendwas im Zimmer ist?" fragte Jeannie erregt.

Matt hob beschwörend die Hände. „Ich werde sofort nachsehen."

Er ging an den Neuvermählten vorbei die Treppe hinauf. Als er den ersten Absatz erreicht hatte, hörte er Roger wütend brummen: „Du lieber Himmel, *Geister!* Du bist eine Exhibitionistin, das ist alles. Du warst schon immer scharf auf Matt Stone, weißt du, Jeannie. Hast du endlich die passende Ausrede gefunden, um dich nackt vor ihm zu zeigen?"

„Roger Thomas! Wie kannst du es wagen, so etwas zu behaupten, du Mistkerl!" flüsterte sie empört. Dann rief sie mit lauter Stimme: „Sie brauchen Ihre Sachen nicht zu holen, Matt, wir ziehen nicht um. Ich fahre nach Hause, und zwar auf der Stelle. Nach Hause zu meiner Familie! Da behandelt mich wenigstens niemand so, als ob ich den Verstand verloren hätte."

„He, he, immer mit der Ruhe!" protestierte Penny gelassen. „Hören Sie, wir sind wirklich alle müde, aber wir werden der Angelegenheit auf den Grund gehen. Matt ist ein durch und durch pragmatischer Mensch und glaubt eben nicht an Geister, aber Sie sollten mit Ihrer Frau trotzdem nicht so hart sein, Roger. Es gibt nämlich jede Menge Leute, die fest davon überzeugt sind, dass es hier mehr als nur ein bisschen spukt, glauben Sie mir."

Matt betrat unterdessen das Lee-Zimmer. Ganz wie erwartet,

fand er dort absolut nichts Außergewöhnliches. Die Balkontüren standen offen, und die Vorhänge bauschten sich im Wind. Das war es wahrscheinlich gewesen, was der jungen Frau einen Schrecken eingejagt hat. Vielleicht hatte sie auch einfach eine blühende Fantasie. Sie redete sich so lange ein, dass es hier spukte, bis sie es am Ende wirklich geglaubt hat.

Sein Blick fiel auf Jeannies Negligee, das ihm allerdings zu durchsichtig erschien, um es mit nach unten zu nehmen. Ihr Mann würde nicht glücklich darüber sein, so viel war sicher. Deshalb ging er zum Schrank, in dem zwei schneeweiße flauschige Bademäntel mit eingesticktem Monogramm hingen – eine Anschaffung, auf der Penny bestanden hatte, damit den wenigen Gästen, an die er das Zimmer vermietete, zumindest einen Hauch von echtem Luxus geboten wurde. Er nahm einen Bademantel vom Bügel und eilte damit nach unten.

Penny, Jeannie und Roger waren mittlerweile in die Küche gegangen. Durch den alten Holzkohleherd, die antiken Pfannen und Töpfe aus Kupfer sowie die Kräutertöpfe auf den Gesimsen wirkte sie anheimelnd altmodisch. Der große Kühlschrank aber war ebenso modern wie die Gefriertruhe und der blitzblanke Herd aus Edelstahl – Einrichtungsgegenstände, die zur Ausrichtung der vielfältigen gesellschaftlichen Ereignisse, die hier stattfanden, von Wohltätigkeitsveranstaltungen bis Galadinners, unerlässlich waren.

Penny hatte mit dem frisch gebackenen Brautpaar am Tisch Platz genommen. Offenbar hatte sie den Tee in Windeseile zubereitet, denn als Matt in die Küche kam, nippten sie bereits alle an den großen Steingutbechern.

Aber die drei waren nicht mehr allein. In der Zwischenzeit

hatten sich die übrigen Bewohner von Melody House zu ihnen gesellt, die wahrscheinlich von dem Geschrei aufgewacht waren. Ebenfalls mit am Tisch saß Matts Cousin Clint, der eines der Apartments über den Stallungen bewohnte. Als Matt Clints Blick begegnete, sah er in den Augen seines Cousins ein belustigtes Glitzern. Und auch Sam Arden, der Hausmeister – alt, hager und barsch, mit wirrem weißem Haar – war mit von der Partie. Zu guter Letzt war da noch Carter Sutton, ein alter Collegefreund von Clint, der eigentlich im Nachbarort wohnte. Ihm gehörten eine Menge Grundstücke in der Gegend, und er hatte sich erst kürzlich in der Nähe ein Haus gebaut. Da die Handwerker es aber immer noch besetzt hielten, wohnte er ebenfalls in einem Apartment über den Stallungen. Dieses Arrangement nutzte allen, weil der von seinen Zinserträgen lebende Carter, der gelegentlich zwar „reich an Papieren, aber knapp an Bargeld" war, wie er selbst sagte, sich freute, gegen Unterkunft und Verpflegung hin und wieder den Stallburschen oder Fremdenführer in Melody House geben zu können.

Matt reichte Jeannie wortlos den Bademantel und setzte sich dann an die Stirnseite des Tisches. Penny war gerade sichtlich beglückt dabei, ihre einschlägigen Kenntnisse der Geisterwelt vor den Versammelten auszubreiten, während Roger seine Frau immer noch davon zu überzeugen versuchte, dass da außer der Aufregung des Tages nichts gewesen war.

„Und falls da wirklich ein Geist war, hatte er wahrscheinlich mehr Angst als Sie", versicherte Clint der Braut.

„Himmel, da sind wirklich Gespenster." Sam nickte weise mit seinem alten Kopf.

„Bitte, Sam", protestierte Matt.

„Es wollte mir etwas antun“, behauptete Jeannie.

„Ich kann mir nicht vorstellen, dass Geister Menschen etwas antun“, wandte Carter ein. Sein Schnauzbart zuckte unter dem nur mühsam verkniffenen Grinsen.

„Er wollte es aber“, wiederholte Jeannie hartnäckig.

„Ich habe auch schon in diesem Zimmer geschlafen“, mischte sich Clint ein, „aber mir ist nichts passiert, ehrlich.“

„Ich kenne das Lee-Zimmer aus mehr als einer Nacht und habe nur die allerangenehmsten Erinnerungen daran“, versicherte Carter der Braut mit einem Augenzwinkern.

Sie wurde rot und lachte verlegen.

„Matt, ich habe Ihnen auch Tee eingeschenkt“, sagte Penny. „Nehmen Sie.“

„Danke. Ich trinke ihn später. Ich will vorher nur noch rasch meine Sachen rüberholen.“ Er wandte sich dem Brautpaar zu. „Damit Sie gleich umziehen können.“

„Hören Sie, Mr. Stone, es ist mir wirklich peinlich, und ich … ich möchte Ihnen nicht noch mehr Unannehmlichkeiten machen“, sagte Roger.

„Ich werde aber in diesem Haus kein Auge mehr zubekommen“, jammerte Jeannie.

„Es ist wirklich kein Problem“, versicherte Matt den beiden.

Er wollte im Moment einfach nur weg hier – vor allem deshalb, weil er absolut keine Lust hatte, sich noch eine weitere von Pennys Geschichten anzuhören. Er gestattete ihr einmal pro Woche – sie entschied sich immer für den Freitag oder Samstag – eine Führung mit dem Titel „Melody House und seine Legenden“ zu machen, die sie zum Anlass nahm, alle möglichen haarsträubenden Anekdoten über das Haus zum Besten zu geben, in dem angeblich

Geister, unter denen auch die Geister historischer Berühmtheiten sein sollten, herumspukten.

Sie hatte diese Führungen „Gespensterreise“ nennen wollen, aber das hatte Matt sich vehement verbeten. Doch nachdem sie es tatsächlich geschafft hatte, auch so zahlende Touristen anzulocken – Leute aus Williamsburg, Richmond, Harpers Ferry oder sogar D.C. – hatte er ihr weitgehend freie Hand gelassen. Nach der ersten Hälfte der Veranstaltung reichte sie Apfelmost, Tee, Plätzchen und Blätterteiggebäck, und in einem musste er ihr Recht geben: Dank dieser Führungen konnten sie viele Rechnungen bezahlen. Deshalb duldete Matt den Zirkus, auch wenn ihm das Ganze immer noch ganz und gar nicht schmeckte.

„Geh ruhig, Matt, wir unterhalten sie schon, bis du fertig bist“, meinte Clint.

„Danke“, sagte Matt trocken und überließ sie ihrer Debatte über die Existenz oder Nichtexistenz von Geistern.

Eine Stunde später lag Matt wieder in seiner Suite im Haupthaus. Zuvor hatten er und Penny und Roger sehr zur Beruhigung der jungen Frau die Sachen des Brautpaars ins Cottage gebracht.

Matt war kaum eingeschlafen, als er von einem Klingeln geweckt wurde. Verschlafen versuchte er den Wecker abzustellen, und es dauerte einen Moment, bis ihm dämmerte, dass nicht der Wecker, sondern das Telefon klingelte. Es war einer seiner Angestellten, der aufgeregt in den Apparat rief, dass Matt sich beeilen solle. Ein Fall von häuslicher Gewalt drohe zu eskalieren.

Während Matt hastig in seine Kleider schlüpfte, dachte er sowohl an den Teil der Nacht, der hinter ihm lag, wie auch an den kommenden Tag. Da war sie wieder – die Wahrheit. Wie früher schon sein Dad zu ihm gesagt hatte, wenn es ihm als Kind auf einem Friedhof gegruselt hatte: Vor den Toten brauchte man keine Angst zu haben.

Es waren die Lebenden, vor denen man sich in Acht nehmen musste.

Der auf diese unruhige Nacht folgende Tag war für Matt die Hölle. Begonnen hatte er wenige Stunden nach Mitternacht mit dem Ehekrach der Creekmores, weil der alte Harry gedroht hatte, seine ganze Familie umzubringen, da seine Frau, wie er behauptete, in der Gegend herumhure, und er nicht einmal wüsste, ob die Kinder tatsächlich von ihm waren. Thayer hatte sich bemüht, die Situation bis zu Matts Eintreffen so gut es ging unter Kontrolle zu halten. Matt hatte Harry erst mit Engelszungen überreden müssen, die Tür zu öffnen, dann hatte er eine Flasche Whiskey mit ihm geleert, von der Matt allerdings kaum etwas trank, und versucht, den aufgebrachten Mann davon zu überzeugen, einen Vaterschaftstest machen zu lassen. Irgendwann war Harry dann so voll gewesen, dass er am Tisch einschlief, was Matt zum Anlass nahm, ihm die Schrotflinte abzunehmen und ihn zum Ausnüchtern in seine Kammer zu hieven.

Und so ähnlich ging es die ganze Woche weiter, und sein einziger Trost war, dass er das glückliche junge Paar Tag und Nacht im Swimmingpool herumplanschen hörte.

Irgendwann kam Jeannie auch zu ihm, um sich wortreich dafür zu bedanken, dass er sie in jener ersten Nacht nicht einfach an die Luft gesetzt hatte. Sie versicherte ihm, dass sie sich ihre Flitterwochen niemals so schön hätte ausmalen können und wie sie jede Minute genossen.

Den Geist hatte sie in der Zwischenzeit offensichtlich längst vergessen, worüber Matt sehr froh war.

Ganz im Gegensatz zu Penny. Sie beharrte weiter darauf, dass es im Haus spukte, und dass er, Matt, ein Dummkopf war, weil er nicht auf sie hörte. Sie schwor Stein und Bein, dass bald irgendetwas Schlimmes passieren würde oder – wenn man es positiv sah – dass sie kurz davor waren zu beweisen, dass der Geist wirklich existierte. Und wenn das stimmte, brauchten sie sich nie wieder den Kopf darüber zu zerbrechen, woher sie das Geld für den Unterhalt des Hauses nehmen sollten. So zumindest sah es Penny.

Schließlich reiste das junge Brautpaar ab, und alles ging kurzfristig seinen gewohnten Gang, bis Penny wieder mit dem Thema anfing und ihn bekniete, eine Séance abhalten zu dürfen.

Matt wehrte sich, so gut er konnte. Er flehte sie an, ihn mit diesem Blödsinn in Ruhe zu lassen, besonders jetzt, wo er bis über beide Ohren in Arbeit steckte.

Penny wollte schon nachgeben und sich mit ihren wöchentlichen Führungen begnügen, als dieser Brief von Adam Harrison von Harrison Investigations kam.

Vier Wochen später blieb Clara Issy, eine der fünf Angestellten, die Matt in Melody House beschäftigte, abrupt stehen.

Es war ein sonniger Morgen. Das schöne, antik eingerichtete Schlafzimmer sah genauso aus wie immer. Das Bett mit seinen vier glänzenden Pfosten und der Patchwork-Tagesdecke, die Clara gerade darüber gebreitet hatte, stand mit dem Kopfteil an der Wand. Die elektronischen Geräte in dem auf Hochglanz polierten Mahagonisekretär verliehen dem Möbelstück einen modernen Anstrich. Der Fernseher war ausgeschaltet. Weil es ein sonniger Tag war, standen die großen Flügeltüren, die auf einen rund um das Haus herumführenden Balkon führten, offen, und die weißen Vorhänge wehten leicht im Wind. Daran war nichts Ungewöhnliches, und Clara liebte diese lichtdurchflutete, samtene Atmosphäre des Sommers. Nein, mit dem Raum selbst war alles so wie immer.

Trotzdem stand sie wie erstarrt neben der geöffneten Balkontür und starrte auf einen Punkt.

Obwohl außer ihr niemand im Zimmer war, bewegte sich etwas. Etwas, das vom Bett wegdriftete. Etwas, das seine Form veränderte, etwas Kaltes, das etwas ausgesprochen Bedrohliches hatte.

Es näherte sich Clara. Sie spürte, dass es ihr Gesicht berührte, es war fast so, als ob Finger über ihre Wange strichen. Eiskalte Finger. Totenfinger. Sie glaubte ein Flüstern zu hören. Heiser, ganz nah an ihrem Ohr. Etwas, das flehte … oder drohte.

Ihre Hände umklammerten den Besenstiel so fest, dass ihre Knöchel weiß hervortraten. Ihr Körper fühlte sich an wie ein Eiszapfen. Ein Schauer lief ihr über den Rücken.

Die Kälte … sie hüllte sie ein. Undurchdringlich. Und noch undurchdringlicher.

Endlich machte sie ihren Mund wieder zu. Fest. Doch dann riss sie ihn erneut auf und versuchte zu schreien, aber alles, was herauskam, war ein kaum hörbares Ächzen. Die Angst schnürte ihr die Kehle zu.

Schließlich fand sie die Kraft und rannte aus dem Zimmer.

Auf dem Flur im ersten Stock war niemand. Clara raste wie der Blitz nach unten ins große Foyer, aber auch dort war niemand. Deshalb rannte sie auf den zweiten Flur rechts neben der Wendeltreppe. Bestimmt arbeitete jemand in einem der beiden Büros, und wenn es auch nur Penny war – eine kleine Bastion gegen das Böse war immer noch besser als gar keine.

Als eine Sekunde später Claras Blick auf Matt fiel, stieß sie einen erleichterten Seufzer aus. Gott sei Dank, Matt! Er stand schon im Arbeitsanzug auf der Schwelle zu seinem Büro, hatte das Haus aber zum Glück noch nicht verlassen.

Mit schnellen Schritten kam er auf sie zu. „Clara! Um Himmels willen, was ist denn los?“

Sie war fünfundfünfzig. Zwei Jahrzehnte älter als er, mindestens. Aber Matt war Matt – solide wie ein Fels. Ein hoch gewachsener Mann im besten Alter, mit einer respektgebietenden Art, die ihr ein Gefühl von Sicherheit vermittelte und es ihr erlaubte, einen Ton herauszubringen, obwohl ihre Lippen sich vor Angst immer noch ganz starr anfühlten.

„Ich … ich kündige“, keuchte sie.

„Clara, was um alles in der Welt ist passiert?“ fragte er ruhig und fasste sie an den Schultern, damit sie seinem Blick nicht ausweichen konnte.

„Ich sage es Ihnen, diese Braut war nicht verrückt. In dem Zimmer ist wirklich ein Geist!“

„Oh, Clara, bitte! Wir kennen beide die Märchen, die man sich über dieses Haus erzählt. Wir haben sie praktisch mit der Muttermilch eingesogen. Aber ich bitte Sie, wir leben doch trotzdem seit Jahren relativ unbehelligt hier, oder etwa nicht? Ernsthaft, auch auf die Gefahr hin, dass ich Sie langweile, aber ich betone es noch mal: Es gibt keine Geister. Ende der Durchsage. Manchmal wollen die Leute, dass es sie gibt. Penny wünscht sich brennend ein paar Gespenster, damit noch mehr Touristen ihr Geld bei uns lassen. Heutzutage reicht es offenbar nicht aus, wenn ein Haus eine historische Sehenswürdigkeit ist, nein, da muss es gleich spuken.“

„Aber da *ist* ein Geist im Lee-Zimmer, ich schwöre es Ihnen. Er hat mich sogar angefasst.“ Clara hatte sich inzwischen etwas gefasst und stemmte die Hände in die Hüften. „Wie lange kennen Sie mich jetzt schon? Eine Ewigkeit, oder? Und war ich nicht immer Ihrer Meinung, dass dieses Gerede über Geister Blödsinn ist? Aber Sie müssen mir glauben – in diesem Zimmer ist irgendetwas. Es hat mich bedroht. Wirklich, Matt, ich habe es mir nicht eingebildet, es war real. Ich habe es mit eigenen Augen gesehen. Kommen Sie mit, und schauen Sie selbst."

Matt stieß einen tiefen Seufzer aus. Doch da die Beunruhigung in ihren Augen nicht zu übersehen war, willigte er zähneknirschend ein. „Also gut, Clara, sehen wir nach."

Dicht hinter Matt folgte Clara ihm nach oben ins Lee-Zimmer, und wie Matt erwartet hatte, fanden sie dort nichts Ungewöhnliches.

Clara hob ihren Besen auf. „Ich stand hier."

„Clara, vielleicht haben Sie gesehen, wie sich die Vorhänge im Wind bewegt haben. Die Balkontüren stehen offen."

Clara straffte beleidigt die Schultern. Sie konnte Matt förmlich ansehen, wie sehr er sich zusammenreißen musste, um nicht die Geduld zu verlieren. „Ich kann sehr gut zwischen Vorhängen, die im Wind wehen, und einem Geist unterscheiden!"

Matt fuhr sich mit den Fingern durch sein dunkles Haar und schüttelte den Kopf. „Clara, ich weiß einfach nicht mehr, was ich dazu noch sagen soll. Da ist nichts."

Clara schnaubte. „Ja, weil es jetzt weg ist. Aber es *war* da, Matt, ich schwöre es Ihnen. Warum glauben Sie mir nicht? Das ist wirklich nicht normal. Und wie lange ist es jetzt her, seit diese Braut mitten in der Nacht schreiend und splitternackt die Treppe runtergerannt kam? Noch gar nicht lange. Ich war zwar nicht dabei, als es passierte, aber ich habe genug darüber gehört." Clara machte eine Pause und nagte nachdenklich an ihrer Unterlippe. „Na ja, ich gebe schon zu, dass ich damals auch nur darüber gelacht habe, aber jetzt weiß ich, dass hier was nicht stimmt, Matt."

„Hören Sie, Clara, Jeannie Thomas hat später zugegeben, dass sie an diesem Abend eine ganze Menge getrunken hatte. Und ihr Mann hat absolut nichts gesehen oder gehört, was am Ende noch dazu führte, dass sich die beiden in ihrer Hochzeitsnacht schrecklich gestritten haben. Jeannie wollte damals unbedingt dieses Zimmer haben, weil sie gehört hatte, dass es hier angeblich spukt. Begreifen Sie denn nicht, was das heißt? Die Braut wollte sich in ihrer Hochzeitsnacht richtig schön gruseln, und dann hat ihr ihre Fantasie einen Streich gespielt, mehr war es nicht. Jetzt kommen Sie schon, Clara! Sie sind doch eine vernünftige Frau. Tief innen drin wissen Sie doch, dass Sie sich die Sache nur eingebildet haben."

„Nein, Matt, ich kündige."

„Oh, Clara!"

Sie wusste, dass er es sich nicht leisten konnte, eine Angestellte zu verlieren.

„Hören Sie, ich mache Ihnen einen Vorschlag, Clara. Was halten Sie davon, wenn Sie bleiben, aber dieses Zimmer nicht mehr sauber machen. Wie wäre das?"

Sie überlegte einen Moment. „Wer macht es denn dann?"

„Wir werden Penny bitten, sich darum zu kümmern. Penny findet es großartig, dass es hier spukt. Und vielleicht trickst sie ja auch nur ein bisschen herum, weil sie sich doch so brennend ein echtes Gespenst wünscht. Oder vielleicht ist jemand … ach, was weiß denn ich … eingebrochen vielleicht, und hat hier irgendetwas aufgeführt."

„Was denn?“ fragte Clara ungläubig.

„Keine Ahnung“, brummte er ungehalten.

Clara stemmte wieder die Hände in die Hüften und fixierte ihn aus zusammengekniffenen Augen. „Und wer bitte schön sollte das sein? Wer würde denn die Frechheit besitzen, in das Haus des Sheriffs einzubrechen?“

„Ich weiß es nicht. Aber da Sie sich so sicher sind, dass hier jemand war, habe ich die Absicht herauszufinden, wer.“

Clara schüttelte den Kopf. „Nein, wir beide haben uns die ganze Zeit etwas vorgemacht, Matt. Es kann nämlich wirklich sein, dass es in diesem Haus spukt, und dieses Zimmer hier ist ... bedrohlich!“

„Geister bedrohen keine Menschen, Clara.“

Clara schüttelte wieder energisch den Kopf und wirkte plötzlich sehr weise. „Nun, Mr. Matt, dazu muss ich leider sagen, dass das absolut nicht stimmt. Haben Sie noch nie von der Bell Witch aus Tennessee gehört? Angeblich soll sogar der alte Andrew Jackson vor ihr Angst gehabt haben. Sie hat die Leute an den Haaren gezogen, die Kinder herumgeschubst, und sie soll sogar den Tod des Hausherrn verschuldet haben. Sie wollen einfach nicht zugeben, dass nicht alles rational erklärbar ist und verschließen sogar vor Dingen, die in Ihrem eigenen Haus vorgehen, die Augen.“

Matt lehnte sich lächelnd gegen den Türrahmen. „Jetzt sage ich es noch einmal, Clara: Ich glaube daran, dass sich Leute bestimmte Dinge so einbilden können, dass sie real werden.“

„Dann glauben Sie also, dass der alte Andy Jackson besonders fantasiebegabt war?“

„Dass Andrew Jackson Angst vor Geistern hatte, müssen Sie mir schon schriftlich geben. Aber bitte nicht in Form eines

Artikels aus irgendeinem dubiosen Blättchen für Okkultisten oder einem der zahlreichen Bücher mit Geistergeschichten."

Clara deutete mit dem Finger auf ihn. „So, jetzt sag ich Ihnen mal was, Mr. Matt. Sie sollten lieber etwas unternehmen, bevor es zu spät ist und die Geschichten über dieses Haus so real werden, dass sich kein Mensch mehr her traut. Allein mit dem, was Sie als Sheriff verdienen, werden Sie die Instandhaltungskosten für dieses Haus nämlich nicht aufbringen können."

„Vielen Dank, Clara, ich werde Ihren Rat beherzigen. Andererseits ist Penny felsenfest davon überzeugt, dass wir bald steinreich sind, wenn wir es erst schriftlich haben, dass es hier ..." Irritiert hielt Matt in seinem Vortrag inne. „Was ist denn mit Ihrem Gesicht passiert?"

„Mit meinem Gesicht?" Fragend sah Clara ihn an und ging zum Spiegel hinüber. Auf ihrer Wange war ein roter Fleck, ganz so, als ob sie eine Ohrfeige bekommen hätte.

Wütend drehte sie sich um. „Aber Geister tun ja niemandem was, stimmts?"

„Clara", erwiderte Matt beherrscht, „ich glaube, es reicht. Sie werden sich in Ihrer Panik irgendwo gestoßen haben."

Clara schaute ihn scharf an und schüttelte den Kopf. „Nein, ich habe mich garantiert nicht gestoßen. Das hätte ich wohl gemerkt! Hören Sie, Matt, es gibt da diese alten Geschichten, die man sich schon seit vielen Jahren erzählt. Zum Beispiel von den Bürgerkriegssoldaten, die angeblich unten durch die Zimmer spazieren. Oder die Frau in Weiß auf der Treppe. Das sind lauter Gespenster aus der Vergangenheit. Aber erst nach dem Tod Ihres Großvaters ist es wirklich ernst geworden. Erinnern Sie sich noch daran, wie Randy Gustav seine Sachen gepackt hat, nachdem er nur eine Nacht im Lee-Zimmer verbracht hatte? Er wollte Ihnen nicht mal erzählen, was passiert war. Es ist erst seit ein paar Jahren so, dass ... dass die Geister eine Art Bedrohung darstellen."

„Es gibt keine Geister!"

„Ach ja? Nur dass ich einen roten Fleck auf der Wange habe und nicht weiß wovon."

Damit verließ Clara verärgert das Zimmer und rief ihm über die Schulter noch zu: „Okay, Matt, weil Sie es sind, bleibe ich, aber egal, ob Sie es mir glauben oder nicht, Sie sollten wirklich etwas gegen diesen Geist unternehmen – der existiert garantiert nicht nur in meinem Kopf."

An diesem Abend, an dem er sehr spät von der Arbeit nach Hause gekommen war, sah Matt gerade an seinem Schreibtisch im Haupthaus die Post durch, als es klopfte.

„Herein."

Penny steckte ihren Kopf durch den Türspalt. „Störe ich, Matt?"

„Gar nicht."

Sie kam ins Zimmer und ließ sich auf der Schreibtischkante nieder. „Hören Sie, Matt, Sie müssen wegen dieser Sache mit Clara irgendetwas unternehmen."

„So?" Er lehnte sich in seinen Stuhl zurück.

„Clara wurde verletzt!"

„Penny, bitte. Es tut mir Leid, ich halte wirklich große Stücke auf Clara, wir kennen uns schon lange, und ich habe ihr den Rest des Tages freigegeben. Aber alles andere – nein. Sie muss sich irgendwo gestoßen haben."

Penny schüttelte den Kopf.

Er beugte sich unvermittelt vor. „Sagen Sie, Penny, Sie führen doch da oben nicht etwa irgendetwas auf, um dem Rest der Welt – einschließlich meiner Wenigkeit – zu beweisen, dass es hier spukt, oder?“

Sie schaute ihn so gekränkt an, dass er seine Worte sofort bereute.

„Also wirklich, Matt, ich würde *nie* …“

„Dann vielleicht jemand anders.“

„Na ja, vielleicht“, räumte Penny widerstrebend ein. Dann aber hob sie mahnend einen Zeigefinger. „Wissen Sie, manchmal sind Sie einfach zu vertrauensselig. Zu diesem Haus haben einfach zu viele Leute Zugang.“

„Ich bin überhaupt nicht vertrauensselig, Penny. Aber wir leben hier schließlich in einer Kleinstadt.“

Penny zuckte die Schultern. „Sicher, das stimmt natürlich. Aber warum können Sie es nicht einfach akzeptieren, dass hier etwas Merkwürdiges vor sich geht?“

„Penny, Sie wünschen sich seit Jahren nichts sehnlicher als einen echten Geist.“

Penny, die plötzlich besorgt wirkte, schüttelte wieder den Kopf. Gleich darauf stutzte sie und schaute sich suchend auf seinem Schreibtisch um. „Was ist eigentlich aus diesem Brief von Harrison Investigations geworden? Rufen Sie Adams an. Sie halten doch etwas von ihm. Er war immerhin mit Ihrem Großvater befreundet.“

Matt stöhnte.

„Bitte, Matt. Sie vermuten, dass irgendwer hier im Haus sein Unwesen treiben könnte. Dann lassen Sie doch da Adam mal ran. Er kann Ihnen bestimmt bald sagen, was real ist und was nicht.“

„Für ihn ist real, was er für real hält", brummte Matt.

„Hören Sie, ich verfolge seine Arbeit ein bisschen. Er versucht nicht, den Leuten irgendeinen Unfug einzureden. Er untersucht unerklärliche Phänomene sehr kritisch. Letztes Jahr hat er zum Beispiel nachgewiesen, dass ein angeblicher Spuk in einer Goldmine nur ein Schwindel war, an dem sich jemand bereichern wollte."

„Großartig. Ich lasse Geisterjäger kommen und mache mich zum Gespött der ganzen Stadt. Dann kann ich ja gleich auswandern."

Penny schüttelte den Kopf. „Matt, man könnte es doch wenigstens versuchen." Sie rutschte von der Schreibtischkante herunter. „Bitte, versprechen Sie mir, wenigstens darüber nachzudenken."

Damit verließ sie das Zimmer und schloss leise die Tür hinter sich.

Matt trat auf den Balkon hinaus. Es war Vollmond. In der Ferne konnte er die vagen Umrisse der Berge erkennen. Gott, er liebte diese Gegend. Und er liebte dieses alte Haus.

Nachdenklich kehrte er zu seinem Schreibtisch zurück. Der rote Fleck auf Claras Wange ... es hatte wirklich so ausgesehen, als ob jemand sie geschlagen hätte. Er glaubte zwar immer noch nicht an Geister, aber ...

Er dachte an die Leute, die hier wohnten. Penny, Sam, Clint, Carter, ab und zu Clara und gelegentlich irgendwelche Freunde oder Verwandte. War es möglich, dass einer von ihnen hier einen faulen Zauber veranstaltete?

Er ging ins Lee-Zimmer, warf einen Blick unters Bett, einen in den Schrank und schaute sich danach im ganzen Raum gründlich um. Nichts. Absolut nichts.

Und dennoch …

Er kehrte in seine eigene Suite zurück, drehte einen Moment Adam Harrisons Brief in den Händen, dann griff er nach dem Telefonhörer und wählte Harrisons Nummer.

„Hallo, Matt. Freut mich, von Ihnen zu hören."

„Haben Sie meinen Anruf erwartet?" erkundigte sich Matt trocken.

„Nein. Diesmal nicht."

„Sie wissen, dass ich nicht an übersinnliche Phänomene glaube."

„Das ist mir bewusst."

„Wenn ich Sie bitte herzukommen, dann nur, weil ich will, dass Sie zweifelsfrei nachweisen, dass hier keine Gespenster ihr Unwesen treiben."

„Man wird sehen", sagte Adam.

„Wann können Sie kommen?"

„Mein Terminkalender ist ziemlich voll, aber … ich werde mich bemühen, es so bald wie möglich einzurichten."

„Und Sie beabsichtigen, *mich* dafür zu bezahlen, dass ich Sie in mein Haus lasse, so wie es in Ihrem Brief steht?"

„Ja. Mir liegt wirklich viel daran, mich bei Ihnen ein bisschen umsehen zu dürfen."

„Um die Mittagszeit finden Sie mich gewöhnlich im Wayside Inn."

„In Ordnung, meine Sekretärin wird Sie anrufen und einen Termin vereinbaren."

„Gut", sagte Matt. „Ich freue mich darauf, Sie zu sehen, Adam."

Adam Harrison wollte offenbar gerade noch etwas sagen, aber

Matt hatte schon aufgelegt. Noch während er auf den Hörer schaute, fragte er sich, ob er nicht einen Riesenfehler gemacht hatte.

Am anderen Ende der Leitung starrte Adam Harrison ebenfalls auf sein Telefon. Allerdings nicht nachdenklich, sondern eher belustigt. Er hatte Matt immer gemocht. „So, mein Junge. Jetzt sollst du deine Lektion bekommen. Gegen einen echten Geist kommt man nämlich selbst mit noch so viel Mut, Verstand und Muskelkraft nicht an", sagte er leise. „Nun gut."

Er hatte Matt eigentlich noch sagen wollen, dass er seine beste Mitarbeiterin vorschicken würde, wenn er selbst nicht gleich kommen könnte. Darcy kam mit jedem zurecht, egal ob lebendig ...

... oder tot.

2. KAPITEL

Ab dem Moment, in dem Darcy die Kneipe betrat, fühlte sie sich entschieden im Nachteil.

Die Bar nannte sich Wayside Inn. Bubbas Nostalgieschuppen wäre ein besserer Name gewesen.

Die dichte Wolke aus Zigarettenrauch, die Darcy beim Öffnen der Tür entgegenschlug, haute sie fast um; der Qualm hing wie Nebelschwaden über den uralten, mit Plastik bezogenen Sitzbänken und Barhockern. Links von ihr standen zwei ramponierte Poolbillardtische und eine kleine Tanzfläche.

Und sogar ein paar Spucknäpfe für Leute, die Tabak kauten.

Als sie eintrat und die Tür hinter sich schloss, wurde es schlagartig mucksmäuschenstill. Die vier Männer am Billardtisch hörten auf zu spielen und schauten ebenso in ihre Richtung wie die Leute, die neben ihnen standen und die Partie beobachteten. Die mollige Frau hinter der Theke, die ihr Haar zu etwas gestylt hatte, was wie ein 60er-Jahre-Bienenstock aussah, und Gläser spülte, schaute ebenfalls auf, genau wie die Männer, die an einem der verschrammten Holztische im Essbereich saßen.

Vom Qualm eingenebelt wartete Darcy, bis sich ihre Augen an die Lichtverhältnisse gewöhnt hatten. Wobei ihr allerdings auf Anhieb klar wurde, dass es besser gewesen wäre, wenn nicht sie, sondern Adam gekommen wäre. Und zwar am besten in ausgewaschenen Jeans und einem uralten karierten Arbeitshemd. Obwohl Adam so etwas normalerweise nie anzog, aber er war ein zu allem entschlossener Mann. Und aus irgendeinem Grund wollte er unbedingt Zugang zu Melody House bekommen.

Darcy hingegen trug ein elegantes Straßenkostüm – ihre

normale Arbeitskleidung, wie sie sich vor sich selbst zu rechtfertigen versuchte, als ihr klar wurde, wie fehl am Platz sie in diesem Aufzug wirkte. Aber obwohl sie nicht damit gerechnet hatte, dass das Wayside Inn ein Fünfsternerestaurant war, hätte sie doch einen etwas weniger … einfachen Laden erwartet.

„Kann ich irgendetwas für Sie tun, Honey?“ fragte die mollige Frau hinter der Theke. Die Stimme war warm und freundlich und machte ihr ein bisschen Mut. Darcy bedankte sich mit einem Lächeln. Aber noch ehe sie etwas erwidern konnte, erhob sich einer der Männer von den Tischen im Essbereich.

„Miss?“

Er war hoch gewachsen und ein wenig schlaksig, und als er lächelte, sah sie, dass er immerhin noch alle Zähne im Mund hatte und ein Grübchen in der linken Wange. Er hatte hellbraune Augen und eine gewinnende Art und strahlte mit jedem Wort und jeder Geste den viel gerühmten Südstaatencharme aus.

„Ich suche Matt Stone. Man hat mir gesagt, dass ich ihn um die Mittagszeit hier finden kann.“ Sie hoffte, dass einer der Männer Stone kannte. Auf die Idee, dass er einer von ihnen sein könnte, kam sie nicht, da sie sich in ihrer Vorstellung bereits ein festes Bild von ihm gemacht hatte, das zu keinem der Typen hier passte. Er war der Nachfahre eines Mannes, der zu Zeiten der Unabhängigkeitserklärung so etwas wie ein Staatsmann gewesen war. Folglich müsste er groß sein, sich so kerzengerade halten, als ob er einen Stock verschluckt hätte, und sich unglaublich würdevoll gebärden. Er gehörte wahrscheinlich zu der Sorte Mann, die um Tische saßen, die noch aus der Zeit vor dem Bürgerkrieg stammten, und die ständig nur über vergangene Zeiten redeten. Und zu allem Überfluss würde er auch noch uralt sein.

„He, Honey, nehmen Sie einfach mit mir vorlieb!" rief einer der Billardspieler.

„Benimm dich, Carter", sagte ein anderer, und ein dritter lachte leise auf.

Am Tisch erhob sich jetzt noch ein zweiter Mann.

„Kommen Sie, nehmen Sie Platz", sagte er.

Sie musste zugeben, dass die Jeans, die der Mann anhatte, ziemlich gut saß, ja, dass sie regelrecht an den schmalen Hüften und den langen muskulösen Beinen klebte. Er trug sogar hier drin – in diesem fürchterlichen Qualm – eine Sonnenbrille, aber vielleicht tat ihm ja der Rauch in den Augen weh. Er war garantiert über einsneunzig groß, mit schwarzen Haaren, die eine Spur zu lang waren, dafür aber offensichtlich frisch gewaschen. Sie schätzte ihn um die dreißig, fünfunddreißig vielleicht. Glatt rasiertes Kinn, energische, wie gemeißelt wirkende Gesichtszüge. Doch während der erste Typ sie sofort entgegenkommend angegrinst hatte, verzog der hier keine Miene, sodass sein Gesicht aussah wie aus dem Mount Rushmore gehauen. Obwohl er höflich aufgestanden war und ihr einen Stuhl angeboten hatte, wirkte er irgendwie ungnädig.

Sie ging zu dem Tisch. Der erste Typ – der mit dem Grübchen – hatte ihr einladend einen Stuhl hingeschoben. Sie musterte kurz die beiden anderen Männer, die am Tisch saßen und jetzt aufstanden. Einer war schon älter, stark ergraut, mit einem weißen Bart. Darcy stellte ihn sich in einer braungrauen Konföderiertenuniform vor. Der Vierte in der Runde war ebenfalls um die dreißig. Er trug einen ordentlichen Haarschnitt und sogar ein anständiges Hemd zu einer Hose mit Bügelfalte.

„Worum geht es denn?" fragte der hoch gewachsene Mann mit

dem gemeißelten Gesicht abrupt, während er sich wieder setzte. Alle schauten sie an.

„Mein Name ist Darcy Tremayne. Ich bin hier mit Matt Stone verabredet. Kennen Sie ihn?"

Sie sprach ruhig und höflich – immerhin war sie geschäftlich hier. Aber sie spürte plötzlich eine feindselige Atmosphäre. So feindselig, dass sie am liebsten aufgesprungen und weggelaufen wäre.

„Was wollen Sie denn von ihm?" fragte der große schlaksige Typ mit dem Grübchen.

Sie kam nicht dazu zu antworten, weil ihr der Mann, den sie in Gedanken „das gemeißelte Gesicht" nannte, das Wort abschnitt. „Gehören Sie zu diesen Übersinnlichen?" fragte er abfällig.

Darcy zog erstaunt eine Augenbraue hoch. *Und sei freundlich zu den Einheimischen,* hatte Adam sie ermahnt.

Na schön, dann würde sie eben freundlich sein. „Wenn Sie es so bezeichnen wollen. Ich arbeite für Harrison Investigations", gab sie vorsichtig zurück. Sie kannte die Vorbehalte, die ihr in Kleinstädten immer wieder entgegengebracht wurden. Die Menschen hier tickten einfach anders als in New York oder in D.C., wo sie jetzt schon viele Jahre lebte.

„Dann sind Sie also eine leibhaftige Geisterjägerin?" scherzte der Typ mit dem Grübchen.

„Geisterjägerin?" Sie zog wieder eine Augenbraue hoch und lehnte sich zurück, entschlossen, gelassen, freundlich und würdevoll zu bleiben. „Harrison Investigations ist eine kleine Firma, die unerklärliche Phänomene untersucht." Sie lächelte. „Meistens finden wir in den Häusern nur knarrende Dielenbretter und tropfende Wasserhähne, aber wenn ein Gebäude so alt ist und historisch so bedeutsam wie Melody House, treten manchmal die erstaunlichsten Dinge zu Tage.“

„Melody House ist wirklich verdammt alt“, sagte der Mann mit dem Grübchen und grinste wieder.

Jetzt ergriff der Weißhaarige das Wort: „Ms. Tremayne, es gibt viele Leute, die da draußen in Melody House einen Riesenrummel veranstalten und alle möglichen Überwachungskameras und Abhörgeräte aufstellen wollen. Aber der Eigentümer hat sich bisher strikt geweigert.“

„Ja, und genau aus diesem Grund bin ich mit Matt Stone verabredet. Mr. Harrison und er sind alte Bekannte. Mr. Stone weiß, dass wir keinerlei Sensationsheischerei betreiben, sondern sehr diskret vorgehen. Aber natürlich verstehe ich Mr. Stones Bedenken. Ich bin überzeugt davon, dass viele Leute glauben, man könnte mit Geistern tüchtig absahnen.“

„Ah ja, ich verstehe“, mischte sich das gemeißelte Gesicht ein. „Und Ihnen geht es also allein um die Sache und keinesfalls darum, mit Geistern Geld zu verdienen, verstehe ich das richtig?“ Seine Stimme war tief und ruhig, aber der Spott, der darin mitschwang, war nicht zu überhören.

„Wir versuchen lediglich, für bestimmte Phänomene eine Erklärung zu finden, wenn auch nicht unbedingt eine rationale. Wir sind Forscher.“

„Hm“, brummte das gemeißelte Gesicht skeptisch. Dann musterte er sie eingehend. „Sie sagen, dass Sie meistens nur knarrende Dielenbretter oder tropfende Wasserhähne vorfinden. Was passiert, wenn es mal anders ist?“

„Dann tun wir unser Bestes, um die Angelegenheit zu bereinigen“, gab sie zurück, wobei sie sich wünschte, sich nicht auf diese Unterhaltung eingelassen zu haben. Die forschenden Blicke der anderen waren ihr sehr wohl bewusst.

„Und wie macht man das? Auf seriöse Art und Weise, meine ich natürlich."

Sie zögerte. Eigentlich hatte sie es wirklich nicht nötig, ein solches Gespräch zu führen; der Einzige, mit dem sie sich auseinander setzen musste, war Matt Stone. Aber sie war nun einmal hier gelandet, und Adam hatte ihr ans Herz gelegt, sich mit den Einheimischen gut zu stellen. Auf diese Weise kam sie vielleicht an Informationen, die sich unter Umständen als hilfreich erweisen könnten.

„Wissen Sie, so mancher Hauseigentümer wünscht sich einen Geist, der ab und zu an Wände klopft oder mit seinen Ketten rasselt, um auf diese Weise Touristen anzulocken. Man braucht nur fernzusehen, um zu wissen, dass es viele Leute gibt, die sich gern ein bisschen gruseln. Und wir versuchen herauszufinden, ob es da wirklich ein unerklärliches Phänomen gibt oder ob es ein Schwindel ist. Aber wenn sich herausstellt, dass etwas nicht mit rechten Dingen zugeht, versuchen wir uns ihm auf unsere ganz besondere Art und Weise zu nähern", erklärte Darcy, wobei sie den Typ mit dem gemeißelten Gesicht fest im Blick behielt.

Plötzlich ärgerte sie sich über sich selbst, weil sie sich von diesen good old boys hatte einschüchtern lassen. Himmel. Sie hatte schließlich lange genug in einer ganz ähnlichen Umgebung gelebt, um solche Typen einschätzen und ihnen Kontra geben zu können. Und mit Skeptikern, die glaubten, sie mit Hohn und Spott überschütten zu können, hatte sie auch genug Erfahrung. Im Übrigen war sie hier niemandem Rechenschaft schuldig.

Sie beschloss, dass sie jetzt umgänglich genug gewesen war.

„Entschuldigen Sie bitte, meine Herren, aber ich muss leider gehen. Ich werde mit Mr. Stone einen neuen Termin vereinbaren."

„Ich weiß nicht, aber irgendwie kommt es mir so vor, als ob ich Sie von irgendwoher kenne", sagte Grübchengesicht plötzlich. Und grinste wieder träge. „Ich könnte schwören, dass ich Ihr Gesicht schon mal irgendwo gesehen habe."

Darcy zögerte. Jetzt brauchte sie bloß noch zu erzählen, dass sie während ihres Studiums für eine bekannte Kosmetikfirma Werbung gemacht hatte, dann würde sie hier überhaupt niemand mehr ernst nehmen.

„Ich bin mir sicher, dass wir uns nie getroffen haben", sagte sie jedoch nur höflich. „Besten Dank, aber entschuldigen Sie mich bitte."

„Ah, ich habs. ‚Original Sin'", sagte Grübchengesicht triumphierend. Dann grinste er ein bisschen verlegen. „Am Ende hab ich mir doch tatsächlich das After Shave gekauft. Ihr Gesicht lächelte von allen Plakatwänden."

Sogar hier, in diesem Kaff? hätte sie fast gesagt, aber dann schämte sie sich für ihre Arroganz.

„Das war nur vorübergehend", sagte sie und zwang sich, ruhig zu bleiben. „Während meines Studiums. Ich habe an der NYU amerikanische Geschichte und Soziologie studiert."

„Soweit ich weiß, wollte Adam Harrison persönlich kommen", bemerkte das gemeißelte Gesicht.

Darcy musste sich beherrschen, um nicht deutlich mit den Zähnen zu knirschen. „Ja, das wird er auch irgendwann im Verlauf meiner Untersuchung, aber im Moment hat er noch in London zu tun."

Sie wollte gerade aufstehen, als der vierte Mann am Tisch – der mit dem ordentlichen Haarschnitt – sich plötzlich vorbeugte und ihr eine Hand hinstreckte. „Bitte entschuldigen Sie, wir hätten uns vorstellen sollen, besonders ich. Ich bin David Jenner von Jenner Equipment. Ich soll Ihnen Aufnahmegeräte zur Verfügung zu stellen. Ein Herr aus Ihrer Firma hat mich angerufen." Er zuckte die Schultern, während er mit einem Blick in die Runde fortfuhr: „Damit hier endlich mal was vorwärts geht."

„Freut mich, Sie kennen zu lernen, David", sagte sie. „Ja, das war Justin, unser Geschäftsführer. Er hat mir erzählt, dass er sich mit Ihnen in Verbindung gesetzt hat."

„Sie haben keine eigene Ausrüstung?" fragte das gemeißelte Gesicht.

„Selbstverständlich haben wir einige sehr spezielle Geräte", zwang sie sich höflich zu erwidern. „Aber die Videokameras und Tonaufzeichnungsgeräte leihen wir uns, wenn es geht, immer vor Ort aus. Auf diese Weise versuchen wir dem Verdacht vorzubeugen, wir könnten irgendetwas manipuliert haben. Mr. Stone weiß, wie wir vorgehen – er hat unser Informationsblatt zugeschickt bekommen."

Das gemeißelte Gesicht legte den Kopf schräg, und sie wünschte sich, seine Augen sehen zu können. Warum musste dieser Idiot auch in einer verqualmten Kneipe eine Sonnenbrille aufhaben? „Freut mich zu hören, dass Sie hier bei uns alles bekommen, was Sie brauchen – eine Ausrüstung, die Ihren Ansprüchen genügt, meine ich."

„Wir sind im ganzen Land tätig – und im Ausland", erwiderte sie kühl „und wir haben überall sehr gute Kontakte."

„Klingt ja wirklich beeindruckend."

Als Darcy die Stimme hinter sich hörte, drehte sie sich um und sah, dass der Billardspieler, den jemand Carter genannt hatte, hinter sie getreten war. Er war noch größer, als sie anfangs gedacht hatte, dabei war sie selbst ziemlich groß und trug außerdem auch noch hohe Absätze. Er hatte einen Bart und leuchtend grüne Augen. Und unter seinem ausgewaschenen Flanellhemd schien er in einem außergewöhnlich guten Zustand zu sein. Auf jeden Fall hatte sie das Gefühl, rechtzeitig zurücktreten zu müssen. Wenn er eine Uniform angehabt hätte, hätte man ihn glatt für einen Wiedergänger von General Jeb Stuart halten können. In seinem Blick lag eine merkwürdige Aufrichtigkeit, als er sagte: „Es passiert eben immer noch viel zu oft, dass Yankees runter in den Süden kommen und sich aufspielen wie Gott der Allmächtige. Aber he, Leute, diesmal könnte es anders ein. Vielleicht ist Ms. Tremayne ja eine rühmliche Ausnahme."

„Vielen Dank", murmelte sie. *Yankees kommen runter in den Süden?* Sie war in ihrem Leben schon viel herumgekommen, aber bisher hatte sie noch nirgends so sehr das Gefühl gehabt, in einer anderen Zeit gelandet zu sein. „Nur zu Ihrer Information", sagte sie ruhig, „der Sitz meiner Firma in Washington, D.C. ist keine zwei Stunden von hier entfernt ... So, jetzt muss ich aber gehen. Die Welt dreht sich nämlich weiter."

„D.C.", murmelte das gemeißelte Gesicht, dann grinste er seine Kumpels an. „Ich wette, für die Jungs damals war das alles ein und dasselbe, oder was meint ihr, Leute?"

Darcy stützte sich mit den Händen auf die Tischplatte auf und musterte ihn kühl. Dann platzte sie ohne nachzudenken heraus: „Wissen Sie, ich habe ganz vergessen, Ihr reaktionäres Kompliment zu erwidern. Dafür, dass Sie so ein Oberarschloch sind, sehen Sie eigentlich gar nicht mal so übel aus. So, und das sollte es für heute gewesen sein. Ich bin Ihnen keinerlei Rechenschaft schuldig – absolut nicht. Es gibt nur einen einzigen Menschen, dessen Fragen ich beantworten muss, und das ist Mr. Stone.“ Sie erlaubte es sich, die ganze erlauchte Gesellschaft mit einem verächtlichen Blick zu streifen, dann wandte sie sich ab und ging mit klackenden Absätzen zur Tür, wo sie sich umdrehte und sagte: „Und noch mal zu Ihrer Erinnerung: *Der Süden hat den Krieg verloren.* Falls irgendjemand von Ihnen Mr. Stone sehen sollte, wäre ich ihm sehr verbunden, wenn er ihm ausrichten würde, dass ich hier mit ihm verabredet war. Ich melde mich telefonisch bei ihm.“

Sie starrte die Männer finster an, während diese aufstanden und zurückstarrten. Nur der Typ mit dem Grübchen verzog das Gesicht zu einem breiten Grinsen.

„Was ist?“ fragte sie.

„Oh“, sagte er, „ich glaube, Matt Stone weiß, dass Sie hier sind.“

„So?“ fragte sie schroff. „Wie kommen Sie denn darauf?“

Jetzt ergriff das gemeißelte Gesicht das Wort: „Ms. Tremayne, ich bin Matt Stone.“

Oh Gott. Adam Harrison hätte das alles viel besser gehandhabt. Er hätte ganz sicher einen Weg gefunden, sich würdevoll und gewandt aus der Affäre zu ziehen. Oder er hätte es verstanden, sich bei den bärbeißigen Kerlen umgehend Respekt zu verschaffen.

Darcy gelang es nicht ganz, die Wut, die in ihr aufstieg, zu unterdrücken.

„Nun, leider kann ich nicht behaupten, es sei mir ein Vergnügen, weil Sie nichts anderes getan haben, als sich über mich lustig zu machen, Mr. Stone. Und wenn Sie Ihren Auftrag wieder zurückziehen möchten, bitte schön. Es ist mein Chef, der die Vorgänge in Ihrem Haus für untersuchenswert hält, nicht ich.“

Nach diesen Worten ging sie, immer noch hellauf empört, hinaus und ließ die Tür hinter sich ins Schloss fallen.

„Na toll", sagte Mae hinter der Bar.

Matt nahm seine Sonnenbrille ab und drehte sich mit einem herausfordernden Blick zu der Barfrau um. „Herrgott noch mal, Mae, ich wusste doch am Anfang nicht, wer sie ist. Ich musste zunächst davon ausgehen, dass Harrison selbst kommt. Wir brauchen hier keine Spinner, die sich einbilden, das Blair-Witch-Projekt zu wiederholen."

„Er hat vollkommen Recht", sagte Clint. Als er grinste, blitzte sein Grübchen auf, und seine Augen funkelten belustigt. „Da erscheint eine Göttin auf der Bildfläche – und er schickt sie so unhöflich wie nur möglich wieder weg. Gut gemacht, Matt."

Clint war Matts Cousin zweiten Grades, aber obwohl er denselben Namen trug, war sein Großvater ein uneheliches Kind gewesen. Für Matt hatte das eindeutig Vorteile, denn Clints finstere Entschlossenheit, sein Leben zu genießen, war zwar oft amüsant, aber Matt war sich ziemlich sicher, dass sie diese Diskussion jetzt nicht führen würden, wenn Clint das Haus geerbt hätte – weil es schon längst seiner Spielleidenschaft zum Opfer gefallen wäre.

Matt schaute von Mae zu Clint und schüttelte den Kopf. „Habt ihr beide eigentlich schon mal was von Würde gehört?"

„Nicht die Bohne", erwiderte Clint vergnügt.

„Ich wette, sie ist daran gewöhnt, immer alles, was sie will, zu bekommen", brummte Matt mit einem Schulterzucken. „Und erzähl du mir nichts von Würde, Carter." Vor sich selbst räumte er jedoch ein, dass er wahrscheinlich ein bisschen zu rabiat gewesen war, wenn auch nicht grundlos. Trotzdem fühlte er sich bemüßigt, seinen

Freund an sein eigenes Benehmen zu erinnern. „Wenn mich nicht alles täuscht, hast du irgendwann hier in dieser Bar deine Freundin Catherine Angsley so vor den Kopf gestoßen, dass sie von einem Tag auf den anderen untergetaucht ist und nie mehr gesehen wurde."

Carter zuckte die Schultern. „Ich hatte wenigstens einen Grund."

Mae kicherte. „Und du, junger Mann", sagte sie zu Clint, „hast diese wundervolle Texanerin, wie hieß sie doch gleich? Ach ja, Salela Bennett. Die hast du doch auch so in die Flucht geschlagen."

„Sasha", korrigierte Clint.

„Sasha, richtig. *Sasha.* Warum kann ich mir diesen Namen bloß nie merken?" fragte Mae. „Na, wahrscheinlich hat es damit zu tun, dass ich die ganze Zeit versuche, mit den Frauen, die in euren Leben kommen und gehen, auf dem Laufenden zu bleiben."

„Also, wirklich, Mae! Wir warten doch nur auf die große Liebe", flachste Clint.

„Mein Herz! Das Einzige, wonach ihr Ausschau haltet, ist der nächste tolle Körper und sonst gar nichts. Aber ich fürchte, bei dieser Geisterjägerin habt ihr schlechte Karten", sagte Mae mit einem schadenfrohen Grinsen.

„Ja, weil Matt so charmant zu ihr war, dass sie wahrscheinlich gleich wieder schreiend davonläuft", sagte Carter aufseufzend. Er schaute Matt mit hochgezogener Augenbraue an. „Lavinia hast du manchmal auch nicht gerade mit Samthandschuhen angefasst, wenn ich mich recht erinnere."

„Aber wenigstens hat er sie vorher geheiratet", warf Mae ein.

„Ich habe Lavinia nie schlecht behandelt – nicht mal in der Zeit, als wir in Scheidung lebten", behauptete Matt, verärgert über sich selbst, weil er immer noch glaubte, sich wegen seines Verhaltens rechtfertigen zu müssen. Und dann wurde er auch noch an seine katastrophale Ehe erinnert. „Wir hatten einfach nur unterschiedliche Vorstellungen davon, wie wir leben wollen", sagte Matt, wobei er sich fragte, warum zum Teufel er jetzt auch noch seine Exfrau verteidigte. Schließlich war Lavinia wirklich ein ziemliches Biest gewesen. Reich, verwöhnt und rücksichtslos.

„Wir übersehen hier alle das Entscheidende", schaltete sich jetzt der Weißhaarige ein. „Mae, mir scheint, die Welt hat sich mächtig verändert in den letzten Jahrzehnten. Himmel, ja, diese jungen Leute sollen erst mal ausprobieren, ob sie auch wirklich zusammenpassen, bevor sie sich aneinander binden. Sich scheiden zu lassen ist heutzutage zwar einfach, aber für den Einzelnen ist es immer noch verdammt schwer. Vor allem für die Kinder ist es schlimm!"

„Na, zum Glück hatten Matt und Lavinia keine Kinder. Sonst wäre vielleicht einem von ihnen ein Teufelsschwanz gewachsen", sagte Clint. „Obwohl Lavinia sich ihren natürlich von einem Schönheitschirurgen hätte wegoperieren lassen, aber in den Genen wäre er trotzdem."

„Hört doch jetzt schon endlich mal auf mit Lavinia. Das ist längst Geschichte", sagte Matt schroff.

„Diese Sibel, Shana oder Sheila, mit der Clint damals was hatte, war aber nicht so ein Biest", sagte Mae. „Sie hatte eine eigene Meinung, war intelligent und konnte auf sich selbst aufpassen. Aber ein Biest war sie nicht."

Clint stieß einen theatralischen Seufzer aus. „Mae, sie hieß Sasha. Sasha Bennett. Und sie wollte unbedingt, dass ich mit ihr nach Texas gehe, das war das Problem. Und wir haben es hier in dieser Bar ausdiskutiert!"

Anthony schüttelte vehement sein weißes Haupt. „So, jetzt will ich euch mal was sagen! Matt, hör mir zu! Vergessen wir vergangene Sünden – Sünder sind wir nämlich alle. Aber nicht jede Frau eignet sich für eine flüchtige Affäre. Und die hier scheint mir absolut ungeeignet zu sein. Sie ist gekommen, um in deinem Haus zu arbeiten. Und du hast Probleme dort, Matt, das hast du mir selbst erzählt. Und du hast mir auch erzählt, dass du Harrison kontaktiert hast, nachdem du seinen Brief erhalten hast. Warum also hast du eben diesem armen Mädchen so zugesetzt?"

„Ganz einfach, weil sie Lavinia zu ähnlich sieht", sagte Clint.

„Blödsinn", widersprach Carter. „Höchstens der Gang, die Bewegungen … diese natürliche Anmut, die sie beide haben, aber dann hat es sich auch schon mit den Ähnlichkeiten."

Matt schaute sie der Reihe nach finster an. „Mit dem Aussehen hat das alles gar nichts zu tun, Gentlemen."

„Gentlemen?" fragte Mae mit zweifelnd hochgezogenen Augenbrauen.

„Vermutlich bin ich ganz einfach nicht besonders glücklich über die Sache", räumte Matt zerknirscht ein. „Und es stimmt ja, dass ich mich an Harrison gewandt habe, aber genau das – ich habe mich an *ihn* gewandt. Mit ihr hat das alles nichts zu tun." Er warf Clint und Carter einen bösen Blick zu. „Und dass sie Lavinia irgendwie ähnlich sieht, kann ich schon gleich gar nicht erkennen."

„Tut sie ja auch nicht. Sie ist viel hübscher", warf Mae ein.

„Sag mal", wechselte Anthony Larkin das Thema. „Ich habe gehört, du willst Liz erlauben, in deinem Haus eine Séance abzuhalten", sagte. „Wo bleiben da deine Grundsätze?"

„Liz stand Gramps sehr nah", sagte Matt. „Sie hat ihn am Ende wirklich gut gepflegt, und dafür bin ich ihr dankbar." Er zuckte die Schultern. „Sie hat mich darum gebeten, nachdem ich ihr erzählt hatte, dass Harrison Investigations Nachforschungen anstellen will. Aus irgendeinem Grund war es ihr wichtig, da vorher noch mal eine Séance abzuhalten. Außerdem tagt sie einmal im Monat mit ihrem Verein in Melody House, und dabei kommt auch Geld rein, das wir gut gebrauchen können."

Anthony zuckte die Schultern. „Aha. Na, irgend so was hab ich mir schon gedacht. Ich bin ihr im Drugstore in die Arme gelaufen. Da hat sie mir erzählt, dass sie in Melody House so oft diese Kälte spürt, besonders oben, in diesem Schlafzimmer. Deshalb wäre es wirklich falsch, wenn du dieses hübsche Mädchen vergraulst, weil sie ja vielleicht doch was rausfindet."

Matt nickte langsam. Wahrscheinlich hatten sie Recht. Vielleicht weil sie aussah wie einem Modemagazin entstiegen, so kultiviert und weltgewandt, mit diesen klackenden Absätzen, den sorgfältig manikürten Fingernägeln und dem Gesicht eines Engels – oder einer Sirene, wo war da der Unterschied?

Rothaarige bedeuteten immer Probleme.

„Ich schätze, ich war einfach nur irritiert, weil ich nicht mit ihr gerechnet hatte. Ich sollte mich entschuldigen."

In diesem Moment klingelte das Telefon auf der Theke. Matt spürte umgehend die Wut erneut in sich aufsteigen. Das war sie wahrscheinlich schon wieder. Mae nahm ab.

„Hallo ... ja, Penny, er ist da. Hat wohl sein Handy wieder mal abgeschaltet, was?" Sie warf Matt einen ungnädigen Blick zu und hielt ihm den Hörer in.

Nach anfänglichem Zögern stand er auf und ging zur Theke, um das Gespräch entgegenzunehmen.

„Ja?“

„Matt, ich habe gehört, wie unhöflich Sie dieses Mädchen behandelt haben.“

„Aber Penny, so ein Unfug, wer sagt denn so etwas?“

Matt schaute sich um. Na wunderbar, Marty Sawyer – Pennys Neffe – der Carter beim Billard spielen zugeschaut hatte, hatte sich unbemerkt aus dem Staub gemacht.

„Matt Stone! Es gibt so viel Gutes, was man hier im Haus machen könnte. Rektor Joe von der Grundschule hat mir eben erst wieder erzählt, wie begeistert die Kinder von dem Lebendige-Geschichte-Projekt waren, das wir letzten Sommer hier realisiert haben. Und Sie wissen genauso gut wie ich, dass wir diese Art Programm nicht weiterführen können, wenn die Sicherheit im Haus nicht hundertprozentig gewährleistet ist. Außerdem haben Sie bereits zugestimmt, dass wir die Séance abhalten dürfen. Oh, Matt, bitte! Wenn Sie das Haus mit seiner Geschichte wirklich lieben und es weiterhin der Öffentlichkeit zugänglich machen wollen, dann müssen Sie dieses Mädchen einfach kommen lassen, ganz egal, was bei den Nachforschungen am Ende rauskommt.“

Matt schaute sich um. Alle Blicke waren auf ihn gerichtet. Penny redete so laut, dass fast die ganze Kneipe mithören konnte. „Penny, ich stimme Ihnen ja zu. All diese Geschichten von Liebe, Leidenschaft, Verrat, Mord und Selbstmord werden nie aufhören. Und die Frau in Weiß wird bis in alle Ewigkeit die Treppe hinunterschweben, ganz egal, was ich mache.“

„Ich habe sie mit eigenen Augen gesehen“, sagte Penny nachdrücklich.

„Penny, ich bin der Sheriff. Ich habe mit Nachforschungen auch ein paar Erfahrungen, glauben Sie mir.“

„Aber Matt, wo bleibt Ihr Patriotismus?"

„Was?" fragte er ungläubig.

„Hören Sie, das Haus hat eine so große historische Bedeutung. Und was ist, wenn wirklich jemandem etwas passiert?"

Er musste sich ein Grinsen verkneifen. Damit hatte Penny eine neue Front eröffnet.

Er hörte, dass sich am Tisch jemand räusperte, dann sagte David Jenner: „Im Moment läuft es bei mir nicht besonders gut, Matt. Ich könnte diesen Auftrag wirklich gebrauchen."

„Richtig. Du weißt, dass wir nicht alle reich, in gewisser Hinsicht berühmt und mit einem lupenreinen Stammbaum geboren sind", sagte Clint grinsend mit einem Schulterzucken.

„Genau, Matt, vielleicht tust du uns allen ja etwas Gutes", warf Carter ein.

„Sie würden auch gar keine Arbeit damit haben", tönte Penny wieder durch die Leitung. „Sagen Sie Ms. Tremayne einfach, dass sie sich an mich wenden soll. Wenn Sie nicht wollen, brauchen Sie nicht mal in die Nähe des Hauses zu kommen, so lange sie da ist. Sie müssen sie jetzt lediglich aus dieser Bruchbude rausholen, in der sie abgestiegen ist, und dann brauchen Sie sich um nichts mehr zu kümmern."

„He, he, he!"

Carter hatte offensichtlich genau gehört, was Penny eben gesagt hatte. Er war der Besitzer der Bruchbude, die eigentlich als Hotel firmierte.

Wieder konnte sich Matt ein Grinsen nicht verkneifen. „Himmel, ja, in Ordnung. Ich werde mit ihr sprechen, Penny", sagte er knapp und legte auf.

Mae grinste glücklich wie ein Kind, das einen Schokoriegel bekommen hat. „Oh, Wahnsinn – jetzt kriegt Melody House doch noch echte Geisterjäger."

„Das sind keine Geisterjäger, Mae", widersprach Matt.

„Also, bei dieser Séance muss ich unbedingt dabei sein!" fuhr sie unbeeindruckt fort.

„Ihr habt offenbar wirklich jedes Wort verstanden", sagte Matt resigniert und als alle zustimmend grinsten, brummte er: „Verdammt, vor euch kann man aber auch nichts geheim halten."

„Na?" fragte Clint gedehnt. „Und wann sagst du dem Mädchen Bescheid?"

„Bald. Aber ganz sicher nicht von hier aus", gab er zurück, während er seine Sonnenbrille wieder aufsetzte. Dann ging er mit langen Schritten zur Tür, wobei er im Vorbeigehen seinen Hut von einem Haken an der Wand riss. Als er auf der Straße stand, knirschte er wütend mit den Zähnen. Er glaubte an Geister und umherschwirrende Seelen ebenso wenig wie an den verdammten Osterhasen.

Eine halbe Stunde nach Verlassen des Pubs klingelte Darcys Handy.

„Ich soll was tun?" fragte sie ungläubig. „Mich entschuldigen? Das ist ja wohl nicht dein Ernst, oder?"

Darcy nahm das Mobiltelefon vom Ohr und schaute es an, als ob sie das Gesicht ihres alten Freundes und Chefs darin sehen könnte.

Adam, der noch in London war, schien einen Moment zu überlegen, bevor er fortfuhr: „Darcy, ich habe ein wohl begründetes Interesse an diesem Haus. Ich erkläre es dir, wenn ich zurück bin, versprochen." Er seufzte leise. „Hör zu, du weißt, wie sehr ich auf deine Fähigkeiten baue. Ich brauche dich. Und, mal Hand aufs Herz, ich verlange doch nicht von dir, dass du deine Seele verkaufst. Hab einfach etwas Geduld mit den Männern. Das sind nun mal raue Burschen."

Darcy zuckte zusammen. Sie wusste, dass Adam ihr bis jetzt noch nicht alles über Melody House erzählt hatte. Und dafür musste er ziemlich gewichtige Gründe haben. Gründe, über die er nicht mit ihr reden wollte. Noch nicht.

„Adam, wenn es so wichtig ist, solltest du eigentlich selbst hier sein."

„Ich weiß. Aber es ging nicht anders."

Sie fragte nicht, warum dieser Besuch in London so dringend war. Adam war ein Mann, der auf Diskretion achtete, und sogar ihr erzählte er nur, was sie unbedingt wissen musste.

„Darcy, ist sonst alles in Ordnung?"

„Na ja, wie man's nimmt, wenn man sich gerade mit einem Haufen Skeptiker auseinander setzen musste", sagte sie. „Ich habe bisher noch nie mit jemandem zusammengearbeitet, der so offen feindselig war. Das ist nicht besonders angenehm."

„Du schaffst das schon", redete Adam ihr gut zu. „Ich bin sicher, dass du es schaffst."

„Aber", sagte sie ruhig, „du verlangst nicht ernsthaft von mir, dass ich diesen Typ anrufe und mich entschuldige, oder?"

„Nein, wart erst mal ab. Ich bin mir ziemlich sicher, dass er sich meldet."

„In Ordnung. Und was genau soll ich dann jetzt tun?"

„Bleib einfach da, wo du bist. Ist das Hotel okay?"

Darcy schaute sich in dem Raum um. „Ja", log sie, und im selben Moment begann das Zimmertelefon zu klingeln. Sie streifte den Apparat mit einem angewiderten Blick. Er war dreckiger als der Münzfernsprecher an einer viel frequentierten Tankstelle.

„Ich muss auflegen, ich bekomme gerade einen Anruf", sagte sie zu Adam.

„Soll ich dir sagen von wem?" fragte Adam beiläufig. „Ich bin bereit zu wetten, dass das Stone ist."

„Mal sehen. Ich melde mich wieder."

„Eigentlich brauchst du das nicht." Damit legte er auf. Wieder schaute Darcy auf ihr Handy, schüttelte den Kopf und zwang sich dann, den Hörer des Hoteltelefons abzunehmen.

„Ja?"

„Ms. Tremayne, hier ist Matt Stone."

Sie schwieg und wartete. Adam hatte Recht gehabt.

Natürlich.

Offenbar konnte Matt Stone ebenso stur sein wie sie, denn auch er brach das Schweigen nicht.

„Ja?" fragte sie schließlich knapp. Sie glaubte fast sehen zu können, wie er die Zähne zusammenbiss.

„Wie Sie wissen, bin ich zwar der Eigentümer von Melody House, aber ich bewohne es nicht. Deshalb möchte ich Sie mit Penny Sawyer bekannt machen, die das Haus verwaltet und auch die Führungen durchführt. Sie ist schon sehr neugierig auf Sie und freut sich, dass Sie da sind."

„Ganz im Gegensatz zu Ihnen."

„Ich habe mit Adam Harrison gesprochen", erwiderte er ausweichend. „Das Haus ist von großer historischer Bedeutung."

„Natürlich."

„Hören Sie, Penny kümmert sich um alles. Sie ist ganz vernarrt in das Haus und weiß alles darüber. Deshalb kann sie Ihnen fürs Erste mit Sicherheit all Ihre Fragen beantworten. Und wenn Sie wissen, wie Sie vorgehen wollen, reden wir beide wieder. Weit reichende Entscheidungen möchte ich nämlich doch lieber selbst treffen."

„Selbstverständlich", sagte Darcy, und es klang wie *Du kannst mich mal, aber leider habe ich keine andere Wahl.*

„Penny schlägt vor, dass Sie noch heute nach Melody House umziehen."

„Oh, das ist nicht nötig …"

„Aber um Ihre Nachforschungen anzustellen, müssen Sie doch in dem Haus sein, oder?"

„Ich wollte damit nur sagen, dass kein Grund zur Eile besteht."

„Penny will Sie so bald wie möglich dort haben. Sie kann es kaum erwarten. Also, wenn Sie möchten … Sie könnten sofort anfangen."

Darcy schaute sich in ihrem Hotelzimmer um. Dieses Loch ein Hotel zu nennen, war eindeutig vermessen. Kakerlaken hatte sie zwar keine gesehen, aber allein von den Schmutzrändern in Dusche und Waschbecken war ihr fast schlecht geworden.

Vielleicht hatte Matt Stone ja selbst so etwas wie eine übersinnliche Wahrnehmung. Seine nächsten Worte bestätigten jedenfalls, dass er sich ihre Situation gut vorstellen konnte.

„Ms. Tremayne, ich kenne das Hotel."

„Na schön, vielleicht haben Sie Recht. Ich kann genauso gut gleich anfangen."

„Ich hole Sie in einer halben Stunde ab."

Sie kam nicht dazu zu protestieren. Er hatte bereits aufgelegt.

Fluchend schaute Darcy sich in dem kleinen Zimmer um. Sie hätte gern ein wenig mehr Zeit gehabt, obwohl sie noch gar nicht dazu gekommen war, ihren Koffer auszupacken, und ihre persönlichen Sachen aus dem Bad hatte sie in weniger als zehn Minuten zusammengesammelt. Sie wollte sich gerade ein letztes Mal umsehen, da klopfte es auch schon an der Tür. Matts Zeitgefühl schien nicht besonders präzise zu sein!

Sie öffnete. Matts Augen waren erneut von der Sonnenbrille verdeckt, über die eine Strähne des windzerzausten Haars fiel. Mit ihren hohen Absätzen war sie relativ groß, aber er war überragte sie dennoch um einiges. Seine imposante Erscheinung beunruhigte sie, wenngleich sie nicht recht wusste, was genau dieses Gefühl verursachte.

„Fertig, Ms. Tremayne?"

Sie atmete tief durch und rang sich ein Lächeln ab. „Wirklich, Mr. Stone, irgendwie schaffen Sie es, ein schlichtes Ms. so gedehnt auszusprechen, als ob es aus nichts als einem langen klebrigen Z bestünde. Ich heiße Darcy und bin daran gewöhnt, dass man mich auch so nennt."

Er legte den Kopf leicht zur Seite. Die dunkle Sonnenbrille verhinderte, dass sie in seinen Augen lesen konnte. „Schön – dann also Darcy. Können wir los? Ich habe es nämlich eilig, ich muss wieder ins Büro. Wo ist Ihr Koffer?"

„Ich kann ihn selbst nehmen, danke."

„Würden Sie mir den verdammten Koffer einfach zeigen?"

Sie stemmte die Hände in die Hüften. „Geht es vielleicht noch etwas unfreundlicher?"

„Tut mir Leid, aber meine Zeit ist begrenzt. Bitte, Ms. Tremayne – verzeihen Sie, Darcy –, würden Sie vielleicht so freundlich sein, mir zu erlauben, Ihren Koffer zu tragen?" Seine Stimme troff förmlich von Sarkasmus.

Kopfschüttelnd zeigte sie auf ihr Gepäck. Matt schnappte sich den Koffer und machte sich wortlos auf den Weg hinaus auf den Parkplatz. Er machte so lange Schritte, dass Darcy kaum mitkam, aber draußen blieb er stehen, nahm seine Sonnenbrille ab und wartete, bis sie ihn eingeholt hatte. Er bemerkte, dass sie sich suchend nach seinem Auto umschaute.

„Oh, Verzeihung“, sagte er schroff. „Der da drüben ist es. Ich schätze, man hat vergessen, es Ihnen zu erzählen. Ich bin der Sheriff. Und Adam hat es offenbar auch nicht erwähnt. Da Sie andererseits aber vorgeben, eine Hellseherin zu sein, hätten Sie es eigentlich auch so wissen müssen.“ Er schaute sie leicht spöttisch an.

Sie lächelte zuckersüß. „Mr. Stone, als Hellseherin würde ich mich nicht direkt bezeichnen, auch wenn ich bekannt dafür bin, gelegentlich Leichen aufzuspüren, die manche Leute in ihrem Keller haben.“

Schweigend sah er sie an. Seine Augen waren dunkel, aber nicht braun, sondern von einem irritierenden Dunkelgrau. Er schien direkt durch sie hindurchschauen zu können, und doch lag ein schützender Schleier über ihnen, der es Darcy unmöglich machte, in ihnen zu lesen. Und dennoch, zumindest für einen Moment hatte es ihm offenbar die Sprache verschlagen.

„Fahren wir?“ fragte sie.

„Aber ja. Ich sterbe schon vor Neugier, was für Leichen Sie in meinem Keller finden, Ms. Tremayne.“

„Hervorragend. Dann ...“

„Was dann?“

„Dann sind wir uns ja einig. Aber ich warne Sie: Manchmal gefällt es den Leuten ganz und gar nicht, was wir bei ihnen finden.“

„Für mich ist es schlicht eins der unglaublichsten Häuser – und eine historische Sehenswürdigkeit ersten Ranges!“ schwärmte Penny.

Darcy lächelte, geneigt, zuzustimmen – trotz der Schwierigkeit, die das Haus in Gestalt seines Eigentümers mit sich brachte.

Er hatte sich während der Fahrt bemüht, so etwas wie eine höfliche Konversation zu führen, indem er ihr erklärte, wo im Bürgerkrieg die Frontlinien verlaufen waren. Außerdem hatte er ihr erzählt, dass der berühmte Südstaatengeneral Robert E. Lee in Melody House Station gemacht hatte. Und nachdem sie an ihrem Ziel angekommen waren, hatte er sie zwar nicht direkt aus dem Auto geworfen, aber doch zugesehen, dass er sie so schnell wie möglich loswurde, da er, wie er sagte, noch zu tun habe.

Darcy fragte sich, ob er im Wayside Inn auch im Dienst gewesen war.

Penny Sawyer hingegen war wundervoll. Ihr Alter ließ sich schwer schätzen, irgendwas zwischen vierzig und sechzig, mutmaßte Darcy. Sie war mittelgroß, schlank, mit kurz geschnittenen dunklen, von silbergrauen Strähnen durchzogenen Haaren und strahlend blauen Augen. Sie trug einen modischen Hosenanzug und war ebenso freundlich wie ihr Arbeitgeber unfreundlich.

„Das Haus ist wirklich wundervoll“, beteuerte Darcy begeistert. „Es gibt eine ganze Reihe historisch bedeutsamer Häuser, die – meistens von Privatstiftungen – mit größter Sorgfalt restauriert wurden, aber es ist schon erstaunlich, wie gut erhalten dieses Haus hier ist, vor allem, wenn man bedenkt, dass es die ganze Zeit über in Familienbesitz war. Normalerweise fehlt in solchen Fällen das Geld für die aufwendige Instandhaltung.“ Darcy musterte ihre Umgebung mit anerkenndendem Blick.

„Nun, Matts Großvater hat sehr an dem Anwesen gehangen. Es war sein Baby. Er wollte es trotz der Kosten weiterhin als Zuhause für die Familie erhalten. Er war wirklich ein erstaunlicher alter Herr.“

„Offensichtlich.“

Penny lächelte sie seltsam zerknirscht an. „Auch wenn es auf den ersten Blick vielleicht nicht so aussieht: Matt liegt es genauso am Herzen. Und deshalb will er auch nicht, dass sich ein Verein darum kümmert. Also muss es sich auf längere Sicht weit gehend selbst tragen, denn so ein Sheriff verdient schließlich nicht die Welt. Oh! Verstehen Sie mich nicht falsch. Matt ist absolut integer. Er würde nie etwas Ungesetzliches tun, um das Haus zu retten, auch wenn er es noch so sehr liebt. Aber das haben Sie natürlich auch gar nicht gedacht!“ Penny unterbrach sich mit einem Auflachen. „Er ist ein wunderbarer Sheriff. Die Leute lieben ihn. Er schafft es fast immer, brenzlige Situationen zu entschärfen, und er hat ein Händchen für die jungen Leute … aber was wollte ich jetzt eigentlich sagen? Ach so, ich meinte nur, dass wir auf die Führungen und Veranstaltungen angewiesen sind, damit ein bisschen Geld reinkommt. Das ist alles. So! Und was denken Sie? Spukt es hier?“

Darcy lächelte wieder. „Bis jetzt spüre ich eigentlich fast nur Wärme. Als ob das, was von der weit zurückliegenden Vergangenheit zurückgeblieben ist, vorwiegend gutartig wäre. Allerdings ist da auch noch etwas anderes. Aber das muss in einem alten Haus, in dem sich so viele Schicksale begegnet sind, nicht schlimm sein. Es gibt genügend Menschen, die der Theorie anhängen, dass

Energien, die an einem Ort freigesetzt wurden, diesen Ort nicht verlassen, weil wir Menschen aus Energie bestehen und Energie unzerstörbar ist."

Penny schaute sie mit hochgezogener Augenbraue an. „Ich bilde mir oft ein zu wissen, was die Leute *fühlen* und *denken.* Aber Sie haben ausgeprägtere übersinnliche Fähigkeiten. Deshalb … was glauben *Sie?* Obwohl ich meine Meinung sowieso nicht ändere, egal was Sie sagen." Sie sah Darcy verschwörerisch an. „Ich weiß nämlich, dass es Geister gibt. Ich habe sogar schon einen Geist gesehen."

„Wirklich?"

Penny nickte ernst. Die beiden Frauen saßen in einem geschmackvoll eingerichteten Raum im Erdgeschoss direkt neben Matts Büro, wie Penny Darcy erklärt hatte.

„Ich habe die Frau in Weiß aus dem Lee-Zimmer kommen und die Treppe hinunterschweben sehen. Allerdings befürchte ich langsam, dass sie keine gutartige Erscheinung ist. Verstehen Sie mich bitte nicht falsch. Ich liebe die Gespenstergeschichten, die sich um dieses Haus ranken, sie sind wichtig – sie bringen uns Touristen. Es ist nur leider so, dass die Geister in letzter Zeit anfangen … gewalttätig zu werden."

Gespannt sah Darcy sie an. „Was meinen Sie damit?"

„Na ja, vor nicht allzu langer Zeit verbrachte ein Brautpaar seine Hochzeitsnacht im Lee-Zimmer. Als die Braut nicht einschlafen konnte, stand sie auf, um auf den Balkon zu gehen. Und da sah sie den Geist, einen silbrigweißen Nebel, der seine Form veränderte und sie sogar an den Haaren zog. Sie war so verängstigt, dass sie schreiend splitternackt ins Foyer rannte und sich strikt weigerte, auch nur noch einen einzigen Fuß in das Zimmer zu setzen. Und dann kam irgendwann Clara Issy, eine der Reinemachefrauen hier, nach unten gelaufen, weil ihr etwas ganz Ähnliches passiert war. Sie hatte auf der Wange einen knallroten Fleck, so als ob jemand sie geschlagen hätte."

„Und was sagt der Sheriff dazu?" fragte Darcy.

Penny machte eine wegwerfende Handbewegung. „Ach, er sagt, dass Clara sich bestimmt nur irgendwo gestoßen hat. Er weigert sich einfach, an Dinge zu glauben, die er nicht mit Händen greifen kann. Aber immerhin hat er sich einverstanden erklärt, dass wir hier eine Séance abhalten. Das grenzt schon fast an ein Wunder. Und Sie sind ja nun auch da!" resümierte Penny stolz.

„Die Séance wird bestimmt interessant", sagte Darcy höflich.

„Ja, und sie findet morgen Abend statt", berichtete Penny eifrig. „Elizabeth sagt, dass wir sie mittendrin – im Herzen des Hauses sozusagen – abhalten sollen, und ich bereite alles dafür vor."

„Das klingt gut. Elizabeth wird sich bestimmt als ein gutes Medium erweisen." Lächelnd stand Darcy auf. „Haben Sie etwas dagegen, wenn ich mich jetzt draußen ein bisschen umsehe?"

„Aber nein, meine Liebe, selbstverständlich nicht! Ihren Koffer hat man ins Lee-Zimmer hinaufgebracht, das ist der Raum, wo sich die Erscheinung immer gezeigt hat. Ich nehme an, Sie würden nicht in Panik davonlaufen, sondern mit dem Geist sprechen, ist es nicht so?"

„So ähnlich", stimmte Darcy nachsichtig zu.

„Na gut, dann richten Sie sich jetzt am besten erst einmal häuslich ein." Sie reichte Darcy eine Broschüre. „Und die Broschüre hilft Ihnen vielleicht zur Orientierung. Ich verteile sie immer bei den Führungen."

„Wunderbar“, sagte Darcy. „Vielen Dank.“ Das Informationsblättchen in der Hand trat Darcy auf den schmalen Flur, der in das Foyer mit dem breiten Treppenaufgang mündete.

Sie blieb einen Moment stehen und versuchte, sich in die Atmosphäre einzufühlen. Das war der wichtigste Teil ihrer Arbeit. Adam Harrison war ein Spezialist für die verschiedenen Geräte, die Temperaturschwankungen, Luftbewegungen, Geräusche und Spannungsfelder registrierten. Wenn er kam, würde er mit einem Störungsmesser elektromagnetische Felder und sämtliche physikalische Phänomene untersuchen.

Adam hatte eine streng wissenschaftliche Herangehensweise.

Für sie hingegen war es eine Sache des Gefühls. Sie fühlte sich lieber in die jeweilige Örtlichkeit ein.

Und oft, wenn sie an einem Ort eintraf, an dem es angeblich spukte, spürte sie, dass Josh bei ihr war. Bereit, sie zu begleiten, wachsam, ihr Führer und Beschützer in einer fremden Welt, vielleicht.

Sie wartete. Aber heute fühlte sie seine Präsenz nicht. Sie verharrte noch eine Weile reglos, wobei sie versuchte, ihren Kopf von allen Gedanken zu befreien. Trotzdem gelang es ihr nicht, Verbindung mit ihm aufzunehmen, was absolut ungewöhnlich war, zumal in diesem Haus mehr Energien aus der Vergangenheit zu pulsieren schienen, als sie jemals erlebt hatte.

Sie ging zuerst zurück ins Foyer und warf zur Orientierung einen Blick auf den kleinen Plan in der Broschüre, die Penny ihr gegeben hatte. Nicht dass das Gebäude eine komplizierte Aufteilung gehabt hätte. Von draußen gelangte man über eine um das ganze Haus herumlaufende Veranda in das große Foyer mit dem herrlichen breiten Treppenaufgang. Gleich rechts davon war wie bei vielen im Kolonialstil erbauten Häusern der ehemalige Dienstbotengang, der direkt zum Hintereingang führte. Früher, als es noch keine Klimaanlagen gab, hatte man im Sommer durch Offenlassen der Vorder- und Hintertür für Kühlung und Durchzug gesorgt.

Auf dieser Seite des Hauses gab es außer Pennys und Matts Büros noch einen weiteren Raum – die Bibliothek. Darcy warf einen kurzen Blick hinein. Drei Wände waren mit bis zur Decke reichenden Bücherregalen gefüllt, während der größte Teil der vierten Wand von einem schön verzierten Kamin eingenommen wurde. Auf dem gewienerten Holzfußboden lag ein kostbarer, wahrscheinlich antiker Perserteppich. In der Mitte des Raums stand ein großer antiker Mahagonischreibtisch, während vor dem Kamin bequeme Polstersessel zum Sitzen einluden. Darcy fragte sich, ob Matt Stone überhaupt wusste, was für einen Schatz an Büchern er da in seiner Bibliothek beherbergte.

Auf dem auch ansonsten gut ausgestatteten Schreibtisch sah sie Computer und Drucker. Die Geräte schienen für die Pensionsgäste reserviert zu sein, da Penny und Matt ihre eigenen Büros hatten.

Sie schloss für einen Moment die Augen und versuchte, sich in ihre Umgebung *einzufühlen.* Die Schwingungen, die Darcy wahrnehmen konnten, waren mannigfaltig. In dem Raum hatten sich eine Menge Leidenschaft, Gefühl und Leben eingenistet. Allerdings fand sie keine Anhaltspunkte für irgendetwas Böses oder Heimtückisches. Wenig später machte sie ihre Augen wieder auf, verließ die Bibliothek und ging zurück ins Foyer.

Auf dem Treppenaufgang herrschte eine ziemliche atmosphärische Unruhe, was für Darcy allerdings wenig verwunderlich war. Sie fragte sich, wie viele Männer wohl, gefolgt von ihren Frauen, diese Treppe hinuntergegangen sein mochten, nur um in einen Krieg zu ziehen, aus dem sie vielleicht nie wieder heimgekehrt waren.

Auch der Salon war bezaubernd. Darcy ignorierte die Absperrung aus Samtkordeln, die den Raum vor dem Schaden schützen sollten, den große Besuchergruppen anrichten konnten. Wie in der Bibliothek war die Vergangenheit hier ebenfalls deutlich spürbar. Wenn sie die Augen schloss, wurde sie von den Energieströmen beinahe hin und hergerissen. Doch wieder bemerkte sie keine bösen Kräfte.

Hinter dem wunderschön eingerichteten Salon lag das Esszimmer – elegant gedeckt wie für eine aus zwanzig Personen bestehende Abendgesellschaft, die Mitte des neunzehnten Jahrhunderts so getafelt haben musste. In die Küche, die nichts von ihrem alten Charme eingebüßt hatte, obwohl sie auf dem neuesten Stand der Technik war, verliebte Darcy sich auf den ersten Blick. Auch von diesem Raum aus gelangte man auf die Veranda. Der Blick, den man von dort hatte, war atemberaubend. Es war ein herrlicher Sommertag, und in der Ferne konnte man die Berge in den prächtigsten Grün-, Violett-, Pink-, Orange- und Goldtönen leuchten sehen. Überall zwischen sattem Grün blühten bunte Blumen.

Darcy ging zurück. Doch statt sich wieder ins Foyer zu begeben und dort den großen Treppenaufgang zu benutzen, wählte sie die weit weniger beeindruckende Dienstbotentreppe, die im hinteren Teil der Küche in den ersten Stock hinaufführte. Als sie oben angelangt war, warf sie einen Blick auf ihren Plan. Früher waren hier sechs Schlafzimmer gewesen. Jetzt waren es nur noch fünf, da es in der Hauptsuite jetzt neben dem Schlafzimmer noch ein zweites Arbeits- oder Wohnzimmer gab.

Darcy verzichtete auf einen näheren Blick, da sie vermutete, es würde sich um Matts Privaträume handeln. Und die wollte sie nicht betreten. Zumindest im Moment noch nicht.

Die restlichen Zimmer waren offenbar alle nach Südstaatengenerälen benannt. Das Lee-Zimmer war laut Plan das größte, und als Darcy davor angelangt war, spürte sie sofort, dass eine angespannte Schwere sie einhüllte wie eine dunkle Wolke. Sie öffnete die Tür und betrat den Raum.

Durch die geöffneten Balkontüren strömte frische Luft hinein. Bis auf die Vorhänge, die leise im Wind raschelten, war nichts zu hören.

Trügerisch, dachte Darcy. Dicht unter der friedlichen Oberfläche verspürte sie eine enorme Unruhe.

Sie malte sich aus, wie sie versuchte, Matt Stone das, was sie fühlte, zu erklären.

Es war kein schönes Bild.

Sie konnte sich nicht vorstellen, dass er jemals verstand, was es mit ihrer speziellen Gabe auf sich hatte. Adam verstand es. Er war ein beeindruckender Mann mit mannigfaltigen Talenten. Seine eigentliche Befähigung lag jedoch darin, Menschen mit übersinnlichen Fähigkeiten zu erkennen und zu fördern. Ohne ihn hätte sie vielleicht längst den Verstand verloren, weil sie Dinge hörte und sah, die anderen Menschen verborgen blieben. Es war Adam, der ihr klar gemacht hatte, dass sie als eine von wenigen in der Lage war, armen verlorenen Seelen Frieden und Erleichterung zu bringen. Damit hatte er ihrem Leben eine neue Richtung und einen neuen Sinn gegeben – und ihr selbst die Möglichkeit, sich mit einer Arbeit, bei der ihre Gefühle unbeschadet blieben und sie selbst sich nützlich fühlen konnte, ihren Lebensunterhalt zu verdienen.

Und so fühlte sie auch sofort, dass Gefühle von Leid und Qual in diesem Zimmer herumwirbelten wie schwarze Wolken, die der Sturm vor sich hertrieb.

Trotzdem war der Raum wunderschön, und nach dem so genannten Hotel, in dem sie zuerst abgestiegen war, sicher nicht der schlechteste Ort, um zu bleiben. Sie ging zu ihrem Koffer, der am Fußende vor dem Bett stand, und begann leise vor sich hin summend ihre Sachen auszupacken.

Bemerkte sie zunächst außer dem Luftzug kaum eine Bewegung im Raum, war sie sich nach einer Weile jedoch sicher, dass sie beobachtet wurde. Das sagte ihr ein unangenehmes Kribbeln im Nacken. Es war, als ob ein außerirdischer Blick sie berührte.

Gefühle … Intuition. Sie bekam eine Gänsehaut.

Und verharrte einen Moment bewegungslos.

Aber …

Da war nichts Stoffliches. Absolut nichts. Doch Darcy wusste Bescheid.

Was immer in diesem Zimmer war, es würde warten, sie beobachten und auf die richtige Gelegenheit warten.

Matt kam um sechs nach Hause und schaute im Haupthaus vorbei. Er hätte wetten mögen, dass Penny und sein Gast immer noch zusammenhockten und sich Geistergeschichten erzählten. Vielleicht hatten sie ja sogar das Ouija-Board hervorgekramt.

Aber Penny war mit Joe McGurdy, dem Koch, in der Küche. Matt war überrascht, Joe zu sehen, weil er normalerweise nur kam, wenn es in Melody House einen besonderen Anlass zum feiern gab. Matt warf Penny einen fragenden Blick zu.

„Gucken Sie nicht so“, sagte die Haushälterin vorwurfsvoll.

„Wir haben schließlich einen Gast, und den können wir an seinem ersten Abend schlecht mit einem Teller Schmalzstullen abspeisen, oder?"

„Gott bewahre, nein, natürlich nicht", beteuerte Matt gespielt entrüstet. „Wo ist sie denn?"

„Carter hat Nellie für sie gesattelt. Sie wollte sich ein bisschen in der Gegend umsehen."

„Und woher wissen wir, ob sie reiten kann? Außerdem ist Richtung Westen der Wald sehr dicht. Sie könnte sich verirren."

„Matt, ich bitte Sie, Darcy ist eine erwachsene Frau. Sie hat gesagt, dass sie reiten kann."

„Trotzdem … wahrscheinlich ist es besser, wenn ich nach ihr sehe", brummte Matt ungehalten und schüttelte mit einem Blick auf Penny den Kopf. Nicht genug damit, dass diese Person empfangen wird wie ein Staatsgast, jetzt musste er sich auch noch um sie kümmern. Er wunderte sich, warum Carter sie überhaupt allein hatte losreiten lassen.

Diese Frage stellte Matt ihm auch, nachdem er sich Jeans und Pullover angezogen hatte und den Freund im Stall bei den Pferden traf. Carter zuckte nur mit den Schultern. „Sie wollte irgendwas erkunden, was für ihre Arbeit wichtig ist, und dafür müsste sie allein sein, wie sie mir sagte. Selbstverständlich habe ich ihr angeboten, sie zu begleiten, was denkst denn du? Bei dem Aussehen …"

„Trotzdem spinnt sie", sagte Matt lakonisch, während er Vernon aus der Box holte und dem Tier das Zaumzeug anlegte.

„He, von irgendwas muss schließlich jeder leben, oder?" sagte Carter.

Matt warf einen Sattel über Vernons Rücken. „Ich könnte mir vorstellen, dass sie noch ein paar andere Möglichkeiten hat."

„Vielleicht hat sie ja wirklich diese komische Wahrnehmung." Carter kaute nachdenklich auf einem Strohhalm herum. „Wie du weißt, habe ich kürzlich das alte Reed-Haus gekauft. Wenn du sie also nicht willst, übernehme ich sie. Sie kann gern dort nach Geistern suchen."

„Ich bin mir sicher, dass du keine Gelegenheit ungenutzt lassen wirst, um sie zu überreden", sagte Matt kopfschüttelnd und saß auf. „Aber vorher würde ich mich ganz gern noch davon überzeugen, dass sie nicht irgendwo mit einem gebrochenen Bein im Wald liegt. Wie konntest du sie bloß allein losreiten lassen?"

„Kann es vielleicht daran liegen, dass sie keine Gesellschaft wollte?"

Kopfschüttelnd drückte Matt Vernon sanft die Absätze in die Flanken und ritt aus dem Stall.

„He, aber komm nicht zu spät zum Abendessen!" rief Carter ihm nach. „Wenn mich nicht alles täuscht, hat Penny Joe für heute Abend engagiert."

Matt spürte seinen Groll wachsen, er versuchte jedoch, ihn im Zaum zu halten. Immerhin war Adam Harrison bereit, ein nettes Sümmchen dafür hinzublättern, dass er hier das, was er als „Nachforschungen" bezeichnete, anstellen durfte. Dafür mussten sie die Frau eben ertragen, Teufel noch mal. Es gab Schlimmeres.

Matt verscheuchte die Gedanken und konzentrierte sich auf seine Suche. Er wählte den Weg, der quer über das Feld südlich am Haus vorbeiführte und sich nach einer Weile gabelte. Er schien Darcy richtig eingeschätzt zu haben, denn schon bald entdeckte Matt frische Pferdespuren.

Nach etwa zwanzig Minuten gelangte er an einen rauschenden Wildbach, der sich durch den Wald schlängelte. Die Gegend hier war seit hundert Jahren nahezu unverändert, und die Wege waren nur deshalb nicht zugewuchert, weil sie regelmäßig benutzt wurden. Die Luft war angenehm kühl und duftete stark nach Tannennadeln.

Als er Nellie reiterlos am Ufer des Wildbachs stehen sah, befürchtete er schon das Schlimmste, doch gleich darauf sah er auch Darcy, die seelenruhig auf einem umgestürzten Baumstamm saß und mit einem dürren Ast irgendetwas in den Sand kritzelte. Ohne eine Miene zu verziehen beobachtete sie, wie er vom Pferd sprang und auf sie zu kam.

„Hallo“, sagte er, als er nur noch ein paar Schritte von ihr entfernt war.

Im Wald war es dämmrig, und die Lichtstrahlen, die durch das dichte Blätterdach der Bäume fielen, warfen seltsame schwarzgrünliche Schatten. Darcys Haar schimmerte tiefrot, und ihre Augen waren noch grüner als das satte Grün der Bäume. Hier in diesem unheimlichen Licht wirkte sie blasser und von so zerbrechlicher Eleganz wie eine Waldnymphe, obwohl er wusste, dass sie für eine Nymphe viel zu groß war. Bei diesem Gedanken wurde ihm klar, dass das, was ihn am meisten an ihr störte, diese hoch gewachsene geschmeidige Eleganz, diese Ruhe und Gelassenheit war, in die sie eingehüllt zu sein schien wie in einen Mantel.

Sie legte ihre gefalteten Hände um die Knie und rief ihm mit einem sarkastischen Unterton zu: „Hallo, Sheriff. Wie Sie sehen, habe ich mir weder den Hals gebrochen noch Ihr Pferd zu Schanden geritten oder mich im tiefen Wald verirrt.“

„Warum haben Sie mir nicht gesagt, dass Sie vorhaben, hier herumzureiten?“

„Wann denn?“ Sie lächelte spöttisch, während sie ihn herausfordernd ansah. „Nachdem Sie mich aus dem Auto geworfen hatten, blieb nicht mehr viel Zeit."

„Das habe ich nicht getan."

Ihre Antwort bestand aus einem Schulterzucken. Wieder verspürte er diese seltsame Verwirrung, und zu seiner eigenen Beunruhigung begriff er langsam, was ihn so bewegte. Diese Frau war nicht nur groß und elegant, sondern darüber hinaus auch noch extrem sinnlich, mit katzenhaft geschmeidigen Bewegungen. Sie schien innerlich zu glühen, aber äußerlich war sie kalt wie ein Eiszapfen.

„Ich habe eigentlich erwartet, dass Sie sich innerhalb des Hauses umsehen."

„Das habe ich bereits." Diese grünen Augen weigerten sich, ihn loszulassen.

„Aber den bösen Geist haben Sie bis jetzt noch nicht gefunden?"

„So schnell geht das nicht. Dafür muss ich erst das gesamte Umfeld erkunden", gab sie in ruhig distanziertem Tonfall zurück.

„Aha." Er ließ sich neben ihr auf dem Baumstamm nieder und schaute zwischen den Bäumen hindurch auf das Wasser, auf dem die Sonnenstrahlen glitzerten wie Diamanten. Schließlich wandte er sich wieder ihr zu. „Hier im Wald soll es angeblich auch spuken, wissen Sie. Aber das hat nichts mit Melody House zu tun."

„Das ist gut zu hören", sagte sie seltsamerweise. „Was erzählt man sich denn über den Wald?"

„Irgendwann vor langer Zeit – ich glaube im späten siebzehnten Jahrhundert – soll hier in der Nähe eine Familie auf einer kleinen Farm gelebt haben. Die älteste Tochter war unscheinbar, die jüngste dagegen bildschön. Und dann passierte es, dass sich der

Freier der älteren Tochter unsterblich in die jüngere verliebte. Der Bursche musste zurück nach Osten, um sich um seine Geschäfte zu kümmern, aber zum Abschied küsste er die heiß geliebte jüngere Schwester und versprach ihr, so bald wie möglich zurückzukommen und sie zu heiraten. Das ertrug die Verschmähte nicht. Sie lockte die jüngere in den Wald, wo sie ..."

„... ihre Schwester da unten am Fluss mit einem Beil enthauptete. Und nun irrt der Geist der jüngeren Schwester ruhelos durch den Wald", schloss Darcy an seiner Stelle.

Matt hob die Hände. „Sie kennen die Geschichte bereits!"

Sie erwiderte einen Moment lang nichts, dann fragte sie: „Und was ist mit der älteren Schwester passiert?"

„Nun, der junge Mann kehrte zurück, aber als er vom Tod der jüngeren Schwester erfuhr, nahm er sich das Leben. Die ältere wurde zwar niemals für ihre Tat zur Rechenschaft gezogen, aber sie verlor den Verstand. Die Familie sperrte sie in der Scheune ein, bis sie mit achtzig Jahren starb. Irgendwann gegen Ende ihres Lebens gestand sie den Mord und schrie tagelang aus Angst, dass ihre Schwester zurückkommen und sich an ihr rächen könnte."

„Tja, so etwas würde man heute wahrscheinlich als eine echte Familientragödie bezeichnen", bemerkte Darcy.

„So könnte man es sagen." Er musterte sie aus dem Augenwinkel. Ihr klassisches Profil wirkte wie gemeißelt. Er dachte daran, dass sie während ihres Studiums als Model gejobbt und dabei wahrscheinlich nicht schlecht verdient hatte. Warum hatte sie auf diese Chance verzichtet, warum hatte sie auch ihren akademischen Abschluss in den Wind geschlagen, um sich statt dessen mit so einem Unsinn zu beschäftigen?

„Der Torso der jüngeren Schwester, der von der älteren verscharrt worden war, wurde zufällig von einem Hund entdeckt, aber der Kopf blieb verschwunden", berichtete Darcy. „Erst wenn der Kopf bei den übrigen sterblichen Überresten begraben liegt, wird der Spuk aufhören."

„Das sind doch Ammenmärchen. Du lieber Himmel, wir würden ihn ohnehin nicht finden, selbst wenn wir den ganzen Wald danach umgraben. Bestimmt haben die Tiere ihn gefressen. Oder er wurde im Fluss bis nach Florida runtergeschwemmt. Aber so oder so. Die Leute lieben diese Geschichten. Warum also soll der arme Geist nicht weiterhin schreiend und blutüberströmt durch den Wald irren?"

„Weil es schrecklich traurig ist", sagte Darcy.

„Nun, wenn Sie Zeit haben, können Sie ja ein bisschen nach ihm suchen. Das Land gehört der Gemeinde, aber wir werden ein Auge zudrücken. Bloß tun Sie mir wenigstens den Gefallen und schütten Sie die Löcher wieder zu – hier in der Gegend reiten viele Leute, und wir wollen nicht, dass noch ein weiterer Geist, diesmal mit gebrochenem Genick, durch den Wald irrt."

Ungeduldig stand Matt auf.

Seine Unruhe schien sie ebenfalls aufzuscheuchen, da sie unmittelbar nach ihm aufsprang und rief: „Was zum Teufel ist eigentlich los mit Ihnen? Warum sind Sie so aggressiv?"

Irritiert und verunsichert sah er sie an. „Darcy, Geschichte hat oft ihre grausamen Seiten. Aber sie ist Vergangenheit. Lassen Sie die Toten ruhen."

„Aber Sie wollten doch, dass ich komme!"

„Falsch. Ich wollte, dass Adam Harrison kommt."

Sie stemmte die Hände in die Hüften und schaute ihn aus ihren vor Zorn sprühenden grünen Augen an. „Auch falsch – Sie haben sich bereit erklärt, Harrison Investigations in Ihr Haus zu lassen. Und ich bin genauso Teil der Firma wie Adam. *Fast* genauso, jedenfalls."

Er musterte sie mit hochgezogener Augenbraue und sah mit Genugtuung, dass ihr eine leise Röte in die Wangen stieg. Matt hatte gut Lust, sie anzubrüllen, ihr zu zeigen, wo ihr Platz war. Aber ihm fehlten die Worte, deshalb machte er nur eine hilflose Geste und sagte verärgert: „Wir müssen zurück. Das Essen ist fertig."

Damit wandte er sich ab, um auf sein Pferd zuzugehen.

„Wissen Sie, nicht jede Frau mit roten Haaren ist ein Biest."

Überrascht drehte er sich um. Seine Stimme war weit heiserer, als ihm lieb war. „Ich weiß nicht, wovon Sie reden."

„Von Ihrer Exfrau Lavinia Harper", sagte sie ohne Umschweife.

„Ich verstehe. Und das wissen Sie, weil Sie hellseherische Fähigkeiten haben, richtig?"

„Sie mögen keine rothaarigen Frauen. Um das zu erkennen, braucht man keine hellseherischen Fähigkeiten. Penny hat mir von Lavinia erzählt."

„Rote Haare gibts in Tuben zu kaufen. Im Übrigen käme es mir nie in den Sinn, einen Menschen wegen seiner Haar-, Haut- oder Augenfarbe oder sonst irgendeinem körperlichen Merkmal abzulehnen", erklärte er mit erzwungener Ruhe, aber seine Verärgerung war ihm trotzdem anzumerken.

Sie lächelte bemüht, als sie an ihm vorbeiging. „Gewiss. Dann entschuldigen Sie bitte."

Er ließ sie vorbei und hielt einen Moment inne, um sich zu sammeln und seine zu scharfe Reaktion zu überdenken. Aber bevor er sich noch eines Besseren besinnen konnte, saß sie bereits im Sattel und galoppierte den Waldweg hinunter.

Er hielt sich dicht hinter ihr, und als sie an die Lichtung gelangten, sah Matt auf der anderen Seite des Feldes Melody House auf seinem kleinen Felsen noch in den letzten blutroten Strahlen der Abendsonne erleuchtet, sodass es fast aussah, als ob das Haus glühte.

Nicht mehr lange, dann würde die Sonne endgültig untergehen und die Nacht ihre schwarze Decke über die Landschaft werfen.

Das Abendessen in Melody House entpuppte sich als eine unterhaltsame Angelegenheit – trotz oder vielleicht sogar wegen Matt Stones Anwesenheit –, und Darcy ertappte sich dabei, dass sie mehrmals laut auflachte.

Auch wenn Matt und Penny durchaus nicht immer einer Meinung waren, ließ sich doch nicht übersehen, dass sie bestens miteinander auskamen. Penny liebte Geschichten und erzählte leidenschaftlich gern, und Matt korrigierte sie, wenn sie der Versuchung erlag, ihre Erzählungen allzu sehr auszuschmücken.

„Es war fast, als ob die gesamte Südstaatenarmee in Melody House Zuflucht gesucht hätte“, sagte Penny.

„Die gesamte Südstaatenarmee“, schnaubte Matt. „Eine Kompanie, allerhöchstens. Zwanzig Mann, Penny, mehr nicht.“

Penny wischte den Einwand mit einer ungeduldigen Handbewegung vom Tisch. „Es waren großartige Soldaten“, fuhr sie unbeirrt fort. „Es hätten genauso gut Tausende sein können. Sie schlugen die Yankees …“

„Was? Die ganze Nordstaatenarmee?“ fragte Matt mit belustigt funkelnden Augen.

„Hundert waren es mindestens!“ gab Penny mit einem finsteren Blick auf ihren Brötchengeber zurück. „Das Entscheidende dabei aber ist, dass unsere Jungs nicht bereit waren aufzugeben und zu retten versuchten, was zu retten war, aber ihr Vorgesetzter, ein junger Hauptmann, wurde getötet. Eine Kugel, die durch das Fenster des Salons kam, traf ihn mitten ins Herz. Und er soll angeblich immer noch hier sein und Melody House bewachen."

Matt lehnte sich weit über den Tisch. Seine Augen glitzerten, als er Darcys Blick suchte. „Und bis jetzt scheint ihm niemand gesagt zu haben, dass der Krieg vorbei ist und der Süden verloren hat. Übrigens, Yankeeakzente kann er gar nicht leiden – so erzählt man sich zumindest."

„Wie gut, dass ich keinen Yankeeakzent habe", gab Darcy zuckersüß zurück.

Mittlerweile waren sie bei der Nachspeise – einer köstliche Eistorte – angelangt. Darcy rechnete damit, dass jeden Moment ein mit einer makellosen Uniform bekleideter Butler auftauchte und verkündete, dass sich die Damen nach dem Essen zu Tee und Gebäck in den einen und die Herren zu Whiskey und Zigaretten in einen anderen Raum zurückziehen sollten.

Aber es kam kein Butler – zumindest an diesem Abend nicht. Sie hatten alle gemeinsam den Tisch gedeckt und das Essen aufgetragen.

„Und?" fragte Penny und schaute Darcy erwartungsvoll an. Darcy hatte das Gefühl, dass sie dieses fragende „Und" noch sehr oft von Penny hören würde.

„Und was?" gab sie lächelnd zurück.

„Haben Sie ihn schon gesehen?"

„Wen?"

„Na, unseren Hauptmann!"

„Den, der Melody House vor den marodierenden Yankees beschützt hat, die es niederbrennen wollten", erinnerte Matt trocken.

Darcy zuckte mit den Schultern. „In den ersten Tagen versuche ich mich nur auf ein Haus einzustimmen", erklärte sie Penny.

„Oh! Natürlich. Damit Sie die Schwingungen spüren", sagte die Haushälterin mit einem weisen Kopfnicken.

„So ungefähr", gab Darcy zurück.

„Dann gibt es hier also Schwingungen?" erkundigte sich Matt scheinheilig.

Sie schaute ihm fest in die Augen. „Das ganze Haus bebt", erwiderte sie leise.

„Vor?"

„Feindseligkeit", gab sie zur Antwort.

Clint lachte laut auf. „Die Lebenden senden auch Schwingungen aus, stimmts?"

Matt starrte Darcy einen Moment an, dann umspielte ein zerknirschtes Lächeln seine Mundwinkel. Darcy lief ein Schauer über den Rücken. Wenn er so schaute, wirkte er plötzlich ungemein sympathisch und liebenswert.

„Falls von mir feindselige Schwingungen ausgehen sollten, ist es keine böse Absicht", sagte Matt einlenkend.

„Manchmal ist es nicht ganz einfach, diese Schwingungen zu lokalisieren", sagte sie und merkte zu ihrer Überraschung, dass sie ebenfalls lächelte.

Und dass Penny, Clint und Carter sie und Matt anstarrten.

Errötend stand Darcy auf, wenn auch nicht ganz so geschmeidig, wie sie es sich gewünscht hätte. „Das Essen war wirklich wunderbar. Vielen Dank. Ich habe gar nicht gemerkt, wie die Zeit vergangen ist. Es ist schon spät, und ich hoffe, Sie nehmen es mir deshalb nicht übel, wenn ich mich jetzt zurückziehe. Ich bin ziemlich müde."

Matt, Carter und Clint erhoben sich wie ein Mann. Ein gewisses Ausmaß an Höflichkeit schienen diese Männer – selbst Matt – offensichtlich doch noch mit der Muttermilch aufgesogen zu haben.

„Bestimmt schlafen Sie gut", sagte Carter. „Ich habe auch schon im Lee-Zimmer übernachtet. Und wie Sie sehen, lebe ich noch."

„Und er ist bisher kein einziges Mal mitten in der Nacht nackt die Treppe runtergerannt", ergänzte Clint augenzwinkernd.

„Gott sei Dank!" keuchte Penny.

„He!" protestierte Carter. „Ich sehe nackt mindestens genauso gut aus wie angezogen."

Darcy lachte. „Nun, ich denke, mir wird es an nichts fehlen."

Sie war überrascht, als sie sah, dass Matt fast ein bisschen besorgt wirkte. „Ich schlafe heute Nacht im Haus, also rufen Sie einfach laut, wenn Sie irgendwelche Probleme haben."

„Aber wie sollte das denn passieren? Sie glauben doch nicht an Gespenster!" erinnerte Darcy ihn.

Er zuckte ein wenig verlegen mit den Schultern. „Dafür glaube ich umso mehr an Menschen, die Böses tun", brummte er. Seine seltsam tiefen grauen Augen ruhten einen Moment auf ihr. „Mein Zimmer ist am Ende des Flurs."

Sie nickte und verabschiedete sich, dann verließ sie das Esszimmer und ging die Treppe hinauf in den ersten Stock. Sie setzte langsam und bewusst einen Fuß vor den anderen, während sie darüber nachdachte, wie seltsam es war, dass Matt Stone in dem Haus absolut nichts Ungewöhnliches spürte. Penny hatte die Schwingungen erwähnt. Man fühlte sie, wo man ging und stand. Sanfte verlorene Seelen größtenteils.

Das einzig Böse schien aus dem Lee-Zimmer zu kommen.

Im Raum war es kühl, ungewöhnlich kühl sogar für die sommerliche Jahreszeit. Diese Tatsache versuchte sie ebenso zu ignorieren wie das erneute Gefühl, beobachtet zu werden. Ziemlich erschöpft kroch sie nach einer kurzen Dusche schließlich ins Bett. Als sie einschlief, lief im Fernsehen immer noch ein Film über die Geschichte Englands.

Tief in der Nacht begann sie zu träumen. Sie sah sich im Bett liegen und schlafen, gleichzeitig jedoch bewegte sie sich in einer anderen Persönlichkeit. Das Herz ihres schlafenden Selbst krampfte sich vor Angst zusammen, und in dem Moment, in dem sie den anderen kommen fühlte, spürte sie die Wut, eine tief sitzende, gefährliche Wut. Und dann …

… war sie dieser andere, sie sah, fühlte und wusste alles, was er sah, fühlte und wusste.

Eine verschmähte Frau … konnte gefährlich werden.

Er war tief in Gedanken versunken und schweigsam an diesem Abend, wütend, aber noch nicht ganz sicher, worauf er hinauswollte. Durch die Dunkelheit starrte er zum Haus hinüber und dachte an alles, was gewesen war und was noch kommen würde.

Das Haus wirkte majestätisch wie immer. Ein Haus, das ebenso einen Charakter hatte wie ein Mensch. Und so war es von Anfang an gewesen. Die Zeit hatte ihm genauso wenig anhaben können wie die Dramen, die sich in ihm abgespielt hatten. Das wusste er.

Sie war da.

Er wusste, dass sie da war.

Und es gab Dinge, die gesagt werden mussten. Dinge, die zwischen ihnen geklärt oder beendet werden mussten.

Und dennoch …

Er starrte immer noch auf das Haus. Und wartete. Er war nicht bereit, sich einzugestehen, dass er mit einer bösen Absicht gekommen war.

Sein Herz war hart wie ein Stein. Tief unten auf dem Grund seiner Seele lag das Samenkorn einer Idee, die Wahrheit, die noch aus den Gedanken verbannt werden musste. Er hatte keine andere Wahl.

Seine Hände ballten sich zu Fäusten, öffneten sich wieder, als würden sie sich um den Hals der Geliebten legen, die, wie er wusste, im Haus war.

Denn wenn eine Frau verschmäht wurde …

… war sie so gut wie tot.

Darcy fuhr abrupt aus dem Schlaf hoch und merkte, dass sie am ganzen Körper zitterte. Sie hatte die Vergangenheit am eigenen Leib gespürt. Und zwar weniger einen bestimmten Menschen als vielmehr den Zorn und die Bösartigkeit, die Teil einer weit zurückliegenden Zeit waren.

Sie setzte sich im Bett auf und schaute sich im Zimmer um, dann schloss sie ihre Augen und öffnete sie erneut.

Was immer da bei ihr gewesen war, welche Gefühlsüberreste es auch gewesen sein mochten, es war jetzt weg.

Und doch …

Irgendetwas war da.

Irgendetwas, irgendjemand, heimlich, still und leise.

Schaute.

Wartete.

„Wir wissen alle, weshalb wir uns hier versammelt haben." Elizabeth Holmes hatte eine tiefe, aber sehr weibliche Stimme. Darcy hatte sich eine Frau aus dem Ort, die erst vor einem Jahr ihren Hang zum Okkulten entdeckt hatte, ganz anders vorgestellt. Sie hätte eher jemanden erwartet, der einen Turban trug oder die Augen dick mit schwarzem Kajal umrandete. Elizabeth Holmes hingegen wirkte alles in allem wie eine erfolgreiche Geschäftsfrau zwischen fünfundfünfzig und sechzig – groß, schlank und elegant, mit silberweißem Haar und freundlichen blauen Augen.

Allein die Stimme passte zu dem Bild, das man sich allgemein von einem Medium machte.

Diese Stimme hallte im Esszimmer von Melody House, als ob die Wände Teil einer hochmodernen Verstärkeranlage wären.

„Melody House ist eine sehr alte ehrwürdige Dame, die seit dem Jahr 1710 hier auf diesem Felsen steht. Eine Dame, die in all diesen Jahren viele Freuden, aber auch viele Tragödien erlebt hat. Sie gehört zu den wenigen berühmten alten Häusern unseres Landes, die überlebt haben und sich immer noch in Händen der Nachfahren ihrer Erbauer befinden. George Washington hat hier geschlafen!" Elizabeth machte eine Pause und schaute lächelnd auf die Gruppe, die sich bei gedämpftem Kerzenlicht um den Tisch versammelt hatte. „George war hier, und es ist ein Wunder, dass Martha nicht viel aufgeregter war. Aber ich schweife ab. Washington war nicht der einzige berühmte Gast. Patrick Henry, Thomas Jefferson und viele große Männer aus der Revolutionszeit haben ebenfalls hier übernachtet, genauso wie Staatsmänner und Generäle aus anderen traurigen Kriegsperioden – Robert E. Lee,

Stonewall Jackson, Jeb Stuart und sogar Ulysses Grant und Abe Lincoln sollen in Melody House Unterkunft gefunden haben. Das Haus hat bei Kämpfen, die hier stattfanden, viele Narben davongetragen, die man heute noch sehen kann. Innerhalb seiner Mauern sind Soldaten gestorben. Aber es gab auch tragische Begebenheiten, die nichts mit Kriegen zu tun hatten. Wie zum Beispiel die traurige Geschichte von der schönen Melody, der Tochter des Erbauers, die bei einem Streit zwischen ihrem Vater und ihrem Geliebten die Treppe hinunterstürzte und sich das Genick brach. Man erzählt sich, dass sie nur ein paar Schritte von der Stelle entfernt, wo wir im Moment sitzen, in den Armen ihres Liebsten starb. Oder denken wir an Eliza, die Tochter von General Stone, die angeblich ihre Nebenbuhlerin Sally Beauville vergiftet hatte, woraufhin deren Vater General Stone erschoss und dafür am Galgen endete. Und das sind längst nicht alle Geschichten. Es gibt noch unzählige mehr.

Melody House steht seit fast dreihundert Jahren, und wir können uns nur ausmalen, was für Dramen sich im Lauf dieser Zeit in seinen ehrwürdigen alten Mauern abgespielt haben, wie viele Leidenschaften und Träume hier gestorben sind. Der Mensch besteht aus Energie, und Energie vergeht nicht. Nun wird behauptet, dass es in Melody House spukt. Angenommen, hier sind tatsächlich Seelen zurückgeblieben, dann ist ihre Energie in diesen Mauern, und es wäre nur natürlich, wenn man sie heute spürt. Im Lauf der Jahre haben viele Menschen diese tragischen Seelen in Gestalt von Geistern gesehen oder geglaubt, sie zu sehen. Der mutige Andrew Jackson, der nur eine halbe Nacht in diesem Haus verbracht hat, soll gesagt haben, dass er lieber wieder gegen die Briten kämpfen würde, als sich noch einmal in eines der Betten von Melody House zu legen. Es gibt Leute, die schwören, beobachtet zu haben, wie eine Frau in Weiß die Treppe hinunterschwebt. Andere haben Soldaten in historischen Uniformen gesehen, und vielleicht schlagen hier tatsächlich immer noch einige Kämpfer ihre lange verlorenen Schlachten.“ Elizabeth unterbrach sich mit einem bedauernden Lächeln, das verriet, wie gern sie noch weitererzählt hätte. „Aber gut. Legen wir nun unsere Hände so auf den Tisch, dass sie die jeweilige Hand unseres Nachbarn berühren, damit die Energie fließen kann, und dann werden wir sehen, ob uns die Geister etwas zu sagen haben.“

Obwohl es in Melody House schon seit langer Zeit Strom gab, stand heute Abend nur eine einzelne brennende Kerze auf dem Tisch.

Darcy hatte die Kälte bereits gespürt. Unabhängig davon, ob Elizabeth in der Lage war, mit der „Energie“, die im Haus zurückgeblieben war, Verbindung aufzunehmen oder nicht, hatte Darcy wieder das Gefühl, beobachtet zu werden. Aus welchem Stoff die Präsenzen, die in Melody House zurückgeblieben waren, auch sein mochten, sie waren anwesend. Darcy sah, wie Penny erschauerte.

Darcy wurde aus ihren Gedanken gerissen, als jemand sie leicht anstupste. Sicher, sie sollten ja die Hände auf den Tisch legen! Rechts von ihr saß Jason Johnstone, ein vor Ort lebender Schriftsteller und Historiker, und links von ihr Clint Stone. Er wirkte amüsiert, aber auch neugierig. Matt saß ihr gegenüber, neben Elizabeth. Auf seinem gemeißelten Gesicht lag ein Ausdruck von sorgfältig kontrollierter Ungeduld. Mae, die Barfrau aus dem Wayside Inn, die sich für den feierlichen Anlass fein herausgeputzt hatte, lächelte aufgeregt an Matts anderer Seite. Und zwischen Johnstone und Mae saß eine hübsche junge Frau mit dem unglaublichen Namen Delilah Dey, die erst vor kurzem in den Stadtrat gewählt worden war.

David Jenner von Jenner Electronics, der bei Darcys Eintreffen ebenfalls im Wayside Inn gewesen war, stand mit Videokamera und Kassettenrekorder in einiger Entfernung vom Tisch. Darcy hatte erwogen, ebenfalls einen Teil ihrer Ausrüstung mit nach unten zu bringen, hatte sich dann jedoch dagegen entschieden.

„Wir haben uns hier zu einem wohlwollenden und fürsorglichen Kreis zusammengeschlossen und bitten um Hilfe bei einigen vergangenen und gegenwärtigen Problemen", begann Liz, an die Geister gewandt. „Wir sind in Zuneigung und Freundschaft gekommen, bereit, jeder Präsenz in diesem Haus eine Stimme zu verleihen, die sich danach sehnt. Unser Verstand und unser Herz sind offen. Ihr Geister seid gerufen, uns ein Zeichen zu geben."

Darcy verspürte einen Luftzug im Nacken und schloss die Augen. Sie war ihre Angst nie richtig losgeworden. Josh, der mit seinen übersinnlichen Fähigkeiten bereits auf die Welt gekommen war, kannte keine Furcht. Aber für Darcy, für die sich irgendwann ganz unerwartet eine Tür ins Jenseits geöffnet hatte, war es immer noch eine beängstigende Erfahrung. Obwohl sie wusste, dass sie diese beunruhigenden Sinneswahrnehmungen zulassen musste, hatte sie jedes Mal das Gefühl, als presse eine eisige Hand ihr Herz zusammen, und es bedeutete stets eine Überwindung für sie, das zu tun, von dem sie wusste, dass sie es konnte.

Sprich mit mir, bat sie in Gedanken.

Als sie ein Klopfen hörte, riss sie die Augen wieder auf. Dann spürte sie eine Art Ruck, der durch alle Anwesenden ging, um sich am Ende in einer Person zu konzentrieren.

„Wir haben Verbindung!" sagte Elizabeth mit vor Aufregung vibrierender Stimme. „Bitte, klopf noch einmal, wenn du bei uns bist." Alle hielten den Atem an.

Es klopfte.

Darcy, die nicht daran glaubte, dass ein Geist geklopft hatte, schaute sich zweifelnd um. Matt wandte ebenfalls den Kopf.

Die Präsenz, die Darcy so nah gewesen war und kurz davor, sich zu erkennen zu geben, hatte sich wieder zurückgezogen.

„Bist du die Frau in Weiß?“ fragte Elizabeth.

Keine Antwort.

„Oder vielleicht ein Soldat?“

Es klopfte wieder.

Als Darcy Matts Blick begegnete, sah sie die Feindseligkeit in seinen Augen. Sie spürte Wut in sich aufsteigen. Offenbar hatte er sie in Verdacht, geklopft zu haben.

„Hast du in revolutionären Zeiten gelebt?“ fragte Elizabeth in einfühlsamem Ton.

Nichts. Matt starrte Darcy noch immer an.

„Vielleicht während des Bürgerkriegs?“ forschte Elizabeth behutsam.

Wieder ein Klopfen.

„Ja, ja!“ sagte Elizabeth mit geschlossenen Augen und konzentriert. „Wir glauben, deine Geschichte zu kennen. Du hast so hart für eine gerechte Sache gekämpft. Dafür bist du in diesem Haus gestorben. Aber du musst nicht mehr kämpfen. Der Krieg ist lange vorbei. Wir leben im Frieden. Es ist gut. Du kannst ruhen. Hast du mich gehört? Du kannst Frieden finden.“

Wieder ein Klopfen, erst zaghaft, dann mehrmals rasch hintereinander.

„Wir wollen aber nicht, dass unsere Geister weggehen! Wir wollen nur, dass sie glücklich sind“, sagte Penny flüsternd zu Elizabeth und schaute sie vorwurfsvoll an.

„Sie sind nur glücklich, wenn sie in Frieden ruhen", sagte Carter und schaute Penny mit einem seltsamen Lächeln an.

„Gott, wie aufregend das alles ist!" wisperte Mae.

„Psst!" sagte Elizabeth, dann stöhnte sie leise auf. „Jetzt ist die Verbindung abgerissen."

Irgendwo am Tisch schnaubte jemand höchst ungeduldig. Es war Matt.

„Bitte!" sagte Elizabeth. „Hauptmann, du bist doch ein Hauptmann, oder?" fragte sie den Geist.

Keine Reaktion.

„Sag es uns. Wir sind deinetwegen hier", fuhr Elizabeth fort.

Wieder klopfte es.

„Ja, du bist ein Hauptmann. Ein wahrer Gentleman, der immer noch für seine Ziele kämpft!"

Plötzlich ertönte ein spitzer Schrei. Der Tisch ruckte.

Den Schrei hatte Delilah ausgestoßen. „Irgendetwas hat mich am Oberschenkel berührt."

„Das würde sich ein Hauptmann nie erlauben", bemerkte Clint trocken.

Der Tisch bewegte sich wieder.

Fluchend sprang Matt auf. „Es reicht. David, kannst du bitte das Licht anmachen?" rief er.

Als es hell wurde, wanderte sein Blick zornig von einem zum anderen. „Wer von euch hat Delilah angefasst?"

„Matt, wir hatten eine Verbindung, eine richtige Verbindung", rief Elizabeth bestürzt.

„Oh, bitte!" gab Matt ungehalten zurück.

„Mit einem Geist, der sich offenbar nicht beherrschen konnte", mutmaßte Carter belustigt.

Matt starrte ihn finster an. „Ich wars nicht!“ protestierte Carter.

„Niemals!“ verwahrte sich auch Clint.

„Ich sage Ihnen, wir hatten Verbindung mit einem Soldaten aus dem Bürgerkrieg“, beharrte Elizabeth.

Delilah erschauerte. „Glauben Sie wirklich, dass da ein … Hauptmann aus dem Bürgerkrieg hier mit uns in diesem Raum war?“

„Unter uns befindet sich immerhin eine Expertin. Wir sollten sie um ihre Meinung fragen“, sagte David und richtete seine immer noch laufende Kamera auf Darcy. „Was denken Sie?“

Die zuckte mit den Schultern und schwieg einen Moment, bevor sie ausweichend erwiderte: „Ich fürchte, so schnell konnte ich mir keine Meinung bilden.“

Jason lächelte sie an. „Aber was ist Ihr erster Eindruck? Was fühlen oder ahnen Sie? Spukt es in Melody House tatsächlich?“

„Das Haus hat eine aufregende Geschichte“, gab Darcy absichtlich vage zurück. „Man bekommt hier beinahe automatisch ein Gefühl für die Vergangenheit. Vielleicht ist es allein das.“

Clint lachte. „He, um Ausreden sind Sie aber auch wirklich nicht verlegen, das muss man Ihnen lassen.“

„Ich war so aufgeregt“, meldete sich Elizabeth wieder zu Wort. „Und ich weiß ganz genau, dass ich Verbindung bekommen habe. Aber wir werden die Sitzung wiederholen. Wir haben gerade erst begonnen. Allerdings glaube ich nicht, dass es gut wäre, wenn wir es heute Abend noch mal versuchen würden. Ich meine … also, ich finde, wir sollten ein bisschen Zeit verstreichen lassen. Matt …“

„Elizabeth, seien Sie mir nicht böse, aber ich möchte nicht, dass hier noch weitere derartige Treffen stattfinden. Es tut mir wirklich Leid, aber ich glaube nicht an diesen Zauber."

„Matt, Sie sind wirklich ein Zyniker!" protestierte Penny.

„Oje, oje", sagte Delilah, und um ihre Mundwinkel zuckte ein Lächeln, während sie die Männer im Raum musterte.

„Er verdächtigt entweder dich oder mich", sagte Carter zu Clint.

„Du sagst es", gab Matt verärgert zurück.

Darcy hielt es nicht länger aus und entschuldigte sich damit, dass sie kurz frische Luft schnappen wolle.

„Ich hole eine kleine Stärkung", sagte Penny.

„Ah, endlich etwas zu trinken!" bemerkte Carter hocherfreut.

„Warten Sie, ich helfe Ihnen", bot Mae Penny eifrig an. „Gott, wie aufregend das alles ist! Ich bin mir sicher, dass Elizabeth Verbindung bekommen hat. Haben Sie es nicht gespürt? Da war plötzlich so ein kalter Luftzug. Da war jemand bei uns. Etwas. Ganz bestimmt. Und, Matt, du musst es wieder erlauben. Du musst einfach. Du *musst!*"

Darcy hörte Maes letzte Worte noch, als sie das Foyer betrat und das Haus verließ. Sie verspürte leichte Gewissensbisse, weil sie Penny keine Hilfe angeboten hatte, aber sie sehnte sich nach frischer Luft.

Was für eine herrliche Nacht! Die Berge waren ganz nah, und am samtschwarzen Nachthimmel glitzerten Abermillionen Sterne. Darcy lehnte sich für einen Moment gegen die Verandabrüstung und sog die mit Blumenduft angereicherte Luft tief in die Lungen.

Gleich darauf setzte sie sich in einen der Schaukelstühle und genoss es, den weichen Wind auf ihrer Haut zu spüren, wobei sie überlegte, wer oder was da wohl geklopft haben mochte.

Nur wenig später wurde sie aus ihren Gedanken gerissen, weil sie etwas neben sich fühlte. Etwas höchst Lebendiges allerdings, das einen schwachen Duft nach After Shave verströmte.

Als sie die Augen aufmachte, sah sie, dass sich Matt in den Stuhl neben sie gesetzt hatte und sie schweigend musterte.

Sie wandte sich ab, schaute in die Nacht hinaus und beantwortete dann seine unausgesprochene Frage: „Nein, ich glaube nicht, dass es ein Geist war, der geklopft hat."

Um seine Mundwinkel zuckte ein zerknirschtes Lächeln.

„Das beruhigt mich! Wenn Sie etwas anderes gesagt hätten, hätte ich nämlich jedes Vertrauen in Sie verloren."

„Ach ja? Ich wusste gar nicht, dass Sie überhaupt Vertrauen zu mir haben."

„Es gibt noch mehr, was Sie nicht wissen."

„Ich habe die Erfahrung gemacht, dass die meisten Leute nicht an Übersinnliches glauben", sagte Darcy. „Gleichzeitig aber haben sie den Verdacht, dass es zwischen unserer Welt und der Welt der Toten vielleicht doch irgendwie geartete Bande geben könnte."

Er schaukelte eine Weile schweigend und sagte dann immer noch tief in Gedanken: „In unserer Familie gibt es eine lange militärische Tradition. Ich bin gleich nach der Schule auf die Militärakademie gegangen und war anschließend mehrere Jahre in der Armee. Die Toten, die ich damals sah, haben sich unauslöschlich in mein Gedächtnis gegraben. Nach dem Militärdienst habe ich zuerst als Polizist im Großraum Washington gearbeitet, und obwohl die meisten Leute davon ausgehen, dass sich dort nur Politkrimis abspielen, gibt es viele Verbrecher, die wissen, wie man tötet, das können Sie mir glauben. Der Tod ist meistens hässlich und setzt unweigerlich einen Schlusspunkt. Ich kenne den Tod gut. Wer also könnte ein besseres Bindeglied zur Vergangenheit sein als ich?"

Darcy lachte. „Nicht, wenn es in Ihrem Kopf nicht einmal einen winzigen Spalt gibt, der es den Toten erlaubt, mit Ihnen Kontakt aufzunehmen."

Matt schaukelte einen Augenblick schweigend weiter, dann schaute er sie mit diesem Lächeln an, bei dem ihr unweigerlich ganz heiß wurde, auch wenn sie es nicht zugeben wollte.

„Nach dem Tod meines Vaters habe ich mir sehnlichst gewünscht, wenigstens noch ein einziges Mal mit ihm sprechen zu können. Ich hätte alles dafür gegeben – ich wäre sogar zu ihm in den Sarg gekrabbelt, so sehr liebte ich ihn. Als mein Großvater starb, fühlte ich genauso, nur dass ich damals schon älter war und es leichter hinnehmen konnte, dass sein Leben, ein gutes Leben, an seinem Ende angelangt war."

Die Gefühle, die in seinen Worten mitschwangen, rührten Darcy. Matt schien das zu merken und wechselte das Thema: „Das waren doch nicht etwa Sie, die da geklopft hat, oder?"

Automatisch versteifte sich Darcy: „Natürlich nicht! Aber soll ich Ihnen mal was sagen: Ich glaube, Sie haben etwas gegen Frauen. Bei Ihren Ausführungen eben zum Beispiel haben Sie mit keinem Wort Ihre Mutter erwähnt."

In diesen so seltsam grauen Augen glomm ein gefährlicher Funke auf. „Oh, ich habe absolut nichts gegen Frauen, Darcy. Die Aufrichtigen sind mir sehr sympathisch ... Und meine Mutter habe ich nicht erwähnt, weil ich bei ihrem Tod erst ein paar Monate alt war und von daher kaum Zeit hatte, sie kennen zu lernen."

Darcy wandte sich wieder ab und schaute in die Nacht hinaus. „Das tut mir Leid."

„Und Sie?"

Sie warf ihm einen amüsierten Blick zu. „Ich habe absolut nichts gegen Frauen."

„Nein, ich meine, wie haben Sie Ihre übersinnlichen Fähigkeiten entdeckt?"

„Ach das", murmelte sie.

„Na?"

„Nun, ich hatte zusammen mit einem sehr guten Freund einen Autounfall. Er kam dabei ums Leben."

„Und nach seinem Tod hat er mit Ihnen Verbindung aufgenommen?"

„So ähnlich." Sie machte sich wieder auf eine höhnische Bemerkung gefasst, stattdessen aber spürte sie überrascht, dass er seine Hand sanft auf ihre legte.

„Glauben Sie nicht, dass manche Menschen nur Geister sehen, weil sie sich so verzweifelt wünschen, wenigstens noch ein einziges Mal mit einem ganz bestimmten Menschen sprechen zu können?" fragte er leise.

„Manchmal schon."

„Aber bei Ihnen war das nicht der Fall?"

„Ich wünschte, es wäre so", erwiderte Darcy aufrichtig.

In seinen Augen blitzte fast so etwas wie Sympathie auf, und der Blick, mit dem er sie plötzlich betrachtete, ließ ihr das Herz bis zum Hals klopfen. Ihr fiel plötzlich auf, dass sie sich schon seit Jahren zu niemandem mehr so hingezogen gefühlt hatte. Vielleicht sogar noch nie. Dieser Mann hatte etwas an sich, das über seine außergewöhnliche Erscheinung und die Aura von Autorität und Sicherheit, die er ausstrahlte, weit hinausging. Etwas, das in ihr den Wunsch weckte, sich an ihn zu schmiegen, sein Gesicht zu streicheln und zu fühlen, wie die Wärme, die sich in ihr angesammelt hatte, explodierte und noch weit größere Gefühle auslöste. Sie hatte fast Angst davor, seine Stimme zu hören, weil sie ahnte, dass sie dann der Versuchung, sich weiter zu ihm hinüberzulehnen, nicht mehr widerstehen könnte.

Doch gerade als er etwas sagen wollte, flog die Haustür auf und Delilah kam, über das ganze Gesicht lächelnd und vor Charme sprühend, auf die Veranda gefegt.

„Wollen Sie nicht wieder reinkommen und uns noch ein bisschen Gesellschaft leisten? Penny ist wirklich unschlagbar, Matty! Sie glauben gar nicht, was für leckere Sachen sie vorbereitet hat."

Betreten sahen die beiden zu der jungen Frau auf. Darcy hatte Delilah auf Anhieb sympathisch gefunden. Jetzt aber verwünschte sie sie.

„Wir kommen." Delilah verschwand wieder im Haus, und Matt hielt Darcy die Hand hin. „Sie doch auch, oder?"

Darcy nahm seine Hand und stand auf. Als ihre Finger sich berührten, war ihr, als hätte sie einen Stromschlag bekommen. Sie fragte sich, ob er dasselbe gefühlt hatte.

„Matty?" fragte sie beiläufig mit hochgezogener Augenbraue.

„So was passiert eben, wenn man in einer Kleinstadt lebt und die Leute zu lange und zu gut kennt."

„Aha", murmelte sie, obwohl sie am liebsten hinzugefügt hätte: *Wie gut?*

Aber sie verkniff es sich und ging wieder mit ihm ins Haus.

Penny hatte sich wirklich mächtig ins Zeug gelegt. Es gab Tee, Kaffee, Mixgetränke, Chips mit verschiedenen leckeren Dips, Buffalo Wings, Pecan Pie nach Südstaatenart und viele andere köstliche Häppchen, die sie, wie Darcy wusste, im Lauf des Tages vorbereitet hatte.

Darcy hatte absolut keinen Hunger, nahm aber Penny zum Gefallen ein Stück selbst gebackenen Kuchen und einen Irish Coffee – coffeinfreien, wie ihr Penny versicherte, der sie nicht die ganze Nacht wach halten würde. Clint und Carter alberten herum und beschuldigten sich gegenseitig, geklopft zu haben. Delilah machte ihnen schöne Augen, und Mae bedankte sich bei Matt wortreich für die Einladung, wobei sie geschickt einfließen ließ, dass sie sich freuen würde, bei der nächsten Séance wieder dabei sein zu dürfen. Liz schimpfte mit den Jungs, weil sie sich über eine derart ernste Angelegenheit lustig machten. Penny gab die perfekte Gastgeberin, und David Jenner hielt einen Vortrag über die Qualität von Videobändern.

Schließlich machten sie sich daran, den Tisch abzuräumen. Darcy spülte die benutzten Teller unter fließendem Wasser ab und stellte sie in die Maschine. Clint und Carter gaben vor, ihr zu helfen, während sie in Wahrheit nur mit ihr zu flirten versuchten. Darcy mochte die beiden irgendwie, obwohl sie bei dem bärtigen Carter stets das seltsame Gefühl beschlich, einen Wiedergänger von Jeb Stuart vor sich zu haben. Seltsam überdreht und gleichzeitig erschöpft überließ sie die beiden bei der erstbesten Gelegenheit sich selbst, wünschte allen eine gute Nacht und beeilte sich, in ihr Zimmer zu kommen.

Sie zog sich aus und fiel fast sofort in einen tiefen traumlosen Schlaf.

Aus dem sie aufschrak, als plötzlich ein stummer Schrei in ihr Unterbewusstsein drang. Erschrocken fuhr Darcy hoch und schaute sich um.

Und da war sie, eine Frau in einem bodenlangen, silbrigweiß schimmernden Negligee. Sie stand an der Tür, mit einer Hand an der Kehle, der dieser Schrei entfahren war.

Darcy sah in dem diffusen Licht, wie die Frau sich verzweifelt abmühte, den Riegel vor die Tür zu schieben, es aber nicht schaffte, weil jemand von außen dagegen drückte. Daraufhin raste die weiße Gestalt zum Bett, und als sich ihre Blicke für einen Moment begegneten, erkannte Darcy die flehentliche Bitte in den Augen der Frau. *Hilf mir!* riefen sie.

Hier war ein Mensch, der versuchte, dem Tod zu entrinnen. Kaum eine Sekunde später flog die Schlafzimmertür auf. Darcy sah eine große schwarze Gestalt den Raum betreten. Sie ging auf die Frau zu, und eine Sekunde später blitzte eine Messerklinge auf, so klar und deutlich, als ob sie vom Strahl einer Taschenlampe erfasst worden wäre.

Wieder ertönte der Schrei … grauenhafter noch als zuvor.

Das Messer …

Die Klinge näherte sich Darcy gefährlich.

Sie war nicht leicht zu erschrecken. Immerhin war sie daran gewöhnt, mit den Toten in Verbindung zu treten. Doch in dieser Nacht …

Das Böse war fast mit Händen zu greifen, die Gefahr schien so real. Das Messer … bedrohte sie, das spürte sie genau.

Darcy ermahnte sich zur Ruhe. Sie hatte lediglich ein Bild aus der Vergangenheit vor sich. In Wirklichkeit war da kein Messer, das eine schattenhafte Gestalt gegen sie richtete. Was sie sah, war nur eine Episode, die sich in längst vergangenen Zeiten abgespielt hatte.

Aber das Messer kam eindeutig weiter auf sie zu, glitzernd und … tropfend.

Es tropfte von Blut.

Von ihrer Angst übermannt sprang Darcy aus dem Bett, und jetzt war sie selbst diejenige, die schrie. Das Bild verblasste nicht. Was sie vor sich hatte, war keine unerlöste Seele, sondern das nackte Böse. Todesangst, älter und elementarer als jede andere menschliche Emotion, erfasste sie, und wie von wilden Furien gehetzt rannte sie an der Erscheinung vorbei auf den Flur.

Als sie den ersten Treppenabsatz erreicht hatte, hörte sie hinter sich jemanden ihren Namen rufen. Ruckartig blieb Darcy stehen. Langsam begann ihr Verstand wieder zu arbeiten.

Und dann hätte sie sich am liebsten selbst einen Tritt gegeben.

Matt Stone kam in offenem Bademantel und Boxershorts hinter ihr die Treppe hinuntergestürmt und rief nach ihr.

Unten wurde sie bereits von Penny im Schlafanzug und mit zerzausten Haaren erwartet.

Auch Carter und Clint ließen nicht lange auf sich warten.

Für Darcy hatte die Tatsache, dass sich alle so plötzlich am Fuß der Treppe versammelten, etwas Unheimliches. Sie empfand es fast so bizarr wie ihren Traum – oder die Wirklichkeit, die sie soeben erlebt hatte. Aus allen Himmelsrichtungen strömten sie in das Foyer, erschrocken zunächst, und als sie merkten, dass ihr nichts fehlte, erstaunt oder verärgert.

Matt Stone musterte sie mit einem harten, argwöhnischen Blick.

„Haben die Geister Sie aus dem Zimmer gescheucht?" fragte er mit einem leicht verächtlichen Unterton in der Stimme. „Dabei dachte ich, dass *Sie* die Geister jagen und nicht umgekehrt."

Sie schaute Matt an. „Es tut mir Leid. Ich muss einen Albtraum gehabt haben."

„Aha, ich hätte nicht gedacht, dass Albträume schlimmer sein können als Gespenster“, brummte Matt.

„Sie haben die Frau in Weiß gesehen“, sagte Penny.

„Nein“, sagte Darcy entschieden. „Ich habe wirklich nur schlecht geträumt. Ich gehe jetzt wohl besser zurück in mein Zimmer.“

Doch Matt schien sie nicht zu hören. Er eilte den Flur zurück und stieß die nur angelehnte Tür des Lee-Zimmers auf. Mit Carter und Clint im Schlepptau betrat er den Raum. Finster entschlossen riss Matt die Schranktür auf und fegte die Bügel mit Darcys Kleidungsstücken rücksichtslos beiseite, ohne zu wissen, wonach er suchte. Als er nichts fand, schaute er unters Bett, dann ging er zur Balkontür und riss sie ebenfalls auf. Er trat auf den Balkon, spähte in die Nacht und kam wenig später mit über der Brust verschränkten Armen ins Zimmer zurück. Grimmig sah er Darcy an.

„Was genau haben Sie gesehen?“

„Nichts“, log sie. „Ich hatte nur einen Traum, das ist alles. Es tut mir Leid, wirklich. Es tut mir wirklich schrecklich Leid.“

„Ich glaube nicht, dass Sie weiter in diesem Zimmer schlafen sollten.“

Sie spürte, dass ihre Angst zurückkehrte, aber sie gab ihr nicht nach.

„Das muss ich aber.“

„Warum? Sie können Ihrer Arbeit auch tagsüber hier nachgehen.“

Darcy schüttelte den Kopf. „Hören Sie, ich sage es noch einmal, es tut mir wirklich sehr Leid. Es wird nicht wieder vorkommen, das verspreche ich.“

„Ich bestehe aber darauf, dass Sie umziehen“, beharrte Matt.

„Hören Sie, ich bin aus einem Albtraum aufgeschreckt, das ist alles. Und für meine Nachforschungen ist es unerlässlich, dass ich hier bleibe. Lassen Sie es mich wenigstens noch einmal versuchen“, bat Darcy, die aus Erfahrung wusste, dass sie die Angst, die sie befallen hatte, überwinden konnte. Ein zweites Mal würde sie garantiert nicht panisch aus dem Lee-Zimmer flüchten.

„Hör zu, Matt“, versuchte Carter die Wogen zu glätten, „deine Sturheit ist ja allgemein bekannt, aber Miss Tremayne steht dir in diesem Punkt offenbar in nichts nach. Deshalb schlage ich vor, du lässt sie jetzt einfach wieder ins Bett gehen, damit wir alle weiterschlafen können. Du glaubst doch sowieso nicht an Geister.“

„Ich glaube zwar nicht an Geister, aber ich glaube daran, dass es Menschen gibt, die Böses tun“, sagte Matt, ohne Darcy aus den Augen zu lassen.

„Sie schlafen doch praktisch nebenan“, wandte sie ruhig ein.

„Ich will aber nicht, dass Ihnen irgendetwas zustößt! Das hätte mir nämlich gerade noch gefehlt“, brummte er unwirsch.

„Weil es schlecht für Ihren Ruf wäre?“ fragte sie in beißendem Ton und fügte hinzu: „Hören Sie, ich verspreche Ihnen, nicht ein weiteres Gespenst von Melody House zu werden. Im Übrigen darf ich Sie vielleicht daran erinnern, dass ich ein erwachsener Mensch bin.“

Einen Augenblick sah Matt sie scharf an, dann warf er die Hände in die Luft und wandte sich ab. Clint grinste und hob den Daumen. Carter zwinkerte ihm zu. Nur Penny wirkte noch immer besorgt.

„Sind Sie sicher, dass Sie allein zurechtkommen?“ fragte sie leise.

„Absolut“, versicherte Darcy.

„Sie brauchen sich wirklich keine Sorgen zu machen, Ma'am“,

sagte Clint in scherzhaftem Ton zu Darcy. „Sie haben es hier mit drei äußerst charmanten und heldenhaften Südstaatengentlemen zu tun, die bereit sind, Sie jederzeit aus der Gefahr zu retten. Wir würden uns glücklich schätzen, einen Geist, der Sie bedrängt, in die Flucht schlagen zu dürfen."

Penny stöhnte laut auf. „Marsch ins Bett, ihr zwei. Hoffen wir bloß, dass nicht einer der Geister beschließt, einem von euch seine Aufwartung zu machen. Dann würde euch euer respektloses Gerede nämlich bald Leid tun!"

„Schon gut, schon gut, wir verschwinden ja schon", sagte Clint begütigend und fuhr an Darcy gewandt fort: „Im Ernst: Schreien Sie einfach laut, wenn Matt nicht schnell genug zur Stelle ist."

„Gute Nacht", sagte Darcy mit einem Lächeln für Penny und einem nicht besonders freundlichen Blick für Matt, nachdem die beiden Männer gegangen waren. „Es tut mir wirklich Leid. Es wird nicht wieder vorkommen."

Matt nickte nur und war gleich darauf in seinem Zimmer verschwunden.

Penny blieb noch einen Moment stehen. In einem Ton, der keinen Widerspruch zuließ, sagte sie: „Selbstverständlich sind sie da, ich weiß es genau."

Darcy lächelte. „Wir müssen nur herausfinden, was sie wollen." Sie zögerte. „Wenn Geister aggressiv werden, versuchen sie uns damit etwas zu sagen."

Penny erschauerte. „Es wird schlimmer werden", sagte sie nachdenklich und schaute dabei verunsichert auf Matts geschlossene Tür. „Vielleicht hat er ja doch Recht. Vielleicht sollten Sie wirklich woanders schlafen und Ihre Nachforschungen nur tagsüber im Lee-Zimmer anstellen."

„Penny, das ist mein Beruf!“ erinnerte Darcy sie. „So etwas mache ich jeden Tag. Das lag nur an … an der Eindringlichkeit meines Traums. Aber es ist okay. Wirklich.“

Penny wirkte noch immer nicht überzeugt, wünschte Darcy aber dennoch eine gute Nacht und ging.

Darcy schloss die Tür hinter sich und lehnte sich dagegen. Die Temperatur im Zimmer schien sich normalisiert zu haben; die Luft war klar wie an einem Morgen in den Bergen. Darcy war überzeugt, dass sie für heute ihre Ruhe haben würde. Nun, nachdem sie ihre Angst überwunden hatte, ging es ihr besser. Sie fühlte sich stärker als vorher, gewappneter. Und noch entschlossener.

Melody House barg viele Geheimnisse. Offensichtlich aber war, dass die Frau in Weiß eines gewaltsamen Todes gestorben und ihr Mörder nie zur Rechenschaft gezogen worden war.

Darcy fuhr sich mit kaltem Wasser über das Gesicht, schaute sich noch einmal um und legte sich dann wieder ins Bett.

Wenig später jedoch schrak sie ein weiteres Mal aus dem Schlaf hoch.

Sie *erfühlte* das Zimmer, konnte aber nichts erkennen. Und dennoch, irgendetwas hatte sie geweckt.

Sie stand auf. Reglos verharrte Darcy neben dem Bett und versuchte, die Dunkelheit mit Blicken zu durchdringen. Da war nichts, nur Stille.

Sie ging zu den geöffneten Balkontüren und strich im Vorbeigehen mit der flachen Hand über die Vorhänge. In dem Moment, in dem sie auf den Balkon hinaustrat, kam ein Windstoß und wehte ihr die Vorhänge ins Gesicht. Gleichzeitig spürte sie, wie sich starke Arme um sie legten und eisern festhielten.

5. KAPITEL

Carter musterte Clint argwöhnisch, als sie die Treppe zu ihren Apartments über den Stallungen hinaufstiegen.

„Warum hast du das gemacht?“ fragte er.

Clint schaute ihn überrascht an. „Was?“

„Warum hast du geklopft?“

„Das war ich nicht. Ich dachte, du seist es gewesen.“

„Himmel, nein.“

„Na, dann war es ja vielleicht doch ein Geist“, sagte Clint beiläufig.

„Ach, fängst du jetzt auch schon so an?“ fragte Carter spöttisch.

Clint schwieg einen Moment und meinte dann nachdenklich: „Penny.“

„Was ist mit Penny?“ fragte Carter.

„Sie könnte es gewesen sein. Weil sie unbedingt beweisen will, dass es in Melody House Geister gibt.“

„Ja, schon, aber kannst du dir wirklich vorstellen, dass Penny heimlich klopft?“

„Warum nicht?“ fragte Clint mit einem Schulterzucken.

„Und dann wäre da noch Elizabeth – das Medium“, fügte er mit einem Auflachen hinzu. „Sie muss sich selbst beweisen – vor allem in Gegenwart einer echten Geisterjägerin.“

„Hm“, überlegte Carter. „Und wie findest du es, dass unsere Geisterjägerin mitten in der Nacht genau so panisch aus ihrem Zimmer läuft wie die junge Braut?“

Clint grinste breit. „Bloß schade, dass sie im Gegensatz zu der errötenden Braut etwas anhatte.“

„Pass gut auf, was du sagst, Junge", scherzte Carter, der diese Vorstellung nicht weniger anregend fand. Dann fuhr er fort: „Ich wundere mich einfach. Darcy Tremayne ist weder ängstlich noch hysterisch, und ich frage mich, was sie derart in Panik versetzt haben könnte, dass sie so reagiert. Irgendwie werde ich das Gefühl nicht los, dass hier etwas nicht stimmt. Vielleicht hat Matt Recht, und irgendjemand veranstaltet da im Lee-Zimmer einen Hokuspokus. Dann würde ich aber wirklich verdammt gern wissen, wer das ist."

„Blödsinn, das ist alles nur Einbildung", tat Clint die Sache ab und grinste. „Wir hatten doch beide schon viel Spaß in dem Zimmer, oder etwa nicht? Und Matt genauso. Himmel, ich habe dort einige meiner besten Nächte verbracht. Frauen fliegen auf so unheimliches Zeug. Aber bei mir hat sich nie ein Geist blicken lassen. Bei dir etwa?"

„Kein einziger", beteuerte Carter.

„Na schön, dann vergiss es."

„Sicher, aber irgendjemand veranstaltet hier doch seinen faulen Zauber. Nur, wenn du es nicht bist und ich auch nicht ... wer könnte es dann sein? Und warum tut er es?" fragte Carter.

„Keine Ahnung", erwiderte Clint zögernd. „Aber interessieren würde es mich schon."

Wenn sie einen Gast im Haus hatten, logierte Penny, die normalerweise ebenfalls ein Apartment über den Stallungen bewohnte, meistens im Stuart-Zimmer, das links um die Ecke nur zwei Türen vom Lee-Zimmer entfernt lag.

Sie hätte ins Bett gehen sollen, aber ihr fehlte nach den Ereignissen die Ruhe dazu. Ihre Gedanken drifteten zu Matt. Was musste eigentlich noch alles passieren, bis ihm klar wurde, dass dieses Haus außergewöhnlich war? Oh, natürlich, er liebte das Anwesen und wusste auch, dass es historisch bedeutsam war. Aber es war mehr. Einzigartig. Was um Himmels willen sollte sie bloß tun, um zu beweisen, dass sie Recht hatte?

„Ich bin hier! Ich höre zu!“ sagte sie laut. „Sprich mit mir, wer oder was du auch immer bist. Ich werde deine Geschichte weitererzählen.“

Wartend schaute sie sich um.

Aber der Geist hatte ihr offensichtlich nichts zu sagen.

„Mir macht es nichts aus, wenn du mich an den Haaren ziehst oder mich schlägst, aber die anderen solltest du besser in Ruhe lassen. Ich bin bereit, dir zu helfen.“

Noch immer regte sich nichts, und mit einem missbilligenden Schnauben ging nun auch Penny endlich schlafen.

Darcy wurde, eingehüllt in den voluminösen weißen Vorhang, von zwei bärenstarken Armen festgehalten, die unnachgiebig waren wie Schraubstöcke. Gepackt von instinktiver Angst, aber dennoch entschlossen, Widerstand zu leisten, öffnete sie den Mund, um zu schreien.

Doch der Laut blieb ihr im Hals stecken, weil eine vertraute Stimme an ihr Ohr drang. „Wer sind Sie, und was zum Teufel wollen Sie hier?“

Die Stimme, die tief und gefährlich leise war, fuhr ihr messerscharf durch Mark und Bein, bis Darcy sie erkannte und die Angst von ihr abfiel.

Sie verharrte einen Moment reglos, dann sagte sie: „Ich bin Ihr unerwünschter Gast und wollte gerade auf den Balkon gehen, als mir ein Windstoß den Vorhang ins Gesicht wehte. Und gleich darauf packte mich jemand äußerst unsanft."

Sie spürte, wie sich der Schraubstock langsam löste. Für einen Sekundenbruchteil genoss sie es, von Matts muskulösen Armen umfasst zu werden, genoss die Wärme, die sein Körper abstrahlte, das angenehme Gefühl, gehalten zu werden, das pulsierende Leben, seine Männlichkeit und Sexualität. Darcy geriet leicht ins Taumeln.

Dann gaben seine Arme sie frei.

Eilig versuchte sie, ihr Gleichgewicht wieder zu finden, während er sie aus dem Vorhang wickelte, in dem sie sich hoffnungslos verheddert hatte.

Mit geröteten Wangen und zerzaustem Haar sah sie ihn an. „Was machen Sie auf meinem Balkon?" fragte sie energisch.

Matt verschränkte die Arme vor der Brust. „Zum einen ist es *mein* Balkon, und zum anderen bin ich nicht herumgeschlichen. Aber ich gebe die Frage gern an Sie weiter: Was bitte treibt Sie mitten in der Nacht auf den Balkon?"

„Ich habe etwas gehört."

„Mich offensichtlich."

„Aha – und was hat Sie nach draußen getrieben?"

„Ich habe etwas gehört – offenbar Sie."

Sie schüttelte den Kopf. „Ich bin mir sicher, dass ich erst etwas hörte und dann auf den Balkon ging."

„Ich gestatte mir, anderer Meinung zu sein."

„Ich bitte Sie, das Ganze bekommt langsam etwas Lächerliches."

Er musterte sie mit hochgezogener Augenbraue, und aus seinem Gesichtsausdruck ließ sich schließen, dass für ihn allein die Situation, sie in seinem Haus zu haben, etwas Lächerliches hatte.

Sie atmete tief aus. „Hören Sie, Ihre Nacht war unruhig genug … Da außer uns beiden niemand hier draußen ist, finde ich, dass wir jetzt beide wieder beruhigt ins Bett gehen können."

„Sie sollten Ihre Balkontür künftig abschließen", sagte Matt trocken.

„Und warum, wenn ich fragen darf?"

„Weil Ihnen jemand offensichtlich einen Streich spielen will."

„Dann nehmen Sie also an, die Gefahr kommt von außerhalb?"

„Von wo sonst?"

„Warum weigern Sie sich so bloß so hartnäckig zu glauben, dass nicht alles auf der Welt rational erklärbar ist?" fragte sie leise.

„Ich weigere mich nur, an Gespenster zu glauben, sonst gar nichts."

„Falls sich in diesem Haus wirklich bedrohliche Dinge zutragen, dann kommen sie von *innen*", beharrte Darcy.

„Aber Sie wollen trotzdem weiter im Lee-Zimmer bleiben?"

Sie senkte den Kopf und betete um Geduld. „Warum haben Sie sich eigentlich bereit erklärt, uns in Ihr Haus zu lassen, wenn Sie so ein unverbesserlicher Skeptiker sind?"

„Weil ich Adam kenne. Und weil ich weiß, dass er jeden Hokuspokus, den jemand hier aufführt, aufdecken kann."

„Adam ist ebenfalls zutiefst davon überzeugt, dass es Phänomene gibt, die sich jeder rationalen Erklärung entziehen. Und er glaubt an mich", fügte sie hinzu.

Matt zuckte mit Schultern, dann ging er an ihr vorbei und betrat das Lee-Zimmer.

„Ich habe hier schon unzählige Nächte verbracht", brummte er. In seinen Worten schwang ein Ton mit, den sie nicht recht einordnen konnte. Dann drehte er sich um und sah ihr direkt in die Augen. „Wirklich sehr viele Nächte. Und doch habe ich nie etwas Ungewöhnliches bemerkt. Ich habe auch kein Flüstern in der Dunkelheit gehört. Oder kalte Luftzüge gespürt."

Sie presste die Lippen aufeinander. „Etwas Derartiges habe ich auch nie behauptet. Ich sagte doch, ich habe schlecht geträumt."

„Richtig. Deshalb sind Sie schreiend die Treppe hinuntergerannt."

„Es war ein wirklich scheußlicher Albtraum."

Er machte einen Schritt auf sie zu, legte seine Hände auf ihre Schultern und schaute ihr tief in die Augen. Die körperliche Nähe elektrisierte Darcy. Sie roch seinen männlichen Duft, und die schlichte Berührung wirkte wie eine Liebkosung. Darcy versuchte sich einzureden, dass sie schon zu lange keinem so vitalen, faszinierenden Mann mehr begegnet war und ihre Sinne sich deswegen schärften, aber ganz gelang es ihr nicht. Sie neigte normalerweise nicht zu solchen Reaktionen, und das wusste sie.

„Darcy, auch ich glaube, dass hier etwas Ungutes vor sich geht. Aber etwas sehr Reales. Und ich will nicht, dass Ihnen etwas zustößt."

Seine Worte klangen aufrichtig. Die unterschwellige Feindseligkeit war vollständig aus seinem Ton verschwunden, und Darcy betete fast, sie möge wiederkommen. Sie brauchte sie: Sie stand in einem durchscheinenden Nachthemd fast auf Tuchfühlung mit einem atemberaubenden Mann, der außer einem offenen Bademantel und Boxershorts nichts am Leib trug in ihrem Schlafzimmer. Wenn sie nur einen winzigen Schritt näher an ihn heranginge, würde sie erfahren, ob sie auf ihn dieselbe Wirkung hatte wie er auf sie.

„Ich … mir passiert schon nichts“, versicherte sie ihm mit belegter Stimme.

Schweigend sah er sie an. Er hatte ganz offenbar nicht die Absicht, sie loszulassen. Im Gegenteil wirkte auch Matt versucht, diesen winzigen Schritt auf sie zu zu machen. Natürlich könnte sie ausweichen, aber sie würde es nicht tun. Und dann würde sie spüren, wie sie von seinen starken Armen zärtlich umfangen und an seinen Körper gepresst wurde. Seine Handflächen würden sich an ihr Gesicht legen, Fingerspitzen ihre Wange streicheln. Verschmelzen würde sie mit ihm, eins werden und …

Matt ließ sie los und wich einen Schritt zurück. „Ich bin nebenan. Schreien Sie einfach, wenn etwas ist.“

Darcy hatte den Eindruck, dass Matts Lächeln etwas unsicherer war als gewöhnlich.

„Ich meine es ernst, melden Sie sich, wenn Ihnen danach ist.“ Sanft strich er ihr mit seinem Handrücken über das Gesicht, worauf Darcy automatisch die Augen schloss.

Und gleich darauf war er weg.

Der folgende Tag hätte nicht schlimmer werden können. Ohnehin müde, ereilte Matt gleich als Erstes ein Notruf aus einer der drei Mittelschulen des Landkreises. Ein Junge hatte seine Mitschüler mit einer Spritzpistole bedroht und leider nicht begriffen, dass das heutzutage kein Mensch mehr lustig fand. Noch vor dem Mittagessen musste sich Matt mit dem Schulpsychologen, dem Rektor, den Eltern des Jungen und diesem selbst auseinander setzen, bevor er zu einer Tankstelle auf dem Highway gerufen wurde, die überfallen worden war. Zum Glück konnten er und seine Leute den Täter überwältigen, ohne dass jemand verletzt wurde, aber an einem Tag wie diesem fragte sich Matt, warum er ausgerechnet diesen Beruf ergriffen hatte.

Sicher, er war in Stoneyville ebenso fest verwurzelt wie die uralten Eichen im Wald, und er fühlte sich seinen Mitmenschen gegenüber verantwortlich. Vielleicht war es so etwas wie seine Bestimmung, denn er kam mit aufmüpfigen Jugendlichen ebenso zurecht wie mit pistolenschwingenden Desperados.

Das Einzige, womit er nicht zurechtkam, waren die Dinge, die er nicht sehen, berühren, hören oder in einem Zweikampf niederringen konnte. Was bedeutete, dass ihn die Ereignisse der vergangenen Nacht mehr beunruhigten, als ihm lieb war.

Ebenso wie Darcy Tremayne.

Normalerweise strahlte sie eine fast königliche Gelassenheit aus, aber nach ihrer Flucht aus dem Lee-Zimmer war sie außer sich gewesen, auch wenn sie ihre Angst schnell wieder unter Kontrolle bekommen hatte. Letzte Nacht war ihm klar geworden, dass er sie nicht hier haben wollte. Er wollte, dass sie weit weg war, wo ihr nichts zustoßen konnte. Obwohl ihm ihre Entschlossenheit, ihren Auftrag zu Ende zu bringen, durchaus imponierte. Himmel, er bekam schließlich auch jedes Mal einen Schreck, wenn er in eine Pistolenmündung schaute, was ihn jedoch nicht daran hinderte, seine Pflicht zu tun.

Matt glaubte nicht an Geister. Aber das war im Moment unerheblich. Darcy hatte Todesangst verspürt. Das hatte er in ihren Augen gesehen. Und dafür musste es einen Grund geben. Die Séance konnte man noch als Kinderkram abtun, doch was den Rest betraf …

Genauso Kinderkram. Es musste einfach Kinderkram sein. Und wer an Geister glaubte, war imstande, sie allein durch die Kraft der Fantasie heraufzubeschwören. Bei Penny und der in Panik geflohenen Braut kann es so gewesen sein, überlegte Matt, aber was war mit Clara? Sie war eine bodenständige, realistische Frau.

Wie er es auch drehte und wendete, irgendetwas an der Sache gefiel ihm nicht. Womöglich war Clara tatsächlich gegen eine Tür gelaufen oder hatte sich sonst irgendwo gestoßen. Trotzdem konnte er nicht aufhören zu rätseln, ob am Ende doch irgendjemand seine Spielchen in dem Haus spielte. Er hatte das Lee-Zimmer mehrmals durchsucht, aber nie etwas gefunden. Keine Mikrofone, keine Kabel, gar nichts.

Als er merkte, dass er mit einem Stift in der Hand auf das vor ihm liegende Formular starrte, gab er sich einen Ruck und versuchte sich wieder auf seine Arbeit zu konzentrieren. Dieser unsägliche Papierkram war der wahre Grund dafür, warum der Polizei so viele gute Leute davonliefen.

Er zwang sich, das Formular zu Ende auszufüllen, dann beschloss er, Feierabend zu machen. Es war mittlerweile schon nach sechs, und er war seit fast zwölf Stunden im Dienst.

Bei diesem Gedanken spürte er eine leichte Unruhe in sich aufsteigen. Ja, es wurde Zeit, dass er nach Hause kam. Er war schon viel zu lange unterwegs.

Obwohl Stoneyville eine Kleinstadt war, hatte es eine der schönsten und beeindruckendsten öffentlichen Bibliotheken, die Darcy je gesehen hatte.

Mrs. O'Hara, die zart und klein war wie ein Vögelchen und

ebenso munter zwitscherte, liebte all die Bücher ganz offensichtlich, und ebenso offensichtlich machte es ihr Spaß, eine Atmosphäre zu schaffen, in der sich die Bibliotheksbesucher an ihnen erfreuen konnten. Auf den Lesetischen standen hübsche Zierpflanzen, und die einladenden Polstersessel hatte Mrs. O'Hara auf verschiedenen Sonderverkaufsaktionen erstanden, wie sie Darcy stolz erzählte, als sie ihr die Bücher zur Geschichte des Ortes auf den Tisch legte.

Darcy war überrascht, wie viele Chronisten sich die Mühe gemacht hatten, das, was ihnen interessant schien, aufzuzeichnen. Bei ihrer Recherche stieß sie auch auf einen Eintrag aus dem Jahr 1870, in dem von den Clayton-Schwestern berichtet wurde, die in den gleichen Mann verliebt waren, eine Geschichte, die, wie sie von Matt bereits wusste, so tragisch endete.

„Nun, wie kommen Sie bei Ihren Nachforschungen voran, junge Dame?“

Darcy schrak zusammen. Sie hob den Kopf und sah Mrs. O'Hara neben sich stehen. „Ich wollte mir gerade einen Tee machen. Möchten Sie auch ein Tässchen?“

Darcy lächelte und warf einen Blick auf ihre Armbanduhr. Neben dem Buch über die Claytons hatte sie auch verschiedene über die Stones entdeckt, in denen sie gern noch ein bisschen geschmökert hätte, aber sie befürchtete, dass sie das im Moment nicht viel weiterbringen würde. Außerdem wollte sie heute noch einmal in den Wald.

„Vielen Dank für das Angebot, aber vielleicht könnten wir es ja auf morgen verschieben, Mrs. O'Hara“, lehnte Darcy freundlich ab und stellte das Buch, in dem sie gerade geblättert hatte, wieder ins Regal zurück.

Mrs. O'Hara versicherte Darcy, dass sie jederzeit herzlich willkommen wäre und versprach ihr nachzusehen, ob sie nicht noch mehr alte Bücher finden konnte, die für die Geschichte von Melody House von Bedeutung waren. „Aber ich warne Sie, die einzige Schwierigkeit, die sich bei Ihren Recherchen ergeben könnte, ist die, dass über Melody House nicht zu wenig, sondern zu viel geschrieben wurde. Ach, dabei fällt mir eine Freundin ein, mit der Sie sich unbedingt unterhalten sollten. Ihr Name ist Marcia Cuomo. Sie hat kurz nach dem Tod von Matts Großvater angefangen, in Melody House zu arbeiten. Aber damit war dann plötzlich Schluss. Sie kann Ihnen eine Geschichte erzählen, die Sie bestimmt interessieren wird."

„Ach ja?" fragte Darcy. Der Name Marcia Cuomo war ihr bis jetzt noch nicht untergekommen. „Ich würde mich gern mit ihr unterhalten. Vielleicht können Sie ihr ja meine Telefonnummer geben und sie bitten, mich anzurufen." Darcy schrieb ihre Nummer auf und fügte hinzu: „Ich würde mich sehr freuen, von ihr zu hören."

Nachdem sie die Bibliothek verlassen hatte, fuhr Darcy in dem kleinen Volvo, den sie sich von Penny geliehen hatte, nach Melody House zurück. Zwanzig Minuten später war sie bereits im Stall und sattelte Nellie.

Obwohl es heller Tag war, war es im Wald dämmrig, weil das Blätterdach kaum einen Sonnenstrahl durchließ. Darcy ritt wieder zu der Stelle, wo sie bei ihrem letzten Ausritt Rast gemacht hatte. Sie band Nellie unten am Fluss fest und setzte sich dann wieder auf den Baumstamm.

Darcy zog ihre Knie an die Brust, und wie immer war ihr nicht ganz wohl bei dem, was sie vorhatte. Dann schloss sie die Augen und konzentrierte sich darauf, die Vergangenheit zu spüren, die sie vorher schon ziemlich klar vor ihrem geistigen Auge gesehen hatte.

Zuerst senkte sich die Kälte auf den Wald nieder. Darcy spürte die Angst, aber sie wusste, dass sie sie überwinden konnte. „Josh!"

„Ich bin da."

Es war das leiseste Flüstern, das man sich nur vorstellen konnte.

Als sie die Augen wieder öffnete, war es im Wald noch dunkler. Und dann hörte sie die Stimme. Eine helle, lachende Mädchenstimme. Es ging um eine bevorstehende Hochzeit. „Ophelia, du bist so wundervoll. Ihr wart verlobt, aber ihr kanntet euch vorher ja nicht, und als wir beide uns dann kennen lernten … oh, Ophelia, es war einfach Liebe auf den ersten Blick. Aber warte es nur ab, wir werden für dich ganz bestimmt auch noch den Richtigen finden, das weiß ich einfach. Vielleicht nicht hier in dieser kleinen Stadt, aber du wirst mit Barry und mir reisen, und es wird herrlich werden."

Jetzt konnte sie die beiden Schwestern sehen. Zu Nellie am Fluss hatten sich zwei Geisterpferde gesellt. Das Tier hob den Kopf und schnaubte unruhig.

Beide Mädchen hatten dichtes langes braunes Haar und trugen schlichte Baumwollkleider mit Petticoats und Reitstiefel.

Amy stieg zuerst vom Pferd.

„Ja, es wird bestimmt herrlich werden", stimmte Ophelia ihr zu, bevor auch sie absaß.

„Warum wolltest du hier Rast machen?" fragte Amy, während sie sich hinkniete und ihre Hände zu einer Schale formte, um aus dem Fluss kaltes Wasser zu schöpfen.

„Ich möchte dir etwas zeigen. Es ist im Wasser. Du musst noch ein bisschen tiefer hineingehen."

„Aber ich werde ganz nass."

„Das macht nichts, es ist schließlich Sommer, Gänschen. Du wirst schon wieder trocknen."

Amy zögerte.

Darcy hätte am liebsten laut aufgeschrien, während sie zuschaute, wie die Vergangenheit an ihrem geistigen Auge vorüberzog. Sie wollte Amy warnen, ihr helfen. Aber sie saß wie in Trance da und schaute gebannt auf das, was passierte. Sie konnte ohnehin nichts ausrichten.

„Was ist denn da im Wasser?" fragte Amy.

„Das wirst du gleich sehen, geh einfach noch ein Stück weiter rein und knie dich hin."

Es war eine klassische Hinrichtung. Nachdem Amy sich mit dem Rücken zu Ophelia hingekniet hatte, zog die ältere Schwester blitzschnell die schwere Axt aus ihrer Satteltasche. Ihr erster Hieb betäubte Amy nur, die laut aufschrie und seitwärts ins Wasser fiel. Ophelia erkannte, dass sie noch einmal zuschlagen musste, also schwang sie die Axt erneut und hieb auf die Schwester ein. Die rasch aufeinanderfolgenden Schläge, die Fleisch, Muskeln, Sehnen und Knochen durchtrennten, hallten dumpf wie Trommelschläge in dem Wald wider.

Da konnte Darcy es nicht länger ertragen. Sie vergaß sich, sprang auf und rannte schreiend und von dem irrationalen Wunsch beseelt, dem grausigen Tun Einhalt zu bereiten, auf die Stelle zu.

Doch weder die sterbende Amy noch die zu allem entschlossene Ophelia nahmen auch nur die geringste Notiz von ihr.

Als Darcy bei den Schwestern angelangt war, verblasste das

Bild, und sie fiel im Wasser zitternd auf die Knie. Noch ganz benommen von den Grausamkeiten, die Ophelia ihrer eigenen Schwester angetan hatte, sah Darcy, wie sich keine zwanzig Meter von ihr entfernt die kopflose Amy ihren Weg durchs Unterholz bahnte.

Darcy erhob sich langsam und folgte ihr.

Als Matt zu Hause ankam, stieß er bei den Stallungen als Erstes auf Clint und Carter, die sich lautstark darum stritten, wer Riley, einen großen Buckskin, reiten durfte.

„Wir haben noch mehr Pferde", erinnerte Matt die beiden.

„Ja, aber nur einen Gast mit wunderschönen roten Haaren", gab Clint zurück.

„Ist sie wieder ausgeritten?" fragte Matt.

„Ja, und ich finde, dass diesmal ich derjenige sein sollte, der ihr nachreitet." Carter strich sich seinen Bart glatt und grinste: „Ihr wisst schon, damit sie ein Gefühl dafür bekommt, wie charmant der raue Süden sein kann."

Ohne sich weiter um die beiden zu kümmern, griff Matt nach Rileys Zügeln und schwang sich kurz entschlossen in den Sattel. Dann schaute er auf die beiden Streithähne hinunter und sagte in einem Ton, der keinen Widerspruch duldete: „Ich reite. Wir sehen uns beim Abendessen", sagte Matt, während er die Absätze in die Flanken des Pferdes drückte.

„He!" schrie Clint ihm nach.

Matt drehte sich noch einmal um. Einen kurzen Moment lang sah Clint aus wie der kleine Junge, der er einst gewesen war. Trotzig und irgendwie beleidigt.

Matt zügelte das Pferd und blieb stehen.

„Sie ist nichts für eine Nacht, Matt. Auch nicht für dich", sagte Clint.

„Falls du es vergessen haben solltest: Sie arbeitet für mich", gab Matt zurück.

„Tu doch nicht so! Als ob es zwischen euch nicht auf Anhieb gefunkt hätte."

Matt fühlte sich ertappt. Natürlich war ihm nicht entgangen, welch elektrisierende Wirkung Darcy auf ihn hatte. Aber er würde einen Teufel tun, gegenüber diesen beiden zuzugeben, dass er sich zu einer Frau hingezogen fühlte, die Geistern hinterher jagte.

„Sie ist nur hier, bis sie etwas findet … oder bis Adam kommt", sagte Matt ausweichend. Dann gab er Riley erneut die Sporen, ohne sich zu erkundigen, in welche Richtung sie geritten war, noch hielt er Ausschau nach Hufspuren auf dem Boden. Aber er ahnte ohnehin, wo er sie finden würde.

Auf dem Weg zu der Stelle, wo er Darcy beim letzten Mal getroffen hatte, überlegte Matt kurz, ob Clint oder Carter, beides unverbesserliche und für viele Frauen unwiderstehliche Schürzenjäger, wohl Chancen bei ihr hätten. Es war lange nicht vorgekommen, dass sie sich wegen einer Frau in die Haare bekommen hatten. Doch der Gedanke tat weh, und so schob er ihn umgehend zur Seite.

Als Matt den umgestürzten Baumstamm, auf dem Darcy gesessen hatte, erreicht hatte, sah er Nellie mit angstgeweiteten Augen zitternd im Wasser stehen. Von Darcy selbst keine Spur.

Eine Sekunde später hörte er ein Geräusch. Ein Ächzen. Es kam aus Richtung der alten Eichen. Er schaute hin, erst ein und dann ungläubig noch ein zweites Mal und stieg schließlich, ohne Darcy aus den Augen zu lassen, vom Pferd.

Sie kauerte auf allen vieren und buddelte mit bloßen Händen und einem Stein wie besessen in der Erde. Er ging auf sie zu, aber sie war zu vertieft, um ihn zu bemerken.

„Darcy?"

Ohne auf ihn zu reagieren, stieß sie einen triumphierenden Schrei aus und reckte gleich darauf im grauen Licht der Abenddämmerung einen Totenschädel in die Höhe.

Sie hatte ihn gefunden! Sie hatte Recht behalten! Und dieses Gefühl tat ihr gut.

„Darcy!“

Jetzt erst drang der Ruf in ihr Bewusstsein, und vor Schreck ließ sie fast den Schädel fallen. Sie drehte sich um, noch zu gebannt von ihrem Fund, um sich über Matts Gegenwart zu wundern.

„Matt! Das ist er!“ sagte sie enthusiastisch, doch sein Blick sagte ihr, dass er ihre Freude nicht teilte.

„Was zum Teufel machen Sie da?“ fragte er.

„Matt, das ist der Schädel – der Schädel der jüngeren Schwester. Die Geschichte ist wahr. Amy ist wirklich von ihrer älteren Schwester ermordet worden.“

„Legen Sie ihn auf der Stelle hin“, befahl er barsch.

Verwirrt schaute sie ihn an.

„Hinlegen, verflucht noch mal, legen Sie ihn sofort hin!“

Langsam befolgte sie seinen Befehl. „Was um alles in der Welt ist los mit Ihnen?“ fragte sie. „Ich habe diesen verfluchten Schädel gefunden. Jetzt können wir ihn bei den übrigen sterblichen Überresten bestatten. Wir müssen es einfach tun, wenn die Seelen Frieden finden sollen.“

Er kniete sich neben sie hin und betrachtete den Totenschädel, der jetzt auf der frisch aufgeworfenen Erde lag. Er berührte ihn nicht und schaute sie gleich darauf wieder an. „Fassen Sie ihn bloß nicht an.“

„Aber …“

„Das ist ein menschlicher Schädel. Und ich bin der Sheriff.“

Sie schaute ihn ungläubig an. „Aber dieser Mord ist vor mehr als zweihundert Jahren passiert. Was haben Sie vor – wollen Sie jemanden verhaften?"

„Woher wissen Sie das?"

„Was meinen Sie damit, woher ich das weiß? Sie kennen die Geschichte genauso gut wie ich."

Er wischte ihre Empörung mit einer Handbewegung weg. „Sind Sie jetzt auch noch eine Knochenexpertin, Miss Tremayne?"

Wut stieg in ihr auf, gepaart mit dem Gefühl absoluter Hilflosigkeit. Verdammt, er wusste es. Er wusste es genauso gut wie sie, dass dieser Schädel schon seit einer halben Ewigkeit da in der Erde lag. Und doch spürte sie an seiner angespannten Körperhaltung, dass er es nicht wahrhaben wollte, dass er die Geschichte, die man sich erzählte, nicht glauben wollte, genauso wenig wie er jemals zugeben würde, dass sie eine übersinnliche Wahrnehmungsfähigkeit besaß.

„Schon gut. Der Schädel gehört Ihnen. Was werden Sie damit tun?" fragte sie in besänftigendem Ton.

„Ich werde dafür sorgen, dass auf angemessene Art und Weise mit ihm verfahren wird."

„Er gehört einem armen unschuldigen jungen Mädchen, das von einem nahe stehenden geliebten Menschen, dem sie vertraute, brutal ermordet wurde. Angemessen heißt, ihn mit ihren anderen sterblichen Überresten zu bestatten", sagte Darcy, schon wieder gereizt.

„Und Sie können mir garantieren, dass der Schädel von ihr stammt, ja?" fragte er ebenso ungehalten.

„Ja."

„Nun, das lässt sich aber nun mal nicht mit unseren Gesetzen in Einklang bringen."

„Machen Sie sich nicht lächerlich."

„Ich erledige nur meinen Job."

Darcy stand auf und wischte sich ihre mit Erde beschmierten Hände an der Hose ab. „Fein. Dann tun Sie, was Sie glauben tun zu müssen." Nach diesen Worten wandte sie sich ab und wollte zu ihrem Pferd gehen, aber Matt griff nach ihrem Arm und hielt sie grob zurück. Darcy sah erst auf seine Hand, dann in seine Augen. Der Blick genügte, damit Matt sie losließ.

„Graben Sie öfter irgendwelche Körperteile aus?"

„Nein, aber wenn Sie mich jetzt bitte entschuldigen würden, ich möchte zurückreiten und duschen."

Er nickte, ohne sie aus den Augen zu lassen. Darcy spürte einen seltsamen Stich in der Brust und verfluchte sich für diese Regung ihres Körpers. Matt Stone hatte ihr gegenüber von Anfang an eine feindselige Haltung angenommen. Sie durfte es nicht zulassen, dass sich so etwas wie Anziehungskraft zwischen ihnen entwickelte, es wäre einfach dumm. Obwohl ... Anziehungskraft entwickelte sich nicht. Sie war einfach da. Selbst jetzt, hier im Wald, in diesem Moment, während sie sich wütend musterten. Sie lag in der Luft wie ein elektrisches Knistern. Darcy hatte sich noch nie so brennend gewünscht, einem anderen Menschen nah zu sein, sich an ihn zu pressen, zu spüren, wie er seine Arme um sie schlang. Sie war überzeugt, dass er es war, der diese Hitze ausstrahlte. Dass auch er dieses Begehren fühlte, auch wenn er es sich noch nicht eingestand.

Dennoch zwang sie sich, sich wortlos abzuwenden und mit schnellen Schritten davonzugehen. Eine Minute später stieg sie in den Sattel und ritt wütend davon.

Jedem anderem hätte sie vielleicht gern bewiesen, dass sie tatsächlich gewisse hellseherische Fähigkeiten hatte. Aber nicht Matt. Er konnte Harrison Investigations noch so oft gestatten, sich in seinem Haus umzusehen, und trotzdem würde er niemals an die Existenz von Geistern glauben. Wenn überhaupt, kam für ihn nur ein Mensch als Verursacher der rätselhaften Ereignisse in Frage.

Aber sie hatte Amy geholfen. Und sie wollte herausfinden, was in Melody House vor sich ging, denn so etwas Seltsames hatte sie noch nie erlebt.

Etwas derart Unheimliches.

Etwas, bei dem ihr, anders als hier im Wald, nicht einmal Josh helfen konnte.

Wenn sie ein Geheimnis aufspüren und eine verlorene Seele retten konnte, liebte sie ihren Beruf. Viel zu oft aber machte ihre Arbeit ihr Angst, während sie gleichzeitig ein tiefes Mitleid mit den ruhelos umherirrenden Geistern verspürte. Trotzdem, ein Tag wie heute war eine unglaubliche Belohnung!

Wenn sie es nur nicht mit Matt Stone zu tun hätte, einem dickköpfigen, rationalen Skeptiker.

Es war schon spät, aber das war ihm egal. Matt saß in seinem Büro am Schreibtisch und starrte tatenlos ins Nichts.

Er hatte ein paar Leute damit beauftragt, den Totenschädel und die Erde, in der er gelegen hatte, zu holen und in einer stabilen Kiste zu deponieren.

So stur er auch wirken musste, ahnte er doch, dass Darcy mit ihrer Theorie Recht hatte. Aus diesem Grund hatte er die Knochen an das Expertenteam im Smithsonian Museum geschickt. Matt rechnete damit, dass er schon am nächsten Tag wissen würde, dass dieser Totenschädel mehr als zweihundert Jahre alt war.

Also wartete er. Anfangs hatte er noch versucht, sich auf irgendwelchen Papierkram zu konzentrieren. Als er merkte, dass ihm das nicht gelangt, lehnte er sich in seinem Schreibtischstuhl zurück, verschränkte die Hände hinter dem Kopf und ließ die Bilder erneut vor seinem inneren Auge Revue passieren.

Er konnte den Anblick einfach nicht vergessen.

Darcy, wie sie in der Erde buddelte.

Darcy, die den Totenschädel hochhielt wie eine Trophäe.

Ihr Triumphschrei.

Beim bloßen Gedanken erschauerte er.

Diese Frau war verrückt. Sie musste verrückt sein! Und trotzdem fühlte er sich unglaublich zu ihr hingezogen. Sie war interessant. Verführerisch. Reizvoll. Eigentlich sollte er sie davonjagen oder wenigstens ignorieren, aber genau das wollte er nicht. Er wollte ihr näher kommen, wollte sie besser kennen lernen. Er wollte sich mit ihr unterhalten, wollte herausfinden, was für ein Mensch sie war, wo ihre Wurzeln lagen. Er liebte den Klang ihrer Stimme, ihre Sprechweise und Intonation. Genauso fasziniert war er von ihren Bewegungen, ihre Gesten. Manchmal war sie so energiegeladen und zupackend, bewegte sie sich so schnell und zielstrebig, und dann wieder strahlte sie eine so kühle Gelassenheit und Zurückhaltung aus, dass es ihn krank machte.

Hier im Büro fand er den Abstand, den er dringend brauchte. Wenn an der ganzen Sache überhaupt irgendetwas unheimlich war, dann war es der eigentümliche Reiz, den sie auf ihn ausübte. Gewiss, sie sah gut aus, aber gut aussehende Frauen gab es viele. Und auch dass sie sinnlich und geschmeidig war wie eine Katze, war nichts Ungewöhnliches. Viele Menschen hatten solche Reize.

Aber nicht so ausgeprägt wie diese Frau.

Vielleicht liegt es an diesem tiefen Wissen, das ihre Augen ausstrahlen, an den Dingen, die sie wahrnehmen kann, rätselte Matt.

Warum zum Teufel fühlte er sich bloß so angezogen davon?

Es klopfte.

„Ja?“ rief Matt und nahm er seine Füße vom Schreibtisch.

Deputy Harding öffnete die Tür und steckte den Kopf ins Zimmer. „Alles in Ordnung?“

Alan Harding war jung. Ein gutes Alter, um zwischen Mitternacht und acht Uhr morgens für Recht und Ordnung zu sorgen. Der blonde Alan mit den blauen Augen war fast einsneunzig groß und wurde mit den betrunkenen Rowdys, mit denen es die Polizei um diese Zeit gelegentlich zu tun bekam, in den meisten Fällen spielend leicht fertig.

„Ja, alles bestens. Warum?“

„Na ja … ich wollte bloß mal nachsehen. Normalerweise sind Sie um diese Zeit nicht mehr hier, das ist alles.“

Matt hob eine Augenbraue. „Wie spät ist es denn?“

„Kurz vor zwei.“

„Morgens?“

Harding grinste. „Das ist meine Schicht.“

„Ja, klar.“ Matt kratze sich an der Wange. „Ich wollte sowieso gerade gehen.“

Er stand auf und schnappte sich seinen Hut vom Haken. „Rufen Sie mich an, wenn Sie …“

„Wenn ich Sie brauche, jawohl, Sir“, sagte Alan und lächelte. „Habe gehört, dass Sie heute im Wald einen alten Totenschädel gefunden haben.“

„Ich nicht.“

„Die Hellseherin, hm?“

Matt versteifte sich. Warum hasste er es bloß, wenn die Leute Darcy als Hellseherin bezeichneten?

„Miss Tremayne von Harrison Investigations hat den Schädel gefunden, wenn es das ist, was Sie meinen“, gab er hölzern zurück.

„Dann kann sie ja offenbar wirklich hellsehen, was?“

Matt stülpte sich seinen Hut auf den Kopf. „Sie kann lesen und sitzt offenbar gern in Bibliotheken herum. Deshalb heißt nämlich die Firma, für die sie tätig ist, Harrison *Investigations,* Alan. Weil sie Nachforschungen anstellen.“

„Ja, klar … Sir!“ sagte Alan.

Matt schüttelte den Kopf und ging nach draußen, wobei er Alan noch über die Schulter zurief: „Rufen Sie mich an, wenn …“

„Wenn ich Sie brauche“, beendete Alan den Satz erneut für ihn.

Matt brummte irgendetwas in sich hinein.

Draußen hatte sich ein leichter Nebel gebildet. Obwohl er sie zu ignorieren versuchte, beschlich ihn plötzlich eine leise Unsicherheit. Was hatte er nur so lange im Büro verloren?

Er sollte eigentlich schon seit Stunden im Bett liegen.

Mit langen Schritten ging er zu seinem Auto und fuhr deutlich schneller, als erlaubt war, nach Hause. Irgendeinen Vorteil musste es ja haben, dass er der Sheriff war.

Es hätte eigentlich eine ganz und gar friedliche Nacht für Darcy sein müssen. Sie wusste, dass sie einen Erfolg für sich verbuchen konnte. Und normalerweise fiel in einer derartigen Situation zumindest ein Teil der Anspannung, unter der sie stand, von ihr ab, sodass sie imstande war, so etwas wie eine heitere Gelassenheit zu verspüren.

Aber heute Nacht …

Das Abendessen begann noch recht viel versprechend. Immerhin waren Penny, Clint und Carter über ihren Fund ganz aufgeregt gewesen. Penny hatte ihr verschwörerisch zugelächelt und war offensichtlich stolz wie ein Pfau, dass sie es geschafft hatte, Matt zu überreden, Harrison Investigations in sein Haus zu lassen. Und sogar der alte Sam Arden hatte voller Respekt mit dem Kopf genickt. Es war fast so, als ob sie eine Feuerprobe bestanden hätte. Und niemand schien sich in ihrer Nähe unbehaglich zu fühlen. Im Gegenteil: Clint und Carter fragten ihr Löcher in den Bauch. Aber Darcy hüllte sich in Schweigen und sagte nur, dass sie die Geschichte in der Bibliothek nachrecherchiert und daraufhin zwei und zwei zusammengezählt habe.

Clint schüttelte den Kopf. „Aus zwei und zwei wird nicht notwendigerweise vier! Das war schon eine Glanzleistung."

„Erzählen Sie uns doch, wie Sie den Schädel gefunden haben", bettelte Carter.

„Durch Nachforschungen", sagte sie wieder, konnte sich dabei jedoch ein Lächeln nicht verkneifen. „Daraus besteht unsere Arbeit."

„Dem Gespenst im Lee-Zimmer wird das aber gar nicht gefallen", bemerkte Penny.

„Sie sollten vorsichtig sein", meinte Clint, der plötzlich beunruhigt wirkte. „Ich meine, vielleicht ist es ja ein Geist, der nicht erkannt werden will, und jetzt wird er noch aggressiver, weil er Angst vor Ihnen hat."

„Was meinst du damit?" fragte Carter mit gerunzelter Stirn.

„Geister zeigen sich nur, weil sie erkannt werden wollen", mischte sich überraschenderweise Sam Arden ein. „Wie Serienmörder. Sie geben der Polizei immer wieder Hinweise, weil sie irgendwo in ihrem Unterbewusstsein geschnappt werden wollen."

Auf diesen Satz folgte unbehagliches Schweigen, das Clint mit dem Entkorken einer Flasche Champagner unterbrach. „Auf Darcys Erfolg", toastete er. Die Runde stieß miteinander an, und kurz darauf ging Darcy – gefolgt von Clint – mit ihrem Glas auf die Veranda.

„Wissen Sie", sagte er leise, „er benimmt sich bloß so unmöglich, weil er Angst hat."

„Was? Wer?"

„Matt. Er hat Angst."

„Das verstehe ich nicht. Sie glauben, Matt hat wirklich Angst vor Geistern?"

Clint lachte laut auf. „Matt und Angst vor Geistern? Niemals. Er hat ja nicht mal vor irgendwelchen Verrückten Angst, die mit Messern und Pistolen auf ihn losgehen. Nein, Sie sind es, vor der er sich fürchtet."

„Warum sollte er sich denn vor mir fürchten?"

Clint hatte sich zu ihr an die Brüstung gesellt. Er war groß, schlank, charmant und unverschämt gut aussehend. Sie fragte sich, warum sie sich nicht zu ihm hingezogen fühlen konnte, nicht so, jedenfalls …

Er streckte die Hand aus und strich ihr eine Haarsträhne aus dem Gesicht.

„Weil er Sie mag – und respektiert. Aber er wehrt sich dagegen. Weil Sie eine schöne Rothaarige sind."

Darüber musste sie lächeln. „So ein Unsinn."

Clint schüttelte den Kopf. „Seine Frau war ein ziemliches Biest, wirklich. Am Anfang war sie verrückt nach ihm, aber dann fing sie an, mehr und mehr an ihm zu zerren, versuchte, ihn eifersüchtig zu machen, aber da war sie bei Matt an den Falschen geraten. Es bewirkte bei ihm das genaue Gegenteil. Sie hatte schon so ihre Eigenheiten, deshalb … na ja, und als die Ehe in die Brüche ging, war ihm so ziemlich der Appetit vergangen."

„Was rothaarige Frauen betrifft."

„Bestimmte Rothaarige jedenfalls."

„Aha, welche denn?"

„Die kühlen, glatten, kultivierten. Solche wie Sie." Clint sah sie eindringlich an. „Deshalb sollten Sie ihn schleunigst vergessen und Ihr Augenmerk auf mich richten. Es wird nicht lange dauern, bis Sie merken, was für ein unwiderstehlicher Bursche ich bin."

Darcy lachte. „Das ist mir nicht entgangen."

„Und trotzdem sind Sie nicht an mir interessiert. Noch nicht … aber falls Sie Ihre Meinung ändern sollten, sagen Sie mir Bescheid, ich bin sofort zur Stelle und bereit, Sie jederzeit zu beschützen."

„Ich brauche hoffentlich keinen Beschützer."

„Treten Sie meinen Heldenmut nicht mit Füßen!"

„Na schön, wenn ich jemanden brauche, werde ich mich gern an Sie wenden, wie finden Sie das?"

„Zu wenig, aber besser als nichts!" sagte Clint grinsend und legte ihr kameradschaftlich einen Arm um die Schultern, während er mit ihr zurück ins Haus ging.

Als sie wieder im Esszimmer waren, hatte Penny Tee und Scones aufgetragen, aber Darcy war so müde, dass sie sich schnell entschuldigte und auf ihr Zimmer ging. Trotz der sommerlichen Temperaturen draußen war es dort kalt wie in einer Gruft. Darcy öffnete die Balkontür und war sich sicher, dass von außen nichts Böses hereinkam.

Was immer es auch sein mochte, was sie beobachtete, es war innerhalb des Hauses. Irgendetwas im Raum wartete auf sie.

Es war schon weit nach Mitternacht, als Darcy endlich einschlief und erneut in diesen Traum verfiel. Sie kannte ihn bereits. Beim ersten Mal war sie ein Mann gewesen, der das Haus betrat.

In dieser Nacht schlüpfte sie in die Haut der Frau, die auf ihren Verfolger wartete.

Sie verspürte an diesem Abend kein Gefühl von großer Angst oder besonderer Dringlichkeit. Eigentlich war sie nur wütend, entschlossen zu kämpfen, sich zu wehren, ihre Meinung zu sagen – und ihr Leben zu ändern. Sie dachte mit keinem Gedanken daran, sich ins Bett zu legen und zu schlafen.

Sie war sich sicher, dass er heute nicht kommen würde. Das, was zwischen ihnen tobte, war zu nah, zu ungestüm, zu leidenschaftlich.

Sie war so zornig!

In dem schummrigen Licht setzte sie sich an ihren Schreibtisch. Er konnte tun und lassen, was ihm beliebte. Sie konnte ihn nicht aufhalten.

Aber er würde dafür bezahlen.

Sie nahm ein Blatt Papier mit ihrem persönlichen Briefkopf heraus und überlegte, was sie schreiben wollte. Doch dann hob sie wieder den Kopf. Es war eine herrliche Nacht. So klar, dass es sogar die dünne Mondsichel schaffte, die sanft geschwungenen Hügel draußen vor dem Fenster mit einem silbernen Glanz zu überziehen. Einen Moment lang zögerte sie. Da war so vieles, was sie verband.

Ah, aber …

Sie war verraten worden. Von ihm! Er hatte sie verraten.

Sie begann zu schreiben. Irgendwo in der Nähe wieherte ein Pferd. Ein Hund bellte. Sie schrieb weiter, ohne Notiz davon zu nehmen. Die Würfel waren gefallen.

Dann …

Ein Geräusch.

Darcy schrak aus dem Schlaf hoch. Das Gefühl, den Traum eines anderen Menschen zu träumen, diese Person zu *sein,* die Vergangenheit noch einmal zu erleben, fiel von ihr ab wie ein Mantel, den ihr jemand von den Schultern nahm.

Und dennoch war sie sich nicht sicher, was sie geweckt hatte. Sie schaute sich in dem dunklen Zimmer um. Hatte sie das Geräusch nur im Traum gehört?

Nein …

Sie zögerte, horchte in die Nacht, bis sie den Ton orten konnte.

Er kam vom Balkon.

Schritte, langsam, leise, zögernd.

Sie biss sich auf die Unterlippe und lauschte bewegungslos in die Dunkelheit. Gleich darauf schlug sie die Bettdecke zurück und stand leise auf. Lautlos huschte sie auf dem weichen Teppich zur offenen Balkontür. Vor den sich im Wind bauschenden Vorhängen blieb sie stehen und spähte nach draußen. Nichts. Nichts, nur der Mond am Himmel und ein sanfter Luftzug. Sie schlich hinaus, doch da war noch immer nichts.

Darcy runzelte die Stirn, stieß einen leisen Seufzer aus und trat an die Brüstung.

Dann hörte sie es wieder. Ein leises Geräusch … eine Art Schaben … dicht hinter ihr. Sie schickte sich an, sich umzudrehen.

Sie sah nur eine verschwommene Bewegung in der Dunkelheit. Gleich darauf spürte sie, wie ihr Kopf von einem harten Gegenstand getroffen wurde.

Der Schlag war jedoch nicht stark genug, um sie ohnmächtig werden zu lassen. Aber sie taumelte und ging mit einem Aufschrei in die Knie.

Sie hob eine Hand und betastete die Stelle, wo sie der Schlag getroffen hatte. Sie tat nicht besonders weh und blutete auch nicht. Noch während sie sich wieder aufrappelte, wurde die Balkontür neben ihrer aufgerissen.

Bekleidet mit Calvin-Klein-Boxershorts stand Matt vor ihr. Wütend starrte er sie an.

„Was um alles in der Welt machen Sie da?" fuhr er sie an.

Vermutlich wirkte sie wirklich etwas seltsam, wie sie da so derangiert und nur notdürftig bekleidet direkt vor seiner Balkontür stand. Sie trug heute keins der knielangen T-Shirts, die sie sonst oft im Bett anhatte, sondern lediglich ein dünnes, bodenlanges weißes Nachthemd ohne Ärmel und darunter einen Spitzenslip. Das Haar fiel ihr offen über die Schultern.

„Ich ... da war irgendetwas hier draußen", sagte sie.

Er zog eine Augenbraue hoch, lehnte sich leicht zurück und verschränkte die Arme vor der Brust. „Ach ja, vielleicht wieder der Geist?"

„Ich glaube nicht."

„Sie glauben nicht?"

„Nein, diesmal war es ein Mensch."

Er musterte sie unverhohlen skeptisch und schüttelte leicht den Kopf, schien aber immerhin bereit, sich umzuschauen, denn er schritt an ihr vorbei den Balkon hinab. Als er um die Ecke in der Dunkelheit verschwand, verspürte sie ein seltsames Gefühl von Verlust, bei dem ihr ganz kalt wurde.

Darcy wartete scheinbar endlos, bis sie Matt von der anderen Seite schließlich zurückkommen sah.

„Ich kann niemanden entdecken", sagte er höflich, aber schroff.

Verärgert stemmte sie die Hände in die Hüften. „Und was soll das heißen? *Sie* behaupten doch die ganze Zeit, dass hier ein Mensch seine Finger im Spiel hat. Warum werden Sie dann so wütend, wenn ich glaube, jemanden auf dem Balkon gehört zu haben?"

Jetzt wirkte sein Gesicht wieder wie in Stein gemeißelt, ein Gesichtsausdruck, den sie schon oft an ihm gesehen hatte. Er hatte die Arme immer noch vor der Brust verschränkt.

„Tut mir Leid. Aber ich habe nichts gehört. Und ich kann mich über mein Gehör nicht beklagen."

„Auch wenn Sie schlafen?"

„Auch wenn ich schlafe."

„Ihnen kann trotzdem etwas entgangen sein."

„Alles ist möglich."

„Freut mich zu hören, dass Sie das glauben."

„Ich glaube, Ihnen gesagt zu haben, Sie sollen Ihre Balkontür nachts abschließen. Wenn ich hier nicht etwas total missverstehe, haben *Sie* die Gefahr wohl eher unterschätzt."

Sie schwieg einen Moment und presste trotzig die Kiefer aufeinander.

„Irgendwer hat mich niedergeschlagen!" sagte sie schließlich.

„Was?" Matts Haltung änderte sich schlagartig. Er machte einen Schritt auf sie zu, hob ihr Kinn und schaute ihr forschend in die Augen. „Sind Sie verletzt?"

Sie schüttelte den Kopf, aber er zog seine Hand dennoch nicht weg. Er war ihr zu nah, viel zu nah, doch sie rührte sich nicht von der Stelle. „Ich … ich bin nicht verletzt. Aber da war jemand, und … na ja, ich weiß nicht … vielleicht hat die Person mich angegriffen, damit sie ungesehen verschwinden konnte."

„Sie behaupten also, Sie seien von einem Menschen aus Fleisch und Blut niedergeschlagen worden." In seinem Ton schwang Besorgnis mit, doch da war noch mehr. Vielleicht verspürte er ja einen gewissen Triumph.

„Ja", sagte sie.

Matt stand noch immer dicht bei ihr. Wie betäubt sog sie seinen männlichen Geruch in sich auf. Sie wollte sich nicht bewegen. Sie wollte ihren Kopf an seine Brust legen.

Seine Finger strichen nun federleicht über ihr Haar und berührten sanft ihre Schläfe. „Wo … hat er Sie denn erwischt?"

„Ich … äh … seitlich am Kopf."

„Haben Sie ein Beule?"

Sie schüttelte den Kopf. „Ich glaube nicht."

„Ist Ihnen schwindlig?"

„Nein." Das war eine glatte Lüge, aber sie wusste, dass ihre weichen Knie nichts mit dem Schlag auf den Kopf zu tun hatten.

„Ist wirklich alles in Ordnung?"

Sein Atem, der über ihre Stirn strich, fühlte sich an wie eine Liebkosung. Ihre Lippen waren trocken. Sie bejahte, ohne sich zu bewegen. Seine Hände umschlossen immer noch ihren Kopf. Ihre Lippen streiften fast seine Haut.

„Ich bin … okay."

Daraufhin legte er ihr wieder einen Finger unters Kinn und zwang sie, ihm in die Augen zu schauen. Er hatte sich bestimmt zwei Tage nicht rasiert, und seine dunklen Haare waren zerzaust. Sein Körper verstrahlte eine sinnliche Hitze, und seine Muskeln spannten sich mit jedem Atemzug mehr an. Sie konnte sein Herz schlagen hören. Und ihr eigenes.

„Das wäre verrückt", flüsterte er.

„Allerdings", sagte sie, und doch rührte sich keiner von beiden. Der auffrischende Wind ließ die Luft kühl erscheinen, während die zwischen ihnen ansteigende Spannung eine köstlich erregende Wärme entfaltete.

Dann streifte sein warmer Atem ihr Ohr, und allein das Timbre seiner Stimme brachte ihr Blut in Wallung.

„Glauben Sie, Sie sind verrückt?" fragte er.

„Komplett wahnsinnig", flüsterte sie zurück.

Seine Hand umschloss wieder ihr Kinn, und gleich darauf lag sein Mund auf ihrem. Es hätte eigentlich ein langsamer und sanfter Kuss sein müssen, ein Kuss zum Kennenlernen, und am Anfang war er das auch. Doch dann verwandelte sich die sanft gleitende Bewegung ihrer Münder fast schlagartig in etwas Verzehrendes, Leidenschaftliches, Wildes. Vielleicht lag es daran, dass er die Arme so fest um sie schlang, dass nicht mal mehr ein Windhauch zwischen sie gepasst hätte, oder daran, dass sie seinen nahezu unbekleideten Körper in seiner ganzen Länge an sich spüren konnte; sie wusste es nicht. Ihre Münder klebten aneinander, ihre Zungen wurden zu Schwertern der Verführung, und während sie in der Nacht standen, wurden sie von einem gewaltigen Hunger gepackt.

Der Kuss war sinnlicher als alles, was sie je erlebt hatte, allein die Bewegung seiner Lippen, der Zunge, schien alles vorwegzunehmen, was noch kommen sollte. Das bist du nicht, dachte Darcy, als ihr klar wurde, dass sie mit unverhüllter Dringlichkeit reagierte und alles und noch mehr wollte. So etwas bot einem das Leben nur höchst selten, und sie dachte nicht an morgen, an das, was sie tat, was er tat, wollte oder glaubte. Es gab kein Morgen, solange er sie hielt, solange sein Mund ihren versengte, solange sich der harte Beweis seines Verlangens mit allergrößter Dringlichkeit gegen ihr Becken presste, wo er pochte und sie so reizte, dass sie an nichts anderes denken konnte als an den Sturm der Leidenschaft, der mit so fantastischer Wucht durch sie hindurchraste.

Darcy hatte das Gefühl, mit Matt zu verschmelzen, sich aufzulösen wie ein Tautropfen im Gras, wenn die Sonne am Himmel aufsteigt, und sie war den Armen, die sie hielten, dankbar und bemerkte es kaum, als sie hochgehoben und durch die Balkontür ins Zimmer getragen wurde. In *sein* Zimmer, wie sie registrierte, aber nur vage, weil sie viel zu betört von seinen muskulösen Arme war und lieber die Winkel und Flächen seines kantigen Gesichts erforschte, während er sie zum Bett trug.

Die Laken fühlten sich wunderbar kühl und frisch an, und sie dufteten einladend. Aber im Grunde war das egal, denn alles, was zählte, waren seine Lippen, die sich jetzt von ihren lösten und an ihrem Hals abwärts wanderten, über den dünnen Stoff ihres Nachthemds ihren Körper liebkosten, bis seine Zunge verlangend ihre Knospe umspielte.

Darcy durchzuckte es glühend heiß. Sein sanfter Mund, der fast quälend langsam über ihren noch immer von dem Nachthemd bedeckten Bauch glitt. Und dann die Hände, diese herrlichen lustspendenden Hände, die sich endlich unter den Stoff schoben und sanft die Innenseiten ihrer Schenkel berührten; eine Berührung, die so intim war, zu intim, und doch war genau das die Lust, in der sie schwelgte, nach der sie verlangte. Gleich darauf ertastete seine Zunge jeden Quadratzentimeter ihres Körpers und entfachte in jeder Pore ein ungeahntes Feuer. In diesem Moment verspürte sie nicht das leiseste Zögern, die geringste Zurückhaltung, sie verschwendete nicht einen Gedanken daran, dass man sich für diese Art Liebesspiel Zeit lassen, dass man sich besser kennen und etwas füreinander empfinden sollte ...

Sie stöhnte und wand sich, bäumte sich auf und gab zurück, was er ihr schenkte – berühren, streicheln, kosten, liebkosen und wachrufen, und innerhalb weniger Minuten verschmolzen ihre Leiber gänzlich miteinander. Als er in sie eindrang, entfuhr seiner Kehle ein heiserer Aufschrei, und auch Darcy strebte einem neuen Höhepunkt entgegen, war erfüllt von Sehnsucht und zügellosem Begehren. Sie sah die hingebungsvolle Anspannung in seinem Gesicht, das Feuer der Leidenschaft in seinen Augen, Wollust, Begierde ... bis er sich schließlich in ihr verströmte, während sie ebenfalls so ungestüm kam, dass sie laut aufschrie und erzitterte wie die Blätter an einem von einem Herbststurm gepeitschten Baum. Es dauerte lange, bis die Nachbeben abgeklungen waren und man nur noch das leise Keuchen hörte, das sich ihren Lungen entfuhr.

Langsam jedoch kehrten sie aus dem Schatten der Nacht in die Wirklichkeit zurück: Darcy schaute auf die noch immer offen stehende Balkontür, das breite Bett, die Bücher auf dem Nachttisch, betrachtete den Menschen neben ihr, der Mensch, der bislang nur Hohn und Spott für sie übrig hatte und ihr jetzt zärtlich eine Strähne aus der Stirn strich. Da schob sie ihre Zweifel beiseite, schmiegte sich mit einem genüsslichen leisen Aufseufzen an ihn und barg ihr Gesicht an seiner Brust. Sie wollten seinem Blick entrinnen, nicht in diese grauen Augen schauen, die viel zu viel sahen, im Tageslicht, in der Dämmerung und sogar in der Dunkelheit.

Darcy wäre beinahe eingeschlafen, wenn da nicht erneut diese zärtlichen, fordernden Hände über ihren Bauch gestrichen wären, sich seine Lippen nicht auf ihre gelegt hätten.

„Matt, ich …" versuchte Darcy ihn zurückzuhalten.

Doch da war es bereits zu spät. „Schsch!" machte Matt nur leise, und gleich darauf begann alles, was so roh und unverstellt und real und trotzdem irgendwie magisch gewesen war, wieder von vorn, nur dass Matt diesmal den einen Gedanken nicht vergessen konnte.

Wenn doch nur …

Wenn das doch nur Wirklichkeit wäre …

Wenn sie doch nur nicht …

… so eigenartig wäre.

7. KAPITEL

Jeder Tag birgt eine neue Überraschung, sinnierte Penny, während sie in kleinen Schlucken ihren Kaffee trank und über den Rand ihrer Tasse auf Clint und Carter schaute. Seit Darcy Tremayne in Melody House war, hatte sich so ziemlich alles verändert. Und das gefiel Penny.

„Wie um Himmels willen hat sie es bloß angestellt, diesen Totenschädel zu finden?“ fragte Clint kopfschüttelnd, während er sich sein English Muffin mit Marmelade bestrich. „Irgendwie gruselig, findet ihr nicht? Am Ende hat sie wirklich übersinnliche Kräfte.“

Carter zuckte mit den Schultern. „Er lag schon ewig da draußen. Vielleicht hat ja bisher einfach noch niemand wirklich danach gesucht.“ Carter kratzte sich sein bärtiges Kinn. „Wahrscheinlich war es einfach Glück.“

„Machen Sie sich doch nicht lächerlich, Gentlemen!“ protestierte Penny vehement. „Natürlich hat sie übersinnliche Kräfte.“

„Oh, bitte, Penny, hören Sie endlich auf mit dem Unsinn“, widersprach Carter.

„So oder so, auf jeden Fall hat sie eine Menge anderes“, brummte Clint.

Carter lachte trocken. „Ja, stimmt, aber ich fürchte, wir sind dazu verdammt, die Finger von ihr zu lassen.“

„Hm. Er steht definitiv auf sie, daran gibt es keinen Zweifel“, sagte Clint.

„Wer?“ fragte Penny.

Die beiden starrten sie verständnislos an.

„Matt“, sagten sie schließlich wie aus einem Mund.

„Oh.“ Penny lehnte sich zurück.

„Dabei ist sie rothaarig", sagte Clint, als ob das jedes Weiterdenken verbieten würde.

„Und groß noch dazu", fügte Carter hinzu.

„Und gut gebaut", ergänzte Clint.

„Atemberaubend geradezu", präzisierte Carter. „Aber aus den beiden wird nichts", mutmaßte Carter.

„Niemals", stimmte Clint zu.

„Warum?" wollte Penny wissen.

„Na, weil sie an Gespenster glaubt", erklärte Clint mit einem breiten Grinsen. „Matt ist stur wie ein Maulesel. Matt ist viel zu rational, um so etwas je akzeptieren zu können. Ich dagegen bin charmant ... und offen."

„Himmel, das kann doch nicht wahr sein", sagte Carter kopfschüttelnd. „Trotzdem fährt Matt auf sie ab, das sieht selbst ein Blinder, mein Lieber", klärte er Clint auf. „Und das kann eine ganze Weile anhalten."

„Ja, bei Lavinia hat es auch eine Weile gedauert."

„He, wir sind am Anfang alle auf sie abgefahren."

„Lavinia war ein Biest", mischte sich Penny ein.

„Ja, schon, aber sie hat es geschafft, uns erst mal allen den Kopf zu verdrehen", sagte Clint sarkastisch.

„Mir nie!" widersprach Penny trotzig. „Und sie hatte nicht das Format, um Matt zu halten."

„Na ja, wenn ein Partner fremdgeht, ist das nie besonders gut für eine Ehe", brummte Clint.

„Ich glaube, das war ihm damals schon egal", sagte Penny.

„Trotzdem irgendwie unheimlich – zwei Rothaarige", bemerkte Clint.

„Von denen die eine ein Biest und die andere eine Hellseherin ist“, amüsierte sich Carter. „Wirklich, Clint, ich könnte mir vorstellen, da kommen wir auch noch zum Zug.“

„Ja, weil Matt sich todsicher nicht wirklich auf sie einlässt“, stimmte Clint zu. „Mir dagegen würde es absolut nichts ausmachen, wenn meine Frau regelmäßig mit der Geisterwelt Kontakt aufnähme. Ganz im Gegenteil, ich würde dem Himmel danken, dass er sie mir geschickt hat.“

„Wirklich?“

Beim Klang von Matts Stimme zuckten alle zusammen. Penny sprang so schnell auf, dass sie fast ihren Stuhl umwarf. „Matt! Ich dachte, Sie sind längst im Büro! Ich habe Sie noch nie um diese Zeit zu Hause gesehen!“ sagte Penny bemüht, die Spannung aus dem Raum zu nehmen.

Mit rotem Kopf schaute Clint auf sein Muffin. „Aber sie ist eine Hellseherin“, murmelte er, als ob das alles erklärte.

„Irgendwas Neues über den Schädel?“ wechselte Carter das Thema.

„Das erfahre ich, wenn ich im Büro bin.“

„Wir wissen doch sowieso, dass er dem armen unglücklichen Mädchen von anno dazumal gehört“, sagte Carter.

„Gut möglich“, stimmte Matt zu. „Aber das hätte ich gern Schwarz auf Weiß.” Matt drehte sich um und verließ ohne ein weiteres Wort den Raum.

„Irgendwie ist es wirklich unheimlich“, brummte Clint.

„Ach, jetzt hören Sie schon auf, was soll daran denn unheimlich sein?“ fragte Penny.

„Na ja, es stimmt doch, wir haben alle Leichen im Keller, und ich möchte nicht wissen, was passiert, wenn man erst mal in den alten Geschichten herumbohrt“, erwiderte Clint.

Als Matt das Sheriffbüro betrat, saß Shirley Jamison wie immer an ihrem Schreibtisch neben der Tür. Sie lächelte ihn an und war offensichtlich nicht allzu überrascht darüber, dass er so spät kam. Seine Nachtschicht hatte sich wohl bereits herumgesprochen.

„Hi!“ Shirley war eine schlanke attraktive Frau in ihren Dreißigern, deren Freundlichkeit von Herzen kam. Sie liebte ihren Beruf, ihren Mann und ihre beiden süßen Kinder. Sie war in Stoneyville geboren und hatte nie auch nur den geringsten Wunsch verspürt, irgendwo anders zu leben.

„Guten Morgen.“

„Guten Morgen. Ich habe noch gar nicht mit Ihnen gerechnet“, sagte sie munter. „Aber ich wollte eben versuchen, Sie zu Hause zu erreichen. Digger hat angerufen.“

Digger hieß mit bürgerlichem Namen Darrell Jordy und arbeitete als Anthropologe im Smithsonian Museum in D.C. Er war einer aus dem Team, der von sämtlichen Polizeistationen aus dem ganzen Bundesstaat ebenso wie vom FBI Knochenfunde zur Untersuchung bekam.

„Und?“

Shirley zuckte mit den Schultern. „Genau was Sie dachten. Der Karbontest hat ergeben, dass der Schädel über zweihundert Jahre alt ist. Er gehörte einer jungen Frau im Alter zwischen fünfzehn und fünfundzwanzig Jahren. Der Fund deckt sich exakt mit der Geschichte von der Frau, die ihrer jüngeren Schwester aus Eifersucht den Kopf abgeschlagen hat.“

„Freut mich zu hören“, sagte Matt trocken.

„Die Zeitung hat auch schon angerufen. Sie wollen wissen, wann Sie vorhaben, den Schädel mit den übrigen sterblichen Überresten bestatten zu lassen.“

„Wer genau war dran?“

„Max Aubry.“

„Na toll.“

Aubry würde die Sache zu einer Riesensensation aufblasen. Zugegeben, Stoneyville war eine Kleinstadt. Und in einer Kleinstadt machten eben auch kleine Ereignisse Schlagzeilen. Aber Matt graute es schon jetzt vor dieser Art von Medienrummel.

„Ach, kommen Sie schon, Matt! Ist doch eine tolle Geschichte. Traurig zwar, aber spätestens jetzt hat sie doch noch einen glücklichen Ausgang.“

„Aubry wird diesen Geisteraspekt hochspielen und das alles mit Darcy Tremayne und Harrison Investigations in Zusammenhang bringen.“

„Na und?“

Er machte eine verärgerte Handbewegung. Was sollte bloß dieser ganze Quatsch mit diesen idiotischen Geistergeschichten? Hatte denn die ganze Stadt den Verstand verloren?

Den Verstand verloren.

Die Worte hallten in seinem Kopf wider. Er selbst schien auch nicht so ganz weit entfernt davon, den Verstand zu verlieren, und zwar vor Lust. Wer hatte doch gleich behauptet, dass sie ihn anzog? Carter oder Clint? Egal, wer es war, Matt wusste nur zu gut, dass es stimmte, auch wenn er sich das Gegenteil einzureden versuchte. Seine Neugier auf sie war fast unstillbar, er wollte alles über sie wissen, weil es so vieles an ihr gab, was ihm rätselhaft schien. Er glaubte ihr nicht, und doch hielt er sie für keine Schwindlerin, denn jedes Mal, wenn er in ihre Augen schaute, sah er die Aufrichtigkeit darin, die Angst und vor allem diese erschreckende Vorsicht. Als ob Nähe für sie eine Gefahr bedeutete.

Matt überlegte einen Moment. Bei ihm war es ja nicht anders. Auch er gab sich einem Menschen nicht mehr blauäugig hin, und dennoch konnte er Darcy einfach nicht widerstehen: In derselben Sekunde, in der er heute Morgen aus dem Bett aufgestanden war, hatte er sich nichts sehnlicher gewünscht, als sich wieder neben sie zu legen, ihre glatte kühle seidenweiche Haut zu spüren, zu beobachten, wie sie die Augen aufschlug, in denen sich nur für eine Sekunde ihre Verletzlichkeit zeigte. Sie war die sinnlichste und wunderbarste Geliebte, die er je gehabt hatte, und wenn er mit ihr zusammen war, wollte er so viel mehr und fühlte sich so anders als mit anderen Frauen. Er wusste, dass es mit ihr, der Geisterseherin, keine Zukunft geben konnte. Aber genau dieses Wissen machte ihn gleichzeitig wütend.

„Matt?“

„Ich bin in meinem Büro“, sagte er ein bisschen zu schroff. Verwundert schaute Shirley ihn an, doch Matt kommentierte ihren Blick nicht. Was hätte er schon sagen sollen?

Um Viertel nach acht wachte Darcy auf. Als ihr klar wurde, dass Matt bereits weg war, versuchte sie, über die vergangene Nacht nachzudenken. Aber schon bei den ersten Bildern, die ihr durch den Kopf gingen, wurde ihr das Herz schwer.

Seit ihrer Collegezeit lebte Darcy relativ zurückgezogen. Sie hatte eine liebevolle Familie und gute Freunde bei Harrison Investigations, aber von den Männern hatte sie sich weit gehend bewusst fern gehalten. Sie war nun einmal anders, und damit konnten die wenigsten umgehen. Seit Matt jedoch in ihr Leben getreten war, schien es aus den vertrauten Bahnen zu laufen. Sie hätte sich nie vorstellen können, dass man sich zu einem Mann dermaßen hingezogen fühlen konnte – körperlich, aber durchaus auch emotional.

Sie wusste genau, dass die letzte Nacht ein schwerer Fehler gewesen war, dass sie, wenn sie so weitermachte, verletzt werden würde. Dennoch wünschte sie sich nichts sehnlicher, als erneut in seinen Armen zu liegen und mit seinem Körper zu verschmelzen. So hatte sie nicht mehr empfunden seit ... nun, vielleicht hatte sie überhaupt noch nie in ihrem Leben so empfunden. Das Bett strömte noch seinen Duft aus, und bei den Erinnerungen an die heiße Leidenschaft wurde ihr fast schwindelig.

Darcy zwang sich aufzustehen und in ihr eigenes Zimmer zu schleichen, damit sie niemand zufällig erwischen konnte. Dort legte sie sich, erschöpft und müde, in ihr eigenes Bett, um sich noch ein wenig auszuruhen. Hinterher sah die Welt möglicherweise schon anders aus.

Und als sie schließlich tiefer einschlief als beabsichtigt, spürte sie im Unterbewusstsein exakt den Moment, in dem dieser eine Traum erneut von ihr Besitz nahm. Dieses Mal schlüpfte sie wieder in die Haut des Mannes.

Er schaute auf das Haus und wusste, dass sie allein war. Nach einer Weile betrat er es und schloss leise die Tür hinter sich.

Er kannte das Haus. Kannte diejenigen, die es normalerweise bewohnten, die es ihr Zuhause nannten oder Anspruch darauf erhoben. Und er wusste, wo sich die Bewohner im Moment aufhielten. Genauso wie er gewusst hatte, dass sie kommen würde, weil sie glaubte, das Recht dazu zu haben.

Aber dieses Recht hatte sie nicht.

Sie hatte überhaupt kein Recht, zu gar nichts.

Und alles, was sie war, war sie allein durch ihn.

Er stand im Foyer und ließ den Blick die Treppe hinaufwandern, während er mit den Fingerspitzen auf seinen Hosentaschen herumtrommelte. Dabei spürte er den Lederriemen aus dem Stall, den er vorhin eingesteckt hatte. Er zog den Riemen aus der Tasche, packte ihn an beiden Enden und straffte ihn …

„Nein …“

Das Wort hallte in seinem Kopf wider. Als wollte es ihn aufhalten.

Er knirschte mit den Zähnen, während sich sein ganzer Körper so anspannte wie der gestraffte Riemen in seinen Händen.

Langsam …

Er zwang sich, sich zu entspannen.

Und schaute zur Treppe …

„Darcy! Darcy! Ist alles in Ordnung mit Ihnen, Liebe?“

Darcy schrak aus ihrem Traum hoch. Das Klopfen an der Tür hallte wie Donnerschläge, eine Störung, die sie zutiefst bedauerte. Wo sie doch gerade begonnen hatte, so vieles klarer zu sehen, und wusste, dass sie die Antworten finden würde, sobald es ihr gelang, durch diese Bilder hindurchzusehen.

„Darcy!“

„Keine Sorge, Penny, mir geht es gut. Ich habe nur verschlafen, das ist alles!“ rief sie ihr durch die geschlossene Tür zu und bemühte sich ihrer Stimme einen heiteren Klang zu geben.

„Gott sei Dank! Ich dachte schon, dass vielleicht der Geist … na ja … es macht mich einfach nervös, Sie nachts so ganz allein da drin zu wissen.“

Während Darcy auf die Tür starrte, fragte sie sich, ob Penny sich besser fühlen würde, wenn sie wüsste, dass sie letzte Nacht bei Matt geschlafen hatte.

„Ich … mir geht es gut", wiederholte sie.

„Soll ich Ihnen das Frühstück raufbringen?" fragte Penny.

„Nein, nein, ich bin gleich unten, danke."

„Darcy?" fragte Penny wieder.

„Ja?"

„Ich muss es Ihnen einfach gleich erzählen. Stellen Sie sich bloß vor, Sie hatten tatsächlich Recht! Der Totenkopf, den Sie gefunden haben, war der Schädel der jüngeren Schwester. Zumindest nehmen wir an, dass es ihr Schädel ist. Ich meine, es ist die einzige bekannte Geschichte von einem Mädchen in diesem Alter. Das haben Sie großartig gemacht."

„Danke, Penny."

„Wir werden sie bestatten – das heißt, wir werden den Schädel zusammen mit den anderen sterblichen Überresten beerdigen – und dann wird sie in Frieden ruhen können, oder was meinen Sie?"

„Ja, das denke ich auch", rief Darcy.

„Gut, ich gehe jetzt runter ins Büro. Melden Sie sich, falls Sie irgendetwas brauchen. In der Küche steht frischer Kaffee."

„Danke."

Als sie hörte, dass Pennys Schritte sich entfernten, ließ Darcy ihren Blick durch den Raum schweifen. Die Verbindung zu dem, was immer es auch gewesen sein mochte, war abgerissen, aber der Geist war da …

Er hielt sich im Hintergrund. Er beobachtete sie, ohne sich zu zeigen. Wartete er?

Worauf?

Josh, wo bist du? Warum kannst du mir hier nicht helfen? dachte sie.

Keine Antwort. „Josh?“ rief sie laut.

Nicht dass sie immer und überall in der Lage gewesen wäre, Kontakt mit ihm aufzunehmen. Trotzdem war er ihr geistiger Führer. John, ein Schoschone und ebenfalls einer von Adams Mitarbeitern, hatte irgendwann einmal versucht, es ihr zu erklären. Josh war bei ihr, weil er im Leben ihr bester Freund gewesen war, und bei seinem Tod hatte er seine außergewöhnliche Gabe – oder seinen Fluch – an sie weitergegeben.

„Josh, im Wald hast du mir doch auch geholfen, warum hier nicht?“

Aber sie wusste es. Die Aura von Gewalt und Bitternis, die das Zimmer ausstrahlte, war zu stark. Plötzlich wollte sie den Raum selbst so schnell wie möglich verlassen. Aber sie durfte diesem Impuls nicht folgen. Sie war schließlich nicht hergekommen, um sich geborgen und sicher zu fühlen. Sie war da, um ein Rätsel zu lösen.

Nervös stand Darcy auf.

Es sind die Lebenden, vor denen man sich in Acht nehmen muss!

Diesen Satz hatte sie oft genug gehört. Und sie hatte ihn geglaubt, glaubte ihn immer noch.

Und dennoch …

So etwas wie im Lee-Zimmer hatte sie noch nie erlebt.

Es gab keine Möglichkeit, Max Aubry aus dem Weg zu gehen. Obwohl Matt nicht zurückgerufen hatte, passte der Journalist ihn Punkt eins ab, als er zum Mittagessen ins Wayside Inn fahren wollte. Matt stöhnte innerlich auf.

„Matt! Erwische ich Sie ja doch noch", begrüßte Aubry ihn mit einem süßlichen Lächeln.

Sein Gesicht hatte etwas Rattenhaftes. Der Kerl war noch ein paar Zentimeter größer als er selbst, aber spindeldürr. Der kahl rasierte Kopf vermittelte etwas diffus Unberechenbares.

„Erzählen Sie mir von dem Schädel."

„Ich wollte gerade etwas essen gehen."

„Das ist doch wunderbar. Ich schließe mich Ihnen an."

Matt bedachte ihn mit einem bösen Blick.

„Passt es Ihnen nicht?" fragte Aubry. Er wusste, dass Matt jede Form von Öffentlichkeit mied und ihm die Sensationshascherei der Presse zuwider war. Aber das war nun mal sein Job. „Geben Sie mir irgendwas, was ich schreiben kann. Ich habe vor, die glückliche Finderin auch noch zu interviewen, aber vorher wollte ich wenigstens ein paar Takte mit Ihnen reden."

Matt überlegte einen Moment, dann sagte er: „Miss Tremayne arbeitet für Harrisons Investigations. Das ist ein Unternehmen, das Orte, an denen es angeblich spukt, genauer unter die Lupe nimmt. Die Firma ist bekannt dafür, dass sie schon viele Schwindeleien aufgedeckt hat. Bei uns hier in der Gegend gibt es einige Legenden mit einem wahren Kern. Und jedes Kind hat schon von dem kopflosen Mädchen im Wald gehört. Miss Tremayne hat den Mordfall in der Bibliothek nachrecherchiert und den vermissten Schädel gefunden."

„Dann ist also davon auszugehen, dass der Geist in Zukunft nicht mehr im Wald herumspukt, ist das richtig?"

„Ich halte das alles für kompletten Unsinn", erwiderte er fest. „Und wenn Sie etwas anderes schreiben, hänge ich Ihnen eine Klage an den Hals."

„Ach, kommen Sie, Matt."

„Ich meine es ernst, Aubry. Damals, als Julie Christopher Bauchschmerzen hatte, haben Sie das Gerücht in die Welt gesetzt, sie hätte eine Lebensmittelvergiftung. Folge davon war, dass der Doughnutladen fast pleite gegangen ist, nur weil Sie behauptet haben, sie hätte dort zuletzt etwas gegessen."

„Sie *hat* zuletzt dort gegessen."

„Aber sie hatte keine Lebensmittelvergiftung, sondern nur Bauchschmerzen! Und zwar weil sie Milch getrunken hatte, die nicht mehr gut war, weil sie die ganze Nacht auf dem Tisch gestanden hatte."

„Tja, Kinder! Was soll man da machen?" Aubry machte eine wegwerfende Handbewegung.

„Ich bin aber kein Kind. Und wenn Sie den Leuten wieder einen Ihrer berühmten Bären aufbinden, sehen wir uns vor Gericht, Aubry."

„Ach, Matt. Sie wissen selbst nur zu gut, dass Melody House ein bisschen Publicity ganz gut täte!" Nach diesen Worten drehte Aubry sich um und ging weg. Matt hätte ihn am liebsten zurückgerufen und ihm verboten, noch mit Darcy zu sprechen.

Aber dazu hatte er kein Recht.

Er schaute dem Reporter nach und verfluchte sich selbst. Er hätte dem Mann eine Geschichte auftischen sollen, die so gut war, dass Aubry gar kein Bedürfnis mehr verspürte, mit Darcy zu reden. Matt erwog, sie anzurufen, um sie vorzuwarnen. Aber was sollte er ihr sagen? Dass sie Aubry gegenüber behauptete, sie würde nicht an Geister glauben, obwohl das nicht stimmte?

Wütend ging er zu seinem Auto und schloss die Fahrertür auf. Sobald er hinter dem Steuer saß, verspürte er seltsamerweise den starken Drang, nicht ins Wayside Inn, sondern ganz woanders hinzufahren.

Bibliothek.

Er hatte gerade den Zündschlüssel umdrehen wollen und hielt wie erstarrt in der Bewegung inne. Er hätte schwören mögen, dass er das Wort so deutlich gehört hatte, als ob es jemand laut ausgesprochen hätte.

Matt ließ stöhnend den Kopf aufs Lenkrad sinken. Jetzt hörte er auch schon Stimmen! Himmel, nein, so weit durfte es nicht kommen. Verärgert über sich selbst startete er und schlug den Weg zum Wayside Inn ein, um auf halber Strecke doch umzudrehen.

Darcy hatte eigentlich nicht vorgehabt, in die Bibliothek zu fahren, aber sie hatte befürchtet, die fragenden Blicke und das ehrfürchtige Staunen in Melody House nicht aushalten zu können. Zumal an diesem Tag sowohl Clint als auch Carter im Haus waren. Und sie hatten *beide* reden wollen. Clint war charmant, aber zu neugierig. Er hatte ihr zugezwinkert und sie gefragt, ob sie ihm nicht vielleicht helfen könnte, seine Manschettenknöpfe wieder zu finden, die er an Weihnachten verlegt hatte. Und Carter löcherte sie mit Fragen nach ihrer Vergangenheit und was für Geheimnisse sie in ihrem Leben schon aufgedeckt hatte.

Darcy war das einfach zu viel, und so hatte sie beschlossen, in der Bibliothek Zuflucht zu suchen. Ein positiver Nebeneffekt davon war, dass sie auf diese Weise noch ein paar Nachforschungen über Amy Claytons Familie anstellen konnte. Sie war sich zwar sicher, dass die Leute in der Gegend wussten, wo sich das Familiengrab befand, aber sie zog es vor, in der Stille der Bibliothek nach Informationen zu suchen.

Als sie dort ankam, sah sie Mrs. O'Hara sofort an, dass diese bereits von ihrem Fund gehört hatte. Um so dankbarer war sie der Bibliothekarin, dass sie lediglich fragte, ob sie denn heute eine Tasse Tee wolle, und ihr, als hätte sie es erraten, genau die Bücher in die Hand drückte, die Darcy brauchte.

„Noch mehr zu diesem Thema finden Sie oben auf der Galerie." Mrs. O'Hara deutete auf die Treppe.

Darcy nickte dankbar und machte es sich mit ihrer Teetasse sowie den Büchern, die Mrs. O'Hara für sie herausgesucht hatte, in einem der Sessel im Erdgeschoss bequem und begann zu lesen.

Die Familie Clayton, die von Mitte des siebzehnten Jahrhunderts bis zum späten achtzehnten Jahrhundert in der Gegend ansässig war, hatte auf dem Friedhof der christlichen Gemeinde ein Familiengrab. Damit dürfte die Zubettung der Gebeine keine Schwierigkeiten bereiten.

Darcy ließ das Buch sinken und schaute auf die ausladende und wunderschön gearbeitete Holztreppe, wobei ihr erneut auffiel, in welch außergewöhnlichem Gebäude die Bibliothek doch untergebracht war. Darcy stand auf und ging über die schmale Wendeltreppe nach oben. Mit dem Finger fuhr sie die Buchrücken entlang und studierte die Titel. Zu ihrer Überraschung stellte sie fest, dass es sich fast ausschließlich um Familienchroniken handelte.

Wenig später fiel ihr Blick auf ein Buch ziemlich weit oben im Regal. *Die Stones von Melody House,* hieß es. Darcy stellte sich auf Zehenspitzen und streckte die Hand danach aus, als plötzlich die Dielen unter ihren Füßen nachgaben.

Instinktiv versuchte sie, an dem Bücherregal Halt zu finden, aber sie brach so rasend schnell durch den morschen Holzboden, dass sie es nicht mehr schaffte.

Sie stieß einen Schrei aus, fiel in die Tiefe, bekam jedoch wie durch einen Wunder einen Stützbalken zu fassen, an den sie sich panisch klammerte. Ein stechender Schmerz fuhr ihr in die Schultern, doch es Darcy gelang, sich weiter verzweifelt an dem Träger festzuhalten.

Noch bevor sie begriff, was geschehen war, ertönte ein weiterer Schrei.

Mrs. O'Hara stand starr vor Schreck direkt unter ihr, und erst in diesem Moment wurde Darcy bewusst, dass sie gute vier Meter über dem Erdgeschossboden in der Luft hing.

„Halten Sie durch! Halten Sie durch!" schrie Mrs. O'Hara aufgelöst. „Ich habe die Feuerwehr schon verständigt. Halten Sie durch, meine Liebe, oh mein Gott, halten Sie um Himmels willen durch!"

Darcy biss die Zähne zusammen. Arme und Schultern schmerzten, ihr Körper schien mit jeder Sekunde schwerer zu werden, doch wenn sie jetzt losließ, könnte das ihren Tod bedeuten.

„Ich begreife nicht, wie das passieren konnte!" hörte sie Mrs. O'Hara verzweifelt von unten jammern. „Bitte, bitte … halten Sie durch."

Darcy schaute nach unten, und sofort wurde ihr schwindelig. Ihre Hände waren schweißnass. Es war nur eine Frage der Zeit, wann sie endgültig abrutschen und in die Tiefe fallen würde. Sie schaute nach oben zu dem klaffenden Loch. Wenn es ihr doch nur gelingen würde, sich in einem Klimmzug auf den Balken zu hieven. Aber sie wusste, dass ihr dazu die Kraft fehlte. Darcy spürte, wie sie mehr und mehr den Halt zu verlieren drohte. Vor ihren Augen tanzten schwarze Punkte.

„Darcy!“

Das war Matts Stimme! Matt!

„Darcy, ich bin da. Lass einfach los. Ich fange dich auf. Vertrau mir.“

Lass einfach los. Vertrau mir.

„Darcy, ich stehe unter dir. Lass dich fallen. Dir wird nichts passieren.“

Ihm vertrauen … Das hatte nichts mit Vertrauen zu tun. Sie konnte sich einfach nicht mehr länger festhalten.

Schreiend fiel sie in die Tiefe, und für einen Sekundenbruchteil sah sie ihren Körper bereits blutüberströmt am Boden liegen.

8. KAPITEL

Matt taumelte zurück und stürzte zu Boden, als Darcy in seine Arme fiel, aber der Aufprall war relativ sanft. Einen Moment lagen sie beide reglos da, bis Darcy begriff, dass sie unverletzt und in Sicherheit war und sich aus der Umklammerung löste. Sie erschauerte vor Erleichterung.

„Bist du okay?“ fragte Matt.

Sie nickte. Dann schob sie ihre Finger in sein Haar und lächelte. „Aber du bist ganz staubig.“

„Dafür ist deine Bluse zerrissen, und dein Arm blutet“, konterte er.

„Oh, Liebes, oh, Liebes, oh, Liebes!“ wiederholte Mrs. O’Hara außer sich, während sie die beiden umarmte. In diesem Moment ertönte eine Sirene. „Ich verstehe einfach nicht, wie das passieren konnte. Das Haus ist eins a in Schuss, und ich bin doch auch oft oben in der Galerie. Da hätte ich doch gemerkt, wenn mit dem Boden etwas nicht in Ordnung wäre. Ich kenne das Geräusch, wenn sich eine Diele gelockert hat. Oh mein Gott, da fällt mir ein, dass ich tatsächlich etwas gehört habe. Das war, als die Schulkinder kürzlich da oben waren. Heilige Mutter Gottes, es hätte ein Kind sein können, das es ganz bestimmt nicht geschafft hätte, sich so lange festzuhalten. Darcy! Es tut mir so Leid. Matt, Gott sei Dank, dass Sie zufällig gekommen sind.“

Gott sei Dank, dass Sie zufällig gekommen sind.

Bei diesen Worten sträubten sich Matt die Nackenhaare.

Darcy hatte sich mühsam aufgerappelt und streckte ihm die Hand hin. Er griff danach, stand aber dennoch aus eigener Kraft auf. Sie zitterte noch immer. Auch wenn sie schon wieder lächelte, war dieser Zwischenfall mit Sicherheit nichts, worüber man einfach hinweggehen konnte.

„Hängen Sie ein ‚Geschlossen'-Schild an die Tür, Mrs. O'Hara", drängte Matt.

„Natürlich", gab Mrs. O'Hara zurück, ohne Darcy aus den Augen zu lassen. „Die Feuerwehr ist unterwegs, aber wir brauchen einen Krankenwagen."

„Nein!" protestierte Darcy. „Mir geht es gut."

„Du blutest am Arm", sagte Matt.

„Das ist nur ein Kratzer. Mir geht es gut, ehrlich."

Noch während Matt sie prüfend anschaute, drang das Blaulicht der Feuerwehr in den Raum, und gleich darauf stürzten Thayer Martin und Jimmy Tyson in die Bibliothek.

„Alles in Ordnung!" rief Matt schnell, immer noch mit Blick auf Darcy.

Aber es hätte genauso gut auch anders ausgehen können. Zum Zeitpunkt seines Eintreffens hätte Darcy auf dem Boden liegen können. Vielleicht nicht tot, aber ganz gewiss ernsthaft verletzt.

„Was zum Teu… Kuckuck ist denn passiert?" fragte Thayer, während er erst fassungslos auf Matt und Darcy, dann auf den Schutt und schließlich auf Mrs. O'Hara schaute.

„Der Boden ist durchgebrochen", sagte Matt schroff und fuhr fort: „Es soll sofort jemand von der Bauaufsicht kommen."

„Alles klar", sagte Thayer, während er schon sein Funkgerät aus der Halterung zog. Matt, der sich immer noch wie betäubt fühlte, war sich vage bewusst, dass Thayer die Zentrale anfunkte, während Jimmy vorsichtig um die heruntergekommene Diele herumging. Er selbst schaffte es immer noch nicht, seinen Blick von Darcy loszureißen, wobei er spürte, wie es ihm kalt über den

Rücken lief. Woher zum Teufel hatte er plötzlich gewusst, dass er in die Bibliothek kommen musste? Was wäre gewesen, wenn er dem Impuls nicht gefolgt wäre? Aber er hatte es getan. Obwohl er seit Jahren kein Mittagessen im Wayside Inn ausgelassen hatte.

Wieder ertönte eine Sirene, und dann kamen Jenkins und Smith vom Rettungsdienst hereingestürmt. Thayer berichtete ihnen kurz, was passiert war, während sich Smith beeilte, zu Darcy zu kommen.

„Lassen Sie mich mal sehen, Miss“, sagte Smith höflich.

„Danke, aber das ist wirklich nicht nötig“, beharrte sie.

„Zeig ihm deinen Arm, Darcy“, befahl Matt schroff. Zu schroff. Darcy warf ihm einen irritierten Blick zu.

„Jetzt setzen Sie sich erst mal in einen Sessel“, sagte Smith. Harry Smith, fünfundfünfzig, grauhaarig, mit einem struppigen Bart, war in seinem Fach einer der kompetentesten Männer, die man finden konnte. Er blieb selbst in den brenzligsten Situationen ruhig. Darcy stützte sich leicht auf ihn und ließ sich von ihm zu einem Sessel führen.

Matt hörte sie leise miteinander verhandeln, während er auf die Galerie ging, um sich die Stelle anzusehen, die unter Darcy nachgegeben hatte.

Er lief vorsichtig über die Dielen, und als er sich der schadhaften Stelle näherte, hockte er sich hin. Es sah ganz danach aus, als ob ein Brett morsch gewesen wäre. *Nur ein einziges.*

„Matt!“

Er ging vorsichtig zum Geländer und warf einen Blick nach unten. Smith schaute zu ihm herauf. „Ich glaube, wir können Miss Tremayne nach Melody House bringen. Kann jemand Pennys Auto zurückfahren?“

„Das kriegen wir schon hin", sagte Matt. „Darcy, lass dich von Harry nach Hause fahren. Ich komme später nach. Ich will nur noch warten, bis jemand von der Bauaufsicht da ist." Er verzog das Gesicht und winkte ihr zu.

„Wirklich, mir fehlt nichts, und ich kann selbst fahren", protestierte Darcy erneut.

„Dass du das kannst, weiß ich", gab Matt zurück.

Trotz der zerrissenen Bluse und dem Staub, der ihren Körper bedeckte, sah sie immer noch atemberaubend aus. Ja, mehr noch, mit ihren zerzausten Haaren, den Augen, die groß und erschrocken in ihrem weißen Gesicht standen, und ihrem empörten Aufbegehren fand er sie sogar anziehender denn je.

Hör auf damit, das Mädchen ist seltsam, versuchte er sich selbst zu ermahnen.

Sie hatte moralische Grundsätze, war würdevoll, schön, wenn auch oft distanziert. Entscheidend aber war, dass sie irgendetwas an sich hatte, das ihn unwiderstehlich anzog. Sie war kultiviert, weltgewandt, elegant und sinnlich bis in die Fingerspitzen. Und irgendwo unter all dem spürte er ihre Verletzlichkeit.

Er würde ihr auch nur Schmerz zufügen. Und doch …

„Ich komme nach, sobald ich hier fertig bin", sagte er.

Sie presste trotzig die Zähne zusammen und wirkte, als ob sie wieder protestieren wolle, doch dann wandte sie sich Smith zu und bedankte sich bei ihm.

Penny, die von Mrs. O'Hara telefonisch informiert worden war, wartete bereits ungeduldig auf der Türschwelle.

„Sie Ärmste, oh, Liebes, Sie Ärmste!" rief sie ein ums andere Mal und legte Darcy einen Arm um die Schultern, noch ehe diese ganz ausgestiegen war. „Kommen Sie gleich mit ins Haus. Ich lasse Ihnen ein schönes heißes Bad ein, das entspannt. Und hinterher mache ich Ihnen einen Tee – mit einem Schuss irischem Whiskey, der hilft gegen alles. Gott sei Dank ist nicht mehr passiert! Es ist wirklich ein Wunder. Sie hätten sich das Genick brechen können. Mein Gott! Wie können wir es zulassen, dass so etwas in Stoneyville passiert?"

Darcy lächelte sie an. „Penny, ich sage immer wieder, dass es mir gut geht, aber mir glaubt einfach niemand."

Harry Smith hatte sich zu ihnen gesellt, sagte jedoch nichts. „Und was möchten Sie, Kaffee oder Tee?" fragte Penny ihn. „Da Sie im Dienst sind, leider ohne Schuss", fügte sie hinzu, aber dann ärgerte sie sich, weil es so bevormundend klang. Dabei hatte sie Harry schon immer gemocht. Als letztes Jahr seine Frau mit erst zweiundfünfzig Jahren an Krebs verstorben war, hatte sie großes Mitgefühl mit ihm gehabt.

„Danke, Penny, aber ich muss zurück. Mein Kollege wartet in der Bibliothek auf mich." Er nickte den beiden zu. „Und, Miss Tremayne, falls Sie Kopfschmerzen bekommen sollten oder sonst irgendetwas ..."

„Ich habe mir den Kopf nirgends gestoßen, wirklich", versicherte Darcy.

Er nickte, winkte und stieg dann wieder in seinen Rettungswagen. Penny und Darcy schauten ihm nach. Es dauerte noch eine Weile, bis Penny ihren Blick losriss und sagte: „Armes Ding! Aber jetzt schnell ins Haus mit Ihnen. Clara Issy ist schon nach oben gegangen, um Ihnen ein Bad einzulassen. Oder ... na ja, genauer gesagt ist sie raufgegangen, um den Geist zu verscheuchen", ergänzte Penny und warf Darcy einen viel sagenden Blick zu.

„Um den Geist zu verscheuchen?“ fragte Darcy.

Penny erwiderte nach kurzen Zögern: „Ja, Liebes. Wir sind nämlich beide der Meinung, dass er verschwinden sollte. Wir wissen, dass er aggressiv ist, und haben Angst, dass er sich an Ihnen vergreifen könnte.“

Darcy schüttelte den Kopf. „Dieser Geist versucht uns etwas zu sagen, Penny. Er wird mir nichts tun.“

„Kommen Sie ins Haus, damit Sie diesen Schmutz und diese Sägespäne loswerden“, sagte Penny. Sie musterte Darcy von der Seite. Durcheinander, ja, das war sie, aber nicht verängstigt.

„Jetzt mal ganz ehrlich“, fuhr sie leise fort, während sie Darcy ins Haus führte. „Verstehen Sie mich jetzt bitte nicht falsch, aber ... ich glaube wirklich, es ist besser, wenn Sie abreisen.“

„Penny!“

„Im Ernst.“

„Aber der Geist ist doch hier im Haus, nicht in der Stadtbibliothek!“ sagte Darcy.

„Vielleicht hat er ja solche Angst vor Ihnen, dass er Ihnen gefolgt ist.“

„Und vielleicht war ja auch dieses Dielenbrett einfach nur morsch.“ Darcy blieb am Fuß der Treppe stehen und schaute Penny forschend an. „Penny, Sie wollten doch, dass jemand herkommt, um Matt zu beweisen, dass es hier wirklich spukt, oder?“

„Ja, aber das war damals, und jetzt ist jetzt.“ Penny war leicht verärgert. Darcy schien einfach nicht zu begreifen, dass sie möglicherweise wirklich in Gefahr schwebte.

„Wirklich, Penny, ich glaube, dass da im Lee-Zimmer ein Geist ist, der sehr hartnäckig auf sich aufmerksam zu machen versucht. Ich glaube allerdings nicht, dass er mir in die Bibliothek gefolgt ist.

Was mir passiert ist, war alles andere als angenehm, aber mir geht es gut, und wenn es mir nicht passiert wäre, hätte es jemand anders getroffen. Möglicherweise ein Kind, und dann wäre Matt vielleicht nicht da gewesen."

„Ja, das ist seltsam, nicht wahr?" fragte Penny nachdenklich. Wieso war Matt ausgerechnet zu diesem Zeitpunkt in die Bibliothek gefahren?

„Seltsam vielleicht, aber es war auch Glück", sagte Darcy. Penny war überrascht, als Darcy ihr die Hände auf die Schultern legte und ihr einen flüchtigen Kuss auf die Wange gab „Mir geht es gut, Penny, und ich fürchte mich nicht vor dem Geist im Lee-Zimmer, sondern bin immer noch sehr entschlossen. Ich nehme ein Bad, und dann komme ich wieder runter und trinke den Tee, den Sie mir versprochen haben. Aber hören Sie um Himmels willen auf, mich wie eine Schwerverletzte zu behandeln. Ich habe einen Kratzer am Arm, das ist alles."

Darcy lief eilig die Treppe hinauf, und Penny schaute ihr noch lange nach.

Es wäre schrecklich, wenn Darcy etwas zugestoßen wäre.

Sie musste sie unbedingt überreden abzureisen.

Es dauerte keine halbe Stunde, bis Dan Platt von der Bauaufsichtsbehörde kam, um den Schaden in Augenschein zu nehmen.

Dan war Mitte vierzig und muskulös gebaut. Er trug einen Schutzhelm über dem eisgrauen Haar und schaute sich, die Hände in die Hüften gestemmt, um: „Auf den ersten Blick deutet alles darauf hin, als ob ein morsches Dielenbrett nachgegeben hätte", sagte er.

„Aber warum nur ein einziges?" fragte Matt misstrauisch.

„Vielleicht ist ja das Dach undicht, sodass Wasser auf den Boden getropft ist."

„Das Dach ist in Ordnung, ich war oben."

„Manchmal läuft Wasser an der Wand runter und dringt in den Boden ein, ohne dass es jemand bemerkt. Es gibt aber auch noch andere Möglichkeiten."

„Welche denn zum Beispiel?"

„Vielleicht hat ja irgendwer etwas auf dem Boden verschüttet, wer weiß? Vielleicht waren Kinder da, die etwas zu trinken dabeihatten. Und dann haben sie etwas verschüttet und sich nicht getraut, es Mrs. O'Hara zu beichten. Ein verschütteter Softdrink – Cola oder Limo etwa – der nicht aufgewischt wurde, reicht schon, um das alte Holz zu beschädigen. Wer weiß? Auf jeden Fall sieht es nicht so aus, als ob hier jemand etwas manipuliert hätte, obwohl ich sowieso nicht wüsste, warum jemand so etwas machen sollte."

„Ich möchte trotzdem, dass diese Bretter im Labor untersucht werden."

„Klar, ganz wie Sie wollen."

Matt nickte.

Nachdem Dan und seine Leute ihre Arbeit beendet und sich verabschiedet hatten, ging Matt noch einmal nach oben. Nicht dass er Dan Platt unterstellte, seinen Job nicht gewissenhaft zu machen, aber er wollte auf Nummer sicher gehen.

Deshalb zog er jetzt eine kleine Tüte aus der Tasche und tat ein Stück von der morschen Holzdiele hinein.

Schließlich verließ er die Bibliothek und schloss ab, nachdem er sich davon überzeugt hatte, dass das „Geschlossen"-Schild an der Tür hing.

Und dann setzte er sich in sein Auto und fuhr Richtung

Washington. Von unterwegs rief er Shirley an, um ihr Bescheid zu sagen, dass er heute nicht mehr ins Büro käme, sie ihn jedoch jederzeit auf seinem Handy erreichen könne.

Es war keine lange Fahrt, aber trotzdem würde es Abend werden, bis er zurückkehrte.

„He!"

Darcy saß mit Penny im Wohnzimmer und trank gerade ihren Tee mit einem tüchtigen Schuss Whiskey, als Clint hereingestürmt kam. Sie war gerührt, als er schnurstracks auf sie zukam, sich zu ihr herunterbeugte und sie kurz, aber herzlich umarmte. Dann richtete er sich wieder auf und musterte sie besorgt. „Und es ist wirklich alles in Ordnung mit Ihnen?" fragte er.

„Alles bestens", versicherte sie ihm.

„Ich habe ihr gesagt, dass sie abreisen soll", sagte Penny entschieden und nahm einen langen Schluck von ihrem Tee.

„Wegen dieser Sache in der Bibliothek?" fragte Clint, während er sich wieder aufrichtete und Penny mit gerunzelter Stirn anschaute.

„Ich glaube, der Geist folgt ihr", erklärte Penny.

„Er folgt ihr?" wiederholte Clint ungläubig und setzte sich. „Wirklich, Penny, das ist verrückt."

„Nein, Sie sind ignorant", sagte Penny entschieden.

Clint zog eine Augenbraue hoch und grinste Darcy an. „Penny, ich habe früher oft in diesem Zimmer geschlafen. Das wissen Sie."

„Penny? Darcy? Wo seid ihr alle?" kam es aus dem Foyer.

Carter. So langsam trudelten offensichtlich sämtliche Hausbewohner ein.

„Im Esszimmer!" rief Darcy.

Wie Clint ging auch Carter direkt auf Darcy zu, beugte galant ein Knie und griff nach ihrer Hand. Dabei schaute er ihr ernst in die Augen. „Ist alles in Ordnung mit Ihnen?"

Sie lächelte. „Mir geht es gut. Und es wird nicht mehr lange dauern, bis ich in der Tageszeitung eine Anzeige aufgebe, dass es mir gut geht, damit es auch wirklich alle wissen." Mit einem Blick auf Penny fügte sie sanft hinzu: „Und ich werde nicht abreisen."

„Abreisen? Aber warum sollten Sie denn abreisen?" fragte Carter perplex.

„Penny glaubt, dass mir der Geist in die Bibliothek gefolgt ist und die Holzdielen durchstoßen hat."

Carter musste sich ein Grinsen verkneifen. „Warum sollte der Geist das tun? Ich dachte, Sie sind hier, um mit ihm zu reden."

„Jetzt reicht es aber, hören Sie sofort auf, sich über mich lustig zu machen", sagte Penny gekränkt.

Carter setzte sich ebenfalls an den Tisch. „Ich mache mich nicht über Sie lustig, Penny. Ich wundere mich bloß. Wenn da ein Geist ist – wovon ich absolut nicht überzeugt bin – könnte man doch annehmen, dass er mit jemandem reden will. Um von dem schrecklichen Fluch erlöst zu werden, der auf ihm lastet, und nicht mehr mit den Ketten rasseln zu müssen."

„Unsere Geister haben noch nie mit ihren Ketten gerasselt", sagte Penny mit einem scharfen Unterton in der Stimme.

Jetzt musste Carter doch grinsen. „Penny, es tut mir Leid, ehrlich. Ich mache mich nicht lustig über Sie. Ich kann einfach nur keinen Zusammenhang zwischen einer morschen Diele erkennen, die nachgibt, und einem Geist, der eigentlich nur an einem bestimmten Ort herumspuken sollte. Ich meine, haben Sie denn jemals von einem Geist gehört, der umherzieht und an verschiedenen Orten sein Unwesen treibt?"

Sie schaute ihn unnachgiebig an. „Sie wollen meine Meinung hören?"

„Na ja, nicht wirklich", murmelte Clint leise.

Penny warf ihm einen unheilverkündenden Blick zu. „Sie beide – und mit Matt verhält es sich nicht anders – tun alles Übersinnliche als dummes Zeug ab. Obwohl Darcy den Kopf der armen Amy gefunden hat, der mehr als zweihundert Jahre lang vermisst wurde! Auch wenn sie so etwas niemals behaupten würde, sage ich Ihnen doch, dass der Geist ihr gezeigt hat, wo der Schädel liegt."

„Und? War es so?" fragte Clint Darcy.

Darcy spürte, wie sie rot wurde. Penny brauchte Rückendeckung, gleichzeitig wollte sie aber auch verhindern, dass Clint und Carter erst richtig in Fahrt kamen.

„Ich habe recherchiert und mich von meiner Intuition und vielleicht irgendeiner Energie aus der Vergangenheit leiten lassen", murmelte sie unbehaglich.

„Da habt ihr's", sagte Penny mit Genugtuung.

„Genau, da haben wir's. Darcy hat sich nur die Geschichte hinter der Legende angeschaut", sagte Carter. „Jetzt mal ehrlich, Penny! Ich hatte ein paar schöne Nächte in dem Zimmer. Clint hat die eine oder andere Eroberung dort verführt. Sogar Matt hat viel Zeit in diesem Raum verbracht, oder? Lavinia war ganz vernarrt in das Lee-Zimmer. Sie fand seine Geschichte so aufregend."

„Richtig, er hat dort viel Zeit mit seiner charmanten Ehefrau verbracht", erinnerte Clint Penny lächelnd.

Penny bedachte ihn mit einem finsteren Blick.

„Jetzt sieh mich nicht so an, Penny. Entscheidend ist, dass alle vermeintlichen Machos viele Nächte in diesem Zimmer verbracht haben … und nichts passiert ist. Mit euch Frauen geht einfach die Fantasie durch. Das war bei der verängstigten kleinen Braut so, bei Clara Issy … Und Darcy … na ja … sie behauptet, eine Geisterjägerin zu sein. Entschuldigung, Darcy", fügte er eilig hinzu.

„Vielleicht handelt es sich ja um einen Geist, der etwas gegen Frauen hat", sagte Clint grinsend. „Manche Pferde sind genauso. Und Hunde auch. Sie ziehen ein bestimmtes Geschlecht vor. Könnt ihr euch noch an die deutsche Schäferhündin erinnern, die wir vor Jahren hatten? Gracie. Sie verabscheute Männer, aber sobald eine Frau in ihre Nähe kam, wurde sie lammfromm."

„Ja!" stimmte Carter zu. „Und erinnert ihr euch noch an diesen kleinen weißen Mopp, den Lavinia hatte?"

„Ein Lhasa Apso", sagte Clint.

„Was auch immer. Auf jeden Fall war der Hund das niedlichste weiße Fellknäuel der Welt – außer, ein Kerl wagte es, sich ihm zu nähern und versuchte ihn womöglich zu streicheln. Da hat er sofort die Zähne gebleckt und geknurrt wie ein Löwe", erinnerte sich Carter.

„Als Matt den Hund sah, hätte ihm sofort klar sein müssen, dass er sie unmöglich heiraten kann", sagte Clint.

„Ach, zum Teufel, sie war doch für uns alle das heißeste Ding seit der Erfindung des Feuers", erinnerte Carter ihn.

„Darum geht es doch jetzt gar nicht", mischte sich Penny ein.

„Worum denn dann?" fragte Clint.

„Obwohl, Penny, vielleicht haben wir die Lösung ja schon", sagte Carter mit einem Auflachen. „Wir haben einen Geist, der etwas gegen Frauen hat. Vielleicht ist es ja eine Sie, und sie ist einfach eifersüchtig auf alle bildschönen Mädchen."

„Wenn Clara Sie hören würde, würde sie sich wirklich sehr geschmeichelt fühlen", konterte Penny spitz.

„Clara ist anbetungswürdig", widersprach Clint.

„Aber wohl kaum ein Mädchen", erinnerte ihn Penny.

„Es bleibt dabei, Penny", sagte Carter. „Es ist einfach lächerlich, den Unfall in der Bibliothek mit einem wie auch immer gearteten bösen Geist aus dem Haus in Verbindung zu bringen."

„Und es bleibt auch dabei, dass ich nicht abreise", warf Darcy entschieden dazwischen und stand auf. „Vielen Dank dafür, dass Sie sich solche Sorgen um mich machen, Penny. Aber da die Bibliothek jetzt geschlossen ist, würde ich mir gern Ihr Archiv ansehen, erlauben Sie mir das?"

„Aber sicher, Liebes. Fühlen Sie sich in meinem Büro ganz wie zu Hause", erwiderte Penny, während sie aufstand, konnte es sich aber trotzdem nicht verkneifen hinzuzufügen: „Obwohl es mir wirklich lieber wäre, wenn Sie es sich noch einmal überlegen würden."

Darcy lächelte. „Ich werde gut auf mich aufpassen, Penny. Versprochen."

„Um sieben gibt es Abendessen", verkündete Penny.

„Ich werde pünktlich sein", versicherte Darcy und machte sich auf den Weg in das Büro.

Die Frau war ein echtes Organisationstalent. Darcy ließ bewundernd ihren Blick über die Bücherregale schweifen, wo fein säuberlich nach Rubriken getrennt und alphabetisch angeordnet Historisches, Legenden und Gespenstergeschichten standen. Sie setzte sich einige Minuten lang auf Pennys Schreibtischstuhl und dachte noch einmal an das, was in der Bibliothek passiert war. Sie glaubte nicht daran, dass der Geist aus dem Lee-Zimmer wirklich aggressiv und böse war, viel eher verzweifelt. Und Carter und Clint hatten heute Nachmittag einen interessanten Punkt angesprochen – der Geist hatte es offenbar nur auf Frauen abgesehen.

Aber was bedeutete das?

Darcy stand auf und nahm einen Band aus dem Regal, der von den Anfängen von Stoneyville erzählte. Die ersten Seiten, auf denen viel von der Architektur und den damals verwendeten Baumaterialien die Rede war, überblätterte sie, bis sie zu der traurigen Geschichte von der armen Melody kam, die ihr Leben am Fuß der Treppe in den Armen ihres Geliebten ausgehaucht hatte. Sie wurde christlich bestattet, aber ihre Eltern kamen über den Verlust ihres geliebten Kindes bis zu ihrem eigenen Tod nicht hinweg. Dennoch schien es nicht ihre ruhelose Seele zu sein, die in dem Haus herumspukte, denn sie hatte nicht das Lee-, sondern das Jackson-Zimmer bewohnt.

Beim Weiterlesen überschlug Darcy immer wieder Seiten, in denen chronologisch von Geburten, Taufen, Eheschließungen und Todesfällen berichtet wurde. Doch als sie zum Jahr 1777 kam, stieß sie auf eine höchst merkwürdige Geschichte. In der Familie Stone gab es offenbar viele uneheliche Kinder. Arabella Latham, geboren auf der illegitimen Seite der Stones, hatte ihrer Familie nie verziehen, dass sie während der Revolution Partei für die Patrioten ergriffen hatte. Ihr Urgroßvater, Malachi Stone, starb noch vor Fertigstellung des Hauses, und man erzählte sich, dass er seinem Bruder eine große Geldsumme geliehen hatte. Malachis Nachfahren jedoch – die ehelichen ebenso wie die unehelichen – sahen von diesem Geld nie einen Penny.

Arabella indes hatte eine leidenschaftliche Liebesaffäre mit

Regan Stone, einem legitimen Cousin des damaligen Hausbesitzers Ryan Stone, und verbrachte viel Zeit in Melody House, während der sie sich in der Bewunderung der beiden Cousins sonnte. Allerdings wurde vermutet, dass sie ein Auge auf den legalen Erben Ryan geworfen hatte und Regan nur als Türöffner benutzte. Ryan wiederum liebte Mary Anderson, eine junge Schönheit aus der Gegend, die sich von ihrer eigenen Familie – strengen Tories – lossagte und mit Ryan durchbrannte.

Als Arabella von der Heirat der beiden erfuhr, war sie wütend, doch dann beschloss sie, sich mit der zweitbesten Möglichkeit zufrieden zu geben, die darin bestand, ihren Geliebten in die Ehe zu locken.

Ryan zog gegen die Briten in den Krieg, obwohl niemand der lächerlich kleinen amerikanischen Armee eine Chance gab. Und seine Frau Mary, die ihrem geliebten Ehemann nah sein wollte, folgte ihm von Schlachtfeld zu Schlachtfeld durchs ganze Land.

Irgendwann in diesen Tagen verschwand die ehrgeizige Arabella spurlos. Regan zog ebenfalls in die Schlacht und fiel bei Monmouth. Ryan Stone hingegen überlebte den Krieg und kehrte mit seiner Mary, die ihm im Lauf der Jahre nicht weniger als elf Kinder – zehn Söhne und eine Tochter – geboren hatte, nach Hause zurück.

„Arabella!“ murmelte Darcy.

Sie schloss die Augen und versuchte, sich zu konzentrieren. Dabei ließ sie die Traumvisionen, die sie gehabt hatte, vor ihrem geistigen Auge Revue passieren.

Sie sah den Mann, der vor dem Haus stand und schließlich hineinging.

Die Frau drinnen.

Es könnte sein, dachte sie. Da sich Arabella offensichtlich nach gesellschaftlicher Anerkennung gesehnt und das Bedürfnis gehabt hatte, ihre Affäre zu legalisieren, während Regan sie nur als Mätresse wollte, war es zwischen den beiden mit Sicherheit zu Auseinandersetzungen gekommen. Und wenn ihre Affäre wirklich so leidenschaftlich gewesen war, wie behauptet wurde, hatten sie sich bestimmt ebenso leidenschaftlich gestritten.

Es war gut möglich, dass Arabella intime Geheimnisse ihres Geliebten gekannt und versucht hatte, ihn zu erpressen.

Vielleicht war sie deshalb ja für ihn zu einer Last geworden.

Als es an der Tür klopfte, schrak Darcy zusammen.

„Ja?" fragte sie.

Carter steckte den Kopf durch den Spalt. „He, Sie schmökern ja immer noch. Es gibt gleich Essen. Sie hatten heute einen anstrengenden Tag, und auch wenn Sie noch nicht Schluss machen wollen, brauchen Sie wenigstens eine Pause."

„Danke, Carter", sagte sie. „Sie haben Recht. Ich komme sofort. Abendessen klingt wundervoll."

Er wartete an der Tür auf sie und legte ihr kameradschaftlich einen Arm um die Schultern, als sie sich ihm anschloss.

„Sie lassen sich nicht so leicht abschrecken, was?"

Darcy lachte. „Dann hätte ich meinen Beruf verfehlt."

Während sie über den Flur ins Foyer gingen, schwang die Haustür auf und Matt stand in Uniform auf der Schwelle. Erst als Darcy den Blick sah, mit dem er sie und Carter musterte, wurde ihr bewusst, dass Carters Arm immer noch auf ihren Schultern lag. Hastig zog Carter ihn weg.

„He, da kommt ja unser Gesetzeshüter", sagte Carter gut gelaunt. „Du kommst genau passend zum Abendessen."

Matt nickte und warf einen Blick auf Darcy. „Geht es dir wirklich gut?“

Wie oft wollte er das eigentlich noch fragen? Sie musste sich Mühe geben, nicht mit den Zähnen zu knirschen. „Ja, im Ernst. Ich bin okay.“

Jetzt erschien Penny auf der Bildfläche. „Matt! Schön, dass Sie pünktlich sind. Wo haben Sie denn gesteckt? Ich habe von Shirley erfahren, dass Sie nicht im Büro waren.“

„Stimmt. Ich hatte außerhalb zu tun“, gab Matt, den Blick immer noch auf Darcy geheftet, einigermaßen vage zurück. Dann drehte er sich zu Penny um. „Fangt schon mal ohne mich an. Ich will vor dem Essen noch schnell duschen.“

Ohne eine Antwort abzuwarten, verschwand er nach oben.

„Darf ich bitten, meine Damen?“ fragte Carter und bot Penny und Darcy je einen Arm an.

Lächelnd hängten sie sich ein und gingen in Richtung des Esszimmers, als Darcy unvermutet von einem kalten Luftzug angeweht wurde. Eine Eiseskälte schien sie einhüllen zu wollen.

Gleich darauf verspürte sie ein seltsames Ziehen …

Als ob jemand versuchte, sie von Carters Seite zu lotsen.

Sie zurückzuhalten.

Sie ganz für sich zu behalten.

Allein.

„Dann gehört also dieser Totenschädel wirklich der armen Amy, die seit über hundert Jahren durch den Wald irrt", sagte Clint, während er sich noch einmal Kartoffelbrei auftat. „Das bedeutet, dass wir eine schöne Trauerfeier abhalten müssen, um ihren Kopf mit den übrigen sterblichen Überresten zu begraben, richtig?" Er schaute Matt an.

„Aber natürlich!" rief Penny aus, bevor Matt etwas sagen konnte.

Matt schaute sie mit hochgezogener Augenbraue an.

„Wir sollten ihn in aller Stille beerdigen", sagte er. „Wenn wir es öffentlich machen, haben wir die gesamte Boulevardpresse von hier bis Alaska auf dem Hals."

„Matt, wirklich!" sagte Penny empört.

Obwohl Matt vielleicht übertrieb, hatte er doch nicht ganz Unrecht. Die Leute liebten solche Geschichten, und auch wenn sich die *New York Times* vielleicht nicht unbedingt darauf stürzen würde, war doch davon auszugehen, dass sich die kleineren Zeitungen so einen Leckerbissen ganz bestimmt nicht entgehen lassen würden.

„Aber was wäre eigentlich so schlimm daran?" fragte Carter. „Es könnte doch ganz nett sein. Eine traurige Geschichte mit einem glücklichen Ende. Und die Reporter würden schreiben müssen, dass der Geist zur Ruhe gebettet wurde, was bedeutet, dass der Spuk damit ein Ende hat. Richtig, Darcy?"

Darcy legte ihre Gabel hin. „Der Schädel sollte mit den restlichen Gebeinen bestattet werden. Eine Totenmesse wäre schön. Alles andere ist wahrscheinlich nicht so wichtig."

„Nichts davon ist wirklich wichtig“, sagte Matt. Er klang verärgert.

Darcy wählte ihre Worte sorgfältig, als sie sagte: „In Wirklichkeit geht es nicht darum, ob Amys Geist noch durch den Wald irrt oder nicht. Wir bestatten unsere Toten, um ihnen Respekt zu erweisen. Zugegeben, Amy hat keine Verwandten mehr in der Gegend – zumindest nicht, soweit wir es wissen – aber sie war immerhin ein Mensch. Ein höchst bemitleidenswerter, wenn man bedenkt, wie sie ums Leben kam. Deshalb sollten wir, um ihr Respekt zu erweisen, dafür sorgen, dass ihr Schädel zusammen mit ihren übrigen sterblichen Überresten begraben wird.“

Matt sagte nach einem Moment des Nachdenkens: „Dagegen habe ich im Prinzip gar nichts. Aber man darf nicht vergessen, dass sie vor zweihundert Jahren begraben wurde. Der Sarg war wahrscheinlich aus einfachem Holz und ist längst verrottet. Heute haben wir andere Bestattungsgesetze. Wir können unser Möglichstes versuchen – weil es sich einfach so gehört, wie ihr ganz richtig sagt.“ Er schaute sich am Tisch um. „Aber wer in ein großes Museum geht, kann dort alle möglichen Schädel und Knochen finden, die man irgendwo ausgebuddelt hat. Tot ist tot. Ich betrachte es als erwiesen, dass wir unsere irdische Hülle für ein Weiterleben nach dem Tod nicht brauchen – falls es so etwas tatsächlich geben sollte.“

„Meine Güte, Matt, Sie haben aber auch wirklich keinen Funken Romantik in sich!“ stöhnte Penny.

„Was hat Romantik mit Mord zu tun?“

„Es geht einfach darum, dass sie wenigstens an ihrer letzten Ruhestätte wieder vollständig ist“, sagte Penny entschieden.

Matt zuckte resigniert die Schultern. „Okay, Penny, wir werden dafür sorgen, dass der Schädel zu den übrigen sterblichen Überresten kommt, okay?"

„Und lassen wir auch eine Messe lesen?" bat Penny.

Er gab sich mit einer Handbewegung geschlagen. „Was immer Sie wünschen, Penny."

„He." Darcy war entschlossen, das Thema zu wechseln. „Hat irgendjemand von Ihnen schon mal von einer Frau namens Arabella gehört?"

„Ja, ich", sagte Penny. „Sie war wahrscheinlich die uneheliche Tochter eines entfernt verwandten Stone, die versucht hat, sich den legitimen Erben zu angeln. Der heiratete jedoch eine andere, und von ihr hörte man nie mehr etwas. Warum? Haben Sie etwas über sie gelesen?"

„Ja, gerade eben."

Penny wurde plötzlich ganz aufgeregt. „Aber ich habe noch nie gehört, dass sie eines gewaltsamen Todes gestorben sein soll."

„Aber sie verschwand. Vielleicht wurde sie ermordet. Sie könnte im Lee-Zimmer herumspuken."

Matt rutschte lautstark mit seinem Stuhl zurück. „Bitte entschuldigen Sie mich, Ladies, Gentlemen. Ich brauche dringend frische Luft."

Matt stand auf und verließ das Esszimmer. Penny faltete die Hände und schaute Darcy aufgeregt an. „Arabella! Ich weiß, was Sie meinen. Sie ist aus den Aufzeichnungen ebenso verschwunden wie aus der Gegend – und zwar, weil sie tot war. Ermordet von ihrem verräterischen Geliebten. Im Lee-Zimmer."

„Oder so ähnlich", sagte Darcy.

Carter stöhnte laut auf. „Es gab aber keine Leiche."

„Menschenskind!" stöhnte Penny auf. „Ein Mann, der sich in

der Gegend gut auskannte, konnte – vor allem damals, als man noch nicht über die heutigen Ermittlungsmethoden verfügte – eine Leiche problemlos verschwinden lassen." Sie schaute Darcy ernst an.

Darcy wiegte abwägend den Kopf. „Ich fürchte, dass selbst heute immer noch viele Leichen einfach verschwinden und viele Morde ungesühnt bleiben."

„Gut möglich", sagte Carter und fügte dann mit einem Schulterzucken hinzu: „Aber ich lasse die Damen jetzt allein Detektiv spielen." Er streckte sich gähnend. „Ich glaube, ich gehe noch mal raus, ein bisschen Billard spielen. Hat irgendwer Lust mitzukommen?"

Er schaute sich hoffnungsvoll am Tisch um.

„Heute Abend nicht", sagte Clint.

„Bist du sicher?" fragte Carter. „Und was ist mit Ihnen, Darcy?"

Sie schüttelte den Kopf. „Danke. Vielleicht morgen."

Clint lachte. „Carter, du brauchst wirklich nicht so enttäuscht den Kopf hängen zu lassen. Ich habe mir sagen lassen, dass man unsere neue charmante Stadträtin öfter abends im Wayside Inn beim Billard antreffen kann. Aber ich wette, das wusstest du bereits."

„Vielleicht ist sie da, vielleicht aber auch nicht", sagte Carter.

„Warum laden Sie sie nicht einfach ein, wenn Sie Interesse an ihr haben?" schlug Darcy vor.

„Tja, da Sie mir ja ständig einen Korb geben, sollte ich es wohl zumindest in Erwägung ziehen."

Darcy fühlte sich ein bisschen unwohl in ihrer Haut und wusste nicht, was sie sagen sollte, doch dann lächelte Carter und zwinkerte ihr zu. „Sie meinen also, ich sollte sie fragen, hm?"

„Ja, sicher, warum nicht?"

„Na schön, ich werde darüber nachdenken. Aber bis dahin lasse ich es darauf ankommen, vielleicht laufen wir uns ja irgendwann zufällig über den Weg. Gute Nacht, alle miteinander."

Er winkte ihnen zu und verließ den Raum.

Penny sprang auf. „Oh Himmel! Ich muss abräumen."

„Ich helfe Ihnen", bot Darcy an. „In ein paar Minuten sind wir fertig."

Sie stand auf und begann, die Teller zusammenzuräumen. Clint erhob sich ebenfalls. „Schätze, ich habe mich wohl nicht schnell genug verdrückt", sagte er mit einem resignierten Aufstöhnen.

„Ein bisschen Arbeit kann Ihnen bestimmt nicht schaden, junger Mann", sagte Penny.

„Dazu könnte ich jetzt etwas sagen, aber ich verkneife es mir lieber, bis der richtige Moment gekommen ist."

Penny musterte ihn zweifelnd. „Aha." Dann griff sie nach einer Kasserolle und ging damit in die Küche.

Darcy spülte die Teller unter fließendem Wasser kurz ab, und Clint stellte sie in die Maschine. Sobald sie fertig waren, verabschiedete sich Darcy, begierig darauf, endlich ins Lee-Zimmer zu kommen.

Sie machte die Tür hinter sich zu und schaltete das Licht ein. Nachdem sie sich umgeschaut hatte, schloss sie die Augen und versuchte, die Atmosphäre des Raums in sich aufzunehmen.

Das Zimmer wirkte außergewöhnlich still und leise. Und leer.

„Arabella?" flüsterte sie. „Wenn es da ein Unrecht gab, können wir es zumindest öffentlich machen. Es gibt keinen Grund, so feindselig zu sein. Wir versuchen nur, dir zu helfen."

Keine Erwiderung. Kein kalter Luftzug, kein Wispern in der Luft. Nichts.

Sie wartete ein paar Minuten, dann trat sie auf den Balkon, legte die Hände aufs Geländer und ließ ihre Blicke über die mondbeschienene Landschaft schweifen. Dieses Fleckchen von Virginia war wirklich ein Stück gesegnete Natur.

Nach einer Weile ging sie ins Zimmer zurück.

Als sie den Fernseher anstellte, sah sie zu ihrer Überraschung, dass die Late-Night-Shows bereits begonnen hatten. Langsam begann sie sich auszuziehen und wollte schon nach einem Schlafshirt greifen, als sie mitten in der Bewegung innehielt.

Matt würde kommen. Dessen war sie sich sicher.

Sie entschied sich für ein einen hellblauen Morgenrock aus Seide.

Nachdem sie ihn angezogen hatte, setzte sie sich aufs Bett, schaute eine Weile auf den Fernseher und wartete. Aber heute schien ihr der Geist des Lee-Zimmer nichts zeigen zu wollen.

„Ich verstehe das alles nicht“, sagte sie laut. „Du suchst doch Hilfe. Warum lässt du sie dann nicht zu? Oder willst du dich an den Stones rächen? Sie sind aber jetzt nicht mehr dieselben Leute wie damals. Matt Stone ist nicht der Mann, der dir das angetan hat.“

Und immer noch … nichts.

Mit einem Aufseufzen drehte sie sich um und rollte sich mit ihrem Kissen ein.

Matt wusste nicht genau, warum er so lange draußen auf der Veranda vor seinem Zimmer blieb. Obwohl er abends oft so dasaß wie jetzt und auf die von Mondlicht übergossene Landschaft schaute. Es hatte etwas Beruhigendes. Er liebte Melody House. Noch mehr aber liebte er Virginia und ganz besonders diese Gegend hier. Es war, als ob ihm die Liebe zu seiner Heimat in die Gene eingeschrieben wäre, und in manchen Nächten zeigten sie sich besonders deutlich.

Vielleicht blieb er deshalb heute so lange draußen, aber vielleicht wollte er auch einfach nicht noch mehr Unsinn von Penny hören.

Matt stand auf und ging auf das Geländer zu. Von hier aus konnte er Darcys Balkontür sehen. Sie war zu, aber vielleicht hatte Darcy ja nicht abgeschlossen. Er wusste nicht genau, was er sich mehr wünschte.

Er ging auf die Tür zu und drückte die Klinke nach unten. Offen.

Der Fernseher lief, die Nachttischlampe verbreitete ein gedämpftes Licht. Darcy schlief tief und fest. Er wusste, dass er das, was er nun vorhatte, nicht tun durfte.

Auf Zehenspitzen schlich er leise zum Bett.

Mit ihrem langen roten Haar, das sich wie ein Fächer auf dem Kissen ausbreitete, sah sie aus wie eine Heldin aus früheren Zeiten. Unter dem seidenen Morgenmantel zeichneten sich deutlich ihre langen schlanken Beine ab, und die nackten, schön geformten Füße lugten unter dem Saum hervor. Sie lag auf der Seite, und als sein Blick auf ihr Dekolletee fiel, wünschte er sich, seinen Kopf auf das herrlich weiche glatte Fleisch zu legen.

„Darcy?“ flüsterte er.

„Hm?“

Sie bewegte sich, dann schlug sie langsam die Augen auf und verzog die Lippen zu einem verführerischen trägen Lächeln.

„Na so was, Sheriff Stone“, sagte sie leise.

„Du hast deine Balkontür schon wieder offen gelassen“, erwiderte er, während er sich neben sie aufs Bett setzte.

Ihr Lächeln wurde breiter. „Ach, tatsächlich? Na so ein Zufall“, sagte sie mit heiserer Stimme, deren rauchiger Klang sein Blut so in Wallung brachte, dass es in seinen Ohren rauschte.

„Bist du wirklich sicher, dass es dir gut geht? Nach allem, was heute passiert ist?“ fragte er.

Sie lächelte wieder, dann richtete sie sich halb auf und legte ihm ihre Arme um den Hals. Mit in den Nacken gelegtem Kopf versicherte sie ihm mit verboten sinnlicher Stimme: „Wirklich, ganz ehrlich, mir geht es gut. Sehr gut sogar. Soll ich es dir beweisen?“

Inzwischen hatte sie sich vollständig aufgerichtet. Ihr heißer Atem, der sein Ohr streifte, entfachte in seinen Lenden ein loderndes Feuer. Er schlang seine Arme um sie und gab ihr einen leidenschaftlichen Kuss, bei dem ihre beiden Körper miteinander zu verschmelzen schienen. Seine Zunge erkundete ihren Mund, der so heiß war und süß. Ohne ganz von ihr abzulassen zog er sich aus und nur noch aus Haut, Muskeln, Sehnen und Lust bestehend richtete er sich über ihr auf. Seine Finger tasteten nach der glatten Seide ihres Morgenmantels und schoben den Stoff hoch, bevor sich Fleisch an Fleisch rieb und die Begierde explodierte. Er wünschte sich, in ihrem süßen Duft ertrinken zu können. Er berauschte sich daran, sie zu schmecken und zu fühlen, fuhr ihr wieder und wieder mit den Handflächen über ihre Haut und erkundete jeden Quadratzentimeter mit seinen Lippen. Er zwang sich, seinen Höhepunkt hinauszuzögern, um ihrer beider Lust noch ein bisschen auszukosten.

Heute war sie die treibende Kraft, indem sie sich an ihn

presste, ihn gleich darauf wieder von sich wegschob und in die Knie zwang. Indem sie erst mit ihren Fingerspitzen und dann mit ihrer glühenden Zunge köstliche Muster auf seine Haut zeichnete. Indem ihre Hände ihn umschmeichelten und erregten, fest den harten Beweis seines Begehrens umschlossen, und dann ihr Mund, die Lippen, die saugten und liebkosten, die heiße Zunge, die wahre Folterqualen und einen Sturm der Begierde entfachte, in dem er herumgewirbelt wurde, bis er glaubte, es nicht mehr aushalten zu können. Und dann lag sie plötzlich wieder in seinen Armen, ihre Körper verschmolzen in einem atemberaubenden Rhythmus, einem Stakkato, das wild war und süß und alles auslöschte, bis die Wucht des Höhepunkts sie nach Luft schnappen ließ und sie mit hämmernden Herzen erschöpft zurücksanken. Er presste sie an sich und ließ sie auch dann noch nicht los, als die Nachbeben abgeflaut waren. Es gab da Dinge, die er ihr gern gesagt hätte, aber er konnte es nicht. Er hatte Angst vor der Wahrheit, denn in seinem tiefsten Inneren hatte er Angst vor ihr. Allerdings nicht, weil sie elegant und kultiviert und rothaarig war, sondern weil da irgendetwas war …

Irgendetwas, von dem er sich herausgefordert fühlte, das alles, woran er glaubte, in Frage stellte.

Und trotzdem …

„Schon gut, du brauchst nichts zu sagen“, flüsterte sie.

Er spannte sich an.

Im Zimmer zeichneten sich die Konturen der Möbel und ihrer Körper in der Dunkelheit ab. „Ich erwarte nichts von dir“, fügte sie hinzu.

„Darcy …“

„Es ist okay.“

„Darcy …“

„Tu es nicht. Sag nichts“, beschwor sie ihn. „Komm einfach her.“

Darauf zog er sie an sich und hielt sie wortlos fest umschlungen.

Sie wusste, dass sie in dem Traum jemand anderes war.

Die Frau im Zimmer.

Sie spürte die Angst, von der die Fremde eingeholt wurde, als sie ein Geräusch hörte.

Es war ganz in der Nähe. Im Haus.

Die Frau zögerte, richtete sich auf und lauschte in die Dunkelheit.

Das Haus war oft voller Menschen. In dieser Nacht jedoch schien es verlassen. Anfangs war sie froh gewesen, endlich einmal allein zu sein.

Doch jetzt …

Sie stand auf, verließ das Zimmer und ging zum Treppenabsatz, um nach unten ins Erdgeschoss zu schauen. Als ihr Blick auf die Gestalt am Fuß der Treppe fiel, stockte ihr der Atem.

Er hatte das Haus betreten. Das Recht dazu hatte er, in seinen Augen zumindest. Er hatte jedes Recht, während sie überhaupt keine Rechte hatte. Seltsam, so wie jetzt hatte er bereits Dutzende von Malen dagestanden und zu ihr heraufgeschaut. Dann hatte er gelächelt. Und ihr Komplimente gemacht, sich bewundernd über das Licht geäußert, das ihr Gesicht umschmeichelte und in den schimmernden Falten ihres weißseidenen Morgenmantels spielte. Er hatte in ihr ein berauschendes Gefühl von Vorfreude, Glück … Erregung entfacht. Er war so vieles, was ein Mann sein sollte, gut aussehend und sinnlich, und er verstrahlte ein Gefühl von Macht, das immer wieder ihre Lust entfachte.

Aber heute Nacht lächelte er nicht.

Schweigend starrten sie sich einen langen Moment an. Lange.

Und dann …

Dann sah sie, was er bei sich hatte. Was er in seinen Händen hielt. Und die Art, wie er es umfasste … sie wusste, was er damit vorhatte.

Sie wollte schreien, aber es hätte sie sowieso niemand gehört. Dann drängten sich ihr Worte über die Lippen, unzusammenhängende, hilflose Worte, weil sie immer noch nicht glauben wollte, was doch offensichtlich war.

„Du … du hast mich geliebt", stammelte sie atemlos. „Du musst mich … du musst mich immer noch lieben. Das wirst du nicht tun. Du wirst es doch nicht tun?"

Die letzten Worte flüsterte sie nur noch. Es war ein Flehen. Ein Versuch, alles, was früher zwischen ihnen gewesen war, wieder neu zu beleben. Alles, was sie geteilt hatten.

Er schaute sie unverwandt an und erwiderte nichts.

Dann begann er, die Treppe hinaufzusteigen.

Und sie floh.

In das Zimmer, in dem sie geschrieben hatte, in dem sie sich ihre Rache ausgedacht und schriftlich niedergelegt hatte. Doch als sie die Tür hinter sich zuwerfen wollte, spürte sie ein Gegengewicht von außen. In dem Moment, in dem er in den Raum stürzte, entdeckte sie eine Kupferwärmflasche, die an einem Nagel an der Wand hing. Sie riss sie herunter und schleuderte sie ihm an den Kopf. Er taumelte mit einem Aufschrei zurück.

Sie nutzte die Gelegenheit zur Flucht und rannte an ihm vorbei die Treppe hinunter, wobei sich ihr langer seidener Morgenrock hinter ihr bauschte wie eine weiße Wolke.

Das war das Letzte, was Darcy sah, da sich eine Art schwarzer Nebel über die Bilder legte. Das war ungewöhnlich. Normalerweise waren die Visionen, die Darcy im Traum hatte, kristallklar. Manchmal wachte sie auf, wenn sie verblassten. Und manchmal wachte sie einfach so auf. Vielleicht wollte ihr Instinkt verhindern, dass sie zu viel sah. Oder vielleicht verhinderte es ja auch eine tief sitzende Angst. Sie versuchte, die Vision zurückzuholen, aber sie entglitt ihr, und sie musste es hilflos geschehen lassen. Sie wusste, dass sie aufwachen würde.

Dabei war sie so nah dran zu fühlen … was die Frau gefühlt hatte.

Und plötzlich wurde sie von einer massiven Welle der Angst erfasst. Darcy sprang wie von einer Tarantel gestochen aus dem Bett und rannte schreiend zur Tür. Aus irgendeinem Grund nahm sie an, dass die Tür offen wäre, aber das war ein Irrtum, wie esie geststellen musste. Als sie dagegen prallte, wachte sie auf. Benommen blieb sie stehen und versuchte, die letzten Bilder ihres Traums abzuschütteln.

„Darcy?“ Sie hörte hinter sich seine Stimme, die überrascht und besorgt klang.

Darcy traute sich nicht, sich umzudrehen, weil sie fürchtete, in seinen Augen nur Ablehnung zu entdecken. Mit gesenktem Kopf lief sie zum Bett, schnappte sich ihren Morgenrock, schlüpfte hinein und floh auf den Balkon. Draußen atmete sie die frische Nachtluft tief ein.

Sie hatte nicht damit gerechnet, dass er ihr folgen und seine

Hände auf ihre Schultern legen würde, aber seine warme, starke Präsenz hinter ihr tat ihr gut.

„Ist alles in Ordnung mit dir, Darcy?“ Seine Stimme war tief und ernst.

„Ja. Hör zu, es tut mir wirklich Leid …“

„Es braucht dir nicht Leid zu tun. Was ist passiert?“ fragte er. „Was war denn los? Hast du ein Geräusch gehört? War es im Haus?“

„Nein, nichts. Gar nichts. Nur ein Traum.“

„Erzähl mir davon.“

„Ich … da gibt es nichts zu erzählen. Ich habe ihn vergessen“, log sie.

„Darcy, bitte, erzähl mir …“

„Ich kann nicht. Ich weiß nicht mehr, was ich geträumt habe.“

„Okay, dann sag mir einfach …“

„Du willst nichts damit zu tun haben … mit mir, und das ist okay so, wirklich …“

„Ehrlich, Darcy, das Problem ist, dass ich einfach nicht genau weiß, was ich glauben oder nicht glauben soll. Ich wünschte, du würdest mir mehr darüber erzählen.“

Als sie herumfuhr, stellte sie erstaunt fest, dass in seinen Augen nicht wie vermutet Abscheu, sondern allein Zärtlichkeit stand. Seltsamerweise aber bestärkte sie das in ihrem Entschluss, sich zurückzuziehen. Er verstand wirklich nicht einmal die Hälfte von allem. Er glaubte es immer noch nicht. Denn wenn er es glauben würde, würde er sich von ihr abwenden.

Sie hob die Hände. „Es ist schwierig, etwas zu erklären, was man selbst nicht ganz versteht.“

„Gut. Dann lass mich dir helfen.“ Er strich ihr das Haar zurück, das ihr der Nachtwind übers Gesicht wehte. „Hast du diese … Visionen schon immer?“

Sie schüttelte den Kopf. „Nein.“

„Und seit wann hast du sie?“

Sie musste sich von ihm abwenden und umklammerte die Balkonbrüstung. In der Ferne zeichneten sich die Berge blauschwarz vor dem vom Mondlicht erhellten Horizont ab. Die ganze Welt schien friedlich zu schlafen. Nur in ihr tobte ein unerbittlicher Kampf.

„Auf der High School war ich eng mit Adam Harrisons Sohn Josh befreundet. Ich habe ihn sehr gemocht. Aber er war ein Außenseiter, von dem sich die meisten fern hielten. Sie fanden ihn seltsam. Manchmal war er selbst mir unheimlich. Er hatte diese Gabe … Er konnte vorhersagen, wann es regnen oder schneien würde, wann der Teich richtig fest zugefroren sein oder wann das Eis brechen würde. Aber das war nicht alles. Einmal hat er behauptet, wir würden einen Test schreiben, obwohl nichts angekündigt war, und als wir ins Klassenzimmer kamen, erfuhren wir, dass es tatsächlich so war. Oder er wusste, dass Mrs. Malone eine ganze Weile nicht da sein würde, weil ihr Mann sterben würde. Nun wusste er auch nicht alles. Aber es kam eben vor, dass er Dinge wusste, die er eigentlich nicht hätte wissen können.“

„Und was macht Adams Sohn jetzt? Arbeitet er auch mit euch zusammen?“

Darcy schüttelte langsam den Kopf. „Josh ist tot.“

„Oh. Das tut mir Leid“, sagte Matt. „Wirklich sehr Leid.“ Und dann, eine Sekunde später: „Was ist passiert?“

Darcy schüttelte wieder den Kopf und holte tief Luft. „Er ist bei einem Autounfall ums Leben gekommen. Ich saß mit ihm zusammen im Wagen. Ich war damals mit Hunter zusammen, einem Mitschüler aus der High School, aber kurz vor dem Abschlussball hatten wir Krach, deshalb fragte ich Josh, ob er nicht Lust hätte, mit mir zu dem Ball zu gehen. Das hat für einige Eifersüchteleien gesorgt, und einer von Hunters Freunden beschloss, Josh nach dem Abschlussball ein bisschen einzuheizen, indem er das Auto, in dem Josh und ich saßen, mehrmals rammte. Die Sache geriet außer Kontrolle, und es kam zu einem schweren Unfall, bei dem Josh und Hunters Freund ums Leben kamen, während Hunter und ich überlebten. Und dann ..."

„Und dann?" drängte er sanft, als sie nicht weitersprach.

Es dauerte noch eine Weile, bis sie den Kopf wandte und ihm in die Augen schaute. „Bei der Beerdigung hatte ich das Gefühl, als ob Josh ebenfalls anwesend wäre. Ich habe ... ihn gesehen und mit ihm gesprochen. Außerdem hatte er vorher gewusst, dass er sterben würde, was noch seltsamer war. Aber er hatte sich damit abgefunden. Danach ... na ja, danach fing es plötzlich damit an, dass ich irgendwelche Dinge voraussehen konnte. Nichts Besonderes, Kleinigkeiten. Wo etwas ist, was jemand anderes verloren hat, zum Beispiel. Am Anfang fand ich es nicht weiter beunruhigend, und ich dachte – genauso wie die Psychotherapeutin, die ich deswegen aufgesucht hatte – dass es nur eine Reaktion auf Joshs Tod wäre ... ein Versuch, damit fertig zu werden."

„Aber das war nicht so?"

Seine Stimme war immer noch sanft, und er musterte sie neugierig und längst nicht mehr so argwöhnisch wie sonst.

„Nein, denn ich fing plötzlich an, außer Josh noch andere Geister zu sehen", erklärte sie, mutiger geworden, allerdings ohne ihn auch nur eine einzige Sekunde aus den Augen zu lassen.

Seine Mundwinkel umspielte ein amüsiertes Lächeln. „Was denn für Geister?"

Wieder zuckte sie die Schultern. „Ich habe dir ja erzählt, dass ich auf der NYU war."

„Ja, und?"

Darcy beobachtete ihn weiterhin aufmerksam. „Eines Tages kam ich an einer sehr alten Kirche in der Nähe meines Studentenwohnheims vorbei und sah dort eine alte Frau auf und ab gehen. Sie wirkte so aufgeregt und durcheinander, dass ich stehen blieb und mich erkundigte, ob ich ihr irgendwie helfen könnte. Sie sah mich an wie einen Geist und fragte: ‚Ja, können Sie mich denn sehen?' Und ich erwiderte: ‚Ja, natürlich kann ich Sie sehen.' Daraufhin berührte sie mich an der Schulter, wobei sie aussah, als ob sie anfangen wollte zu weinen, aber zugleich wirkte sie unendlich erleichtert. Dann sagte sie: ‚Ich bitte Sie, gehen Sie zu meiner Enkelin Charisse und sagen Sie ihr, dass der Schmuck in der Shirley-Temple-Puppe ist. Es ist schrecklich wichtig. Sie ist da in der Kirche, aber mir gelingt es nicht, zu ihr durchzudringen, auch wenn ich mir noch so viel Mühe gebe. Sie sieht mich einfach nicht.' Ich dachte mir, dass die alte Frau ziemlich verwirrt sein muss, und versuchte sie zu beruhigen, indem ich ihr sagte, dass ihre Enkelin sie natürlich sehen könne und sie sie einfach nur anzusprechen bräuchte. Aber die Frau schüttelte wild den Kopf und wurde so aufgeregt, dass ich zu ihr sagte, ich würde jetzt in die Kirche gehen und Charisse sagen, dass der Schmuck in der Shirley-Temple-Puppe sei, was immer das auch heißen mochte. Danach verließ ich sie, um in die Kirche zu gehen.

Als ich mich am Eingang noch einmal nach ihr umdrehte, war sie verschwunden. Da in der Kirche gerade ein Trauergottesdienst stattfand und ich mich wie ein Eindringling fühlte, ging ich wieder nach draußen und hielt nach der Frau Ausschau, aber sie war weg. Nachdem ich sie nirgends entdecken konnte, ging ich nach Hause.

In dieser Nacht jedoch wachte ich von einem Schluchzen auf und bekam vor Schreck fast einen Herzschlag. Am Fußende meines Bettes saß die Frau, mit der ich vor der Kirche gesprochen hatte. Ich bekam so panische Angst, dass ich nicht einmal schreien konnte. Ich war wie gelähmt. Aber die Frau schluchzte immer noch so herzzerreißend, dass ich schließlich den Arm ausstreckte und sie berührte. Daraufhin sah sie mich an und sagte: ‚Sie haben mir versprochen, dass Sie es Charisse ausrichten. Bitte, sie hat sich aufopferungsvoll um eine alte Frau gekümmert, obwohl Ben bei diesem schrecklichen Zugunglück ums Leben kam und sie plötzlich mit drei kleinen Kindern allein dastand und selbst nichts hatte. Sie müssen mir helfen und ihr auch. Ich flehe Sie an. Sie kann mich nicht hören, auch wenn ich mir noch so viel Mühe gebe.‘

Ich wusste es, ich wusste es einfach. Diese Frau war tot und stand als Geist vor mir, und ich unterhielt mich mit ihr, als gäbe es nichts Natürlicheres auf der Welt."

„Vielleicht hast du es ja geträumt", sagte er. Matt klang ernst, aber er schaute sie wenigstens nicht an, als ob sie den Verstand verloren hätte.

„Kann sein, aber das war noch nicht alles." Sie legte eine kleine Pause ein und beobachtete ihn eingehend. „Denn dann war Josh plötzlich wieder da. Es war, als ob er der Frau ins Zimmer gefolgt wäre, als ob er nie weg gewesen wäre. ‚Darcy‘, sagte er, ‚bitte, sie braucht deine Hilfe. Geh zu ihrer Enkelin und richte ihr aus, worum sie dich gebeten hat.‘"

„Und du hast Josh versprochen, es zu tun?" fragte Matt nur ein kleines bisschen ungläubig.

Sie lächelte. „Nein."

„Was dann?"

„Ich erinnere mich nicht mehr genau. Als ich am nächsten Morgen aufwachte, versuchte ich mir einzureden, dass ich alles nur geträumt hätte, aber ganz glauben konnte ich es nicht. Ich ging wieder in die Kirche, wo ich den Pater traf. Ich fragte ihn, ob an der Trauerfeier gestern eine Frau namens Charisse teilgenommen hätte. Er bejahte und erzählte mir, dass sie Charisse Whittaker hieß und die Trauerfeier für ihre Großmutter Lanie Beacon gewesen wäre. Er erkundigte sich, ob ich eine Freundin von Charisse sei. Ich verneinte es, behauptete aber, Lanie gekannt zu haben, und fragte ihn, ob er Charisse einen Brief von mir geben könnte. Darin hatte ich ihr geschrieben, dass sie den Schmuck in der Shirley-Temple-Puppe finden würde. Der Pater erklärte sich bereit, ihr den Brief zu geben."

„Und, hat er es wirklich getan?" erkundigte sich Matt.

Darcy nickte. Matt berührte sie nicht, sondern lehnte einfach nur an der Balkonbrüstung und hörte ihr zu, als erzählte sie ihm eine x-beliebige Anekdote aus ihrem Leben.

„Und was geschah dann?"

Sie zögerte. „Drei Tage später rief mich Charisse an. Sie war außer sich vor Glück, da sie praktisch mittellos gewesen war, nachdem sie alle Arztrechnungen ihrer Großmutter bezahlt hatte. Lanie, die lange Zeit krank gewesen war, war vor ihrem Tod verwirrt gewesen und hatte Charisse wahrscheinlich deshalb nichts von dem Schmuck erzählt, der, wie sich herausgestellt hatte, ein kleines Vermögen wert war. Charisse bedankte sich überschwänglich und fragte mich, woher ich es gewusst hätte. Ich hatte keine andere Wahl, als ihr die Wahrheit zu erzählen. Sie kommentierte das nicht, sondern fragte mich lediglich, ob sie irgendetwas für mich tun könne. Ich verneinte und wünschte ihr und ihren Kindern viel Glück."

„Sie wollte sich nicht mit dir treffen, um sich persönlich bei dir zu bedanken?" fragte Matt.

Darcy lächelte trocken. „Sie hätte nicht überschwänglicher sein können – am Telefon. Aber das Bedürfnis, mich persönlich kennen zu lernen, hatte sie offenbar nicht. Ich glaube, die ganze Sache war ihr einfach nicht geheuer."

„Und danach?" fragte Matt.

„Es gab noch mehr ... Vorfälle. Mir ging es gut damals, ich studierte an der NYU und hatte angefangen, nebenbei als Fotomodell zu arbeiten, das heißt, auch finanziell ging es mir ziemlich gut. Dann träumte ich eines Nachts, der Bruder einer Freundin wäre gestorben, und ich wohnte seiner Beerdigung bei. Eine Woche später kam er tatsächlich bei einem Bootsunfall ums Leben. Ich fühlte ich mich entsetzlich elend. Ich hatte fast Angst, verrückt zu werden. Ich kann mich nicht erinnern, je in meinem Leben so verzweifelt gewesen zu sein. Tags darauf ging ich auf den Friedhof, und dort habe ich Josh zwar nicht gesehen, aber ich konnte ihn hören. Er riet mir, seinen Vater zu besuchen. Dabei fiel mir wieder ein, wie freundlich Adam bei Joshs Beerdigung zu mir gewesen war und dass er mich eingeladen hatte, zu ihm zu kommen, wenn ich irgendwelche Probleme hätte. Einen Tag später war ich bei ihm."

„Und Adam gelang es dann, dich zu überzeugen, dass du nicht krank oder verrückt bist, sondern eine besondere Gabe hast?" fragte Matt. Sie konnte nicht entscheiden, ob in seinem Tonfall Skepsis mitschwang oder nicht.

„Damals noch nicht", gab sie lächelnd zurück. „Aber wir

redeten sehr lange miteinander, und er bat mich wiederzukommen. So hat es mit Adam und mir angefangen. Ich besuchte ihn häufiger, machte alle möglichen Tests und lernte seine Mitarbeiter kennen. Lauter Leute, die Ähnliches erlebt hatten wie ich … auf die eine oder andere Weise. Wir verabredeten, dass ich zu Ende studieren und danach bei ihm anfangen sollte."

Sie machte eine Pause und zuckte wieder mit den Schultern: „Und so kam es dann auch."

Darcy schwieg und hoffte auf eine Reaktion von Matt, die ihr zeigte, dass er ihr wenigstens ein bisschen glauben und sich nicht von ihr abwenden würde. Aber sie blieb aus.

„Und?" fragte sie möglichst beiläufig.

„Es ist bestimmt ein gutes Gefühl zu wissen, dass man jemandem helfen konnte", sagte er schließlich. „Auch wenn dieser Jemand tot ist."

Er klang höflich, sogar sanft.

„Machst du dich über mich lustig?" fragte sie sehr ruhig.

„Nein."

„Aber ich weiß, dass du nicht an Geister oder überhaupt an übersinnliche Phänomene glaubst."

Er lächelte. „Nun, ich kann in der Tat nicht behaupten, dass ich überzeugt wäre."

„Aber?"

„Ich glaube an dich", antwortete er.

Sie musste sich verhört haben. „Was?" flüsterte sie.

Er machte einen Schritt auf sie zu und nahm sie zärtlich in den Arm. Als er begann, mit dem Daumen ihr Kinn zu streicheln, überkam sie ein Gefühl von tiefer Geborgenheit. Er blickte ihr in die Augen.

„Du bist anders, und dafür mag ich dich. Aber es gibt oft rationale Erklärungen für Dinge, die einem anfangs gar nicht rational erscheinen."

„Du glaubst, dass es für jedes Phänomen eine wissenschaftliche Erklärung gibt?"

„Vielleicht."

Sie lächelte. „Aber du glaubst doch an Gott, an ein höheres Wesen, oder?"

Er zögerte. „Ja."

„Und wie würdest du Gott dann wissenschaftlich erklären?"

Um seine Mundwinkel zuckte ein leises Lächeln. „He, in welche Diskussion willst du mich denn jetzt verwickeln?"

„Du weichst aus. Glaube ist nicht rational. Gott ist nicht rational erklärbar. Deshalb ... wenn es da wirklich ein höheres Wesen gibt, dann kann es doch auch noch eine andere Welt geben als die, in der wir uns jeden Tag bewegen."

„Was hältst du davon, wenn ich einfach nur versuche, offen zu sein?" fragte er.

„Das wäre ein fantastischer erster Schritt!" flüsterte sie.

„Es gibt allerdings eine Sache, von der ich absolut überzeugt bin", sagte er.

„Nämlich?"

„Du bist eine Naturgewalt", gab er zurück. Sie lächelte. Er hob sie hoch, und während sie sich eng an ihn schmiegte, trug er sie zurück ins Schlafzimmer.

Es dauerte noch lange, aber am Ende fiel Darcy in einen tiefen, traumlosen Schlaf.

10. KAPITEL

„Adam!“

Als Darcy am nächsten Morgen nach unten kam und im Esszimmer Adam Harrison mit Penny bei einer Tasse Tee antraf, war sie zunächst sprachlos und dann höchst erfreut.

„Da ist ja mein Mädchen!“ Er erhob sich, aufrecht und würdevoll wie immer, und als sie mit langen Schritten auf ihn zuging, um ihn freundschaftlich zu umarmen, huschte ein Lächeln über sein Gesicht.

Nachdem sie sich wieder von ihm gelöst hatte, musterte sie ihn forschend. „Ich wusste nicht, dass du kommst. Ich dachte, du hättest mit dieser Sache in London noch alle Hände voll zu tun.“

„Das habe ich auch, aber das muss jetzt erst mal warten“, gab er zurück. „Du hast nichts von dir hören lassen, junge Frau“, tadelte er sie.

Sie lachte. „Aber Adam, wozu hast du ein Handy? Du hättest mich nur anzurufen brauchen.“

Er zuckte die Schultern. „Normalerweise gehe ich davon aus, dass du mich anrufst, wenn du mich brauchst. Das weißt du.“

Sie musterte ihn mit hochgezogener Augenbraue. „Habe ich ein beunruhigendes Signal ausgesandt?“

„Funktioniert das wirklich so zwischen Ihnen?“ mischte sich Penny in ehrfürchtigem Ton ein.

Darcy lachte und schaute auf Adam. „Ich weiß es nicht genau“, sagte sie zu Penny.

„ Nein, das war es nicht“, versicherte Adam Penny. „Ich bin nur gekommen, weil die Situation in London wirklich ziemlich komplex ist. Wir werden uns später darum kümmern. Ich dachte mir, Darcy könnte bei ihrer Arbeit vielleicht ein bisschen Unterstützung brauchen – zumal ich ausnahmsweise dafür bezahle, statt bezahlt zu werden."

„Unterstützung?" wiederholte Penny. „Aber Sie sind der Chef …"

„Ah, aber längst nicht so begabt wie meine sehr außergewöhnliche Mitarbeiterin hier", versicherte Adam ihr. Darcy sah, dass er sie mit einem besorgten Blick streifte. „Ich habe gehört, dass du gestern einen Unfall hattest, der schlimm hätte ausgehen können."

„Morsche Dielenbretter, Adam, sonst nichts. Mir ist nichts passiert. Und so schlimm hätte es auch nicht ausgehen können. Ein Bein- oder ein Armbruch, sonst nichts. Aber das ist mir ja zum Glück erspart geblieben."

„Hast du irgendetwas dabei gefühlt?" fragte er.

„Du meinst, ob ein Geist seine Finger im Spiel hatte? Nein. Keinerlei Gefühl in der Richtung. Die Dielenbretter waren morsch. Ende."

„Aha, aber Penny hat mir erzählt, dass du im Wald eine vorzügliche Entdeckung gemacht hast", sagte Adam.

Darcy musste lächeln. „Adam, ich kann mir nur schwer vorstellen, dass irgendwer außer dir einen Totenschädel als eine vorzügliche Entdeckung bezeichnen würde."

„Ein bedauernswertes, brutal ermordetes Mädchen kann jetzt endlich seine ewige Ruhe finden", gab Adam in ernstem Tonfall zurück.

Penny sprang plötzlich auf. „Ach du liebe Zeit, bitte, entschuldigen Sie. Ich habe mich so gefreut, Adam zu sehen, dass ich alles andere vergessen habe. Warten Sie einen Moment, ich hole Ihnen Kaffee, meine Liebe."

„Penny, ich bin eine erwachsene Frau. Ich kann mich selbst um meinen Kaffee kümmern“, versicherte Darcy.

„Aber Penny ist eine Südstaatengastgeberin der großzügigsten Art“, sagte Adam und schaute sie mit einem Blick an, der zu sagen schien: *Lass Penny den Kaffee holen.*

„Ich mache es wirklich gern“, beteuerte Penny und verließ lächelnd das Zimmer.

„Nun?“ Adam schaute sie fragend an. „Was geht hier vor?“

„Ehrlich, Adam, ich weiß es nicht. Normalerweise ist eine unerlöste Seele froh, wenn sie endlich zur Ruhe kommt. Aber da ist irgendetwas, das ich nicht definieren kann.“

„Hat Josh dir nicht helfen können?“

Es hatte lange gedauert, bis Adam den Tod seines Sohnes schließlich akzeptiert hatte. Allerdings hatte Darcy seit vielen Jahren den Verdacht, dass es Adam schmerzlich berührte, dass sie mit seinem verstorbenen Sohn in Kontakt treten konnte und er nicht. Er nahm es ihr nicht übel, das nicht, aber sie glaubte doch, dass er darunter litt.

Sie schüttelte langsam den Kopf. „Nein, und das ist wirklich seltsam. Es ist fast, als ob er dieses Haus hier nicht betreten könnte. Als ob es ein Hindernis gäbe … er hat mir geholfen, Amys Schädel zu finden. Ich konnte genau sehen, wie der Mord passiert ist. Aber jedes Mal, wenn ich versuche, hier im Haus Kontakt mit ihm aufzunehmen, klappt es nicht.“

„Das ist wirklich sehr seltsam“, bemerkte Adam.

Darcy wollte gerade noch etwas hinzufügen, als Penny zurückkam.

„Hast du schon mit Matt gesprochen?“ fragte Darcy, nachdem sie ihre Tasse dankend entgegengenommen hatte.

„Nur kurz. Als ich ankam, war er gerade auf dem Weg ins Büro“, sagte Adam.

„Ich kann mir vorstellen, dass er sich sehr gefreut hat, dich zu sehen. Wie du weißt, war er ja anfangs von mir nicht besonders angetan.“

„Ja, er hat sich gefreut, aber das ist normal. Du weißt ja, dass ich mit seinem Großvater befreundet war.“ Adam unterbrach sich und musterte sie. „Und deine Anwesenheit hier beunruhigt ihn.“

„Ach ja?“ fragte Darcy betont beiläufig.

„Er hat Angst, dir könnte etwas passieren.“

Aus irgendeinem Grund spürte Darcy nicht die Fürsorge in diesem Satz, sondern fühlte sich vielmehr abgeschoben. Und das nach der gestrigen Nacht! „Adam, ich bin durch eine morsche Bodendiele gefallen und habe mich nicht verletzt. Matt glaubt nicht an Geister – warum um alles in der Welt sollte er dann fürchten, dass mir etwas zustoßen könnte?“ sagte sie heftiger als beabsichtigt.

Adam zog nur minimal die Augenbraue hoch, während sein Blick sie daran erinnerte, dass Penny zuhörte.

„Matt ist überzeugt, dass hier ein höchst lebendiger Mensch seinen Schabernack treibt“, mischte sich Penny ein.

„Ich weiß nicht, ob ich den Versuch, jemanden zu verletzen oder gar zu töten, als Schabernack bezeichnen würde“, erwiderte Adam.

Penny machte eine ungeduldige Handbewegung. „Matt ist eben so, wie er ist. Er glaubt einfach nicht an Geister. Für ihn kann das alles nur von einem Menschen aus Fleisch und Blut kommen.“

Darcy schwieg einen Moment verunsichert. Kürzlich nachts auf dem Balkon war sie auch davon überzeugt gewesen, dass der Schlag auf den Kopf nicht von einem Gespenst herrührte.

„Hast du es schon mit Sensoren, Kameras und Tonbändern versucht?“ erkundigte sich Adam bei Darcy.

„Nein. Du kennst mich doch. Ich verzichte erst mal eine gewisse Zeit auf technische Hilfsmittel.“

„Ja, ich weiß. Aber glaubst du nicht, dass du langsam damit anfangen solltest?“

Sie nickte, wenngleich sie auch froh war darüber, dass bisher in ihrem Zimmer noch keine Überwachungs- und Messgeräte installiert waren.

„Ich werde später Jenner anrufen – wie ich gehört habe, arbeiten wir mit seiner Firma zusammen“, sagte Adam. „Aber fürs Erste möchte ich mir die Stelle in dem Wald ansehen ... Wenn Sie uns entschuldigen, Penny.“

Darcy und Adam gingen an den Stallungen vorbei und hatten sich bereits ein ganzes Stück vom Haus entfernt, als Adam das Wort ergriff: „Also, wie siehts aus? Was glaubst du, was in diesem Haus vor sich geht?“

„Na ja. Hier herrscht schon eine große Unruhe! Auf jeden Fall gibt es einen unerlösten Soldaten aus dem Bürgerkrieg. Aber das ist ein guter Geist, wie mir scheint. Vielleicht fühlt er sich ja wohl hier und passt einfach nur auf das Haus auf. Generell sind die Schwingungen hier nämlich sehr gut.“

„Nur im Lee-Zimmer nicht.“

Darcy zuckte mit den Schultern. „Dort ist es am auffälligsten. Im Wohnzimmer habe ich allerdings auch schon eine seltsame Kälte gespürt.“ Sie schüttelte den Kopf. „Ich weiß nicht, was da vorgeht, Adam. Bis jetzt ergibt das alles einfach noch keinen Sinn.“

Sie erzählte ihm von Arabella und dem Verdacht, der sie beim Lesen beschlichen hatte, und schloss: „Ich habe versucht, Verbindung mit ihr aufzunehmen ... ohne Erfolg. Wie es scheint, hat nicht nur Josh Schwierigkeiten, in das Haus zu gelangen. Diese Sache ist wirklich seltsam. Eigentlich müsste Arabella ein Interesse daran haben, sich mitzuteilen. Sie müsste entdeckt werden wollen, damit endlich ans Licht kommt, dass sie ermordet wurde – vorausgesetzt natürlich, mein Verdacht stimmt."

Adam hüllte sich eine Weile in Schweigen, während sie den Weg hinuntergingen, dann fragte er: „Hast du das Gefühl, irgendwie bedroht zu werden?"

Sie blieb stehen und schaute ihn an. „Adam, du weißt, dass ich manchmal Ängste verspüre, die andere Menschen vor langer Zeit gefühlt haben. Seit ich hier bin, bin ich mehrmals zitternd aus dem Schlaf hochgeschreckt, aber das ist nichts Neues für mich, und ich bin entschlossen, dieser Sache auf den Grund zu gehen. Ich glaube, dass in dem Zimmer, in dem ich schlafe, jemand ermordet wurde. Ich habe es im Traum gesehen – in mehreren Träumen, bis jetzt jedoch immer nur bruchstückweise. Ich bin in die Haut der Frau geschlüpft, die in dem Zimmer lebte – und in die des Mannes, der sie verfolgt hat."

„Konntest du ihre Gesichter erkennen?"

Sie schüttelte den Kopf. „Noch nicht. Ich habe gesehen, wie er ins Haus ging, das heißt, ich war er, als er das Haus betrat. Und ich habe die Frau im Haus auf dieselbe Weise gesehen, zuerst war sie allein, dann wurde ihr klar, dass er gekommen war." Darcy atmete tief aus. „Letzte Nacht sah ich ihn die Treppe hinaufstürmen, in ihr Zimmer. Er war wütend. Er hatte einen langen Lederriemen bei sich – es kann auch ein Zügel gewesen sein – jedenfalls war dieser Riemen lang genug, um sie damit zu erwürgen, doch bevor es dazu kam, bin ich aufgewacht."

„Du warst aber offenbar schon ziemlich nah dran."

„Sehr nah."

„Ich sollte Wache halten, während du schläfst", schlug Adam vor.

Darcy überlegte einen Moment, dann schüttelte sie den Kopf. „Ich habe keine Angst, eher schon bin ich enttäuscht. Ehrlich. Ich möchte es verstehen. Und wir sollten die Geräte aufstellen, das hätte ich wahrscheinlich schon vor ein paar Tagen tun sollen. Aber wir werden auf den Filmen sowieso nichts sehen – höchstens ein bisschen Nebel. Ich muss weiter an diesem Traum arbeiten. Ich brauche die gesamte Abfolge der Ereignisse."

„Ich habe gehört, dass hier eine Séance abgehalten wurde."

„Ja, und da war definitiv das Gefühl einer spirituellen Präsenz – wenn auch nicht durch das Medium erzeugt. Und sie waren uns nicht alle wohl gesonnen. Das habe ich deutlich gespürt ... Außerdem muss sich jemand einen Scherz erlaubt und auf den Tisch geklopft haben."

Adam blieb abrupt stehen. „Ha!"

„Ha?"

„Wir werden die Séance wiederholen."

Darcy wirkte nicht sonderlich begeistert. „Also wirklich, Adam, ich weiß nicht. Die Frau, die sie durchgeführt hat, konnte man durchaus ernst nehmen, aber ein richtiges Medium war sie nicht."

„Sei nicht töricht, natürlich wirst du diesmal das Medium sein, auch wenn wir ansonsten alles genauso machen wie beim letzten Mal, mit denselben Personen."

„Und du willst herausfinden, wer auf den Tisch klopft? Ich kann dir jetzt schon sagen, dass da eigentlich nur Clint oder Carter in Frage kommen. Und vielleicht, aber nur ganz vielleicht Penny, weil sie unbedingt will, dass Matt an Geister glaubt."

„Ich werde auf jeden Fall wie ein Luchs aufpassen", versprach Adam. „Wenn wir diesem Geist auf die Spur kommen wollen, müssen wir erst diesem Witzbold aus Fleisch und Blut das Handwerk legen."

Darcy sah ihn zweifelnd an. „Also, ich weiß nicht, irgendetwas stimmt da nicht. Meistens wollen uns die Geister doch erzählen, was passiert ist, damit der Schuldige benannt wird und die Wahrheit ans Licht kommt. Das ist alles irgendwie so seltsam."

„Warten wir's ab, was bei einer Séance passiert, bei der du versuchst, mit dem Jenseits in Verbindung zu treten, während ich die Beobachtung übernehme", sagte Adam. Er drehte sich zum Haus um und schaute dann in ihre Richtung. „So, dann lass uns schleunigst umkehren. Wir haben heute Nachmittag noch viel zu organisieren."

„Aber willst du die Séance denn heute noch abhalten?"

„Warum sollten wir Zeit verschwenden?" konterte er. „Wenn es sich einrichten lässt, auf jeden Fall."

Matt legte langsam den Telefonhörer auf, stöhnte und ließ den Kopf auf die Schreibtischplatte sinken. Das durfte doch wohl nicht wahr sein!

Natürlich suchte sich Shirley ausgerechnet diesen Moment aus, um sein Büro zu betreten.

„Matt?" rief sie erschrocken aus.

Er hob den Kopf, schüttelte ihn und machte eine beruhigende Geste. „Mir geht es gut. Ich bin nur kurz davor, aus dem Fenster zu springen."

„Was ist denn passiert?" Shirley runzelte immer noch besorgt die Stirn.

„Ach, nichts. Nur dass Adam Harrison eingetroffen ist und in meinem Haus schon wieder eine Séance abhalten will."

Shirley machte ein nachdenkliches Gesicht und ließ sich mit einer Pobacke auf der Schreibtischkante nieder. „Und was ist daran so schlimm?"

„Shirley, Sie wissen ganz genau, dass ich mit diesem Hokuspokus nichts zu tun haben will", sagte Matt mit finsterer Miene.

Shirley schüttelte nachdenklich den Kopf. „Wissen Sie schon, was mit der Holzdiele in der Bibliothek war?"

„Ja. Soda."

„Was?"

„Das Brett war von Soda zerfressen ... Cola, Limo irgend so was, keine Ahnung."

Shirley schwieg einen Moment, dann sagte sie: „Dann ist doch alles in Ordnung. Ein Kind in der Bibliothek hat irgendein Getränk verschüttet, das es eigentlich nicht hätte mit hineinnehmen dürfen. Ende der Durchsage."

„Ja, könnte man glauben."

Wieder war es eine Weile still, bevor Shirley vorsichtig fragte: „Sagen Sie, Matt, kann es nicht sein, dass Sie diese Sache überbewerten? Ich meine, das, was da in der Bibliothek passiert ist, hat doch ganz offensichtlich nichts mit dem zu tun, was in Melody House vor sich geht, oder?"

Düster starrte Matt auf seinen Schreibtisch und schwieg.

„Aber Sie sind trotzdem überzeugt, dass es so ist?" fragte Shirley leise.

„Stimmt", sagte er schließlich.

„Und warum, wenn ich fragen darf?"

„Nur so ein Gefühl, schätze ich."

„Hm", sagte Shirley nachdenklich. „Aber mich würde noch etwas anderes interessieren. Als Miss Tremayne diesen Unfall hatte und sich nicht mehr länger an dem Balken festklammern konnte, warum, glauben Sie, waren Sie zufällig genau in diesem Moment zur Stelle?"

Matts Miene schien sich gar nicht mehr aufhellen zu wollen. „Vielleicht wusste ich ja, dass Darcy in der Bibliothek war und wollte sie einfach nur mal besuchen."

„Ach, Matt, hören Sie doch auf. Wahrscheinlich sind Sie hingefahren, weil Sie in diesem Fall eben auch eine Ahnung hatten. Womit hat ein Großteil der Polizeiarbeit denn zu tun? Mit Ahnungen."

„Intuition nennt man das", stellte Matt richtig.

„Wirklich, Matt, warum müssen Sie eigentlich dauernd widersprechen?"

„Shirley, bitte! Sie glauben doch selbst nicht an Geister."

„Ich weiß nicht genau, woran ich glaube", gab sie ernst zurück. „Natürlich würde ich nie sagen, selbstverständlich gibt es Geister, ich weiß ganz genau, dass es Geister gibt. Aber ich habe schon zu viele seltsame Zufälle erlebt, um behaupten zu können, dass es so etwas wie übersinnliche Kräfte nicht gibt. Niemand kann das. Wissenschaftliche Nachforschungen haben ergeben, dass wir im Alltag nur einen sehr kleinen Teil unseres Gehirns nutzen. Vielleicht ist das menschliche Gehirn oder der menschliche Geist zu weit mehr in der Lage, als man je erfahren wird. He, da fällt mir ein: Kann ich nicht auch an dieser Séance teilnehmen?"

„Tut mir Leid, Shirley. Aber Adam Harrison besteht auf der

gleichen Besetzung wie beim ersten Mal. Doch ich sag Ihnen was – sobald mir zu Ohren kommt, dass sie auch noch vorhaben, mit dem Ouija-Board herumzuexperimentieren, steht Ihr Name künftig ganz oben auf der Einladungsliste.“

Noch vor acht Uhr hatten sich an diesem Abend alle versammelt, die bereits an der ersten Séance teilgenommen hatten. David Jenner hatte seine Videokamera aufgebaut, und auch Adam und Darcy hatten einige Geräte über den Raum verteilt, einschließlich eines Messgerätes, das die Temperaturschwankungen an verschiedenen Stellen im Zimmers aufzeichnete, sowie Apparaturen zur Bestimmung elektromagnetischer Felder.

Dieses Mal saß Darcy an der zentralen Position.

Matt hatte versucht, sich ihr gegenüber nicht anders zu verhalten als sonst auch. Und er hatte sich letzte Nacht ehrlich bemüht zu verstehen, warum sie das, was sie glaubte, glaubte. Nichtsdestotrotz hatte er sich im hellen Tageslicht des Gedankens nicht erwehren können, dass sie in ihrer eigenen Welt lebte und immer dort leben würde, egal was ihre Nachforschungen auch ergeben mochten. In diese Erkenntnis mischte sich Bitterkeit und Enttäuschung.

Elizabeth Holmes gesellte sich zu ihm, die ihm leise zu verstehen gab, dass sie selbst auch gern diese Sitzung wieder abgehalten hätte. Bevor er darauf antworten konnte, kam Mae angeschlendert und gab ihm ein Küsschen auf die Wange. „Oh, Matt! Tausend Dank, dass ich wieder dabei sein darf. Gott, wie aufregend!“

„Ich hatte Verbindung!“ fuhr Liz unbeirrt fort. „Ich weiß ganz genau, dass ich Verbindung hatte!“

Jason Johnstone kam mit einem Whiskeyglas in der Hand zu ihnen. „Ich muss gestehen, dass ich fasziniert bin. He, Matt, seit Miss Tremayne hier ist, ist ja ganz schön was los. Wenn der Schädel der armen Amy bestattet wird, werde ich darüber schreiben."

„Großartig", brummte Matt und versuchte, nicht genervt zu klingen.

„Da sehen Sie es, Liz", sagte Mae. „*Sie* haben nie einen Totenschädel gefunden."

„Aber Sie waren doch dabei. Ich *habe* mit den Toten Verbindung bekommen!" beharrte Liz.

Carter betrat den Raum Hand in Hand mit Delilah Dey. „Unsere Stadträtin ist ein bisschen nervös", erklärte er augenzwinkernd.

„Du lieber Himmel, ist das alles unheimlich!" sagte Delilah und erschauerte sichtlich.

„Können wir anfangen?" rief Adam.

Die Versammelten gingen zum Tisch.

„Darcy, du setzt dich in die Mitte", ordnete Adam an. „Clint … Carter, wenn Sie bitte die Plätze rechts und links von ihr einnehmen würden. David, Sie filmen. Miss Dey … Delilah, würden Sie sich bitte neben Carter setzen? Und Mr. Johnstone setzen wir neben Penny, die neben Clint sitzt. Matt … Sie und ich setzen uns ans obere Ende des Tischs, mit Mae und Elizabeth zwischen uns."

Die Anwesenden nahmen ihre Plätze ein, und Penny dämpfte das Licht.

Adam hatte seine Anweisungen in freundlichem Tonfall erteilt. Ruhig, fast ein wenig beiläufig, sehr sachlich. Matt musste gegen seinen Willen zugeben, dass er eine leise Bewunderung für den alten Mann verspürte.

„Wenn Sie alle Ihre Hände auf den Tisch legen, können wir anfangen", sagte Adam.

Matt war sich nicht sicher, was er als Nächstes erwartete. Vielleicht, dass Adam mit einer schaurigen Vincent-Price-Stimme zu sprechen anfing. Aber Adam war so normal, als ob sie sich zu einem Picknick am Strand versammelt hätten. „Bitte denken Sie immer daran, mit den anderen in Kontakt zu bleiben. Die Hände bleiben die ganze Zeit über auf dem Tisch liegen, so dass sie sich mit denen der Nachbarn berühren. Falls jemand Angst bekommt, möge er sich melden, wir hören dann sofort auf."

„Huch, ich schlottere schon an allen Gliedern", alberte Clint mit weit aufgerissenen Augen herum.

„Ich auch", beeilte sich Carter zu versichern. „Aber Gott sei Dank kann ich mich an Delilah festhalten."

„Carter, Sie alter Schwerenöter!" sagte Delilah mit einem freudigen Auflachen.

„Können Sie das wohl auf später verschieben?" fragte Adam milde, an Carter gewandt. „So … sind wir bereit? Darcy?"

Sie nickte kaum wahrnehmbar und senkte den Kopf. In Jeans und grüner Bluse war sie legerer gekleidet als sonst.

Es folgte ein längeres Schweigen, bevor Adam Darcy fragte: „Ist Josh bei dir?"

„Er sagt, er kann nicht eintreten", antworte Darcy.

„Warum nicht?" fragte Adam.

„Das weiß er nicht genau. Der Geist, der ihn daran hindert, ist zu stark. Die Emotionen sind fast überwältigend. Da ist Angst … und Misstrauen."

„Sag Josh, dass er einfach er selbst sein soll. Sanft. Freundlich." forderte Adam mit ruhiger Stimme auf.

Sie warteten. Darcy schüttelte den Kopf, und dann herrschte wieder Stille.

„Dann bitte jetzt den Geist selbst, mit uns zu sprechen“, fuhr Adam fort.

Sie nickte und befeuchtete sich die Lippen. „Wir haben uns deinetwegen hier versammelt“, sagte sie. „Wir verstehen nicht, aber wir sind deinetwegen gekommen. Wir möchten verstehen.“

Jason Johnstone scharrte mit den Füßen. Penny runzelte die Stirn. Alle schauten auf Darcy.

Matt wusste nicht, was er von dem Ganzen halten sollte.

Aber was dann folgte, ließ ihm die Nackenhaare zu Berge stehen.

„Hilfe“.

Das Wort war aus Darcys Mund gekommen, aber die Stimme gehörte ihr nicht. Sie hielt ihre Augen geschlossen, den Kopf leicht gesenkt. Ihre Lippen bewegten sich, und mit fremdem Klang sprach sie weiter.

„Das hätte ich nie gedacht … dass es so schlimm kommt … ein Mörder, mein Gott, ein Mörder. Dass er so etwas tun kann …“

Penny schnappte hörbar nach Luft. Adam schaute sie mit gerunzelter Stirn streng an.

„Was sollen wir tun? Wer bist du, sag es uns, bitte! Wir können dir nicht helfen, wenn wir nicht wissen …“

„Oh, mein Gott!“ rief Darcy plötzlich mit dieser fremden Stimme.

„Was, bitte?“ sagte Adam.

„Ich … ich ersticke, seht ihr das denn nicht … die Gefahr ist … hier, direkt hier unter uns, oh Gott, ihr müsst es doch sehen, müsst es sehen, müsst …“

„Wer bist du?" fragte Adam.

Daraufhin blieb es einen Moment lang still. Penny umklammerte Matts Hand so fest, dass er befürchtete, sie könnte ihm die Knochen brechen. Ihre Augen waren weit aufgerissen, ihr Mund war zu einem O geformt. Mae starrte Darcy ebenfalls fassungslos an, Clint und Carter versuchten skeptisch dreinzuschauen, aber Matt war überzeugt, dass zumindest seinem Cousin die ganze Angelegenheit reichlich unheimlich war.

Und was ihn selbst anbelangte …

Ja, er verspürte ebenfalls so etwas wie Angst. Eine tief sitzende seltsame Unsicherheit. Er *wollte* es nicht glauben. Vom Verstand her *konnte* er es nicht glauben. Und doch spürte er es. Irgendetwas Unheimliches. Etwas, bei dem ihm die Kälte in die Knochen kroch.

Elizabeth Holmes blieb vor Überraschung der Mund offen stehen. Und Delilah Dey schaute, als ob sie gleich kreischend die Flucht ergreifen würde.

Dann ertönte ein Schrei aus Darcys Mund, der schrill genug war, um Glas zerspringen zu lassen.

Alle sprangen auf.

„Halten Sie sich weiterhin an den Händen!" befahl Adam, und dann sagte er an Darcy gewandt: „Bitte, wir sind hier und versuchen, dir zu helfen."

Darcy schüttelte wild den Kopf.

„Wovor hast du Angst?" fragte Adam.

„Hier, hier, hier …" formte Darcy lautlos mit den Lippen.

„Aber wir sind hier, um dir zu helfen."

„Nein!"

„Bitte, wir müssen wissen …" begann Adam.

„Nein, nein!“ Und wieder zerriss ein schriller Schrei die Luft.

„Hilf mir, Gott, hilf mir, hilf mir!“

Und dann wurde es noch schlimmer. Man hörte ein ersticktes Keuchen, den verzweifelten Versuch, Luft zu holen. Es klang so schrecklich und so real.

Was man hörte, waren die Geräusche eines Mords.

Die Geräusche des nahenden Todes.

11. KAPITEL

Jetzt konnte es Delilah Dey nicht mehr aushalten. Sie riss sich von ihren Nachbarn los und wich zurück.

„Mein Gott, mein Gott! Das ist ja entsetzlich. Bitte, schalten Sie sämtliche Lampen an, bitte, machen Sie, dass das aufhört! Ich will, dass das sofort aufhört!"

Matt war überrascht, dasselbe zu verspüren.

Die Anwesenden ließen einander los. Darcy schaute Adam aus weit aufgerissenen Augen fragend an.

„Wir müssen für heute Abend Schluss machen", sagte Adam mit Blick auf Darcy.

„Etwas zu trinken!" keuchte Penny. „Etwas zu trinken. Wer möchte etwas zu trinken? Ich jedenfalls weiß, dass ich dringend eine Stärkung brauche!"

Damit eilte sie zur Tür. Jetzt war der Bann endgültig gebrochen. Delilah zitterte wie ein Herbstblatt im Sturm. Jason Johnstone war weiß wie ein Laken. Sogar Clint und Carter wirkten ziemlich angeschlagen.

Matt ertappte sich dabei, dass er Darcy durchdringend anstarrte. Sie war nach wie vor so schön, und dennoch musste irgendetwas in ihm sie verleugnen. Verleugnen, was er gesehen und gehört hatte.

Es konnte nur … Schwindel gewesen sein.

Ein Schwindel, das Ganze, nichts als ein Riesenschwindel. Sie war schön, elegant, kühl, kultiviert … und eine gute Schauspielerin. Oder verrückt. Wie zum Teufel hatte sie das mit der Stimme gemacht? Es war täuschend echt gewesen, Himmel, ja, er musste zugeben, dass es wirklich echt wirkte, so echt, dass er immer noch eine Gänsehaut hatte. Selbst jetzt lief ihm noch ein Schauer über den Rücken, wenn er an diese Stimme dachte.

Sie wusste es. Obwohl sie Adam fest in die Augen schaute, wusste Darcy, dass Matt sie ansah. Sie wandte sich zu ihm. Distanziert, provozierend, kühl, ja verächtlich. Er hatte sie angelogen. Alle seine sanften Worte, seine Zärtlichkeiten waren Lüge gewesen. Auch wenn sie ihn mit ihrer eleganten Schönheit und Sinnlichkeit betört hatte, war doch er der Schwindler, nicht sie. Weil er mit dem, was sie war, damit, wie sie war, nicht umgehen konnte.

Er war wütend auf sich selbst, wütend auf sie. Er gab mit seinem Gesichtsausdruck nie etwas preis, was er nicht preisgeben wollte. Dazu war er einfach schon zu lange bei der Polizei. Aber Darcy konnte direkt durch ihn hindurch auf den Grund seiner Seele schauen.

Sie wandte sich von ihm ab und stand auf, als ob nichts gewesen wäre, als ob sie nie einen Schrei ausgestoßen hätte, der alle Anwesenden gelähmt hatte.

„Ich helfe Ihnen, Penny. Ich könnte jetzt nämlich auch einen kleinen Schluck vertragen."

„Ich helfe auch", bot Delilah eilig an.

Adam schaute auf David Jenner. „Haben Sie alles aufgenommen?"

„Ja, Mr. Harrison."

„Ich glaube, ich nehme das Band mit auf mein Zimmer", sagte Adam. Er schaute sich um. „Wenn Sie mich bitte entschuldigen."

Niemand antwortete ihm. Er nahm von David die Kassette entgegen und verließ den Raum.

„Ich glaube, ich sollte jetzt lieber gehen", meinte Mae, die zusammen mit Matt immer noch am Tisch saß und wie betäubt vor sich hinstarrte. „Ach so … ich bin ja gar nicht mit dem Auto da, Delilah hat mich mitgenommen.“ Diese Worte schienen sie in die Gegenwart zurückzuholen.

„Ich kann dich gern fahren, Mae“, sagte Matt. Dabei sprang er so abrupt auf, dass er fast den Tisch mit umgerissen hätte.

Er konnte es gar nicht erwarten, endlich der Enge von Melody House zu entfliehen.

Mae verabschiedete sich, und als sie neben Matt auf dem Beifahrersitz saß, sagte sie: „Heilige Mutter Gottes! Das war das Unheimlichste, was ich je im Leben erlebt habe.“

„Ja, sie ist wirklich gut“, erwiderte Matt. *Gut! Warum hatte er das jetzt gesagt? Was wollte er damit ausdrücken?*

„Ja, das ist sie wirklich. Sie kann tatsächlich mit den Toten in Verbindung treten“, sagte Mae ehrfürchtig.

„Herrgott, nein, ich wollte damit sagen, dass sie eine gute Schauspielerin ist“, widersprach Matt ungehalten. „Eine verdammt gute sogar. Sie wollte nämlich mal Schauspielerin werden, bevor sie alle diese anderen Abschlüsse gemacht hat, musst du wissen.“

„Oh, Matt!“ rief Mae missbilligend aus. „Das kann doch nicht dein Ernst sein. Das kannst du doch nicht wirklich von ihr denken.“

„Es ist aber so“, gab er unbeirrt zurück.

„Na ja, ich kenne sie natürlich nicht so gut wie du, aber …“

„Worauf du Gift nehmen kannst“, sagte Matt trocken.

„Aber wir wissen beide, dass sie keine Schwindlerin ist, die versucht, den Leuten etwas vorzumachen.“

„So? Und was hat sie heute gemacht?“ fragte Matt wütend. „Sie hat Fragen beantwortet, die Adam ihr gestellt hat, und du hast gehört, dass sie wie eine Todesfee geschrien hat. Aber mehr war da nicht. Hat sie uns irgendwelche Antworten gegeben? Oder gar Namen genannt? Einen Grund dafür, warum diese Frau so verängstigt war?"

„Delilah ist aufgesprungen", erinnerte Mae ihn. „Durch sie ist die Verbindung abgebrochen."

Matt schnaubte verächtlich. „Darcy ist inzwischen schon eine ganze Weile hier. Und sie hat keine Ahnung, was in meinem Haus vorgeht."

„Immerhin hat sie den Totenschädel im Wald gefunden", erinnerte Mae ihn. „Und sie ist in der Bibliothek mit dem Boden durchgebrochen", fügte sie mit gerunzelter Stirn hinzu.

„Ach, weiß der Teufel, wahrscheinlich hat sie die Cola selbst auf dem Boden verschüttet", sagte Matt gereizt.

„Matt!" protestierte Mae empört.

„Also gut, dann war es eben ein Zufall", lenkte Matt widerstrebend ein.

Mae schüttelte den Kopf. „Jetzt hör schon auf, Matt. Ich weiß ganz genau, was du denkst. Du glaubst, dass vielleicht sogar Penny im Stande wäre, dafür zu sorgen, dass in dem Haus seltsame Dinge passieren, einfach weil sie will, dass es bei euch spukt. Du hast geglaubt, dass Adam Harrison auf Anhieb herausfinden würde, dass es sich um einen faulen Zauber handelt. Aber wie du siehst, liegen die Dinge anders. Ich habe dich immer für klug gehalten. Aber im Moment bist du bloß stur. Und weißt du auch, warum du so stur bist? Weil du Angst hast. Weil du es nicht wagst, deine Meinung zu ändern. Nur weil du einmal etwas geglaubt hast, denkst du, du musst es immer glauben, und es muss wahr sein."

Matt starrte sie an. So empört hatte er Mae noch nie gesehen.

Und sie war noch nicht fertig. „Warum lässt du dir bloß immer alles von deiner Vergangenheit kaputtmachen, verdammt noch mal? Ja, es stimmt, Darcy hat rotes Haar, aber davon abgesehen hat sie nicht die geringste Ähnlichkeit mit Lavinia, du brauchst ihr also nicht automatisch zu misstrauen."

„Jetzt mach aber mal halblang, Mae. Darf ich dich daran erinnern, wie es war, als Lavinia nach Stoneyville kam? Alle sahen in ihr das bezauberndste weibliche Wesen der Welt."

„Ja, anfangs schon. Aber als wir erfuhren, dass ihr heiraten wollt, waren wir alle entsetzt. Lavinia war ein Biest. Darcy dagegen ist ein wunderbarer Mensch."

„Hör zu, Mae, es mag ja sein, dass Darcy aufrichtiger und ehrlicher ist als Lavinia. Und ich mag sie auch. Aber sie glaubt nun mal an das, was sie erzählt. Sie hat Träume und Visionen und bildet sich ein, dass sie real sind. Sie versucht einen Geist heraufzubeschwören und siehe da, sie schafft es tatsächlich. Entschuldige bitte, aber das ist mir alles ein bisschen zu gruselig, aber auch zu lächerlich."

Sie waren mittlerweile bei Maes Haus angelangt. Mae stieg wortlos aus, knallte die Tür zu und trabte um das Auto herum auf die Fahrerseite, obwohl Matt bereits dabei war loszufahren.

Sie beugte sich hinunter und sagte durch das offene Fenster: „Jeder kann sehen, was da zwischen euch ist, Matt. Ihr seid wie Feuer und Wasser. Sie macht dich wütend, und gleichzeitig bist du verrückt nach ihr. Genau wie bei Lavinia. Deshalb solltest du zusehen, dass du deine Hose in Zukunft anbehältst, wenn du wirklich so ein sturer Maulesel bist, okay?"

„Mae …", begann er verärgert.

Doch sie wandte sich bereits ab und ging den Weg zu ihrem Haus hinauf. „Danke fürs Heimfahren, Matt. Gute Nacht."

Fluchend schlug er mit den flachen Händen auf das Lenkrad. Dann setzte er mit dem Wagen zurück.

Darcy war sich nur vage bewusst, was vorgefallen war. Nach dem, was die anderen behaupteten, musste es ziemlich unheimlich gewesen sein.

Penny hatte Getränke serviert. David Jenner war derjenige, der am ungerührtesten wirkte, während Clint sie mitfühlend anschaute, Elizabeth ehrfürchtig, Penny besorgt. Und Carter? Schwer zu sagen. Er war zu beschäftigt damit, die verängstigte Delilah Dey zu beruhigen. Jason Johnstone, der sie nachdenklich musterte, schien sie ernster zu nehmen als die anderen.

Ernster, als Matt es tat.

Matt, der jetzt weg war, weil er unbedingt Mae nach Hause bringen musste.

„Waren Sie schon immer so?" fragte Delilah.

„Wie so?" fragte Darcy mit hochgezogener Augenbraue zurück, obwohl sie genau wusste, worauf Delilah abzielte.

„Na ja", sagte Delilah zögernd.

Unheimlich? Meinst du das? Darcy sagte es nicht laut.

„Konnten Sie schon immer … mit Toten kommunizieren?"

„Nein", antwortete Darcy. „Ich hatte früher einen Freund. Er hat es mir beigebracht", sagte sie schlicht.

„Okay, okay", sagte Clint. „Darcy hat uns allen einen Schrecken eingejagt. Und jetzt sind wir gespannt darauf zu erfahren, was es zu bedeuten hatte." Erwartungsvoll blickte er Darcy an.

Sie schüttelte den Kopf. „Ich weiß es selbst noch nicht, Clint."

„Sie haben mit einer fremden Stimme gesprochen", ergänzte

Delilah. „Mit der Stimme eines Menschen, der bereits tot ist. Wie kann das bloß gehen?“ fragte Delilah.

Darcy zuckte mit den Schultern und antwortete langsam und überlegt: „Man sagt, dass manche Menschen, die eines gewaltsamen Todes gestorben sind, keinen Frieden finden können. Das Ende kam zu abrupt.“

„Nehmen wir zum Beispiel Arabella“, mischte sich Penny aufgeregt ein. „Sie wurde vielleicht ermordet, denkt aber, sie sei noch am Leben.“

„Die Grenze, die zwischen Leben und Tod verläuft, ist sehr schmal“, warf Liz ebenso aufgeregt ein. „Und diejenigen, die eines plötzlichen Todes gestorben sind, übertreten diese Grenze immer wieder. Und vielleicht haben sie immer noch Angst vor dem, wovor sie sich im Leben gefürchtet haben.“

„So könnte es sein“, sagte Darcy.

„Wir müssen herausfinden, wovor diese arme Präsenz Angst hat“, sagte Liz.

„Das finde ich auch“, stimmte Penny zu und leerte ihr Whiskeyglas. „Adam hätte noch mal von vorn anfangen sollen. Vielleicht sollten wir es jetzt gleich noch einmal versuchen.“

Darcy schüttelte den Kopf. „Sie wird nicht zurückkommen.“

„Woher wissen Sie das?“ wollte Carter wissen.

„Sie hat sich einmal gezeigt“, sagte Darcy. „Sie wird es heute kein zweites Mal mehr tun.“

„Beobachtet sie uns?“ fragte Clint.

Darcy zögerte. „Im Moment fühle ich ... nichts. Was für Geister hier auch wohnen mögen, im Moment sind sie nicht anwesend.“

Delilah drehte sich zu Carter um. „Ich bin zwar mit dem

eigenen Auto da, aber mir ist es unheimlich, allein nach Hause zu fahren.“ Sie schaute Darcy verlegen an. „Die Straßen sind nachts so dunkel, dass ich mir auf dem Weg bestimmt einbilde, einen Geist auf der Schulter zu haben.“

„Wenn Sie wollen, begleite ich Sie, Delilah“, bot Carter an. „Ich wüsste nicht, was ich lieber täte.“

„Oh, oh!“ sagte Clint und senkte schnell den Kopf, um sein Grinsen zu verstecken.

Darcy nutzte die Gunst des allgemeinen Aufbruchs. „Wenn ihr mich jetzt bitte auch entschuldigt. Es ist spät, und ich möchte noch zu Adam hinaufgehen und mir das Video ansehen.“

Adam bewohnte für die Dauer seines Aufenthalts im Melody House das Longstreet-Zimmer. Darcy klopfte und hörte kurz darauf sein gedankenverlorenes Herein. Als sie das Zimmer betrat, sah sie, dass er in höchster Konzentration auf den Fernseher schaute.

Sie sahen sich die Aufnahme zusammen an. Darcy lauschte ihrer Stimme, hörte die Angst, die darin mitschwang.

„Und, was denkst du?“ fragte sie.

„Ich finde es seltsam, dass ein Geist so verängstigt ist, aber wir haben es alle gehört.“

„Glaubst du, es könnte Arabella sein?“ erkundigte sich Darcy.

„Ich weiß nicht. Ich bin bisher noch nicht dazu gekommen, eigene Nachforschungen anzustellen.“

„Ich werde dir morgen früh alles raussuchen“, versprach Darcy.

Adam lehnte sich zurück und schaute sie an. „Matt ist immer noch fest davon überzeugt, dass ein Mensch für die Ungereimtheiten verantwortlich ist.“

„Ich weiß nicht“, gab Darcy nachdenklich zurück. „Ich habe neulich Nacht Geräusche gehört und dachte selbst, dass sie von einem Menschen kamen. Matt kam dazu und hat den ganzen Balkon abgesucht, aber da war niemand.“

„Er könnte sich wieder ins Haus geschlichen haben.“

„Ja, sicher. Aber das ist immer noch keine Erklärung für die Träume, Visionen und anderen Phänomene.“

Adam lächelte. „Das weiß ich, und du weißt es ebenso, aber Matt ist eben ein Skeptiker. Trotzdem ist es eine interessante Frage. Warum sollte jemand so etwas machen?“

„Manchmal habe ich schon gedacht, Penny hilft vielleicht ein bisschen nach“, sagte Darcy nachdenklich. „Oder dass sich Clint und Carter mit Matt einen Scherz erlauben.“

„Erzähl mir mehr über die beiden.“

„Clint ist Matts Cousin und Carter ein Freund. Er lebt von seinen Geldanlagen, soweit ich weiß.“

„Und Clint? Womit verdient er sich seinen Lebensunterhalt?“

„Die meiste Zeit tut er offenbar gar nichts. Penny ist schon ganz verzweifelt deswegen.“

„Aber wovon lebt er?“ fragte Adam.

„Keine Ahnung. Vielleicht von Matt.“

Adam nickte. „Morgen möchte ich ein paar Nachforschungen anstellen und mir über ein paar Dinge klar werden. Und dann … was hältst du von Hypnose?“

Darcy war nicht unbedingt scharf darauf, sich hypnotisieren zu lassen. Aber oft funktionierte es.

„Wir machen nichts, was du nicht willst“, versicherte ihr Adam, als er ihr Zögern bemerkte.

„Oh, ich weiß. Ich schätze, es ist manchmal nur immer noch …“

Sie seufzte. „Adam, bin ich verrückt? Manchmal komme ich mir nämlich so vor."

Er lächelte. „Elizabeth Holmes ist grün vor Neid."

„Ja, aber ich habe gesehen, wie mich die Leute heute Abend angeschaut haben."

„Du hast gesehen, wie Matt dich angeschaut hat", stellte Adam richtig.

Sie machte eine ungeduldige Handbewegung. „Ja schon, aber ich kenne den Blick ... Matt ist bei weitem nicht der Einzige, der mich so ansieht."

Adam lehnte sich zurück. „Ich glaube, er ist in dich verliebt."

Darcy machte eine abfällige Handbewegung. „Alles, nur das nicht. Ich glaube, er hält mich für verrückt."

„Und ich sage dir, er hat Angst", vermutete Adam.

„Matt Stone? Weißt du, sein Name passt zu ihm. Er ist wie ein Felsblock. Er ist hart und lässt alles an sich abprallen."

Adam lachte. „Sogar der härteste Stein erodiert. Und vielleicht hast du ihn ja verunsichert, was fast jeden Menschen dazu veranlasst, sich hinter einer Maske zu verstecken. Er ist ein anständiger Bursche. Gib ihm eine Chance."

„Eine Chance wofür?"

„Darüber nachzudenken. Für ihn ist diese Situation auch schwierig."

Darcy sagte eine Weile nichts. Schwierig war da wohl nicht das richtige Wort. Selbst wenn ein Geist am helllichten Tag, Ektoplasma ausströmend, an ihm vorbeischwebte, würde Matt sich einreden, dass es nur Sonnenflecken waren.

„Und er macht sich Sorgen um dich. Am liebsten würde er dich nach Hause schicken."

„Es gibt keinen Grund, sich um mich Sorgen zu machen."

„Er hat erzählt, dass du letzte Nacht schreiend aufgewacht bist."

Sie runzelte die Stirn. „Ich kriege es einfach nicht zu fassen, Adam. Ich sehe, wie sich diese Tragödie entfaltet. Ich bin in die Haut des Mannes geschlüpft, der das Haus betreten hat, und ebenso in die Haut der Frau, die auf ihn wartete. Ich weiß, dass sie Angst hat, und ich weiß auch, dass er etwas Böses im Schilde führt. Ich sehe jedes Mal ein bisschen mehr. Aber dann ... entgleitet es mir wieder. Immer ist da irgendetwas, was mich irritiert. Da ist etwas, was ich sehen sollte, aber nicht sehe."

„Aber das bedeutet, dass du dich dem Ende näherst. Wir kommen voran, Darcy. Wir wissen, dass da eine Präsenz ist, die versucht, uns etwas mitzuteilen. Sie streckt die Arme nach dir aus, aber sie hat immer noch schreckliche Angst. Armes Ding. Es ist dieselbe Angst, die sie im Moment ihres Todes gefühlt hat. Wir müssen wissen, wer sie ist – du glaubst, es ist Arabella. Wir müssen einfach dran bleiben."

„Übrigens", fuhr er nach einer kurzen Pause fort, „ich habe David Jenner gebeten, in deinem Zimmer ein paar der Kameras und noch einige andere Aufzeichnungsgeräte zu installieren. Du hast doch nichts dagegen?"

„Natürlich nicht", erwiderte sie, was nicht ganz der Wahrheit entsprach, aber sie war sich nach der Séance sicher, dass Matt sich in dieser Nacht ohnehin nicht sehnsuchtsvoll in ihr Zimmer schleichen würde.

Besorgt schaute Adam sie an. „Ist alles in Ordnung mit dir, Darcy?"

„Mir geht es gut", versicherte sie ihm.

Doch das stimmte nicht. Sie war verletzt. Aber sie hätte es besser wissen müssen. Sie hätte sich nicht mit Matt Stone einlassen und sich erst recht nicht in ihn verlieben dürfen.

„Vielleicht hat Matt Stone ja Recht."

„Womit?"

„Dass du hier in Gefahr bist."

„Adam ... Du hast es gerade selbst gesagt: Wir sind ganz nah dran. Nicht mehr lange, und das Problem ist gelöst. Also bitte hör auf, dir Sorgen um mich zu machen. Gute Nacht!"

Er nickte. Noch bevor sie die Tür hinter sich zugemacht hatte, spulte er schon das Band zurück, um es sich noch einmal anzusehen.

Darcy ging ins Lee-Zimmer. Dort war alles still. Sie hatte nicht das Gefühl, beobachtet zu werden.

„Lass mich dir helfen!" rief sie. „Du brauchst niemandem wehzutun. Du musst einfach nur deinen ganzen Mut zusammennehmen und uns wissen lassen, was passiert ist."

Keine Antwort.

Müde ging sie noch einmal kurz ins Bad und kroch dann unter die Decke.

Die Stille, die sie umfing, erschien absurd laut.

Nachdem Matt Melody House erreicht hatte, blieb er noch eine ganze Weile im Auto sitzen und schaute auf das Haus. Backstein, Mörtel und Stein. Es war ein Haus, sonst nichts, versuchte er sich einzureden. Aber das stimmte nicht, denn es war auch ein Stück lebendiger Geschichte, seiner Geschichte, und egal, was darin vor sich ging, er liebte es.

Und du liebst Darcy, sagte er sich.

Nein, widersprach er sich selbst. Sie hatten miteinander geschlafen. Das war alles.

Verärgert dachte er an Maes Worte. Es war schlicht lachhaft zu glauben, dass Tote manchmal als Geister zurückkehrten und am Ende sogar morden sollten.

Er hatte Mörder kennen gelernt – zu viele sogar. Menschen, die aus Eigennutz oder Gewinnstreben getötet hatten. Männer und Frauen, die so drogenabhängig gewesen waren, dass sie ihre eigene Mutter wegen eines Dollars erstochen hatten. Oder Mörder, die angeblich Stimmen gefolgt waren, die ihnen befohlen hatten zu töten.

Das alles waren Menschen aus Fleisch und Blut gewesen. Viel gefährlicher und Angst einflößender als irgendein Fantasiegespenst, das einen in der Dunkelheit erschreckte.

Und dennoch ...

Was zum Teufel hatte ihn an diesem Tag veranlasst, in die Bibliothek zu gehen?

Leise in sich hineinfluchend, stieg er aus dem Auto. Er hatte schon genug Zeit vertan.

Er schloss die Haustür auf und stieg die Treppe in den ersten Stock hinauf.

Vor der ersten Tür blieb er stehen. Darcys Tür ... das Lee-Zimmer. Sie würde heute nicht mit ihm rechnen. Das wusste er. Er hatte es ihr ansehen können.

Leise ging er in sein eigenes Zimmer.

Da kam er wieder, der Traum.

Sie hatte sich davor gefürchtet, gleichzeitig aber wünschte sie sich nichts sehnlicher, als das Ende zu *sehen.*

Mit den Augen des Mannes sah Darcy die Frau auf dem Treppenabsatz stehen. Sie war stets so fordernd gewesen, so leidenschaftlich, dass es an Besessenheit grenzte, und so atemberaubend schön. Wie sie dort oben stand, war plötzlich alles wieder präsent, wonach er sich sehnte. Ihr feines Gesicht, der anmutige, geschmeidige Körper mit seinen reizvollen Kurven, die das Mondlicht umschmeichelte und betonte, der silbrige Glanz, der ihr Haar umspielte. Sie konnte einem Mann mit einem einzigen Blick, mit einem einzigen geflüsterten Wort den Verstand rauben.

Sie konnte einen Mann berühren, innerhalb von Sekunden seine Begierde wecken, ihn manipulieren, sich unauslöschlich in sein Gedächtnis einbrennen.

Die Gedanken wirbelten durch seinen Kopf, und er war halb wahnsinnig vor Schmerz. Da lief sie davon, obwohl es den Anschein hatte, als ob sie sich in Zeitlupe bewegte. Er folgte ihr, stieg die Treppe hinauf, sah die Wand, das Bett, die Uhr, auf der die Sekunden verstrichen, die Minuten, die Stunden.

Die Nacht.

Er stolperte. Sie rannte immer schneller, und er musste sich beeilen. Selbst auf der Flucht sah sie noch atemberaubend aus. Ihre zerbrechliche Gestalt … so unschuldig, wenn sie lief.

Als ob sie ihm entkommen könnte.

Gefangen in der Wiederholung der Vergangenheit, erhob sich Darcy im Schlaf und stand aus dem Bett auf, begierig darauf, die Geister endlich zu fassen zu bekommen. Sie schwebte beinahe selbst wie ein Geist über den Boden, öffnete die Tür und glitt auf den Flur.

Als sie an der Treppe war, legte sie die Hand aufs Geländer und schaute nach unten.

Dann aber versetzte ihr irgendetwas von hinten einen so harten Stoß, dass sie gegen das Geländer prallte und ein paar Sekunden gefährlich nah daran war, die Treppe hinunterzustürzen.

Sie war schlagartig hellwach, erkannte ihre Lage und klammerte sich instinktiv am Geländer fest. Während sie verzweifelt versuchte, ihr Gleichgewicht wieder zu finden, arbeitete es fieberhaft in ihrem Kopf.

Diesen Anschlag hatte kein Geist verübt. Sie hatte ein Geräusch gehört. Und es waren menschliche Hände gewesen, die versucht hatten, sie die Treppe hinunterzustoßen!

Nachdem sie sich wieder aufgerichtet hatte, wirbelte sie herum.

Matts Tür bewegte sich.

Ging sie auf oder zu?

Sie stand mit bis zum Hals klopfendem Herzen am Treppengeländer und konzentrierte sich auf die Tür. Sie schien sich noch einen Zentimeter zu schließen, aber dann öffnete sie sich wieder.

Und gleich darauf tauchte Matt in Boxershorts und Bademantel auf und kam mit langen Schritten auf sie zu.

„Was machst du hier draußen?“ fuhr er sie an.

Sie schluckte schwer. Sie kannte ihn doch – oder etwa nicht? *Oder bildete sie sich womöglich nur ein, ihn zu kennen, einfach deshalb, weil sie der Versuchung erlegen war, mit ihm zu schlafen?*

Nein. Egal, was zwischen ihnen war oder sein würde, Matt Stone würde es niemals über sich bringen, eine Frau von hinten die Treppe hinunterzustoßen.

„Darcy! Was geht hier vor?“

Sie zögerte. „Ich konnte nicht schlafen“, schwindelte sie deshalb. „Ich habe mir die ganze Zeit vorzustellen versucht, was hier passiert sein könnte.“

Sie sah ihm die Anspannung deutlich an. Er hatte die Hände zu Fäusten geballt, und seine Gesichtszüge wirkten verkrampft.

„Du solltest wirklich nicht mitten in der Nacht durchs Haus geistern“, sagte er schroff.

„Warum bist du bloß so wütend auf mich?“ fragte sie. „Ich habe dir nichts getan.“

„Weil du es zugelassen hast, dass dir das passiert!“ rief er aus. „Darcy ...“

Er machte einen Schritt auf sie zu, aber sie schüttelte energisch den Kopf und wich zurück. „Nein, Matt, ich habe es nicht zugelassen, dass mir irgendetwas passiert. Du siehst es doch: Ich bin wohlauf! Meine Güte, du denkst in so eingefahrenen Gleisen, dass es ein Wunder ist, dass du dich an die Sommerzeit gewöhnt hast. So, und jetzt gehe ich wieder ins Bett. Gute Nacht!“

Nach diesen Worten machte sie sich auf den Weg in ihr Zimmer. Als sie an ihm vorbeikam, war ihr fast, als ob er sie berührte. Aber er bewegte sich nicht, es war nur die Hitze, die sein Körper abstrahlte. Sie glaubte seine Vitalität spüren zu können, seine Stärke und seine Erregung.

War es das, was am Ende blieb? Gefühle wie Leidenschaft, Liebe, Freude, Zorn?

Sie ging an ihm vorbei, atmete seinen Duft ein. Seinen *geliebten* Duft.

Verdammter Schuft.

Sie konnte sich beugen.

Matt Stone konnte es nicht.

Sie wollte weinen. Herumwirbeln, mit den Fäusten gegen seine Brust trommeln. Aber wozu? Sie konnte das, was im Kopf eines Menschen vor sich ging, nicht ändern. Für das, was sie wusste, was sie bewirken konnte, gab es keinen handfesten Beweis.

„Darcy?" Es klang irgendwie gepresst.

„Gute Nacht, Matt."

Sie ging in ihr Zimmer und schloss die Tür hinter sich.

Es dauerte nicht lange, bis sie eingeschlafen war, aber sofort nach dem Aufwachen am nächsten Morgen beschlich sie ein seltsames Gefühl von Angst.

Sie war in der Tat davon überzeugt, dass in der vergangenen Nacht ein lebendiger, atmender Mensch hinter ihr auf dem Flur gewesen war.

Der gekommen war, um zu töten.

12. KAPITEL

Darcy fand Adam unten in Pennys Büro beim Durchstöbern der zahlreichen Geschichtsbücher. Als sie das Zimmer betrat, lächelte er sie über den Rand seiner Brille hinweg an.

„Guten Morgen."

„Guten Morgen, Adam. Und? Schon irgendwas Interessantes gefunden?"

„Nun, ich habe mir die Informationen über Arabella durchgelesen, und es klingt tatsächlich, als wäre sie eine mögliche Kandidatin, aber einen schlüssigen Beweis gibt es nicht. Ich möchte noch eine Weile hier zubringen, und irgendwann später würde ich dich gern hypnotisieren, falls du nichts dagegen hast."

„Ich habe dir schon gestern Abend gesagt, dass ich nichts dagegen habe."

Er nickte. „In der Küche ist Kaffee. Matt ist im Büro, Penny einkaufen ... nur Clara werkelt irgendwo im Haus herum. Hast du für heute schon irgendwelche Pläne?"

Sie wusste, dass Adam beim Lesen gern ungestört war. Deshalb gab er ihr einen zarten Wink, dass sie, sofern sie noch keine hatte, gefälligst welche machen sollte.

„Ja, gut möglich", sagte Darcy.

„Und zwar?"

„Ich werde wohl noch mal in die Bibliothek fahren."

„Aha?" Adam hob fragend eine Augenbraue.

„Mrs. O'Hara hat mir von einem Hausmädchen erzählt, das früher hier gearbeitet hat. Marcia Cuomo. Mrs. O'Hara sollte sie bitten, mich anzurufen, aber bis jetzt habe ich noch nichts von ihr gehört. Deshalb wollte ich heute noch mal in der Bibliothek vorbeischauen und mir ihre Adresse und Telefonnummer geben lassen. Vielleicht gelingt es mir ja doch noch, sie zu erwischen."

„Ist die Bibliothek denn nicht immer noch geschlossen?"

„Ach so, stimmt, das hatte ich fast vergessen. Dann versuche ich, Mrs. O'Hara telefonisch zu erreichen."

Adam nickte und steckte dann seine Nase wieder in das dicke Buch, das er in der Hand hielt.

Darcy ging in die Küche, wo wie jeden Tag der Kaffee schon für sie bereitstand. Sie schenkte sich eine Tasse ein und verzog sich damit wieder ins Lee-Zimmer.

Sie rief in der Bibliothek an, wo sich nur der Anrufbeantworter meldete. Aber Mrs. O'Hara hatte für Notfälle ihre Privatnummer aufs Band gesprochen und gab Darcy auch sofort bereitwillig Marcia Cuomos Privatnummer und Adresse.

Da es Darcy nicht gelang, Marcia telefonisch zu erreichen, beschloss sie, direkt zu ihr zu fahren. Den Wagen von Melody House hatte Penny genommen, also bat Darcy Adam, ihr seinen zu leihen. Kurz darauf lief sie eilig nach oben, um ihre Tasche und seine Autoschlüssel zu holen.

Ihr Zimmer war während ihrer Abwesenheit sauber gemacht worden. Die Balkontüren standen nun offen. Darcy wollte sie schließen, trat aber vorher noch kurz auf den Balkon, um für einen Augenblick die frische Luft und den warmen Sonnenschein zu genießen. Während sie so dastand und ihr Gesicht mit geschlossenen Augen in die Sonne hielt, glaubte sie aus Matts Zimmer ein Geräusch zu hören. Überrascht ging sie in Richtung seiner Suite und spähte durchs Fenster.

Da war jemand, aber sie konnte nicht erkennen, wer. Dafür war es drinnen zu dunkel.

War Matt aus irgendeinem Grund zurückgekommen? Sie hob die Hand, um an die Scheibe zu klopfen, überlegte es sich dann jedoch anders.

Was sollte sie ihm sagen? Wie sollte sie ihm erklären, dass sie wie eine Spionin durch sein Fenster spähte.

Dieser Gedanke veranlasste sie, sich schnell umzudrehen und eilig ins Lee-Zimmer zurückzugehen. Sie schnappte ihre Handtasche und machte sich auf den Weg, um auf halber Treppe jedoch kehrtzumachen und noch einmal zurückzugehen. Vor Matts Zimmer blieb sie stehen und legte den Kopf an die Tür. Als sie drinnen ein Rascheln hörte, klopfte sie entschlossen.

Keine Antwort.

„Matt?"

Immer noch keine Antwort. Aber sie war sicher, dass jemand im Raum war.

„Na schön, wie du meinst, ich gehe jetzt!" rief sie.

Eilig lief sie die Treppe hinunter, aber nachdem sie unten angelangt war, blieb sie wieder stehen. Unter dem Bogen zum Treppenaufgang stand auf einem kleinen Marmortischchen ein Telefon. Sie ging hin und blätterte das Verzeichnis durch. Als sie Matts Dienstnummer gefunden hatte, wählte sie, und gleich darauf meldete sich am anderen Ende der Leitung eine Frauenstimme.

„Könnte ich bitte den Sheriff sprechen?" sagte Darcy.

„Er hat im Moment Besuch. Kann ich ihm etwas ausrichten?" fragte die Frau.

„Nein, danke. Ich melde mich später wieder."

Darcy wollte gerade auflegen, da stutzte sie.

Sie wäre jede Wette eingegangen, dass sie im Hörer ein Klicken gehört hatte, als ob irgendwer von einem anderen Apparat aus ihr Gespräch mitgehört und einen Sekundenbruchteil vor ihr aufgelegt hätte.

Nachdenklich legte sie den Hörer zurück. Sie schaute auf die Treppe, dann ging sie entschlossen wieder nach oben und blieb vor Matts Zimmertür stehen. Als sie klopfte, öffnete sie sich einen Spalt – offenbar war sie nicht richtig zu gewesen. „Matt?“ fragte sie, während sie das Zimmer betrat, obwohl sie wusste, dass er nicht da war.

Sie schaute sich erst in seinem Arbeitsbereich um, dann ging sie ins Schlafzimmer, um nicht besonders erstaunt festzustellen, dass auch dort niemand war.

Wer auch immer in den Räumen gewesen sein mochte, jetzt war er weg.

Mit klopfendem Herzen verließ sie die Suite. Irgendetwas stimmte hier nicht, und das Bedrohliche daran war, dass diese Gefahr höchst real war.

„War irgendwas?“ fragte Matt Shirley, als er aus dem Besprechungsraum kam.

Wegen des Vorfalls in der Bibliothek hatte er mit dem Stadtrat die Möglichkeit erörtert, noch eine ganze Reihe weiterer öffentlicher Gebäude überprüfen zu lassen.

Obwohl er immer noch nicht ganz glauben wollte, was ihm sowohl die hiesige Baubehörde als auch seine Freunde in Washington bestätigt hatten – die morsche Stelle auf dem Boden der Bibliothek war durch verschüttetes Soda entstanden. „Jetzt stellen Sie sich bloß mal vor, was so ein Zeug im Magen anrichtet“, hatte Shirley gesagt. In diesem Moment hatte er gewusst, dass ihre Kinder harten Zeiten mit Milch und Wasser entgegengingen.

„Da hat jemand für Sie angerufen, eine Frau, aber sie hat ihren Namen nicht genannt", sagte Shirley. Sie klimperte scherzhaft mit den Wimpern, während sie fortfuhr: „Hatte eine tolle Stimme. Ich glaube, es war Ms. Tremayne."

Er zuckte mit den Schultern. „Falls sie es war, wird sie sich wieder melden. Ich muss ins Gericht. Niles Walker ist kürzlich wieder mal splitternackt durch die Gegend gerannt, und ich will endlich erreichen, dass sich seine Familie vernünftig um ihn kümmert. In dringenden Fällen können Sie mich auf dem Handy erreichen."

„Ja, in Ordnung."

Matt wollte gerade gehen, dann blieb er leise fluchend noch einen Moment stehen.

„Shirley?"

„Ja?"

„Falls Darcy Tremayne noch einmal anrufen sollte, geben Sie ihr meine Handynummer, okay?"

„Alles klar, Matt." Shirley, die ihn beobachtet hatte, musste sich ein Lächeln verkneifen. Dann runzelte sie die Stirn. „Glauben Sie, sie ist irgendwie in Gefahr?"

Verdammt, wenn er das bloß wüsste. Es hatte eine vage Ahnung, dass es so sein könnte, gleichzeitig aber hatte er von diesen Ahnungen langsam gründlich die Nase voll!

Plötzlich wünschte er sich, nicht ins Gericht zu müssen. Darcy hatte sich letzte Nacht an der Treppe so seltsam benommen. Sie hatte ihn angesehen, als ob sie Angst vor *ihm* gehabt hätte.

„Bis später dann", sagte er zu Shirley.

„Ja, machen Sie's gut, Matt. Bis später." Damit beugte sich Shirley wieder über ihre Papiere.

Adam lehnte sich verwirrt zurück. Darcy hatte Recht – es gab wirklich einiges, was dafür sprach, dass es Arabellas Geist war, der durch dieses Haus spukte. Eine Frau, die geglaubt hatte, Anspruch auf den Besitz zu haben und beiseite geschafft worden war, damit ihr Geliebter standesgemäß heiraten konnte. Ja, es sprach viel dafür, dass Darcy mit ihrer Annahme Recht hatte.

Und dennoch ...

Er warf seine Lesebrille auf den Tisch und rieb sich die Augen. Darcy war überzeugt davon, dass da noch etwas anderes war, etwas, das sie bis jetzt noch nicht ganz zu fassen bekommen hatte.

Noch nicht.

Er stand auf, trat ans Fenster und schaute nachdenklich nach draußen.

Brachte er Darcy in Gefahr? Sollte er ihr nicht wenigstens sagen, warum es ihm so wichtig gewesen war, die Untersuchungen in Melody House anstellen zu dürfen?

Das geht nicht, dachte er mit einem Aufseufzen. Noch nicht. Er durfte sie in keiner Weise beeinflussen oder ihr womöglich Hinweise geben, die sie auf eine falsche Fährte führten. Er musste einfach abwarten. Vielleicht kam bei der Hypnose ja etwas heraus.

Er warf einen nervösen Blick auf seine Uhr. Darcy war noch immer nicht zurück. Er hätte sie begleiten sollen.

Darcy war froh, direkt zu Marcia Cuomo gefahren zu sein. Kaum dass sie an die Tür des alten viktorianischen Hauses in der Altstadt von Stoneyville geklopft hatte, wurde ihr geöffnet.

Die Frau, der sie sich gegenüber sah, schien noch relativ jung zu sein. Sie war mittelgroß, mit dunklen Haaren, blauen Augen und einer hübschen Figur. Man konnte ihre einstige Schönheit noch erahnen, aber ihr Gesicht wirkte verhärmt, als hätte sie in ihrem Leben mehr einstecken müssen, als sie verkraften konnte. „Kann ich Ihnen irgendwie helfen?“ fragte sie freundlich

„Das hoffe ich“, sagte Darcy. Sie zögerte und fuhr dann fort: „Mein Anliegen ist vielleicht nicht ganz alltäglich, denn ... Ich gehe rational nicht erklärbaren Phänomenen nach.“

Das Lächeln auf Marcia Cuomos Gesicht gefror. Ihrer Körpersprache nach war sie drauf und dran, Darcy die Tür vor der Nase zuzuschlagen.

„Bitte! Warten Sie und hören Sie mich an. Ich ... ich ... Mrs. O'Hara hat mir Ihre Adresse gegeben, und ich brauche Ihre Hilfe. Bitte!“ Sie biss sich auf die Unterlippe. „Glauben Sie mir, Sie sind nicht die Einzige, der in Melody House merkwürdige Dinge widerfahren sind.“

Marcia schwankte einen Moment, dann gab sie sich einen Ruck und öffnete die Tür. „Na schön, kommen Sie herein.“

Darcy betrat das Haus. Es machte einen verarmten, aber sehr gepflegten Eindruck.

„Möchten Sie Kaffee? Oder lieber Eistee? Schließlich haben wir ja Sommer, nicht wahr? Etwas Alkoholisches habe ich leider nicht im Haus.“ Sie war immer noch abwehrend, aber als sie die Anteilnahme in Darcys Augen entdeckte, gab sie sich mit einem Aufseufzen geschlagen. „Ich bin zu den Anonymen Alkoholikern gegangen – weil ich nie wieder jemandem einen Grund geben wollte, an meiner Glaubwürdigkeit zu zweifeln. So hatte das Ganze dann wenigstens doch noch sein Gutes.“ Marcia zuckte mit den Schultern. „Direkt nachdem es passiert ist, habe ich mir eine Gruppe gesucht. Wie finden Sie das?“

„Wenn Sie wirklich Alkoholikerin waren, finde ich das großartig", sagte Darcy ernst. „Ich bin für Eistee."

Ein paar Minuten später saßen sie mit ihren Gläsern in dem viktorianisch möblierten Wohnzimmer. Marcia deutete auf ein paar Antiquitäten und erzählte Darcy, dass das Haus um 1870 herum erbaut worden war. „Das ist nicht besonders alt, vor allem nicht hier in der Gegend. Und weil es ein Ururgroßvater von mir gebaut hat, versuche ich es irgendwie zu erhalten. Ich habe hier selbst eine Menge renoviert, und ab und zu kommt mein Sohn von New York runter und macht die schwereren Sachen."

„Sie haben einen erwachsenen Sohn?" fragte Darcy überrascht.

Da lächelte Marcia wieder. „Ja, er ist zweiundzwanzig. Ich war leider eins von diesen Mädchen, die Mutter werden, obwohl sie praktisch selbst noch Kinder sind, und saß bereits mit zwanzig mit einem vierjährigen Kind da. Ich fürchte, ich habe mir viele Chancen verbaut im Leben. Dannys Vater hat mir immer ein bisschen über die Runden geholfen, aber dann kam er ein paar Jahre nach Dannys Geburt bei einem Arbeitsunfall ums Leben. Trotzdem … jetzt habe ich ein gutes Leben, und Danny ist ein wundervoller Sohn. Er hatte das Glück, ein Stipendium zu bekommen, und jetzt arbeitet er bei NBC. Deshalb … hilft er mir manchmal. Aber Geld will ich von ihm nicht annehmen, jedenfalls nicht, solange es irgendwie anders geht."

„Wie wundervoll", sagte Darcy.

„Nett von Ihnen, dass Sie das sagen. Aber Sie wollten mit mir sicher nicht über lecke Leitungen und Schimmel an den Wänden reden."

Darcy lachte und schaute ihr offen in die Augen „Das stimmt.

Ich bin hier, weil ich fest davon überzeugt bin, dass im Lee-Zimmer eine arme Seele keinen Frieden findet, und ich würde gern hören, was Sie dort erlebt haben."

Marcia hielt ihrem Blick stand, dann zuckte sie mit den Schultern. „Wissen Sie, das Problem an der Sache war, dass ich an diesem Tag getrunken hatte, das heißt … ich habe eigentlich immer bei der Arbeit getrunken. Nicht viel, aber ab und zu genehmigte ich mir eben einen Schluck … aber darum geht es jetzt gar nicht. Auf jeden Fall habe ich eines Tages, als ich im Lee-Zimmer sauber machte, gespürt, dass irgendetwas an meinen Haaren zog. Kein Luftzug oder so. Nein, *zerrte.* Richtig fest. Ich bin fast in Ohnmacht gefallen vor Schreck. Und dann hörte ich diese Stimme. ‚Hilfe, hilf mir! Bitte, um Himmels willen, ich flehe dich an, hilf mir!' Ich dachte zuerst, dass sich jemand einen Scherz erlaubt, deshalb schrie ich, dass sie aufhören sollten. Und dann … dann glaubte ich etwas zu sehen. Es war wie ein Lichtstrahl, der aus dem Zimmer aufs Treppengeländer fiel. Ich folgte ihm … und schaute übers Treppengeländer nach unten, und das Nächste, woran ich mich erinnere, ist, dass ich plötzlich am Fuß der Treppe lag! Ich kann wirklich von Glück sagen, dass ich mir bei dem Sturz nicht den Hals gebrochen habe. Penny fand mich auf dem Boden liegend, und vermutlich roch ich nach Schnaps. Ich sagte ihr, dass ein Gespenst mich geschubst hätte. Wo sie sich doch schon immer nichts mehr gewünscht hat als einen Geist in Melody House, hätte man eigentlich annehmen müssen, dass sie mir jedes Wort glaubt. Dem war aber nicht so, und da wusste ich, dass mir niemand glauben würde. Matt brauchte ich damit erst gar nicht zu kommen. Er hätte es sowieso nur auf den Alkohol geschoben, das wusste ich genau."

Marcia stieß einen langen Seufzer aus und fuhr fort: „Also sagte ich Penny, dass ich kündigen würde, und bat sie, Matt nichts von dem Vorfall zu erzählen. Das versprach sie mir, und so hat er nie erfahren, warum ich gegangen bin. Aber ein paar Leute wissen inzwischen Bescheid. Cathy O'Hara von der Bibliothek drüben ist eine Heilige. Sie hatte früher selbst ein Alkoholproblem und war bei den AA-Treffen meine Mentorin. Deshalb ... sie weiß alles über mich. Aber sonst halte ich tunlichst meinen Mund, auch wenn ich wieder mal irgendetwas in der Richtung aus Melody House höre. Mir würde man einfach nicht glauben. Himmel, ich bin mir ja nicht einmal sicher, ob ich mir selbst glauben kann."

„Nun, ich glaube Ihnen", erwiderte Darcy. „Und letztendlich hatte der Vorfall für Sie ja auch sein Gutes."

Marcia lächelte. „Ja, er hat mein ganzes Leben verändert. Aber eins schwöre ich Ihnen – ich würde Melody House nie mehr betreten. Nie wieder." Sie musterte Darcy eingehend. „Und Sie spüren also unerklärlichen Phänomenen nach, sagen Sie? Haben Sie den Geist schon mal gesehen?"

„Ich weiß, dass er da ist, und er gibt sich große Mühe, uns etwas mitzuteilen. Ich vermute, dass es der Geist einer Frau namens Arabella ist, die vor langer Zeit in Melody House ein und aus gegangen ist", berichtete Darcy.

„Ja, möglich", sagte Marcia.

„Hätten Sie eine andere Idee?" fragte Darcy.

„Ich ... nein." Marcia zuckte die Schultern. „Es ist nur ... na ja, ich weiß nicht ... ich hatte ja schon jahrelang dort gearbeitet und war ständig in allen Zimmern, aber so etwas ist mir vorher noch nie passiert. Dabei sollte man doch eigentlich annehmen, dass Arabella da öfter rumgegeistert ist, oder?"

„Vermutlich ist sie das auch“, sagte Darcy und hakte dann nach: „Können Sie sich sonst noch an irgendetwas erinnern?“

„Ich wünschte es. Aber ich hatte damals, wie schon gesagt, getrunken. Ich wünschte, ich könnte Ihnen mehr helfen.“

„Sie haben mir sehr geholfen, glauben Sie mir“, sagte Darcy. „Aber jetzt muss ich auch schon wieder los. Es hat mich gefreut, Ihre Bekanntschaft zu machen. Und nochmals vielen Dank.“

„Nichts zu danken“, versicherte Marcia.

„Und falls Ihnen noch irgendetwas einfällt, rufen Sie mich bitte an“, sagte Darcy.

„Natürlich“, versprach Marcia und fügte hinzu: „Und grüßen Sie alle von mir, Clint, Carter, Penny … und Matt.“

„Das werde ich tun“, sagte Darcy.

Als sie in ihrem Auto saß, starrte sie einen Moment grübelnd ins Nichts. Sie hatte das Gefühl, vor einem Haufen Puzzleteilchen zu stehen, die einfach nicht zusammenpassen wollten. Und dann war sie sich plötzlich sicher, dass ihr irgendein entscheidendes Detail entgangen war. Aber welches bloß?

Nachdem der Richter die Sitzung geschlossen hatte, wurde es eigentlich höchste Zeit für Matt, sich wieder im Büro blicken zu lassen, aber aus irgendeinem Grund sträubte er sich dagegen.

Adam hatte nie verlauten lassen, wie lange er und Darcy in Melody House zu bleiben beabsichtigten. Er konnte sich nur erinnern, dass Adam gesagt hatte: „Es ist kein Anstreicherjob. Ich kann beim besten Willen nicht voraussagen, wie viele Tage wir brauchen werden. Aber machen Sie sich keine Gedanken deswegen. Wir werden uns alle Mühe geben, Ihnen nicht in die Quere zu kommen.“

Ha!

Na schön, bei seinem normalen Tagesablauf kamen sie ihm tatsächlich nicht in die Quere, und so sehr ihm sein Büro in den vergangenen Tagen zu einem Ort geworden war, an den er sich zurückziehen und Abstand gewinnen konnte, verspürte er nun doch so ein eigentümliches Gefühl – keine dumpfe Ahnung und auch keine Eingebung –, das ihn nach Hause zog.

Er setzte sich in sein Auto und fuhr los, dann wählte er die Nummer von Melody House. Penny nahm nach dem vierten Klingeln ab.

„Hallo", meldete er sich.

„Hallo. Ist irgendwas passiert?" Penny klang besorgt.

„Nein, ich … Ist Darcy in der Nähe?" fragte er schließlich knapp.

„Ja, sie trinkt gerade mit Adam Tee, und anschließend wollen sie rauf ins Lee-Zimmer gehen."

„Geht es ihr gut?"

„Bestens."

„War sie den ganzen Tag zu Hause?"

„Nein, als ich vom Einkaufen zurückkam, war sie unterwegs."

„Wo ist sie gewesen?"

„Also ehrlich, Matt! Ich weiß es nicht. Oder glauben Sie vielleicht, ich frage jedes Mal, wenn sie das Haus verlässt, wo sie hingeht?"

„Vielleicht sollten Sie das", brummte er in sich hinein.

„Was?"

„Vergessen Sie's. Ach, da fällt mir noch ein, rufen Sie doch mal den zuständigen Priester an und fragen Sie, ob er morgen eine kurze Totenmesse lesen kann, damit wir diese Gebeine endlich unter die Erde bekommen."

„Morgen schon, Matt? Das ist unmöglich. So schnell werden wir es nicht schaffen, Leute und die Presse einzuladen."

„Gut so."

„Matt!"

„Penny."

Er hörte ein tiefes, frustriertes Ausatmen, dass Matt fast meinte, den Luftzug durchs Telefon zu spüren. „In Ordnung, Matt. Ganz wie Sie wünschen."

„Danke, Penny. Sie sind unbezahlbar."

„Und Sie sind ein Tyrann."

„Tut mir Leid."

„Was um alles in der Welt war das denn?" murmelte Penny.

„Was denn?" fragte er und runzelte die Stirn.

„Ich weiß nicht ... da war so ein komisches Klopfen. Ich werde gleich nachsehen. Bis später, Matt."

„Penny, legen Sie nicht auf ..."

Aber die Leitung war bereits tot. Er versuchte noch einmal anzurufen, bekam jedoch nur den Anrufbeantworter. Fluchend drückte er aufs Gaspedal.

Adam wusste, dass er ein guter Hypnotiseur war, allerdings wusste er auch, dass Darcy eine absolut einmalige Versuchsperson war.

Nach ihrer Rückkehr am Nachmittag hatte sie ihm von ihrem Besuch bei Marcia Cuomo erzählt, was im Anschluss zu heftigen Spekulationen über das Mysterium von Melody House führte. Wieder und wieder hatten sie sich die einzelnen Vorkommnisse vergegenwärtigt und kamen überein, dass etwas an der Verzweiflung – und der Angst – des Geistes höchst sonderbar war.

Am meisten aber beunruhigte Adam, dass Josh in diese Sphäre

offenbar nicht eindringen konnte. Dabei war er immer Darcys geistiger Führer gewesen und wusste, dass sie sich ohne ihn manchmal verloren fühlte.

„Es gibt da irgendeine Macht, die ihn fern hält, aber ich komme einfach nicht darauf, was es sein könnte“, erklärte Darcy, den Kopf schüttelnd.

Adam schwieg einen Moment. Es gab immer noch so vieles, was er nie verstehen würde. Zwar hatte er nie über die Fähigkeiten verfügt, über die Josh verfügte und die er an Darcy weitergegeben hatte, dafür aber hatte er erstaunliche parapsychologische Sachkenntnisse, und er verstand es, diejenigen anzuleiten, die sich vor dem, was sie mitbekommen hatten, fürchteten.

Er hatte Harrison Investigations nach dem Tod seiner Frau Carol gegründet. Josh hatte auf der Beerdigung seiner Mutter steif und fest behauptet, dass diese anwesend wäre, um ihnen zu sagen, dass sie Ehemann und Sohn nie wirklich verlassen hätte und immer bei ihnen sein würde. Weil Adam nach ihrem Tod fast am Leben verzweifelt wäre, hatte er mit seiner Frau selbst Verbindung aufnehmen wollen, aber es war ihm nicht gelungen. Trotzdem war er sich sicher gewesen, dass Josh die Wahrheit gesagt hatte, denn er erzählte Adam von Dingen, die nur Carol gewusst hatte. In der darauffolgenden Zeit hatte er es immer wieder mit Schwindlern zu tun bekommen, die sich als Medium ausgaben, es in Wahrheit aber nur auf das Geld der Hinterbliebenen abgesehen hatten. Das hatte ihn wütend gemacht, und über die Aufdeckung ihrer Lügen bekam er eine echte Verbindung mit den okkulten Kräften.

Josh hatte sich vor dem Tod nicht gefürchtet. Er hatte gewusst, dass ihm kein langes Leben beschieden war und dass ihn seine

Mutter an der Hand nehmen würde. Die Nachdrücklichkeit, mit der Josh stets behauptet hatte, dass es ihm bestimmt sei, jung zu sterben, hatte Adam oft Angst gemacht, andererseits empfand er Joshs gelassene Hinnahme des Schicksals als seltsam tröstlich.

Im Reich der Toten war Josh noch eine junge Seele. Vielleicht gab es ja deshalb Grenzen, die er nicht überschreiten, Kräfte, die er nicht überwinden konnte.

Adam überlegte, dass das Böse womöglich etwas war, gegen das Josh nicht ankam. Vielleicht würde er eines Tages stark genug sein, um gegen eine solche Kraft zu bestehen. Im Moment aber schien es ihm noch nicht möglich, sich gegenüber roher Gewalt zu behaupten.

„Adam", sagte Darcy leise. „Josh kommt nicht in dieses Zimmer."

Adam nickte. „Wenn du Angst bekommst, hören wir sofort auf, Darcy."

„Ich vertraue dir voll und ganz, Adam", sagte sie. Und er wusste, dass es so war. Er griff nach ihrer Hand und drückte sie.

„Dann lass uns anfangen", sagte er, und sie legte sich zurück.

Sie waren zusammen im Lee-Zimmer, sie lag auf dem Bett und er saß in dem Sessel neben dem zierlichen Sekretär an der Wand.

Adam hatte dafür plädiert, niemandem etwas zu sagen, damit sie heute wirklich ungestört waren. Die Séance war zu unruhig verlaufen.

„Entspann dich, atme ganz ruhig. Ein und aus, ein und aus. Denk an einen kühlen plätschernden Bergbach, an leises Wellenrauschen. Erlaube nicht, dass irgendetwas die Süße des Augenblicks stört, die absolute Ruhe und Stille, die du mit jedem Atemzug in dich aufnimmst." Er verzichtete auf ein Pendel, redete einfach nur leise auf sie ein, bis sie gleichmäßig atmete und an nichts mehr dachte. „Fühle die Ruhe des Wassers und des Windes. Lockere deine Muskeln, streck dich aus, entspann dich und spüre die klare, frische Luft, sie wirkt befreiend … du wirst in einen schlafähnlichen Zustand eintreten, der es denen, die dir etwas sagen wollen, erlaubt, zu dir zu sprechen, aber du wirst sicher sein, weil ich dich jederzeit wecken kann. Folge einfach meiner Stimme, lausche dem Wind und den Wellen und lass die Stimmen …“

Adam redete in eintönigem Singsang weiter, bis er an Darcys Gesichtsausdruck sah, dass sie in jenem Zwischenreich des Bewusstseins angekommen war.

„Hier ist jemand“, sagte er dann. „Jemand, der in diesem Raum wohnt und gelegentlich durch das Haus streift. Jemand, der verletzt wurde, brutal verletzt wurde. Ich bin hier, um zu hören.“

Er wartete.

Eine Weile passierte gar nichts. Dann schrak er zusammen, weil das Telefonbuch vom Sekretär fiel und mit einem dumpfen Geräusch auf dem Boden landete.

Eine Sekunde später bewegten sich Darcys Lippen.

„Hilfe. Gott helfe mir.“

Das war die Stimme, mit der Darcy während der Séance gesprochen hatte. Der Geist brachte seine Verzweiflung durch Darcy zum Ausdruck.

„Wir müssen wissen, wer du bist.“

„Da ist Gefahr … Gefahr.“

Adam vernahm ein seltsames Geräusch, das wie ein Stöhnen, ein Wehklagen klang.

„Du musst es erklären“, sagte Adam geduldig.

„Angst ..."

„Du brauchst keine Angst zu haben." Er zögerte. „Du musst weitermachen. Nichts kann dich verletzen."

„Nein ... immer noch hier. Er ist immer noch hier."

„Wer? Wir müssen wissen, wer du bist, und wer er ist, und warum er immer noch hier ist. Du tust niemandem etwas, aber er – ist das richtig?"

„Nein."

Adam schwieg überrascht.

Darcy begann immer schwerer zu atmen. Er musste weiterreden. „Tust du Menschen weh?"

„So ... schwer. So schwer ... zu berühren. Ich bin müde ... erschöpft. Sie werden es nicht sehen."

„Tust du Menschen weh?"

„Nein. Ich zeige etwas, versuche etwas zu zeigen ... was sie nicht wissen."

„Bist du Arabella?"

Darcys Lippen bewegten sich. Sie sagte irgendetwas, aber Adam konnte es nicht verstehen. Dann flog die Tür auf, und Penny stand auf der Schwelle.

„Mein Gott!" sagte Penny. „Was um alles in der Welt ist das denn?"

Verärgert schüttelte Adam den Kopf.

„Oh!" sagte Penny leise, während sie auf Darcy schaute, die still mit geschlossenen Augen auf dem Bett lag und tief atmete.

„Ist alles in Ordnung mit ihr?" fragte Penny.

„Es geht ihr gut."

„Sind Sie sicher?"

„Penny, bitte, seien Sie still", bat Adam.

„Müssen … vorsichtig sein. Auf jeden Fall vorsichtiger als ich. Ich kannte … das Mädchen. Ich glaubte … wegen dem Einfluss, dem Geld“, sagte Darcy mit gepresster Stimme.

„Wer? Bitte, du musst deutlicher werden“, drängte Adam sanft.

„Angst …“

„Du brauchst keine Angst zu haben“, sagte Adam.

Darcy begann sich zu winden.

„Adam!“ sagte Penny.

„He, was zum Teufel ist denn hier los?“ drang eine andere Stimme vom Flur ins Zimmer.

Clint war die Treppe heraufgekommen und stand hinter Penny.

Adam sprach leise, in ruhigem Ton. „Sie müssen beide entweder gehen oder still sein.“

„Aber …“ begann Clint.

Adam machte eine Handbewegung, um die beiden zu verscheuchen. Darcy versank mehr und mehr in dem Gefühlssturm, den er in ihr entfacht hatte, aber er war sicher, dass sie kurz vor einem Durchbruch standen, und er wollte verhindern, dass die Verbindung, die sie zu dem Geist geknüpft hatte, abriss.

„Sie … sie sieht aber gar nicht gut aus!“ sagte Clint tief besorgt. „Sie sollten aufhören.“

„Das werden wir“, gab Adam ruhig zurück. Er schaute Clint an. „Aber erst, wenn ich es sage.“

Clint hatte kein gutes Gefühl bei der Sache, trotzdem verkniff er sich jede weitere Bemerkung.

Darcy murmelte irgendetwas in sich hinein.

„Ich kann dich nicht verstehen“, sagte Adam, während er aus seinem Sessel aufstand und sich aufs Bett setzte.

Darcys Muskeln waren angespannt, auf ihrem Gesicht glänzte ein feiner Schweißfilm. Sie warf sich auf dem Bett herum, ihre Hände legten sich um ihren Hals.

Jetzt wurde es Clint zu viel. Er stürmte ins Zimmer. „Hören Sie sofort auf", verlangte er.

„Hier, hier, hier", murmelte Darcy.

Die Tür wurde so hart aufgestoßen, dass sie gegen die Wand krachte, und als Adam aufschaute, sah er Matt Stone mitten im Raum stehen.

„Was zum Teufel geht hier vor?" fragte Matt wütend.

Ein Windstoß von draußen drückte die Balkontüren auf. Adam wandte den Kopf und schaute nach draußen. Eine Sekunde später hörte er dicht neben der Tür irgendetwas gegen die Wand schrammen.

„Hier, hier, bei uns, ich muss weg ... nein, es gibt nirgends Hilfe. Mir hilft niemand, ich bin allein, oh, bitte, wenn mich jemand hören kann ... wenn ich mich jemand hören kann ... Hilfe!"

Darcy stieß einen gellenden Schrei aus, umklammerte ihren Hals.

„Aufhören!" brüllte Matt.

Darcy wand sich, dann bäumte sie sich auf. Für einen Moment erschien es, als ob jemand sie vom Bett hochzerrte.

„Aufhören!" wiederholte Matt mit donnernder Stimme. Er machte einen weiteren Schritt auf das Bett zu.

Darcy gab diese schrecklichen erstickten Laute von sich, die sie bereits am Abend zuvor ausgestoßen hatte. Ihr Gesicht wurde immer röter und verfärbte sich immer weiter.

Adam sagte das Codewort, aber sie reagierte nicht und wand sich noch immer wie unter Krämpfen.

„Hier … hier … er ist hier! Seht ihr es denn nicht?“ keuchte sie ängstlich.

Hier? dachte Adam. *War es das? Lebten die beiden Geister hier in diesem Zimmer weiter, wobei das arme Mädchen seinen Tod immer wieder von neuem durchmachen musste?*

„Hier!“ schrie Darcy, dann begann sie verzweifelt nach Atem zu ringen.

Ihr Keuchen klang beängstigend laut in dem ansonsten stillen Zimmer, ihre Atemzüge wurden kürzer und kürzer … dann hörte sie auf sich zu winden und sank langsam aufs Bett zurück …

Als ob sie stürbe.

„Herrgott, aufhören! Hören Sie sofort auf!“ brüllte Matt außer sich.

Das Keuchen war noch nicht verstummt.

„Adam!“ schrie Matt.

Adam wiederholte das Codewort, lauter diesmal.

Daraufhin fiel Darcy so schlaff wie eine Flickenpuppe zurück aufs Bett. Alle Spannung fiel von ihr ab, die Röte, die ihr ins Gesicht geschossen war, verblasste genauso schnell, wie sie gekommen war.

Die Augen hielt sie weiterhin geschlossen. In diesem Moment wirkte sie fast so, als schliefe sie.

Matt bahnte sich seinen Weg zum Bett, schob einen Arm unter Darcy und hob sie hoch.

Leblos wie eine Puppe hing sie in seinen Armen.

Er tastete an ihrem Hals nach einem Puls.

„Darcy!“

Sie blinzelte und schaute, offenbar ohne zu begreifen, was um sie herum vorging, benommen von einem zum anderen.

„Darcy!“ Matt bebte am ganzen Körper. „Darcy, ist alles in Ordnung mit dir?“

„Ja … mir geht es gut.“

In seinen Augen spiegelten sich Besorgnis und Angst. Immer noch zitternd stieß er einen wütenden Fluch aus, dann legte er sie wieder aufs Bett und verließ wortlos das Zimmer.

Während sich alle nach ihm umdrehten, hörte Adam wieder das schabende Geräusch an der Außenwand.

13. KAPITEL

Noch immer etwas desorientiert, brauchte Darcy eine Weile, bis sie realisierte, was genau sich gerade ereignet hatte. Sie erinnerte sich, dass ihr Blick nach dem Aufwachen zuerst auf Matt gefallen war, der sie wie ein wütender Stier angestarrt hatte. Darcy erfasste eine Traurigkeit, die sich jedoch schnell in Zorn verwandelte. Sie wusste nicht, was geschehen war, aber es musste allen Anwesenden klar und deutlich demonstriert haben, dass es außer der ihnen bekannten Welt noch etwas anderes gab. Gegen diese Erkenntnis sträubte sich Matt mit Händen und Füßen, und das brachte Darcy in Rage.

Darcy schaute Adam an, der jedoch der Einzige im Zimmer war, der sie in dem Moment nicht beachtete, da er sich an den Balkontüren zu schaffen machte.

„Darcy?“ fragte Clint besorgt. „Großer Gott, Darcy! Können wir irgendetwas für Sie tun? Sollen wir einen Arzt rufen? Brauchen Sie irgendetwas?“

„Mir geht es gut“, versicherte sie ihm, konzentrierte sich jedoch weiter auf Adam.

Clint starrte sie noch immer an, aber schließlich nickte er. „Was ... was ist eigentlich passiert?“ wollte er dann wissen.

Darcy schüttelte den Kopf. „Ich weiß es nicht. Ich muss sehr tief in Trance gewesen sein. Ich erinnere mich absolut an nichts. Ich habe Adam zugehört ... und plötzlich sah ich Matt vor mir.“

Über Clints Gesicht huschte ein Anflug von Verärgerung, doch bevor er etwas entgegnen konnte, kam Adam mit nachdenklich gerunzelter Stirn vom Balkon zurück.

„Adam?“ sagte Darcy. „Ist alles in Ordnung?“

Er verzog das Gesicht. „Wir sind ganz dicht dran." Gespannt warteten die anderen darauf, dass er fortfuhr, aber Adam schien andere Pläne zu haben.

„Was haltet ihr davon, wenn wir uns gleich unten im Foyer treffen und ein bisschen rausgehen, vielleicht ins Wayside Inn?" schlug Adam vor. „Darcy tut ein Tapetenwechsel sicher gut. Aber vorher möchte ich noch kurz mit ihr allein sprechen, wenn ihr nichts dagegen habt."

Pennys und Clints Blicken war anzusehen, dass sie durchaus etwas dagegen hatten, da sie auch gern hören würden, was Adam Darcy zu sagen hatte, aber sein Tonfall verriet, dass er keinen Widerspruch dulden würde.

„Okay", sagte Clint als Erster. „ Wir treffen uns in zehn Minuten im Foyer."

„Klingt gut", sagte Adam milde.

Nachdem Penny und Clint fort waren, ging Darcy zur Tür, machte sie zu und fragte: „Und? Ist es Arabella?"

„Ich glaube nicht", gab er nachdenklich zurück.

Darcy runzelte die Stirn. „Aber wer ist es dann?"

„Ich weiß es nicht. Ich stimme dir allerdings zu, dass der Geist Angst hat. Er hat so schreckliche Angst, dass er uns das, was er uns so verzweifelt zu sagen versucht, nicht sagen kann. Wir *müssen* es einfach herausfinden."

„Aber es scheint, dass wir immer wieder am selben Punkt stecken bleiben", sagte Darcy. „Und ich fürchte, dass man mich demnächst hier rauswirft."

Adam wischte die Bemerkung mit einer Handbewegung weg. „Matt würde dich niemals rauswerfen."

„Du hast seinen Blick nicht gesehen."

„Ich kenne Matt."

Darcy machte ein zweifelndes Gesicht und setzte zu einer Erwiderung an, verkniff es sich aber dann doch.

„Ein Geist, der Angst hat. Ein Sheriff, der Angst hat." Adam zuckte mit den Schultern.

„Beides macht keinen Sinn, oder?"

„Wenn es um Leben und Tod geht, um Vertrauen und Glauben, müssen die Dinge keinen Sinn machen, Darcy. Das weißt du so gut wie ich."

„Vielleicht machen wir es uns einfach zu leicht." Sie überlegte einen Moment. „Jetzt sind alle weg. Du solltest mich noch einmal in Hypnose versetzen und ..."

„Nein, Darcy. Auch wenn es dir nicht gefällt, aber es ist einfach zu anstrengend, um es in so kurzen Abständen zu wiederholen. Außerdem bezweifle ich, dass es uns gelingen würde, die Verbindung wiederherzustellen. Nein. Lass uns wirklich ein bisschen rausgehen, etwas unternehmen. Was meinst du? Willst du dich noch umziehen?"

Darcy grinste. Sie trug Jeans und ein ärmelloses Oberteil. „Um ins Wayside Inn zu gehen? Nein, ich glaube, dafür bin ich schick genug."

Er reichte ihr seinen Arm und ging mit ihr zur Tür.

„Adam", sagte Darcy plötzlich.

„Was ist?"

„Was hast du eigentlich da draußen auf dem Balkon gemacht?"

„Oh ... nichts. Mich nur kurz umgeschaut."

„Warum?"

„Ich hatte geglaubt, etwas gehört zu haben, als du in Trance warst. Aber ich konnte nichts finden. Wahrscheinlich waren es nur

Vögel oder ein Eichhörnchen. Himmel, vielleicht gibt es in diesem alten Kasten ja sogar Ratten."

„Reizender Gedanke", sagte Darcy.

„Hm. Sag mal, was machen sie eigentlich, wenn sie in diesen alten Häusern wirklich Ratten haben?"

„Fallen aufstellen", gab Darcy zurück. „Oder sie holen einen Kammerjäger. Oder sie schaffen sich eine Katze an."

„Eine Katze! Richtig."

„Was ..."

„Oh, ich habe nur laut gedacht", sagte er. „Aber jetzt komm, ich bin schon sehr gespannt auf das Wayside Inn, das Wohnzimmer von Stoneyville."

Wie sich herausstellte, hatten bis auf Matt, der verschwunden war, alle Lust auf einen außerplanmäßigen Ausflug.

Clara Issy ließ sofort die Wäsche liegen, die sie gerade bügelte, und Carter überließ seine Aktien bereitwillig sich selbst. Sogar der alte Sam schloss sich ihnen an.

Als die Truppe im Wayside Inn ankam, herrschte dort Hochbetrieb. Eine Band spielte eine Mischung aus Rock und Country, und an den Billardtischen drängten sich die Leute. Mae und ein paar jüngere Kellnerinnen hatten alle Hände voll zu tun. Carter forderte Darcy zu einer Runde Poolbillard heraus. Wahrscheinlich glaubte er, sie innerhalb kürzester Zeit zu schlagen, was allerdings ein großer Irrtum war, wie sich bald herausstellen sollte.

David Jenner spielte ebenfalls gerade an einem der Tische, und Delilah Dey schaute von der Bar aus zu. Da David den Tisch hielt, schlug Darcy eine Partie zu viert vor. Sie wollte mit David spielen, während Carter und Delilah ein Team bilden sollten.

Darcy hatte schon befürchtet, von der Hypnose noch ein

bisschen mitgenommen zu sein, doch diese Sorge war überflüssig. Sie versenkte drei Kugeln nacheinander, und nach ein paar Minuten konnten sie und David sich als stolze Sieger präsentieren.

„Jetzt bin ich dran!“ sagte Clint.

„Wer gegen wen?“ fragte Carter.

„Darcy gegen mich“, gab Clint zurück.

Durch die Bar ging ein lautes „Ooooh!“

Darcy lachte, während sie spürte, wie ihr Ehrgeiz von neuem erwachte.

„Um was spielen wir?“

„Lassen Sie mich nachdenken“, gab Clint zurück und gleich darauf grinste er. „Okay. Sie und ich. Wir gehen essen – hier oder woanders. Und anschließend ins Kino.“

„Halt die Ohren steif, Darcy“, rief Adam.

„Machen Sie sich schon mal auf eine Niederlage gefasst“, warnte Darcy Clint.

„Warten wir's ab. So leicht ist der Süden nicht unterzukriegen“, scherzte er.

Sie grinste und rieb ihren Queue mit Kreide ein.

Clint war eindeutig ein stärkerer Gegner, und die Partie schien eine Ewigkeit zu dauern. Die ganze Kneipe hielt den Atem an, und sogar die Band legte eine Pause ein, um den beiden bei ihrem konzentrierten Spiel zuzuschauen.

Darcy war mit dem Herzen voll und ganz dabei und genoss die Herausforderung, gerade weil Clint so gut spielte. Die erste Partie ging schließlich an Darcy, die zweite an Clint.

Bei der entscheidenden dritten hatte Darcy den Anstoß und die Partie verlief ziemlich gleichberechtigt, bis Darcy plötzlich merkte, dass etwas sie ablenkte.

Schon wieder hatte sie das Gefühl, beobachtet zu werden.

Allerdings schienen diese Blicke sehr real ... und seltsam vertraut.

Sie zögerte, richtete sich auf und schaute sich um.

Zu ihrer Überraschung saß Matt an der Bar. Allerdings war er der Einzige im Raum, der sie *nicht* beobachtete. Er stand zwischen Adam und Penny am Tresen und redete gerade mit Mae.

„Ms. Tremayne ...?" drängte Clint grinsend.

„Sie denken, jetzt haben Sie mich, was?" sagte sie.

„Ich denke, Sie sitzen ziemlich in der Klemme", gab er zurück.

„Schach – aber noch nicht schachmatt", meinte Darcy kokett.

Sie wollte sich von Matt nicht den Spaß verderben lassen und konzentrierte sich wieder aufs Spiel. Mit Erfolg, denn es dauerte nicht lange, und der Sieg war ihrer.

Lächelnd schaute sie sich um. Adam zwinkerte ihr mit gehobenem Daumen von der Theke aus zu, Matt hingegen stand immer noch mit dem Rücken zu ihr.

Clint lehnte sein Queue an die Wand und ging weg, aber es dauerte nicht lange, bis er, in jeder Hand ein Bier, zurückkam. Er hielt ihr eine Flasche hin, dann stieß er mit ihr an und sagte: „Als echter Gentleman gebe ich mich geschlagen."

„Zu gütig", erwiderte Darcy ironisch.

Sie lehnten sich gegen den Billardtisch und tranken einen Moment schweigend ihr Bier. „Was machen Sie eigentlich so, Clint? Ich meine beruflich."

Er lachte auf. „Ah, haben Sie auch schon gemerkt, dass ich nichts weiter bin als ein erbärmlicher Taugenichts, der auf den Großmut eines wesentlich verantwortungsbewussteren Verwandten angewiesen ist", gab er zurück.

„So habe ich es nicht gemeint“, protestierte sie.

„Schon gut, schon gut.“ Clint hob beschwichtigend die Hände. „Wissen Sie, eigentlich arbeite ich schon seit geraumer Weile sehr intensiv an einem Projekt, das noch ein bisschen Zeit braucht, aber sagen Sie es nicht weiter, okay?“

„Das kann ich ja wohl auch schlecht, wenn Sie mir nicht mehr darüber verraten“, gab Darcy zurück.

„Hm.“ Er musterte sie. „Gedanken lesen können Sie also nicht?“

„Nein. Ich kann zwar gewisse Dinge spüren, aber Gedanken lesen kann ich nicht“, erklärte sie.

Sein Grinsen wurde breiter. „Das ist gut.“

„Warum?“

„Weil Sie sonst wahrscheinlich oft Ohrfeigen verteilen würden, wenn Sie wüssten, was den Leuten bei Ihrem Anblick alles so durch den Kopf geht.“

„Ich nehme es als ein Kompliment.“

„So ist es auch gemeint.“ Dann flüsterte er ihr ins Ohr: „Was glauben Sie wohl, was der alte Matt hier will?“

„Ein schönes kühles Bier trinken.“

„Mir scheint eher, er will Sie nicht aus den Augen lassen.“

„Mir scheint, er würde es vorziehen, mich überhaupt nicht mehr sehen zu müssen.“

Clint schüttelte den Kopf. „Ganz falsch. Sie sind ihm unter die Haut gegangen. Mächtig. Er ist nur so ein Idiot. Was meinen Sie, sollen wir ihn ein bisschen eifersüchtig machen?“

Darcy lächelte. „Nein, aber trotzdem danke.“

„Er ist ganz verrückt nach Ihnen. Der alte Hornochse kann es sich nur nicht eingestehen.“

Sie schüttelte langsam den Kopf. „Vielleicht fühlt er sich vorübergehend von mir angezogen, aber mehr ist es nicht."

„Woher wollen Sie das so genau wissen?"

„Er kommt einfach nicht mit mir zurecht."

Clint überlegte einen Moment. „Ja, aber nur, weil er Angst um Sie hat."

„Warum sollte er Angst um mich haben?"

„Darcy, Sie hätten ihn gestern Abend sehen sollen. Ich meine, das war für uns alle schon verdammt unheimlich. Und heute Nachmittag war es noch schlimmer."

Ohne zu antworten trank sie einen langen Schluck von ihrem Bier.

„Sagen Sie, Darcy", fuhr er fort, „ist es eigentlich schon mal passiert, dass jemand aus der Hypnose nicht mehr aufgewacht ist?"

„Nicht dass ich wüsste."

„Aber genau wissen tun Sie es nicht?"

„Nein. Allerdings würde ich mich nie von jemand anderem als von Adam hypnotisieren lassen. Ich vertraue ihm vorbehaltlos. Deshalb ... wir verabreden ein Codewort, und sobald er es sagt, wache ich auf."

„Heute nicht."

„Was meinen Sie damit?"

„Sie haben erst beim zweiten Mal reagiert."

„Wahrscheinlich hat er nicht laut genug gesprochen."

„Doch, es war laut", gab Clint zurück. „Wirklich, Darcy, ich bewundere Ihre Entschlossenheit, aber ... vielleicht sollten Sie von diesem Fall doch lieber die Finger lassen. Was ist, wenn doch mal irgendwas schief geht? Heute musste man fast Angst haben, dass Sie ... dass Sie sterben."

„Ich lebe aber noch.“

„Trotzdem, Darcy“, drängte er. „Warum haben Sie sich ausgerechnet diesen Job ausgesucht?“

„Warum gehen Leute zur Polizei oder zur Feuerwehr? Und was ich tue, ist längst nicht so gefährlich.“

Clint atmete tief aus und schaute sie kopfschüttelnd, aber auch irgendwie bewundernd an. „Ich mag Sie, Darcy, auch wenn Sie mindestens genau so dickköpfig sind wie Matt.“

Darcy ging nicht weiter darauf ein, sondern fragte stattdessen: „Aber jetzt sagen Sie doch mal, Clint, was erhoffen Sie sich vom Leben?“

„Ich glaube, ich werde es sehr bald bekommen“, erwiderte er vage.

„Das ist keine Antwort“, stellte sie trocken fest.

„Ich fürchte, dass es mir Unglück bringt, wenn ich es jemandem erzähle“, sagte er lachend. „He, ich bin aber nicht der Faulpelz, für den Sie mich halten. Fragen Sie Matt. Penny kümmert sich um den Haushalt und veranstaltet Spendenessen und ihre Führungen. Matt ist der Sheriff. Er ist derjenige, der den Hut aufhat, das ist ja klar. Und dann ist da noch Sam, der sich um das Grundstück kümmert. Aber was glauben Sie, wer die ganze Chose am Laufen hält? Ich kümmere mich um die Organisation, das heißt, ich suche den richtigen Dachdecker und den richtigen Schreiner und halte die Nebengebäude in Schuss. Ich bin nicht so nutzlos, wie Sie denken.“

„Das habe ich auch nie behauptet“, protestierte Darcy. „Ich war einfach nur neugierig.“

„Na ja, und das Haus gehört ja sowieso Matt.“ Er lachte plötzlich auf. „Jetzt sehen Sie mich bitte nicht so an. Ich habe nicht vor, mich meiner Verwandtschaft zu entledigen, nur damit ich das Haus erbe … Apropos Verwandtschaft“, unterbrach sich Clint, „der Sheriff beobachtet uns ausgesprochen misstrauisch. Wollen Sie ihn immer noch nicht eifersüchtig machen?“

„Nein“, sagte Darcy lächelnd und schüttelte den Kopf.

„Pech für mich“, gab er unbeschwert zurück.

„Und … was machen wir jetzt? Sollen wir uns etwas zu essen bestellen? Ich habe einen Bärenhunger.“

„Gute Idee. Ah, da drüben wird gerade ein Tisch frei. Mal sehen, ob ich die Streitkräfte um mich versammeln kann.“

Darcy und Clint setzten sich an den frei gewordenen Tisch, und es dauerte nicht lange, bis sich die anderen zu ihnen gesellten. Sogar Adam und Matt unterbrachen ihre angeregte Unterhaltung und kamen dazu. Wie wütend er auch noch sein mochte, hier im Wayside Inn ließ Matt sich jedenfalls nichts anmerken, auch wenn er von Darcy Abstand hielt. Und als sich die Unterhaltung am Tisch um die unerklärlichen Vorgänge in Melody House zu drehen begann, versuchte Matt abzulenken, indem er Carter nach einigen seiner Immobilien fragte, und Adam zog Erkundigungen über die Gegend im Allgemeinen ein. Das Essen verlief in erfreulich angenehmer Atmosphäre, und als alle aufgegessen hatten, deutete hier und da ein Gähnen darauf hin, dass es Zeit wurde, nach Hause zu fahren.

Darcy fuhr mit Adam, Penny und Carter zurück. Sie kamen vor den anderen an, und Darcy holte als Erstes die Kassetten für Adam aus dem Lee-Zimmer, die er sich noch einmal anschauen wollte.

„Kommst du heute Nacht allein zurecht?“ fragte er.

„Aber sicher“, antwortete sie.

Er nickte, gab ihr einen Kuss auf die Wange und ließ sie allein.

Darcy war schon im Halbschlaf, als sie glaubte, draußen auf dem Balkon ein Geräusch zu hören. Sie lag ein paar Sekunden reglos da und lauschte.

Wenig später stand sie auf und ging zur Balkontür, allerdings ohne sie zu öffnen. Sie blieb davor stehen und lauschte in die Nacht. Sie hörte Schritte, eine Art Schaben ... Mit klopfendem Herzen schob sie den Vorhang ein Stück beiseite.

Da war jemand draußen auf dem Balkon. Matt. Er lehnte an der Brüstung und schaute hinaus in die Nacht.

Sie wünschte sich, zu ihm gehen zu können. Aber dafür gab es keinen Grund.

Schmerzlich berührt drehte sie sich um und kuschelte sich wieder ins Bett.

Die Frau in Weiß.

In dieser Nacht sah Darcy sie. Sie stand am Fußende des Bettes. Weil sie in einen Nebelschleier eingehüllt war, konnte Darcy ihr Gesicht nicht erkennen. Und überhaupt war es schwer, ihre Umrisse auszumachen, da sie von dem reinen Weiß beinahe geblendet war.

Dann verblasste sie.

Und der Traum kam wieder. Aus irgendeinem Grund wusste Darcy, dass die Frau immer verzweifelter werden würde.

Darcy versetzte sich in die Präsenz, tauchte ab in die Vergangenheit.

Sie lief.

Sie lief aus dem Schlafzimmer, zur Treppe. Und dort packte er sie von hinten und stürzte sich auf sie.

Während sie sich wehrte, war sie sich der Hitze, die er aus-

strahlte, und seiner Kraft bewusst, und so sehr sie auch gegen ihn ankämpfte, er schaffte es, sie zu Boden zu zerren.

Früher …

… war alles so anders gewesen.

Ihre Todesangst verlieh ihr fast übermenschliche Kräfte. Sie schlug wild um sich, kratzte und biss, verwünschte ihn, stieß mit den Füßen, boxte und versuchte, ihm die Finger in die Augen zu stoßen. Als sie ihre Rechte frei bekam, verpasste sie ihm einen solchen Kinnhaken, dass er für einen Moment erstarrte, eine Gelegenheit, die sie nutzte, um ihn abzuschütteln. Sie rappelte sich mühsam auf, doch schon beim ersten Schritt packte er wieder den Saum ihres Negligees und zerrte sie zu Boden. Als sie auf ihn fiel, blieb ihr für einen Moment die Luft weg, dann lagen sie beide eine Weile keuchend da. Sie fühlte sich benommen, und ihre Schläfe schmerzte. Gleich darauf wurde ihr klar, dass sie offenbar mit dem Kopf auf den Boden geschlagen war. Noch während sie wie gelähmt dalag, rappelte er sich neben ihr auf. Und wieder begegneten sich ihre Blicke. Er streckte eine Hand aus. Sie zuckte zusammen, aber seine Finger waren auf ihrer Wange so sanft wie Regentropfen. „Ich habe dich so sehr geliebt“, sagte er.

Sie berührte ihn ebenfalls. Nachdem er wieder auf den Beinen war, ergriff er ihre Hände, zog sie hoch. Dann drückte er sie an sich, und es hätte wie in so vielen Nächten sein können, in denen sie miteinander verschmolzen waren, in denen die Leidenschaft jeden anderen Gedanken ausgelöscht hatte, in denen sie es nicht geschafft hatten, voneinander abzulassen. Das Zimmer begann sich zu drehen, in ihrer Schläfe pochte es … aber er flüsterte ihr etwas ins Ohr, erregende Worte … und dann lagen seine Hände auf ihr, seine Lippen … liebkosten ihren Hals.

Und doch wusste sie, dass der Kampf damit nicht vorbei war. Sie sah es in seinen unversöhnlichen Augen.

Er flüsterte sinnliche Worte, sein Atem streichelte ihre Lippen, ihren Hals, ihre Ohrläppchen, dann legte sich sein Mund erneut auf ihren, hart und unnachgiebig jetzt. Und gleich darauf … fühlte sie sich hochgehoben. Sie hörte seine Schritte auf dem Parkett hallen, spürte, wie seine Arme sie umfingen.

Er kehrte mit ihr ins Schlafzimmer zurück und legte sie behutsam aufs Bett. Sie schloss die Augen und dachte, dass ihre Affäre einfach zu leidenschaftlich gewesen war, dass es ihnen immer nur darum gegangen war, ihre Begierde zu stillen und um sonst nichts. Und dass das falsch gewesen war, ein fataler Fehler. Er ging weg und ließ sie allein, doch gewiss nur, um sich seiner Kleider zu entledigen. Gleich würde er wieder zu ihr kommen und mit ihr verschmelzen.

Aber …

Stille. Nichts geschah.

Das Zimmer lag in fahles Licht getaucht da, und sie wartete umsonst darauf, dass er zu ihr ins Bett kam, wartete umsonst, dass sich sein heißer, erregter Körper gegen ihren presste und er sich mit seinem ganzen Gewicht auf sie legte.

Ein Hund heulte den Mond an, ein klagender, pathetischer, prophetischer Schrei zum Himmel.

Vielleicht wollte sich draußen ein Sturm entfesseln, der dem Sturm der Begierde glich, der alles war, was sie verband. Aber ein Sturm konnte die ersehnte Erleichterung bringen, die Erleichterung, nach der sie so lechzte, weil das Blut, das in ihren Adern pulsierte, noch immer in Wallung war.

Der Wind zerrte an den Fensterläden …

Und er schwieg noch immer.

Wieder ertönte ein Heulen, es hörte sich schaurig an in der stillen Nacht. Oder war es nur der Wind? Sie wusste es nicht. Sie spürte kaum, dass sich ihr erhitztes Blut langsam abzukühlen begann.

Sie richtete sich halb auf, hielt Ausschau nach ihm.

Er stand immer noch am Sekretär. Er hatte sich nicht bewegt, sich nicht wie sonst in fiebriger Selbstvergessenheit die Kleider vom Leib gerissen.

Er las im Mondlicht, las, was sie geschrieben hatte. Er stand reglos da, den Blick auf das Papier geheftet und auf die Worte, die sie geschrieben hatte.

Dann drehte er sich langsam zu ihr um. Sie sah die Spannung, die sich in der Hand, in der er das Blatt hielt, konzentrierte. Sie spürte, wie sein zorniger Blick auf ihr lastete. Zorn, der fast schon in Hass umzuschlagen schien.

Nackte Angst stieg in ihr auf.

Panik presste ihr wie mit einer eisernen Faust das Herz zusammen.

Seine Augen, oh Gott, seine Augen.

„Du hast keine Zeit verschwendet", sagte er laut.

Sie musste entkommen. Aber vielleicht hatte sie ja auch nur eine Chance, wenn sie sich dumm stellte. Wenn sie so tat, als ob sie die Mordlust in seinen Augen nicht sähe.

„Ich war wütend. Du hattest vor, mich zu verlassen."

Er kam langsam auf das Bett zu. „Die Rache einer Frau", sagte er ruhig.

Sie würde nie wissen, was passiert wäre, wenn sie sich an diesem Abend nicht hingesetzt und ihre Gedanken aufgeschrieben hätte. Früher oder später vielleicht dasselbe. Sie hatte ihren eigenen Untergang von Anfang an in seinen Augen gesehen; dieser Blick jetzt war nur eine Steigerung. Und als er sie vorhin im Flur hochgehoben und ins Schlafzimmer getragen hatte, war es nur die Galgenfrist gewesen, die er ihr noch gönnte. Sie hatte ihn beobachtet, als er gekommen war, hatte die Kälte in seinen Augen gesehen, unten am Fuß der Treppe stehend.

„Die Rache einer Frau", wiederholte er. „Kann tödlich sein. Tödlich … tot."

Sie schrie nicht. Die Mühe sparte sie sich. Aber sie verfluchte ihn innerlich, als er auf sie zukam. Verfluchte ihn und das Haus bis in alle Ewigkeit. Ihr Hass saß tief. Sie sollte zum Schweigen gebracht werden. Niemand würde je die Wahrheit über ihn erfahren, niemand würde je erfahren, was wirklich passiert war. Die Wahrheit würde mit ihr sterben, und im Lauf der Zeit würde sie …

Nicht mehr sein als eine Legende.

Wenn überhaupt.

Sie wollte aufspringen.

Sie schaffte es nicht mehr. Er stürzte sich wieder auf sie.

Seine Hände … diese Hände, die ihren Körper mit unermesslicher Zärtlichkeit und Inbrunst gestreichelt hatten … legten sich um ihren Hals.

Und drückten erbarmungslos zu.

Sie rang verzweifelt nach Atem. Und selbst im Todeskampf verfluchte sie ihn immer noch, wünschte ihm, dass er für seine Tat auf ewig in der Hölle schmoren möge. Sie schwor zurückzukommen und sich an ihm zu rächen:

Sie keuchte, ächzte, dann wurden ihre Lippen blau und ihre Atemzüge schwächer, bevor ihr schwarz vor Augen wurde.

„Das wirst du büßen", verfluchte sie ihn mit letzter Kraft.

„Niemand weiß, dass du hier bist", erwiderte er.

Der Würgegriff verstärkte sich noch, seine Daumen pressten sich gegen ihre Kehle. Vor ihren Augen tanzten schwarze Punkte. Ihre Lungen drohten zu explodieren. Sie wollte ... wollte weiterkämpfen.

Aber das Licht verlosch ... verlosch.

Und dann ...

War sie Geschichte.

Darcy erwachte schweißgebadet. Gierig nach Atem ringend, setzte sie sich auf. Im Fernseher, der noch an war, lief eine Mitternachtsshow. Erhitzt schlug sie die Decke zur Seite und war dankbar, dass es im Zimmer so angenehm kühl war.

Sie war am Ende angelangt. Sie hatte gesehen, wie die Seele den Körper verließ. Und doch ...

Sie hatte keine Einzelheiten erkennen können. Sie hatte zwar gespürt, wie die Hände sich um ihren Hals legten und zudrückten, aber das Gesicht ihres Mörders hatte sie dennoch nicht sehen können.

Sie hob die Hand, um sich eine Haarsträhne aus dem Gesicht zu streichen und hielt abrupt in der Bewegung inne.

Da war sie wieder.

Die Frau in Weiß. Am Fußende ihres Bettes.

Eine Sekunde später drehte sich die weiße Gestalt um und schwebte zur Tür, Darcy schlüpfte aus dem Bett. Die Frau in Weiß blieb einen Moment stehen und winkte.

Dann öffnete sie die Tür zum Flur und winkte wieder.

Und Darcy folgte ihr.

14. KAPITEL

Matt wälzte sich schlaflos von einer Seite auf die andere, während sich seine Gedanken immer wieder sinnlos im Kreis drehten.

Darcy musste unbedingt weg von hier.

Und warum zwang er sie nicht einfach zu gehen, wenn sie es nicht freiwillig tat?

Er konnte mit dieser ganzen Angelegenheit nicht umgehen, er konnte es einfach nicht. Warum also erlaubte er ihr zu bleiben? Weil er den Gedanken, dass sie weggehen könnte, genauso wenig ertragen konnte wie den, dass sie blieb. Aber was dann? Wartete er etwa darauf, dass sie eines Morgens aufwachen und zugeben würde, dass Adam und sie nur Theater gespielt hätten?

Doch dazu würde es nicht kommen. Für sie war real, was zu hören und zu fühlen sie sich einbildete.

Er hatte Angst um sie und wusste nicht warum. Er war unruhig, wenn sie allein zu Hause war. Er glaubte nicht an Geister, und schon gar nicht an Geister, die Menschen gefährlich werden konnten. Das konnten nur die Lebenden. Aber warum war er dann so unruhig?

Er fing wieder an, sich im Bett herumzuwälzen und dann …

Dann glaubte er zu hören, wie nebenan die Tür geöffnet wurde.

Er lag eine Minute reglos da und lauschte. Nichts. Trotzdem stand er auf.

Die Frau in Weiß verließ das Zimmer, bewegte sich über den Flur, hin zur Treppe. Darcy folgte ihr, aufgefordert durch das unablässige Winken der Gestalt, die Treppe hinunter, wobei ihr bewusst wurde, dass sie nicht nur einen Geist verfolgte, sondern in ihrem langen weißen Baumwollnachthemd auch selbst wie einer aussah, nur dass ihre nackten Füße jede Treppenstufe berührten. Sie hatte sich nicht die Mühe gemacht, in ihre Pantoffeln zu schlüpfen.

Sie hatte allerdings auch nicht damit gerechnet, dass der Geist das Haus verlassen könnte.

Aber genau das hatte er offenbar vor.

Er schwebte durchs Foyer geradewegs auf die Eingangstür zu, schlüpfte durch den winzigen Türspalt.

Darcy hörte irgendwo im Haus eine Tür ins Schloss fallen. Sie zögerte einen Moment, dann schloss sie leise die Haustür auf und ging nach draußen.

Der Geist bewegte sich über den Rasen, schwebte auf die Stallungen und die Nebengebäude jenseits davon zu.

Darcy eilte ihm nach. Am Nachthimmel stand der Mond, und der Eingang von Melody House war von den brennenden Lampen erhellt. Doch nachdem sie die Stallungen hinter sich gelassen hatte, wurde es dunkler. Der Geist schwebte auf die alte Räucherkammer zu.

Plötzlich hielt er abrupt inne. Darcy blieb ebenfalls stehen.

Die weiße Gestalt begann zu verblassen, veränderte seinen Umriss und waberte hinter das Gebäude. Darcy folgte eilig.

Als sie um die Ecke der Räucherkammer bog, sah sie, dass der Geist verschwunden war. Noch während sie sich verwirrt und frustriert umsah, hörte sie, wie ganz in der Nähe ein trockener Zweig knackte.

Um ihre Anwesenheit nicht zu verraten, presste sie sich instinktiv gegen die Mauer der Räucherkammer, lauschte mit angehaltenem Atem und wartete.

Da hörte sie Schritte … langsam und verstohlen. Sie hielt den Atem an.

Die Schritte kamen näher.

Sie tastete sich an der Mauer der Räucherkammer entlang, bis sie die Holztür spürte, dann fand sie die Türklinke, die sich jedoch weigerte nachzugeben.

Das Mondlicht warf unheimliche Schatten. Schatten, die sich formten und umformten, zusammenballten und wieder auseinander trieben. Sie bewegten sich sacht in demselben Rhythmus wie die Zweige des Baums daneben, in denen der Wind spielte. Aber dann löste sich aus den Schatten eine Gestalt.

Die Gestalt eines Mannes.

Sie hörte ein seltsames leises Schnalzen – wie von einem Peitschenknall.

Sie sah, dass der Mann etwas in der Hand hielt. Eine Schnur … einen langen Riemen, den er an beiden Enden festhielt und straff zog, dann ließ er wieder locker und straffte ihn erneut.

Diese Bewegung hatte sie schon einmal gesehen. Im Traum. Als ein Mörder einen Mord ins Auge gefasst hatte.

Er stand reglos im Mondlicht. Darcy hielt den Atem an, beobachtete weiter, wartete.

Dann plötzlich bewegte er sich auf sie zu.

Darcy ließ die Türklinke los und rannte wie von wilden Furien gehetzt um die Räucherkammer herum, auf das Haupthaus zu. Zuerst hörte sie die schnell näher kommenden Schritte hinter sich noch, doch dann verstummten sie.

Die Veranda, die trotz der Lampen, von dem die Eingangstür angestrahlt war, in schwarze Schatten gehüllt dalag, war direkt vor ihr. Darcy rannte die Treppe hinauf und zuckte vor Schmerz zusammen, als sich ein spitzer Stein in ihre nackte Fußsohle bohrte. Sie schwankte einen Moment, doch als sie ihr Gleichgewicht wieder gefunden hatte, rannte sie ungeachtet ihrer Schmerzen weiter. In diesem Moment löste sich eine große schwarze Gestalt aus den Schatten und schob sich zwischen sie und die Eingangstür. Darcy versuchte abrupt abzubremsen und wollte schon laut aufschreien, aber mehr als ein ersticktes Keuchen brachte sie nicht heraus.

Panisch spürte sie, wie Arme sie umfingen, Finger sich in ihre Schultern gruben.

„Darcy!"

Sie erstarrte. Matt.

„Darcy!"

Matt. War er hinter ihr gewesen? War er die schwarze Gestalt bei der Räucherkammer gewesen, die sie verfolgt hatte? Das war doch unmöglich! Um sie zu überholen, hätte er in einem Riesenbogen zum Hintereingang des Hauses laufen, die Verandabrüstung überspringen und wieder um das Haus herum nach vorn laufen müssen, um sie abzufangen. Aber sie war schnell gewesen. Was allerdings nicht bedeutete, dass er nicht noch schneller hatte sein können.

Als sie weggelaufen war, hatte sie zuerst noch Schritte hinter sich gehört, später nicht mehr …

„Darcy!" Er schüttelte sie leicht.

„Was ist?"

„Was ist?" wiederholte er, als sie nichts erwiderte. „Was zum Teufel tust du hier draußen?"

Deinen Geist jagen! dachte sie.

„Ich wollte nur ein bisschen frische Luft schnappen", sagte sie, wagte es allerdings nicht, ihn anzusehen.

Sie zuckte überrascht zusammen, als sich seine Hand auf die Brust legte, eine Berührung, die viel zu intim und eine schmerzliche Erinnerung an andere Nächte war.

„Dein Herz hämmert wie verrückt."

„Ich wollte noch ein bisschen laufen."

„Barfuß und im Nachthemd?"

Er musterte sie streng wie ein Schulmeister.

„Was machst *du* eigentlich hier draußen?" fragte sie ihn.

„Ich versuche herauszufinden, warum du schon wieder nicht das machst, was andere Leute um diese Uhrzeit tun: schlafen."

„Wenn ich dir die Wahrheit sage, glaubst du mir sowieso wieder nicht", entgegnete sie spitz.

„Hat dich womöglich der Geist zu einem kleinen Mondscheinspaziergang eingeladen?" höhnte er.

„Du sagst es."

„Aha. Und wo seid ihr gewesen?"

„Der Geist ist hinter der Räucherkammer verschwunden", erklärte Darcy. „Hör zu, was soll das alles? Du hältst mich doch sowieso für verrückt. Würdest du mich deshalb jetzt bitte entschuldigen?"

Doch Matt rührte sich nicht vom Fleck.

„Matt, bitte, lass mich vorbei", sagte sie leise.

„Ich will nicht, dass du in der Dunkelheit draußen rumrennst", sagte er, ohne auf ihre Bitte einzugehen.

„Können wir das nicht im Haus besprechen?"

„Hast du mich verstanden? Ich will nicht, dass du nachts hier draußen bist. Und erst recht nicht so. Halb nackt und barfuß."

„Ich bin untröstlich. Da kann ich nur hoffen, dass ich die Mücken und Fledermäuse nicht um den Verstand gebracht habe", erwiderte sie trocken und stemmte die Hände in die Hüfte. „Lässt du mich jetzt ins Haus?"

„Erst wenn du sagst, dass du mich verstanden hast."

„Ist ja gut, ich habe verstanden. Du willst nicht, dass ich nachts draußen herumlaufe."

„Nicht mal dann, wenn ein Geist auf deiner Bettkante sitzt und dich zu einem Grillfest einlädt, ist das klar?"

„Du hast dich absolut klar ausgedrückt", versicherte sie ihm.

Er trat einen Schritt beiseite und öffnete die Tür. Sie schlüpfte ins Haus und wollte nur noch so schnell wie möglich in ihr Zimmer, aber unten an der Treppe stand Penny und hielt sie auf. „Was ist denn los?" fragte sie beunruhigt.

„Darcy hatte Lust auf einen Mondscheinspaziergang", sagte Matt spöttisch.

„Die weiße Frau!" vermutete Penny prompt. Sie legte Darcy eine Hand auf die Schulter. „Ich hätte es Ihnen erzählen sollen – ich habe sie auch gesehen."

„Darcy trägt ein langes weißes Nachthemd, falls es Ihnen noch nicht aufgefallen ist", warf Matt ein.

„Ich meine nicht heute", widersprach Penny. „Matt, ich habe Ihnen früher schon gesagt, dass ich sie gesehen habe. Sie schwebt die Treppe hinunter. Als ob sie will, dass ..."

„Das Mondlicht wirft manchmal seltsame Schatten, Penny", sagte Matt zähneknirschend. „Da kann man sich viel einbilden, und ich befürchte, hier gibt es Leute, die sich bestimmte Dinge so sehr einbilden, dass sie sie für wahr halten." Er fluchte leise vor sich hin. „Aber jetzt ist es vorbei, okay? Für heute Nacht jedenfalls, richtig, Darcy?"

„Ja, es ist vorbei", stimmte sie zu.

Penny nickte, konnte es sich jedoch nicht verkneifen hinzuzufügen: „Sie werden Ihre Worte noch bereuen, Matt Stone. Glauben Sie mir. Sie werden Ihre Worte noch bitter bereuen."

„Gute Nacht, Penny", sagte Matt mit einem resignierten Aufseufzen.

Darcy beeilte sich, zur Treppe zu kommen, und zuckte erschrocken zusammen, als sie Matts Hand auf ihrer Schulter spürte. In dem Moment, in dem sie sich zu ihm umdrehte, zog er die Hand weg.

„Darcy, ich mache mir wirklich Sorgen um dich. Ich habe dein Gesicht gesehen, während der Séance gestern und heute Nachmittag. Was mag erst in dir vorgehen, wenn du alles durchschaust? Wenn der Mörder in deiner Vision sein Ziel erreicht und sein Opfer erwürgt?"

Er sagte das so nüchtern und sein Blick war so undurchdringlich, dass Darcy nicht sagen konnte, ob er sich über sie lustig machte oder wirklich besorgt war.

„Ich habe den Traum zu Ende geträumt", sagte sie. „Heute Nacht, bevor ich den Geist sah."

Es kam ihr vor, als ob er sich innerlich von ihr abwandte. Sie spürte deutlich die neue Kluft, die sich zwischen ihnen aufgetan hatte.

„Dann hat er dir also seine Geschichte erzählt, richtig? Heißt das nicht, dass er jetzt endlich in Frieden ruhen kann?" fragte er, hoffnungsvoll, wie sie meinte. Natürlich hoffnungsvoll, denn dann wäre er sie ja endlich los …

„Noch nicht ganz, Matt. Noch sind wir nicht am Ziel."

„Aber ist es denn nun diese Arabella, von der du gelesen hast?"

„Ich glaube nicht."

„Aber wer …?“

„Ich weiß es nicht. Aber ich werde es bald wissen.“ Sie drehte sich um und stieg langsam die Treppe hoch. Als sie die Tür vom Lee-Zimmer fast erreicht hatte, spürte sie, dass er hinter ihr war.

Wieder legten sich seine Hände auf ihre Schultern. Sie fühlte die Kraft darin und die Gefahr. Doch nachdem er sie zu sich herumgedreht hatte, sah sie in seinen Augen, dass er eher auf sich selbst als auf sie wütend war.

„Darcy, du kannst manchmal wirklich unglaublich stur sein. Du spielst mit dem Feuer, und wenn du so weitermachst, wirst du dich verbrennen!“

Sie wollte etwas erwidern, überlegte es sich dann jedoch anders. Er ließ ihre Schultern los, legte ihr eine Hand an die Wange, und sie spürte, wie alle Anspannung von ihm abfiel. Sanft zog er sie an sich, und innerhalb von Sekunden explodierte sie schier vor Begehren. Die Lust schien sich wie glitzernde Glasscherben in ihr Fleisch zu bohren. Sie wünschte sich die Kraft, ihn von sich wegzustoßen. Sie konnte dabei einfach nur verlieren! Stattdessen aber legte sie ihre Arme um seinen Hals und presste sich an ihn, um seinen Kuss zu erwidern und seine Wärme und den Beweis seines Begehrens zu spüren. Und so standen sie eng umschlungen vor der Tür zum Lee-Zimmer, in verzehrender Leidenschaft aneinander geschweißt, und küssten sich wild und verzweifelt, bis es Matt schließlich gelang, die Tür aufzustoßen. Er ließ sie nur einmal los, und das war, als er die Stecker für die Überwachungsgeräte zog.

Dann drehte er sich wieder zu ihr um, schlang seine Arme um sie und flüsterte ganz dicht vor ihrem Gesicht: „Wenn dir irgendetwas passiert …“

„Mir wird nichts passieren.“

„Wie kannst du dir da so sicher sein?“

„Matt!“ Sie blickte ihm tief in die Augen und schob ihre Finger in sein Haar. „Ich weiß ganz genau, was ich tue, glaub mir.“

„Es ist nur ein Gefühl“, sagte er, und sie hörte die leise Selbstironie in seiner Stimme mitschwingen, „aber dieses Gefühl sagt mir, dass ich Angst um dich haben muss. Deshalb solltest du wirklich damit aufhören, Darcy.“

Sie kam nicht dazu zu antworten, weil er sie wieder an sich zog und mit glühender Leidenschaft küsste. Seine Hände lagen beinahe grob auf ihren Schultern, das weiße Nachthemd war heruntergerutscht und glitt an ihrem Körper zu Boden. Gleich darauf spürte sie das mit Eis versetzte Feuer seiner Leidenschaft und die kühle Luft auf ihrer Haut. Sie merkte, dass ihre Hände auf seiner Brust lagen, ihr wurde bewusst, dass sie ihn drängte, noch ein paar Schritte zurückzuweichen, bis sie ineinander verschlungen aufs Bett fielen. Dort begann sie ihn mit fiebrigen Fingern überall zu berühren und jeden Quadratzentimeter seines Körpers zu küssen, wobei sie innerlich fast verbrannte vor Leidenschaft – einer Leidenschaft, die verzehrender war als jede andere Empfindung zuvor. Vielleicht war es gerade die Gegensätzlichkeit zwischen ihnen, die diesen Heißhunger in ihnen entfachte, der Argwohn, der sie trennte und gleichzeitig verband. Sein Fleisch pochte vor Erregung; überall, wohin sie ihre Lippen auch legte, spürte sie sein pochendes Herz. Als sie sich ihm entgegenwölbte, krallte er seine Finger in ihr Haar und flüsterte ihr derbe Worte ins Ohr, wütende, leidenschaftliche, entschlossene Worte, die ihre Erregung noch weiter anheizten. Sie presste sich mit dem ganzen Körper an ihn, damit er ebenso spürte wie sie selbst, dass sie ein Teil von ihm war, dass sie in ihm war, dass sie bis an sein Lebensende in ihm brennen würde. Als er sich über sie warf, stockte ihr der Atem, dann drang er so impulsiv in sie ein, dass sie von einer Welle aus Hitze und Feuchtigkeit übermannt wurde. Sie gab sich den Armen hin, die sie umfingen, fühlte seine rauen, sengenden Handflächen auf ihrer Haut, und dennoch schien sie zu schweben, und die Ekstase, die sie zwang, sich noch fester aneinander zu klammern und immer schneller zu bewegen, war jenseits aller irdischen Lust. Darcy spürte Matt wie Feuer und Stahl tief in ihrem Innern, und beinahe besinnungslos vor Lust kam ihr der Traum wieder in den Sinn. Hatten die beiden Liebenden nicht die gleiche verzweifelte Leidenschaft geteilt?

Und dann sah sie es vor sich: Der Mann, der die Frau mit seinen bloßen Händen erwürgte.

Panik durchzuckte sie, und sie stieß Matt brüsk von sich.

Sie schloss die Augen und stemmte sie sich gegen die Erinnerung, die ganz unvorbereitet über sie hinwegschwappte. *Das hier war Matt. Sie hatte ein Leben in der Vergangenheit gelebt, einen Mord mit angesehen, und die Erinnerung daran war noch nicht verblasst, und dennoch …*

All dieser Zorn. All diese Leidenschaft. All dieser Hass.

„Darcy?“

Sie schmiegte sich an ihn, weil sie nicht wollte, dass er ihre Augen sah.

„Stimmt irgendwas nicht?“

Er fuhr ihr mit dem Handrücken über die Wange. Federleicht, sinnlich, süß, zart. Wieder stockte ihr der Atem.

„Alles ist gut“, murmelte sie.

„Den Eindruck habe ich nicht.“ Seine Arme legten sich fester um sie. „Du machst mir Angst, Darcy. Was war denn eben los?“

Heute Nacht warst du es, der mir für einen Moment Angst gemacht hat, dachte Darcy.

„Es ist das alte Lied. Das, was du nie verstehen wirst. Manche Dinge sind eben unmöglich", sagte sie unvermittelt. „Aber Matt, was auch immer geschieht mit uns, ich werde die Stunden mit dir nie bereuen. Das musst du mir glauben."

„Darcy ..."

„Bitte, sag jetzt nichts. Nicht heute Nacht. Halt mich einfach nur fest."

„Ich werde dich so lange festhalten, bis ich dich dazu gebracht habe, dieses Haus zu verlassen", sagte er schroff.

Aber seine Berührung strafte seinen Ton Lügen. Sie war zu sorglich und zu zart.

Gleichwohl musste Darcy die Frage loswerden: „Matt ... bist du mir vorhin zur Räucherkammer gefolgt?"

Es schien eine Weile zu dauern, ehe er antwortete.

„Nein. Ich hatte gerade das Haus verlassen, als du mich auf der Veranda fast umgerannt hättest. Warum?"

„Ach, nur so", log sie.

Daraufhin sagte er nichts mehr.

Sie lag wach, weil sie nicht einzuschlafen wagte, aus Angst, dass der Traum wiederkehren und sie alles noch einmal durchleben müsste ...

All diese Leidenschaft. All diesen Hass.

Sie würde das Opfer sein.

Und er der Mörder.

Irgendwann gegen Morgen schlief Darcy dann doch noch ein; zum Glück waren es traumlose Stunden.

Sie stand auf, duschte und zog sich rasch an, um gerade rechtzeitig zum Frühstück nach unten zu kommen. Matt saß zusammen mit Penny, Clint, Carter und Adam am Tisch. Als Penny Darcy sah, lächelte sie und schenkte ihr eine Tasse Kaffee ein.

„Wir werden heute den Schädel auf dem Friedhof zur letzten Ruhe betten“, verkündete Penny. „Arme Amy! Heute Mittag um eins wird sie nach so langer Zeit endlich wieder Ruhe finden. Dann haben wir immerhin eine Seele erlöst. Aber in diesem Haus wimmelt es nur so von Geistern, richtig, Adam?“

Adam stellte seine Kaffeetasse ab. „Aber größtenteils von guten. Die meisten sind nicht verzweifelt, wissen Sie. Sie bleiben nur, weil sie sich wohl fühlen. Und nur wenige Menschen mit einer sehr differenzierten Wahrnehmung spüren ihre Anwesenheit. Diese Geister müssten hier eigentlich ausgesprochen willkommen sein“, schloss er, wobei er Penny zuzwinkerte.

„Glauben Sie, dass sie manchmal zusammen feiern?“ fragte Carter.

„Wer? Die Geister?“ mischte sich Clint ein.

„Na ja, ich könnte mir vorstellen, dass sie irgendwann Freunde werden, wenn sie alle zusammen in einem Haus herumspuken“, sagte Carter vergnügt. „Und vielleicht auch, dass sie sich die Arbeit aufteilen, so in dem Stil wie ‚He, Beau, alter Kamerad, was hältst du davon, wenn du heute im Salon spukst? Ich übernehme dafür die oberen Zimmer.‘ Oh, ich bitte vielmals um Entschuldigung, Adam“, sagte Carter grinsend. „Ich weiß, wie ernst Sie die Sache nehmen.“

„Nun ja, vielleicht verständigen sie sich ja tatsächlich untereinander, aber genau weiß ich es nicht.“ Adam verkniff sich ein Lächeln.

„He, ich wüsste nur gern, ob es einer von ihnen schaffen würde,

Darcy beim Billard zu schlagen", sagte Clint und lächelte Darcy charmant an.

„Danke." Und sie war ihm wirklich dankbar, weil er von einem Thema abzulenken versuchte, das immer etwas Unerfreuliches bekam, wenn Matt im Raum war.

„Ich muss zugeben, dass ich überrascht bin", sagte Carter. „Wer hätte das gedacht? Sie sieht nicht nur umwerfend aus, sondern kann auch noch hellsehen und hervorragend Billard spielen!"

„Ich liebe Billard", sagte Darcy, während sie ihre Kaffeetasse auf dem Tisch abstellte und sich setzte.

„Sie sollten mal mit Matt spielen. Er ist unschlagbar", erklärte Penny.

Matt legte seine Serviette hin und stand auf. „Irgendwann machen wir mal ein Turnier, aber jetzt muss ich los. Wir sehen uns dann später auf dem Friedhof. Und Penny, bitte versprechen Sie mir, dass Sie nicht bis dahin noch sämtliche Zeitungen im gesamten Bundesstaat informieren."

„Nein, Matt, ganz bestimmt nicht", versicherte Penny.

„Na dann", sagte Matt, stand auf und ging.

„Nicht sämtliche, nur ein paar", korrigierte Penny leise, als er weg war.

„Penny, Penny, Penny", sagte Carter kopfschüttelnd.

„Leider waren sie nicht sonderlich interessiert", fuhr Penny fort. „Immerhin ist ja an diesem Samstag auch die Aufführung der Schlacht von Stone Gorge. Was ist, Carter, nehmen Sie da nicht auch teil?"

„Klar", sagte dieser.

„Eine Inszenierung einer Schlacht?" erkundigte sich Adam interessiert und sah Carter an.

„Ich weiß nicht genau, ob es wirklich eine richtige Schlacht war. Auf jeden Fall gab es da einen bedeutenderen Kampf, und weil dieses Jahr der Jahrestag auf einen Samstag fällt, wird er groß gefeiert. Das Wayside Inn ist übers Wochenende ebenso komplett ausgebucht wie alles andere hier. Es ist ein Riesenspaß", erklärte Carter.

„Und für die Kinder obendrein auch noch lehrreich", fügte Penny lobend hinzu.

„Das klingt interessant", mischte sich Darcy ein und fragte Carter: „Von wo aus kann man sich die Aufführung ansehen?"

„Von der Hauptstraße aus, direkt auf der anderen Seite des Waldes. Clint und ich werden Sie herumführen und Ihnen ein bisschen was erzählen. Clint hat sich nämlich ebenfalls bereit erklärt mitzumachen, weil wir nicht genug Leute haben."

„Die Alten sind alle weggestorben", ergänzte Clint. „So, aber jetzt muss ich auch los." Clint legte die Serviette zur Seite und war schon fast bei der Tür, als Penny fragte: „Wo wollen Sie denn so schnell hin?"

„Ich bin ein viel beschäftigter Mann, das hat bloß noch niemand gemerkt, Penny", gab Clint vergnügt zurück.

„Ich muss auch los", sagte Carter. „Wir treffen uns alle um … sagen wir halb eins … im Foyer, okay?"

Darauf stand auch Darcy auf und begann, schnell den Tisch abzuräumen, schon ganz begierig darauf, Adam für sich allein zu haben, um ihm von den Vorfällen der letzten Nacht zu erzählen. „Wir treffen uns nachher im Lee-Zimmer", sagte sie, bevor sie mit einem Stapel Teller in die Küche eilte.

Fünfzehn Minuten später saßen sie endlich allein oben im ersten Stock.

„Ich habe letzte Nacht alles gesehen, Adam."

„Das ist ja großartig. Und …?" Adam war aufgestanden, um einen Stecker in die Steckdose zu stecken. „Du hast dich entschieden, nichts aufzuzeichnen?"

„Die Stecker habe ich erst später rausgezogen", log Darcy und hoffte, nicht rot dabei zu werden. „Vielleicht ist ja etwas auf dem Band."

„Erzähl mir erst davon", forderte Adam sie auf, während er sich in den Sessel neben dem Sekretär setzte.

„Ich habe beide Seiten gesehen", sagte sie. „Die des Opfers und die des Täters. Ich habe gefühlt, was sie gefühlt haben, nur ihre Gesichter konnte ich nicht erkennen. Nicht deutlich genug jedenfalls. Ich weiß jedoch, dass sie eine leidenschaftliche Affäre hatten, aber dann ging irgendetwas schief. Ich glaube, dass der Mann die Frau liebte, auf jeden Fall war er verrückt nach ihr. Nachdem er bei dem Haus angekommen war, blieb er noch eine Weile draußen stehen und dachte nach", fuhr sie fort und schilderte Adam, was wenig später im Haus passierte.

„Damit wissen wir zwar immer noch nicht, wer den Mord verübt hat, aber wir wissen zumindest, was passiert ist", sagte Adam.

Darcy schwieg einen Moment, dann sagte sie: „Und als ich aufwachte, sah ich am Fußende meines Bettes die weiße Frau stehen. Sie bedeutete mir mit einer Handbewegung, ihr zu folgen. Sie hat mich aus dem Zimmer geführt, die Treppe hinunter und aus dem Haus, zur Räucherkammer. Dort angekommen, war sie plötzlich verschwunden."

Adam hüllte sich eine Weile in Schweigen. „Wir werden Matt bitten, uns dort ein bisschen genauer umsehen zu dürfen. Allerdings", fügte er mit erhobenem Zeigefinger hinzu, „werden wir für dich ein paar unumstößliche Verhaltensmaßregeln festlegen müssen, Darcy. Habe ich dich richtig verstanden, dass du dieser weißen Gestalt nach draußen gefolgt bist?"

Sie nickte zögernd.

„Und warum hast du mir nicht vorher Bescheid gesagt?""

„Adam, ich hätte sie verloren."

Er schüttelte den Kopf. „Ich schlafe nur ein paar Türen weiter. Außerdem hättest du anrufen können."

„Es war okay so", sagte sie zögernd.

„Gut."

„Aber da war noch mehr, Adam. Als der Geist bei der Räucherkammer verschwand, schlüpfte er nicht durch eine Wand oder so etwas. Er … er löste sich ganz einfach auf. Und ich hatte das Gefühl, seine Angst zu spüren. Und dann … sah ich einen Umriss. Den Umriss eines Mannes, fast so, als ob er dem Geist ebenfalls gefolgt wäre und ihn genauso wie ich bei der Räucherkammer verloren hätte. Entweder das oder …"

„Oder was?"

„Oder er ist mir gefolgt."

„Was meinst du, war dieser Schatten real?" fragte Adam.

„Ich weiß es nicht. Obwohl, vielleicht war er eher echt. Ich hörte ganz deutlich Schritte hinter mir. Ich glaubte, verfolgt zu werden."

„Und dann?" drängte Adam.

„Ich rannte."

„Zurück zum Haus?"

„Auf die Veranda. Und dort bin ich dann schließlich Matt in die Arme gelaufen." Darcy stockte.

„Bist du dir sicher, dass es nicht Matt war, der dir nach draußen gefolgt ist? Vielleicht ist er ja auf halber Strecke umgekehrt und zum Haus zurückgegangen“, erwog Adam.

„Er behauptet, nicht draußen gewesen zu sein“, sagte Darcy.

„Du klingst nicht überzeugt.“

„Ich bin aber überzeugt … ich möchte es jedenfalls sein“, gab Darcy kleinlaut zurück. „Adam, wie gut kennst du Matt? Du warst doch mit seinem Großvater befreundet, richtig?“

Adam lächelte sie an. „Ja. Wir waren enge Freunde und haben oft ganze Nächte auf der Veranda gesessen und uns über Gott und die Welt unterhalten. Er hat nicht an das Übersinnliche oder an Geister geglaubt, obwohl er zugeben musste, dass hier in diesem alten Haus Dinge passierten, die er sich nicht erklären konnte. Aber es war nichts Schlimmes … nichts, was man als bedrohlich hätte einstufen können. Nur solche Geschichten von Besuchern, die behaupteten, im Salon einen Soldaten in Bürgerkriegsuniform gesehen zu haben, oder dass ab und zu eine Tür wie von Geisterhand auf- und zugemacht wurde. Manchmal gab es irgendwo in einem Zimmer einen kalten Luftzug, den man sich nicht erklären konnte. Er war trotzdem felsenfest überzeugt davon, dass sich für alles, was in dem Haus passierte, eine logische Erklärung finden lassen würde, wenn man nur lange genug danach suchte. Der Soldat beispielsweise war schlicht ein verkleideter Mensch. Und die Kälte? Nun, das Haus ist alt. Da zieht es schon mal durch die Ritzen. Und die Türen öffnete seiner Meinung nach ebenfalls der Wind. Matts Großvater hat sich diese Spukgeschichten gern angehört und sie mit einem Lachen abgetan.“

„Warst du deshalb so scharf drauf, hier Untersuchungen anstellen zu dürfen? Weil du das Haus von früher kennst?“

„Mehr oder weniger", erwiderte Adam ausweichend.

Darcy spürte die Vagheit in Adams Antwort, und das machte sie stutzig. Ihres Wissens nach hatte Adam ihr noch nie die Unwahrheit gesagt, und sie glaubte auch jetzt nicht, dass er sie anlog. Sie hatte nur einfach das Gefühl, dass er ihr nicht die ganze Wahrheit sagte.

Bevor sie nachhaken konnte, redete Adam bereits weiter: „Ihr seid also zusammen ins Haus gegangen und habt euch dort voneinander verabschiedet, oder wie ging es weiter?"

Er hatte sie überrumpelt, und Darcy spürte, dass sie rot wurde. „So ähnlich", sagte sie.

„Darcy?" Adam sah sie streng an, als ahnte er, was sie zu verbergen hätte.

Für einen Moment hatte sie wieder dieses schreckliche Gefühl, die Geschichte ihres Traums selbst nachzuerleben, ... erst die Leidenschaft ... dann die Gewalt.

Aber Matt hatte ihr nicht weh getan.

„Adam, ich muss diesen Traum noch einmal träumen, einfach, um noch klarer zu sehen. Irgendetwas daran lässt mich nicht los, und ich glaube, der Schlüssel zu dem Rätsel ist zum Greifen nah."

Adam nickte. „Dann versuchen wir es am besten noch mal mit Hypnose. Aber vorher möchte ich mir die Bänder ansehen. Warum ruhst du dich in der Zwischenzeit nicht ein bisschen aus?"

Er wollte sich die Bänder allein anschauen, das war offensichtlich. Aber sie ging ebenso davon aus wie er, dass nichts darauf zu sehen sein würde.

„Gute Idee. Ich könnte ein bisschen Ruhe gebrauchen", sagte Darcy und rieb sich die Augen. „Aber vergiss nicht, dass wir uns um halb eins unten im Foyer treffen."

„Ich werde pünktlich sein."

Nachdem er das Zimmer verlassen hatte, ging Darcy nach unten. Im Haus war alles ruhig. Auf Zehenspitzen schlich Darcy zur Tür und schlüpfte nach draußen. Sie hatte beschlossen, sich die Stallungen näher anzusehen.

Es dauerte einen Moment, bis sich ihre Augen an das schummrige Licht gewöhnt hatten, und so wäre sie vor einer der Boxen fast in Carter hineingelaufen.

„Hallo, Darcy, haben Sie vor auszureiten?"

Darcy schluckte trocken, und ihr Herz schlug ihr bis zum Hals. Einen Moment hatte sie doch tatsächlich befürchtet, ihrem Verfolger aus der vergangenen Nacht in die Arme gestolpert zu sein.

„Nein ... ich wollte eigentlich nur mal kurz nach den Pferden sehen." Das Pferd in der Box, vor der sie standen, hieß Midnight Blue, und der Hengst war tatsächlich so blauschwarz wie der Himmel um Mitternacht.

„Ist das Ihr Pferd?" fragte Darcy.

„Nein, mir gehört keins davon. Aber wenn ich hier reite, nehme ich immer ihn", erklärte Carter und tätschelte dem Hengst liebevoll den Kopf.

„Wirklich ein wunderschönes Tier."

„Ja, das stimmt. Sie werden es kaum glauben, aber Matt hat ihn oben in den Bergen entdeckt, wo man ihn als Arbeitspferd benutzt hat. Er war in einem erbarmungswürdigen Zustand, wirklich bitter, und Matt ihn den Leuten abgekauft. Das war vor ein paar Jahren, und sehen Sie ihn sich jetzt an! Old Midnight ist ein prachtvolles Reitpferd."

„Ja, da hat der Bursche wohl noch mal Glück gehabt", sagte

Darcy und lehnte sich gegen die Box. „Ich dachte, Sie hätten heute Vormittag zu tun."

Carter schüttelte den Kopf. „Eigentlich wollte ich mich mit meinem Bauleiter treffen, aber der Mann hat den Termin abgesagt."

„Ah ja", sagte sie. „Ich vergesse immer, dass Sie selbst Immobilien besitzen und eigentlich im Nachbarort wohnen. Für mich gehören Sie wie alle anderen auch zu Melody House."

„Sich Melody House zugehörig zu fühlen, ist nicht schwer", sagte Carter. „Hier gibt es noch viel von der legendären alten Südstaatengastlichkeit. Und ich liebe Stoneyville."

„Und Delilah Dey?" neckte ihn Darcy.

Er zuckte lächelnd mit den Schultern. „Na ja, wenn ich schon bei Ihnen nicht landen kann ... Da war Matt mal wieder schneller." Er schwieg einen Moment, dann sagte er: „Hören Sie, Darcy, ich wünschte wirklich, Sie würden abreisen."

„Carter, ich kann es nicht glauben, dass Sie auch gegen mich sind!"

Er lehnte sich gegen die Holzwand und musterte sie eingehend. „Ich bin nicht gegen Sie. Ich weiß nur nicht, ob Melody House ein guter Ort für Sie ist. Nehmen Sie nur Lavinia – Matts Ex. Am Anfang waren wir alle hingerissen und fanden sie atemberaubend. Sie war mit ein paar Freundinnen hier in der Stadt auf Antiquitätenjagd. Penny hatte sie durch Zufall kennen gelernt und schleppte sie zu einer Geistertour mit hierher. Lavinia verliebte sich Hals über Kopf in Matt und blieb. Na ja, die beiden waren ja auch wirklich ein schönes Paar. Aber leider hielt das traute Glück nicht lange an. Lavinia fing an, Matt das Leben zur Hölle zu machen. Sie wollte unbedingt, dass er mit ihr nach

Washington ging, weil sie sich nach den Partys der feinen Gesellschaft sehnte, aus der sie kam, aber Matt wollte nicht. Außerdem war sie wahnsinnig eifersüchtig und gebärdete sich wie eine Furie, sobald Matt zu einer Frau nur freundlich war. Die Beziehung ging dann irgendwann in die Brüche. Trotzdem war sie etwas Besonderes, eine Frau der Extreme. Eben noch überströmend vor Leidenschaft und im nächsten Moment bereit zu töten. Das Lustige daran war nur, dass es kurz nach ihrer Scheidung fast so aussah, als ob die beiden am Ende doch noch Freunde werden würden. Aber jetzt … Himmel, wir haben schon seit einer Ewigkeit nichts mehr von Lavinia gehört, sie ist wie vom Erdboden verschluckt."

„Manchmal ist es am besten, wenn man die Vergangenheit hinter sich lässt", sagte Darcy versonnen.

„Ja, aber vielleicht holt Matt die Vergangenheit gerade wieder ein", sagte Carter, wobei er sich seinen Bart glatt strich und sie ernst musterte.

„Was meinen Sie damit?"

„Sie sind anders als Lavinia, sicher, aber Sie haben ihre Eleganz, ganz zu schweigen von den roten Haaren. Und manchmal frage ich mich, ob hier in Melody House etwas Böses sein Unwesen treibt, das wir nicht sehen können. Uns lässt es in Ruhe, aber Sie können mit diesen Mächten Kontakt aufnehmen, und deshalb sind Sie vielleicht in Gefahr."

Irritiert sah Darcy ihn an. „Wirklich, Carter, ich fürchte mich nicht vor Geistern."

Er drehte sich zu ihr um und legte ihr beide Hände auf die Schultern. Der Blick, mit dem er sie ansah, war ernst und besorgt. „Darcy, Sie sind eine großartige Frau. Ehrlich. Ich mag Sie. Aber Melody House … tut mir Leid, aber ich muss es sagen. Ich finde wirklich, Sie sollten abreisen. Weil ... weil Sie sich zu sehr darauf eingelassen haben."

„Zu sehr darauf eingelassen? Worauf?" fragte sie. Er wirkte aufrichtig besorgt, obwohl er sich selbst oft genug über die Vorstellung, dass es Geister geben könnte, lustig gemacht hatte.

„Auf Matt. Darcy, Sie könnten verletzt werden", warnte Carter sanft.

Sie nickte und legte ihre Hände über seine, die immer noch auf ihren Schultern ruhten. Sie drückte sie kurz, dann zog sie sie wieder weg.

„Danke, Carter."

„Bitte verstehen Sie mich nicht falsch – Matt ist einer der anständigsten Menschen, die ich kenne, aber ..."

„Nur für mich ist er nichts, richtig?"

„Das hat wahrscheinlich alles noch irgendwie mit Lavinia zu tun", sagte Carter. „Schade, dass Sie sie nicht kennen gelernt haben, sonst würden Sie vielleicht verstehen, was ich meine."

„Keine Sorge, Carter, ich komme schon zurecht. Aber danke, dass Sie sich Gedanken um mich machen."

Nach diesen Worten wandte sie sich ab.

„Darcy!"

Sie drehte sich noch einmal um.

„Auch wenn es nach dem, was ich eben gesagt habe, vielleicht irgendwie merkwürdig klingt, aber ... ich mag Matt sehr. Und Sie mag ich auch sehr. Aber vielleicht ... vielleicht ist dieser Ort ja einfach nicht gut für Sie. Bitte, es ist so, wie ich schon sagte ... ich mag Sie beide, und deshalb ..."

„Schon verstanden, Carter, danke."

Damit ging sie weg, und diesmal rief er sie nicht mehr zurück.

Was für eine seltsame Unterhaltung. während drcy zum Haus zurückging, dachte sie noch mal über Carters Worte nach.

Sie hatten sonderbar umständlich geklungen. Nicht dass das, was er gesagt hatte, nicht einleuchtend gewesen wäre. Immerhin war Matt sein Freund, ein sehr guter Freund sogar. Und gerade deswegen würde er ihm gegenüber gewiss auch immer loyal sein.

Falls mit Matt irgendetwas nicht stimmte, würde Carter es ihr nicht direkt auf den Kopf zusagen.

Hatte er mit seinen Worten womöglich andeuten wollen, dass Lavinia nach ihrer Scheidung etwas Schlimmes zugestoßen sein könnte?

Darcy verscheuchte diesen Gedanken sofort. Das war lächerlich. Zu unterstellen, dass Lavinia nicht mehr von sich hatte hören lassen – *weil ihr etwas passiert war!*

Und dennoch …

Als sie zum Haus zurück ging, erinnerte sie sich plötzlich an das seltsame Gefühl, das sie in der Nacht zuvor verspürt hatte.

Erst die Leidenschaft …

Und dann die Gewalt.

15. KAPITEL

Die Totenmesse für die arme Amy war schaurig schön.

Der Priester hieß Todd Bellamy, ein großer schlanker Mann mit ergrautem Haar und einer klaren, tröstlichen Baritonstimme.

Obwohl die Familie schon vor einer halben Ewigkeit aus der Gegend weggezogen war und die alten Grabsteine im Lauf der Zeit so verwittert waren, dass man nichts mehr darauf lesen konnte, hatte man aus alten Unterlagen entnehmen können, an welcher Stelle die Totengräber ansetzen mussten. Matt hatte berichtet, dass der alte Holzsarg längst zerfallen gewesen war, weshalb man jetzt den Schädel in einem eigenen Metallgefäß aus dem einundzwanzigsten Jahrhundert in vermuteter Kopfhöhe bestattete.

Nachdem der Behälter in der Erde versenkt worden war, sprach Reverend Bellamy ein Gebet, an das sich dann noch eine kurze Grabrede anschloss.

„Mögen alle Sünden der Dahingegangenen Vergebung erfahren, und möge Amy jetzt, da sie der Wärme und des Glanzes ihres Schöpfers teilhaftig wird, die Gnade der Vergebung zuteil werden. Ihr war auf Erden nur eine kurze Zeit beschieden, die ein gewaltsames Ende fand. Aber Amy wird gewiss beim Allmächtigen Frieden finden, und wir bitten darum, dass sie diesen Frieden auch demjenigen gewähren möge, der ihr Leben so grausam beendet hat. In der Bibel steht geschrieben, dass denjenigen, die auf Erden dem Bösen ins Angesicht sehen, im Himmel die größte Gnade zuteil wird, deshalb wird Amy dort gewiss Liebe und Glück finden. Liebe Gemeinde, lasset uns beten …"

Obwohl Darcy den Kopf zur Gebet senkte, ertappte sie sich dabei, wie sie sich aus den Augenwinkeln umschaute.

Der alte Friedhof, der immer noch zur Kirche gehörte, war ein wunderschöner Ort. Majestätische Engel aus Marmor und Stein bewachten die Eingänge zu den Gruften. Auf vielen der Grabsteine aus dem siebzehnten und achtzehnten Jahrhundert waren Totenköpfe und grimmig blickende Cerberusse eingemeißelt.

Vorhin bei ihrer Ankunft, als die Sonne noch geschienen hatte, hatte der Friedhof etwas von jener mythischen Kraft verstrahlt, die von so vielen kultischen oder religiösen Stätten ausging.

Doch mittlerweile waren schwarze Wolken aufgezogen. Der sich rasch verdunkelnde Himmel verlieh dem Ort eine unheilschwangere Atmosphäre. Aber außer Darcy schien sich niemand von dieser Symbolik einfangen zu lassen – offenbar waren die Leute aus der Gegend im Sommer einfach zu sehr an schnell hereinbrechende Unwetter gewöhnt.

Aus einem aufgespannten Zeltdach vor einem offenen Grab, um das herum Stühle standen, zog Darcy den Schluss, dass auf diesem alten Friedhof offenbar bis zum heutigen Tag Leute ihre letzte Ruhestatt fanden.

Die Vorstellung gefiel ihr.

„Asche zu Asche, Staub zu Staub ...“ psalmodierte der Priester.

Da Matt die Totenmesse diskret und mit eiliger Entschlossenheit geplant hatte, waren nur wenige Leute anwesend, aber natürlich waren alle Bewohner von Melody House gekommen. Sam, Clara, Penny, Carter, Clint, Matt, Adam und sie selbst. Auch Delilah Dey war als Vertreterin der Stadt erschienen und Jason Johnstone – den Matt persönlich eingeladen hatte. Max Aubry hatte es natürlich doch geschafft, irgendwie von der Sache Wind zu bekommen, und ließ sich die Zeremonie nicht nehmen. Mae, die sich gefreut hatte, dass man sie dazugebeten hatte, war ebenfalls anwesend, und sogar Mrs. O'Hara war gekommen. Dazu kamen noch ein paar Leute, die Darcy nicht kannte, aber alles in allem hatte Matt es geschafft, die Angelegenheit weit gehend unter Verschluss zu halten.

„Amen", sagte der Priester. „Möge ihre Seelen in Frieden ruhen. Gottes Segen sei mit dir und den Deinen."

Damit war der offizielle Teil beendet. Der Priester hatte kaum die letzten Worte gesprochen, da wandte sich der Journalist an Darcy.

„Miss Tremayne?"

„Ja?"

„Ich bin Max Aubry von der Lokalzeitung. Zuallererst möchte ich Sie in Stoneyville ganz herzlich willkommen heißen. Wir freuen uns wirklich sehr, dass Sie hier sind. Ich habe gehört, dass Sie den Schädel gefunden haben. Sagen Sie, würde es Ihnen etwas ausmachen, wenn ich Ihnen ein paar Fragen stelle?" fragte er.

Noch ehe Darcy antworten konnte, tauchte plötzlich Clint mit blitzenden Augen hinter ihr auf. „Und ob es ihr etwas ausmacht, Aubry."

„Sind wir hier im Stone-Königreich oder was?" fragte Aubry spöttisch. „Ich dachte eigentlich, ich lebe in Amerika. Und da gibt es meines Wissens noch so etwas wie Presse- und Redefreiheit. Lassen Sie die Lady selbst antworten."

„Schon gut, Clint, es macht mir nichts aus, kurz mit ihm zu sprechen", versuchte Darcy die Wogen zu glätten.

Clint schaute Darcy an, als wollte er sie warnen, aber dann machte er eine resignierte Handbewegung und wandte sich ab.

„Vielleicht gehen wir dort zu der alten Eiche. Da sind wir etwas ungestörter", schlug Aubry vor.

Darcy lächelte, zuversichtlich, dass sie mit ihm zurechtkommen würde.

Die Eiche stand ganz in der Nähe des offenen Grabes. Darcy überlegte, wer da wohl gestorben sein mochte.

„Mrs. Morrison", sagte Aubry, als ob er ihre Gedanken gelesen hätte.

„Wie bitte?"

„Das Grab ist für die alte Mrs. Morrison. Sie ist einhunderteins geworden. Starb vor ein paar Tagen im Schlaf, im Kreis ihrer Familie. Einen schöneren Tod kann man sich nicht wünschen", sagte Aubry.

„Das stimmt."

„Nun, Ms. Tremayne", sagte er, als sie bei dem Baum angekommen waren. „Dann haben Sie also übersinnliche Fähigkeiten. Hatten Sie eine Vision, die Ihnen den Weg zu dem Schädel gezeigt hat? Wie haben Sie es gemacht? Woher wussten Sie, wo er liegt? Solche Phänomene faszinieren die Leute, wissen Sie."

„Eigentlich habe ich den Schädel nur gefunden, weil ich in der Bibliothek auf Quellen gestoßen bin, die relativ präzise über die Vorfälle damals berichteten. Darauf habe ich eigentlich nur noch eins und eins zusammengezählt, und so ist es dann passiert."

„Sie sind also nicht mit Geistern in Verbindung getreten?" fragte Aubry sichtlich enttäuscht.

Darcy rollte innerlich mit den Augen. Was glaubte dieser Provinzschreiber wohl, was sie ihm auf die Nase binden würde? „Das menschliche Gehirn ist ein ganz erstaunliches Ding, Mr. Aubry. Und es ist eine bekannte Tatsache, dass wir nur den kleinsten Teil davon nutzen. Harrison Investigations hat sich auf die Untersuchung rational nicht erklärbarer Phänomene spezialisiert. Aus unsrer Erfahrung können wir sagen, dass es nicht auf alles eine rationale Antwort gibt, zumindest nicht mit unserem derzeitigen Wissensstand. Deshalb sollten Sie schreiben, dass mich meine Nachforschungen in der Bibliothek zu dem Schädel geführt haben, falls Sie überhaupt etwas schreiben wollen."

„Und dort in der Bibliothek gab es doch diesen rätselhaften Unfall", erinnerte sich Aubry.

„Ich hatte einen Unfall, ja. Eine Diele ist durchgebrochen."

„Und der Sheriff erschien genau im richtigen Moment und hat Sie gerettet, das stimmt doch so, oder?"

„Ja, glücklicherweise war er in der Nähe."

Er spießte sie fast auf mit Blicken. Aber Darcy fühlte sich nicht eingeschüchtert, eher herausgefordert.

„Ist doch irgendwie merkwürdig, finden Sie nicht?"

„Was ist merkwürdig?"

„Na, dass der Sheriff gleich zur Stelle war", sagte Aubry ungeduldig.

„Was ist daran merkwürdig? Er wusste, dass ich in der Bibliothek war, um zu recherchieren. Da ist es doch nur normal, wenn er sich erkundigen will, wie ich vorankomme. Und zwar am besten in seiner Mittagspause. Ich finde daran nichts ungewöhnlich."

„Halten Sie es für möglich, dass Ihnen ein Geist von Melody House in die Bibliothek gefolgt ist, aus Angst vor dem, was Sie entdecken könnten, und dass er Sie angegriffen hat, damit Sie aufhören, sich einzumischen?" fragte Aubry.

Sie lachte laut auf. „Also wirklich, ich bitte Sie, Mr. Aubry! Die Dielenbretter waren morsch, weil an dieser Stelle irgendwer etwas verschüttet hat! Das hat das Holz angegriffen. Ich kann mir kaum vorstellen, dass ein Geist von Melody House herübergeschwebt kommt, sich mit einer Dose Cola in die Bibliothek schmuggelt und sie auf dem Boden ausschüttet."

Aubry wurde sichtlich verlegen.

„Aber hatten Sie nicht trotzdem Angst?"

„Als plötzlich der Boden nachgab? Natürlich."

„Und jetzt haben Sie keine mehr?"

„Warum sollte ich denn?"

„Weil der Geist denkt, dass Sie sich einmischen."

„Mr. Aubry, ich kann mich nicht erinnern, Ihnen irgendetwas von einem Geist erzählt zu haben. Davon abgesehen, dass es für einen Geist gar keinen Grund gäbe, sich gestört zu fühlen."

„Aber Matt Stone hat Sie doch offensichtlich gerufen, weil es in seinem Haus spukt!" widersprach Aubry heftig.

„Mr. Stone hat Harrison Investigations den Zutritt zu seinem Haus gestattet, weil es dort ein paar unerklärliche Phänomene gibt. Wir haben Nachforschungen angestellt, genau wie ich Nachforschungen angestellt habe, als ich die Geschichte von der armen Amy hörte, was dazu führte, dass ich dann den Schädel fand, Mr. Aubry. Das ist leider alles, was ich zu dieser Angelegenheit zu sagen habe."

„Und was sagen Sie zu der Tatsache, dass viele dieser unerklärlichen Phänomene erst in den letzten Jahren aufgetreten sind? Halten Sie es für möglich, dass man in Melody House Geister erfindet, nur um Touristen anzulocken?"

„Da Matt Stone nicht an Geister glaubt, würde er wohl kaum welche erfinden."

„Er glaubt zwar nicht an Geister, aber Melody House verschlingt Unsummen", sagte Aubry. „Früher, als er noch mit Lavinia Harper verheiratet war, konnte er sich das Haus leisten, weil

Lavinia reich war, aber nach seiner Scheidung hat sich seine finanzielle Situation dramatisch verschlechtert. Das könnte also eine Erklärung für die unerklärlichen Phänomene sein. Geldprobleme. Man braucht nicht an Geister zu glauben, um sie zu erfinden."

„Ich bin fest davon überzeugt, dass Matt so etwas nie tun würde, Mr. Aubry. Und jetzt darf ich Sie bitten, mich zu entschuldigen. Falls Sie noch weitere Fragen haben, wenden Sie sich bitte an Mr. Adam Harrison, meinen Chef. Er ist ebenfalls hier."

„Aha. Und wo?" fragte Aubry scharf.

„Er war vorhin drüben beim Priester", erwiderte Darcy, auf die Kirche deutend.

„Danke!" sagte Aubry.

Darcy lehnte sich gegen den Stamm der alten Eiche. Sie fühlte sich merkwürdig erschöpft und – wieder einmal – verunsichert. Aubry hatte es deutlich ausgesprochen.

Matt Stone hatte Geld geheiratet. Dann war die Ehe geschieden worden. Er brauchte Geld.

Seine Frau war verschwunden.

Aber es war nicht seine Frau, sondern seine Exfrau – die Ehe war geschieden worden. Und warum hätte er seine Exfrau ermorden sollen?

Wütend darüber, dass jemand es schaffte, ein derartiges Misstrauen in ihr zu säen, knirschte sie mit den Zähnen. Zumal die Vorwürfe haltlos waren. Denn selbst wenn Matt nicht an Geister glaubte, hatte sogar er den Verdacht, dass in seinem Haus irgendetwas nicht stimmte.

Andererseits hatte es Lavinia in seinem Leben gegeben, und er hatte sie geliebt. Ihre Beziehung war leidenschaftlich – und später hasserfüllt – gewesen.

Genauso wie sie es in dem Traum gesehen hatte, von beiden Seiten …

„Lachhaft!“ sagte sie laut. In dem Moment, in dem sie das Wort aussprach, brach das Unwetter los. Zuerst zerplatzten nur ein paar dicke Regentropfen auf dem Boden. Dann aber kam ein Wind auf, der so stark war, dass man hätte meinen können, Gott höchstpersönlich hätte den Sturm entfesselt. Das Wasser brach nun in einem wahren Sturzbach vom Himmel, und binnen Sekunden bildeten sich auf dem Friedhof riesige Pfützen.

Darcy rannte unter der alten Eiche hervor. Die Autos standen auf der anderen Seite einer Backsteinmauer, die man, wenn man nicht ganz unsportlich war, überspringen konnte. In der Absicht, diese Abkürzung zu nehmen, rannte Darcy darauf zu. Dabei musste sie das offene Grab umrunden, das für die friedlich entschlafene Mrs. Morrison ausgehoben worden war.

Sie rannte mit eingezogenem Kopf und um die Brust geschlungenen Armen zwischen den Stühlen hindurch, die man vor dem Grab aufgestellt hatte.

Außer dem lauten Stakkato des Regens und dem Pfeifen des Sturms hörte sie nichts. Das Geräusch der Schritte trug der Wind davon.

Er blies stark. Sehr stark.

Und dennoch spürte sie, dass eine unbekannte Kraft hinter ihr wild entschlossen die Hand nach ihr ausstreckte. Darcy strauchelte, wollte an dem Grab vorbei, verlor das Gleichgewicht verlor, stolperte auf dem unebenen Boden erneut, geriet ins Schwanken, und fiel …

Sechs Fuß tief in die feuchte Erde eines frisch ausgehobenen Grabes. Dann wurde ihr schwarz vor Augen.

Der Regen trommelte gegen die Windschutzscheibe. Matt sah Penny auf die Beifahrerseite des Autos zulaufen. Sie hatte sich zum Schutz gegen den Regen ihren dünnen Sommerschal über den Kopf gezogen – allerdings ohne großen Erfolg

Matt streckte den Arm aus, um ihr die Tür aufzumachen.

Außer Atme und tropfend schwang sie sich auf den Beifahrersitz. „Puh, was für ein Wetter. Zum Glück waren Sie noch nicht weg. Sie kommen doch mit, oder? Wir treffen uns alle im Wayside Inn."

„Ja, ich komme mit. Wo sind die anderen?"

„In Adams Auto. Er fährt."

„Darcy auch?"

„Ja, wahrscheinlich. Oder ..."

„Oder was?" fragte er hellhörig.

„Max Aubry hat sie abgepasst. Ich weiß nicht, wie lange sie geredet haben."

Matt zog die Stirn in Falten. Max Aubry hatte sich Darcy geschnappt! Das war großartig, einfach großartig!

Instinktiv drückte er stärker aufs Gaspedal als erforderlich.

„Bitte, Matt, regen Sie sich nicht auf, bestimmt ist alles in Ordnung", versuchte Penny ihn zu beschwichtigen. „Sie wird schon nichts Falsches sagen, schon um sich selbst zu schützen. Sie weiß doch auch, was man von solchen Pressemenschen zu halten hat."

„Ja, ja."

„Matt, wirklich, jetzt kommen Sie. Natürlich wird es in der Zeitung stehen. Sie werden schreiben, dass Amy nach über zwei Jahrhunderten jetzt endlich zur letzten Ruhe gebettet wurde. Daran ist doch nichts auszusetzen!"

„Daran sicherlich nicht, aber vielleicht lesen wir ja auch, dass der Sheriff von Stoneyville reif ist für die Klapsmühle, weil er so genannte Geisterjäger in sein Haus holt und von ihnen erwartet, dass sie Probleme lösen, für die er eigentlich selbst zuständig ist."

„Wirklich, Matt, so etwas würde sich Aubry garantiert nicht trauen", widersprach Penny im Brustton der Überzeugung.

Ohne etwas zu erwidern schaute Matt stur geradeaus.

„Du lieber Himmel, ist das ein Wolkenbruch! Können Sie denn überhaupt etwas sehen?"

„Ja, Penny, ich kann etwas sehen. Und Sie sind sich wirklich sicher, dass wir uns im Wayside Inn treffen? Alle werden bis auf die Haut durchnässt sein."

„Es ist Sommer – wir trocknen wieder", versicherte sie ihm.

Als sie beim Wayside Inn vorfuhren, goss es immer noch in Strömen. Matt überließ Penny den Schirm aus seinem Auto und rannte mit gesenktem Kopf durch den Regen.

Sie waren die ersten. Noch nicht einmal Mae war zurück, nur Sim Jones war da und machte sich sogleich daran, ein paar freie Tische zusammenzurücken.

Matt und Penny bestellten erst mal einen Kaffee, dann setzten sie sich und warteten auf die anderen.

Darcys Schläfen pochten schmerzhaft. Sie war mit dem Kopf hart aufgeschlagen, und wahrscheinlich war sie sogar einen Moment bewusstlos gewesen. Wie lange, wusste sie nicht, doch da der Regen immer noch unvermindert heftig vom Himmel fiel, konnte es keine Ewigkeit gewesen sein.

Sie hatte schnell das Gefühl, in einem Schlammbad zu liegen. Nachdem sie sich aufgerappelt hatte, stand sie bis zu den Knöcheln im Matsch.

„Hilfe!“ schrie sie so laut sie konnte, um den Sturm zu übertönen. Als ihr klar wurde, dass niemand sie hören würde – selbst wenn noch jemand da wäre – fühlte sie Panik in sich aufsteigen.

Um sich zu wärmen, schlang sie ihre Arme um ihren Oberkörper. Sie war nass bis auf die Knochen und klapperte vor Kälte mit den Zähnen. In dem tiefen Erdloch war es noch dunkler, als der schwarze Himmel über ihr vermuten ließ.

Was zum Teufel war da bloß passiert? Hatte ein starker Windstoß sie umgeworfen? Oder hatte sie jemand in die Grube gestoßen? Aber warum?

„Hilfe!“ schrie sie wieder. Sie versuchte, an der Seite hochzuklettern, und krallte ihre Hände in die nasse Erde. Aber die Wände waren zu glatt und zu feucht, um Halt zu finden, und so rutschte sie immer wieder ab.

Resigniert strich sie sich das klatschnasse Haar aus dem Gesicht. Irgendjemandem würde ihr Fehlen doch bestimmt bald auffallen.

Oder nicht?

„Hilfe! Hilfe! Hilfe!“ schrie sie gellend, von plötzlicher Verzweiflung gepackt, während sie ihre Anstrengungen, an der Wand hochzuklettern, verdoppelte. Über ihr krachte wütend ein Donner. Gleich darauf riss ein greller Blitz den Himmel auf, und eine Sekunde später war es dunkler denn je. Erschöpft und zitternd lehnte sie sich an die Erdwand und versuchte nachzudenken.

Die Dunkelheit, die sie umgab, das tiefe Erdloch und der Geruch nach Erde flößten ihr mehr Angst ein, als sie sich eingestehen wollte.

„Ich bin es gewöhnt, mit Geistern zu sprechen“, flüsterte sie.

„Warum um alles in der Welt sollte ich wohl auf einem Friedhof Angst haben?"

Aber sie konnte ihre Furcht nicht leugnen. Die schlammige Brühe, in der sie stand, stieg und stieg und reichte ihr mittlerweile schon bis zu den Waden. Sie malte sich aus, wie Würmer und Blutegel langsam an ihren Beinen hochkrabbelten. Da durchzuckte sie ein Gedanke: ihr Handy!

Als ihr die rettenden Worte durch den Kopf schossen, musste sie fast über sich selbst lachen. Wie dumm sie manchmal war! Warum war sie nicht gleich darauf gekommen?

Sie kauerte sich hin und tastete euphorisch in der schlammigen Brühe nach ihrer Handtasche. Um gleich darauf bitter enttäuscht zu werden. Natürlich war auch ihre Tasche vom Wasser aufgeweicht und voller Matsch. Sie zog das nasse Handy hervor, wischte es behutsam ab, aber das Display zeigte nicht mehr die gewohnten Symbole, die Tasten reagierten nicht. Es war umsonst. Das Handy funktionierte nicht mehr. Wütend schleuderte sie es quer durch die Grube. Es prallte auf der anderen Seite mit einem dumpfen Geräusch gegen die Wand und rutschte ins Wasser.

Auf der verzweifelten Suche nach einer rettenden Idee schloss Darcy die Augen.

Visionen verfolgten sie. Sie sah durch die Luft wirbelnde Knochen. Dunkelheit umfing sie, schloss sie ein. Von Panik übermannt schossen ihr Bilder von verwesten Leichen durch den Kopf, die an die Wasseroberfläche trieben, zum Leben erwachten, sich langsam neben ihr hin und her auf den Wellen wiegten … Dunkelheit, der Matsch, in dem sie immer tiefer versank, Leichenhände, die sich um ihre Fußknöchel legten und sie tiefer und tiefer in die schwarze Brühe hinunterzogen.

„Nein, Darcy, nein!“ versuchte sie sich selbst zur Ordnung zu rufen und riss die Augen wieder auf.

Sie würden kommen. Irgendjemand würde kommen und sie hier herausholen, und zwar schon bald, sehr bald.

„Josh?“ flüsterte sie.

Sie sah ihn nicht. Aber sie glaubte, einen warmen Luftstrom zu spüren. „Josh ... hilf mir!“

Wieder das Gefühl von Wärme, von Trost. In ihrem Kopf ein Flüstern: *Alles wird gut.*

„Bleib bei mir, Josh. Ich habe Angst“, wisperte sie.

Eine Sekunde später riss ein weiterer greller Blitz den Himmel auf. Sie hörte einen ohrenbetäubenden Krach und rätselte noch über dessen Ursprung, als ein lautes Knacken an ihr Ohr drang.

„Josh!“ schrie sie.

Aber da war nichts, was sich als Antwort hätte deuten lassen, absolut nichts. Kein tröstliches Flüstern. Kein warmer Luftstrom. Sie war allein. Mutterseelenallein.

Als gleich darauf die Luft von einem lauten Bersten erfüllt war, wusste sie, was passiert war.

Die Eiche, die riesige Eiche war von einem Blitz getroffen worden.

Als der Baum eine Sekunde später quer über das offene Grab stürzte, in dem sie gefangen war, stieß sie einen gellenden Schrei aus.

Endlich traf auch Adam mit seinen Passagieren ein.

Clint, Clara und Sam.

„Wo sind die anderen?“ fragte Matt Clint.

„Carter fährt bei Delilah mit – sie müssten eigentlich gleich hier sein. Mae sucht noch einen Parkplatz. Jason Johnstone hilft David Jenner mit seiner Ausrüstung. Reverend Bellamy hat keine Zeit, weil er noch eine weitere Beerdigung vorbereiten muss. Mrs. O'Hara war mit dem eigenen Auto da und …"

„Darcy. Wo zum Teufel ist Darcy?" unterbrach Matt ungeduldig seinen Redestrom.

„Ist sie nicht bei Ihnen mitgefahren?" fragte Adam beim Herüberkommen.

Clint schnaubte verärgert. „Wahrscheinlich hat Aubry ihr angeboten, sie mitzunehmen."

„Sie hat den Friedhof mit ihm verlassen?" fragte Matt.

„Ja – zumindest, soweit ich es gesehen habe", erwiderte Clint.

Matt nickte, stand auf und ging zu einem der Billardtische hinüber, wo er mit höchster Präzision die Kugeln auslegte. Dann zielte er und stieß mit dem Queue so hart zu, dass die Kugeln in sämtliche Himmelsrichtungen auseinander stoben.

„Matt? Soll ich Ihnen etwas bestellen?" erkundigte sich Penny vorsichtig, während sie das Spiel beobachtete, das er offenbar mit sich selbst zu spielen gedachte.

„Warum nicht?"

„Und was möchten Sie?"

„Essen."

„Matt?"

„Bestellen Sie mir einfach nur einen Burger, Penny. Danke", fügte er nach einer Sekunde hinzu.

Clint gesellte sich zu ihm. „Matt, wenn du willst, rufe ich bei der Zeitung an und lasse mir Aubrys Handynummer geben."

Matt hörte auf zu spielen und stützte sich auf das Queue auf.

„Und was soll ich ihm sagen? Soll ich verlangen, dass er Darcy zurückbringt?"

Clint schnitt eine Grimasse. „Ich hätte sie nicht mit ihm allein lassen dürfen."

„Schon gut. Der Typ ist ein Höllenhund, aber jetzt ist es zu spät. Außerdem ist Darcy erwachsen. Sie weiß, was sie tut, sollte man jedenfalls annehmen", fügte er trocken hinzu.

Clint starrte ihn einen Moment lang an und überlegte, was er noch sagen könnte. Dann hob er die Hände und ging weg.

Matt versenkte mit jeweils nur einem Stoß eine Kugel nach der anderen. Als auch die letzte im Loch verschwunden war, hatte sich sein erhitztes Gemüt wenigstens etwas beruhigt. Noch immer allerdings wusste er nicht, über wen er sich mehr ärgern sollte, über sich selbst, weil er nicht wachsam genug gewesen war, auf Max Aubry, diesen Schmierenkomödianten, oder auf Darcy, weil …

Darcy.

Er stellte das Queue ab und kehrte an den Tisch zurück. Rechts von ihm saß Penny, während sich links von ihm der alte Anthony Larkin platziert hatte. Für Matt eine Erleichterung, denn Anthony redete wenigstens nicht über die hinter ihnen liegende Trauerfeier für einen über zweihundert Jahre alten Totenkopf. Er war schon ganz aufgeregt wegen des Spektakels morgen.

„Ich werde den alten Geyser reiten, und obwohl wir beide nicht mehr ganz taufrisch sind, kann ich dir jetzt schon sagen, dass wir eine verdammt gute Show zeigen werden", versprach er. „Du bist doch auch mit von der Partie, Matt?"

„Worauf du dich verlassen kannst. Ich werde meine beste Sheriffuniform anziehen und aufpassen, dass sich niemand von euch Hitzköpfen versehentlich eine Kugel in den Kopf jagt!" sagte

Matt leichthin. Als er sich umschaute, sah er, dass inzwischen auch der Rest seiner Truppe eingetroffen war.

„He, Matt!“ rief Carter. „Wo ist Darcy?“

„Keine Ahnung“, gab Matt zurück.

„Ist sie denn immer noch mit diesem Aubry unterwegs?“ fragte Delilah verwundert.

„Ich kann mir beim besten Willen nicht vorstellen, dass Darcy so viel Zeit auf diesen Journalisten verschwendet“, sagte Adam skeptisch und schaute dann bestürzt zu Matt. „Halt, Moment mal – da fällt mir ein, ich glaube nicht, dass sie noch bei ihm ist. Er hat mich auf dem Weg zu meinem Auto angesprochen. Ich bin eigentlich davon ausgegangen, dass Sie mit Ihnen mitgefahren ist, Matt.“

„Sie hat sich bestimmt noch rasch bei Reverend Bellamy für die wunderschöne Beerdigungszeremonie bedankt“, vermutete Penny.

Darcy braucht dich.

Matt sprang fast einen Meter von seinem Sitz hoch und fuhr herum, um zu sehen, wer ihm da gerade diesen Satz ins Ohr geflüstert hatte.

Aber da war niemand. Weit und breit nicht. Die Person, die ihm am nächsten saß, war Penny, aber ihre Stimme war es nicht.

„Wer war das?“ fragte er scharf.

Penny drehte sich um und schaute ihn aus großen Augen an.

„Ich habe doch nur gesagt, dass Darcy sich vielleicht noch bei Reverend Bellamy bedankt hat“, sagte sie. „Was ist so schlimm daran? Warum sehen Sie mich an, als ob Sie mich gleich fressen wollen?“

„Vielleicht ist dieser Reporter ja wieder zu ihr zurückgegangen, weil es angefangen hat zu regnen", sagte Adam fast wie zu seiner eigenen Beruhigung.

Darcy ... Darcy ... flüsterte es in seinem Kopf.

Der eindringliche Klang veranlasste ihn so schnell aufzuspringen, dass sein Stuhl umkippte.

„Ich fahre zurück und suche sie", sagte er und ging mit langen Schritten zur Tür.

Adam Harrison erhob sich ebenfalls, aber Matt beachtete ihn gar nicht. Er fühlte sich plötzlich von einer so starken Kraft getrieben, dass er auf nichts mehr achtete.

Er verließ das Wayside Inn und rannte zu seinem Wagen.

Die riesige alte Eiche lag quer über dem ausgehobenen Grab und streckte ihre dicken Äste in die Öffnung. Nachdem sie sich von ihrem ersten Schrecken erholt hatte, hatte Darcy versucht, die Äste als Leiter zu benutzen, aber jedes Mal, wenn sie einen Zweig erwischte und sich hochzuziehen versuchte, brach er ab und sie fiel wieder in die schlammige Brühe zurück.

Inzwischen fragte sie sich, ob sie in ihrem Zustand – nass, durchgefroren und verzweifelt – wohl eine ganze Nacht in dieser finsteren Grube überleben würde. Bald würde es Abend werden. Wer weiß, ob man sie in der Dunkelheit noch fand, sofern sich überhaupt jemand die Mühe machte, sie zu suchen, dachte sie bitter. Sie musste es aus eigener Kraft schaffen, musste sofort hier raus.

Das Wasser reichte ihr inzwischen fast bis zur Taille. Wieder versuchte sie einen der Zweige zu erwischen. Ihre mittlerweile fast tauben Finger legten sich um einen dicken Ast, während sie sich mit einem Fuß gegen die Seite der Grube stemmte. Doch wieder rutschte sie auf dem glitschigen Boden ab, und im selben Moment sprang der Ast zurück. Sie stürzte in die Brühe, bekam das sandige Wasser in den Mund, strampelte sich wieder an die Oberfläche, spuckte die Flüssigkeit aus, rang nach Luft. Wie lange sollte das noch so weitergehen?

„Darcy!"

Hatte sie es sich nur eingebildet? Oder hatte sie wirklich gehört, wie jemand ihren Namen rief?

„Hier, hier! Ich bin hier! Hilfe!"

Nichts. Niemand antwortete, niemand näherte sich ihrem nassen Gefängnis. Offenbar hatte sie nicht laut genug gerufen, ihrer Stimme war es nicht gelungen, den Sturm zu übertönen.

„Darcy!"

Nein, das war keine Einbildung. Das war Matts Stimme.

Sie reckte sich, so hoch sie konnte, während sie aus Leibeskräften schrie: „Matt! Hier, Matt, bitte, hier!"

Und dann endlich wurden Zweige von der Graböffnung weggezogen, knackten Äste, bis sich ein kleines Loch öffnete. „Oh Gott, ja, Gott sei Dank, du bist da!" hörte sie sich keuchen.

Jetzt konnte sie, wenn sie nach oben schaute, den Himmel wieder sehen. Er war schwarz.

Ebenso schwarz wie die Gestalt.

Matt wirkte riesig, wie er da mit in die Hüften gestemmten Händen am Rand des Grabes stand und zu ihr hinunterschaute.

Da verspürte sie für einen Moment wieder diese Panik.

Matt. Wie hatte er wissen können, dass sie hier war – es sei denn, er hatte sie eigenhändig in die Grube geschubst. Vielleicht war er ja gar nicht gekommen, um sie zu retten. Vielleicht würde er sich gleich bücken und seine beeindruckende Körpergröße und Kraft nutzen, um sie unter Wasser zu tauchen, bis sie erstickte, selbst wenn sie sich noch so verzweifelt wehrte …

Er kauerte sich an den Rand.

Der Gedanke war ihr schon vorher irgendwann gekommen. Vielleicht hatte sie jemand in das offene Grab gestoßen, in der Absicht, später zurückzukommen, um …

… sie zu töten.

„Darcy, was um Himmels willen machst du denn da unten?" fragte er erschrocken. „Komm, nimm meine Hand."

Statt zu warten, versuchte er sofort, nach ihrem Arm zu greifen.

Sie schrak instinktiv zurück.

„Was ist? Bist du verletzt?" fragte er.

„Nein."

„Sehr gut. Dann lass mich dir helfen."

Sie schluckte schwer, aber sie wehrte sich nicht, als er sie hochzuziehen versuchte.

Gleich darauf hörte sie ein seltsam schmatzendes Geräusch, dann gab der Morast sie frei. Matt beugte sich weit zu ihr herunter, legte einen Arm um sie und hievte sie langsam hoch.

Sobald sie oben war, purzelten sie beide übereinander. Es goss immer noch in Strömen. Er musterte sie einen Moment, bevor er sich aufrappelte und ihr dann die Hand hinhielt, um ihr auf die Beine zu helfen.

„Du bist ja ganz steif vor Kälte!" sagte er besorgt. „Wie zum Teufel konnte das bloß passieren? Egal, das kannst du mir später erzählen. Machen wir erst mal, dass wir zum Auto kommen."

Sie zitterte am ganzen Leib vor Kälte. Sie war so durchgefroren, dass ihre Beine den Dienst versagten. Kurz entschlossen hob Matt sie hoch und trug sie zum Auto, wo er sie auf den Beifahrersitz setzte.

Dann holte er aus dem Kofferraum eine Decke, die er ihr um die Schultern legte. „Wie konntest du so ein großes Loch übersehen?“ fragte er, während er den Motor startete und die Heizung einschaltete.

Ich bin nicht gefallen – ich wurde gestoßen.

Jawohl, sie war gestoßen worden. Sie wusste nur nicht, von wem. Doch all das sagte sie ihm nicht.

Womöglich von Matt selbst?

„Der Regen … ich bin durch den Regen gerannt. Ich wollte über die Mauer springen, um schneller beim Auto zu sein. Doch dafür musste ich erst um das Grab herumlaufen, und dabei bin ich reingefallen“, berichtete sie schlotternd.

„Oh, Darcy, du hast vielleicht Nerven. Bist du verletzt? Du hast dir doch nichts gebrochen?“

Nein, außer einer Beule an der Schläfe fehlte ihr nichts. Vielleicht war die ja daran schuld, dass sie keinen klaren Gedanken mehr fassen konnte.

„Mir geht es gut.“

„Ach ja?“ Sein Ton troff förmlich vor Sarkasmus. Dann musterte er sie gleichermaßen besorgt und verärgert. „Du bist hier einfach nicht sicher. Begreifst du es denn nicht?“ murmelte er mehr zu sich selbst.

„Mir geht es wirklich gut“, wiederholte sie.

Sie fuhren durch den strömenden Regen, der aber langsam doch etwas nachzulassen schien. Da konnte Darcy nicht mehr länger an sich halten.

„Matt?“

„Ja?“

„Woher wusstest du, wo ich bin?“

„Was soll die Frage?“

„Wie hast du mich gefunden? Man konnte das ausgehobene Grab doch aus der Ferne gar nicht sehen, weil die Eiche quer darüber lag. Und ... ihr wart doch alle schon weg. Wieso bist du zurückgekommen?“

Er warf ihr mit finsterem Gesicht einen kurzen Blick von der Seite zu und schaute dann wieder auf die Straße. „Wir dachten erst, du bist mit Max Aubry losgezogen.“

„Losgezogen?“

„Clint hat erzählt, du hättest gesagt, du würdest allein mit ihm zurechtkommen.“

„Das bin ich ja auch ... das beantwortet aber die Frage nicht.“

„Wir waren mit so vielen Autos unterwegs. Ich habe dich erst vermisst, als alle im Wayside Inn waren und Adam erzählte, dass Max Aubry allein weggefahren ist.“

„Ich verstehe“, sagte Darcy.

Er fuhr schnell. Als sie Melody House erreicht hatten, bog er abrupt in die Einfahrt und hielt wenig später mit quietschenden Reifen vor dem Haus an. Er wollte gerade die Fahrertür öffnen, hielt dann aber in der Bewegung inne und musterte sie argwöhnisch.

„Du willst mir aber doch nicht erzählen, dass ein Geist seine Knochenhand aus dem Grab gestreckt und dich hinuntergezogen hat, oder?“

„Nein. Ganz bestimmt nicht“, versicherte sie ihm und wünschte, sie hätte nicht einen viel realeren Verdacht.

Matt nickte. „Na dann komm. Nein, warte, bleib sitzen, ich helfe dir.“

„Danke, ich schaffe es allein."

Sie sprang so schnell aus dem Auto, dass ihr für einen Moment schwarz vor Augen wurde und sie sich kurz am Wagen abstützen musste.

Matt registrierte das und hob sie ohne viel Federlesens hoch, um sie ins Haus zu tragen.

Erschöpft und schlaff hing Darcys in Matts Armen, bekam jedoch sehr wohl mit, wie sie an der Treppe die Stelle passierten, wo irgendwann in der Vergangenheit zwei Liebende miteinander gerungen hatten, bevor der Mann die Frau in seine Arme gerissen und …

… ins Lee-Zimmer getragen hatte.

Genauso wie Matt sie jetzt trug.

Und genau so, wie sie es in ihrem Traum gesehen hatte, legte er sie aufs Bett und wandte sich ab.

Und damals war dem Mann nur wenig später klar geworden, dass die Frau entschlossen war, der Welt das, was sie über ihn wusste, zu erzählen. Deshalb hatte er sich zu ihr umdrehen, ihr die Hände um den Hals legen und solange zudrücken müssen, bis sie ihr Leben ausgehaucht hatte.

Matt drehte sich zu ihr um.

„Verdammt, Darcy!" sagte er leise.

Und kam auf sie zu.

„Das dauert aber", sagte Penny, während sie erst auf ihren eigenen leeren Teller und dann auf den Hamburger schaute, den sie für Matt bestellt hatte.

„Na ja, wir können ja inzwischen vielleicht schon mal zum Kaffee übergehen", schlug Delilah vor. „Ich hätte wirklich gern einen."

„Ich wünschte nur, ich wüsste, was mit Darcy ist", murmelte Penny.

„Ihr ist ganz bestimmt nichts passiert!" sagte Delilah.

„Ich verstehe bloß nicht, was Matt so lange macht", wunderte sich Clint.

„Ich glaube, ich sollte besser nach Melody House zurück", warf Adam Harrison ein.

Alle Köpfe drehten sich nach ihm um und schauten ihn an.

Penny sprang aufgeregt von ihrem Stuhl. „Adam! Haben Sie irgendeine Vorahnung? Was ist los? Sollen wir alle gehen?"

„Penny, nein, beruhigen Sie sich bitte", sagte Adam. „Ich habe keine Vorahnung. Ich nehme einfach nur an, dass Matt Darcy auf dem kürzesten Weg nach Hause gebracht hat. Wahrscheinlich wurde sie vom Regen überrascht und war bis auf die Haut durchnässt."

„Aber ja, natürlich!" Penny atmete erleichtert auf. „Mae, würden Sie uns bitte die Rechnung fertig machen? Oder nein, Sie können es bei Matt anschreiben."

„Alles klar", rief Mae.

„Ich finde, wir sollten trotzdem noch einen Kaffee bestellen", sagte Delilah irgendwie unglücklich. „Was ist, wenn Matt doch noch mit ihr herkommt, und wir sind alle weg?"

„Wer hat im Moment die Nerven, in aller Ruhe Kaffee zu trinken?“ fragte Penny und warf einen bösen Blick in Delilahs Richtung.

„Ich finde, Delilah hat Recht“, mischte sich Carter ein.

Adam stieß einen leicht verzweifelten Seufzer aus. „Ich sagte doch, ich werde allein fahren. Auf diese Weise kann nichts schief gehen.“

Adam erhob sich, während die anderen noch unschlüssige Blicke tauschten. Er war fast an der Tür, als das Telefon an der Bar klingelte. Sim hob ab. „Hallo ... ja?“ Er nahm den Hörer vom Ohr und rief: „He! Mr. Harrison, warten Sie. Er hat sie. Matt hat Darcy gefunden. Sie ist in ein Grab gefallen, kann man sich so etwas vorstellen?“

Auf seine Frage folgte Schweigen. Die am Tisch Versammelten schauten sich stumm an.

Als Darcy die Dusche aufdrehte, hätte sie sich verkriechen können vor Scham. In dem Moment, als Matt sich wieder zu ihr umgedreht hatte, wäre sie fast gestorben vor Angst. Doch statt sie zu erwürgen, schlug er sich nur mit der flachen Hand vor die Stirn und sagte: „Ich Idiot! Ich habe ganz vergessen, im Wayside Inn anzurufen. Adam und die anderen werden sich furchtbare Sorgen machen.“ Er überlegte einen Moment. „Bist du wirklich okay, Darcy? Kann ich dich allein lassen? Erhole dich ein wenig, und wenn du willst, fahren wir später wieder hin, um noch etwas zu essen. Ich bin nebenan.“

Und damit war Matt verschwunden.

Ganz ohne Gewalt, aber auch ohne Leidenschaft.

Und nun, nachdem der Schreck hinter ihr lag, wusste sie nicht mehr, was sie von der ganzen Angelegenheit halten sollte. War sie gestoßen worden, oder war es doch nur der Wind gewesen?

Ihre Kleider warf sie direkt in den Müll – das schwarze Seidentop und der Rock waren restlos ruiniert. Und selbst wenn nicht; die Erinnerung würde sich nicht herauswaschen lassen, und sie glaubte nicht, dass sie jemals wieder Lust hätte, sich ihr bewusst auszusetzen. Bevor sie unter die Dusche ging, schluckte Darcy zwei Tabletten gegen die mörderischen Kopfschmerzen.

Die heiße Dusche tat ungeheuer gut. Das Wasser dampfte, der Strahl war hart, und sie konnte kaum aufhören, es sich über Rücken, Gesicht und Schultern rinnen zu lassen. Als sie den Hahn wieder zudrehte, fühlte sie sich unvergleichlich viel besser, befreit von dem Schlamm und der Angst.

Weil sich die Luft nach dem Gewitter ungewöhnlich stark abgekühlt hatte, entschied sie sich für einen leichten Baumwollpulli und Jeans. Und jetzt, wo die Anspannung von ihr abfiel, merkte sie auch, wie sehr ihr Magen knurrte. Sie hatte seit dem Frühstück nichts mehr gegessen, und eine Mahlzeit im Wayside Inn würde ihr sicher gut tun.

Sie zog gerade die Tür ihres Zimmers hinter sich zu, als auch Matt auf den Flur trat.

„Na, schon fertig?“ Er lächelte sie an. „Du siehst gut aus, aber deine Haare sind noch ganz nass. Wir brauchen uns nicht zu beeilen. Willst du wirklich schon los?“

Darcy lächelte zurück. „Ich habe einen Mordshunger, und nasse Haare sind heute das wenigste, das mich von irgendetwas abhält ...“

Er nickte und ließ ihr an der Treppe den Vortritt. Irritiert stellte sie fest, dass sie einen Rest Misstrauen noch immer nicht abgeschüttelt hatte. Mit klopfendem Herzen und dem nötigen Abstand nahm sie Stufe für Stufe.

Draußen hatte es inzwischen aufgehört zu regnen. Aber es war Abend geworden, und die Dunkelheit wirkte auf Darcy bedrohlicher als je zuvor.

Matt schien nichts davon zu merken. Er ging vor ihr her zum Auto und öffnete die Beifahrertür.

Auf der Fahrt zum Wayside Inn hüllte er sich lange in Schweigen. Aber sie ertappte ihn dabei, wie er ihr ab und zu einen forschenden Blick von der Seite zuwarf.

„Was ist los mit dir?“ fragte er schließlich.

„Nichts. Wirklich. Sicher, ich bin etwas angeschlagen. Niemand fällt wohl gern in ein offenes Grab. Aber ich bin okay.“

Er erwiderte nichts, doch sie konnte ihm ansehen, dass er ihr kein Wort glaubte.

Der Rest der Fahrt verlief schweigend, und als sie beim Wayside Inn ankamen, stieg sie aus, bevor er dazu kam, ihr die Beifahrertür zu öffnen. Mit schnellen Schritten ging Darcy auf das Lokal zu, blieb jedoch abrupt stehen, als die Eingangstür aufflog, und Clint sie in der Luft herumwirbelte. „Oh mein Gott, Sie Ärmste! Da stürmen wir alle davon und lassen Sie in einem offenen Grab zurück!“ rief er bestürzt aus.

„Darcy!“ Adam war der Nächste, der herausgerannt kam, sie aus Clints Armen riss und innig umarmte.

„Mir geht es gut. Matt ist ja zum Glück rechtzeitig gekommen. Sonst würde ich mir vermutlich jetzt noch die Lunge aus dem Leib schreien …“

Carter war inzwischen auch nach draußen gelaufen. „Gut gemacht, Matt! Wie hast du sie denn gefunden?“

„Ein Sherlock Holmes brauchte man dafür nicht gerade zu sein“, gab Matt trocken zurück. „Wir haben sie auf dem Friedhof verloren, also bin ich dorthin zurückgefahren, das war alles.“

Clint hielt Darcy die Tür auf, und Carter winkte sie durch. Sobald sie den Raum betraten, stürzte sich Mae auf sie und umarmte sie, und auch Mrs. O'Hara kam mit besorgtem Gesichtsausdruck auf sie zu. „Oh, Sie Ärmste! Sie sind ganz offenbar das, was man als unfallgefährdet bezeichnet, Darcy. Jetzt können wir nur hoffen, dass Sie das nicht mit Stoneyville in Zusammenhang bringen. Wir leben nämlich hier in einer wundervollen kleinen Stadt, und ich möchte nicht, dass Sie jemals etwas anderes denken.“

„Großartig!“ scherzte Clint, während er Darcy an der Hand nahm und sie zu ihrem Platz am Tisch führte. „Aber lassen Sie sich nichts vormachen. Die Anwesenden waren samt und sonders davon überzeugt, dass Sie zum Feind übergelaufen sind.“

„Zum Feind?“ fragte sie.

Clint verzog das Gesicht. „Wir haben angenommen, dass Max Aubry Ihnen erfolgreich schöne Augen gemacht hat.“

Darcy sah empört in die Runde. „Ich möchte doch sehr bitten.“

„Haben Sie ihm denn nun erzählt, dass Sie über übersinnliche Fähigkeiten verfügen und mit Geistern kommunizieren können?“ erkundigte sich Penny neugierig.

„Nein“, gab Darcy zurück. Ihr war bewusst, dass Matt sie beobachtete. „Ich habe ihm nur erklärt, dass unsere Firma nicht spekulativ, sondern allein auf Basis solider Nachforschungen arbeitet, nicht mehr und nicht weniger.“

„Das ist doch wirklich ganz abscheulich. Da machen wir uns

Sorgen, was die arme Darcy wohl gesagt haben könnte, während sie die ganze Zeit über in einem Grab gefangen ist", sagte Penny, die sich plötzlich für sich selbst schämte.

„Wenn mir das passiert wäre, ich glaube, ich wäre gestorben vor Angst", warf Delilah ein. „Aber Sie haben den Geistern wahrscheinlich einfach nur gesagt, dass sie Ihnen den Buckel runterrutschen können."

„Nein", widersprach Darcy freundlich. „Ich hatte Angst. Richtige Angst. Es war eine ausgesprochen erschreckende Erfahrung – sogar für mich."

„Jetzt können wir nur noch hoffen, dass Sie sich keinen Schnupfen geholt gehaben!" warf Mae munter ein. „Trinken Sie eine Tasse Kaffee; er ist schön heiß. Obwohl, noch besser wäre eine Suppe! Ich habe noch Hühnersuppe mit Nudeln. Sim! Mach für Darcy einen Teller warm."

„Ich könnte auch einen vertragen", sagte Matt. „Sim, würden Sie wohl so nett sein?"

Carter riss sich von Delilah los und setzte sich neben Darcy. Er tätschelte ihr flüchtig die Wange, bevor er mit einem erleichterten Aufatmen sagte: „Gott sei Dank!" Er schüttelte, immer noch ungläubig, den Kopf und schaute dann Matt an. „Sie war in einem Grab! Und du hast sie gefunden."

„Richtig. Und quer über der Öffnung lag eine von einem Blitz gefällte alte Eiche." Matt warf Darcy einen Blick zu. „Aber sie ist eine Kämpfernatur. Sonst hätte ich sie wohl nicht gefunden ..."

„Mag sein", stimmte Darcy leise zu.

Clint bedachte sie mit einem schiefen Lächeln. „Hm. Also, ich würde auch sagen, Sie sind unfallgefährdet. Aber zum Glück landen Sie immer auf den Füßen."

„Ja, zum Glück."

Delilah seufzte ein bisschen wehmütig. „Sie sind sehr mutig. Dabei habe ich mir immer eingebildet, einigermaßen couragiert zu sein."

„Ich bin mir sicher, dass Sie das sind", sagte Darcy.

Jetzt kam Sim mit der Suppe, die wundervoll duftete.

„Du meine Güte, was für eine Geschichte!" Delilah konnte sich immer noch nicht beruhigen. „Gott sei Dank ist Max Aubry jetzt nicht hier. Ich sehe die Schlagzeile direkt vor mir. ‚Hellseherin bei Totenmesse für einen Schädel, den sie gefunden hat, ins Grab gestoßen!'"

„Sie haben Recht, Delilah, wir können froh sein, dass er nicht hier ist", stimmte Matt hörbar verärgert zu.

Delilah stieß einen langen Seufzer aus. „Ich fürchte leider, ich muss jetzt los."

„Ich bringe Sie noch zu Ihrem Wagen", sagte Carter sofort.

Adam unterdrückte ein Gähnen und sagte: „Entschuldigung. Es liegt nicht an der Gesellschaft, aber ich bin kein junger Mann mehr. Nachdem ich jetzt weiß, dass mit Darcy alles in Ordnung ist, werde ich zurückfahren und mir ein schönes heißes Bad gönnen. Kann ich jemand mitnehmen?"

Clint nickte und stand auf. „Ich glaube, ich verziehe mich auch. Vorausgesetzt natürlich, dass niemand allein essen muss."

„Ich würde mich anschließen. Es war ein langer Tag", sagte selbst Penny.

„Wir lassen es uns auch allein schmecken, oder, Darcy?" fragte Matt.

„Natürlich", murmelte sie.

Sie freute sich auf einen Hamburger und war überzeugt davon, dass sie sich besser fühlen würde, wenn sie gleich etwas gegessen hatte. Und ruhiger.

Nicht mehr so misstrauisch.

Die anderen verabschiedeten sich. Sogar Sim machte Feierabend. Mae bediente nun allein in der Bar.

Nachdem die anderen gegangen waren, aßen Darcy und Matt schweigend ihre Hamburger. Als Matt beim letzten Bissen angelangt war, hatte Darcy bereits aufgegeben.

Schließlich legte auch Matt seine Serviette zur Seite und sagte: „Was hältst du von einer Partie Billard?"

„Du willst Billard spielen?"

„Ja, warum nicht? Du bist doch so gut, und ich fordere dich hiermit offiziell heraus."

Damit stand er auf, griff nach ihrer Hand und zog sie von ihrem Stuhl. „Ich weiß wirklich nicht, ob das im Moment das Richtige ist", protestierte sie etwas lahm.

„Klar doch. Du bestehst darauf, dass es dir gut geht, also lass uns Billard spielen."

„Wenn du meinst", sagte Darcy, noch immer mäßig begeistert.

„Und worum spielen wir?" fragte er, um gleich fortzufahren: „Ich weiß schon um was."

„Na?"

„Derjenige, der eine Kugel versenkt, darf eine Frage stellen, und der andere muss sie wahrheitsgemäß beantworten."

„Lächerlich", sagte Darcy.

„Was ist daran lächerlich? Hast du Angst, die Wahrheit zu sagen?"

„Nein. Das ist es nicht."

„Dann ist ja alles klar", sagte er, ohne sie aus den Augen zu lassen. Er legte die Kugeln in die Triangel in Ausgangsposition und trat einen Schritt zurück. „Ladys first."

Darcy spürte die Unsicherheit, aber dennoch war sie zielsicher, nach dem Anstoß kullerte die erste Kugel direkt ins Loch.

„Also los, frag", forderte er sie auf.

Sie zögerte. „Wer wollte die Scheidung, du oder Lavinia?"

Er zog eine Augenbraue hoch, offenbar überrascht über ihre Frage. „Ich habe sie eingereicht."

„Das beantwortet meine Frage nicht wirklich. Wer wollte die Scheidung?"

„Ich. Du bist immer noch dran." Er deutete auf den Tisch.

Sie versenkte eine weitere Kugel.

„Hast du sie jemals geliebt?"

Er zuckte mit den Schultern.

„Los, antworte. Es war schließlich deine Idee."

„Ich war verrückt nach ihr. Aber habe ich sie wirklich geliebt? Ich weiß es nicht. Wir haben uns keine Zeit gelassen."

Darcy versenkte wieder eine Kugel.

„Hast du sie jemals gehasst?" fragte sie.

„Ja. Mach weiter."

Diesmal ging Darcys Schuss daneben. Matt griff nach seinem Queue. Ohne sich die Zeit zu nehmen, richtig zu zielen, versenkte er die erste Kugel mit minimaler Anstrengung.

„Ich bin dran. Schwöre, dass es kein Trick ist, wenn du plötzlich mit einer anderen Stimme sprichst."

„Ich schwöre", sagte sie fast feierlich.

„Auch nicht unbewusst?"

„Entschuldige, aber ich habe die Frage beantwortet. Du bist dran!" sagte sie.

Er versenkte wieder eine Kugel ins Loch. Darcy war sich nicht einmal sicher, ob er überhaupt hinschaute, wenn er zielte.

„Warum warst du letzte Nacht auf der Veranda so seltsam?" fragte er.

„Seltsam?"

„Als ob du Angst vor mir hättest."

Sie zögerte. „Na ja, weil … weil ich dachte, dass jemand hinter mir her ist."

„Warum lügst du?"

„Das ist eine neue Frage. Du bist dran."

Er wollte protestieren, überlegte es sich jedoch anders. Wieder schien seine Kugel wie von selbst in die Tasche zu rollen.

„Warum hast du gelogen?" fragte er.

Sie schüttelte den Kopf. „Ich weiß nicht. Wahrscheinlich, weil ich dachte, dass du mir gefolgt bist. Vielleicht, um mich zu erschrecken oder so. Ich weiß es wirklich nicht mehr."

„Und das ist die Wahrheit?" fragte er.

„Ja", entgegnete sie trocken.

In seinen Augen flackerte kurz etwas wie Irritation auf. Zu ihrer Überraschung schoss er beim nächsten Mal daneben.

Darcy griff nach ihrem Queue und landete ihren nächsten Treffer.

„Wo ist Lavinia jetzt?" fragte sie.

Er schaute sie verwirrt an. „Ich habe keine Ahnung. Vielleicht in Paris, vielleicht in London. Vielleicht sogar in D.C., ich weiß es nicht. Warum?"

„Du bist nicht dran", stellte sie klar und schoss die nächste Kugel ins Loch. Durchdringend sah sie ihn an.

„Was ist?" Es klang ungeduldig.

„Hast du deine Frau getötet?“ fragte sie ruhig.

„Was?“

„Beantworte ... meine Frage!“ brachte sie mühsam heraus.

„Nein, ich habe meine Frau nicht getötet.“

Sie schaute sich auf dem Tisch um, zielte und verfehlte die angepeilte Kugel. Matt ging mit seinem Queue in der Hand an ihr vorbei. Er traf sein Ziel, doch statt ihr eine Frage zu stellen versenkte er die verbliebenen Kugeln mit der Hand und stellte sein Queue zurück.

„Letzte Frage. Du denkst, dass ich meine Frau getötet habe. Du denkst, dass es der Geist von Lavinia ist – *dass ich sie im Lee-Zimmer erwürgt habe?*“

Darcy öffnete ihren Mund und machte ihn wieder zu. „Ich ... nein, nicht wirklich. Ich wollte einfach nur sichergehen. Matt ... hast du ... hast du mich heute in das Grab geschubst?“

„Was?“

„Sag doch nicht dauernd ‚was‘“, entfuhr es ihr verärgert. „Ich habe dich gefragt, ob du mich ... ob du mich heute in das Grab geschubst hast.“

„Nein, nein und abermals nein! Und warum hast du mir überhaupt verschwiegen, dass dich jemand geschubst hat, verflucht noch mal?“

Sie wich seinem Blick aus und starrte unbehaglich auf ihren Queue. „Weil ich mir nicht sicher bin.“

„Was soll das denn jetzt wieder heißen?“

„Es kann ein heftiger Windstoß gewesen sein, aber genauso gut auch eine Hand.“

„Darcy, das ist lächerlich.“

„Nein, ist es nicht. Es hatte angefangen zu regnen. Der Wind heulte. Ich rannte, ohne genau zu sehen wohin, und plötzlich fiel ich in dieses Loch."

Er ging um sie herum und lehnte sich mit vor der Brust verschränkten Armen gegen den Tisch. „Großartig. Du denkst also, ich habe dich in das Grab geschubst und meine Exfrau getötet."

„Nein ... nicht wirklich."

„Aber du argwöhnst es?"

„Ein bisschen."

„Soll ich dir ein Taxi rufen?"

„Was?"

„Ich glaube, du hast mich genau verstanden. Ich habe gefragt, ob ich dir ein Taxi rufen soll. Das ist dir ja wahrscheinlich lieber, als mit mir zurückzufahren."

Sie schluckte schwer und schüttelte den Kopf. „Nein."

„Was nein? Du hast doch Angst vor mir", sagte er provokant.

Wieder wirkten seine Augen sehr dunkel, eindringlich.

Sie schüttelte den Kopf. „Nein."

„Hm", murmelte er, wobei er sie immer noch beobachtete. „Dann komm. Schauen wir mal, ob wir es bis nach Hause schaffen."

Er nahm ihr das Queue aus der Hand und legte es auf den Tisch.

„Mae?" rief er.

„Ich weiß Bescheid", gab sie zurück. „Ich schreibs auf deinen Deckel."

„Danke. Gute Nacht."

Matt kochte. Allein der Gedanke, Darcy könnte auch nur andeutungsweise in Erwägung gezogen haben, dass er Lavinia *getötet* hatte, brachte ihn so in Rage, dass er am liebsten angehalten und mit der nackten Faust die Windschutzscheibe zertrümmert hätte.

Ab und zu beobachtete er sie aus dem Augenwinkel und hatte das Gefühl, dass sie etwas sagen wollte. Sie hüllte sich jedoch in Schweigen, bis sie Melody House erreicht hatten.

„Wir sind da“, sagte er.

Sie nickte, machte allerdings keine Anstalten auszusteigen.

„Also los, Darcy, raus damit, was ist?“

„Wie hast du mich gefunden?“ fragte sie, aber es klang nicht anklagend.

Eine Stimme hat es mir ins Ohr geflüstert.

Er brachte es nicht über sich, die Worte auszusprechen. Er schaffte es einfach nicht.

„Ganz einfach, du warst nicht bei uns, und zuletzt hat man dich auf dem Friedhof gesehen. Du musst zugeben, dass es ziemlich offensichtlich war.“

„Ja, vermutlich ... aber du hast das Grab sofort gefunden – obwohl ein großer Baum darüber lag.“

„Du hast gerufen. Ich habe es gehört.“

Sie nickte, dann lächelte sie ihn plötzlich an. „Ja, richtig.“

Er schüttelte den Kopf. „Darcy, das war wirklich keine große Kunst.“

„Stimmt, da bin ich ganz deiner Meinung.“ Sie lächelte immer noch.

„Darcy, ich bitte dich, hör auf, dir irgendetwas zusammenzuspinnen. Ich habe Lavinia nicht getötet. Es ging ihr gut, als sie Melody House verließ.“

„Aber hatte sie nicht versprochen, ab und zu wiederzukommen, um irgendwelche Spendenessen zu veranstalten?“

Er seufzte und schaute auf seine Hände. „Darcy, Lavinia war schon immer unberechenbar, das wird dir jeder bestätigen. Ja, es stimmt, sie wollte Melody House zu einem gesellschaftlichen Treffpunkt machen, weil sie wusste, dass ich Schwierigkeiten habe, das Haus zu finanzieren, aber dann hat sie es eben doch nicht getan. Na und? Das ist noch längst kein Beweis für so einen Verdacht. Wir haben uns am Ende in aller Freundschaft getrennt. Ich habe sie nie gehasst. Meine Gefühle ihr gegenüber sind allenfalls zwiespältig, mehr nicht. Such sie, wenn du glaubst, es tun zu müssen."

Sie schüttelte den Kopf. „Nein. Tut mir Leid, Matt, ich wollte dir wirklich nicht zu nahe treten."

In diesem Moment ging die Haustür auf und Penny trat auf die Veranda. „Ist alles in Ordnung, Matt?" rief sie. „Da ist ein Anruf für Sie, es ist Jason Johnstone. Soll ich ihm sagen, dass Sie zurückrufen?"

„Nein, ich komme sofort", gab Matt zurück.

Eilig stieg Darcy aus und sagte im Vorbeigehen zu Penny, sie wolle zu Adam gehen. Matt folgte ihr langsamer und bat Penny, den Anruf in seine Suite durchzustellen.

Darcy war bereits verschwunden, als er im ersten Stock ankam. Er ging zu seinem Schreibtisch, um den Anruf entgegenzunehmen.

„Hallo, Jason. Tut mir Leid, dass Sie warten mussten."

„Macht nichts. Ich wollte Ihnen ohnehin nur sagen, dass ich doch etwas über die heutigen Ereignisse geschrieben habe. Aber ich glaube, es wird Ihnen gefallen."

Matt holte tief Atem. „Hören Sie, Jason, ich weiß selbst, dass ich mit dieser Geisterkiste wirklich sehr empfindlich bin. Aber ich meine es ernst – Sie sind ein Journalist, und zwar ein guter. Also kümmern Sie sich nicht um das, was ich sage."

Jason lachte. „Ich wollte Sie bloß vorwarnen."

„Danke."

„Wir sehen uns dann morgen bei dem großen Ereignis."

„Ja, aber ich bin im Dienst."

„Hat man Sie nicht überredet, einen Ihrer berühmten Vorfahren zu spielen?"

„Geht nicht. Ich bin immer noch der Sheriff."

„Großartig. Na, wir sehen uns trotzdem."

„Danke für den Anruf, Jason."

In dem Moment, in dem er auflegte, bildete er sich ein, ein Klicken in der Leitung zu hören.

Er runzelte die Stirn. Gab es jemanden, der seine Telefongespräche mithörte?

Und warum?

Darcy schaute bei Adam rein, der sie mit einem Niesen begrüßte.

„Du hast dir einen Schnupfen geholt!" sagte sie besorgt.

„So ein Unsinn", erwiderte er mit einer wegwerfenden Handbewegung. „Sag mir lieber, was heute auf dem Friedhof passiert ist."

„Das wüsste ich selbst gern."

„Was meinst du damit?" fragte er.

„Na ja, es regnete sehr stark, der Wind pfiff mir um die Ohren. Du hast das Unwetter ja selbst miterlebt ... Ich bin zu dieser Mauer gerannt, die ich überspringen wollte, um schneller beim Auto zu sein, dann lag ich plötzlich in diesem Loch."

„Du glaubst also, dass es ein Windstoß war?"

„Kann sein."

„Aber genauso gut kann es sein, dass dich jemand geschubst hat?" Adam musterte sie mit hochgezogenen Brauen.

„Möglich, ich weiß es einfach nicht genau."

Er nieste wieder.

„Adam, du wirst mir doch nicht krank werden!"

Er schüttelte den Kopf, obwohl er müde und erschöpft wirkte. „Es geht mir um dich, Darcy. Erst dieser Vorfall in der Bibliothek. Und jetzt dies. Das gefällt mir alles nicht. Wir hatten früher gelegentlich auch schon schwierige Geister, aber hier ... stimmt irgendetwas nicht."

Sie zuckte mit den Schultern. „Adam, bist du Lavinia Harper jemals begegnet?"

„Ein oder zwei Mal. Warum fragst du?"

„Ach, bloß so. Reine Neugier, nehme ich an."

„Ah, die Ex. Reich, atemberaubend gut aussehend und immer zum Feiern aufgelegt", sagte Adam.

„Und höchst lebendig, richtig?"

Er runzelte die Stirn. „Ja, sicher. Aber was soll die Frage, willst du damit unterstellen, sie könnte tot sein?"

„Nein, nein, überhaupt nicht", beeilte sie sich zu versichern. „Ich meine ... Matt ist ein anständiger Mensch. Er kann zwar manchmal unheimlich stur sein, aber ich halte es für ausgeschlossen, dass er imstande wäre, einen Menschen umzubringen. Und dennoch ..."

„Du glaubst doch nicht, unser Geist könnte die unerlöste Seele seiner ermordeten Frau sein?" Adam klang äußerst skeptisch.

„Nein. Das denke ich nicht. Aber ich will mir auch nichts vormachen lassen. Ich habe mir sagen lassen, dass sie eigentlich wiederkommen wollte, um hier ab und zu Spendenessen zu organisieren, aber dann hat man nichts mehr von ihr gehört ... nie mehr."

„Ich verstehe, was du meinst. Und ich verstehe auch, dass das für dich natürlich besonders problematisch ist, wo du dich so über beide Ohren in Matt verliebt hast", sagte Adam ohne Umschweife.

Sie schaute ihn mit gerunzelter Stirn an.

„Du glaubst ihm nicht?" Um Adams Mundwinkel zuckte ein Lächeln.

„Doch, schon. Vielleicht sogar zu sehr, Adam."

„Wir werden versuchen herauszufinden, wo Lavinia sich aufhält", versprach Adam. „Ich bitte dich, hab ein bisschen Vertrauen."

„Ich habe Vertrauen!" protestierte sie.

„Lote immer alle Möglichkeiten aus, Darcy. Vorsicht, ich necke dich nur. Aber habe ich dir das nicht immer eingeschärft? Dass du keinen Verdacht ausschließen darfst, selbst wenn er absurd erschient?" Adam lächelte sie an. „Siehst du, und genau das tust du jetzt."

„Adam", begann sie, dann unterbrach sie sich und fing noch mal von vorn an. „Ich habe einfach schon zu viele Frauen an ihrer Leidenschaft zugrunde gehen sehen. Sie waren so verliebt, dass sie schlicht nicht mehr klar denken konnten. Es ist genau wie du sagst: Ich will nichts außer Acht lassen, nur weil …" Sie schüttelte den Kopf und hob hilflos die Hände. „Einfach weil ich so verliebt bin!"

„Braves Mädchen", sagte er. Und nieste wieder.

„Du gehst jetzt auf der Stelle ins Bett", befahl sie ihm, dann gab sie ihm einen Kuss auf die Wange und ging zur Tür. „Schlaf schön, gute Nacht!"

„Darcy."

„Ja?"

„Mach dir keine Sorgen. Wir werden Lavinia finden", sagte er. „Und du meldest dich sofort bei mir, wenn irgendetwas ist", befahl er. Dann nieste er wieder.

„Versprochen."

Nachdem sie wieder in ihrem eigenen Zimmer war, ging sie eine Weile auf und ab und überlegte, ob Matt in dieser Nacht zu ihr kommen würde.

Wahrscheinlich nicht. Er war wütend und gekränkt, weil sie ihn verdächtigt hatte, etwas mit dem Verschwinden seiner Exfrau zu tun zu haben. Sie streckte die Hand nach einem langen T-Shirt aus, aber dann entschied sie sich doch für ihr bodenlanges weißes Nachthemd.

Sie war kaum eingeschlafen, da hatte sie den Traum wieder.

Diesmal jedoch ohne Gewalt, ohne Mord.

Sie sah nur die Frau, die, eingehüllt in einen weißen Nebel, bewegungslos am Fußende ihres Betts stand und sie anschaute. Dann hörte Darcy sie flüstern: *„Bitte!"*

Eine Sekunde später schwebte die weiße Gestalt zur Tür und schlüpfte nach draußen.

Darcy, die aufgewacht war, stand schnell auf und lief eilig hinter ihr her.

Wieder wartete die Frau an der Treppe. Kurz bevor Darcy sie erreicht hatte, schwebte sie nach unten. Auf dem ersten Treppenabsatz blieb sie stehen und winkte. Darcy folgte. An der Eingangstür zögerte Darcy eine Sekunde und dachte daran, dass sowohl Matt als auch Adam sie gewarnt hatten.

Aber der Drang, die Wahrheit zu erfahren, überwog die guten Ratschläge.

Im Vorbeigehen nahm sie ohne nachzudenken aus dem Ständer neben der Tür einen Regenschirm und verließ damit das Haus.

Der Geist wartete an der Verandatreppe. Als Darcy auf ihn zuging, schwebte er auf die Räucherkammer zu.

Und heute Nacht löste er sich nicht auf, sondern schlüpfte durch den Türspalt ins Innere.

Das alte Gebäude war in gutem Zustand, und dem Geruch nach zu urteilen wurde es offenbar noch benutzt. Darcy öffnete die Tür und schaute in die Dunkelheit.

Na toll. Sie hatte zwar einen Regenschirm dabei – wofür auch immer –, aber an eine Taschenlampe hatte sie nicht gedacht.

Trotzdem konnte sie den Geist im Mondlicht, das durchs Fenster hereinfiel, sehen. Er stand in der Mitte des kleinen Raums.

„*Bitte*", sagte er wieder.

In diesem Moment hörte Darcy hinter sich ein Rascheln. Mit dem Regenschirm in der Hand wirbelte sie herum, entschlossen, sich zu verteidigen. Sie glaubte draußen einen Schatten zu sehen, der bis zur Stallwand zurückwich. Gleich darauf spürte sie ein Kältegefühl, das sie einhüllte, während ihr eine Stimme ins Ohr flüsterte: „*Bitte*".

Und da wusste sie es plötzlich. Wusste genau, was der Geist ihr sagen wollte, und nicht weniger genau, was sie zu tun hatte. Auf der Veranda hing ein alter Gong, mit dem man früher die Plantagenarbeiter zusammengerufen hatte. Darcy raste zurück und schlug ihn, so laut sie konnte, dann rannte sie erneut zur Räucherkammer.

Diesmal betrat sie das kleine Häuschen, ohne auch nur einen einzigen Gedanken an die Dunkelheit zu verschwenden. Sie rannte in die Mitte des Raums und begann wie eine Besessene mit der Spitze des Regenschirms den fest gestampften Erdboden aufzugraben. Sie war noch nicht sehr weit gekommen, als sich zwei Hände auf ihre Schultern legten.

Sie wirbelte herum.

Matt.

„Was zum Teufel machst du denn da?“ Seine Worte klangen wie ein wütendes Knurren. Sie wich einen Schritt zurück, wobei sie sich seiner Größe und der Dunkelheit überdeutlich bewusst war.

Aber sie hatte den Gong schließlich laut genug geschlagen, um Tote aufwecken zu können. Kein Wunder also, dass Matt hier draußen war.

„Was ist passiert?“ Das war Pennys Stimme. Sie kam aus dem Haus gerannt, gefolgt von Adam, der in Schlafmütze und Bademantel hinter ihr her hastete.

„Sie ist hier!“ sagte Darcy. „Sie ist hier, ich weiß es genau.“

Inzwischen waren Sam Arden, Clint und Carter aus ihren Behausungen über den Stallungen herbeigekommen. Sie waren alle barfuß und nur mit einer Jeans bekleidet, in die sie eilig hineingeschlüpft waren.

„Was in aller Herrgotts Namen ist denn hier los?“ fragte Clint verblüfft, während er sich seine Bartstoppeln kratzte.

Carter schaute auf das Bild, das sich ihm bot. „Sie buddelt nach irgendwas“, brummte er und fragte Clint: „He, was meinst du, soll ich ihr einen Spaten holen?“

„Ja, bitte!“ sagte Darcy.

Matt warf verzweifelt die Hände in die Luft. „Himmel, ja! Holt ihr einen Spaten! Soll sie doch mitten in der Nacht in der Räucherkammer ein Loch graben!“

Sam verschwand mit Carter. Nach kaum einer Minute waren sie mit zwei Spaten, einem transportablen Flutlicht und einer Spitzhacke wieder zurück.

„Darcy, machen Sie Platz, lassen Sie mich weitergraben“, sagte Carter. Er wartete, bis sie einen Schritt zurückgetreten war, dann machte er sich ans Werk. Er hackte die Erde auf, während Matt, leise in sich hineinfluchend, anfing, mit einem Spaten zu graben.

Die anderen schauten von draußen zu. Die Minuten verstrichen, und der Erdhaufen vor der Räucherkammer wurde höher und höher.

Matt, dem der Schweiß von der Stirn lief, fuhr sich mit einer schmutzigen Hand übers Gesicht, während er Darcy einen finsteren Blick zuwarf. Sie zwang sich, ihm standzuhalten, wobei sie sich wünschte, keine Notiz von diesem braun gebrannten, muskulösen, schweißglänzenden Oberkörper nehmen zu müssen, der mit schwarzen Schmutzstreifen überzogen war.

„Darcy, das Loch ist schon mehrere Fuß tief."

Darcy schnaubte unwillig und machte einen Schritt auf die Räucherkammer zu, als ob sie die Absicht hätte, selbst weiterzugraben. Matt hob eine Hand und sagte: „Schon gut, schon gut."

Wütend ging er wieder hinein.

Aber es war Carter, der einen Moment später plötzlich einen Schrei ausstieß.

„Verdammt!"

„Was ist?" rief Darcy.

„Jetzt hat er sich wahrscheinlich den großen Zeh abgehackt", brummte Penny.

Matt ging neben Carter in die Hocke. Clint drängelte sich dazwischen. Darcy kam nicht an ihnen vorbei.

„Was ist?" wiederholte sie.

Matt richtete sich auf, warf seinen Spaten weg und schaute wieder zu ihr herüber, bevor er sich, ohne zu antworten, an ihr vorbeidrängelte. „Niemand fasst hier irgendetwas an. Ich rufe die Spurensicherung."

„Die Spurensicherung?" fragte sie.

Er blieb stehen, stemmte die Hände in die Hüften und starrte sie aus Augen an, die so schwarz wie Ebenholz waren. „Jawohl, die Spurensicherung, Darcy. Wir haben Knochen gefunden."

„Sie könnten von einem Tier stammen", vermutete Penny. „Es ist immerhin eine alte Räucherkammer."

Matt warf ihr einen finsteren Blick zu. „Es sind menschliche. Es handelt sich um ein fast intaktes menschliches Skelett."

„Aber müssen Sie deshalb wirklich mitten in der Nacht die Spurensicherung rufen?" fragte Penny. „Das arme Ding liegt wahrscheinlich schon seit hundert oder mehr Jahren dort unter der Erde."

„Vielleicht, vielleicht aber auch nicht, Penny. Wir wissen es nicht."

Darcy stockte der Atem. Das war es, natürlich. Sie hatte angenommen – sie alle hatten angenommen – dass der Geist bereits seit hundert und mehr Jahren hier war. Sie hatte nie wirklich daran geglaubt, dass Matt seine Exfrau getötet haben könnte, und dennoch …

Der Verdacht war da.

Sie schaute auf Adam. Er erwiderte ihren Blick, und sie wusste, dass er dasselbe hoffte wie sie.

Matts Blicke ruhten immer noch auf Darcy. Sie spürte es und sah ihn an.

„Wir wissen nichts über dieses Skelett – *noch nicht*", sagte er. „Aber es wird nicht lange dauern."

Mit diesen Worten ging er davon.

Und alle schauten auf Darcy.

17. KAPITEL

Ungefähr um ein Uhr morgens hatten sie das Skelett gefunden.

Gegen vier hatten Matts Leute behutsam die Erde abgebürstet und die Tür der Räucherkammer versiegelt. Um halb fünf wurde die Kiste mit den sterblichen Überresten in einem Aufbahrungsraum des Mahoney Funeral Home eingeschlossen. Um fünf war Matt wieder zu Hause, wo er duschte und um halb sechs endlich im Bett lag.

Obwohl er hundemüde war, lag er immer noch hellwach da und starrte an die Decke. *Wie zum Teufel hatte sie das bloß gemacht?*

Er verspürte den starken Drang, zu ihr zu gehen. An die Tür zu klopfen, ohne sich darum zu scheren, ob es irgendjemand hörte. Dieser Drang, bei ihr zu sein, war stärker denn je. Er versuchte sich zu sagen, dass er ein Idiot war – immerhin hatte sie ihn des Mordes verdächtigt, um Himmels willen! Außerdem war da noch diese andere Sache ... heute Nacht hatte er es wieder gesehen ... diesen Blick in ihren Augen, wie sie entschlossen die Kiefer aufeinander gepresst hatte. Es war unheimlich, und wenn ihm das bisher nicht aufgefallen war, dann nur, weil er sich von seinen Gefühlen hatte blenden lassen, weil er sich statt von seinem Verstand von seinen männlichen Gelüsten hatte leiten lassen.

Obwohl das alles überhaupt keine Rolle spielte, wie ihm jetzt klar wurde. Zu welchen Erkenntnissen er immer auch kommen mochte, seine Gefühle für sie würden stets dieselben sein, daran gab es für ihn überhaupt keinen Zweifel. Abgesehen davon, dass er im Moment stocksauer auf sie war. Er warf einen Blick auf seine Uhr. Sechs Uhr morgens. Er stöhnte, dann stand er auf und ging zu seinem Schreibtisch, wo er anfing, in den Schubladen herumzukramen. Irgendwo musste er diese verdammte Handynummer doch haben, verflucht noch mal!

Endlich fand er sie in der untersten Schublade unter einem Stapel alter Fotos. Er wählte.

Sie meldete sich nicht mit einem schlichten Hallo. Selbst nach all den Jahren hatte sie offenbar auf Anhieb seine Nummer auf dem Display erkannt.

„Darling!“ kam Lavinias schwüle Stimme durch die Leitung. „Darling, ist dir eigentlich klar, wie spät es ist?“

„Fünf nach sechs, wenn mich nicht alles täuscht“, gab Matt trocken zurück. „Entschuldige bitte, aber ich bin davon ausgegangen, dass du deinen Anrufbeantworter eingeschaltet hast. Ich wollte dich eigentlich nur bitten, mich bei Gelegenheit zurückzurufen.“

„Oh, das macht überhaupt nichts, obwohl du natürlich wissen solltest, dass es nicht besonders glücklich ist, mich um diese nachtschlafende Zeit anzurufen, weißt du. Außer natürlich, du willst mir einen unglaublich aufregenden Vorschlag machen, aber davon ist ja wohl eher nicht auszugehen, oder irre ich mich?“ neckte sie ihn.

„Nein. Eigentlich wollte ich nur fragen, wie es dir geht.“

„Um sechs Uhr morgens?“

„Na ja, ich hatte eben nicht damit gerechnet, dass du ans Telefon gehst.“

Er hörte Lavinias tiefes heiseres Lachen. Früher war der Klang für ihn das reinste Aphrodisiakum gewesen. Jetzt …

„Ich habe gehört, dass da unten bei euch im Moment ziemlich verrückte Sachen passieren“, erzählte sie ihm. „Und ich wollte mich auch schon bei dir melden, um zu fragen, wie es dir geht, ob du es glaubst oder nicht.“

„Ach ja?“

„Ein Artikel von diesem wandelnden Spazierstock, den ihr da unten habt, hat es bis in die New Yorker Zeitungen geschafft. Alles über Okkultismus. Das musst du unbedingt lesen, Darling. Alles über die schönste Geisterjägerin der Welt, die erst einen Totenschädel fand und dann selbst in ein frisch ausgehobenes Grab plumpste.“

„Aber das war doch erst gestern“, sagte Matt verblüfft.

„Schätzchen, Nachrichten heißen nur deshalb News, weil sie neu sind.“

„Du sagst es, Lavinia.“

„Ist sie wirklich so schön?“ bohrte Lavinia nach.

Matt fragte sich, ob es sein konnte, dass selbst nach so vielen Jahren in ihrer Stimme immer noch ein Anflug von Eifersucht mitschwang.

Aber die Vergangenheit war lange vorbei. Und Lavinia war quicklebendig und in New York offenbar bestens aufgehoben. In dieser Situation fiel es ihm leicht, ihr ein Kompliment zu machen.

„Lavinia, sie hat viel Ähnlichkeit mit dir. Sie ist auch rothaarig und genauso groß und atemberaubend elegant wie du.“

„Was meinst du, würde es dir helfen, wenn ich runterkomme?“ fragte Lavinia. Matt war sich nicht ganz sicher, ob sie bei dieser Frage einen Hintergedanken hatte oder es ausnahmsweise aufrichtig meinte. „Ich meine, es klingt so, als ob du ein bisschen Hilfe brauchen könntest. Du weißt ja … mir war das Lee-Zimmer auch nie so ganz geheuer, aber … also, was da in diesem Artikel steht … na ja, das ist wirklich verrückt. Also, ich kann es dir nur anbieten …"

„Das ist lieb von dir, Lavinia, aber ich glaube, wir kommen allein klar." Er zögerte. „Miss Tremayne hat uns letzte Nacht zu einem Skelett geführt. Wenn erst die sterblichen Überreste identifiziert sind, wird langsam wieder Ruhe bei uns einkehren, nehme ich an."

Sie schwieg einen Moment und sagte dann: „Oh, Matt! Es tut mir so Leid, dass ich so lange nicht mehr da war, obwohl ich es doch versprochen hatte, ab und zu einen Dinnerabend in Melody House zu geben. Aber ich hatte ein Wahnsinnsangebot in Paris, das ich unmöglich ablehnen konnte, außerdem hatte es wirklich keinen Sinn, da unsere Affäre …"

„Ich weiß nicht, ob ich eine Ehe mit einer Affäre verwechseln möchte, Lavinia", erklärte er geduldig.

„Aber offenbar glaubt irgendjemand da unten, dass dieses Skelett von mir stammen könnte!" rief sie aus, als ob sie seine Gedanken gelesen hätte.

„Na so was, Lavinia! Wenn dir irgendwann die vielen Prominentenpartys zum Hals raushängen, solltest du dich unbedingt bei Harrison Investigations bewerben. Was für eine Intuition!"

„Hör auf, dich über mich lustig zu machen, Matt. Ich bin im Moment jeden Tag mindestens auf einer, wenn nicht auf zwei Partys. Im Sommer ist wirklich immer unheimlich was los. Aber wenn du jemandem beweisen musst, dass ich am Leben bin, komme ich selbstverständlich sofort runter."

„Lavinia, ich weiß, dass du lebst und dass es dir gut geht, das reicht mir. Mehr brauche ich nicht."

„Na gut, wenn etwas ist, du hast ja meine Nummer." In ihrer

Stimme schwang eine leise sexuelle Anzüglichkeit mit. Aber Matt wusste, dass das bei Lavinia nichts hieß. So war sie eben.

„Danke, Lavinia. Und denk dran, wenn du mich mal brauchen solltest, bin ich für dich da."

„Oh, Darling, ich brauche dich in den Nächten, in denen ich einsam bin."

„Bloß gut, dass es von diesen Nächten nicht allzu viele gibt, was, Lavinia?" sagte er gut gelaunt. „Entschuldige, dass ich dich geweckt habe. Pass auf dich auf."

„Du auch. Ich hab dich immer noch ein bisschen lieb, Matt."

„Ich fühle mich geehrt. Lass es dir gut gehen."

Nachdem er aufgelegt hatte, fühlte er sich ungewöhnlich leicht. Vielleicht hätte er sie ja doch bitten sollen herzukommen. Damit jeder sie sah.

Er fuhr zusammen, als das Telefon klingelte. Es war Thayer vom Funeral Home.

„Was ist los, Thayer?"

„Matt, Sie werden es nicht für möglich halten."

Mit seiner Heiterkeit war es schlagartig vorbei. „Was gibts?"

„Das Skelett ist weg."

„Was?"

„Bei Mahoney ist eingebrochen worden", berichtete Thayer. „Die Kiste mit dem Skelett ist weg."

„Wurde sonst noch irgendetwas gestohlen?" erkundigte sich Matt.

„Nur ein bisschen Bargeld aus dem Schreibtisch im Büro", erwiderte Thayer und fuhr fort: „Aber das war meiner Meinung nach bloß Tarnung. Wenn Sie mich fragen, ging es nur um das Skelett. Irgendwer hat ein paar Wände mit griechischen Buchstaben beschmiert, damit es aussieht, als ob es ein Studentenjux wäre oder so, aber ... wer weiß?“

„Sie haben das Gebäude abgeriegelt?“ fragte Matt ein bisschen zu schroff. Er wollte verdammt sein, wenn er sich einen Fingerabdruck oder sonst einen wichtigen Beweis entgehen lassen würde.

„Matt, Sie wissen, dass wir in der Lage sind, einen Tatort zu sichern“, sagte Thayer gekränkt.

„Tut mir Leid. Natürlich weiß ich das“, beeilte sich Matt zu versichern. „Ich bin sofort da.“

Darcy erwachte von einem markerschütternden Schrei. Nach ihrem Abenteuer in der Räucherkammer hatte sie noch einmal duschen müssen und trug jetzt ein knielanges Schlaf-T-Shirt. Angesichts eines solchen Schreis spielte ihr Aufzug allerdings keine Rolle, deshalb machte sie sich nicht die Mühe, Bademantel oder Pantoffeln anzuziehen.

Sie rannte aus ihrem Zimmer zur Treppe und schaute nach unten.

Unten im Foyer sah sie Penny mit weit aufgerissenen Augen und einer Hand am Hals stehen. Ihr starrer Blick war auf die Eingangstür geheftet.

„Um Himmels willen, Penny!“ schrie Darcy, während sie nach unten raste. „Was ist denn passiert?“

Sie blieb dicht vor Penny stehen und schaute an ihr vorbei zur Haustür.

Dort stand ein Soldat in einer braungrauen Uniform, mit um die Taille gebundener Schärpe und Schwert an der Seite. Auf dem Kopf trug er einen tief in die Stirn gezogenen Hut, so dass man von seinem Gesicht nur den königlich wirkenden silbergrauen Bart sehen konnte. Er wirkte, als ob er sich bereit gemacht hätte, in die Schlacht zu ziehen.

„Harry Smith!“ sagte Penny in vorwurfsvollem Ton, während sie die Hand sinken ließ.

Harry Smith. Darcy lächelte, als sie den Sanitäter erkannte, der sich nach dem Unfall in der Bibliothek um sie gekümmert hatte.

„Du lieber Himmel, Sie haben mich zu Tode erschreckt!“ sagte Penny.

„Penny Sawyer, ich wüsste wirklich nicht, warum ich Sie nach all diesen Jahren noch erschrecken sollte“, gab er barsch zurück. „Aber es tut mir trotzdem Leid.“ Seine Mundwinkel umspielte ein Lächeln, obwohl er sich alle Mühe gab, es sich zu verkneifen.

Darcy fing an zu lachen, und gleich darauf entspannte sich Penny und lachte ebenfalls. Es ließ sich unschwer übersehen, dass Penny offenbar für einen Sekundenbruchteil geglaubt hatte, dem Geist eines Soldaten aus einem lange zurückliegenden Krieg gegenüberzustehen.

„Sie sehen wirklich beeindruckend aus, Harry“, sagte Darcy.

Er bedankte sich mit einer kleinen Verbeugung. „Danke, Ma'am. Die Uniform gehörte meinem Ururgroßvater, der Hauptmann in einem der Verbände war, die hier gekämpft haben. Und das Schwert ist auch alt.“

„Das ist ja alles gut und schön, Harry, aber ist Ihnen schon mal zu Ohren gekommen, dass man sich bemerkbar macht, bevor man ein fremdes Haus betritt?“ fragte Penny. „Wenn Sie sich an diese Regel gehalten hätten, hätte nämlich nicht die Gefahr bestanden, dass mich der Schlag trifft.“

„Also wirklich, Penny, wo Sie doch immer darauf bestehen, dass es hier Geister gibt“, gab Harry verwundert zurück.

„Außerdem habe ich geklopft. Aber die Tür war offen, und erst nachdem niemand kam, bin ich reingegangen."

„Komisch, wo wir gerade in letzter Zeit so darauf achten, dass immer abgeschlossen ist", sagte Penny und fuhr dann, immer noch nicht ganz besänftigt, an Harrys Adresse gerichtet fort: „Außerdem hatten wir eine unruhige Nacht. Darcy hat uns nämlich zu einem Knochenfund in der Räucherkammer geführt. Sie sehen also, dass es in diesem Haus wirklich einen Geist gibt, Harry Smith."

Harry schaute auf Darcy. „Ich habe bereits davon gehört. Gute Arbeit, junge Dame. Aber das Neueste ist Ihnen offenbar noch nicht zu Ohren gekommen."

„Was denn?" fragte Darcy.

„Die Knochen sind verschwunden. Gestohlen."

„Gestohlen?" fragte Penny ungläubig. „Wer um alles in der Welt stiehlt denn einen Haufen alter Knochen?"

„Sind Sie ganz sicher?" fragte Darcy. „Sie wurden doch erst heute früh ausgegraben."

„Absolut sicher. Außerdem arbeite ich beim Rettungsdienst, und wir erfahren in derselben Minute wie das Sheriffbüro, wenn etwas passiert ist."

„Dann ist Matt also bereits unterwegs?" fragte Darcy.

„Aber ja, schon seit Stunden", sagte Harry Smith. Er lächelte. „Es ist nämlich inzwischen fast eins."

Darcy war völlig perplex, dass es schon so spät war. Andererseits war sie ja auch erst so spät eingeschlafen – oder so früh.

„Was kann schon jemand mit alten Knochen anfangen wollen?" fragte Penny wieder.

Harry zuckte die Schultern. „Sieht aus wie ein Studentenstreich. Oder wie eine Mutprobe. Die Wände sollen mit griechischen Buchstaben beschmiert worden sein. Und aus dem Schreibtisch im Büro ist Bargeld ist verschwunden. Nicht viel. Vielleicht hundert Dollar. Trotzdem, Matt schäumt vor Wut, und das kann man ihm weiß Gott nicht verdenken."

Darcy machte sich dennoch Sorgen. Sie glaubte nicht daran, dass es sich bei dem Diebstahl um einen Studentenstreich handelte. „Das ist wirklich sehr merkwürdig, zumal nach der kurzen Zeit noch kaum jemand von dem Fund wusste", sagte sie nachdenklich.

„Ach, heutzutage hört doch jedes Kind den Polizeifunk ab", sagte Harry mit einer wegwerfenden Handbewegung.

Durch die immer noch offen stehende Haustür kam jetzt Clint herein. „Hallo Harry! Mann, Sie sehen ja wirklich beeindruckend aus!"

„Vielen Dank", gab Harry zurück, dann erzählte er Clint von dem Knochendiebstahl.

„Was für ein bizarrer Scheiß", stellte Clint trocken fest.

„Clint, Sie sollten sich wirklich nicht so ordinär ausdrücken!" tadelte Penny.

„Jawohl, Ma'am." Clint verdrehte die Augen. „Dabei solltet ihr sie hören, wie sie manchmal flucht, wenn ihr irgendwas nicht passt."

„Das stimmt doch gar nicht."

„Was stimmt nicht?" Das war Carter, der jetzt hinter Clint das Haus betrat. Als er Harry sah, stieß er einen beifälligen Pfiff. „Mannomann, man könnte Sie wirklich für echt halten, Harry."

„Sie auch, wenn Sie eine Uniform tragen", gab Harry zurück.

„Was ist eigentlich hier los? Warum sollte Penny fluchen? Was passt ihr nicht?" wollte Carter wissen, und wieder sah es Harry Smith als seine Sache an zu berichten, was passiert war.

„Wahrscheinlich ein Studentenulk." Carter zuckte die Schultern. „Bestimmt tauchen die Knochen bald wieder irgendwo auf. Vielleicht ja auf irgendeinem Campus."

„Matt sieht es nicht so locker", berichtete Harry. „Er betreibt die Ermittlungen mit Volldampf."

„Jedenfalls im Moment noch, weil er wahrscheinlich stocksauer ist, dass so etwas überhaupt passieren konnte", sagte Clint. „Aber ich kenne Matt. Wenn er die Täter nicht bald schnappt, wird ihm klar werden, dass es wichtiger ist, die Lebenden zu schützen und echte Verbrecher zu jagen. Diese Knochen werden schon irgendwann und irgendwo wieder auftauchen." An Harry gewandt, fuhr er fort: „He, warum haben Sie sich denn heute schon verkleidet? Das Spektakel ist doch erst morgen."

„Ich wollte nur kurz beim alten Tannenbaum reinschauen", sagte Harry. „Ich war schon seit einer ganzen Weile nicht mehr bei ihm und wollte mich nur versichern, dass wir wirklich immer noch Freunde sind, bevor wir morgen unter die Leute gehen."

„Ach so, klar. Wenn Sie wollen, sattle ich ihn", sagte Clint und nickte Harry zu.

„Ich führe nämlich einen der Kavallerietrupps an", erklärte Harry Darcy. „Waren Sie schon mal bei so einer Aufführung?"

„Nein, bis jetzt noch nicht", erwiderte Darcy.

„Nun, vielleicht haben Sie ja Lust, mit mir auszureiten, junge Dame? Dann zeige ich Ihnen die verschiedenen Schauplätze. Entschuldigung, aber Sie können doch reiten, oder?"

„Vielleicht nicht gut, aber leidenschaftlich gern. Geben Sie mir eine Minute zum Anziehen, dann komme ich gern mit. Es sei denn ..." Sie zögerte und schaute zu Penny.

„Ich glaube nicht, dass Sie im Moment irgendetwas tun

könnten, und um Matt würde ich an Ihrer Stelle fürs Erste einen verdammt großen Bogen machen", riet Penny ihr.

„Himmel! Habt ihr das gehört? Oho! Penny Swayer flucht!" zog Carter sie auf. „Aber jetzt mal im Ernst. Ich würde Matt im Moment auch lieber aus dem Weg gehen."

„Du sattelst Tannenbaum für Harry, und ich mache Nellie fertig", sagte Clint zu Carter.

Darcy nickte. „Okay. Ich bin in einer Minute unten."

„Teufel, ich glaube, ich schließe mich an", sagte Carter.

„Teufel, ich glaube, ich auch." Dabei grinste Clint Penny an.

„Nur keine Eile", sagte Harry Smith. „Ich habe die nächsten drei Tage frei. Sie können sich also beliebig viel Zeit lassen."

„Ja, Liebes, lassen Sie sich nur Zeit. Ich habe Muffins in der Küche – wie unhöflich von mir, nicht gleich daran zu denken. Harry, kommen Sie und trinken Sie eine Tasse Kaffee." Sie musterte Clint und Carter von oben bis unten. „Und wenn ihr beiden Tagediebe die Pferde gesattelt habt, könnt ihr auch kommen."

„Tagediebe!" protestierte Carter. „Ich bin ein schwer arbeitender Unternehmer."

„Und ich bin sogar heute Abend beschäftigt", sagte Clint, wobei er Penny zuzwinkerte. „Warten Sie's nur ab, Penny. Eines Tages werden Sie Ihre Worte noch bitter bereuen."

Penny schnaubte leicht. „Also, wenn die Pferde gesattelt sind, gibt es Kaffee. Darcy, lassen Sie sich Zeit. Und Harry, Sie kommen mit mir."

Darcy beeilte sich, nach oben zu kommen. Sie ging jedoch nicht geradewegs in ihr Zimmer, sondern klopfte zunächst leise an Adams Tür.

Gleich beim Eintreten sah sie, dass er noch im Bett lag.

„Kann sein, dass ich mir einen Schnupfen geholt habe“, erklärte er leicht verlegen. „Penny hat mir schon vor einer Weile ein paar Pillen und Tee mit Toast gebracht. Ich bleibe wohl am besten noch ein bisschen im Bett.“

„Stell dir vor, Adam, die Knochen sind weg. Sie wurden aus dem Beerdigungsinstitut gestohlen.“

„Ich weiß, Matt hat angerufen.“

„Ach ja?“

„Keine Sorge. Er ist so wütend wie eine aufgescheuchte Hornisse.“

„Adam, macht dich das nicht misstrauisch?“

„Natürlich.“

„Sie scheinen es alle für einen Studentenstreich zu halten“, sagte sie.

„Gewiss. Weil sie alle davon ausgehen, dass diese Knochen hundert und mehr Jahre alt sind.“

„Und du glaubst das nicht und nimmst an, dass das der Grund für den Diebstahl sein könnte?“

„Darcy, ich habe dir gesagt, dass ich Lavinia Harper suche.“

„Ich wollte damit nicht unterstellen, dass es sich um Lavinia Harper handelt.“

„Darcy, gib Matt Gelegenheit, seine Arbeit zu machen, okay?“

„Ja, gut, aber ... wenn da eingebrochen wurde ...“

„Ja?“

„Es muss doch jemand gewesen sein, der wusste, dass die Knochen dort sind.“

„Darcy, gib Matt eine Chance.“

„Sicher ...“, sagte sie nur, erzählte ihm dann von dem geplanten Ausritt und versprach, später wieder bei ihm reinzuschauen.

Kurz darauf saß sie in zünftiger Kluft vor einem Teller mit Muffins, die Penny ihr ebenso wie Saft und Kaffee auf den Tisch gestellt hatte.

„Haben Sie nach Adam gesehen, Liebes?“ erkundigte sich Penny.

„Ja, er will noch ein bisschen schlafen. Dann wird er sich heute Abend hoffentlich wieder besser fühlen.“

„Am besten schont er sich heute, damit er morgen bei der Aufführung wieder fit ist“, sagte Clint.

„Das ist einen Riesenspaß“, erzählte Carter Darcy. „Sie werden gleich sehen, dass schon eine Menge Zelte aufgeschlagen sind. Überall laufen Frauen in historischen Kostümen herum und kochen auf dem Schlachtfeld. Manche verkleiden sich auch als Wäscherinnen und ... na ja, als die Art Frauen, die der Armee nachgezogen sind, wenn Sie wissen, was ich meine.“

„Prostituierte“, warf Penny ungeduldig ein.

Carter grinste und lachte. „Richtig. Prostituierte. Es gab sie damals zuhauf. Hat eigentlich irgendwer eine Ahnung, wie viele Soldaten an Geschlechtskrankheiten starben?“

„Nein, und wir wollen es auch nicht wissen“, sagte Penny.

„Wollen wir los?“ fragte Harry.

Darcy trank ihren Orangensaft aus und stand auf. „Ich bin so weit. Penny, wollen Sie nicht auch mitkommen?“ fragte sie.

„Himmel, nein! Ich bin nicht scharf auf solche Ausflüge. Aber trotzdem viel Spaß.“ Sie winkte ihnen zu, während sie zum Stall gingen.

Obwohl er in seine Leute absolutes Vertrauen setzte, war Matt nicht umhingekommen, sich einzugestehen, dass seine Truppe für solche Vorkommnisse nicht gerüstet war. Deshalb hatte er seinen alten Freund Randy Newton vom FBI angerufen, der schon die Dielenbretter aus der Bibliothek für ihn untersucht hatte.

Während Matt im Beerdigungsinstitut auf Randy und sein Team wartete, ließ er sich von Thayer zeigen, wo das Fliegengitter aufgebrochen worden war und wo der Dieb – oder die Diebe – hereingekommen waren. Mahoneys Schreibtisch war durchwühlt worden, aber wohl eher flüchtig. Außer den hundert Dollar aus der Bargeldschatulle war nichts gestohlen worden, obwohl Mahoney die Rolex, die ihm seine Frau letztes Jahr zu Weihnachten geschenkt hatte, am Abend zuvor mitten auf seinem Schreibtisch liegen gelassen hatte.

Die Beweiskiste mit dem Knochenfund war in einem der Aufbahrungsräume aufbewahrt worden, und es war vorgesehen gewesen, dass sie an diesem Tag abgeholt werden sollte.

Randy Newton war ein groß gewachsener, gut gebauter Mann, der in Quantico zu einem der Besten gehört hatte. Matt hatte ihn bei der Fahndung nach einem Serienkiller kennen gelernt, der in den Randbezirken von D.C. sein Unwesen getrieben hatte, ein Psychopath, der es auf arme, meist drogenabhängige Prostituierte abgesehen hatte. Sie waren seit damals befreundet. Obwohl es in Stoneyville normalerweise ruhig zuging, versteckten sich Verbrecher nach begangener Tat oft in ländlichen Gegenden. Matt und Randy hatten ein Kommunikationssystem entwickelt, das ihnen in der Vergangenheit schon viele gute Dienste geleistet hatte.

Der schwarzhaarige Randy sah ganz nach FBI aus. Er trug den unvermeidlichen Anzug sowie eine Sonnenbrille und strahlte eine Aura von Autorität aus. Sogar Mahoney begrüßte ihn mit einer Spur von Ehrfurcht.

Als sie schließlich allein in dem Aufbahrungsraum waren, in

dem die Kiste gestanden hatte, schüttelte Randy den Kopf. „Ich kapiers einfach nicht, Matt. Ich meine, ich verstehe ja, dass du dich über den Diebstahl ärgerst, aber wozu dieses Aufheben um ein paar alte Knochen?"

„Randy, es gibt keine Garantie dafür, dass es sich wirklich um ein altes Skelett handelt."

„Aber ich dachte, deine Hellseherin sucht nach einer unerlösten Seele, die seit Ewigkeiten tot ist."

„Ja, und wenn sie eine andere gefunden hat?"

Randy sah ihn nachdenklich an. „He, Matt, weißt du, wie viele Mordfälle ich im Moment am Hals habe?"

„Nein, aber ich kann es mir vorstellen. Du musst mir trotzdem bei dieser Sache helfen, Randy. Sag deinen Leuten, dass sie Finger- und Fußabdrücke nehmen sollen ... und ..." Er zögerte. „Außerdem möchte ich dich noch um einen weiteren Gefallen bitten."

„Welchen denn?"

„Durchforste deine Vermisstenkartei. Vielleicht fällt dir ja jemand auf, der in den letzten Jahren als vermisst gemeldet und hier bei uns zuletzt gesehen wurde."

„Matt, ich bin mir sicher, dass nur ein paar Jugendliche ein uraltes Skelett geklaut haben, mehr nicht."

„Hilf mir trotzdem, Randy."

„Hat dir deine Hellseherin geraten, mich einzuschalten?" fragte Randy argwöhnisch.

„Nein, Randy. Ich bitte dich um einen Gefallen."

„In Ordnung. Ich helfe dir."

„Ich brauche die Ergebnisse so schnell wie möglich."

„Komm morgen bei mir im Büro vorbei. Dann bekommst du alles, was ich habe."

„Danke."

„Sag mal, was ist eigentlich los mit dir? Du siehst völlig fertig aus." Randy musterte ihn mit schief gelegtem Kopf. „Vielleicht fährst du besser nach Hause und schläfst dich einmal richtig aus. Wir übernehmen hier. Vertrau mir. Das kriegen wir schon hin."

Dankbar verließ Matt widerspruchslos das Beerdigungsinstitut und fuhr auf dem kürzesten Weg nach Hause. Als er das Haus betrat, hörte er Penny in ihrem Büro telefonieren, aber er ging geradewegs nach oben und fiel todmüde ins Bett.

Ein paar Minuten später war er eingeschlafen.

Der Ausflug zu Pferd war unglaublich erholsam.

Sie ritten erst mehrere Meilen die Hauptstraße entlang nach Norden und dann über Weideland, auf dem die Leute Zelte aus Segeltuch aufgeschlagen hatten. Ab und zu hielten sie an und stiegen von ihren Pferden, um sich die verschiedenen Ausstellungen anzusehen, mit denen die Geschichte in der Erinnerung der Menschen wachgehalten werden sollte. Sie schauten einer Näherin und einem Hufschmied, die beide historische Kostüme trugen, bei ihrer Arbeit zu, besuchten das Offizierszelt und das kleinere Zelt für die gemeinen Soldaten sowie das Feldlazarett Harry Smith machte Darcy mit Dutzenden von Leuten bekannt – die meisten von ihnen kannten sie bereits aus der Zeitung – und sorgte dafür, dass sie nicht mit allzu vielen Fragen gelöchert wurde.

Carter und Clint waren ebenfalls mit vielen der Männer befreundet, und mit einigen von ihnen ritten sie zum Yankee-Zelt hinüber – dorthin, wohin Darcy gehörte, wie allgemein gescherzt wurde. Für sie war das natürlich der willkommene Anlass, die versammelte Mannschaft daran zu erinnern, wer den Krieg gewonnen hatte.

„Ja, klar", sagte Carter. „Wie hätte es auch anders sein sollen? Der Norden musste einfach gewinnen. Ich meine, die Allmachtsfantasien der Südstaatler gingen doch auf keine Kuhhaut. Aber das ist Gott sei Dank Geschichte."

„Geschichte, die wir aber tunlichst nicht vergessen sollten, auch wenn man sich nicht gern daran erinnert", fügte Clint hinzu. „Hoffen wir, dass wir aus unseren Fehlern gelernt haben. Wie heißt es doch so schön? Wer sich nicht an die Vergangenheit erinnert, ist verflucht, sie endlos zu wiederholen."

„Ganz genau", sagte Harry Smith. „Ich war in Vietnam. Jeder, der schon mal im Krieg war, weiß, wie grausam das ist, aber das ist ein weites Feld. Es wird bald dunkel werden. Wir sollten langsam zurückreiten, und zwar am besten hintenrum, würde ich vorschlagen."

„Sind Sie sicher, dass Sie das wollen? Könnte sein, dass uns da ein paar Zäune in die Quere kommen", erinnerte Clint.

„Ich kenne den Weg", versicherte Harry.

Der Heimweg war noch schöner. Sie kamen kein einziges Mal in die Nähe der Hauptstraße, sondern ritten über Wiesen und weite Weideflächen. Nachdem sie ein großes Kornfeld hinter sich gelassen hatten, gelangten sie an einen Fluss, den eine schöne alte verwitterte Holzbrücke mit den Feldern auf der anderen Seite verband.

„Die alte Brücke wurde damals bei den Kämpfen zerstört. Dutzende von Soldaten stürzten in die Tiefe und landeten entweder tot oder schwer verwundet auf den Felsen da unten", berichtete Harry und deutete mit ernstem Gesicht auf die Felsen, die aus dem Wasser aufragten.

Darcy konnte nicht anders, als sich das Szenario lebhaft auszumalen. Die Gegend barg fürwahr viele traurige Erinnerungen. Als sie für einen Moment die Augen schloss, hörte sie den markerschütternden Schrei eines Mannes. Diejenigen, die auf der Stelle tot gewesen waren, hatten noch Glück gehabt, dachte sie. Die Schwerverletzten hingegen blieben mit gebrochenen Knochen im Todeskampf da unten liegen, während über ihren Köpfen die Schlacht weitertobte.

Rasch öffnete sie die Augen wieder. Die Erinnerung an die Vergangenheit war einfach zu schmerzlich.

Harry zwinkerte ihr zu. „Morgen ist hier mächtig was los, das kann ich Ihnen jetzt schon sagen. Aber die Brücke zerstören wir nicht noch einmal. Es ist einfach zu teuer."

„Das kann ich mir vorstellen", sagte Darcy.

„Es wird Ihnen aber trotzdem Spaß machen", mischte sich Carter ein.

„Wirklich, Darcy, Sie sollten morgen auch ein historisches Kostüm tragen", schlug Clint vor.

„Aber ich bin doch keine Einheimische", wandte Darcy ein.

Clint wischte den Einwand mit einer Handbewegung vom Tisch. „Ach, das ist doch völlig egal. Was meinen Sie, wie viele New Yorker hier morgen in ein Südstaatenkostüm schlüpfen? Es wird bestimmt lustig, glauben Sie mir."

„Na, mal sehen", erwiderte Darcy amüsiert. „Obwohl ich noch nicht weiß, wo ich das entsprechende Gewand auftreiben soll."

„Oh, da kann Ihnen Penny bestimmt weiterhelfen", sagte Clint.

„Wir sollten zurückreiten", mahnte Harry. „Es wird dunkel."

Matt fuhr abrupt aus dem Tiefschlaf auf, als er spürte, dass Fingerspitzen über seine Wangen glitten.

Obwohl das Zimmer fast vollkommen dunkel war, wusste er fast auf Anhieb, wessen Hand ihn liebkoste.

„Lavinia!"

Nachdem er das Licht angemacht hatte, schaute er in ihr lächelndes Gesicht. Sie saß auf seiner Bettkante.

„Was zum Teufel tust du in meinem Schlafzimmer?" fragte er.

Sie zog einen Schmollmund – eine Geste, die sie aus dem Effeff beherrschte. „Was für eine Begrüßung. Wo ich extra die erste Maschine aus New York genommen habe, nur um mich hier zu zeigen."

„Ich weiß das sehr zu schätzen, Lavinia. Aber hast du schon mal etwas davon gehört, dass man anklopft, bevor man ein fremdes Zimmer betritt?"

Sie machte eine wegwerfende Handbewegung. „Aber doch nicht bei seinem Exmann." Sie lächelte und musterte ihn eingehend. „Na so was! Sehe ich da nicht das eine oder andere graue Haar?"

„Tja, die Zeit vergeht." Und sie war wirklich vergangen. Er hatte Lavinia seit Jahren nicht gesehen, und nach dem ersten Schock musste Matt zugeben, dass er ausgesprochen froh war, sie nun vor sich zu sehen. Und insgeheim freute er sich sogar darauf, sie Darcy vorzustellen. „Aber du siehst immer noch genauso atemberaubend aus", sagte er großmütig.

Obwohl es nicht gelogen war. Ihr Haar war immer noch lang, rot und schimmernd. Ihre Figur wirkte noch geschmeidiger und ihre Kurven noch gefährlicher.

Sie stand auf und drehte sich einmal kokett im Kreis. „Findest du wirklich?" Sie lächelte.

„Oh ja. Du wirkst sogar … weiblicher als früher."

Sie grinste. „Stimmt. Sie haben ziemlich gute Arbeit geleistet. Soll ich es dir mal zeigen?"

Er lachte. „Nein, danke."

„Aha, du widerstehst einer attraktiven Frau. Du hast dich doch nicht etwa in deine Geisterjägerin verguckt?"

„Bist du gekommen, weil du dich langweilst oder weil du mir helfen willst, Lavinia?"

Sie dachte einen Moment über die Frage nach und antwortete dann ehrlich: „Na ja, vielleicht war mir wirklich ein bisschen langweilig. Aber ich bin auch gekommen, um dir zu helfen."

„Wenn du das wirklich ernst meinst, dann geh jetzt bitte wieder runter. Ich komme gleich nach."

Lavinia streckte sich wohlig wie eine Katze. Dann beugte sie sich zu ihm herunter und gab ihm einen Kuss auf die Wange. „Und vielleicht ist mir ja immer noch langweilig, wenn die kleine Geisterjägerin wieder weg ist."

„Lavinia, das hatten wir doch schon. Lass uns einfach Freunde sein, okay?"

Sie zuckte mit den Schultern und ging zur Tür. „Lungert dein Cousin immer noch hier rum? Und sein gut aussehender Freund?"

„Clint – und Carter."

„Ja, richtig, Carter."

„Sie sind beide noch hier, Lavinia."

„Und sie haben immer noch an jedem Finger zehn, nehme ich an. Na ja, aber gegen die übliche Hausmannskost komme ich doch wohl an, denke ich."

„Wenn du jetzt versuchst, mich eifersüchtig zu machen, muss ich dir leider sagen, dass wir das auch schon hatten, Lavinia."

Ihr Lächeln wurde breiter. „Das mach ich doch gar nicht. Mir ist einfach nur ein bisschen langweilig."

„Ich bin mir sicher, dass Carter und Clint zum Abendessen beide da sein werden."

„Das ist gut. Ich bin nämlich ziemlich ausgehungert", sagte sie und verließ endlich das Zimmer.

Nach ihrer Rückkehr bestand Darcy darauf, sich um Nellie zu kümmern, obwohl Sam gleich angelaufen kam und es tatsächlich schaffte, den Sattel in demselben Moment abzunehmen, in dem sie abgestiegen war. „Im Haus warten sie schon", verkündete Sam.

„Sie warten auf uns? Gibts denn schon Abendessen? Aber es ist doch noch früh", wunderte sich Carter.

Sam rollte mit den Augen. „Besuch." Ohne mehr zu verraten, wandte er sich ab und führte Tannenbaum in seine Box.

„Ein Geheimnis. Toll", sagte Clint.

„Wer ist es denn?" fragte Carter Sam mit gerunzelter Stirn.

Harry legte ihm die Hand auf die Schulter. „Am besten gehen wir rein und sehen selbst nach."

Carter machte den Mund auf, als ob er protestieren wollte, aber Harry zog ihn einfach mit. Auch Darcy war neugierig geworden und beharrte nicht länger darauf, Nellie zu versorgen.

Als sie das Foyer betraten, hörten sie aus dem Wohnzimmer Stimmen. Darcys Blick fiel zuerst auf Adam, der würdevoll in einem der Sessel saß. Penny hatte rote Wangen und wirkte irgendwie verlegen. Und Matt war ebenfalls da, bekleidet mit Jeans und Polohemd.

Und dann nahm Darcy erstmals diese Frau wahr.

Eine atemberaubend aussehende Frau in enger schwarzer Hose

und blauer Seidenbluse, Kleidungsstücke, die ihre sexy Kurven mehr betonten als verhüllten.

Mit Eintritt der Neuankömmlinge erhob sie sich zusammen mit den anderen.

„Oh Gott!" keuchte Clint.

Matt nahm Darcy mit einem breiten Lächeln ins Visier. „Darcy! Ich glaube, die anderen kennen sich alle. Das ist Lavinia Harper. Lavinia, darf ich dich mit Darcy Tremayne bekannt machen?"

Matt, der an diesem Morgen so wütend und ratlos gewesen war, platzte jetzt fast vor Selbstzufriedenheit. Und er schaffte es sogar, nicht triumphierend herauszuschreien: *Sie lebt! Da, sieh doch! Meine Exfrau ist quicklebendig.*

Und nicht nur das: Lavinia sah wirklich großartig aus. Kultiviert und elegant, mit selbstbewusstem Auftreten. Als ihr Blick auf Darcy fiel, flackerte Neugier in ihren Augen auf.

„Miss Tremayne! Ich habe sogar in New York von Ihnen gelesen." Lavinia schüttelte ihr herzlich die Hand.

„Ach, ja?" fragte Darcy mit leisem Spott und fuhr dann fort: „Es ist mir ein Vergnügen, Sie kennen zu lernen."

„Nun, das ist es wahrscheinlich wirklich", sagte Lavinia. „Nachdem diese Knochen aufgetaucht sind, freue ich mich, beweisen zu können, dass es nicht meine sind. Aber hätten Sie das nicht eigentlich selbst wissen müssen, wo Sie doch diese ... besonderen Fähigkeiten haben?"

„Ich habe Lavinia schon zu erklären versucht, dass das nicht immer so offensichtlich funktioniert", bemerkte Adam.

„Lavinia, du bist tatsächlich noch schöner geworden", warf Clint dazwischen.

„Clint, mein Lieber! Komm her und lass dich umarmen." Sie ging auf ihn zu. Clint zwinkerte Darcy verschwörerisch zu.

Darcy wandte sich darauf Matt zu, der sie immer noch glücklich und zufrieden anstrahlte.

„Darf ich Ihnen vielleicht etwas zu trinken bringen?" fragte Penny, die als Einzige nicht ganz so begeistert über den unangemeldeten Gast schien.

„Für mich ein Bier, Penny, danke“, sagte Clint. Lavinia hatte sich inzwischen Carter und Harry zugewandt.

„Dito!“ sagte Carter über Lavinias Schulter.

„Ich würde eine Cola nehmen“, rief Harry, der als Nächster für eine Umarmung Schlange stand.

„Und Darcy?“ fragte Matt.

Als sich ihre Blicke erneut trafen, lächelte sie verlegen. „Ein großes Irgendwas“, sagte sie.

„Aber nicht zu groß. Ich habe nämlich gerade erfahren, dass Adam ein Geschenk für dich hat.“

„Wirklich?“ Darcy schaute Adam an.

„Ich habe schon lange darüber nachgedacht. Sam hat mir geholfen, es zu besorgen, nachdem ich mich endlich aus dem Bett gequält hatte“, sagte Adam.

„Wie fühlst du dich?“ erkundigte sich Darcy.

„Viel besser. Schlaf ist immer noch die beste Medizin“, sagte Adam.

„Stimmt“, sagte Matt und fuhr an Darcy gerichtet fort: „Ich bringe dir ein Bier mit. Oder besser kommst du mit in die Küche – vorausgesetzt natürlich, es ist Ihnen recht, Adam.“

„Aber ja“, sagte Adam.

„Was ist denn in der Küche?“ fragte Darcy misstrauisch.

„Dein Geschenk“, gab Matt zurück.

Sie folgte ihm und schaute sich um, während er zum Kühlschrank ging. Gleich darauf hörte sie ein Geräusch und anschließend ein lautes Bellen. Matt grinste und reichte ihr das Bier.

„Was ist denn das?“ fragte sie verblüfft. „Ist das wirklich ein Hund?“

„Ja. Es war Adams Idee. Er findet, dass du wenigstens einen

Hund haben sollst, der dich beschützt, da du es offenbar nicht lassen kannst, mitten in der Nacht in der Gegend herumzuspazieren. Sie ist hinter dem Tresen in ihrer Transportbox und wartet darauf, dass du sie begrüßt."

Darcy ging um den Tresen herum, wo tatsächlich der schönste deutsche Schäferhund auf sie wartete, den sie je gesehen hatte, und ungeduldig mit dem Schwanz wedelte.

„Sie ist wirklich wunderschön", sagte Darcy.

„Du kannst sie jetzt rauslassen."

„Ist sie schon ausgewachsen?"

„Fast, und abgerichtet ist sie auch. Es wird nicht lange dauern, dann wird sie deine treueste Freundin und Beschützerin sein. Ich kann nur hoffen, dass du sie mir nicht auf den Hals hetzt, weil du mir wieder Gott weiß was unterstellst. Der Zweifel, was Lavinia betrifft, ist ja wohl ausgeräumt."

Darcy hatte das Türchen der Drahtkiste aufgemacht, und der Hund beschnupperte und leckte ihre Hände. Sie schaute zu Matt. „Ich habe nie wirklich geglaubt, dass ..."

„Ja, aber jetzt hast du nicht einmal mehr einen Verdacht, stimmts?"

Darcy war froh, sich auf den Hund konzentrieren zu können.

„Es tut mir Leid", sagte sie leise.

„Ich muss mich aber auch entschuldigen", gab er zurück.

„Wofür denn?" fragte sie und schaute überrascht zu ihm auf.

„Dass ich ständig versucht habe, mich selbst davon zu überzeugen, dass ich besser die Finger von dir lassen sollte, weil du ... so anders bist", sagte er.

„Ich bin immer noch anders."

„Für mich nicht mehr."

Sie lächelte, aber sie war sich nicht ganz sicher, ob sie ihm wirklich glauben konnte.

„Lavinia ist wirklich so attraktiv, wie alle gesagt haben."

„Ja." Er drängelte sich zwischen sie und den Hund. „Dann hilfst du mir also?"

„Helfen? Wobei?"

„Weich mir einfach nicht mehr von der Seite."

Darcy lachte „Warum? Musst du vor ihr beschützt werden? Oder traust du dir selbst nicht über den Weg?"

Matt sah sie spitzbübisch an. „Wer weiß das schon ..." Dann machte er einen Schritt auf sie zu und strich ihr mit den Fingerspitzen sanft über die Wange. „Aber die Knochen finden wir trotzdem", flüsterte er mit schwerer Stimme: „Ich bin es dir schuldig, und ich werde sie finden, vertrau mir. Ich habe nämlich die beste Spurensicherung der Welt."

„Ach ja?" sagte sie und schmiegte ihren Kopf an seine Hand.

„Und einen Freund vom FBI habe ich auch um Hilfe gebeten."

„Dass er ein altes Skelett sucht?"

„Wissen wir, dass es wirklich alt ist? Fürs Erste ..."

Er wurde durch ein Bellen unterbrochen. Schwanzwedelnd stand die Schäferhündin vor ihnen und schaute zu ihnen auf.

„Wie heißt sie eigentlich?" fragte Darcy.

„Oola."

„Oola?"

„Angeblich hat ihrem Züchter der Film *„The Producers"* so gut gefallen", erklärte Matt grinsend.

„Ich verstehe. Oola, los komm, wir müssen uns bei Adam bedanken." Matt folgte ihr mit Bier und Cola ins Wohnzimmer.

„Gott sei Dank, ich bin am Verdursten!“ sagte Carter.

„Ein Hund!“ rief Clint aus.

Darcy hockte sich neben Oola und lächelte Adam an. „Sie ist das wunderbarste Geschenk, das du mir machen konntest, Adam. Vielen Dank.“

„Ich trage mich schon seit einer ganzen Weile mit dem Gedanken, dir einen Hund zu schenken“, sagte Adam. „Und jetzt kannte Sam zufälligerweise die richtigen Leute. Sie ist stubenrein, sechs Monate alt und sie wird dir nicht von der Seite weichen, wie er mir versichert hat.“

„Ein wunderschönes Tier“, erklärte Clint.

„Und vor allem eine erstklassige Beschützerin“, sagte Matt.

„Können Geister denn gefährlich werden?“ erkundigte sich Lavinia.

„Offensichtlich kann es manchmal gefährlich werden, sie zu verfolgen“, sagte Matt. Er schaute Harry an. „Sieht echt gut aus, die Uniform“, sagte er.

„Na, morgen werden Sie auch eine tragen“, gab Harry zurück.

„Ich werde leider nicht da sein. Ich bin unterwegs.“

„Aber Matt!“ protestierte Penny. „Sie können doch morgen nicht einfach wegfahren!“

„Es geht leider nicht anders, Penny, aber ich hatte sowieso nicht die Absicht, an der Aufführung teilzunehmen.“

„Aber gerade Sie finden es doch so wichtig, dass wir den Leuten von außerhalb zeigen, wie schön es hier bei uns in Virginia ist. Wie können Sie dann bei einem so wichtigen Anlass fehlen?“ fragte Penny verständnislos.

„Ja, genau, Matt, das musst du uns mal erklären“, sagte Clint.

„Ich sagte bereits, dass es nicht anders geht.“

„Darcy nimmt schließlich auch teil“, berichtete Clint.

„So?“ Matt schaute sie überrascht an.

Sie zuckte die Schultern. „Sie finden, ich sollte mir wenigstens ein historisches Kostüm anziehen.“

„Was für ein Spaß!“ mischte sich Lavinia ein. „Ich würde wirklich auch gern mitmachen.“

„Du bist herzlich eingeladen“, sagte Carter großzügig.

„Oh, das lasse ich mir nicht zweimal sagen.“

Oola bellte, als müsse sie auch noch ihren Senf dazugeben, was alle zum Lachen brachte.

„Da haben Sie’s, sogar Oola ist mit von der Partie“, sagte Penny zu Matt.

„Wir werden sehen“, beendete Matt die Debatte. „Ich muss vorher noch etwas Wichtiges erledigen, werde mich aber beeilen. He, Penny, was riecht denn da so? Brennt da irgendwas an?“

„Oh Gott, mein Braten!“ rief Penny bestürzt aus und sprang hastig auf.

„Ich helfe Ihnen“, sagte Darcy und folgte Penny mit Oola im Schlepptau in die Küche.

Das Essen verlief ausgesprochen heiter. Nachdem alles über den kommenden Tag gesagt war, breitete Lavinia genüsslich den neuesten Klatsch aus den feinen New Yorker Kreisen vor ihnen aus und flirtete schamlos mit jedem Mann am Tisch einschließlich Harry.

Als schließlich die Küche aufgeräumt war, war es schon spät, und Matt sagte: „Ich habe zwar den ganzen Nachmittag geschlafen, aber ich bin schon wieder müde. Was ist mit Ihnen, Harry, wollen Sie hier übernachten? Betten haben wir ja genug, wie Sie wissen.“

„Nein, vielen Dank, ich gehe nach Hause“, sagte Harry.

„Im Wirtschaftsgebäude ist auch noch jede Menge Platz", bemerkte Lavinia, worauf Harry bis über beide Ohren rot wurde.

„Ich muss los", erwidert er standhaft, „aber trotzdem danke."

Matt brachte ihn zur Tür, kam zurück und stellte sich neben Darcy. Sie hatte das Gefühl, ebenso rot zu werden wie Harry, als er fragte: „Und was ist mit dir? Kommst du mit?"

„Hm, ja", gab sie zurück und hoffte, dass es möglichst beiläufig klang.

„Ich finde meinen Weg allein", sagte Lavinia.

„Kommt gar nicht in Frage! Ich begleite dich", sagte Carter.

„He, wartet, ich komme auch mit. Er ist nämlich gefährlich", scherzte Clint.

„Wirklich?" fragte Lavinia. „Ich liebe gefährliche Männer."

Darcy gab Adam einen Gutenachtkuss auf die Wange und ging dann mit Matt nach oben.

Oola, die offenbar bereits wusste, wo sie hingehörte, schloss sich ihnen an.

Darcy nahm Kurs auf das Lee-Zimmer.

„Heute nicht!" sagte Matt. „Heute schlafen wir bei mir. Und zwar allein. Ohne Frau in Weiß oder andere Besucher heute Nacht. Oola kann nebenan im Arbeitszimmer bleiben."

„In diesem Haus bekommt die Redewendung ‚Gehen wir zu dir oder zu mir' eine ganz neue Bedeutung", brummte Darcy, während sie ihm mit dem Hund im Schlepptau folgte.

Als sie Oola ins Nebenzimmer verbannten und sich einander zuwandten, begann die Hündin laut zu winseln. Sie schauten sich an und lachten.

„Ich bin gegen alles gewappnet", sagte Matt.

„Auch gegen einen winselnden Hund?"

„Darauf kannst du wetten."

Er verschwand nach nebenan und kehrte einen kurzen Moment später grinsend zurück. Auch nachdem er die Tür hinter sich geschlossen hatte, blieb es im Nebenzimmer still. Darcy schaute ihn fragend an.

„Schweineohren", erklärte Matt kurz und bündig.

„Pardon?"

„Sie kam mit einem Vorrat an Schweineohren hier an", sagte er. „So eine Art Hundekuchen. Und jetzt ... jetzt ist aber wirklich eine handfeste Entschuldigung fällig."

„Wofür muss ich mich denn entschuldigen?"

„Dafür, dass du in Erwägung gezogen hast, ich könnte meiner Exfrau etwas angetan haben."

„Ich habe es nie wirklich geglaubt."

„Ach nein? Dann beweis es mir." Er ging zu ihr, nahm sie in seine Arme und küsste sie mit ungezügelter Leidenschaft – fordernd und rau. Gierig zog er darauf mit seiner Zunge eine nasse, heiße Spur über ihren Hals, während er begann, ihr mit zitternden, fast tauben Fingern die Kleider vom Leib zu reißen. Sie schob ihre Hände in seinen Hosenbund, fand den Reißverschluss, und als sie ihn öffnete, empfand sie schon allein das kratzende Geräusch als ein prickelndes Versprechen. Ob es klug war oder nicht, er entfachte in ihr eine Begierde und Dringlichkeit, die sie in einen Taumel der Erregung versetzten. Seine Finger auf ihrem nackten Rücken drohten ihre Haut zu versengen, als sie sich ihm verlangend entgegenwölbte. Es gab die kurzen Augenblicke, in denen sie sich fragte, ob er vielleicht lieber seine Exfrau in den Armen gehalten hätte, aber unter den stürmischen Liebkosungen und dem puren Verlangen, das er ihr entgegenbrachte, lösten sich auch diese Zweifel in Luft auf. Betört von seinem Duft, bat sie ihn flüsternd um Verzeihung, wobei sie jede Zärtlichkeit, jede Intimität, jede Berührung von ihm mit ihren Händen und ihrer Zunge erwiderte. Bis sie ihn schließlich in sich aufnahm und sie gemeinsam keuchend nach Luft ringend dem Gipfel entgegenstürmten, an dessen höchstem Punkt Darcy von köstlichen Schauern erfasst wurde, die sich zu einem gewaltigen Crescendo steigerten.

Glücklich und erschöpft lagen sie anschließend noch eine ganze Weile schwer atmend miteinander verschmolzen, bis Matt sich schließlich zur Seite rollte, sie eng an sich zog und Darcy köstlich ermattet ihren Kopf auf seine Brust legte, das Haar wie ein Fächer auf seinem mit einem feinen Schweißfilm bedeckten Körper ausgebreitet.

War es die Aufregung des Tages oder die Ermattung, in jedem Fall schlief sie sofort ein.

Als sie erwachte, war es immer noch dunkel, aber sie war allein.

„Matt?" rief sie leise, doch niemand antwortete.

Erstaunt öffnete sie die Tür zum Nebenzimmer. Dort sah sie ihn im Bademantel auf dem Balkon stehen und gedankenverloren in die sternenklare Nacht hinausschauen. Er wirkte wie ein Mann, der große innere Qualen litt. Ab und zu beugte er sich zu Oola hinunter, die still zu seinen Füßen saß, um sie hinter den Ohren zu kraulen.

Darcys erster Impuls war es, zu ihm zu gehen, aber sie hielt sich davon ab. Stattdessen stand sie da und beobachtete ihn. Im Prinzip war es egal, ob sie das Skelett bald fanden oder nicht. Für sie wurde es Zeit zu gehen. Sie hatte sich auf dieses Spiel eingelassen, es befördert und sich darin verloren. Aber sie glaubte, sicher zu wissen, was ihm diese Seelenpein verursachte.

Er fühlte etwas für sie. Er fühlte wahrscheinlich eine ganze Menge für sie. Doch egal, wie er sich das, was sie war und was sie tat, auch zu erklären versuchte, er hielt es nicht aus. Er würde nie fähig sein, sie anzusehen, ohne sich gleichzeitig daran zu erinnern, wie sie in der Erde nach menschlichen Knochen gegraben hatte oder in Trance verfallen war. Er würde nie fähig sein, sie anzusehen, ohne sich auf einer bestimmten Ebene von ihr abgestoßen zu fühlen.

Sie sollte ihn besser in Ruhe lassen. Deshalb schloss sie leise die Tür und schlüpfte zurück ins Bett.

Später, als er sich wieder neben sie legte, nahm sie ihn schweigend in seine Arme. Das war ihre Geste, um ihm zu zeigen, wie aufrichtig Leid es ihr tat, nicht bei ihm bleiben zu können.

Und es tat ihr wirklich Leid.

Als Matt am nächsten Morgen erwachte, schlief Darcy noch. Er schlüpfte leise aus dem Bett, duschte, zog sich an und ging dann mit Oola nach unten.

Penny war bereits auf und hatte Kaffee gemacht. Matt nahm sich eine Tasse und ging damit in sein Büro im Erdgeschoss, um Randy Newton anzurufen. Er wusste nicht genau, ob er sich freuen oder ärgern sollte, als Randy zerknirscht gestand, dass es noch nichts Neues gab.

„Gib mir noch einen Tag, Matt. Höchstens. Himmel, ein Tag ist in den meisten Fällen gar nichts."

„In Ordnung, Randy. Ich weiß, dass du dir alle Mühe gibst. Wenn du irgendwas herausfindest, ganz egal was, ruf mich bitte sofort an. Danke."

„Alles klar. Eins allerdings kann ich dir jetzt schon sagen – wer immer in dieses Beerdigungsinstitut eingebrochen ist, hat Handschuhe getragen und sich sogar Plastiktüten über die Schuhe gezogen. Wir haben das Fensterbrett und den ganzen Raum nach Fasern abgesucht – aber nichts."

Matt bedankte sich noch einmal und legte dann auf. Er trommelte nervös mit den Fingerspitzen auf dem Schreibtisch herum, während er überlegte, ob er in der Angelegenheit sonst noch etwas unternehmen könnte. Immerhin hatte er schon das FBI eingeschaltet. Eine bessere Hilfe gab es nicht.

Gleich darauf klopfte es, und Penny steckte den Kopf zur Tür herein.

„Und Sie fahren heute wirklich weg?" fragte sie.

Er wünschte, er hätte einen Grund, um die Frage anders zu beantworten.

„Nein, Penny, wie sich herausgestellt hat, ist es jetzt doch nicht nötig", sagte er wahrheitsgemäß.

Über ihr Gesicht ging ein Leuchten.

„Dann können Sie ja doch richtig mitmachen! Thayer hat doch ohnehin bereits Dienst. Somit haben Sie frei! Und ich habe für alle Fälle schon mal Ihre Uniform bereitgelegt."

Er stöhnte laut auf. „Penny, ich hatte Ihnen gesagt, dass ich nicht da bin und ..."

„Aber jetzt sind Sie doch da, und Thayer hat das Oberkommando. Oh, Matt! Es bedeutet allen so viel, wenn *der* Stone von Stoneyville an dem Schauspiel teilnimmt!"

„Also in Gottes Namen, Penny, meinetwegen. Wo ist die Uniform?"

„Im Wäscheraum. Warten Sie, ich bringe sie Ihnen."

Pennys Begeisterung war ansteckend. Darcy hatte kaum geduscht, da stand die Haushälterin auch schon mit einem überraschend aufwendigen Kostüm im Zimmer. „Selbstverständlich ist es ein echtes, Korsage, Pantalettes, Leibchen, Reifrock, alles da ... natürlich ist es ein bisschen heiß im Sommer, aber es wird schon gehen. Wir werden etwas Wind bekommen. Was andererseits auch wieder schlecht ist, weil dann alles mit dem schwarzem Staub von den Platzpatronen überzogen sein wird. Aber so bekommt man wenigstens einen richtigen Eindruck davon, was für eine schreckliche Schlacht das war und was unsere armen Jungs durchmachen mussten. Es wird eindrucksvoll werden. Also, erst das Leibchen, darüber die Korsage und dann das Kleid. Es ist kein elegantes Abendkleid, sondern ein typisches Tageskleid. Aber ein sehr hübsches, und es wird Ihnen wunderbar stehen. Dunkelblau. Im Kontrast dazu wird Ihr Haar noch mehr leuchten."

„Danke für Ihre Hilfe, Penny", sagte Darcy, und es war wirklich ehrlich gemeint, bis Penny das Korsett so eng zuschnürte, dass sie praktisch keine Luft mehr bekam.

„Aber so haben sie es wirklich getragen!" verteidigte Penny sich, als Darcy vehement protestierte.

„Hören Sie, das waren damals noch andere Zeiten. Ich habe jedenfalls nicht vor, auf dem Schlachtfeld ohnmächtig zu werden, okay? Also bitte."

Mit einem Aufseufzen lockerte Penny die Schnüre an dem Korsett.

Als sie nach unten kam, hatte Matt das Haus bereits verlassen – er musste eher los, weil auch er nicht umhin kam, sich offiziell für die Spiele anzumelden. Aber Carter und Clint erwarteten sie bereits.

„Oh, wie hübsch!“ rief Clint bewundernd aus. „Was für ein reizender Anblick!“

„Der beste, den man sich mit Geld kaufen kann, was?“ scherzte Carter.

Sie standen mit Penny im Foyer. „Kommt Lavinia auch mit uns mit?“

„Lavinia und reiten? Soll das ein Witz sein? Nein, nein, Adam hat sich bereit erklärt, sie zu chauffieren. Wir reiten denselben Weg, auf dem wir gestern zurückgekommen sind“, sagte Clint.

„Okay.“ Darcy spürte, dass etwas Kaltes ihre Hand berührte. Oolas Schnauze. Sie streichelte die Hündin und schaute dann die beiden Männer an. „Darf sie mit?“

„Klar“, erwiderte Carter mit einem Schulterzucken. „Nicht wahr, Oola, du wirst uns schon zeigen, was für ein feiner Kavalleriehund du bist.“

„Klingt gut“, sagte Darcy.

Als sie das Feld erreichten, sahen sie, dass bereits massenhaft Menschen herbeigeströmt waren. Darcy wurde ständig von Touristen gebeten stehen zu blieben, damit sie ein Foto machen konnten.

Carter grinste sie an. „Da sehen Sie es, wie gut Sie allen gefallen.“

Die meisten Leute standen hinter einer Absperrung, an der uniformierte Polizisten auf und ab gingen, während sich auf der anderen Seite Männer in Bürgerkriegsuniformen auf die Schlacht vorbereiteten. „Wo ist Matt?“ fragte Darcy.

„Wahrscheinlich bei seiner Truppe“, gab Carter zurück. „Wir werden später zu ihnen stoßen. Am besten bleiben Sie jetzt erst mal hier – von hier aus haben Sie den besten Überblick.“

„Wo werden Adam und die anderen sein?“ fragte Darcy.

„Wenn sie noch rechtzeitig kommen, bringen wir sie her", gab Carter zurück. „Wenn nicht, werden sie sich unter die Touristen mischen müssen." Er tippte an seine Hutkrempe, dann stieg er vom Pferd und reichte ihr die Hand, um ihr beim Absteigen zu helfen. „Wir werden Nellie hier anbinden. Ist das nicht herrlich – man fühlt sich perfekt in die Vergangenheit zurückversetzt, bis man den ersten Hot-Dog-Stand sieht!"

„Tja, das ist der Fortschritt, was soll man da machen?" stimmte Darcy ihm lachend zu.

„Ich werde bei der ersten Geschützsalve zu Boden gehen", erklärte Clint. „Schwer verletzt krieche ich vom Schlachtfeld, und komme, edel wie ich bin, zu Ihnen zurück."

„So, so, du willst also kneifen und dich den schönen Dingen des Lebens widmen, was?" fragte Carter Clint, während sie zusammen davonritten.

Darcy grinste, dann fiel ihre Aufmerksamkeit auf einen Mann auf einem großen weißen Pferd, der eine täuschende Ähnlichkeit mit Robert E. Lee hatte. Er ritt in die Mitte des Feldes, wo er aus dem Sattel sprang und nach einem Megaphon griff. Nachdem er die Menge begrüßt hatte, begann er zu schildern, wie es zu den Kämpfen gekommen war. Yankeetruppen, denen man den Rückzug abgeschnitten hatte, hatten versucht, sich nach Meade durchzuschlagen, während die Südstaatentruppen vor der Schlacht bei Sharpsburg Lee einzuholen versuchten. Ein Militärtrupp hatte einen Zug mit Nachschub aus dem Norden aufgehalten und begonnen, mit den erbeuteten Waffen den Feind zu bekämpfen. Es waren erbitterte Kämpfe gewesen, die zum Teil in den Häusern, hauptsächlich jedoch hier draußen auf dem freien Feld ausgetragen worden waren, und an deren Ende es die

Südstaatler geschafft hatten, die arg gebeutelten Nordstaatler in die Flucht zu schlagen.

Nachdem der Mann seine kurze Ansprache beendet hatte, machte er mit seinem Hut in der Hand eine schwungvolle Verbeugung, dann stieg er wieder auf sein weißes Pferd und galoppierte, in eine Staubwolke gehüllt, davon. Kaum war er verschwunden, fiel der erste Schuss. Die Schlacht hatte begonnen.

Darcy schaute wie gebannt zu. Sie hatte sich noch nie ausgemalt, wie so ein Kampf abgelaufen sein könnte. Innerhalb von Minuten war die Luft schwarz vom Pulverrauch der Platzpatronen. Die Offiziere beider Seiten brüllten Befehle übers Feld. Zuerst traf die Kavallerie ein, und es war ein unglaublicher Anblick, als Pferde sich aufbäumten und Schwerter durch die Luft wirbelten. Berittene Soldaten rückten vor, griffen an, gingen zu Boden oder zogen sich wieder zurück.

Darcy sah Matt, der, fast in den Steigbügeln stehend, auf seinem Pferd herangaloppiert kam und mit seinem Schwert die rauchgeschwärzte Luft zerschnitt. Sie spürte einen Stich, aber eine Sekunde später war er auch schon im Kampfgetümmel verschwunden.

Auf die Kavallerie folgte die Infanterie. Darcy hatte von der kleinen Anhöhe aus, auf der Carter und Clint sie zurückgelassen hatten, einen guten Überblick über das Kampfgeschehen und verfolgte es fasziniert – bis sie plötzlich eine tiefe Trauer in sich spürte. Sie schloss die Augen, und die gesamte Geräuschkulisse schien sich zu verändern.

Als sie die Augen wieder öffnete, wurde sie von nacktem Grausen gepackt.

Die Anzahl der Kämpfenden auf dem Schlachtfeld hatte sich verdoppelt, und die Zuschauer waren verschwunden. Darcy sah überall schwer verletzte, blutende, von Kugeln zerfetzte Soldaten beider Parteien auf dem Boden liegen. Ein Pferd wieherte panisch und galoppierte davon. Aus allen Richtungen wurden Gewehrsalven abgefeuert … dicht neben ihr schlug eine Kugel in einen Baumstamm ein.

Darcy konnte den Anblick nicht mehr ertragen und schloss die Augen, doch als sie sie wieder öffnete, hatte sie die Szenerie noch immer vor sich. Es war entsetzlich; Soldaten aus den Nord- und aus den Südstaaten, Männer, die an denselben Gott glaubten, die beteten, dass sie in den Himmel kamen – der für alle derselbe Himmel war –, brachten sich gegenseitig auf die grausamste Art und Weise um.

Als sie neben sich ein Wiehern hörte, schüttelte sie sich und zwang sich, in die Gegenwart zurückzukehren.

Sie hörte das begeisterte und übermütige Johlen der Menge. Oola legte ihr die Vorderpfoten an die Oberschenkel und winselte sie beunruhigt an.

„Es ist okay, Mädchen“, sagte Darcy, während sie sich neben die Hündin kauerte und sie knuddelte. „Ich bin wieder da.“

Plötzlich bellte Oola aufgeregt. Als Darcy sich umdrehte, sah sie durch den schwarzen Rauch, der mittlerweile den ganzen Platz einhüllte, einen Soldaten auf sich zukommen.

„Darcy?“

„Clint!“

Er grinste sie an. „He, Matt hat das Schlachtfeld auch schon verlassen. Wenn Sie wollen, suchen wir ihn.“

„Wo haben Sie denn Ihr Pferd gelassen?“

Clint seufzte theatralisch. „Das haben leider die Yankees erbeutet.“ Er grinste. „Aber wir holen ihn uns später wieder zurück.

Jetzt reiten wir erst mal beide auf Nellie, wenn Sie nichts dagegen haben." Er blickte sie fragend an.

„Selbstverständlich nicht", beteuerte Darcy.

Sie stieg zuerst auf, und Clint sprang hinter ihr in den Sattel. Oola schaute zu ihnen auf und bellte empört.

„Oola, was ist los? Bist du etwa eifersüchtig", fragte Darcy. „Clint, wo gehts lang?"

„Dort", sagte er und deutete nach vorn.

„Sind Sie sicher? Müssen wir nicht in die andere Richtung, da drüben, über die Felder?"

„Sie sind ein bisschen desorientiert, Darcy, das kommt von dem Qualm. Vertrauen Sie mir, ich kenne den Weg."

Matt hatte die Sache bedeutend mehr Spaß gemacht, als er erwartet hatte. Vor allem der vorgetäuschte Kampf mit dem Degen, den er sich mit seinem Freund James Arnold geliefert hatte, hatte es in sich gehabt.

„He, Matt, nie aufgeben!" sagte James und reckte den Daumen, während sie Seite an Seite das Schlachtfeld hinter sich ließen. Hinter ihnen war noch immer das Tosen der Menge zu hören.

Matt nickte grinsend, dann klingelte sein Handy.

„So holt einen die Gegenwart jäh wieder ein, was?" zog James ihn auf.

Matt machte eine entschuldigende Geste, suchte sich einen etwas ruhigeren Platz und nahm ab.

„Matt Stone."

„Matt! Na endlich! Ich versuche dich schon seit Stunden zu erreichen."

„Randy?" Der Tonfall seines Freundes führte dazu, dass Matt

sich augenblicklich anspannte. „Ihr habt doch nicht womöglich die Knochen gefunden?"

„Nein, aber ich bin auf etwas anderes gestoßen."

„Auf was denn?"

„Du wolltest doch eine Vermisstenliste, stimmts?"

„Ja, sicher."

„Ich habe hier mindestens fünf vermisste Frauen aus den vergangenen Jahren, die zuletzt bei euch in der Gegend gesehen wurden."

Matt wehte plötzlich eine seltsame Kälte an.

„Ich kann mich umziehen und sofort raufkommen."

„Brauchst du nicht, ich faxe dir das Zeug schnell rüber. Aber keine der vermissten Personen stammte aus eurer Gegend. Waren alle nur auf der Durchreise. Da ist zum Beispiel Susan Howell, berufstätig, sechsundzwanzig Jahre alt, einsfünfundsechzig groß, schlank, ledig, zuletzt gesehen an der Tankstelle vor der Ausfahrt nach Stoneyville. Oder hier, noch eine. Catherine Angsley, zuletzt gesehen in einem Drugstore an der Stadtgrenze von Stoneyville. Sie kam aus Stamford, Connecticut, Eltern verstorben, ebenfalls berufstätig, eine gut verdienende Biochemikerin, die erst Monate nach ihrem Verschwinden von ihrer inzwischen verstorbenen Großmutter als vermisst gemeldet wurde. Und dann gibt es da noch ..."

„Stopp!" sagte Matt. „Lies die Namen noch mal vor."

„Susan Howell, Catherine Angsley. Dann hätten wir da noch eine Tammy Silvera – he, was ist, sagen dir die Namen etwas?"

„Ja", sagte Matt mit dumpfer Stimme. Er fühlte sich wie gelähmt. „Ich muss der Sache sofort nachgehen." Er schaute sich auf dem Schlachtfeld um, aber durch den Pulverrauch konnte er nichts erkennen. Darcy hatte das Haus mit Carter und Clint verlassen, aber er hatte hier draußen nur Clint gesehen. Wo war Carter?

Carter, der sowohl Susan Howell wie auch Catherine Angsley und Tammy Silvera intim gekannt hatte …

„Randy, dank dir erst mal, ich muss jetzt Schluss machen. Wir müssen sofort einen Fahndungsbefehl nach Carter Sutton herausgeben. Er hat die Frauen alle gekannt und darf uns keinesfalls durch die Lappen gehen. Ich schaue mich hier draußen um und möchte dich bitten, meine Leute zu informieren."

Damit legte er auf, ohne Randys Antwort abzuwarten; er wusste, dass er sich auf seinen Freund verlassen konnte.

Als er nackte Panik in sich aufsteigen fühlte, bemühte er sich, einen klaren Kopf zu bewahren.

Jawohl, Carter hatte diese Frauen gekannt – intim gekannt wahrscheinlich – das stimmte. Aber das hieß noch lange nicht, dass er auch für ihr Verschwinden verantwortlich war.

Clint und Carter. Beide wechselten ihre Frauen wie die Hemden.

Bei dem Gedanken, dass Darcy in dieser Sekunde mit einem von ihnen zusammen war, wurde ihm ganz schlecht.

Er schaute sich um. Wo zum Teufel waren sie jetzt?

Hier entlang.

Das Flüstern klang eindringlich, nachdrücklich.

Er ritt los.

„Moment mal – vielleicht ist es ja doch der falsche Weg", sagte Clint. „Ich fasse es nicht. Jetzt habe ich selbst die Orientierung verloren. Sekunde."

Clint stieg vom Pferd und verschwand in einer Rauchwolke. Darcy wartete. Oola an ihrer Seite begann zu knurren. Darcy schaute die Hündin erstaunt an.

„Was ist denn los, Mädchen?"

Es dauerte nicht lange, da zeichnete sich in dem Qualm die Kontur eines Mannes ab. Beim Näherkommen erkannte Darcy aber, dass es nicht Clint, sondern Carter war.

„He, Lady! Das ist der falsche Weg!" rief er munter.

Oola knurrte wieder.

„Ganz ruhig, Mädchen. Das ist doch bloß Carter. Carter, wo ist Clint?"

„Ich hatte sein Pferd. Ich habe es ihm zurückgegeben. Wenn Sie mich mitnehmen, reiten wir zusammen zurück. Ich kenne den Weg."

„Gut, dann kommen Sie."

Carter saß hinter ihr auf, und Darcy gab Nellie die Sporen.

„Gott, was für ein Qualm" sagte Darcy.

„Ja, man sieht die Hand vor Augen fast nicht mehr."

„Allerdings."

„He, können Sie da vorn einen Moment anhalten?"

Darcy kniff die Augen zusammen. Sie waren jetzt kurz vor der Brücke. „Natürlich, aber was wollen wir hier?"

„Machen Sie sich keine Sorgen, es ist kein Umweg. Ich war vorhin auf der Brücke eingesetzt, und dabei habe ich einen Handschuh verloren. Es geht sicher schnell." Carter sprang vom Pferd und lächelte sie an. „Oder was halten Sie davon, wenn Sie mir helfen? Vier Augen sehen mehr als zwei."

„Klar."

Carter half ihr beim Absteigen.

„Ich binde nur noch schnell Nellie an", sagte Darcy. „Sie können ja schon mal vorgehen."

Carter begann auf die Brücke zuzuschlendern. Darcy band Nellie an einen Baum in der Nähe, bevor sie sich wieder umdrehte. Seltsamerweise begann Oola in diesem Moment erneut zu knurren und rannte gleich darauf auf die Brücke zu. Eine Sekunde später hörte Darcy, wie die Hündin, die hinter einem Rauchvorhang verschwunden war, aufjaulte.

„Oola! Carter, was ist passiert?"

Aber Carter schien sie nicht gehört zu haben. Sie ging weiter, doch nachdem sie die Hälfte des Wegs zurückgelegt hatte, blieb sie plötzlich wie erstarrt stehen. Carter stand bereits auf der Brücke und wartete auf sie.

Und ganz in seiner Nähe sah sie durch den dunklen Rauchvorhang einen seltsamen weißen Schatten.

„Darcy? Worauf warten Sie noch?"

„Was hatte denn Oola?"

„Keine Ahnung, vielleicht ist sie auf einen spitzen Stein getreten."

Darcy bewegte sich nicht. Der weiße Nebel war direkt neben Carter. Sie konnte es nicht glauben, dass er ihn nicht sah, vor allem, weil der Rauch dahinter so schwarz war.

„He, Darcy, was ist los mit Ihnen?"

„Der Geist ist da, Carter. Direkt neben Ihnen", sagte sie.

Er fuhr zusammen, schaute sich um. Aber offenbar sah er immer noch nichts. Er drehte sich wieder zu Darcy um und blickte ihr aus zusammengekniffenen Augen entgegen. „Kommen Sie doch, Darcy."

Doch sie blieb wie angewurzelt stehen. „Nein, Carter."

Auf das, was nun folgte, war sie nicht vorbereitet. Carter schoss blitzschnell auf sie zu. Noch ehe sie Zeit hatte zu reagieren, stürzte er sich auch schon auf sie und riss sie zu Boden. „Diesmal bist du dran, Darcy, da hilft dir nichts mehr. Ich hatte eigentlich gehofft, dass du nach diesem kleinen Warnschuss auf dem Friedhof schlau genug warst, um endlich von hier zu verschwinden. Aber das warst du nicht. Deshalb wird es jetzt leider Ernst, sonst findest du am Ende noch mehr, Darcy."

Er drückte sie mit seinem gesamten Körpergewicht zu Boden. Instinktiv krallten sich ihre Finger in die Erde, und in der nächsten Sekunde schleuderte sie Carter mit voller Wucht eine Hand voll Dreck in die Augen. Er schrie überrascht auf und hielt sich automatisch die Hände vors Gesicht, um seine Augen zu schützen.

Darcy nutzte ihre Chance, indem sie ihr Knie anwinkelte und es ihm mit voller Wucht in den Unterleib stieß. Er stieß einen lauten Schmerzensschrei aus, und sie sprang auf.

Doch ehe sie wegrennen konnte, hatte er sie auch schon am Fußgelenk gepackt und riss sie wieder zu Boden.

Sie schlug so hart mit dem Kopf auf, dass ihr schwindelig wurde, und gleich darauf spürte sie benommen, wie er sie hochhob. Sie wusste, dass er vorhatte, sie auf die Brücke zu schleppen und in den Fluss zu werfen. Bei den vielen Felsen, die in dem seichten Wasser lagen, waren ihre Chancen, den Sturz zu überleben, nicht besonders hoch. Und wenn man sie fand …

Nun, alle würden glauben, dass sie in dem dichten Rauch vom Weg abgekommen und in den Fluss gestürzt war. Ein tragischer Unfall …

„Sie haben sie … getötet … die Frau in der Räucherkammer", keuchte Darcy, während sie den Himmel um neue Kraft anflehte.

„Ja, ich habe die Frau in der Räucherkammer getötet." Er schaute auf sie herunter. „Ziemlich traurige Geschichte, wirklich. Aber du bist fantastisch, wirklich absolut fantastisch. Du brauchst nur loszulaufen und zack, findest du auch schon die Knochen. Aber das war der Anfang vom Ende, Darcy. Es tut mir Leid ... ich hoffe für dich, dass es schnell geht", schloss er mit sanfter Stimme.

Darcy sammelte all ihre Energie, um sich mit einer letzten Anstrengung ihrem Mörder zu widersetzen, riss den Arm hoch, holte blitzschnell aus und hieb ihm mit aller Kraft die Faust zwischen die Augen. Carter ächzte und krümmte sich vor Schmerz zusammen, während sie, wild um sich schlagend, seinem Griff entkam und zu Boden fiel. Sie waren fast bei der Brücke angekommen, und noch war der Kampf nicht entschieden.

19. KAPITEL

Matt verfluchte sich für seine Blindheit. Während er vorsichtig, aber so schnell es ging, durch die Menschenmenge ritt, versuchte er Thayer zu erreichen, doch am anderen Ende ertönte nur immer wieder das Freizeichen. Er wusste, dass sein Hilfssheriff irgendwo in dem Trubel unterwegs war, und betete, dass Thayer das Klingeln irgendwann hören möge. Er war schon drauf und dran aufzugeben, als eine Stimme an sein Ohr drang: „Thayer."

„Thayer, hier ist Matt. Ich kann es Ihnen im Moment nicht erklären, aber sorgen Sie dafür, dass alle unsere Leute nach Carter Sutton suchen. Nehmen Sie ihn fest."

„Was? Ich soll Carter festnehmen? Aber warum denn?"

„Wegen Mordverdacht."

„Wegen Mordverdacht? Carter?"

„Verdammt, fragen Sie nicht lange, sondern tun Sie einfach, was ich Ihnen sage. Suchen Sie ihn und nehmen Sie ihn fest. Und sehen Sie zu, dass Sie Darcy Tremayne ebenfalls finden."

„Hat sie auch jemanden ermordet?"

„Thayer, wirklich, ich habe jetzt keine Zeit, dumme Fragen zu beantworten. Machen Sie einfach."

„Bin schon unterwegs, Matt."

Matt legte auf und fluchte. Wo kamen bloß alle diese Menschen her? Das war ja kaum auszuhalten! Nachdem die Aufführung vorbei war, hatte sich die Menge in alle Himmelsrichtungen zerstreut und spazierte über die Felder.

Thayer wusste Bescheid, und selbst wenn er Matt insgeheim für verrückt erklärte, würde er doch dafür sorgen, dass jeder verfügbare Mann nach Carter Ausschau hielt. Und dennoch, nur weil Carter die vermissten Frauen gekannt hatte, musste das noch lange nicht heißen, dass er sie ermordet hatte. *Aber was war mit den Knochen, die sie auf dem Grundstück gefunden hatten, auf dem Carter seit Jahren ein und aus ging? Und dann waren diese Knochen verschwunden. Und im Moment wusste Matt weder, wo Carter noch wo Darcy war. Wenn Carter tatsächlich schuldig war, musste er befürchten, dass man ihm früher oder später auf die Schliche kommen würde, weil Darcy, die ihm einmal gefährlich geworden war, wieder gefährlich werden konnte.*

Und dann war da wieder diese Stimme in Matts Kopf, die ihm sagte, welchen Weg er nehmen sollte. Das war schon verrückt, aber schließlich hatte jeder Mensch so etwas wie Intuition, warum also sollte er nicht darauf hören?

Erst beim zweiten Mal nahm Matt wahr, dass Adam Harrison nach ihm rief. Matt parierte Vernon und sah zu ihm hinunter.

„Matt, Darcy ist spurlos verschwunden", sagte Adam in besorgtem Ton. „Clint ist schon unterwegs, um sie zu suchen, aber bis jetzt habe ich noch nichts von ihm gehört. Hören Sie, ich besitze zwar nicht Darcys Gabe, aber ich habe trotzdem ein verdammt ungutes Gefühl."

Matt nickte und blickte Adam ernst an. „Ich leider auch, Adam. Ich habe meinen Leuten ebenfalls Bescheid gegeben. Wir sehen uns später."

Nach diesen Worten ritt er weiter. Er hatte bereits das ganze Areal abgesucht, als er wieder von einem Reiter angehalten wurde, aber wer es war, konnte er wegen der schwarzen Rauchwolken nicht auf Anhieb erkennen.

„Matt!"

Das war Lavinias Stimme. Lavinia, die sich seines Wissens nach noch nie auf ein Pferd gesetzt hatte, begegnete ihm nun tatsächlich hoch zu Ross.

„Lavinia, was machst du hier? Lass mich durch."

„Matt! Du musst mir zuhören, bitte!"

„Nicht jetzt, Lavinia."

„Doch, du musst, es ist wichtig!" Atemlos fuhr sie fort: „Ich habe mit Carter verabredet, mir die Aufführung zusammen mit Darcy anzusehen. Er sagte okay und verschwand, und jetzt kann ich weder Darcy noch ihn finden! Und Clint auch nicht! Und eben habe ich einen Blaurock auf Clints Pferd sitzen sehen. Sie sind alle verschwunden, Matt! Aber es gibt da noch etwas, was ich dir nie erzählt habe ..."

„Dafür ist es jetzt wirklich nicht der richtige Zeitpunkt, Lavinia. Lass mich durch." Er gab seinem Pferd die Sporen, ohne sich darum zu kümmern, dass sie ihm noch immer den Weg verstellte.

„Warte, Matt!" Sie versuchte ihm die Zügel aus der Hand zu nehmen. „Bitte, hör mir zu, es ist wirklich wichtig. Ich bin mir sicher, dass ich mich irre, dass ich mich irren muss ... aber ich habe trotzdem Angst um Darcy."

„Verdammt, ich habe auch Angst um sie. Deshalb versuche ich sie ja zu finden."

Er ritt an ihr vorbei und Vernon verfiel in einen lockeren Trab.

Lavinia folgte ihm, obwohl sie große Mühe hatte, sich im Sattel zu halten.

„Warte, ich komme mit!" rief sie ihm nach.

„Mach was du willst, aber komm mir nicht in die Quere."

Er trieb Vernon zu noch größerer Eile an. Alles wurde unwichtig in diesem Moment – bis auf die Stimme in seinem Kopf, die ihm den Weg wies.

Doch dann blieb Vernon plötzlich ruckartig stehen und bäumte sich auf. Lavinia, die immer noch hinter Matt war, klammerte sich mit einem Aufschrei am Sattelhorn fest, als sich ihr Pferd ebenfalls aufbäumte. Matt versuchte den scheuenden Vernon unter Kontrolle zu bringen, und dann sah er ein Stück weiter vor sich auf der Straße das dunkle Bündel liegen. Nachdem er dort angelangt war, sprang er aus dem Sattel und kauerte sich mit bis zum Hals klopfendem Herzen neben den Verletzten.

Gott sei Dank war es nicht Darcy.

„Clint!" Er tastete am Hals seines Cousins nach einem Puls. Als er ihn gefunden hatte, drehte Clint stöhnend den Kopf und schaute ihn aus glasigen Augen an. An seiner Stirn hatte er eine Platzwunde. „Matt."

„Was ist passiert?"

„Keine Ahnung ... ich bin vom Weg abgekommen. Und dann hat mich jemand niedergeschlagen. Ich sah den Kolben einer Enfield aus dem Rauch auftauchen ... und das wars dann."

„Wo ist Darcy?"

„Sie war bei mir, ich sagte ihr, sie solle warten, weil ich nach dem Weg suchen wollte und dann ... dann habe ich in dem Qualm die Orientierung verloren ... Himmel, Matt, ich habe das Gefühl, mein Kopf explodiert gleich."

Matt drehte sich zu Lavinia um, zog sein Handy aus der Tasche seines Uniformmantels und warf es ihr zu.

„Ruf Hilfe. Und bleib bei Clint!" befahl er ihr.

„Matt, du verstehst nicht. Ich muss mitkommen, weil ..."

„Ich habe gesagt, du sollst bei Clint bleiben!" brüllte er.

Lavinia wurde eine Spur blasser. Matt stieg wieder aufs Pferd und gab Vernon die Sporen. Er hörte die Stimme ganz deutlich ...

Hier entlang, mach, mach, beeil dich, hier entlang, mach schneller, beeil dich …

Carter hatte Darcy am Fußgelenk gepackt und zog sie mit tödlicher Unaufhaltsamkeit zu sich heran.

Darcy trat wild um sich und versuchte verzweifelt, sich aus seinem Griff zu befreien.

„Es wird Ihnen nicht helfen, wenn Sie mich auch noch umbringen!“ schrie sie. „Ist Ihnen denn nicht klar, dass es rauskommt?“

„Du gehst auf die Brücke, Darcy. Und du wirst fallen. Es wäre nicht dein erster Unfall.“

„Nein, Carter, nein! Man wird das Skelett finden. Und man wird es identifizieren, begreifen Sie denn nicht, dass es vorbei ist? Hören Sie, ich weiß nicht, womit sie Sie erpressen wollte oder was sie da geschrieben hat, aber es war auch nicht wichtig, weil Sie sowieso schon beschlossen hatten, sie zu töten. Wer war sie? Die Frau, die Sie angeblich so sehr geliebt haben?“

Sein eines Auge begann bereits zuzuschwellen. Er sah Furcht erregend aus. Sein Bart war blutverklebt – offenbar hatte sie ein paar Mal härter zugeschlagen, als ihr bewusst gewesen war.

Aber seine Hände umklammerten ihr Gelenk immer noch fest wie Schraubstöcke.

„Carter! Ich habe Sie gekratzt. Man wird unter meinen Fingernägeln Hautfetzen von Ihnen finden.“

Er hielt sie fest an der Wade gepackt, seine Gesichtshaut war straff, jeder Muskel angespannt, die Kiefer waren in tödlicher Entschlossenheit aufeinander gepresst.

„Du willst wissen, wer die Frau war, deren Skelett du in der

Räucherkammer gefunden hast, Darcy? Das war Susan Howell. Und was sie geschrieben hatte? Sie wollte Matt erzählen, dass ich eine Affäre mit seiner Frau hatte, aber das war noch nicht alles. Sie wollte ihm den Tipp geben, sich ein bisschen eingehender mit meiner Vergangenheit zu befassen. Vor ihr gab es nämlich schon ein paar andere, weißt du, Catherine Angsley zum Beispiel. Catherine wollte ich wirklich nicht töten, aber sie hatte mir Geld geliehen, und dann wurde sie plötzlich biestig und verlangte alles zurück, obwohl ich zu dieser Zeit nicht flüssig war. Aber Catherine, die auf dem Grund des Blue Ridge liegt, wird man genauso wenig finden wie die anderen. Ich hätte Susan nie mit nach Melody House nehmen dürfen, aber der alte Herr war tot, und Matt hatte mit seiner Arbeit und seiner Ehe, die am Ende war, alle Hände voll zu tun ... und in dieser Nacht war niemand in Melody House. Niemand außer Susan. Sie war hingegangen, weil ich sie früher öfter mitgenommen hatte und weil sie glaubte, dass sie ein Recht hätte, sich dort aufzuhalten. Aber sie war wirklich nicht besonders nett, Darcy. Und sie lag doch nun schon seit Jahren ... seit Jahren, hörst du? ... in dieser Räucherkammer begraben. Niemand hätte sie je gefunden. Doch dann kamst du."

Er umklammerte ihr Bein fester. Sie versuchte sich aufzusetzen und krallte ihre Fingernägel in sein Fleisch. Er brüllte auf wie ein verwundeter Stier, ließ jedoch nicht los. Trotz ihrer heftigen Gegenwehr rappelte er sich mühsam auf und zerrte sie hoch.

„Carter, Sie sind krank! Sie brauchen Hilfe!"

„Blödsinn!" Er lachte laut auf. „Ich wusste immer ganz genau, was zu tun ist, Darcy. Ich habe ein Gehirn, das so präzise funktioniert wie ein Uhrwerk, und einen Willen aus Stahl. Niemand hat je auch nur den geringsten Verdacht geschöpft."

Jetzt hatte er sie zum Geländer geschleift. Er versuchte sie hochzuheben, aber sie wehrte sich zu heftig. Deshalb drückte er sie mit ungeheurer Ausdauer Millimeter für Millimeter nach hinten. Darcy hörte unter sich das Wasser rauschen. Tief unter sich.

„Josh! Hilf mir!“ schrie sie plötzlich mit gellender Stimme.

Carter schrak zusammen und schaute sich um.

„Was soll das? Hier ist niemand.“

Statt etwas zu erwidern begann Darcy erneut, sich mit aller Kraft zu wehren. Ihre Fingernägel hinterließen rote Striemen in seinem Gesicht. Er ließ sie kurz los, presste sie dann mit seinem ganzen Körpergewicht gegen das Brückengeländer und zog blitzschnell ein Messer aus seinem Stiefelschaft, das er ihr an den Hals drückte.

„Du wirst fallen“, sagte er mit tödlicher Entschlossenheit.

Eine aufgeschnittene Kehle ... oder ein Felsen, an dem sie zerschellte. Das waren die Alternativen. Sie konnte sich nicht mehr wehren. Nicht mit der Klinge, die sich in ihr Fleisch drückte.

„Carter!“

Der heisere Schrei, der von dem Weg vor der Brücke kam, ließ beide zusammenfahren.

Dann durchbrach Matt die dunkle Wand aus Qualm und brachte Vernon dicht vor der Brücke zum Stehen.

„Carter, lass sie los, sofort.“

Carter verharrte mehrere Sekunden lang wie vom Donner gerührt. Dann verzog er die Lippen zu einem grausamen Lächeln.

„Komm ruhig her, Matt. Aber pass gut auf. Du weißt, wie scharf diese Bowiemesser sind. Ich kann ihr im Bruchteil einer Sekunde die Kehle aufschlitzen.“

Ohne Carter aus den Augen zu lassen, stieg Matt vom Pferd und ging entschlossen auf die Brücke zu.

„Wenn du nicht auf der Stelle stehen bleibst, ist sie tot, Matt", drohte Carter.

Matt hatte keine andere Wahl, als Carters Befehl zu befolgen, ohne ihn aus den Augen zu lassen.

„Es ist aus, Carter. Das FBI sucht nach dir."

„Schon möglich, Matt. Aber sie werden mich nicht finden. He, du kennst die Gegend doch genauso gut. Ab in die Berge, und du bist weg."

„Carter, ich bin mir sicher, dass wir uns irgendwie einigen, wenn du Darcy jetzt gehen lässt."

„Das glaube ich kaum, Matt. Eigentlich ziemlich amüsant, das Ganze. Da bist du, der tolle Sheriff Stone. Der Stone von Stoneyville. Dein Verhandlungsgeschick, jawohl, das ist wirklich etwas, worauf du stolz sein kannst. Reden, Zeit schinden, reden, Zeit schinden. Und jetzt musst du einsehen, dass das alles direkt vor deiner Nase passiert ist, ohne dass du auch nur die geringste Ahnung hattest. Aber wenn man einmal getötet hat, merkt man, dass es eigentlich ganz leicht ist. Frauen suchen nach etwas, das es nicht gibt, Matt. Nach dem richtigen Mann, der großen Liebe, Wärme und Geborgenheit auf immer und ewig und diesen ganzen Mist. Natürlich gibt es großartige Frauen. Das Problem ist nur, dass sie sich ausgerechnet dann, wenn man denkt, diesmal müsste es eigentlich klappen, als echte Miststücke entpuppen und das genaue Gegenteil von dem sind, was sie zu sein vorgeben. Das ist das Problem."

„Und was willst du jetzt machen, Carter? Darcy vor meinen Augen umbringen? Nur eine einzige Bewegung, und du bist selbst ein toter Mann."

„Und wie willst du das anstellen, Matt? Du hast zwar ein Gewehr dabei, aber keine Munition. Du bist heute nämlich nur ein Schauspieler. Heute schießen alle nur mit Platzpatronen, selbst du bildest da keine Ausnahme."

„Wenn es sein muss, bringe ich dich mit bloßen Händen um, Carter", sagte Matt leise, aber tödlich entschlossen. „Das schwöre ich dir."

„Schön, dann ... sterben wir eben alle. Hier und jetzt", gab Carter zurück.

„Carter!"

Der Schrei kam aus dem Mund einer Frau. Obwohl Darcy fast den Stahl auf der Zunge zu schmecken glaubte und kaum ihren Kopf bewegen konnte, bemühte sie sich, an Matt vorbeizuschauen. Dabei sah sie zu ihrer Überraschung, dass Lavinia den Weg heruntergerannt kam. Mit vor Panik weit aufgerissenen Augen und zerzaustem Haar, dass ihr schweißnass ins Gesicht fiel.

„Carter!" schrie sie wieder mit erstickter Stimme.

„Wusstest du eigentlich, dass Lavinia und ich eine Affäre hatten?" fragte Carter beiläufig. „Wenigstens ein einziges Mal habe ich es geschafft, den tollen Sheriff zu übertrumpfen! Wirklich schade, dass ich es für mich behalten musste, aber da ich weiterhin in Meloy House wohnen wollte, blieb mir keine andere Wahl."

„Was du mit Lavinia hattest, interessiert mich einen Dreck, Carter."

Carter lächelte und schaute an Darcy vorbei auf Lavinia. „Bist du mir zur Hilfe geeilt, Süße? Hast du eine Pistole dabei? Falls ja, beeil dich und erschieß den Idioten."

Diese Worte brachten Matt dazu, seinen Blick von Carter loszureißen. Er starrte Lavinia fassungslos an. Konnte es sein, dass sie in alles eingeweiht gewesen war? Hatte sie sich so weit auf Carter eingelassen, dass sie zu seiner Komplizin geworden war?

Endlich fand Lavinia ihre Sprache wieder. „Carter, um Himmels willen, lass sie gehen!“ flehte sie.

„Lavinia, du hast mich stiefmütterlich behandelt. Hast du dir nicht ein wildes Leben gewünscht, das dir der Sheriff trotz der bewegten Vergangenheit seiner Vorfahren nicht geben wollte?“

Darcy spürte, wie die Klinge in ihr Fleisch schnitt. Gleich darauf fühlte sie Blut ihren Hals hinabrinnen.

„Carter, lass sie los“, sagte Matt. „Wenn du sie laufen lässt, setze ich mich dafür ein, dass du die besten Anwälte bekommst. Aber wenn du ihr etwas antust, dann bist du ein toter Mann, das schwöre ich dir.“

Carters Hand zitterte an Darcys Kehle, und die Klinge schnitt noch tiefer in ihr Fleisch. Plötzlich war sie überzeugt, dass sie sterben und ein neuer Geist die Ruhe von Melody House stören würde.

Dann jedoch tauchte der weiße Nebel wieder auf. Er nahm am Ende der Brücke Gestalt an, zwischen Matt und der Stelle, wo Carter sie in seiner Gewalt hatte.

„Es ist Susan!“ schrie Darcy. „Carter, sie ist hier! Es ist Susan!“

„So ein Blöd...“ begann er. Aber dann weiteten sich seine Augen. Darcy wusste nicht, was die anderen sahen; ja, sie war sich nicht einmal sicher, was sie selbst sah. Aber der Nebel bewegte sich, und Carter erstarrte, gelähmt vor Ungläubigkeit und Entsetzen.

„Es ist Susan, sie ist gekommen, um ihren Tod zu rächen!“ flüsterte Darcy.

Carter zuckte zusammen, sein Griff lockerte sich ein bisschen.

Diese Gelegenheit nutzte Matt. Mit einem einzigen langen Satz war er bei Carter und stürzte sich auf ihn.

Carter wurde zu Boden gerissen, während das Messer durch

die Luft flog und Darcy das Gleichgewicht verlor. Sie fiel rückwärts über das Brückengeländer, zum Glück aber gelang es ihr, sich an einer Querverstrebung des Geländers festzuklammern.

Während sie unter sich das Wasser rauschen und über sich auf der Brücke die erbitterten Kampfgeräusche hörte, flehte sie den Himmel um Beistand für Matt und sich selbst an. Lange würde sie sich nicht mehr halten können.

„Josh!“ flüsterte sie.

Als sie die Wärme spürte, wusste sie, dass er da war. Es fühlte sich an, als ob ein Teil ihrer Kraft in ihre Hände zurückgeströmt wäre. Und dennoch …

„Darcy!“

Lavinia beugte sich übers Geländer und schaute zu ihr herunter, dann warf sie sich kurz entschlossen auf den Boden, schob ihre Hände durch die Gitterstäbe und griff nach Darcys Händen. Sie bekam sie kurz zu packen, dann aber entglitten sie ihr wieder. „Ich … schaffe es nicht …!“

Darcy spürte, wie ihre Hände wegrutschen. Sie lächelte die Frau an, die so verzweifelt versuchte, sie zu retten. „Es ist okay“, sagte sie sanft. „Es ist okay …“

Es war aber nicht okay. Sie wollte nicht sterben. Auch wenn sie wusste, dass es ein Leben nach dem Tod gab und dass Josh da sein würde.

„Lavinia, halt durch, nur noch eine Sekunde.“

Matt. Er saß rittlings auf dem Geländer und hatte selbst Mühe, das Gleichgewicht zu halten. Dessen ungeachtet beugte er sich zu ihr herunter und packte sie an den Unterarmen, dann richtete er sich blitzschnell auf und zog sie mit sich hoch. Sie schrie auf, weil der Schmerz in ihren Armen fast unerträglich war.

Aber er schaffte es mit schier übermenschlicher Anstrengung, sie über das Geländer zu hieven. Erschöpft ließen sie sich auf die Planken der Brücke fallen. Als Darcy, mühsam nach Atem ringend, ihre Augen öffnete, sah sie dicht über sich gebeugt Matt und nur einen Meter entfernt Carter mit dem Gesicht nach unten auf dem Boden liegen.

„Ist er … tot?“ flüsterte sie mühsam.

„Nein“, sagte Matt. „Komm, Darcy, lass uns aufstehen. Ich helfe dir.“ Er rappelte sich mühsam auf, schmutzig, mit ramponierter Uniform, das Gesicht voller Schrammen und Blutergüsse. Er streckte ihr die Hand hin und zog sie hoch.

Lautes Gebrüll zeigte ihnen, dass Carter tatsächlich noch lebte. Der Mann war wieder auf den Beinen und sammelte offensichtlich seine ganze Kraft für den letzten großen Kampf.

„In Deckung!“

Matt stieß Darcy so hart beiseite, dass sie stolperte und hinfiel. Er selbst duckte sich schnell, als sich Carter, wieder mit dem Messer in der Hand, auf ihn zu stürzen versuchte.

Aber Matts plötzliche Bewegung hatte Carter aus dem Gleichgewicht gebracht. Er stolperte und flog gegen das Brückengeländer, wo er gefährlich schwankte.

Jetzt nahm der weiße Nebel wieder Gestalt an.

Gleich darauf stieß Carter einen gellenden Schrei aus und stürzte, eingehüllt in den weißen Nebel, in die Tiefe.

Das Echo seines Schreis hallte noch lange nach, als sein Körper mit einem dumpfen Poltern unten auf einem Felsen aufschlug.

An diesen Tag im Spätjuni würde sie sich ihr ganzes Leben lang erinnern, soviel stand fest.

Nachdem sie sich davon überzeugt hatten, dass Carter nicht mehr zu helfen war, galt Darcys nächste Sorge Oola. Die Hündin hatte versucht, sie zu beschützen, und Darcy befürchtete, dass sie den Tritt, den Carter ihr verpasst hatte, nicht überlebt haben könnte. Aber als sie das Tier schließlich neben einem der dekorativen Stützpfeiler am anderen Ende der Brücke fanden, atmete sie noch. Inzwischen war Adam, der Matt und Lavinia gefolgt war, mit mehreren Polizeibeamten im Schlepptau eingetroffen, so dass sie Oola auf schnellstem Wege zum Tierarzt bringen konnten. Später hatte dann Thayer angerufen, um ihnen mitzuteilen, dass die Hündin nur eine Gehirnerschütterung hatte und wieder gesund werden würde.

FBI-Agenten durchkämmten zusammen mit der örtlichen und der staatlichen Polizei die Gegend. Darcy wurde stundenlang vom FBI verhört, da viele das, was sie erzählte, einfach nicht glauben wollten.

Auch Lavinia hatte keinen leichten Stand. Sie musste erklären, warum sie sich so gar nichts dabei gedacht hatte, als Carter ihr vor einigen Jahren erklärt hatte, dass Susan Howell in seinem Leben keine Rolle mehr spielen würde. Sie gab zu, mit ihm eine Affäre angefangen zu haben, um sich an Matt zu rächen, weil ihre Ehe in die Brüche zu gehen drohte. Aber sie und Carter hatten sich darauf geeinigt, nie einem Dritten gegenüber etwas davon zu erwähnen, eine Abmachung, an die sie sich auch die ganzen Jahre gehalten hatte.

Doch nach Matts Anruf und nachdem sie in der Zeitung von dem Knochenfund gelesen hatte, hatte sie einfach herkommen müssen. Irgendwie hatte sich ihr der schlimme Verdacht aufgedrängt, dass vor Jahren etwas Schreckliches passiert sein könnte, das irgendwie mit ihr in Verbindung stand. Und da sich dieser Verdacht auch nach ihrer Ankunft hier nicht verflüchtigt hatte, wollte sie Matt schließlich von ihrer Affäre mit Carter erzählen.

Es war bereits spät, als Adam, Penny, Lavinia, Matt und Darcy nach Melody House zurückkehrten. Und noch später, als sie sich schließlich alle frisch geduscht und umgezogen auf der Suche nach irgendetwas Essbarem unten in der Küche einfanden.

„Matt, dein Freund Randy denkt offenbar, dass ich mich irgendwie mitschuldig gemacht habe“, sagte Lavinia ziemlich mitgenommen.

„Unsinn, das denkt er bestimmt nicht. Du hast nichts Unrechtes getan“, widersprach Matt.

„Gott, was für eine unheimliche Geschichte. Ich kann es immer noch nicht fassen. Wir … wir waren doch alle befreundet. Und mehr“, fügte sie peinlich berührt hinzu. „Und dabei hat er in all diesen Jahren … getötet. Und die Leichen versteckt. Er ist so lange damit durchgekommen. Unglaublich.“ Lavinia erschauerte. „Gott, wenn ich mir vorstelle … egal … ich muss einfach aufhören, daran zu denken. Aber ich konnte doch nicht wissen … ich hatte niemals auch nur den winzigsten Verdacht, dass Carter … dass er verrückt sein könnte. Und trotzdem hatte ich das Gefühl, unbedingt herkommen zu müssen, nachdem du mich angerufen hattest.“

Matt lächelte sie beruhigend an. „Hör jetzt auf, dir Vorwürfe zu machen, Lavinia, es ist in Ordnung. Du bist eine gute Freundin. Du bist deiner Intuition gefolgt und hergekommen.“

„Jeder Mensch hat eine Intuition, auch wenn sie verschieden stark ausgeprägt ist, Lavinia“, erklärte Adam. „Eine Wahrnehmung, die nicht vom Verstand gesteuert ist. Aber das heißt noch lange nicht, dass Sie das, was damals vor sich gegangen ist, auch hätten bemerken müssen. Es heißt nur, dass Sie über größere mentale Kräfte verfügen, als Ihnen bewusst ist.“

„Ach ja?“ fragte sie fröstelnd. „Und habe ich sie genutzt? Nein. Ich habe genau gesehen, wie du mich angeschaut hast, Matt Stone. Als Carter diese lächerliche Bemerkung gemacht hat, hast du wirklich einen Moment überlegt, ob ich nicht seine Komplizin bin!“

„Aber nur eine Sekunde lang“, räumte Matt ein.

„Ich bin Ihnen zu großem Dank verpflichtet, Lavinia“, mischte sich Darcy ein. „Ich glaube nämlich nicht, dass ich durchgehalten hätte, wenn Sie mir nicht geholfen hätten.“

„Da sehen Sie es, Lavinia.“ Penny musste natürlich auch ihren Senf dazugeben.

Lavinia erschauerte erneut. „Größere geistige Kräfte ...“ Sie starrte erst Matt an, dann Darcy. „Wie war das eigentlich am Schluss?“ fragte sie. „Carter sprang auf ... und schaute sich um wie ein gereiztes Tier. Und dann verlor er plötzlich den Halt und ... ich hätte schwören mögen, dass ... dass ... Gott, ich bringe es nicht über die Lippen ...“

„Sie hätten schwören mögen, dass ihn der Geist mit in die Tiefe gezogen hat?“ fragte Darcy.

Lavinia schaute sie an, die veilchenblauen Augen weit aufgerissen. „Ja“, sagte sie leise.

„Unsinn, Carter hat das Gleichgewicht verloren und ist in die Tiefe gestürzt“, schaltete sich Matt ein.

„Aber Matt ...“, begann Lavinia.

„Genau das habe ich dem FBI erzählt“, sagte Matt entschieden. Draußen im Foyer begann das Telefon zu läuten. „Entschuldigt mich“, sagte er und stand auf. Bevor er die Küche verließ, fügte er noch hinzu: „He, Penny, was halten Sie von Omelettes?“

Darcy lächelte Lavinia an. „Ich glaube, dass Susan Howells Geist zurückgekehrt ist, Lavinia. Sie war die Frau in Weiß, die die Leute in Melody House gesehen haben. Weil sie ein langes fließendes Kleid trug, dachten alle – auch ich –, dass sie vor Jahrhunderten eines gewaltsamen Todes starb. Ich glaube, sie hat sich immer beeilt wegzukommen, sobald Carter in der Nähe war. Er war von Anfang an hinter mir her, und sie hatte immer noch Angst vor ihm. Sie hatte sogar über den Tod hinaus Angst vor ihm. Aber heute, als sie ihre Chance hatte, half sie uns."

„Glauben Sie wirklich, dass Matt Ihnen das abnimmt?" fragte Lavinia skeptisch.

„Nein", gab Darcy zurück. Sie lächelte Adam an. „Aber ich bin mir trotzdem sicher, dass es so war."

Matt kam zurück in die Küche. „Sie haben einen Teil von Susan Howells Knochen gefunden. Carter hatte sie ins Wasser geworfen. Sie lagen im Fluss, in der Nähe der Brücke. Ein paar fehlen noch, aber man wird sie ebenfalls finden. Und die Überreste von den anderen Opfern hoffentlich auch."

„Matt, dann hatten Sie also doch irgendwie Recht mit Ihrem Verdacht, dass die Vorgänge hier mit einem Lebenden zu tun hatten." Penny, die sich schon an die Zubereitung der Omelettes gemacht hatte, drehte sich noch einmal um und schaute ihn an. „Es gibt aber trotzdem Geister, wissen Sie." Damit wandte sie ihre Aufmerksamkeit wieder den Omelettes zu. Und während sich die übrigen Anwesenden ebenfalls nützlich machten, indem sie Getränke, Geschirr, Servietten und Besteck herausholten und den Tisch deckten, redeten sie weiter über Carter. Der Schock darüber, dass sie sich alle so in ihm geirrt hatten, saß tief. Was Darcy allerdings nicht verwunderte, denn jedes Mal, wenn sie selbst daran dachte, dass so viele Leute so lange Zeit nicht nur einen ganz normalen Menschen in ihm gesehen hatten, sondern auch einen guten Freund, bekam sie eine Gänsehaut.

„Bei Susan Howell muss es einfach gewesen sein", sagte Matt beim Essen. „Mein Großvater war gerade gestorben. Lavinia und ich hatten uns auseinander gelebt, und das große Haus hier stand meistens leer. Wahrscheinlich hat er Susan oft mit hierher gebracht, und vielleicht hat sie sich ja Hoffnungen gemacht, dass er sie heiratet. Und als sie ihm lästig wurde, hat er einfach kurzen Prozess gemacht. Warum er die Leiche anschließend in der Räucherkammer verscharrt hat, werden wir nie erfahren, aber wahrscheinlich hat er angenommen, dass man sie dort nicht findet."

Sie redeten noch lange bei Kaffee und Kognak und Dessert. Darcy spürte, dass Adams Blicke auf ihr ruhten. Und als sie ihn anschaute, wurde ihr klar, dass er trotz der beklemmenden Situation stolz auf ihre seltene Gabe war.

Und dann fiel ihr plötzlich etwas ein.

„Adam, warum branntest du eigentlich so darauf, in dieses Haus zu kommen?" fragte Darcy ihn. „Es ist fast so, als ob du gewusst hättest, dass hier irgendwas vor sich geht ... obwohl du schon seit Jahren nicht mehr hier warst."

Adam zögerte, dann schaute er Matt an. „Ich habe zwar nicht dieselbe Gabe wie Darcy", sagte er ruhig. „Aber ich weiß, dass es Menschen mit einer solchen Gabe gibt, die leider nur allzu oft ignoriert wird. Ich habe die Fähigkeit, Menschen, die eine solche Gabe besitzen, zu erkennen und anzuleiten." Er unterbrach sich und sah zu Matt. „Kurz bevor ich Ihnen schrieb, hatte ich von Ihrem Großvater geträumt, Matt. In meinem Traum saßen wir hier in Melody House wie früher so oft auf der Veranda und spielten Schach, und er redete über das Haus, erzählte mir, dass irgendetwas damit nicht stimmt. Und noch während wir uns unterhielten ... schwebte eine Frau an mir vorbei. Eingehüllt in einen weißen Nebel. Daraufhin fragte ich Ihren Großvater, ob er sie ebenfalls gesehen hätte, und er gab mir zur Antwort, dass sich hier schlimme Dinge ereignet hätten. Dass das Haus Hilfe brauche und Sie auch, Matt. Nach dem Aufwachen hatte ich das Gefühl, als ob ich wirklich mit ihm gesprochen hätte, und ich war mir sicher, dass hier etwas Ungutes vor sich geht. Obwohl ich natürlich nicht wusste, dass die Tragödie, die sich hier ereignet hatte, noch nicht lange zurücklag. Ich wusste nur, dass ich gerufen worden war."

Er schaute wieder auf Darcy. „Meine Geschäftsreise nach London hätte ich eigentlich verschieben können, aber ich wollte, dass du erst mal eine Weile allein hier bist. Ich wollte deine Meinung hören. Und dann schien es fast so, als ob Matt mit seiner These zumindest zum Teil ebenfalls Recht hätte, und ich fing an, mir Sorgen um dich zu machen. Da entschied ich, dass du einen Hund brauchst, weil ein Hund immer wittert, wenn irgendetwas nicht stimmt."

„Oola rannte knurrend und zähnefletschend hinter Carter her. Deshalb hat er ihr einen Tritt versetzt. Sie hat mich gewarnt, Adam. Sie ist wundervoll, und ich liebe sie", sagte Darcy lächelnd.

„Das ist alles so schrecklich", schaltete sich Penny ein. „Ich bekomme heute Nacht wahrscheinlich kein Auge zu, obwohl ich völlig erschöpft bin."

„Ich schlafe heute jedenfalls nicht allein drüben im Cottage", sagte Lavinia entschieden. „Das ist mir einfach zu gruselig."

„Keine Sorge – wir haben viel Platz im Haus."

Matt schaute Darcy lächelnd an. „Das Lee-Zimmer ist zum Beispiel frei."

„Ich will aber nicht im Lee-Zimmer schlafen!“ sagte Lavinia empört, worauf sie verständnisvolles Nicken ernteten.

„Wenn Sie wollen, können Sie drüben bei mir schlafen“, bot Penny an.

Lavinia nahm das Angebot dankend an, und auf Matts Vorschlag hin verabschiedeten sie sich alle für die Nacht. Der Tag war anstrengend genug gewesen.

Nach diesen Ereignissen behauptete auch Darcy nicht mehr, dass es ihr gut ging. Sie hatte das Gefühl, jeden einzelnen Knochen zu spüren. Matt, der ebenfalls ziemlich angeschlagen wirkte, ging noch einmal kurz ins Bad, und als er wieder herauskam, entdeckte Darcy, dass er ihr ein heißes duftendes Schaumbad eingelassen hatte. Sie ließ sich in das weiche Wasser sinken und begann über etwas nachzugrübeln, das jetzt schon seit Stunden an ihr nagte.

Josh …

Er war auf der Brücke bei ihr gewesen …

Und dann war er verschwunden. Sie verstand nicht, warum er sie unter solchen Umständen allein gelassen hatte.

„Habe ich dich verloren?“ flüsterte sie laut.

Sie bekam keine Antwort. Dann lächelte sie, weil ihr einfiel, dass Josh immer schrecklich diskret war. Er kam nie, wenn sie unter der Dusche oder in der Badewanne war oder sich gerade umzog.

Sie stieg aus der Wanne und schlüpfte in einen der flauschigen Bademäntel von Melody House. Als sie aus dem Bad kam, sah sie, dass Matt weder in seinem Schlafzimmer noch nebenan war.

Sie fand ihn, wie schon so oft, auf dem Balkon.

Sicher, die Sache mit Carter musste ihn hart getroffen haben. Carter war immerhin viele Jahre lang sein Freund gewesen. Matt hatte ihm uneingeschränktes Vertrauen entgegengebracht und ihm freien Zugang zu seinem Haus gewährt. Und Carter hatte dieses Vertrauen sträflich missbraucht.

Sie trat zu ihm auf den Balkon und legte einen Arm um seine Taille.

„Jetzt sind alle Rätsel gelöst, stimmts?“ sagte er. „Oder zumindest so gut wie.“ Er legte einen Finger unter ihr Kinn und hob es leicht an. „Und du planst, mich demnächst zu verlassen, richtig?“

Sie schaute ihm in die Augen und spürte, wie sie rot wurde. „Du kannst dir nicht einmal annähernd vorstellen, wie gern ich mit dir zusammen bin, aber ... ich bin nun mal so, wie ich bin, Matt, ich kann mich nicht ändern. Selbst wenn ich es wollte, könnte ich es nicht. Glaub mir, ich habe es oft genug versucht.“

„Die Hellseherin und der Kleinstadtsheriff“, murmelte er. „Hm. Könnte klappen.“

„Nein, Matt, mach dir nichts vor. Wir sind zu unterschiedlich.“

„Wir könnten es schaffen“, sagte er sanft.

„Das sagst du jetzt, aber ...“

„Ich bin nicht der Einzige, der es sagt.“

„So?“ Sie musterte ihn mit hochgezogener Augenbraue. „Hat Lavinia dich darauf aufmerksam gemacht, dass ich die Richtige für dich bin? Oder Adam?“

Er lachte. „Lavinia hat bewiesen, dass sie im Grunde ihres Herzens ein anständiger Mensch ist. Sehr anständig sogar. Aber nein, sie war es nicht. Mal ganz davon abgesehen, dass ich mich hüten würde, einen Rat von ihr zu befolgen. Und Adam, nun, vor Adam habe ich große Achtung, aber nein, auch mit Adam habe ich darüber nicht gesprochen. Er ist wahrscheinlich der Meinung, dass wir selbst draufkommen müssen.“

„Möglich. Aber wer war es dann?“

Matt sah sich eindringlich an. „Darcy, als du damals ins Wayside Inn reinspaziert kamst, hatte ich das Gefühl, dass du das Letzte bist, was ich brauchen könnte. Aber heute weiß ich, dass ich dich bis ans Ende meiner Tage lieben werde. Ich liebe dich. Ich liebe alles an dir. Ganz einfach alles. Und ich glaube, du liebst mich auch.“

„Ja“, flüsterte sie. „Aber du glaubst nun einmal nicht an die Möglichkeit, dass es jenseits der menschlichen Ratio noch etwas anderes geben könnte. Wie könnten wir da zusammenleben, wenn wir so unterschiedlich denken?“

„Vielleicht habe ich mich ja geändert. Vielleicht hatte ich ja auch einen klugen Berater.“

Irritiert schüttelte Darcy den Kopf. „Was meinst du? Wer hat dich zu diesem Sinneswandel bewegt?“

Er lächelte. „Josh.“

„Josh!“

„Ich habe nicht die Wahrheit gesagt, Darcy. Ich habe mich selbst ebenso belogen wie dich, das weiß ich inzwischen. Dieser Verdacht kam mir zum ersten Mal an dem Tag, an dem du in der Bibliothek diesen Unfall hattest. Ich wollte ins Wayside Inn zum Mittagessen – und dann merkte ich plötzlich, dass ich aus unerfindlichen Gründen auf dem Weg in die Bibliothek war. Und heute … heute ging es mir gut. Richtig gut. Es hat Spaß gemacht, den Soldat zu spielen. Und dann rief plötzlich Randy Newton an, um mich über vermisste Personen zu informieren, die zuletzt hier bei uns in der Gegend gesehen worden waren. Als ich die Namen hörte, wusste ich aus unerfindlichen Gründen sofort, was los war, obwohl der Verdacht weiß Gott nicht gerade nahe liegend war. Im selben Moment wurde mir klar, dass ich dich suchen muss.

Ich hatte keine Ahnung, wo du sein könntest. Aber da war eine Stimme in meinem Kopf, die mich führte. Und ich folgte ihr."

Er strich ihr eine Haarsträhne aus dem Gesicht, legte eine Hand um ihren Kopf und küsste sie sanft auf den Mund.

„Ich weiß, dass wir es schaffen. Ich weiß es, weil Josh es mir gesagt hat."

„Wie kommst du darauf, dass es Josh war?"

„Weil wir gerade hier draußen auf dem Balkon eine anregende kleine Unterhaltung hatten, von Mann zu Mann, sozusagen."

Sie schaute ihn zweifelnd an. „Und wo ist er jetzt?"

„Weg."

„Weg?"

„Nun, für heute zumindest. Er sagte, dass er großen Wert auf Diskretion legt."

Darcy holte tief Luft, dann musterte sie ihn, immer noch ein bisschen skeptisch.

„Auf jeden Fall hat er versprochen, zur Hochzeit zu kommen. Genau gesagt, wollte er der Erste sein, der eingeladen wird."

„Zu unserer Hochzeit?"

„Na, zu welcher denn sonst?" Verschmitzt lächelte er sie an. „Vorausgesetzt natürlich, dass du mich heiraten willst."

Sie war so überrascht, dass sie für einen Moment kein Wort herausbrachte. Vor Aufregung schien ihr alles Blut in den Kopf zu schießen. War es wirklich denkbar, dass es funktionierte? Würde sie diesen Mann ihr ganzes Leben an sich binden können? Nahm er sie wirklich so an, wie sie war? *Konnte es wirklich funktionieren?*

„Ich liebe dich, Darcy. Und ich will immer für dich da sein. Immer. Und ich werde nie mehr an dir zweifeln, nie, nie mehr wieder – das verspreche ich dir."

„Ja."

„Was ja?"

„Ja, ja und nochmals ja, ich will dich heiraten. Wann und wo immer du willst. Und versprochen, Josh ist unser Ehrengast!"

Er riss sie in seine Arme und trug sie ins Zimmer zurück. Dann ließen sie trotz der Blessuren, die sie davongetragen hatten, ihrer Leidenschaft freien Lauf und kosteten sie bis zur Neige aus.

Viel, viel später, als Matt eingeschlafen war, schlich sich Darcy auf Zehenspitzen auf den Balkon.

Dort zog sie lächelnd ihren Bademantel enger um sich, während sie in die Dunkelheit hineinflüsterte: „Danke, Josh."

Gleich darauf spürte sie, wie sie von seiner Wärme eingehüllt wurde.

Und wusste, dass das Leben ein sehr, sehr gutes sein würde.

– ENDE –

Emilie Richards

Irische Ballade

Der Whiskey Island Saloon ist mehr als eine irische Kneipe. Hier werden Geschichten erzählt, Geheimnisse aufgedeckt und Schicksale zusammenführt – wie das der Amerikanerin Peggy Donoghue und des irischen Arztes Finn O'Malley

Band-Nr. 25174

7,95 € (D)

ISBN: 3-89941-232-X

Mary Alice Monroe

Dem Himmel entgegen

Fliegen kann nur, wer sich traut. Das müssen ein kleines Mädchen, ein wortkarger Falkner und eine junge Pflegerin im Herzen begreifen, wenn sie die Liebe neu finden wollen – eine Parabel von Besteselllerautorin Mary Alice Monroe!

Band-Nr. 25175

7,95 € (D)

ISBN: 3-89941-233-8

Heather Graham
Tango mit dem Tod
Band-Nr. 25168
7,95 € (D)
ISBN: 3-89941-226-5

Heather Graham
Unter tausend Monden
Band-Nr. 25166
7,95 € (D)
ISBN: 3-89941-208-7

Heather Graham
Ihr letzter Tanz
Band-Nr. 25130
7,95 € (D)
ISBN: 3-89941-169-2

Heather Graham
Im Netz der Leidenschaft
Band-Nr. 25184
6,95 € (D)
ISBN: 3-89941-242-7

Erica Spindler
Der Albtraum
Band-Nr. 25169
7,95 € (D)
ISBN: 3-89941-227-3

Erica Spindler
Gefangene des Ruhms
Band-Nr. 25151
7,95 € (D)
ISBN: 3-89941-190-0

Erica Spindler
Im Schatten des Mörders
Band-Nr. 25129
7,95 € (D)
ISBN: 3-89941-168-4

Erica Spindler
Die Angst im Nacken
Band-Nr. 25114
7,95 € (D)
ISBN: 3-89941-150-1

Elizabeth Flock
Ich & Emma
Band-Nr. 25182
7,95 € (D)
ISBN: 3-89941-240-0

Erica Spindler
Spiel mit dem Tod
Band-Nr. 25183
7,95 € (D)
ISBN: 3-89941-241-9

Alex Kava
Die Rückkehr des Bösen
Band-Nr. 25158
7,95 € (D)
ISBN: 3-89941-197-8

Alex Kava
Blutspur des Todes
Band-Nr. 25112
7,95 € (D)
ISBN: 3-89941-148-X